JN437661

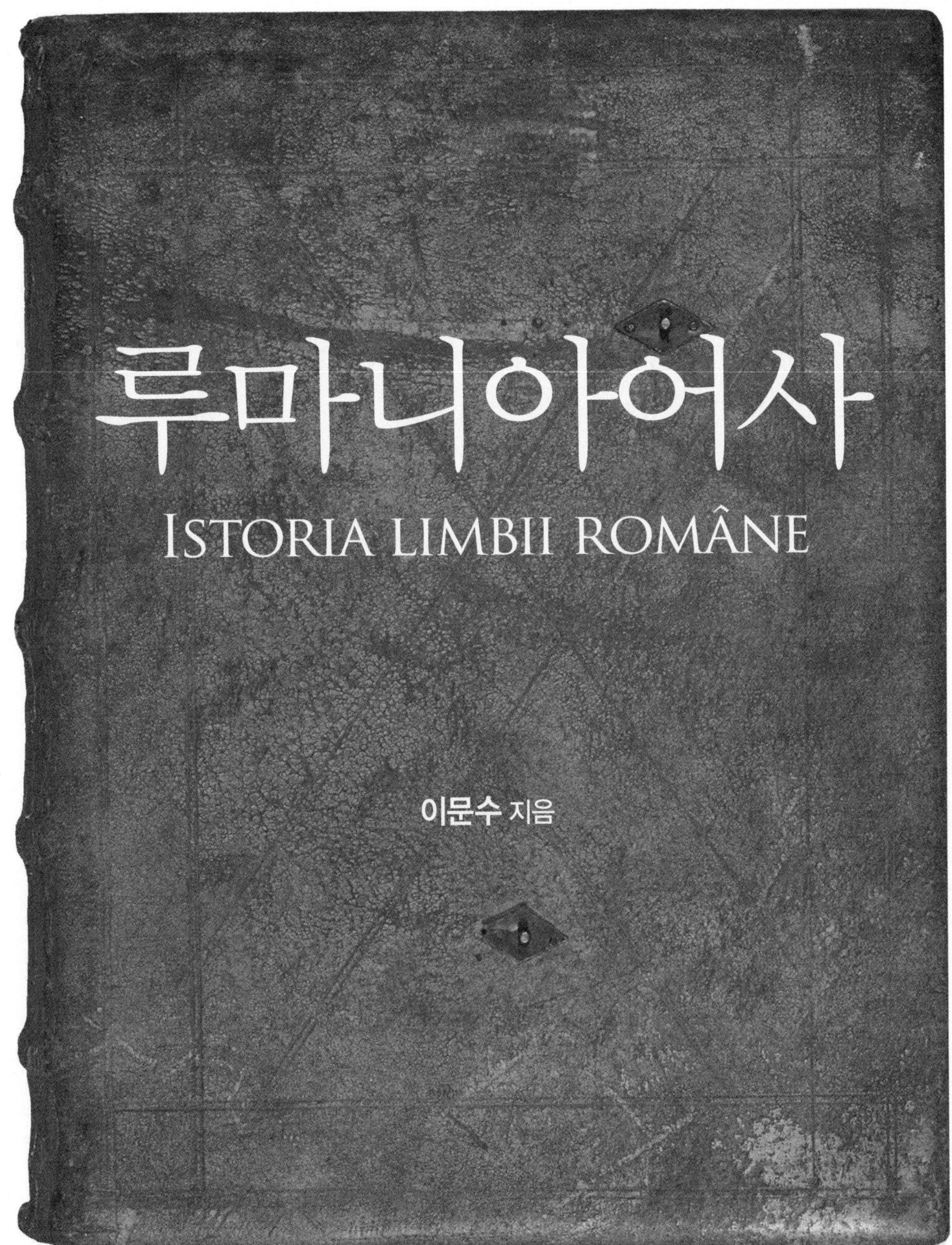

# 루마니아어사

## ISTORIA LIMBII ROMÂNE

이문수 지음

HU:iNE

# 책 머리에

루마니아의 언어학자 덴수시아누(Densusianu)에 의해 프랑스어로 집필된 「Histoire de la langue roumaine」(루마니아어사)가 1901년에 루마니아 역사상 최초로 프랑스 파리에서 출판된 이후 1923~7년에 걸쳐 2권으로 집필된 필리피데(Philippide)의 「Originea românilor」(루마니아인의 기원) 및 1940년에 출판된 푸슈카리우(Puşcariu)의 「Limba română」(루마니아어) 등과 같은 저서들도 내용상으론 루마니아어의 진화과정을 다루고 있다. 하지만 1968년에 부쿠레슈티(Bucureşti)대학교의 교수이자 루마니아 어학자인 로세티(Rosetti)의 「Istoria limbii române」(루마니아어사)가 부쿠레슈티에서 루마니아어로 집필돼 나옴으로써 비로소 제목 상으로나 내용적인 면에서 명실상부하게 루마니아어의 발달사를 대표하는 저서로 인정을 받게 됐다라고 해도 과언이 아니다. 그 후 오늘날까지 2~3명의 루마니아 언어학자들만이 루마니아어사를 단행본으로 집필했을 정도이다.

이런 사실은 루마니아어사를 집필하는 작업이 여타 언어들의 발달사를 다루는 것에 비교하여 그만큼 어렵고 힘겨운 일이라는 점을 잘 반증해 주고 있다. 그 이유는 루마니아어를 모국어로 구사하고 있는 루마니아인들의 기원 및 진원지 등에 대한 역사적인 자료들을 규명하기에 어려운 문제들이 존재하고 있기 때문이다, 즉 루마니아민족과 루마니아어의 유래 및 발달과정에 대한 역사적인 문헌이 상당기간 부재하기 때문에 루마니아어의 발달과정을 규명하는 데 많은 어려움이 따르고 있다는 점을 언급하지 않을 수 없다. 부언하자면 상고시대 루마니아어에 관하여 증빙할

만한 자료들이 거의 없다는 것이다. 그럼에도 불구하고 한 가지 확실한 것은 오늘날 루마니아인들이 구사하고 있는 언어인 루마니아어는 고대 인도·유럽어족의 한 부류인 이탤릭어군의 라틴어로부터 유래된 소위 로망스어의 일종으로서 이탈리아어나 프랑스어, 스페인어 및 포르투갈어 등과 함께 동일한 어군에 속해 있으며 그 중에서도 언어학적인 관점에서 보자면 이탈리아어와 더불어 동 로망스어로 분류된다는 사실이다.

그러나 이 사실은 다음과 같은 세 가지 이유에서 한동안 많은 논란이 됐었다: 첫째로 루마니아어가 중세 내내 자매 언어들인 여타 로망스어들과 언어적인 교류가 두절됐었다는 점이고, 둘째론 그런 연유로 고대 루마니아어는 언어적인 공백을 메우기 위하여 주변의 비 라틴계의 언어들과의 접촉이 불가피 할 수밖에 없었던 점이며, 셋째론 루마니아가 위치하고 있는 발칸지역의 독특한 사회·문화적인 특성으로 인하여 이 지역의 언어들 간의 평준화 과정에서 이루어진 소위 발칸언어연합(Balkan Sprachbund)적인 요소 등으로 말미암아 루마니아어의 로망스적인 본질이 많이 퇴색하게 됐다는 점이다.

그 후 수세기가 경과하면서 루마니아어는 중·서부 유럽 사람들에게 점점 생소한 언어가 됐고, 비록 위의 사실을 어렴풋이나마 알고 있던 사람들이 있었다 해도 이를 학문적으로 증명할만한 문헌이나 방법을 찾아내기란 좀처럼 쉬운 일이 아니었을 것이다.

16~17세기 이후 유럽의 일부 학자들이나 루마니아의 지식인들 사이에서 루마니아어가 라틴어로부터 유래된 언어의 일종이라는 사실이 인지됐지만 학문적인 차원에서 공론화되기 시작한 것은 19세기 초·중반 로망스언어학의 효시로 일컬어지는 디츠(Diez)의 「로망스제어의 문법」(Grammatik der romanischen Sprache, I.~III. 1836-1843)이 출판된 이후부터이다.

고대 로마제국의 일부 특수계층이었던 왕족들에 의해 문어체로 사용됐던 고전 라틴어와 대조되는 민중들에 의해 구두로만 구사됐던 속 라틴어가 로마인들의 본고장이었던 이탈리아반도에 뿐만 아니라 제국의 여러 식민지들에 보급됐고, 그 중 한 때 로마제국의 속주였던 발칸 지역의 다키아(Dacia)지방에 보급됐던 라틴어가 그 지역 원주민들의 언어였던 토착어(트라코-다키아어)와 융화되면서 발칸 로망스어의 일종인 초기 루마니아어가 탄생하게 됐다. 로마제국의 멸망 이후 발칸 지역은 한동안 여러 민족들 간의 패권다툼의 전장이 됐지만 얼마 후 이 일대로 대거 이주해와 정착했던 슬라브 민족들이 새롭게 영향력을 행세하게 되면서 그들의 언어인 슬라브어의 영향에 의해 고대 루마니아어가 많은 변화를 겪게 됨으로써 모체였던 라틴어나 자매 언어들인 여타 로망스어들과는 상당한 차이를 보이게 됐다.

그러나 루마니아어의 음성·음운적인 요소와 형태·통사적인 요소는 일부 발칸 지역의 기층어적인 요소들로부터 유래된 것으로 사료되는 것들을 제외하곤 대부분 라틴어적인 요소를 거의 그대로 보존하고 있다고 해도 과언이 아니다. 하지만 어휘론적인 관점에서 보자면 루마니아어의 전체 어휘 중에서 비 라틴적인 요소, 즉 발칸 지역에 거주하고 있는 민족들의 언어적인 요소, 특히 슬라브어원의 어휘가 차지하고 있는 상당한 비율을 무시할 수 없다. 한편 다른 각도에서 볼 때 루마니아어휘 중 일상생활 회화에서 가장 많이 사용되는 기본적인 어휘만을 놓고 통계를 내 보면 대략 80~90% 가량이 라틴어원이라는 것을 알 수 있다. 한 언어가 어떤 언어계보에 속해 있는지를 규명하는데 있어서 우선적으로 고려해야 할 점은 그 언어의 음성·음운적인 면이나 문법적인 구조를 조사하는 것이 급선무이며 더 나아가서 어휘적인 면, 특히 일상생활에서 사용빈도가 높은 어휘를 일차적으로 검토해야 한다는 것이 일반적인 견해이다. 따라서 종합적인 관점에서 보건 데 루마니아어에 존재하고 있는 라틴어적인 요소들의 비중이 여타 로망스어들과는 다소 차이가 있기는 하지만 루마니아어의 근간이 되고 있다는 점은 부인할 수 없을 것이다.

필자는 이 책의 목차를 정하는 데에 있어서 가능한 한 시대적인 순서를 우선적으로 고려하여 제1장에선 로마인들의 진입이전시기의 남동유럽 및 발칸지역 일대의 민족적인 상황과 토착어적인 배경을 다룰 계획이고 제2장에선 로마제국의 식민시대 당시에 루마니아지역의 사회·문화적인 배경 및 언어적인 상황을 고찰해볼 예정이며 제3장에선 로마인들의 철수 이후에 루마니아 및 발칸 일대의 민족적인 상황과 언어적인 영향을 중심으로 살펴보고자 한다. 이어지는 제4장에선 중세 루마니아의 봉건국가 형태의 공국들의 탄생과 더불어 루마니아어의 공통조어 및 광의의 루마니아어 방언의 형성배경 등을 중심으로 중세 루마니아어의 형성과정을 심층적으로 알아보고 아울러 루마니아민족 및 루마니아어의 기원에 대한 상반되는 두 이론들, 즉 상주론과 이주론을 소개함으로써 루마니아민족과 그들의 언어인 루마니아어가 지니고 있는 역사적인 문제점들을 객관적인 입장에서 검토해보고자 한다. 제5장에선 중세 루마니아어에 끼친 외래어들의 영향들을 조사해보고 제6장에선 근대이후 루마니아의 트란실바니아 학파에 의한 민족주의 운동과 더불어 전개됐던 루마니아어의 라틴어적인 요소들의 복구노력의 결과로서 근·현대 루마니아어의 형성과정에 대해 초점을 맞춰서 연구하고 마지막 제7장에선 현대 루마니아어의 구조 및 특성에 관하여 음성·음운론, 형태·통사론 및 어휘적인 면에서 종합적으로 총 정리하고자 한다.

루마니아의 언어학 발전에 주춧돌을 마련했던 루마니아어학자들 중의 한 사람인 푸슈카리우는 1877년에 루마니아 트란실바니아 지방 동쪽 끝자락에 소재하고 있는 브라쇼브(Braşov)에서 태어나 그곳에서 중·고등학교를 마치고 독일 라이프지히(Leipzig)대학교에서 유학을 하였고 1905년에 어렵사리 오스트리아의 빈(Wien)대학교에서 루마니아어 세미나 강의 담당 전임교수로 임용이 됐지만 당시의 국제정세로 인해 빈대학교에서의 교수직을 1년도 유지하지 못하고 포기해야만 했다. 그 이후 부코비나 지방의 체르너우치(Cernăuţi)대학을 거쳐서 트란실바니아의 클루즈(Cluj)대학교에 정착하여 1948년에 그의 생을 마감할 때까지 평생 동안 루마니아어학 강의와 연구로 많은 학문적 업적을 남긴 학자이다. 푸슈카리우는 유학기간 동안 독일 라이프지히대학, 프랑스 파리대학 및 오스트리아 빈대학 등 당시 유럽 문화중심지의 대학들에서 수학하면서 해박한 지식을 섭렵하는 과정에서 뼈저리게 느꼈던 것은 당시 유럽의 학자들조차도 루마니아어에 대한 인식이 부족할 뿐만 아니라 루마니아어가 로망스어의 일종이라는 사실조차도 반신반의하고 있다는 점이었다. 이러한 인식을 불식시키고 루마니아어의 참모습을 알리기 위해 그는 1905년 즈음 루마니아어에 관한 통시적인 연구, 즉 루마니아어 발달사의 집필을 시작했지만 그 후 1916년 소쉬르(Saussure)의 「Cours de linguistique générale」(일반 언어학 강의)가 출현하면서 야기된 언어학계의 지각변동으로 인해 통시적(diachronic) 연구만으로는 충분하지 못하고 공시적(synchronic) 연구를 보완해야 하는 상황에 직면하게 됨으로써 푸슈카리우는 그의 숙원사업이었던 「Limba română」(루마니아어)의 출판을 생의 거의 말엽인 1940년에서야 비로소 실현하게 됐다.

필자야말로 진작 우리말로 된 루마니아어사에 관한 책자의 필요성을 절실하게 느

꼈었지만 그동안 여러 면에서 여건이 허락지 않아 이제야 출판을 앞두고 있다는 것이 커다란 아쉬움으로 남는다. 한편 필자의 학문적 연륜과 함께 오랜 세월 동안 수많은 곡절이 담겨진 본 작업이 그나마 이제라도 햇빛을 보게 돼 감구지회가 깊다.

필자가 1978년에 독일 대학으로 유학을 떠나 처음으로 접하기 시작했던 역사·비교언어학, 특히 로망스어학 및 루마니아어사를 평생 주전공분야로 연구해온지 어언 30년이란 세월이 훌쩍 넘었지만 아직도 부족한 점들이 너무 많다는 것을 이 졸작을 준비하면서 새삼 통감한다.

1987년 한국외대에 루마니아어과가 신설된 이래 지금까지 많은 학생들이 필자와 더불어 루마니아어의 발달과정을 연구해오면서 힘든 공부를 묵묵히 감내하고 따라온 루마니아어과 교·강사 및 학생들 모두에게 고마운 마음을 전하고 싶다. 특히 해외유학을 앞두고 바쁜 일정임에도 불구하고 교정 및 마무리 정리에 헌신적으로 협조해준 구민정학생에게 고마운 뜻을 전할 뿐이다. 끝으로 이 저서가 나오기까지 많은 지원과 수고를 아끼지 않은 한국외대 관계자 여러분들에게 심심한 감사를 표한다.

2013년 8월

왕산 골에서 이문수

# 목차 Contents

## 약어

| | |
|---|---|
| A(c). | – acuzativ(목적격) |
| A.D. | – Anno Domini(서력) |
| adj. | – adjectiv(형용사) |
| adv. | – adverb(부사) |
| agr. | – agricultură(농업) |
| alban. | – albanez(알바니아어) |
| arheol. | – arheologie(고고학) |
| arhit. | – arhitectură(건축학) |
| ar. | – aromân(아루마니아어) |
| art. | – articol(관사) |
| astron. | – astronomie(천문학) |
| auto. | – automobilism(자동차 운행) |
| B.C. | – before Christ(기원전) |
| biol. | – biologie(생물학) |
| bis. | – biserică(교회) |
| bot. | – botanică(식물) |
| card. | – cardinal(기수) |
| cf. | – confer(참조) |
| cinem. | – cinematografie(영화) |
| col. | – colectiv(집합) |
| conj. | – conjuctiv(접속법) |
| D(at). | – dativ(여격) |
| def. | – definite(한정된) |
| dem. | – demonstrativ(지시사) |
| DEX | – Dicționarul Explicativ al Limbii Române(루마니아어 해석사전) |
| dim. | – diminutiv(축소사) |
| dr. | – daco-român(다코-루마니아어) |
| ed. | – editor(편집자) |
| etc. | – et caetera(등 등) |
| f. | – feminin(여성) |
| fam. | – familiar(일상적인) |
| fig. | – figurat(추상적인) |
| fil. | – filosofie(철학) |
| filol. | – filologie(문헌학) |
| fon. | – fonetică(음성학) |
| G(en). | – genitiv(소유격) |
| geogr. | – geografie(지리학) |
| gram. | – gramatică(문법) |
| hot. | – hotărât(한정적인) |
| ibid. | – ibidem(같은 곳에) |
| ILR | – Istoria Limbii Române (루마니아어사) |
| imperf. | – imperfect(불완료과거) |
| indef. | – indefinite(부정의) |
| indic. | – indicativ(직설법) |
| inf. | – infinitiv(부정사) |
| interj. | – interjecție(감탄사) |

interog. – interogativ(의문사)
invar. – invariabil(불변의)
ist. – istorie(역사)
lat. – latin(라틴어)
ligv. – lingvistică(언어학)
lit. – literatură(문학)
log. – logică(논리학)
m. – masculin(남성)
mat. – matematică(수학)
muz. – muzică(음악)
n. – neutru(중성)
nehot. – nehotărât (부정의, 한정되지 않은)
N(om). – nominativ(주격)
num. – numeral(수, 수사)
onom. – onomatopee(의성어)
ord. – ordinal(서수)
part. – particiriu(분사)
peior. – peiorativ(경멸어)
perf. – perfect(과거, 완료)
pers. – personal(인칭대명사)
pl. – plural(복수)
pol. – politică(정치학)
pop. – popular(대중적인)
pos. – posesiv(소유 대명사)
prep. – prepoziție(전치사)
pron. – pronume(대명사)
psih. – psihologie(심리학)
reg. – regionalism(방언)
rel. – relativ(관계 대명사)
ret. – retorică(수사학)
s. – substantiv(명사)
sg. – singular(단수)
stil. – stilistică(문체론)
top. – topografie(지형학)
trans. – translator(역자)
vb. – verb(동사)
vi. – verb intranzitiv(자동사)
vt. – verb tranzitiv(타동사)
vr. – verb reflexiv(재귀동사)

Chapter 1

# 남동유럽 및 발칸지역의 원주민과 토착어

# Chapter 1 남동유럽 및 발칸지역의 원주민과 토착어

고대 역사가들이나 문헌학자들이 남동부 유럽 및 발칸 지역 전반에 걸쳐 기술해 놓은 역사·지리적 여건 및 민족적 상황과 언어학적인 현상들을 시대에 따라 단계적으로 구분하여 우선 서력기원전부터 고대 로마제국에 의해 식민지로 되기까지 이 지역에서 거주했던 원주민들에 관한 역사적인 자료 및 언어학적인 현상들을 중심으로 심층적으로 살펴보고자 한다.

## 1.1. 고대 남동유럽의 민족적 상황

B.C. 3세기 후반 무렵 아드리아 해안의 달마티아 지방을 공략하여 로마제국의 동방정책을 위한 교두보를 확보해 놓은 것을 제외하곤 고대 로마인들이 본격적으로 남동부 유럽 및 발칸 지역에 관심을 갖고 진출한 시기는 대략 서력기원 전·후의 시점[1)]으로 알려지고 있다(Wartburg, 1951: 35-39). 당시 이 지역엔 주로 두 인도·유럽어 민족들인 일리리아(Illyria) 민족과 트라키아(Thracia) 민족이 양분하여 거주하고 있었다. 이 두 민족들간의 영토 경계는 시대에 따라 다소 유동적이었으나 일반적으로 모라바(Morava)강과 바르다르(Vardar)강을 잇는 경계선을 유지했던 것으로 알려지고 있다(Krahe, 1940: 63). 오늘날의 알바니아인들의 선조로 간주되고 있는 일리리아 민족은 B.C. 13세기 경 중부 유럽으로부터 아드리아 해안 지대로 이주해와서 한때는 발

칸반도의 서부 지역 일대를 차지하면서 그리스의 서북부 산악지대의 종족들을 위협했던 것으로 알려지고 있다(Saria, 1953: 2-3). 한편 루마니아인들의 선조와 밀접한 관계가 있는 트라키아 민족은 이미 B.C. 2000년경부터 발칸반도의 중·동부 및 흑해 연안 일대에 정착했던 것으로 알려지고 있다. 이 두 민족들 이외에도 다뉴브 강 이북의 북동 지역엔 이란계의 스키타이인들이 거주하고 있었다. 이 스키타이 민족은 남동부 유럽에서 상당히 오래된 주민들 중의 하나로서 한때는 다뉴브 강 남쪽까지 진출하여 그 지역에 인종적으로나 언어적으로 적지 않은 영향[2]을 끼친 것으로 알려지고 있다(Kretschmer, 1935: 385).

트라키아 민족에 관해선 소위 '역사의 아버지'라 불리우는 고대 그리스의 역사가인 헤로도토스(Herodotus)에 의해 B.C. 5세기에 이온 지방의 방언으로 쓰여진 '역사(Historiai)'에서 자세히 기술돼 있다. 그 책에 쓰여진 바에 의하면 트라키아 민족은 인도·유럽어 민족들 중에서 인도인들에 버금갈 정도로 방대한 민족이지만 그 종족들이 너무 흩어져 있으므로 세력을 떨치지 못하고 있었으며, 이들은 게티아(Getia)인들을 포함한 몇몇 종족들을 제외하곤 대부분 유사한 전통과 풍습을 가지고 있었다는 것이다(박광순, 1992: 361-362). 그러나 헤로도토스는 그의 저서에서 단 한번도 다키아인들에 관하여 언급한 적이 없다. 한편 헤로도토스보다 약 3~4세기 후대인으로서 '지리학의 아버지'라 불리어지는 고대 그리스의 지리·역사학자인 스트라본(Strabo)은 그의 지리·역사서 Geographica(VII, 3, 13)에서 다음과 같이 언급하고 있다.[3]

> 그래서 한쪽은 다키아인 다른 한쪽은 게티아인이라고 부른다. 게티아인들은 흑해변, 동쪽에 거주하고 있으며 다키아인들은 다뉴브 강의 원천인 게르마니아쪽인 서쪽에 정착하고 있다. 그들은 그 강의 원천 방향으로 상류서부터 폭포수까지를 다뉴브 강이라고 불렀고 이곳에는 주로 다키아인들이 거주하고 있는 반면 게티아인들이 점유하고 있는 하류에서 흑해까지를 이스트리아강이라고 했다. 다키아인들과 게티아인들은 같은 언어를 사용하고 있었다.
>
> 그러나 고대 그리스인들에겐 게티아인들이 더 잘 알려져 있었는데 왜냐하면 게티아인들은 이스트로강의 양편을 넘나다니면서 유목생활을 하면서 트라키아인들이나 뫼시아인들과 어울렸기 때문이다.

독일의 저명한 발칸 지역 전문학자인 비스너(Wiesner, J)는 고대 트라키아민족의 북동쪽 경계에 관하여 스트라본의 역사 기술들을 바탕으로 연구한 결과 다음과 같이 언급하고 있다.[4]

> Nördlich der Donau berührten sich die Getenstämme eng mit den Dakern, mit denen sie Sprache und Unsterblichkeitsglauben gemeinsam hatten(Strabo VII, 305). Ihr ursprünglicher Name lautete "Daoi"(Strabo VII, 304); er hat seine Entsprechung in dem phrzgischen Eigennamen "Daos", der Wolf bedeutet. Wann die Umbildung erfolgt ist, geht aus der Überlieferung nicht hervor; sicher ist bereits im 2. Jh. vollzogen, als der politische Aufstieg des Volkes sich abzuzeichnen beginnt. Nichtweniger unklar ist die ursprüngliche Ausbreitung des dakischen Volkes, dessen Stämme sich in der Blütezeit zwischen Pruth und Theiss, Donau und Karpathen ausdehnten und diesem Gebiet den Namen Dakia gaben.

> 다뉴브 강 이북 지역엔 게티아 종족들이 다키아인들과 접촉하고 있었는데, 그들은 동일한 언어와 (인간의 영혼이) 불멸한다는 신앙을 공유하고 있었다(스트라본 VII, 305). 다키아인들의 원래 이름은 "Daoi"(스트라본 VII, 304)로서 이 이름은 프리지아어로 늑대를 뜻하는 "Daos"에 상응하는 것이다. 언제 그 변형이 일어났던 것인지에 관해선 문헌상에선 밝혀지고 있지 않지만, 확실한 것은 이미 2세기엔 이 종족이 정치적으로 두드러지게 부상하기 시작했다. 확실치 않은 것은 또한 한창 전성기엔 프루트강과 티사강 사이와 다뉴브 강과 카르파트산맥 일대까지 차지했고 이 지역에 '다키아' 란 이름을 남겼던 다키아 민족의 본래의 진원지에 관한 문제이다.

분명히 'Dioi' 나 'Daoi' 등과 같은 어휘들의 어원은 오늘날까지 명확하게 규명되고 있지는 않다. 위의 고형들과 더불어 보다 신형인 'Dakoi', 'Dakai', 'Dakes' 등과 같은 어휘들이 전래되고 있다. 게티아인들의 풍습이나 신앙에 관해선 고대 그리스의 역사학자인 헤로도토스가 하늘을 지배하는 신인 'Zalmoxis'를 숭배하는 신앙과 연관져서 언급하고 있다(IV, 94-95).

## 1.2. 남동유럽의 토착어

고대 그리스의 역사 기록에 다키아인들이 단 한번도 직접적으로 트라키아인들과 연계돼 언급된 적이 없는 반면에 헤로도토스(Herodotos)와 스트라본(Strabo)은 이구동성으로 게티아인들은 트라키아민족의 한 종족이라고 밝히고 있으며, 스트라본은 게티아인들과 다키아인들의 언어 공동체에 대한 사실을 언급했다. 이러한 고대 기록들은 두가지 가능성을 제시하고 있다 : 그 하나는 트라키아어와 게토-다키아어가 같은 언어에 속한다는 것이고, 다른 하나는 트라키아어와 게토-다키아어가 각각 다른 언어들이라는 것이다. 불가리아의 인도·유럽언어학자인 게오르기에프(Georgiev, V.)는 다키아어와 트라키아어 사이에는 현저한 차이점이 있기 때문에 이 두 언어들을 같은 언어로 간주할 수 없다고 주장한 반면 루마니아 학자인 루수(Russu, I.I)는 두 언어들 사이에는 단지 방언적인 차이점만 존재한다고 보았다.

위의 두 학자간의 견해 차이는 그들이 취급한 연구 자료에서부터 기인된다고 볼 수 있다. 게오르기에프는 이와 관련하여 그의 저서에서 다음과 같이 언급하고 있다(Georgiev, 1981:112).

> 우리에게 주어진 트라키아어의 자료로는 모두 합쳐서 약 40개의 어휘와 약 1,500개의 고유 명사들과 트라키아와 사모트라게 섬에 있는 몇 개의 짧은 비문들과 오늘날 발칸 반도에서 사용되고 있는 언어들 중의 약간의 단어들이 있다.

상기된 인용문에서 기술하고 있듯이 게오르기에프는 처음부터 트라키아어와 다키아어는 두 개의 다른 언어들이라는 전제하에서 트라키아어의 특징에 대한 자료 분석에서 애당초 다키아 지방에서 출현된 어휘들은 취급하지 않은 것이 분명하다. 반면 루수는 다키아어휘에 중점을 두면서 두 언어들을 같은 범주에서 연구·분석하려고 노력했음에 틀림없다. 이것은 무엇보다도 고대 인도·유럽에서 트라코-다키아어로의 음운추이에 대한 서로 다른 의견을 보여 주고 있다. 예를 들면 루수는 트라코-다키아어에는 유성 파열음(Mediae: b, d, g)뿐만이 아니라 무성 파열음(Tenus: p, t, k)도 그대로 남아 있으므로 트라코-다키아어에는 자음추이 현상이 아직 발생하지 않았다는 의견이다. 그와는 반대로 게오르기에프는 자음추이 현상을 트라키아어의 특징으로 간주할 수 있는데, 그 이유는 이러한 현상은 다키아어에는 없으며 단지 트라키아어에만 존재하고 있기 때문이라는 의견이다. 게오르기에프가 이 음운추이 현상과 관련하여 제시한 예들 중의 하나로 인도·유럽어의 udo(r)에서 유래한 트라키아의 강이름 utus가 있고, 한편 다키아의 강이름인 Salmor- ude도 잘 알려져 있는데 이 다키아의 강이름에서 두 번째 부분인 ude도 역시 인도·유럽어 udo(r)에서 유래된 것이다. 위의 예시에서 보듯이 인도·유럽어의 유성 파열음 d가 다키아어에는 그대로 보존돼 있는 반면에 트라키아어에서는 무성음 t로 변음됐다는 것이다. 게오르기에프의 이론을 유리하게 지지하고 있는 또 다른 근거로 오늘날 우리에게 전래되고 있는 트라코-다키아어의 복합명사들이 있는데 그들의 어미에 따라 주로 세 가지 유형으로 구분되는 지명 또는 강이름들이다 : 첫 번째는 어미가 -dava(또는 -deva)로 끝나는 명사들이고 두 번째는 -para 그리고 세 번째는 -bria로 끝나는 것들이다. 게오르기에프의 견해에 의하면 46~51개의 지명들이 -dava(-deva)로 끝나고 있는데, 이들의 지리적인 분포도를 살펴보면 반 이상인 28~29개가 다뉴브 강의 이북인 다키아(Dacia Trajana)에서, 9~10개가 뫼시아 하부(Moesia Inferior)와 소 스키타이(Scythia Minor)에서, 7~8개가 다뉴브 강 이남의 다키아(Dacia Mediterranea)에서 그리도 단지 1개 만이 트라키아(Thracia)에 발견됐다. 오늘날 불가리아에 유일하게 남아 있는 지명인 'Pulpudeva'(Philip의 도시라는 의미)는 마케도니아의 왕인 Philip Ⅱ의 이름을 따라 명명된 것으로 알려지고 있다. 어미가 -para로 끝나는 지명이나 강 이름들이 42~51개 그리고 -bria로 끝나는 것이 14~17개 전해지고 있는데 이들은 모두 다뉴브 강 남쪽 지방에서 발견됐다. 따라서 어미가 -dava(-deva)로 끝나는 지명은 다뉴브 강 이북의 다키아(Dacia Trajana)에서 일반적인 반면에 -para와 -bria로 끝나는 것은 다뉴브 강 이남인 트라키아의 지명으로 표시될 수 있다는 것이다. 게오르기에프는 또한 고대 인도·유럽어의 유음, 구개음 및 파열음들의 발달 과정에 대한 연구를 근거로 트라키아어와 다키아어의 음성·음운론적인 차이점을 제시했다. 예를 들어 루마니아의 강 이름인 Crişul(Negru)는 인도·유럽어 $k^{(w)}$r(h)so-s로부터 유래된 다키아어인 krisos의 현대적인 표기이다. 이 두 단어를 비교해 보면 인도·유럽어의 유음 r이 다키아어에선 ri로 변했으나 무성·파열음인 k는 그대로 보존돼 있다. 다른 예로서 인도·유럽어 $b^{h}$ln-ent로부터 유래된 트라키아 지방어휘 bolindos를 비교해 보면 인도·유럽어의 l이 트라키아어에선 ol로 된 것을 알 수 있다. 게오르기에프가 제시한 예들 중에서 하나를 더 보자면 다키아어 kinouboila와 트라키아어 dinupula는 둘 다 인도·유럽어근인 kun-abdo-로부터 유래된 것으로서 인도·유럽어의 유성 파열음 b가 다키아어에선 그대로 유지되고 있는 반면 트라키아어에선 p로 무성음화 됐다. 결론적으로 트라키아인과 다키아인들은 인종적으로는 동족이었을지는 모르지만 언어적으로는 서로 다른 언어들을 사용했다는 견해이다. 그는 아울러 알바니아어, 루마니아어 및 다키아어의 많은 공통적인 음운 변화현상들, 특히 그들에 공통으로 존재하고 있는 고대 라틴어(발칸 라틴어)적인 요소들(예: 라틴어 caballum > 루마니아어 cal; 알바니아어 kal 등)과 어미가 -dava(-deva)로 끝나는 전형적인 다코-뫼시아의 지명의 지리적인 확장 등은 알바니아어가 다코-뫼시아어로부터 유래됐다는 것을 잘 나타내고 있다는 의견이다(Georgiev, 1981: 120-128).

이 문제에 관해서 포기륵(Poghirc, C.)이란 학자는 그의 논문에서 현존하는 고대 트라키아어, 다키아어 및 뫼시아어휘를 수집하여 다음과 같은 도표를 작성했다.

| 범주 | 계 | 트라키아 | 다키아 | | | 뫼시아하부 | | | 뫼시아상부 | | | 범 트라키아 |
|---|---|---|---|---|---|---|---|---|---|---|---|---|
| | | | 계 | 공통 | | 계 | 공통 | | 계 | 공통 | | |
| | | | | 트라키아 | 일리리아 | | 트라키아 | 일리리아 | | 트라키아 | 일리리아 | |
| 어명 | 136 | 78 | 33 | | 5 | 13 | 1 | 5 | 12 | 1 | 1 | 0 |
| 산명 | 33 | 28 | 3 | | 1 | 2 | | | | | | 0 |
| 지명 | 901 | 574 | 90 | 19 | 16 | 103 | 18 | 27 | 134 | 16 | 19 | 16 |
| 인명 | 1,443 | 1,100 | 90 | 39 | 16 | 195 | 51 | 11 | 58 | 27 | 13 | 19 |
| 기타 | 504 | 365 | 98 | 6 | 5 | 27 | 6 | 3 | 15 | 2 | 2 | 1 |
| 합계 | 3,017 | 2,145 | 314 | 64 | 43 | 340 | 76 | 46 | 219 | 46 | 35 | 36 |

위의 도표에서 제시하고 있듯이 전체에 대한 범 트라키아어 성분의 비율은

36/3,017, 즉 약 1%에 해당되며, 범 트라키아어의 성분이 존재하는 범주도 지명과 인명뿐이며 그 비율도 역시 미미하다(지명: 16/901, 인명 19/1,443:). 포기록은 트라코-다코-뫼시아어에서 공통되는 성분들을 정확히 조사해 본 결과 이 형성에 관한 것 뿐만이 아니라 음운 체계까지에서도 각 지역마다 매우 다른 특성들이 나타나고 있으므로 두 언어, 즉 트라키아어와 다키아어를 별개의 언어로 분리해야 한다는 결론을 내리고 있다.

그러나 아직도 일부 인도·유럽언어 학자들과 발칸 학자들은 트라키아어와 다키아어의 분리를 편파적인 의견이라고 반대하고 있다. 예를 들어 솔타(Solta, G.R.)는 다키아어에서 음운추이 현상의 결핍이 양 언어의 분리를 주장할 수 있는 충분한 증거가 될 수 없다는 견해인데, 그 이유는 트라키아어에서 음운추이는 일반적인 성향을 나타내고는 있지만 예외가 없는 것은 아니며, 그 밖에 알바니아어에도 그와 같은 음운추이 현상들이 나타나고 있기 때문이라는 견해이다.

데체브(Dečev, D.)도 대체로 비슷한 의견으로서, 트라키아어의 특징에 대한 정확한 그림은 어떠한 경우에도 묘사할 수 없는데 왜냐하면 트라키아어가 역사상 한번도 고유의 자모를 갖고 있지 않았었고 현존하는 자료는 고대 그리스어나 라틴어 자모에 의해서 소개된 것들뿐이므로 방언적인 특성을 구별하기란 매우 어려우며, 특히 트라키아어가 시간적으로나 공간적으로 상당한 간격을 포함하고 있었기 때문에 내부의 음운변화도 배제할 수 없다는 주장이다(Dečev, 1960:148).

## 1.3. 루마니아어의 기층어

현재 루마니아어휘 중에는 그 어원이 로마시대 이전으로 거슬러 올라가는 것들이 상당수 존재하고 있다. 루수는 이러한 루마니아어의 기층어휘들이 고대 인도·유럽어로부터 유래된 것이 확실하다는 근거로 고대 루마니아어의 음운 변화 과정이 고대 인도·유럽어로부터 트라코-다키아어로의 소위 전형적인 사템어의 음운 규칙과 일치한다는 점[5]을 들고 있다(Russu, 1981: 113-114). 루수는 더 나아가서 루마니아어의 기층어휘가 고대 인도·유럽어에 속하는 증거론 첫째 의미론적인 관점에서 루마니아 기층어휘에 고대 인도·유럽어의 의미를 지니고 있는 일련의 어근들이 출현하고 있다는 점과 둘째는 다양한 접미사를 들고 있다(Russu, 1981: 118).

루마니아어가 언어계보학적인 관점에서 로망스어에 속한다는 사실은 의문의 여지가 없다. 환언하면 루마니아어 문법체계의 대부분이 고대 로마인들이 사용했던 라틴어에서 유래된 것이다. 루마니아어의 기본어휘중 -이 기본어휘로부터 여러 어휘군이 파생됐음- 라틴어에서 유래된 어휘 수는 학자들 간에 다소 견해 차이는 있지만 최근 언어통계학에 의하면 1,500~1,600개에 이르며, 한편 루마니아어에는 아직 어원이 분명하게 밝혀지지 않은 160개 정도의 어휘가 있는데 -이 숫자는 라틴어원의 어휘의 약 1/10에 해당되며 이 비율은 타 로망스 제어들에 비해 비교적 높은 편임- 이들 대부분이 라틴문화가 보급되기 이전부터 카르파티아 산맥 일대와 발칸지역에서 널리 사용됐던 바 있는 고대 인도·유럽어 조어(Proto-Indo-European)에서 상속된 것으로 증명됐다. 이에 해당하는 일부 루마니아어휘의 예를 들어보자면 다음과 같다: abure(증기), baci(목동), balaur(용), balegă(거름, 비료), baltă(늪), barz(황새), bască(두건 모양의 모자, 베레 모), brânză(치즈), brâu(요대, 남성의 폭이 넓은 벨트), buc(쓰레기, 폐물), bucurie(기쁨), bunget(덤불, 잡목림), buză(입술), cătun(작은 촌락, 마을), cioară(까마귀), cioc(부리), ciucă(꼭대기, 머리), ciuf(술, 덤불, 타래), copac(나무), copil(어린이), cursă(덫, 함정), daş(어린양), droaie(군중, 무리), durete(유령, 환영), fărâmă(부스러기, 조각), fluier(휘파람), gard(울타리), gata(준비된), ghimpe(가시), ghiuj(늙은이), gogă(허수아비), grapă(써레), grumaz(목), grunz(파편, 덩어리), hameş(탐욕스러운), jumătate(절반), mal(강둑), mazăre(완두콩), măgură(언덕, 작은 산), moş(노인, 늙은이), mugur(싹), noian(더미), pârâu(시내, 실개천), rânză(위, 모래주머니), searbăd(맛없는, 김빠진), scăpăra(번쩍이다), scurm(재), sâmbure(씨, 낟알), sterp(메마른), strepede(치즈 구더기), strungă(쪽문, 작은 문), şale(등, 허리), şopârla(도마뱀), ţap(숫염소), tarc(울타리, 펜), ţeapă(막대기), urdă(유장 치즈), vatră(난로), viezure(오소리), zară 또는 zar(유장), zgardă(개목걸이) 등.

이러한 연유로 이 기층어휘들의 어원을 규명하기 위해서는 서력기원전에 이 지역에서 거주했던 민족들과 그들이 사용했던 언어들을 고찰해 보는 작업이 불가피하다. 본 저서에서는 불가리아 인도·유럽언어학자인 게오르기에프(Georgiev, V.)와 루마니아의 루수의 이론을 중심으로 트라코-다키아어의 특성을 비교·분석해 보고, 더 나아가 고대 인도·유럽어로부터 다코-루마니아어까지의 변화과정을 음운 및 형태론을 중심으로 설명하고자 한다.

언어학의 연구에 있어서 트라키아어의 중요성에 대해서 솔타는 다음과 같이 언급했다 : '트라키아어는 3중의 의미를 지니고 있다 : 첫째는 고전어의 연구라는 측면이고, 둘째는 일반적인 인도·유럽언어학의 연구이며, 셋째는 발칸 언어학을 위해서 필요불가결한 학문이다. 루마니아어에 있어서 로마시대 이전의 요소, 즉 기층어적인 성분과 알바니아어의 기층어휘 등을 연구하려면 트라키아어의 문제를 피해갈 수는 없다.'

솔타 이전의 여러 학자들도 이 언어의 중요성을 인지하여 19세기 말부터 활발한 연구 활동을 개시했고 그 흔적을 6세기 초까지 추적하여 입증할 수 있었지만, 트라키아민족과 그 언어를 연구할 수 있는 자료는 극히 제한돼 있는 형편이다. 현존하고 있는 언어학적인 자료들을 모두 열거하자면 다음의 다섯 범주로 분류할 수 있다:

❶ 1세기 중엽과 3세기 말엽에 살았던 의사들인 디오쿠리데스(Diokurides)와 프세우도아풀레이우스(Pseudoapuleius)에 의해 전해 오고 있는 약 60개의 식물들에 관한 다키아학명들의 동의어표이다. 이 도표는 3세기 말경에 디오쿠리데스의 원본과 4세기 중에, 즉 아우렐리안 황제에 의한 다키아(Dacia Trajana)로부터 철수가 실시된 후에, 프세우도아풀레이우스의 원본에 첨가됐음이 밝혀졌다. 그 문헌에 의하면 'Dakoi'란 단어의 의미는 단지 다뉴브 강 이북의 다키아(Dacia Trajana)지방의 주민들 뿐만 아니라, 다뉴브 강 이남의 다키아(Dacia Aureliana)지방의 백성들도 뜻한다고 돼 있으며 그 곳에는 라틴어와 고대 그리스어를 사용하는 많은 주민들이 살았었기 때문에 이 표에 있는 다키아어로 표시된 식물이름들이 라틴어나 고대 그리스어로부터 유래됐을 가능성도 배제할 수는 없을 것이다. 그러나 이 다키아어휘가 트라코-다키아어 연구에 중요한 자료가 될 수 있으므로 많은 학자들에 의해 심층적으로 연구된 결과 현재 약 26개의 단어들이 다키아어 근원인 것으로 거의 확실시 되고 있다.

❷ 인명, 지명, 어명 등 고유명사들로 역시 트라코-다키아어휘의 음성·음운론적인

면과 접미사들의 파생 등을 연구하는데 중요한 자료가 되고 있다.

❸ B.C. 9세기의 그리스의 서사시인이었던 호메로스(Homeros)시대부터 초기 비잔틴 시대까지 고전 작가들과 사전 편찬자들에 의해 보존돼온 약 70~80개의 어휘가 있지만, 대부분이 어원적으로 밝혀지지가 않았고 단지 소수만이 트라코-다키아어 연구에 기여하고 있다.

❹ 1912년 에제르보(Ezervo)마을 근처의 한 트라키아인 무덤에서 발굴된 5세기 초에 만들어진 것으로 추정되는 한 반지에 새겨진 글은 그리스 글자와 아직도 밝혀지지 않고 있는 또 다른 언어로 쓰여졌다. 이 글은 현존하고 있는 자료 중에서 유일하게 트라키아어로 간주될 수 있는 것인데, 그 의미를 해석하고자 수차례 시도했음에도 불구하고 띄어쓰기가 돼 있지 않아 유감스럽게도 판독이 안돼서 현재까지는 연구 자료로 소용이 못되고 있다.

❺ 프리지아(Frigia), 갈라티아(Galatia)와 리카오니아(Lycaonia)지방에서 발견된 그리스어로 쓰여진 프리지아의 비문들이 있지만 대부분 역시 판독이 안되고 있는 실정이다. 왜냐하면 프리지아어의 명칭방법이 트라키아어와 다르기 때문에 복합 명사들은 이해하기가 어려워서 Atta, Nana, Tatta 등과 같은 단지 간단한 이름들만 알 수가 있다. 그럼에도 azen, balen, bedy, zelcia, zemelen 등과 같은 몇몇의 프라지아어휘들은 어원이 분명히 밝혀졌고, 음운체계도 전형적인 인도·유럽어의 사템어적인 성격을 띄고 있다는 사실을 알게 됐다.

프리지아어는 이미 언급한 바와 같이 한편으로 사템어에 속해 있는 트라키아어와 유사한 음운체계를 가지고 있다. 예를 들어 소위 T.A.M.-고리 법칙에 따라 무성파열음(Tenus : p, t, k)이 무성·파열유기음 T. A.(Tenus Aspirae : $p^h$, $t^h$, $k^h$)으로 무성·파열유기음(T.A.)이 유성·파열음(Mediae : b, d, g)으로 그리고 유성·파열음(M.)은 무성·파열음(T.)으로 변하고 있다. 다른 한편으론 인도·유럽어의 e가 a로 변모음이 되거나 인도·유럽어 o를 보존하고 있으며 인도·유럽어의 m, n이 am. an으로 그리고 인도·유럽어의 구개음 g', h'이 탈 구개음화되는 현상과 같이 트라키아어에는 생소하고 오히려 켄툼(Kentum)어에 속하는 고유의 특성을 보여준다.

역사·비교언어학 연구에선 한 언어의 음운론, 형태론 및 어휘론적인 성격을 규정할 수 있는 단어들의 발생 기원을 밝히는 어원론이 무엇보다도 긴요하다. 그러나 확실한 어원을 찾기 위해서는 그 의미가 반드시 해명돼야 한다. 또한 어떤 단어의 확실한 어원을 입증하기 위해서는 친족관계에 있는 다른 언어들에서 동질 어휘들과 연관돼 있다는 사실이 밝혀져야만 한다. 이런 이유에서 그 의미가 불분명하고 그 어원이 확실히 밝혀지지 않은 트라키아어 자료들의 대부분이 언어학적인 평가를 받기에 부적당하다.

이와 같이 미흡한 자료에도 불구하고 앞에서 언급된 학자들의 공동 연구 덕분에 트라코-다키아어의 결정적인 특성이 밝혀질 수가 있었다.

그러나 이미 살펴본 바와 같이 트라키아어와 다코-게토-뫼시아어 사이의 음운론적인 차이를 어떻게 간주하느냐와 어떤 자료에 보다 비중을 두느냐에 따라 다소 차이가 있을 수 있다는 사실을 전제로 하고 트라코-다키아어의 근본적인 특성을 데체브(Dečev)와 게오르기에프(Gerogiev)그리고 루수(Russu)의 견해들을 면밀히 비교해

**고대 인도·유럽어와 트라코-다키아어의 음소비교**

| 인도·유럽어 | Dečev | Gerogiev | Russu |
|---|---|---|---|
| a | a | e, (방언)a | a |
| e | e(ie, ia) | e, I | e,(방언) a, I |
| o | a, o | a, u | a, o(u, y) |
| u | eu(i) | | u(y) |
| ai | ai | | ai |
| ei | ai | | ei |
| oi | ai | | oi |
| au(aw) | au, a | au | au |
| eu(ew) | eu(e, au, a) | eu | eu |
| ou | ou | | |
| u | 그리스어v(ob)<br>라틴어 y, u | | v(b) |
| T.(p, t, k) | T. A. | T. A. | T. |
| M.(b, d, g) | T. | T. | M. |
| M.A.($b^h$, $d^h$, $g^h$) | M. | M. | M. |
| P.(k', g') | s, z | s, z | s, z |
| L.(r, l) | ur, ul(or, ol) | ur, ul, (or, ol) | L. |
| N.(m, n) | –m 〉 –n | | m ⇔ n |
| L.V.(ku, gu) | k, g | | k, g |
| s | s, z | s | s |
| sr | str | str | str |
| tt(dt, $d^h$t) | st | st | |

약어: T.=Tenues, T.A.=Tenues Aspiratae, M.=Mediae, M.A.=Mediae Aspiratae, P.=Palatale, L.=Liquidae, N.=Nasale, L.V.=Lavio-Velare

다음과 같이 도표로 작성하여 보았다:

위의 연구 결과 트라코-다키아어는 음운체계상으로 전형적인 고대 인도·유럽언어의 사템어의 일종으로서 음운론적인 관점으로 보아 모체가 되는 인도·유럽어의 음들을 대부분 그대로 보존하고 있으며, 변한 것은 단지 인도·유럽어의 유성·파열음(M.=b, d, g)이 무성·파열음(T.=p, t, k)으로 유성·파열·유기음(M.A.=$b^h$, $d^h$, $g^h$)은 유성·파열음(b, d, g)으로 그리고 무성 파열음(T.=p, t, k)이 무성파열·유기음 (T.A.=$p^h$, $t^h$, $k^h$)으로 된 것 뿐이다.

### 1.3.1. 루마니아어에만 존재하는 기층어휘

이미 언급한 바와 같이 루마니아어에는 어원이 로마시대 이전으로 거슬러 올라가는 160여개 단어들이 존재하고 있다. 최근의 연구들에 의하면 이들 가운데 60~70개는 알바니아어와 공통적이고 나머지 100여개, 예를 들어 brânză(치즈), copil(어린아이), zară(유장, 버터유우) 등은 루마니아어에만 단독으로 존재한다는 사실이 밝혀졌다. 이 160여개의 기층어휘들이 광의의 루마니아어방언들인, 다코-루마니아어(현재 루마니아 영토에서 사용되고 있는 루마니아어), 아루마니아어, 메글레노-루마니아어 및 이스트로-루마니아어 등에 분포돼 있는지를 통계적으로 분석하여 보면 다음과 같다.

- 모든 4개의 방언에 존재하는 어휘(27개) : baltă(늪), brâu(요대), copac(나무), gard(울타리), moş(늙은이, 조상), sâmbure(씨), ţap(숫염소), vatră(난로) 등.
- 단지 다코-루마니아어에 존재(53~56개) : băiat(소년), gata(준비된, 완료된), grunz(조각, 파편), mire (신랑), zară(유장) 등.
- 다코-루마니아어, 아루마니아어 및 메글레노-루마니아어에 존재(29개) : brad(전나무), brânză(치즈), bucura(즐겁게 하다), buză(입술), copil(어린아이), daş(양, 양고기), scrum(재) 등.
- 다코-루마니아어와 아루마니아어에 존재(38개) : abure(증기), balaur(용), burtă(배), grumaz(목), mazăre(완두콩), viezure(오소리) 등.

- 다코-루마니아어와 메글레노-루마니아어에 존재(8개) : butură(장작), mugure(눈, 싹), strepede(치즈 구더기) 등.
- 다코-루마니아어와 아루마니아어 및 이스트로-루마니아어에 존재(3개) : mal(강둑), rânză(위, 사랑) 등.
- 다코-루마니아어와 메글레노-루마니아어 및 이스트로-루마니아어에 존재(1개) : tare(힘 센, 큰소리의).
- 다코-루마니아어와 이스트로-루마니아어에 존재(1개) : beregată(목구멍).
- 아루마니아어와 메글레노-루마니아어에 존재(1개) : (a)darari(일하다, 세우다).
- 단지 아루마니아어에 존재(2개) : mărcat(요쿠르트), zgârma(할퀴다).

이 통계 수치에 의하면 루마니아어의 기층어휘 160여 개 중에 약 1/3에 해당하는 53~56개가 단지 다뉴브 강 이북 지역의 방언인 다코-루마니아어에만 존재하고 있다는 것이 밝혀졌다. 이 53~56개의 어휘중에서 몇 개나마 애당초부터 단지 동로마 제국의 북부지역에서 존재했었다면, -그리고 지방 주민들에 의해 채택돼진 일종의 로망스어로 침투했다면-, 로마시대 이전의 기층어적인 요소는 다뉴브 강 이북 지방에서 더욱 더 강했었으며 또한 집요하게 보존됐으리라고 여겨지며, 루마니아어의 기층어휘는 로마시대 이전의 이 지역 원주민들인 트라코-다키아 민족과 로마인들과의 밀접한 유대 관계가 이루어지고 있을 당시에 형성된 것으로 판단된다.

## 1.3.2. 루마니아어와 알바니아어의 공통적인 요소

### 1.3.2.1. 어휘

루마니아어에 남 다뉴브적인 요소들이 상당수 존재하고 있다는 것은 부인할 수 없는 사실일 것이다. 특히 루마니아어와 알바니아어 사이의 공통으로 존재하고 있는 어휘들에 관하여 바이간트(Weigand, G.)는 알바니아어로부터의 차용어로 간주한데 반하여 트라이머(Treimer, K.)는 차용관계를 반대하는 입장을 표명했다. 한편 카피단(Capidan, T.)은 이들 공통어휘 가운데 19개가 루마니아어의 남 다뉴브방언인 아루마니아어에는 존재하고 있지 않다는 것을 제시했다. 예를 들어 보면 다음과 같다 :

| 루마니아어 | 알바니아어 |
|---|---|
| abure(증기) | avull |
| balbegă, buligă(회비) | baigë, bagjë |
| baltă(늪) | baltë |
| bască(두건 모양의 모자, 베레모) | bashkë, baskë |
| brad(전나무) | bredh |
| bucurie(기쁨) | bukurë(아름다운) |
| buză(입술) | buzë |
| copac(나무) | kopaç(나무줄기) |
| copil(어린아이) | kopil(기사) |
| cursă(덫) | kurthë |
| daş(새끼양) | dash(거세된 수양) |
| gard(울타리) | gardh |
| gata(준비된) | gat |
| grumaz(목) | gurmas |
| mal(해안) | mal |
| mire(신랑) | mirë |
| moş(늙은이) | moshë(연령) |
| scrum(재) | shkrum |
| ţap(수염소) | cap |
| vatră(화덕) | vatër 등 |

루마니아어와 알바니아어의 공통적인 점들은 어휘에서 뿐만 아니라 음성·음운론과 형태·통사론적인 면에서도 찾아볼 수가 있다.

### 1.3.2.2. 음성·음운론

루마니아어 ă와 알바니아어 ë는 주로 비강세일 때 사용되지만 때로는 강세의 위

치에서도 나타난다. 예로서 :

비강세: 루마니아어의 cămaşă(셔츠) - 알바니아의 këmishë

강세: 루마니아어 cântec(노래) - 알바니아어 këngë 등

루마니아어와 알바니아어 사이의 또 다른 공통점을 라틴어의 ŭ(단모음 u)를 보존하고 있다는 것이다. 예로서 : 라틴어 furca > 루마니아어 furcă, 알바니아어 furkë, 그러나 타로망스어들에서는 ŭ > o 됐다. 예로서 : 라틴어 furca > 이탈리아어 forca, 포르투갈어 forca, 스페인어 horca 등. 자음군 -kt- 와 -ks-의 취급에서도 역시 유사성을 보이고 있다. 예를 들어 모음 사이에서 라틴어의 자음군 -kt- 는 루마니아어에서 -pt-로, 알바니아어에서 -ft-로 변했다. 즉 라틴어의 연구개 무성·파열음 k가 순음인 p 또는 치순음 f로 됐다. 예로서 : 라틴어 lucta > 루마니아어 luptă, 알바니아어 luftë, 그러나 타 로망스어들에서는 라틴어 lucta > 이탈리아어 lotta, 포르투갈어 lutta 등과 같이 대부분 치음(-kt->-tt-)화 됐다. 라틴어의 자음군 -ks-는 루마니아어에서 -ps-로, 알바니아어에서 -fs-로 변했다. 즉 여기에서도 역시 연구개음인 k가 p 또는 f로 순음화됐다. 예로서 : 라틴어 coxa[koksa] > 루마니아어 coapsă, 알바니아어 kofshë, 그러나 타 로망스어에서는 라틴어 coxa > 이탈리아어 coscia, 프랑스어 cuisse, 포르투갈어 coxa 등으로 변했다.

### 1.3.2.3. 형태·통사론

형태·통사론적으로 루마니아어와 알바니아어에 공동으로서 타 언어들과 가장 두드러지게 차이점을 보이고 있는 것은 정관사가 명사의 뒤에 어미 형태를 취한다는 것이다. 예로서 : 라틴어 homo + ille + bonus > 루마니아어 omul bun, 알바니아어 njeriu i mire, 그러나 타 로망스어들에서는 라틴어 ille + homo + bonus > 이탈리아어 il uomo buono, 프랑스어 le homme bon, 스페인어 el hombre bueno, 포르투갈어 o homem bom 등과 같이 정관사가 명사의 앞에 위치한다.

전치사에 의해서 지배되는 명사, 즉 전치사구에서 명사는 정관사없이 사용된다. 예로서 : 루마니아어 S-a dus la palat., 알바니아어 vate në pallat.

이상 위에서 살펴본 바와 같이 루마니아어와 알바니아어 사이의 공통적인 요소들이 두 언어들이 동일한 기원을, 즉 동일한 기층어를 가지고 있다고 볼 수는 없다. 따라서 이 지역의 토착민들인 일리리아 민족과 트라코-다키아 민족 사이의 방층어 관계에서 유래됐을 가능성과 아울러 이 지역이 로마제국의 식민지가 됐을 당시 발칸-카르파티아 지역에서의 폭넓은 사회·문화적인 교류에서 기인됐을 가능성이 많은 것으로 판단된다.

### 1.3.3. 기층어로부터 고대 루마니아어로의 변이 과정

루수는 루마니아어 기층어휘의 어원을 트라코-다키아어로 단정했다. 그 근거로는 고대 루마니아어의 음운변화 과정이 고대 인도·유럽어로부터 트라코-다키아어의 사템음운 체계로의 음운 규칙이 일치하기 때문이라는 것이다. 예를 들자면 루마니아어의 동사 răbda(참다)는 인도·유럽어의 어근 orbho-에 속하는 것이다. 이 어근으로부터 역시 라틴어의 orbus, 고대 그리스어의 orphanos, 게르만어의 Arbeit, 슬라브어의 robŭ 등이 유래된 것으로 알려지고 있다. 루마니아어휘 răbda는 고대 그리스어나 라틴어나 게르만어나 슬라브어 등으로부터 온 것이 아니라 bh가 b로 경우에 따라서 o가 a로 변한 어떤 한 언어로부터, 즉 형태론적으로 독특한 구조를 가지고 있는 한 언어들로부터 유래된 것으로 알려지고 있다. 다른 루마니아어 동사 rezema(~에 기대다)를 예로 들어보면 이 단어가 인도·유럽어 reg-에서 유래된 것으로 밝혀졌으며, 라틴어 rego, rex등과 고대 그리스어 oreio, 게르만어 recken 등이 역시 이 어휘에서 파생됐다고 알려졌다. 루수에 의하면 g에서 z로의 변화는 오로지 발칸 지역의 기층어인 트라키아어와 일리리아어가 속해 있는 사템어에서만 나타나고 있다는 것이다. 또 다른 예를 하나 더 들어 보면 루마니아어 명사 droaie(무리, 떼)는 보다 더 고어인 drugia로부터 유래됐는데 도중에 u가 a로 변했고(예: 라틴어 pluvia > 루마니아어 ploaie 변화에서처럼) g가 탈락했다(예: 라틴어 magis > 루마니아어 mai). 그러나 이 단어 drugia는 원래 고대 인도·유럽어 dhreugh- (집단, 무리, 다량)에 속한 것이며, 이 dhreugh-로부터 역시 켈트어 drungos, drong 등과 슬라브어 drugŭ등이 파생됐다.

루마니아어의 기층어휘가 고대 인도·유럽어에 속한다는 것은 다음의 세 가지 사실에 근거를 두고 있다 : 첫째는 루마니아어휘에 의미론적으로 고대 인도·유럽어의 의미를 지니고 있는 일련의 어근들이 출현하고 있다는 것이고, 둘째는 카르파티아-발칸 지역의 고대 사템어의 음운 규칙에 따라 발달한 음운 체계이며, 셋째는 다양한 접미사들이다.

#### 1.3.3.1. 고대 인도·유럽어의 어근

인구어 ar- : 루어 anina에서

인구어 aue-l- : 루어 aburi에서

인구어 bal-, bel- : 루어 băiat에서

인구어 bhag- : 루어 băga에서

인구어 bhel- : 루어 baltă에서

인구어 bhol- : 루어 boare에서

인구어 dher-: 루어 zară에서

인구어 er- : 루어 arunca에서

인구어g(h)at- : 루어 gata에서

인구어 gherdh-: 루어 gard에서

인구어 kap- : 루어 căpuşă에서

인구어 lang-, legh- : 루어 leagăn에서

인구어 me-, mo- : 루어 mare(커다란)에서

인구어 mer- io- : 루어 mire에서

인구어 nek- : 루어 necheaza에서

인구어 orbho- : 루어 răbda에서

인구어 pan- : 루어 pînză에서

인구어 reg- : 루어 rezema에서

인구어 re-, re-n- : 루어 pîrîu에서

인구어 skeubh : 루어 scula에서

인구어 skeu-r- : 루어 curma에서

인구어 ster- : 루어 sterp에서

인구어 streng- : 루어 strungă에서

인구어 ter- : 루어 tare에서

인구어 top- : 루어 întîmpla에서

인구어 ua-t- : 루어 vătăma에서

인구어 ueg- : 루어 baieră에서

인구어 uer- : 루어 urca에서 등

이상과 같이 어원적으로 거의 확실하게 규명돼진 어휘들만 예로 들었다. 위의 예시들을 보면 많은 루마니아어의 기층어휘들이 천여 년 간의 발달 과정에도 불구하고 고대의 근본적인 형태 및 의미를 유지하고 있으며, 그 밖의 어휘들도 유사한 의미를 가지고 있다는 사실을 알 수 있다.

### 1.3.3.2. 음운체계

로망스 언어학의 창시자로 인정받고 있는 디츠(Diez, F.)는 그의 저서인 로망스 어원사전의 서언에서 언어학과 어원론의 연구방법에 있어서 음운론의 중요성을 강조한 바 있다. 그의 견해에 의하면 음운 법칙이 제반 역사·비교언어학 연구의, 특히 형태론 및 어원론의 기초가 되며, 어원연구에 있어서 냉철하고 비판적인 방법만이 음운 연구에 의해서 얻어진 음운 법칙과 원칙을 제어할 수 있다고 한다(Gauger, Oesterreicher,Windisch. 1981. 122).

루마니아 토착어휘의 음운 체계는 인도·유럽어족의 분류와 어원론적인 재구성 작업에 중요한 시금석이 될 수 있다. 다음의 예들은 루마니아 기층어휘가 고대 인도·유럽어의 단계로부터 트라코-다키아어의 단계까지 서력 기원 전의 유구한 발달 과정에도 불구하고 근본적인 성격을 그대로 보존하고 있는 것을 보여준다. 여기에선 그러나 balaur, bucura, mazăre, mistreț sâmbure, țap 등과 같이 어원이 밝혀지지 않았거나 불확실한 것들은 고려하지 않았다.

#### 1.3.3.2.1. 모음체계

인구어 a> 트-다어 >a : 루어 abur, anina, argea 등

인구어 e> 트-다어 e : 루어 beregată, leagăn 등(간혹 e>i : mer-> mire등)

인구어 I > 트-다어 I : 루어 înghina, mişca, nițel 등

인구어 o > 트-다어 o : 루어 boare, groapă, copac 등 (간혹 o > u: abure, grunz 또는 o > a : baltă, gard, mare, mal등)

인구어 u > 트-다어 u : 루어 bunget, urca, urdina, uite등 (간혹 u > o : dop, droaie등)

#### 1.3.3.2.2. 자음체계

비음 및 유음: 인구어 n > 트-다어 n : 루어 ghionoaie, năpîrcă, pînză, cătun, curpăn 등

인구어 m> 트-다어m: 루어 mazăre, mînz, vătăma 등

인구어 r> 트-다어 r: 루어 argea, arunca, beregată 등

인구어 l> 트-다어 l : 루어 gălbează, leagăn 등

(그러나 간모음 l>r : 루어 abure, ghiara, sîmbure 등)

순음: 인구어 p> 트-다어 p :루어 grapă, căputǎ, copac 등

인구어 b> 트-다어 b : 루어 băiat, buză 등

인구어 bh> 트-다어b : 루어 bască, baltă, răbda 등

치음: 인구어 t > 트-다어 t:루어 întîmpla, vatră, cătun, tare 등

인구어 d> 트-다어 d: 루어 druete, lepăda 등

인구어 dh> 트-다어 d: 루어 daş, dop, droaie, gard 등

구개음: 인구어 k'> 트-다어 s: 루어 păstra 등

인구어 g'> 트-다어>z:루어 barză, mazăre, viezure 등

연구개음: 인구어 k> 트-다어 c[k]: 루어 cață, cătun, căciulă, căpuşă, caier, scula, căputǎ 등

인구어 g> 트-다어 g : 루어 guşă, măgură, grapă, gardină

(그러나 간모음에서 소멸됨: caier, baier 등)

인구어 gh>트-다어 g : 루어 gresie, gard, groapă, leagăn

(그러나 간모음에서 소멸됨 : droaie 등)

순연구개음: 인구어 gu> 트-다어 g : 루어 genune, gălbează, baleg등

치음: 인구어 s > 트-다어 s 또는 ş[ʃ]: 루어 bască, să, gresie, scula, strungă 등

루마니아 기층어휘들의 음운체계는 범어(산스크리트어)처럼 단순한 모음 구조를 변화하지 않으며, 게르만어나 그리스어처럼 자음 구조를 변화하지 않고 기본적인 고대 인도·유럽어의 음운 체계를 그대로 보존하고 있다. 토착어 어휘들에 나타난 몇몇 새로운 음운 현상들은 전형적인 중부 유럽의 사템어적인 특성을 보여주고 있다.

### 1.3.3.3. 파생

고대 인도·유럽어휘와 루마니아기층어휘 사이의 친족 관계는 어근이나 음운체계에서 뿐만 아니라 어형성에서도 확인됐다. 각 단어 마디의 형태론적인 분석은 모든 인도·유럽어족의 언어들이 일치되는 접미사들을 갖고 있다는 것을 증명해 주고 있다. 이것은 서로 상이한 유럽의 여러 언어들로부터 유래된 토착어휘들의 완벽한 일치성과 태고의 성격을 증명해 주는 또 다른 증거이다. 그러나 이 어휘들의 형태적인 분석이, 특히 이 요소들의 모음구조에 관한한 확실한 것은 아니다. 왜냐하면 이 어휘들은 두 가지 음운 변이 단계를 거쳐 발달했기 때문인데, 첫째는 로마시대 이전의, 즉 트라코-다키아어의 발달과정이며, 두 번째는 로망스적인 발칸 과정인 것이다. 이 어휘들은 라틴어의 영향에 의하여 음성·음운적으로 뿐만 아니라 형태적으로도 변화했다. 그 결과로 접미사를 가지고 있지 않는 몇 개의 어근들 중엔 모음 접미사와 더 이상 구별되지 않는 것도 있다. Baligă, balaur, mistreț pârâu 등 단지 4~5개의 복합어휘들만이 발견되고 있다. 루마니아 기층어휘는 카르파티아-발칸 라틴어의 범주 내에서 동일한 형태 변화과정을 거쳤기 때문에 로마시대와 중세에 루마니아어의 일반적인 변화 규칙은 이 토착어휘에 적합하게 들어맞는다.

## 미주

1) 예를 들자면 B.C. 33년 일리리아 지방(대략 오늘날의 알바니아), A.D. 10년 파노니아(헝가리 평야지대), 46년 트라키아(불가리아), 107년 다키아(루마니아) 등이 로마제국의 식민지로 됨.

2) Kretschmer에 의하면 그동안 켈트어로부터 유래된 것으로 알려졌던 다뉴브 강을 일컫는 라틴어휘 'Danuvius'조차도 스키타이어원이라는 주장이다.

3) Groskurd, 1831: 536.

4) Wiesner, 1963: 22–23.

5) 예를 들자면 루마니아어 동사 a răbda(참다)의 어원을 추적해보면 고대 인도·유럽어의 orbho-로 거슬러 올라가게 된다. 이 인도·유럽어의 어근으로부터 역시 라틴어휘 orbus, 고대 그리스어휘 orphanos, 슬라브어휘 robŭ 등이 유래된 것으로 밝혀지고 있다. 이런 사실은 루마니아어휘 răbda가 고대 그리스어나 라틴어나 슬라브어로부터 유래된 것이 아니고 -bh-가 -b-로 변한 어떤 한 언어로부터 유래됐다는 증거다. 또 다른 루마니아어의 동사를 예로 들어보면 a rezema(기대다)의 어원 조사해보면 인도·유럽어의 어근 reg-으로부터 유래됐음을 알 수 있으며, 이 어근으로부터 또한 라틴어휘 rex, rego 등과 고대그리스어휘 oreio, 게르만어 recken 등이 유래한 것으로 알려졌다. 루수는 g가 z로 변하는 현상은 고대 인도·유럽어의 전형적인 사템어의 특성이라는 견해다.

# Chapter 2

# 고대 로마제국 당시 다키아지방의 사회·문화적인 배경 및 언어적인 상황

# Chapter 2 고대 로마제국 당시 다키아지방의 사회·문화적인 배경 및 언어적인 상황

다키아 왕국의 건립 시기와 장소 그리고 건립자 부레비스타(Burebista)에 관해선 학자들 사이에서 의견이 다소 분분하다. 그 이유는 우선 이 문제의 단서가 될 수 있는 흑해 변의 고대 그리스의 도시 디오니소폴리스(Dionysopolis)의 한 비문에 쓰여진 내용의 해독에 관한 문제이며, 둘째론 고대 역사에서 게티아인들과 다키아인들 간의 구분이 확실치 않았다는 것이다. B.C. 48년에 쓰여진 것으로 알려지고 있는 위의 비문에서 아코르니온(Akornion)이란 한 시민이 도움을 청하러 아르제다바(Argedava)라는 곳에 있는 부레비스타의 아버지에게로 보내졌다라고 쓰여 있으며, 이어서 부레비스타는 당시 다뉴브 강 이남과 이북 지역을 통틀어 가장 위대한 왕이라고 기술하고 있다.

한편 스트라본은 그의 지리·역사서에서(Gheographica, VII, 303-304) 부레비스타에 관하여 다음과 같이 전하고 있다:

> 한 게티아인인 부레비스타는 백성들의 지도자로서 잦은 전투로 지쳐 있던 사람들의 사기를 북돋아주어 그들로 하여금 다시 열심히 생활하고 그의 명령에 잘 따르도록 보듬어줌으로써 수년 내에 거대한 왕국을 세우고 점차적으로 주위의 타민족들을 굴복시켰다. 그가 용맹스럽게 이스트로스강(다뉴브 강을 뜻함)을 넘어 트라키아에서 마케도니아 및 일리리아에 이르는 지역까지 약탈을 일삼자 심지어는 로마인들까지도 겁을 내게 됐다. 그는 또한 트라키아인들 및

일리리아인들과 혼합하고 있던 켈트족을 섬멸시켰다.(Groskurd, 1831: 535).

위의 두 문헌들의 내용상으론 다키아(또는 게티아 또는 게토-다키아) 왕국을 건립했다는 부레비스타가 누구이며, 아르제다바라는 지명은 고금을 통하여 전혀 알려지지 않은 곳이어서 아르제다바라는 지방이 어디인지가 확실치 않지만 당시 이 지역의 민족적 상황과 지명 등을 고려하여 종합해 보면 다음과 같이 대략 3가지 가능성을 도출해낼 수 있다: 첫째로 부레비스타는 원래 당시 다키아의 남서 지방에 있는 오러슈티에(Orăştie) 산악지대의 한 다키아 종족의 지도자이며, 아르제다바는 무레슈(Mureş)강의 중류 지역에 위치하고 있는 아르치다바(Arcidava)를 일컫는 말일 가능성이 다분하다. 그 이유로는 부레비스타는 다키아인들과 게티아인들을 통합시킨 후 무엇보다도 서쪽 지방의 켈트족들과 전투를 치른 후에 흑해안 지역으로 이동했을 것이기 때문이다. 둘째론 부레비스타가 스트라본이 언급한 바와 같이 게티아인으로서 부레비스타가 지배했던 왕국의 왕도 격인 아르제다바는 당시 게티아인들과 다키아인들이 통합되기 이전까지 주 본거지였던 오늘날 루마니아의 동부 지방에 위치했었을 가능성이 높다. 따라서 아르제다바는 한때 정치·경제적으로 중심지 역할을 했던 아르제슈(Argeş)강 유역을 뜻할 것이라는 견해다. 셋째론 부레비스타는 첫 번째 가능성에서와 같이 다키아인으로서 그의 고향은 무레슈강 중류 지역의 산악 지대였을 것이다. 왜냐하면 그곳은 부레비스타 시대부터 다키아의 마지막 왕이었던 데케발(Decebalus) 시대에 이르기까지 내내 다키아왕국의 중심지였기 때문이다. 이런 의미에서 아르제다바는 당시 부레비스타의 여러 거주지들 중의 하나로서 무레슈강 유역일 수도 있고, 아르제슈강 유역일 수도 있고, 또한 그 밖의 다른 지역일 수도 있다.

한편 다키아왕국(또는 게토-다키아왕국)이 부레비스타에 의하여 건립된 시점에 관해선 당시의 역사적인 사건들을 추적해봄으로써 대략적인 시기를 산출해낼 수 있을 것이다. 일반적으로 부레비스타가 당시 다뉴브 강 중류 지역에 정착했었던 켈트족들과 전투를 치렀던 시기는 B.C. 60년경이라고 알려지고 있으므로(Macrea, 1956: 122-123), 그가 게티아인들과 다키아인들을 통합시켜 왕국을 건립한 시기는 그 이전일 것이다. 그 후 부레비스타의 대외 정책은 B.C. 48년에 파르살루스(Pharsalus) 전투에서 로마의 명장 시저(Caesar)가 지휘하던 군대에 의해 패전할 때까지 남동부 유럽 일대 및 흑해안 일대의 그리스 도시들을 장악했다고 전해진다(Daicoviciu, H, 1972: 74).

B.C. 45년 부레비스타의 사망 이후 다키아왕국의 마지막 왕이었던 데케발이 이끄는 다키아 군대가 트라얀황제가 친히 진두 지휘했던 로마 군대에 의해서 패배했던 A.D. 106년까지의 기간은 로마제국의 동방정책으로 인한 다키아왕국과 로마제국 간의 끈질긴 전투로 점철됐다고 해도 과언이 아니다. 데케발 역시 매우 용맹스러워서 로마 군대와의 최후의 전투까지 맞서 싸웠지만 로마 군대에는 역부족일 수밖에 없었다. 그러나 데케발의 주거지였던 후네도아라(Hunedoara) 지방의 사르미제제투사(Sarmizegetusa)도시는 당시의 찬란했던 다키아왕국의 면모를 보여주었고, 오러슈티에 산악 지대는 자연적으로도 군사적인 요지일 뿐만 아니라 다키아인들에 의해 성곽이 훌륭하게 설계됐었다고 전해진다(Oppermannn, 1984: 201).

이상 언급한 바와 같이 비문에서 언급되고 있는 지명 아르제다바가 정확하게 어디인지는 현재까지 명백하게 밝혀지지 않고 있지만 필자의 견해로는 부레비스타가 서력기원 전 1세기 전반에 게티아인들과 다키아인들을 통합시켜 다키아왕국을 건립했으며 그 지역은 다키아왕국의 마지막 왕이었던 데케발의 주거지였던 오러슈티에 산악 지대 인근이었을 가능성이 매우 높다. 따라서 아르제다바는 무레슈강 중류 지역에 있는 현재의 아르치다바를 가리키는 것이라는 주장이 설득력을 갖는다고 봐도 무방하리라고 판단된다.

## 2.1. 로마문화의 보급

로마제국의 새로운 식민지가 된 다키아 트라야나 지방은 곧바로 서부를 다키아 상부(Dacia Superior) 그리고 동부 지방을 다키아 하부(Dacia Inferior)로 행정구역이 양분됐다. 각 지역은 도시와 지방으로 구분됐고 도시들 또한 대도시와 소도시들로 등급이 매겨졌다[1]. 다키아 트라야나의 행정 구조는 제국의 타 식민 지역들에 비해 비교적 로마의 행정 제도를 거의 그대로 본 따서 체계적으로 이루어졌던 것으로 알려지고 있는데, 이를 테면 각 도시들은 시참사회(orso decurionum)와 몇몇의 시의회(magistrat)들로 구성돼 있었으며, 마을들은 크기에 따라 두 개의 다른 형태의 행정기구들, 즉 도시들에는 'pagi' 그리고 지방엔 'vici'가 존재했다(Condurachi/Daicoviciu, 1972: 135-136).

이와 같이 다키아 트라야나에 다양한 행정 제도가 도입됐었다는 것은 이 새로운 식민지에 로마화 과정이 대단히 강도 높게 실시됐었다는 일 면목을 보여주고 있다는 증거일 것이며, 비록 다키아 트라야나에서 로마인들의 직접적인 통치 기간은 불과 150년 남짓하지만 로마화 작업은 첫째 로마 군대, 둘째 제국내의 여러 식민지들로부터 온 이주민, 셋째 다양한 주민들 사이에서 의사소통의 언어로 라틴어의 사용이 불가피하게 됐다는 점과 같은 세 가지 요소들에 따라 라틴어의 보급이 매우 집약적으로 실행됐었다는 견해가 지배적이다.

### 2.1.1. 로마군대

로마제국의 군대와 다키아왕국의 군대가 전투를 벌인 것은 모두 2차례에 걸쳐 진행됐다. 제1차 다키아전쟁은 A.D. 101년 봄에 트라얀(Trajanus)황제가 직접 진두지휘하는 로마군대가 다뉴브 강을 도하하면서 발발했지만 로마사에서 당시 로마군대가 어느 지점에서 강을 도하했는지에 대해선 전혀 언급되지 않았으므로 오늘날 정확한 도하지점을 확인할 수는 없다. 트라얀황제의 「다키아 전쟁기」 중에서 현존하는 유일한 문구인 "inde Berzobim, deinde Aizi processimus(우리는 베르조비스로 그리고 아이지스로 진군했다.)" 상에서 베르조비스나 아이지스와 같은 옛 지명이 오늘날 어디인지는 정확하게 알 수는 없다. 다만 당시 로마군대의 목적지는 다키아왕국의 도읍지였던 사르미제게투사(Sarmizegetusa)이었으므로 그 당시 이미 로마제국의 속주에 속해있던 구단기지 베오그라드를 거점으로 가까운 지점에서 다뉴브 강을 도하했을 가능성이 크다는 것이 중론이다(시오노 나나미. 로마인 이야기 제9권. 69-70). 그러나 1년 몇 개월 동안이나 지속됐던 이 대전은 결말을 내지 못하고 아래와 같은 7개 조항의 강화조약을 체결하는 수준에서 종결됐다:

1. 다키아 왕에게는 '로마 시민의 친구이자 동맹자'라는 칭호가 주어지고, 다키아는 향후 로마제국의 동맹국이 된다.

❷ 데케발루스를 비롯한 모든 중신의 지위는 로마가 보장한다.

❸ 다키아 왕은 로마의 1개 부대가 수도 사르미제게투사 근교에 주둔하는 것을 인정한다.

❹ 다키아가 소유하고 있는 일체의 병기는 로마가 몰수한다.

❺ 다뉴브 강 북안에 있는 모든 성채와 요새는 모두 파괴한다.

❻ 포로는 양국이 공히 송환한다.

❼ 다키아는 앞으로 로마와 우호관계에 있는 다뉴브 강 이북의 부족들을 공격하지 않는다.

그 이듬해인 103년과 104년에는 로마제국과 다키아왕국 사이에 평화가 유지된 것으로 알려지고 있다(시오노 나나미 제9권 89-91). 그리고 105년 봄에 강화조약을 파괴하고 공세를 취한 쪽은 오히려 다키아왕국이었다. 다키아군대가 다뉴브 강 하류의 로마영토를 동시다발적으로 공격하자 당시 로마에 머물고 있었던 트라얀황제가 6월 4일 급기야 로마를 떠나게 됐으며 이 2차 다키아전쟁에 대해선 소위 트라얀 원기둥에 비교적 소상히 묘사돼 있다. 전쟁 초반에는 양 진영이 서로 밀치고 당기는 전투가 벌어졌지만 106년 결국 전쟁은 수세에 몰리던 데케발루스(Decebalus)왕의 자결로 끝이 났다(시오노 나나미 제9권 109-123).

106년 가을 다키아왕국의 수도였던 사르미제게투사가 트라얀이 진두지휘하는 로마 군대에 의해 함락됨으로써 로마제국은 역사상 가장 광활한 영토를 차지하게 됐으며, 로마제국은 더 이상의 새로운 식민지를 정복하기보다는 제국의 영토를 방어하려 정책을 수립하고 게르만 민족들의 침략을 대비하여 제국 전체 병력의 10%에 해당하는 30,000~40,000군인을 다키아 지방에 통치 기간 내내 배치해 놓았다고 전해지고 있다(Condurachi/ Daicoviciu, C., 1972: 140).

당시 로마군대의 주력부대이었던 군단(legion)병력 외에도 수많은 보조부대, 즉 보병(cohortes), 기병(alae) 및 혼합형태(numeri) 등이 존속했던 것으로 알려지고 있다. 그 당시까지도 로마제국의 정식 군단병은 로마 시민권자에 한해서 자격이 부여됐으며 반면 보조부대원은 현지 원주민이나 이주민들로 구성됐었지만 212년 카라칼라(Caracalla)황제의 칙령이 선포된 이후엔 모든 정상적인 제국민이 로마시민권과 동등한 자격을 부여받게 됨으로써 군복무를 마친 노병들이 부대 근처에서 가정을 이루고 계속해서 현지에 남아 거주하게 됐다. 이런 사실을 증명해주는 대표적인 예로서 '노병'이라는 의미의 라틴어휘 veteranus(pl. verterani)가 오늘날 루마니아어에서 bătrân(pl. -i)로 됐고 그 의미도 명사 및 형용사로서 '노인(의)'라고 사용되고 있다. 또한 라틴어의 '군인용 바지'라는 의미의 braca로부터 루마니아어의 동사 se îmbrăca(옷을 입다)가 유래하게 됐고 그밖에도 라틴어 tenda(천막사) > 루마니아어 tindă(앞뜰, 현관) 또는 라틴어 imperator(지배자, 지휘관) > 루마니아어 împărat(황제) 등과 같은 군대용어가 유래된 것으로 전해지고 있다(Reichenkron. 1965. 159).

### 2.1.2. 이주민

군대 병력 외에도 두 차례에 걸친(1차: 101~102년, 2차: 105~106년) 로마 군대와의 전투로 인하여 다키아 왕국의 많은 문화유산들이 파괴됐을 뿐만 아니라 당시 다키아의 왕이었던 데케발루스를 비롯하여 대부분의 남자들이 전사했다. 그러므로 로마제국의 트라얀황제는 다키아를 정복하자마자 무엇보다도 시급하게 식민 정책을 써서 로마제국내의 각 지역으로부터 주민들을 새로운 식민지인 다키아 트라야나(Dacia Trajana)지방으로 이주하도록 식민정책을 단행하는 것이 급선무였다고 전해진다(Budinszky, 1881: 211). 실제로 다키아 지방의 풍요로운 천연자원 등과 같은 유리한 삶의 여건을 찾아서 제국내의 여러 지방으로부터 많은 이주민들이 모여든 것으로 알려지고 있다:

> 전쟁으로 인해 대부분의 주민이 전사하여 황폐해진 새 식민지엔 로마 군인들과 여러 지역으로부터 많은 이주민들이 왔는데 그 중에는 스페인사람들, 시리아인들, 파노니아인들, 마케도니아인들, 트라키아인들, 달마티아인들, 게르만 종족들 등이 있었다(Deutschmann, 1971: 114).

하지만 당시의 지리적 및 기타의 여건상 주로 노리쿰(오늘날 대략 오스트리아 영토), 파노니아(대략 헝가리), 일리리아(대략 알바니아), 트라키아(대략 불가리아) 등지에서 왔으며 여타 지역으로부턴 일부 개인적이고 즉흥적인 충동에서 비롯했거나 일시적인 체류에 불과했던 것이라는 중론이다.[2)]

로마제국의 다른 식민지방들과는 달리 다키아 지방에는 비교적 짧은 기간에 로마 문화가 집약적으로 보급될 수 있었는데 그 이유는 제국의 마지막 식민지가 된 다키아지방에 라틴어가 다키아인들과 로마 군인들 및 기타 여러 지역으로부터 이주해온 이주민들 간의 의사소통을 위한 필요불가결한 언어로 사용됐기 때문이라는 견해가 지배적이다. 그러나 주목할 것은 서 로망스어권에선 로마 문화가 대부분의 지역에서 골고루 파급됐던 것에 비하여 동 로망스어권에선 지역에 따라 차등적으로 보급됐던 것으로 알려지고 있다. 이 지역에서는 초기엔 주로 로마 군대가 주둔해 있었던 대 도시들을 중심으로 라틴어가 통용되기 시작했으므로 일부 오지들에선 로마인들이 철수한 후에도 한동안 토착어가 그대로 사용돼 오다가 10세기 이후에 이 지역의 로망스 민족의 소위 '내적인 이동'에 의해 로마문화가 보급됐던 것으로 전해진다 (Deutschmann, 1971: 120).

### 2.1.3. 라틴어의 역할

라틴어와 발칸 지역 주민들의 토착어와의 접촉은 원주민들의 언어를 로마 정복자들에 의해 구사됐던 언어, 즉 구어체 라틴어로의 변화를 이끌었다. 부언하여 설명하자면, 다키아 주민들은 그들이 사용했던 상당수의 토착어휘와 발음 요소들을 보존하면서 라틴어를 익히게 됐다. 이러한 토착어적인 요소들의 주요한 특징이 루마니아어의 모든 광의의 방언들, 즉 다코-루마니아어, 아루마니아어, 메글레노-루마니아어 및 이스트로-루마니아어에 존재하고 있다는 것이다. 한편 이런 어휘들은 인간의 신체와 삶, 식물, 동물, 목축, 지형들 및 일부 동사들을 포함하고 있는 의미론적 영역에 속해 있는 것으로 알려지고 있다(Russu. 1970. 103-104). 그러나 이 모든 것들은 일개 언어의 잔여물에 불과할 뿐이다. 어떠한 문법적인 도구도 없을뿐더러 대명사나 접속사, 전치사, 동사의 활용어미들과 같은 문법적인 구조의 구성 요소들이 전혀 보존돼 있지 않고 있다. 다시 말해서 어떠한 것도 한 언어의 결합을 보증해줄 수 없다. 일개 언어의 도태와 소멸은 자연적인 현상으로서 정복자의 언어의 수적인 우월에 의해 설명돼지는 것이 아니라 정복자의 문화, 정치 및 사회적인 명성과 위세에 의해 결정된다고 할 수 있겠다. 당시 로마제국내의 다른 지역들에서 유사한 많은 일들이 일어났다. 갈리아 지방에서는 켈트족들이 상당수 라틴어의 식물이나, 새들, 나무들, 과일들, 농작물들 그리고 가재도구 등과 같은 구상명사들을 차용했다. 루수의 견해에 따르자면 프랑스어에 보존되고 있는 켈트어적인 요소들의 수가 루마니아어에서 유지되고 있는 게토-다키아어적인 요소들과 거의 비슷한 수준이라는 것이다. 그리고 이베리아 반도에 보급된 라틴어가 수용한 켈트·이베르어적인 요소의 비율과 대동소이하다는 것이다(Russu. 1970. 115-116).

로마인들에 의해 다키아 왕국이 정복된 시기인 2세기 초에는 로마제국이 이미 여러 지역을 정복하여 로마문화 및 라틴어를 보급했던 경험이 풍부했으며, 로마제국이 물질적으로나 정신적으로나 영토적으로도 거의 절정기에 이르렀을 때였다. 다른 관점에서 보자면 당시 다키아는 대서양에서 흑해에 이르고 지중해에서 라이강과 다뉴브 강에 이르기까지 전체 유럽을 통일시켰던 하나의 문화와 하나의 언어에 의해 정복당했다고 할 수 있을 것이다. 그러나 다키아인들의 라틴 세계와의 접촉은 훨씬 일찍부터 시작된 것으로 알려지고 있다. 고고학적 발견들은 로마에 의한 다키아의 정복 2세기 전에 라틴 문화가 이미 다뉴브 강 이북까지 퍼져나갔음을 보여준다. 그 증거로는 체터체니-듬보비차(Cetățeni-Dâmbovița)에서 발견된 기원전 1세기 것으로 추산되는 로마의 한 동전에는 'PETR'라고 새겨져 있고 부리다바(Buridava) 요세 위에 있는 블체아(Vâlcea)주의 오크니차(Ocnița)에서 발견된 한 깨어진 도자기엔 'BURIDAVA, BUR, REB'라는 문구가 새겨져 있다.

로마황제 티베리우스(Tiberius, 14~37년 A.D.)의 통치하에서 로마인들은 현재의 도브로제아(Dobrogea) 지방에 해당하는 당시의 소 스키타이(Scythia Minor)의 방어를 위해 사령부를 설치했고 뫼시아(Moesia)의 총독관 명령하에 한 praefectus orae maritimae(해안도시 지휘관)제도를 시행했다. 그 후 클라우디우스(Claudius)황제는 카피다바(Capidava), 트로에스미스(Troesmis), 카르시움(Carsium), 두로스토룸(Durostorum) 등을 포함하는 다뉴브 요새에 군대를 주둔시켰다. 이와 같이 농경에 익숙한 로마제국의 여러 속주들로부터 이주해온 이주민들 및 로마군인들과 다키아인들과의 결합은 도브로자와 다뉴브 평원에서 자연스럽게 펼쳐지게 됐다. 이러한 것들은 다키아 지방의 로마화의 기반이 어떻게 닦여졌는지를 잘 보여주고 있는 비근한 예이다. 사실상 그 과정은 로마화된 지역의 라틴어를 구사하는 그리스상인들이 다뉴브 강 이북으로 들어갈 때인 1세기 초부터 시작됐다. 다키아 지방의 로마화는 다키아가 행정상으로 로마제국에 종속돼 있는 동안(106~271년) 점점 더 중요하게 됐고 그 당시 다키아의 이웃 지방들인 두 뫼시아들과 트라키아, 파노니아, 달마티아뿐만 아니라 심지어 갈리아, 레티아 및 아프리카 지역에서 다키아로 이주해와 정착한 것으로 알려지고 있다(Philippide. 1923. 333-349; Giurescu, C. G./Giurescu, D. C. 1971. 80-81).

그럼에도 불구하고 다키아에 로마문화를 보급시키는데 있어 가장 중요한 역할을 담당한 것은 로마군대에 의해 수행됐다. 제 13대대는 아풀룸(Apulum, 현재 Alba Iulia)에 주둔시켰고, 제 5 마케도니아 부대는 도브로제아의 트로에스미스와 트란실바니아의 포타이사(Potaissa)에 배치시켰다. 이런 과정에서 다키아인들은 기마병과 보병으로 구성된 10개 부대의 병력을 징병했다. 그들은 훗날 로마 시민권자가 돼 노병(veterani)으로 다키아에 남게 됐다.

다키아의 로마화에 있어서 수행된 또 다른 중요한 역할은 도시화에 의한 것이었다. 로마인들은 걸출한 도시 형태의 문화를 구현했다. 각 중심도시의 주위엔 시골 영토를 가지고 있었고, 그곳 도시에는 로마인들의 생활방법뿐만 아니라 라틴어도 전파됐다. 로마 시민권자들은 경영과 행정에도 고용됐으며, 그들은 상인들, 여행객들 및 이주민들과 함께 로마화의 매개체 역할을 담당하게 됐다.

이러한 상황에서 로마화된 다키아 지방에서 구사됐던 라틴어의 사회·문화적인 위상이나 비중 등에 관해 언급하자면 우선 3,000여개에 달하는 라틴어 비문들이 36개에 지나지 않는 그리스어의 비문들에 비해 매우 많다는 점을 들지 않을 수 없다. 이런 규모로 미루어보아 당시 여타 로마제국의 속주들의 수준과 별 차이가 없었을 것으로 추측된다. 당시 라틴어와 라틴 문자들은 이미 다키아 왕들의 궁정에서 알고 있었을 가능성이 높다. 이를 테면 그러디슈테아(Grădiştea)의 다키아 요새의 폐허들 중에서 발견된 한 그릇에는 'DECEBALUS PER SCORILO'라는 문구가 각인돼 있는 것으로 미루어보아 1세기 말경에 제작된 것으로 추산되며, 당시에 라틴어가 이미 다키아인들에 의해 사용됐었을 가능성을 암시해 주고 있다.[3)]

다른 한편으로 다키아 지방엔 갈리아 지방이나 또는 이베리아반도에 있었던 학교들의 존재에 대한 확실한 증거는 없다(Giurescu, G. C./Giurescu, D. C. 1971. 130-131). 루마니아 어휘목록에 라틴어 동사 scribere(> 루마니아어 scrie, 쓰다, 그리다, 낙서하다 등)의 존재는 철자법 연습의 연속성을 증명해주고 있는 것이다. 그러나 다른 관점에서 보자면 라틴어 schola(학교, 강의, 강연)가 루마니아어에서 살아남을 수 있었다는 주장은 이를 테면 이런 음운조건하에서 일반적으로 루마니아어에선 소위 'r'음화 현상(rhotacism)으로 scoară로 변했어야 하는데 현대 루마니아어에선 şcoală(학교)이므로 음운법칙에 맞지 않는 점 등과 같이 엄격한 어원론적 근거에서뿐만 아니라 루마니아 문화의 역사에 의해 특별히 제공된 자료로도 반드시 철회돼야 한다. 그러나 다뉴브 유역의 라틴어 비문들이 도회적이고 추상적이며 학문적인 성격을 보여주고 있는 점을 고려한다면 비록 엷기는 하겠지만 사회적으로 상류계층의 것들일 가능성을 배제할 수 없다. 그럼에도 불구하고 현대 루마니아어의 실체를 검토해보면 당시 다키아에 보급된 라틴어는 lingula, equa, furca 등과 같은 어휘를 보존하고 있는 것으로 보아 상당히 고어적이고 서 로망스어들에서 보유하고 있는 라틴어 fícatum이 아니라 ficátum으로부터 유래된 ficat(간)을 사용하고 있을 정도로 대중적인 라틴어였고 veteranus(>루마니아어 bătrân. 노인, 늙은)이나 pavimentum(> 루마니아어 pământ, 육지, 땅) 등의 어휘를 보존하고 있는 점으로 보아 구상적인 개념의 명사들을 사용했다는 점들을 주목할 필요가 있다. 실제로 사회·문화적인 관점에서 볼 때 서 유럽에 보급된 교양 있는 라틴어에 비해 하위적인 것은 틀림이 없을 것 같다. 이것은 다키아에 보급된 라틴어가 대부분 발칸반도의 원주민들이 다키아 지방으로 이주해옴으로써 그들이 사용했던 라틴어나 그리스어 또는 일리리아어적인 요소들이 함께 유입됐을 가능성을 보여주고 있다.

그럼에도 불구하고 amare(사랑하다), mater(어머니), pater(아버지) 등과 같이 오늘날 여타 로망스어들에서 핵심적인 어휘로 사용되고 있으나 루마니아어엔 존재하고 있지 않는 단어들은 당시 다뉴브 라틴어의 전형적인 사회·문화적인 계층에는 거의 소개가 되지 않았을 교양적이고 추상적이며 문학적인 용어들이었을 것이다.[4] 물론 이런 어휘들이 다키아의 일부 특수계층에서 제한적으로 사용되다가 사라졌을 가능성도 배제할 수는 없을 것이다. 루마니아어로 유래된 라틴어와 여타 로망스어권에 유입된 라틴어와의 차이점은 중심권과 변두리 지역의 지역적인 차이에서뿐만 아니라 라틴어 자체 내에서 사회·문화적인 차이들에서 기인했다. 로마제국의 속주였던 다키아 지방에서 사용됐던 라틴어는 당시 로마로부터 직접적인 문화적 접촉의 혜택을 누리지는 못했던 것으로 알려지고 있다. 비근한 예로서 그동안 발굴된 고고학적인 유적이나 유물들에 의하면 다키아 지방엔 원형 경기장이나 사원, 공중목욕탕, 교외의 빌라 및 서구적인 기념비 등과 같은 다코-로마시대의 로마 건축물이나 예술 작품들은 존재하지만 기록된 문화의 흔적은 찾아볼 수가 없다.

다키아 지방에서의 로마화 과정은 획일적인 것은 아니었다. 이를 테면 트란실바니아 지역, 그 중에서도 서부 지역과 동부 바나트 지역 및 올테니아 지역이 상대적으로 비교적 매우 집약적이었던 것으로 밝혀졌다. 그런 지역들에다 올트(Olt) 강과 limes Transalutanus(강 건너 둑길)라고 불리었던 요새의 경계 지역 사이의 문테니아 지방의 서부 지역이 추가돼야만 할 것이다. 물론 도브로제아 지역과 다뉴브 강은 언제나 로마화 작업이 집약적으로 실시됐던 지역이었다. 몰다비아의 남부지방은 하부 뫼시아(Moesia Inferior)에 속하는 로마제국 영토의 중심축을 형성했던 곳이다. 그러나 로마제국의 영향권에는 코스토보치(Costoboci) 및 카르페(Carpae)라고 불리는 트라키아 원주민들이 거주하고 있던 지역뿐만 아니라 독립된 다키아인들이 거주하고 있는 지역까지 포함됐다. 로마화 작업은 경제적으로 발달한 지역, 도시화된 지역, 서부 카르파트 광산 지대 및 군부대 주위에서 더 강하고 더 빨리 진행됐다. 특히 군부대 진영은 로마인들의 생활양식과 로마의 물질·문명 및 라틴어가 집약적으로 보급될 수 있는 진정한 중심지였다는 사실은 두 말할 나위가 없다. 이것이 바로 루마니아어의 근간이 되는 라틴어가 어떤 시점부터는 더 이상 남부 이탈리아나 달마티아, 알바니아 및 그리스 등지의 흔히 동 라틴어라고 일컫는 것과 완전히 동일하지 않게 됐고 남동 유럽의 이북 지역에서 발달한 소위 카르파토-다뉴브 라틴어라고 부르는 이유다. 이런 맥락에서 이탈리아의 언어학자 반피(Banfi)가 로마제국의 다뉴브 발칸 일대의 지방들을 3군데로, 즉 1. 달마티아(Dalmatia) 지역 2. 다코-뫼시아(Daco-Moesia) 지역 3. 디라키움-아폴로니아(Dyrrachium-Apollonia) 지역으로 구분한 점[5]을 주목할 필요가 있다고 판단된다. 발칸 지역의 이러한 유형의 라틴문화는 로마 세계와의 접촉과 연결고리를 절대로 포기하지는 않았다. 의심할 여지도 없이 카르파트 다뉴브 강 지역의 라틴성은 서구의 중세 라틴어와의 접촉에 의해 별로 이득을 얻은 것은 없었다. 오히려 7~8세기까지 도시생활을 유지해온 다뉴브 강 하류 지역의 성채들과 소 스키타이를 통한 비잔틴 라틴어와의 연계가 확고한 편이었다. 당시 비잔틴제국은 동 로마제국에 유입된 라틴정신으로 인해 다코-로마 주민들이 항상 그들 자신들을 인식하게 해주는 로마의 근원이었다.[6] 이러한 상황에서 다키아 지방에 보급된 라틴어는 그것을 수용하고 장려했던 비잔틴 라틴어의 행정적인 관용에 의지할 수 있게 됐다. 이런 맥락에서 스키타이(Scythia)가 16세기까지도 라틴어를 구사하는 국가로 남았다는 것은 주지의 사실일 것이다.

## 2.2. 기독교의 전파 및 고대 라틴어 종교어휘

### 2.2.1. 발칸 지역 일대의 기독교 전파

로마서에서 바울은 고린도에서 A.D. 58년 봄에 그가 복음을 일리리쿰까지 전파했다고 쓰고 있다. 또한 그는 그의 교서들에서 제자등과 함께 63년부터 66년 사이 다시 크레타섬에서 달마티아지방에 이르기까지 발칸반도 일대에 복음을 전했다고 쓰고 있다. 그러나 발칸지역에서 실증되고 있는 최초의 그리스도에 관한 보도는 298년부터 303년에 걸쳐 자행된 디오클레티안(Diocletianus)황제에 의한 잔인한 박해에서 비롯한다. 아울러 소 스키타이의 중심지였던 울메툼(Ulmetum)에서 2~3세기 그리고 Tomis(오늘날 루마니아의 콘스탄차), Axiopolis(체르나보더). Noviodunum(이사체아) 등과 같이 전체 소 스키타이지역에선 3~7세기에 쓰여진 기독교 비문들이 출토된 바 있다(Popescu. 1976. 276). 트라키아의 기독교사에 따르면 4세기엔 트라키아지역에 수많은 교회가 있었으며, 고린도와 테살로니키지방엔 그 당시 교회들이 성황을 이루었다고 전해지고 있다. 디오클레티안황제 시대의 순교자들에 관한 서류들에 의하면 325년 니케아(Nicaea)에서 거행된 종교회의 이전에 Singidunum(베오그라드), Axiopolis, Durostorum(실리스트라), Tomis, Noviodunum 등과 같은 지역엔 상당한 수의 기독교인들이 존재했던 것으로 알려지고 있다. 따라서 325년경에 상부 뫼시아(Moesia Superior)지방의 Naissus(니슈)엔 이미 최소한 하나의 주교구가 존재했을 가능성이 높다. 그 이유는 교황이 추기경 마르켈(Marcellus)을 파문시켰던 콘스탄티노플 종교회의에서 14인의 구난 성인 중의 한 사람인 추기경 키리악(Cyriacus)이 그 지역을 대표해서 회의에 참석했기 때문이다(Harnack. 1924. 794).

니케아 종교회의 이후에는 교회와 국가가 통합되면서 발칸지역 일대에 활발한 기독교적인 삶이 전개됐고, 도시들에도 기독교구의 수가 증가하게 됐다. 4~5세기경 상부 뫼시아에 적어도 4개, 다키아 리펜시스(Dacia Ripensis)에 3개, 다키아 메디테라네아(Dacia Mediterranea)에 3개, 하부 뫼시아(Moesia Inferior)에 7개 및 소 스키타이(Scythia Minor)에 1개의 주교구가 존재했었다고 전해지고 있다(Panaitescu. 1977. 81).

### 2.2.2. 다키아지방의 기독교 전파

기독교 변호자였던 테르툴리안(Tertulianus)는 기독교가 이미 200년경 다키아인들에게 전도됐다고 전하고 있는데 반하여 고대 그리스의 기독교 사가였던 오리게네스(Origenes)는 그 시기엔 기독교가 다키아지방에까지는 미쳐 전파되지 않았다고 쓰고 있다(Panaitescu. 1977. 79). 비록 다키아지방이 제국의 식민지로 속해있었던 3세기 말 당시까지는 이 지역에 다뉴브 강 이남지역에서와 같은 수준의 기독교가 공식적으로 인정받지는 못했었을 지라도 다음과 같은 세 가지 경로를 통하여 이미 기독교가 전파됐을 가능성이 대단히 높다, 즉 첫째는 당시 로마군인들 중에 기독교신자가 있었을 것이고, 둘째는 이주민들 중에 기독교인들이 존재했을 것으로 추측되며, 셋째로는 당시 이미 기독교가 번성했던 다뉴브 강 이남 지역과의 교류를 통하여 전파됐을 가능성도 배제할 수 없을 것으로 판단된다.

#### 2.2.2.1. 로마군대내의 기독교인의 존재

루마니아어휘 păgân(이교도, 불신자)은 라틴어휘 paganus(시골사람, 촌사람)에서 유래된 것으로 고대 라틴어휘에 속하는 어휘 중의 하나다. 이는 다키아지방에 기독교가 초창기에는 로마군대가 상주했던 지역, 즉 도시에 먼저 전파됐으므로 당시 시골사람들은 대부분 비 기독교인이었다는 점을 반증해주고 있다. 로마제국의 마지막 속주가 된 다키아지방에는 당시 게르만민족이 수시로 침략했던 취약지역이었기 때문에 3~4만 명의 병사들이 상주했던 것으로 알려지고 있다. 군단(Legione)병력은 물론 대부분 로마 시민권자들이었지만 보조 병들은 현지인들이나 제국내의 각 지방에서 차출돼 온 사람들이었으므로 당시 기독교가 성행했던 다뉴브 강 이남지역이나 소아시아 등에서 온 군인들 중에는 기독교신자들이 상당수 있었을 것으로 추정된다.

#### 2.2.2.2. 이주민들에 의한 기독교의 전파

101~102년 기간의 제1차 및 105~106년에 제2차 걸친 전투에서 다키아인의 상당수가 전사했으므로 트라얀황제는 로마제국내의 여러 지방으로부터 새로운 속주인 다키아지방으로의 이주정책을 불가피하게 강행하지 않을 수 없게 됐다. 이로 인하여 주로 발칸지역이나 소아시아지역으로부터 수많은 사람들이 이주해 왔으며, 이들 중에는 상당수의 기독교신자들이 존재했을 것으로 판단된다. 다만 2~3세기 당시 다키아지방엔 군사적으로 끊임없이 초긴장 상태에 처해있었기 때문에 이 지역에 교구가 설립되기에는 부적절했을 가능성이 다분한 것으로 사료된다.

#### 2.2.2.3. 다뉴브 강 이남지역의 기독교 중심지역과의 접촉

다키아지방이 로마제국의 속주가 되기 이전부터도 그러했지만 특히 로마제국의 식민지가 된 이후엔 다뉴브 강이 정치적으로나 문화적으로 넘을 수 없는 장벽이기보다는 오히려 제국의 영토 내에서 각종 교류가 활발하게 이루어지는데 가교역할을 담당하는 일개의 축으로서 작용했을 것이라는 견해가 지배적이다.

비록 군사적으로 경계가 심하긴 했어도 다뉴브 강 이남지역인 뫼시아와 소아시아 및 달마티아지역과의 교역이나 친인척간의 교류가 빈번했던 것으로 알려지고 있다. 그리고 그 당시 소아시아의 상인들 중에는 상당수가 기독교신자였던 것으로 전해진다(Panaitescu. 1977. 80).

### 2.2.3. 루마니아어의 고대 라틴어 종교어휘

서로마제국의 교회나 문화 및 행정용어가 라틴어였던 것에 반하여 비잔틴 문화권이었던 동방에선 고대 그리스어가 그 역할을 담당했다. 그 후 이 지역에 슬라브인의 후작령이 들어서면서 비로소 고대교회 슬라브어가 이 지역의 교회행정용어로 사용되기 시작했고 9세기 말경에서야 이 지역의 슬라브 교회에서 고대 불가리아어가 그리스어 대신 사용되게 됐다. 891년 동방교회의 총주교로부터 독립을 인정받고 이어서 927년에 공식적으로 자율적인 교회로 인가를 받은 불가리아교회와 루마니아교회가 합치게 된 시기는 11세기 초엽인 것으로 알려지고 있다. 따라서 코지아(Cozia), 고보라(Govora), 네암츠(Neamț), 티스마나(Tismana), 푸트나(Putna), 스나고브(Snagov) 등과 같이 대개 14~15세기경에 설립된 루마니아 수도원들은 대부분 고대 그리스문화와 슬라브문화의 각인이 병존하고 있다(Tagliavini. 1973. 418). 루마니아의 언어학자 덴수시아누(Densusianu)는 그의 1901년 파리에서 출판된 저서 「루마니아어사」에서 고대 루마니아어에 이미 기독교 라틴어휘가 존재하고 있다는 점을 지적하고 있다(Densusianu. 1901. 261). 실제로 라틴어 domine deus 로부터 유래된 루마니아어휘 dumnezeu(신)이나 라틴어 christianus로부터 유래된 루마니아어휘 crestin(기독교 신자) 라틴어 paganus 로부터 온 루마니아어휘 păgân(이교도) 또는 라틴어 anelus로부터 계승된 înger(천사) 및 라틴어 crux로부터 유래된 루마니아어휘 cruce(십자가) 등은 소위 속 라틴어에서 유래된 것으로 알려지고 있다. 또 다른 대표적인 예를 들어보자면 루마니아어휘 bisercă(교회)은 속 라틴어 basilica로부터 유래돼 사용되고 있는 반면 이탈리라어 chiesa, 프랑스어 église, 스페인어 iglesia 등과 같이 여타 로망스어들에선 '집회'라는 의미를 지닌 고대 그리스어휘 ecclesia에서 유래된 형태들이 사용되고 있음을 알 수 있다.[7]

대표적인 기독교 용어라고 할 수 있는 '성스러운, 신성한'이라는 의미를 어휘를 광의의 루마니어 방언들에서 관찰해보면 루마니아인의 종교적인 특성을 발견할 수 있다: 일부에선 루마니아어휘 sfânt을 슬라브어 svętŭ와 라틴어 sanctus의 소위 혼합형태(kontamination)로 보는 의견도 있지만 일반적으로 현재 루마니아 영토에서 사용되고 있는 루마니아어(일명 다코-루마니아어)에선 슬라브어 svęntŭ로부터 유래된 sfânt가 사용되고 있다고 보는 것이 중론이다.[8] 그러나 라틴어 sanctus에서 유래된 sânt 역시 '성모 마리아'를 나타내는 다코-루마니아어의 sântamaria, 아루마니아어 및 메글레노-루마니아어에서 stămăria 등과 같이 모든 광의의 루마니아어 방언들에서 사용되고 있다는 점도 간과할 수 없는 사실이다(Pușcariu. 1905. 417).

루마니아어 언어지리부도(ALR. I/H. 268)에 의하면 '산타 클로스'를 나타내는 표준 문어체 루마니아어는 슬라브어 svętŭ로부터 유래된 sfânt와 연관된 sfânt(u) Neculae가 사용되고 있는 반면 북서지방의 대부분 지역에선 방언으로 라틴어 sanctus에서 유래된 sânt와 관련된 Sânicoară 등과 같이 사용하고 있다. 또한 언어지리부도 627장(I/H. 627)에 의하면 '성 데메트리우스'을 뜻하는 표현으로 표준 루마니아어(다코-루마니아어)에선 Sfânt(u) Dumitru 라고 하지만 트란실바니아지방의 대부분 지역에선 방언으로 Sâmedru라고 표현하고 아루마니아어에선 Sumedru, 메글레노-루마니아어에선 Sǫm Medru 등과 같이 사용되고 있는 것으로 미루어보아 루마니아인의 선조가 일찍이 서로마교회의 영향을 받았을 가능성을 암시해주고 있다(Puşcariu. 1905. 145; Deutschmann. 1971. 131).

## 2.3. 발칸 라틴어

라틴어는 언어계보학적인 관점에서 보자면 인도·유럽어족 중에서도 팔리스크어 및 오스크-움브리아어 등과 함께 이탤릭어군에 속해 있는 언어로서 고대 이탈리아반도 내에서 주로 로마를 중심으로 한 그 주변 지역인 라티움 지방의 방언이었으나 라틴민족의 팽창과 더불어 로마제국어로 통용됐던 언어이다. 현존하는 라틴어 문헌 중 가장 오래된 것은 로마시로부터 동남쪽에 위치하고 있는 조그마한 도시인 '프레네스테(Praeneste)란 곳에 소재하는 한 에트루스키아인(일명: 에트루리아인)의 묘에서 출토된, 머리에 꽂는 비녀에 새겨진 명문이다. 이 비녀는 서력기원 전 7세기 말경에 '마니우스(Manius)'라는 대장장이에 의해서 만들어졌기 때문에 '마니우스의 비녀' 또는 '프레네스테의 비녀'라고 일컬어지고 있으며 그 내용은 다음과 같다: "Manios med fhe fhaked Numasioi."[9]

위의 문장을 어원학적인 관점에서 조사해보면 앞의 두 단어는 전형적인 상고 라틴어휘이며 당시 아페닌반도의 중부지역에선 라틴어 외에도 에트루리아어 및 오스크어 등이 혼합돼 사용됐던 것으로 알려지고 있다. 당시의 라틴어는 원시적이고 단순한 고대 라틴어의 형태를 벗어나지 못했다. 그러나 로마제국이 거대해짐으로써 각종 물질문명이 발달했고 이에 따른 라틴어의 급격한 변화가 불가피하게 됐으므로,

귀족들이나 학자들에 의해서만 제한적으로 사용됐었던 문어체 라틴어인 고전 라틴어(Classical Latin)와 서민들에 의해서 구어체로만 전해지던 속 라틴어(Vulgar Latin) 간의 격차가 점점 더 심화될 수밖에 없었다. 이와 같이 주로 폐쇄된 귀족사회에서만 고립돼 사용됐던 문어체 라틴어는 시대적인 변화 조류에 합류하지 못하여 로마제국의 몰락과 더불어 도태될 수밖에 없었던 반면, 서민들에 의해서 구어체로 사용됐던 속 라틴어는 로마제국의 본거지인 이탈리아 반도 내에서뿐만 아니라 각 식민지역에서도 그 지방의 토착어와 융화돼 새로운 모습으로 변모하기 시작했다.

로마제국이 쇠퇴하여지자 각 지역의 토착어들의 기세가 점차적으로 드높아지면서 차츰 그들의 몫을 주장하게 됐다. 더군다나 각 지역마다 토착어들이 독특한 성격을 지니고 있었던 만큼 로마니아(Romania) 내에서 각 지역별로 언어적인 분기를 피할 수 없게 됐다.[10]

이미 2세기 말경 이베리아반도에서 간모음의(intervocalic) 무성 파열음 [t]가 유성음 [d]화 하기 시작했다(예: immutavit >imudavit). 이러한 변화는 이베리아반도에서 발생하여 점차 동쪽으로, 즉 갈리아 지방, 알프스 지방을 거쳐 중·북부 이탈리아 지방까지 파급됐으나 남부 이탈리아와 발칸 지역까지는 미처 전파되지 못 한 것으로 여겨진다. 또한 3세기경 이탈리아 반도 내에서 대륙 권에 속하는 북부와 중·남부를 가르는 등어선(La Spezia-Rimini)[11]이 그어지게 됐는데, 이 선을 기준으로 하여 북쪽 지방에서는 갈리아 지방의 기층어 영향을 받아 괄목할 만한 음운변화를 가져왔던 것으로 알려지고 있으며, 이 등어선을 기준으로 오늘날 로망스언어학에서 언어학적인 다양한 면들을 고려하여 유럽의 로망스어권을 크게 동·서로 양분하고 있다, 즉 이 선의 이북 지역 및 서쪽에 위치하고 있는 지역, 이를 테면 북부 이탈리아, 프랑스, 스페인 및 포르투갈 지역에서 사용되고 있는 로망스어를 서 로망스어라고 하며, 이 선을 기준으로 그 이남 지역 및 동쪽 지역, 즉 중·남부 이탈리아 및 발칸 지역에서 사용되고 있는 로망스어들을 동 로망스어라고 일컫는다. 아울러 유럽의 로망스어권을 지역적인 관점에서 분류하는 경우 서쪽부터 이베로-로망스어, 갈로-로망스어, 이탈로-로망스어 및 발칸 로망스어로 구분하고 있다.

우리가 흔히 라틴어라고 일컬으면 대개 서력기원 전 3세기경부터 귀족사회에서 문어체로 사용됐던 고전 라틴어를 지칭하게 된다. 이와는 대조적으로 민중들에 의해서 구어체로만 사용됐던 속 라틴어는 각 지역이나 사회적인 신분 및 직업 등에 따라 다양한 형태를 지니고 있었던 것으로 알려지고 있다.[12]

일반적으로 라틴어의 발달과정을 크게 서력기원 전 3세기를 기준으로 하여, 그 이전의 라틴어를 상고 라틴어(Archaic Latin)로 간주한다. 상고 라틴어는 원시적인 고대 언어들의 한계를 벗어나지 못한 단순한 언어였던 것으로 전해지고 있다. 서력기원 전 3세기 이후 라틴민족의 정치적인 팽창과 더불어 라틴어도 급속한 변화를 겪게 되면서, 궁중에서 매우 제한된 계층의 귀족사회에서만 문어체로 통용됐던 고전 라틴어와 민중들에 의해서 구어체로만 사용됐던 속 라틴어 간의 차이가 현격하게 벌어지게 됐다. 폐쇄된 사회계층에서만 제한적으로 사용됐었던 고전 라틴어는 로마 시대의 대 문필가인 키케로(B.C.106~B.C.43)에 의해서 문법의 기본 체계가 완성됐으며, 서력기원 전·후 50년 동안 거의 절정기를 맞이했지만, 5세기 후반 로마 제국의 멸망과 더불어 도태됐다. 반면에 속 라틴어는 로마 제국의 본토 내에서뿐만 아니라 제국의 식민지들에서도 각 지역의 토착어들과 융화하여 초기 로망스어들로 탈바꿈하여 오늘날 루마니아어, 이탈리아어, 프랑스어, 스페인어, 포르투갈어 등과 같은 소위 로망스제어로 계승되고 있는 것이다. 이와 같이 속 라틴어로부터 로망스어로 전환된 시기에 대해 학자들 간의 다소 견해 차이는 있지만 일반적으로 구어체 라틴어인 속 라틴어부터 로망스어로 변화하기 시작한 시기는 대략 6~7세기경으로 추정하는 의견이 중론이다.

로망스어 비교문법의 효시인 디츠(Diez, F.)[13]는 최초로 속 라틴어의 개념을 민중들, 즉 군인, 상인, 이주민, 관료 등에 의해서 구어체로 사용됐던 라틴어라고 언급하면서, 이 민중어는 음성·음운론적인 면이나 형태·통사론적인 관점이나 어휘론적인 차원에서 볼 때 고전 라틴어와 구분된다는 점을 언급했다. 아울러 그는 이 민중 라틴어가 현대 로망스어들의 근간을 이루고 있다는 점을 언급했다. 로망스언어학의 대가인 마이어-뤼케(Meyer-Lübke, W.)는 디츠의 이러한 견해를 역으로 현대 로망스제어로부터 속 라틴어로의 재구(再構)를 통하여 라틴어의 발달과정을 규명했다.

위에서 이미 언급된 바와 같이 속 라틴어란 민중들에 의해서 구어체로만 구전됐던 언어로서 그 문헌들이 산발적으로 나타나고 있으므로 이 단락에선 속 라틴어를 학술적으로 연구하는데 충분한 가치가 있는 문헌들의 주요 출처들을 제시하고자한다.

❶ 가장 대표적인 자료로서는 고대 로마시대의 플라우투스(Plautus)와 같은 초기 라틴작가들에 의해 쓰여진 희곡에서 찾아볼 수가 있는데, 그 이유는 우선 문어체 라틴어가 서력기원전 2세기 초경에서야 정립됐기 때문에 그 이전에는 문어체 라틴어와 구어체간의 차이가 그렇게 크지 않았다는 점과 또 다른 이유는 희곡작품의 대사 중에는 서민들의 일상생활에 관한 표현들이 자주 등장하고 있다는 점이다. 또한 카토(Cato) 나 콜루멜라(Columella) 및 팔라디우스(Palladius) 같은 전원문학작가들의 작품에서 민속적이고 전원적인 표현들이 나타나고 있으므로 당시 민중들의 언어를 연구하는데 값진 자료가 된다. 아울러 4세기경에 쓰여진 수의학적인 지침서(Mulomedicina Chironis)나 일반의학서 및 요리법에 관한 책자에서 당시의 통속적인 표현들을 발견할 수 있다(Tagliavini, 1973: 161).

❷ 속 라틴어적인 요소로 이루 헤아릴 수 없는 귀중한 가치를 지니고 있기로는 페트론(Petron)과 같은 고대 로마시대의 기독교작가들과 테르툴리안(Tertullian)이나 아우구스틴(Augustin)과 같은 교부들은 당시에도 이미 라틴어에 관한 학문적인 지식수준이 상당히 높은 편이어서 라틴어를 훌륭하게 구사하고 쓸 수 있었으며, 그들의 포교대상이 주로 서민들이었기 때문에 민중어에 가까운 표현법을 많이 사용하고 있다. 통속적인 라틴어의 성격을 띠고 있는 것은 또한 이미 2세기경부터 시작된 그리스어로 된 성경을 라틴어로 번역한 성서(Itala, Vetus Latina 등)에 쓰여진 표현법이나 히로니무스(Hieronimus)의 소위 불가타(Vulagta)라고 불려지는 히브리어로부터 직접 라틴어로 새롭게 번역된 성경에서 통속적인 표현들이 자주 나타나고 있다(Tagliavini, 1973: 162).

❸ 폼페이우스 페스투스(Pompeius Festus)나 노니우스 마르켈루스(Nonius Marcellus) 등과 같은 라틴어 문법학자들과 사전편찬자들의 저서에서 발음상으로나 형태론적인 면에서 문어체인 고전 라틴어와 구어체인 속 라틴어 간의 혼동하기 쉬운 예들을 비교·설명해놓은 속된 표현들을 발견할 수 있다. 3세기경에 쓰여진 것으로 추정되는 작가미상의 문법책 아펜딕스 프로비(Appendix Probi)의 3장에는 227개의 통속적인 어휘가 각기 상응하는 문어체 어휘와 더불어 수록돼 있다. 당시의 문법 학자였었음에 틀림이 없을 저자는 학생들에게 올바른 형태를 가르치기 위하여 그 당시 이미 만연됐던 속된 표현법이나 어휘들을 비교해 놓

은 것들이, 오늘날 속 라틴어를 연구하는 학자들에겐 그야말로 귀중한 연구자료로 활용될 수 있는 것이다. 예를 들자면 우리말의 '귀'란 의미를 지니고 있는 문어체 라틴어휘 auris 대신에 축소형인 aurĭcŭla가 민중들 사이에서 통용되다가 속 라틴어의 후기단계에서 이중모음 au- 가 o- 로 단모음화되면서 orĭcŭla로 변한 것이나, orĭcŭla에서 -ŭ- 모음의 축약현상[14]이 일어나서 orĭcla로 변했고, 그후 각 로망스어의 독자적인 음운과정을 겪으면서 현대의 형태들(루어 ureche, 이어 orechia, 불어 oreille, 서어 oreja, 포어 orelha 등)을 취하게 됐다.

❹ 고대 로마시대의 공동묘지의 비문들에서 석수의 무지로 인한 통속적인 표현들이 나타나고 있다. 특히 폼페이의 비문이나 벽낙서 등에서 비교적 많은 통속적인 요소들을 발견할 수 있다. 예를 들자면 한 비문에 다음과 같은 문구가 새겨져 있다: "...... DEVS MAGNV OCLV ABET(신은 큰 눈을 가지고 있다)." (CIL, VI. 34635).

위의 문장에서 눈에 띄는 부분은 우선 원래 고전 라틴어에선 oculum(=oculus의 목적격)으로 돼 있어야 할 곳에 oclu가 쓰여져 있다. 구체적으로 설명하자면 어말음 -m이 탈락돼 있다는 점과 파열음과 유음 사이에서 모음 -u-가 축약된 점이다. 또 다른 음운변화는 원래의 habet에서 후두마찰음 'h'가 사라진 것으로서, 이러한 음운현상들은 속 라틴어의 대표적인 특성으로 밝혀지고 있다.

❺ 아울러 간과해서는 안될 자료들 중의 하나는 위에서 언급된 문헌들에선 전해지지 않고 있는 것으로서 민중들의 일상생활용어나 통속적인 표현들을 재구하는데 가장 효과적인 배경이 될 수 있는 현대 로망스어들의 다양한 어휘들이나 문법들을 비교·연구한 문헌들이다. 이상 언급한 출처 이외에도 공문서나 수기로 된 문헌들이 산발적으로 보전되고 있으나 속 라틴어 연구에 그다지 커다란 기여를 못하고 있다.

한편 고대 다키아(Dacia) 왕국이 A.D. 106년 로마제국의 트라얀(Trajanus) 황제가 진두지휘하는 군대에 의해서 정복돼 로마제국의 관할행정구역으로 재편된 지 불과 200여 년도 경과하지 않은 A.D. 271년에 로마제국의 아우렐리안(Aurelianus)황제는 게르만민족의 끊임없는 침략으로 인해 다키아 지방을 고트족에게 양보하지 않을 수 없게 됐다. 그 후 다키아 지역은 수많은 민족들(훈족, 게피드족, 아바르족 등)간의 주도권 장악을 위한 전쟁터가 됐다.[15] 이어서 슬라브 민족이 대거 이 지역으로 이동해옴으로써 다키아 지방은 로마제국의 여타 지역과 일찍이 교류가 단절됐으므로 라틴어의 정상적인 발달과정에 동참하지 못하게 됐지만 다키아 지방에서의 라틴어 및 로마문화의 보급과정은 다키아 지방에 주둔한 상당수의 로마군인들 및 로마제국 전역에서 다키아 지방으로 이주해온 이주민들에 의해 비교적 짧은 기간 동안에도 불구하고 매우 집약적으로 진행됐을 것으로 추정된다.

다키아 지방에 전파된 속 라틴어는 본 고장인 이탈리아 반도나 제국의 여타 식민지들에 보급된 속 라틴어와는 우선 그 시기적으로 라틴어를 보급하는 매개체 역할을 한 주민들과 그들의 사회계층 등에 의해 상당한 차이를 가지고 있었으며, 한편 다키아 지방이 일찌감치 서로마제국과의 교류가 단절된 후 이탈리아어나 서 로망스어들에서의 정상적인 라틴어의 발달과정에 동참하지 못하게 된 연유들로 인하여 루마니아어에 존재하고 있는 라틴적인 요소들은 여타 로망스어들과는 많은 차이를 보일 수밖에 없다. 이런 연유로 당시 다키아 지방을 비롯해 발칸 일대에 보급된 라틴어를 서 로망스어권의 속 라틴어와는 차별적으로 소위 발칸 라틴어라고 일컫는 것이다. 흔히 로망스어들 간의 차별적인 특성을 간단하게 비교하고자 할 때 자주 사용되는 예시가 우리말 '빵'에 해당하는 각 로망스어 단어에 정관사를 붙여서 표기한 형태로서 포르투갈어 o pão, 스페인어 el pan, 프랑스어 le pain, 이탈리아어 il pane, 루마니아어 pâinea 등이다. 로망스어들에서의 이런 다양한 형태들의 어원을 추적해보면 라틴어 ille(illa)와 pane(<주격 panis)에서 비롯한 것으로 밝혀지고 있다. 위의 예에서 보여주고 있듯이 각 언어마다 독특한 음운변화를 거쳐서 현재의 형태를 지니고 있게 됐지만 그 중에서도 루마니아어의 경우에선 우선 형태적인 면에서부터 여타 언어들과는 전혀 다른 모습을 보여주고 있다는 사실을 알게 된다. 다시 말하자면 정관사의 형태가 쉽게 파악되지 않는다는 점이다. 루마니아어의 pâinea 를 보다 구체적으로 설명하자면 라틴어의 명사 pane가 루마니아어에선 pâine 로 음운변화[16]가 발생했으며, 여타 로망스어들에선 명사 앞에 정관사가 위치하고 있는데 비해 루마니아어에선 정관사가 접미사 형태로 명사 pâine 뒤에 -a로 나타나 있다. 부언하자면 여타 로망스어들에선 '빵'이라는 단어가 라틴어 pane가 그렇듯이 남성 명사이므로 정관사

를 라틴어 ille로부터 취하고 있는데 반하여 루마니아어에선 여성명사이므로 라틴어 illa로부터 끝 부분인 -a만 취하고 있다.[17] 상술한 예에서 암시하고 있듯이 루마니아어는 고대 로마인들의 언어였던 라틴어로부터 유래된 언어로서 루마니아어 문법의 전반적인 체계나 음운구조 및 어휘적인 면에서 대부분 라틴어적인 요소를 지니고 있지만 루마니아가 처해 있는 지리적인 여건과 그에 따른 역사적인 배경 등으로 인하여 독특한 모습을 보이고 있는 것 또한 사실이다.

라틴어휘 cantare(노래하다) 동사의 부정형(infinitive)으로부터 유래된 각 로망스어의 형태를 비교해보면 포어 및 서어에선 cantar, 불어에선 chanter, 이어에선 cantare, 루어에선 cânta 등으로서 각 언어마다 나름대로의 음운변화과정을 겪고 독특한 형태들을 보이고 있다. 이 간단한 예에서 나타나 있듯이 루마니아어에선 라틴어의 부정형 형태에서 -re가 떨어져 나간 소위 짧은 부정형이 사용되고 있다는 사실과 음운론적인 관점에서 보자면 폐음절의 라틴어 모음 a가 비자음(nasal) 앞에서 â/ɨ/ 로 됐다는 것을 알 수 있다. 로망스언어학에서 루마니아어는 그 문법적인 체계나 음성·음운론적인 관점에서 보아 서 로망스어에 속해 있는 포르투갈어나 스페인어 및 프랑스어와 대조하여 이탈리아어와 함께 동 로망스어에 속해 있는 언어로 간주한다. 특히 음성·음운론적인 면에서 이탈리아어와 루마니아어는 많은 공통점을 보여주고 있다. 예를 들자면 라틴어의 어말 치자음 -s를 보전하지 못하는 점, 즉 라틴어 cantare 동사의 2인칭 단수 직설법 현재형인 cantas를 포르투갈어와 스페인어가 그대로 보존하고 있는데 반하여 이탈리아어와 루마니아어는 각기 canti 및 cânți로 어말자음 -s를 보유하지 못하고 있다. 같은 맥락에서 서 로망스어인 포르투갈어와 스페인어가 명사 casa(집)의 복수 주격 형태를 라틴어의 복수 목적격 형태에서 취하면서 casas가 되는 반면 이탈리아어와 루마니아어는 모두 라틴어의 복수 주격이었던 casae로부터 유래한 case를 보전하고 있다. 상술한 몇 가지 간단한 예시들에서도 보여주고 있듯이 루마니아어는 이탈리아어 등과 함께 고대 로마인들의 언어였던 라틴어로부터 유래된 언어그룹, 즉 소위 로망스어군에 속해 있다는 것은 자명한 사실이지만 루마니아가 처해 있는 지정학적인 연유로 인해 루마니아어가 여타 로망스어들과 많은 차이점들을 지닐 수밖에 없게 됐다.

오늘날 우리는 흔히 현대 로망스어들은 고전 라틴어로부터가 아니라 속 라틴어 또는 민중 라틴어에서 유래된 것이라고 말하고 있다. 이 말의 의미는 고전 라틴어와 속 라틴어 사이에 상당한 차이점이 있다는 것을 뜻한다. 실제로 19세기 내내 디츠나 마이어-륍케 등과 같은 유럽의 유수한 역사·비교언어학자들이 다음과 같은 사실들을 근거로 고대 로마시대의 귀족들이나 지식층에 의해서 문어체로 사용됐던 고전 라틴어에 대조되는 의미에서 이미 고대 로마의 공화정시대부터 민중들에 의해 구어체로 구사됐던 다른 라틴어, 즉 속 라틴어의 존재를 주장했었다: 첫째는 대부분의 현대 로망스어들에 존재하고 있는 어휘들 중에는 그 어원을 고전 라틴어에서 찾아볼 수 없는 것들이 상당히 있다는 사실이다. 둘째론 고대 로마시대의 작가들 중에서도 소위 수준이 높고 도시적이고 문학적인 라틴어(sermo urbanus)와 가족적이고 친밀한 라틴어(sermo cotidianus)나 서민적인 라틴어(sermo plebeius 혹은 sermo vulgaris) 또는 전원적이고 방언적인 라틴어(sermo rusticus)를 구별했던 작가들이 있었다는 사실이다. 셋째론 플라우투스(Plautus) 같은 고전 라틴어와 속 라틴어가 커다란 차이를 보이기 이전의 라틴작가들의 작품이나 고대 로마시대의 비문들이나 키케로(Cicero)와 같이 고전 라틴어 시대의 작가들이라 할지라도 개인적인 서신들에서처럼 비교적 서민적이고 덜 조심스럽게 쓰여진 글들에서 발견되는 어휘들이나 형식들이 존재하고 있다는 사실 등이다.

이러한 동기로 시작하게 됐던 라틴어와 로망스어들에 관한 연구가 20세기를 거치면서 탈리아비니나 코세리우 등과 같은 수많은 역사·비교언어학자들의 통시적인 언어연구들의 덕택으로 괄목할 만한 결과가 속출했으며, 이제는 로망스어들의 모체가 되는 속 라틴어의 존재에 대하여 의심하는 사람은 아무도 없게 됐다.

속 라틴어는 주로 고대 로마시대에 서민들에 의해 구어체로 구사됐던 언어였으므로 각계, 각층 및 각 지방에 따라 다양 형태로 존재했던 것이라는 사실이 규명됐다. 한편 폐쇄된 사회에서 제한적으로만 사용됐었기 때문에 로마제국의 멸망과 더불어 자연적으로 도태될 수밖에 없었던 고전 라틴어와는 달리 민중어였던 속 라틴어는 로마인들의 본 연구장인 이탈리아에서뿐만 아니라 훗날 로마제국의 식민지역들에서 각 지역의 토착어들과 융화돼 점차적으로 변화하기 시작하여 오늘날 우리가 소위 로망스어들이라고 일컫는 언어로 탈바꿈하게 됐다. 이러한 발달과정은 아무런 질서나 규칙이 없이 진행됐던 것이 아니라 각 지역의 여러 환경에 따라 다소간의 차이는 존재하지만 속 라틴어의 골격을 그대로 유지한 채 일정한 범주 내에서 진화했기 때문에 오늘날 우리는 이런 언어들을 일컬어 라틴계 언어들, 즉 로망스어족이라고 말할 수 있는 것이다.

속 라틴어의 특성을 간단히 요약하자면 우선 음성·음운론적인 관점에서 볼 때 고전 라틴어와 두드러진 차이점은 고전 라틴어의 모음구조가 음의 장·단에 의해서 음소가 구분되는 소위 양적인 모음체계(quantitative vowel system)를 지니고 있었던 것에 비해, 속 라틴어의 모음체계는 고전 라틴어의 모음체계가 붕괴되면서 더 이상 음의 장·단에 의해서 의미가 구별됨이 없이 단지 음의 개·폐의 여부에 의해서 구분되는 소위 질적인 모음체계(qualitative vowel system)로 바뀌었다는 점이다. 자음구조의 특성으론 무엇보다도 고전 라틴어의 후두마찰음 h의 탈락을 들 수 있으며 아울러 어말음 -m, -t, -s의 소멸현상 등을 빼놓을 수 없을 것이다. 형태·통사론적인 면에서의 대표적 특성으론 고전 라틴어의 중성명사가 완전히 사라졌다는 점과 지시사 ille의 지시적인 기능이 약화되면서 정관사로 탈바꿈하게 됐고, 수사인 unus 또한 부정관사의 역할을 담당하게 됐다. 조동사 habere가 사용되면서 소위 분석적인 활용형태가 생기게 됐다는 점도 간과해서는 안될 부분이다. 아울러 고전 라틴어에선 문자의 구성요소들이 종합적인 형태 덕분으로 그 기능이 뚜렷하게 나타남으로써 비교적 자유스런 어순을 누릴 수 있었던 것이 속 라틴어에선 위에서 언급한 어말자음들(-m, -s, -t 등)이 탈락되면서 격 어미가 불분명하게 됐고 따라서 어순의 중요성이 대두됐다는 점들을 들 수 있다. 어휘론적인 관점에선 고전 라틴어휘의 의미가 속 라틴어에서 변화되는 현상이나 소위 'Arealnorm' 이론에 따른 일정한 언어권에서 동일한 의미의 어휘가 중심지역과 외곽지역간의 차이를 보일 수 있다는 점을 들지 않을 수 없다.

### 2.3.1. 음성·음운적인 면

고전 라틴어는 음운론적인 관점에서 볼 때 양적인 모음구조를 가지고 있었으므로 많은 모음들이 존재했던 반면에 비교적 적은 수의 자음들로 구성된 자음구조를 지니고 있었던 것으로 알려지고 있다. 라틴어에선 유성 순·치 파열음 /v/ 이나 유성 치찰음/z/, /ʒ/ 등은 전혀 사용되지 않았으며, 성문 마찰음/h/도 점차 사라졌다. 라틴어에 중자음들이 존재한 것은 사실이지만 단자음과 중의음(geminate) 간에(예: baca - bacca; balbutio - balbuttio 등) 발음상의 차이가 없었으므로 중의음의 기능이 약화됐다.

위에서 이미 언급한 바와 같이 발칸 지역에 보급된 라틴어가 여타 지역들과는 시기적으로 상당한 차이를 가지고 있었기 때문에 라틴어 자체적으로 변화가 불가피했으며 또한 이 지역의 토착민족이 라틴어를 받아드리는 과정에서 토착어(기층어)적인 요소가 라틴어와 융화하면서 고대 루마니아어의 음성·음운구조의 골격이 형성됐다. 본 장에선 발칸 라틴어의 음운구조가 이 지역의 기층어인 다키아어의 직·간접적인 영향에 의해서 형성된 음운현상들을 여타 로망스어들의 예들과 더불어 비교·고찰하고자 한다.

#### 2.3.1.1. 모음

문어체였던 고전 라틴어의 모음체계는 음의 장·단에 의해서 음가가 구분되는 소위 양적인 모음체계를 유지하고 있었으므로 세 개의 이중모음들인 ae, oe, au을 제외하고는 모두 열 개의 단모음들로 구성돼 있었다(ā, ă, ē, ĕ, ī, ĭ, ō, ŏ, ū, ŭ).

*Exemplu*

| 장음 | - | 단음 |
|---|---|---|
| lātus(넓은) | - | măre(바다) |
| dēnsus(촘촘한) | - | fĕrrum(철) |
| fīlum(실) | - | cĭrcus(원) |
| nōdus(매듭) | - | pŏrcus(돼지) |
| lūna(달) | - | fŭrca(삼지창, 포크) |

고전 라틴어의 이러한 음의 장·단을 구별하는 양적인 모음체계는 구어체 라틴어인 속 라틴어에선 양적인 기능이 상실되면서 단지 음의 개·폐에 의해서 구별되는 소위 질적인 모음체계(a, ę, ẹ, i, ǫ, ọ, u)로 바뀌게 됐다.

Exemplu

고전 děcem(열) > 속 dęce[18] > 루어 zece

고전 mēnsa(식탁) > 속 mẹsa > 루어 masă

고전 cĭrcus(원, 원형) > 속 cẹrco 루어 cerc

고전 mīlle(천) > 속 mille > 루어 mie

고전 ŏcto(여덟) > 속 ǫcto > 루어 opt

고전 sōle(태양) > 속 sọle > 루어 soare

고전 crŭce(십자가) > 속 crọce > 이어 croce

발칸 cruce > 루어 cruce

고전 ūnus(하나) > 속 unu > 루어 un 등.[19]

그러나 발칸 지역에서의 라틴어의 발달과정은 여타 지역들에서의 정상적인 절차(고전 > 속 라틴어)와는 다소 차이를 보이고 있다. 예를 들자면 고전 라틴어의 단음 ŭ가 여타 지역에선 폐음 ọ 로 변한 반면 발칸 라틴어에선 장음 ū 와 함께 모두 u 모음으로 변했으므로 발칸 라틴어의 모음체계는 6개의 모음들로 구성됐다(a, ẹ, ę, i, o, u).

Exemplu

고전 crŭce > 속 crọce > 이어 croce

발칸 cruce > 루어 cruce

고전 sŭrdus(귀머거리의) > 속 sọrdo > 이어 sordo

발칸 surd(u) > 루어 surd 등.

고전 fŭrca(삼지창) > 속 fọrca > 이어 forca

발칸 furca > 루어 furcă 등(Lausberg. 1969. 148-149).

그 밖의 대부분의 단 모음들은 라틴어의 정상적인 모음 변화 과정을 준수하고 있다.

*Exemplu*

고전 lātus(넓은) > 발칸 latu[20] > 루어 lat

고전 fĕrrum(철) > 발칸 fęrru > 루어 fier

고전 dēnsus(촘촘한) > 발칸 dẹsu[21] > 루어 des

고전 fīlum(실) > 발칸 filu > 루어 fir

고전 fŭrca(삼지창) > 발칸 furca > 루어 furcă

고전 lūna(달) > 발칸 luna > 루어 lună 등.[22]

루마니아어의 모음체계는 7개의 모음들(a, e, i, o, u, ă, â)로 구성돼 있다. 루마니아어의 이러한 모음구조의 발달과정에 관하여 학자들 간의 다소 견해 차이를 보이고 있지만 일반적으로 상기된 발칸 라틴어의 모음구조는 4세기 무렵에 형성됐으며, 개음 ę 가 이미 5세기 경에 ie 로 이중모음화(예: 고전 fĕrrum > 발칸 fęrru > 루어 fier)되면서 5개의 단모음들(a, e, i, o, u)로 구성된 3단계의 고대 루마니아어의 모음구조를 갖게 됐다는 의견이 중론이다.[23] 그러나 현대 루마니아어에서 존재하고 있는 2개의 모음들, 즉 ă/ə/ 와 â/ɨ/ 출현 경로에 관하여선 아직까지도 루마니아 학계에서 많은 논란이 되고 있다.[24]

루마니아어의 ă 는 일반적으로 라틴어 a 모음이 강세가 오는 어중음에서, 특히 비자음 m 앞에서나, 비강세 어말음일 경우에 나타난다.

*Exemplu*

라틴어 cantamus > 루어 cântăm

라틴어 juramentum > 루어 jurământ

라틴어 casa > 루어 casă

라틴어 aqua > 루어 apă 등.

루마니아어의 â는 주로 라틴어 폐음절의 강세모음 a가 비자음(m, n) 앞에서 나타난다.

*Exemplu*

라틴어 lana > 루어 lână

라틴어 campus > 루어 câmp

라틴어 cantare > 루어 cânta

라틴어 romanus > 루어 român 등.

그러나 a 모음이 어두에서는, 즉 개음절일 경우엔 비자음들 앞에서 다양한 변화를 보여주고 있다.

*Exemplu*

a= a

고전 ămārus(맛이 쓴) > 발칸 amaru > 루어 amar

고전ănnus(해,년) > 발칸 anu > 루어 an

a > î

고전 angŭstus(좁은) > 발칸 angustu > 루어 îngust

고전 anque(역시) > 발칸 ance > 루어 încă

a > î > i[25]

고전 angĕlus(천사) > 발칸 angęlu > 루어 înger > inger[26]

고전 anĭma(영혼) > 발칸 an(e)ma > 루어 înemă > inimă(심장, 마음)

a > î > u[27]

고전 angŭlus(모서리) > 발칸 angulu > 루어 înghiu > unghiu

고전 ambŭlō (< inf. ambŭlāre) > 발칸 amb(u)lu > 루어 îmblu > umblu 등.

#### 2.3.1.2. 자음

라틴어의 자음 변화상에서 가장 두드러지는 현상으론 무엇보다도 후두·마찰음 h의 변화 과정을 들 수 있을 것이다. 이 후두음은 이미 상고 라틴어에서 매우 약화된 것으로 추측된다. 왜냐하면 이미 상고 라틴어에서 h가 간모음의 위치에서, 특히 동일 모음 사이에 놓여 있을 경우에 탈락되기 시작한 것으로 알려지고 있기 때문이다. 예: ne homo > nehemo > nemo; de habeo > dehibeo > debeo 등. 서력기원 전 1세기인 키케로(Cicero) 시대에는 라틴어 후두 마찰음 h가 단지 그리스어원의 어휘에 국한하여 사용됐었으며, 3세기 이후의 문헌에선 h가 어두음일 경우에도 소멸된 것으로 전해진다. 예: habeo > abeo; hanc > anc 등(Tagliavini, 1973: 189-190; 이문수, 1999: 64).

어말의 양순 비자음 -m은 이미 로마 공화정 시대부터 상당히 약화 됐었고, 속 라틴어에선 일부 단음절의 단어들을 제외하곤, 다음절인 어휘에서는 모두 소멸됨으로써 형태상으로 주격형과 목적격형이 동일하게 됐다. 단음절인 경우에도 양순음 m이 대부분 치음 n으로 변했다(Lausberg, 1967: 78; Rothe, 1957: 8: Tagliavini, 1973: 195).

*Exemplu*

고전 mūrum(담) > 속 muro

고전 caelum(하늘) > 속 cęlu

고전 carrum(탈것) > 속 carro

고전 cum(~함께) > cun > 속 con

고전 quem(누구) > 속 quene 등.

어말 무성 치·파열음 -t도 대부분 소멸됐는데, 특히 동사의 직설법 현재 단수 3인칭 형태에서 보여 주듯이 모음 뒤에선 완전히 사라졌다. 예: 고전 caput(머리) > 속 capo; 고전 cantat(그가 노래한다.) > 속 canta 등. 그러나 라틴어 esse(~이다) 동사의 직설법 현재 3인칭 복수 형태에서 보여 주듯이 비자음 n 뒤에선 부분적으로 보존되고 있는 것으로 알려지고 있다. 예: 고전 sunt > 속 son(t) > 이어 sono, 불어 sont, 서어 son, 포어 são, 루어 sunt 등(Lausberg, 1967: 84-86).

어말 무성 치찰음 -s는 비교적 복잡한 발달 과정을 겪은 것으로 알려지고 있다. 부언하자면 명사의 단수 주격의 어말음 -s는 1~2세기의 비문들에서 대부분 소멸됐었다가, 3세기부터 다시 부활되기 시작했으나 로마제국내의 전 지역에는 파급되지 못했으므로, 이러한 현상이 현대 로망스제어들을 크게 동·서로 양분시키는 언어학적으로 매우 의미있는 기준들 중의 하나로 꼽히고 있다. 예로서 우리말 '노래하다' 동사의 고전 라틴어휘 cantare의 직설법 현재 단수 2인칭 형태인 cantas 와 현대 로망스어들의 형태들인 루어 cânți, 이어 canti, 불어 chantes, 서어 cantas, 포어 cantas 등을 비교해 보면, 소위 서 로망스어들(불어, 서어, 포어 등)에선 어말음 -s가 보전되고 있는 반면, 동 로망스어들(이어, 루어 등)에선 완전히 사라졌다(Lausberg, 1967: 79-83; 이문수, 1999: 58-60).

고전 라틴어의 자음군 -ns에서 n의 소멸, 즉 유성 치·비자음 n이 무성 치찰음 앞에서 탈락된 것 역시 속 라틴어 자음 체계의 특성으로 지적된다. 예로서 고전 mēnsa(식탁) > 속 mẹsa; 고전 consul(집정관) > 속 cosul 등(Tagliavini, 1973: 195; Rothe, 1957: 8).

고전 라틴어의 중자음들이나 이중자음들(cc, ll, nn, rr 등)의 발달 과정은 각 지역에 따라 많은 차이를 보이고 있으며, 변화 시기도 다양한 것으로 전해지고 있다(Lausberg, 1967: 67-71). 예를 들자면, 고전 căbăllus(말) > 루어 cal, 이어 cavallo, 불어 cheval, 서어 caballo, 포어 cavallo; 고전 ănnus(해, 년) > 루어 an, 이어 anno, 불어 an, 서어 año, 포어 anno 등.

늦어도 3세기말에 고전 라틴어의 무성 연구개 파열음 c/k/ 가 전설모음들 앞에서 구개음화되는 현상이 나타나기 시작했고, 유성 연구개 파열음 g/ɡ/ 도 문헌상으로는 다소 늦지만 비슷한 시기에 구개음화되기 시작한 것으로 추측되며, 특히 유성음인 g 는 간모음 위치에서 소멸된 것으로 알려지고 있다. 예: 고전 ego(나는) > 속 eo > 루어 eu, 이어 io, 서어 yo, 포어 eu 등. 그 밖에도 이미 1세기 이후 고전 라틴어의 유성 양순 파열음 b 와 유성 순치 마찰음 v 간의 상호 교환되는 현상들이 나타나기 시작했으며, 특히 마찰음 v가 유음들(l, r) 뒤에서 파열음 b 로 변하는 현상은 자주 일어났던 것으로 알려지고 있다. 예: corvus(갈까마귀) > corbus; nervus(신경) > nerbus 등(Tagliavini, 1973: 190-194).

고전 라틴어의 자음구조는 모음구조에 비해 비교적 간단한 편으로서 속 라틴어나 발칸 라틴어에서도 몇 가지 예외적인 것들을 제외하곤 대부분 그대로 보존하고 있다.

*Exemplu*

고전 barbātus(털이 많은) > 발칸 barbatu > 루어 bărbat(남자)

고전 căpŭt/kaput/(머리) > 발칸 capu > 루어 cap/kap/

고전 cŏxa/koksa/(넓적다리) > 발칸 coxa > 루어 coapsă/koapsə/[28]

고전 cŭppa/kupa/(잔, 컵) > 발칸 cupa > 루어 cupă/kupə/

고전 caelum/kælum/(하늘) > 발칸 cęlu > 루어 cer/ʧer/[29]

고전 cĭrcus/kirkus/(원) > 발칸 cęrcu > 루어 cerc/ʧerk/

고전 dēnsus(촘촘한) > 발칸 dęsu > 루어 des

고전 děcěm(열, 십) > 발칸 dęcę > 루어 diece > zece

고전 dīcěre(말하다) > 발칸 dicęre > 루어 zice[30]

고전 dŭlcĭs,(달콤한) > 발칸 dulcę > 루어 dulce

고전 fĕrrum(철) > 발칸 fęru > 루어 fier

고전 găllīnă/galina/(암닭) > 발칸 galina > 루어 găină/gəinə/[31]

고전 gŭlă/gula/(목구멍) > 발칸 gula > 루어 gură/gurə/(입)

고전 gĕlu/gelu/ > 발칸 gęlu > 루어 gieru > ger/ʤer/[32]

고전 hĕrba(잔디) > 발칸 ęrba > 루어 iarbă

고전 lŭcrŭm(수익) > 발칸 lucru > 루어 lucru(일)[33]

고전 mŏntem(<mōns 산) > 발칸 monte > 루어 munte

고전 nāsum(코) > 발칸 nasu > 루어 nas

고전 pānem(빵) > 발칸 pane > 루어 pâine

고전 quīnquĕ/kwinkwe/(다섯) > 발칸 cinque/kinkwe/ > 루어 cinci/ʧinʧi/

고전 rōmānŭs(로마의) > 발칸 romanu > 루어 român

고전 sōlem(< sōl 태양) > 발칸 sole > 루어 soare[34]

고전 sĕptĕm(일곱) > 발칸 sępte > 루어 șapte[35]

고전 tālem(< tālĭs 크게) > 발칸 tale > 루어 tare.

고전 tĕrra(육지) > 발칸 tęrra > 루어 țară[36]

고전 văccă(암소) > 발칸 vacca > 루어 vacă[37] 등.

라틴어 후두 마찰음 h의 경우는 서력기원전 1세기 로마의 유명한 사상가이며 문필가인 키케로(Cicero) 시대에는 h가 단지 기식음을 포함하고 있는 그리스어원의 어휘에 국한하여 사용됐던 점을 미루어 보아, h은 이미 고전 라틴어 시대부터 제한적으로 사용됐을 것이라는 견해가 지배적이다. 초기에는 h가 간모음의 위치에서, 특히 동일 모음 사이에 놓여 있을 경우에 탈락되기 시작했으나 서기 3세기 이후의 문헌에선 h가 어두음일 경우에도 사라진 것(예: habeo > abeo, hanc > anc 등)으로 알려지고 있다.[38] 그 후 로망스어들에선 문자로만 표기될 뿐 대부분 묵음 되고 있으며[39] 현대 로망스어들 중에선 단지 루마니아어에서만 이 성문 마찰음이 사용되고 있으므로(예: hameș, duh, hrană 등), 그 기원에 관하여선 의견이 분분하지만 슬라브어의 영향에서 기인한 것이라는 중론이다.[40]

라틴어의 어말 양순 비자음 -m은 이미 로마 공화정 시대부터 상당히 약화 됐고, 속 라틴어에선 일부 단음절의 단어들을 제외하곤[단음절인 경우에도 양순음 m이 대부분 치음 n으로 변함(예: 고전 cum > cun > 속 con > 포어 com, 서어 con, 이어 con, 루어 cu 등)] 모두 소멸됐다(예: 고전 caelum > 속 cęlu > 포어 ceo, 서어 cielo, 이어 cielo, 루어 cer 등), 어말 무성 치찰음 -s는 비교적 복잡한 발달 과정을 겪은 것으로 알려지고 있지만 단수 주격 명사 및 형용사의 어말음 -s는 A.D. 1~2세기의 비문들에서 대부분 소멸됐다가, A.D. 3세기부터 다시 일부 부활되기 시작했으나 로마제국내의 전 지역에는 파급되지는 못한 것으로 알려지고 있다. 따라서 이미 언급한 바와 같이 예를 들자면 라틴어 cantare 동사의 2인칭 단수 직설법 현재형인 cantas를 포르투갈어와 스페인어가 그대로 보전하고 있는데 반하여 이탈리아어와 루마니아어는 각기 canti 및 cânți로 됐으며, 1인칭 및 2인칭 복수 형태도 라틴어의 cantamus, cantatis의 어말자음 -s를 보유하지 못하고 이탈리아어에선 cantiamo, cantate로, 루마니아어에선 cântăm, cântați로 됐다. 같은 연유로 서 로망스어인 포르투갈어와 스페인어가 명사 casa의 복수 주격 형태를 라틴어의 복수 목적격 형태에서 취하면서 casas가 되는 반면 이탈리아어와 루마니아어는 모두 라틴어의 복수 주격이었던 casae로부터 유래한 case를 보존하고 있다.

고전 라틴어의 어말 무성 치·파열음 -t도 이미 속 라틴어에서 대부분 소멸됐으며 특히 동사의 직설법 현재 단수 3인칭 형태에서 보여 주듯이 모음 뒤에선 완전히 사라졌다. 예로서 고전 caput(머리) > 속 capo > 포어 cabo, 서어 cabo, 이어 capo, 루어 cap; 고전 cantat(3인칭 단수 현재) > 속 canta > 포어 canta, 서어 canta, 이어 canta, 루어 cântă 등이다. 그러나 라틴어 esse(~이다) 동사의 직설법 현재 3인칭 복수 형태에서 보여 주듯이 비자음 n 뒤에선 부분적으로 보존되고 있는 것으로 알려지고 있다. 예를 들자면 고전 sunt > 속 son(t) > 이어 sono, 불어 sont, 서어 son, 포어 são, 루어 sunt 등이다.

고전 라틴어의 자음군 -ns, 즉 무성 치찰음 s 앞의 유성 치·비자음 n은 이미 속 라틴어에서 탈락됐다. 예를 들자면 고전 mēnsa(식탁) > 속 męsa > 포어 mesa, 서어 mesa, 루어 masă; 고전 consuĕre(꿰매다) > 속 cosere > 포어 coser, 서어 coser, 이어 cucire, 루어 coase 등이다.[41]

고전 라틴어 이중자음들(cc, ll, nn, rr 등)의 발달 과정은 각 지역에 따라 다양한 양상을 보이고 있으며, 변화 시기도 많은 차이를 가지고 있다. 루마니아어에선 라틴어의 중자음들이 대부분 단자음으로 됐다. 예를 들자면, 고전 văccă(암소) > 루어 vacă, 이어 vacca, 불어 vache, 서어 vaca, 포어 vacca; 고전 căbăllus(말) > 루어 cal[42], 이어 cavallo, 불어 cheval, 서어 caballo, 포어 cavalo; 고전 ănnus(해, 년) > 루어 an, 이어 anno, 불어 an, 서어 año, 포어 ano; 고전 fĕrrum(철) > 루어 fier, 이어 ferro, 불어 fer, 서어 hierro, 포어 ferro 등이다.[43]

동 로망스어에 속해 있는 루마니아어와 이탈리아어가 여타 로망스어들과 차이를 보이고 있는 것 중에는 또한 라틴어의 무성 파열음의 처리이다. 다시 말하자면 동 로망스어인 이탈리아어와 루마니아어가 라틴어의 무성 연구개 파열음을 보전하고 있는데 반하여 서 로망스어인 포르투갈어와 스페인어는 유성음으로 됐다. 예를 들자면 라틴어휘 lĕpŏre(토끼)에서 유래된 이탈리아어 lepra와 루마니아어 iepure에서는 무성 양순 파열음 -p-가 그대로 보전하고 있는데 비해 포르투갈어와 스페인어에선 각기 lebre, liebre 등으로 유성음(p>b) 됐다. 다른 예로서는 이미 앞에서 언급된 고전 라틴어 caput(머리) > 속 라틴어 capo > 포어 cabo, 서어 cabo, 이어 capo, 루어 cap 등과 같이 됐다는 사실이다. 라틴어휘 mūtāre(옮기다, 바꾸다)가 이탈리아어와 루마니아어에선 각기 mutare, muta 등과 같이 무성 치파열음이 그대로 보전하고 있는데 비해 포르투갈 및 스페인어에선 모두 mudar 로 유성음화(t>d) 했으며, 또한 라틴어휘 fŏcus(불)에서 이탈리아어 fuoco/fuoko/ 와 루마니아어 foc/fok/이 유래된 것에 비해 포르투갈어와 스페인어는 각기 fogo, fuego 등에서와 같이 유성음화(c/k/>g)됐다. 또 다른 예를 하나 더 들어보자면 라틴어의 전설모음들(e, i 등) 앞에 있는 무성 연구개 파열음인 c/k/가 이탈리아어와 루마니아어에선 공통적으로 파찰음화 했다. 예를 들자면 로마시대의 문필가였던 키케로(Cicero/kikero/)는 현대 이탈리아어 및 루마니아어에선 모두 치체로(Cicero/ʧiʧero/)라고 일컬어진다.

라틴어 자음군인 무성 연구개 파열음+치음(-ct[kt]-, -cs[ks]-)은 간모음의 위치에서 각 로망스어마다 독특한 양상을 보여주고 있다:

*Exemplu*

라틴어 lacte(m) > 포어 leite, 서어 leche, 불어 lait, 이어 latte, 루어 lapte

라틴어 nocte > 포어 noite, 서어 noche, 불어 nuit, 이어 notte, 루어 noapte 등.

위의 예시에서 보듯이 각 로망스어마다 그 지역의 기층어의 영향으로 인하여 무성 연구개 파열음인 /k/가 다양한 음운 변화 현상을 나타내고 있다. 특히 루마니아어에선 연구개음이 순음화(k > p) 되는 것이 일반적인 현상이다. 이런 현상은 알바니아어에서도 유사하게 나타나고 있으므로(예: 라틴어 coxa/koksa/ > 루어 coapsă, 알어 kofshë 등) 발칸 지역의 기층어로부터 유래한 것으로 보는 견해가 지배적이다.[44]

라틴어의 자음 + 반모음 형태의 대표적인 연구개 순음 qu-는 루마니아어에서 비교적 다양한 변화를 겪었다.

qu + a 모음: 이 경우 루마니아어에서 양순음이나 연구개음으로 된다.

*Exemplu*

고전 quăttŭor(넷) > 발칸 quattru[45] > 루어 patru

고전 quăndo(언제) > 발칸 quando > 루어 când[kɨnd]

qu + 전설모음(e, i): 이 경우 루마니아어에서 치경음 /ʧ/으로 된다.

Exemplu

고전 quĭd(무엇) > 발칸 que(d) > 루어 ce[ʧe]

고전 quaerere(찾다) > 발칸 querere > 루어 cere[ʧere]

qu + o 모음: 이 경우는 이미 속 라틴어 시대에 연구개 파열음으로 단음화된 것으로 알려지고 있다.

Exemplu

고전 quōmŏdŏ(어떻게) > 발칸 comodo > 루어 cum 등.

그 밖에도 라틴어 lĭngua(언어) 는 속 라틴어 및 발칸 라틴어의 lingua 형태를 거쳐 포르투갈어와 이탈리아어에서 lingua 형태를 보존하고 있으며 스페인어에서는 lengua, 프랑스어에선 langue로 됐다. 그러나 루마니아어에선 limbă로서 순음화 현상이 나타나고 있다.

## 2.3.2. 형태·통사적인 면

라틴어를 포함하여 고대 인도·유럽어족에 속해 있는 언어들은 몇 가지 특징들을 지니고 있었다: 구체적으로 설명하자면, 우선 첫째로 명사의 단수 및 복수의 수(number)의 개념을 가지고 있었고, 둘째로는 명사의 성(gender), 즉 모든 명사들이 남성이나 여성 또는 중성의 한 성을 지니고 있었고, 셋째론 명사나 대명사는 주격, 소유격, 여격, 목적격, 호격 등과 같은 격(case)의 기능을 지니고 있었으며, 넷째론 화자나 지칭되는 사람이나 사물의 인칭(person)과 다섯째론 동작의 시점을 나타내는 시제(tense)와 여섯째론 동작의 상(aspect)이나 법(mode)을 나타내는 기능 및 일곱 번째론 주어의 태도나 입장을 나타내는 태(voice) 등의 기능을 지니고 있었다. 그 밖에도 고대 인도·유럽어족에 속해 있는 대부분의 언어들이 그렇듯이 고전 라틴어에선 주어 + 목적어 + 술어(S + O + V) 어순이 보편적이었으나, 명사 및 형용사의 곡용과 동사의 활용이 다양하고 뚜렷한 변별력을 지니고 있었으므로, 문장내의 어순에 별로 중요성을 부여하지 않았기 때문에 목적어와 술어가 전도되는 어순(S + V + O)도 자연스럽게 사용됐었다. 그러나 속 라틴어에선 각종 음운 및 형태적인 변화들이 일어나기 시작하면서 점점 통사적인 문제로 파급될 수밖에 없게 됐다. 간단한 예를 하나 들어보자면, 고전 라틴어에선 'Petrus는 Paulus를 본다.'라는 의미를 지닌 문장으로 'Petrus Paulum videt.' 또는 'Petrus videt Paulum.'라고 표현하는 것이 가장 자연스런 표현이겠지만 경우에 따라선 주어와 목적어가 도치되는 어순인 'Paulum videt Paulus'이나 'Paulum Petrus videt.'라고 사용하거나 심지어는 'Videt Petrus Paulum.' 혹은 'Videt Paulum Petrus.'라고 사용해도 이해하는데 아무런 어려움이 없었다. 왜냐하면 명사의 격어미가 주격과 목적격에서 뚜렷한 차이를 나타내고 있기 때문이다 (Pei, 1976: 57-58). 이미 앞에서 언급한 바와 같이 이미 고전 라틴어 시대 후반부터 목적격어미 -m이 점점 약화되기 시작했으며, 속 라틴어 시대에선 어말음 -m이 대부분 그 자취를 감춰버렸다. 한편 어말음 -s는 속 라틴어 시대와 현대 로망스어에서도 부분적으로 존재하고 있지만 일부 로망스어들, 특히 동 로망스어인 이탈로-로망스어와 발칸 로망스어에선 완전히 사라졌다. 그뿐만 아니라 그 밖의 격들도 전치사구등에 의하여 대체되면서 격체계가 점점 무너지게 됐으며, 현대 로망스어들은 발칸 로망스어를 제외하곤 명사의 곡용기능을 거의 상실하게 됐다[46]: 한 예를 들어 보자면, 전치사 de + 탈격이 이미 고전 라틴어 후반 무렵부터 증후가 보이기 시작했었는데, 나중엔 소유격을 완전히 대신하게 됐다: 우리말 '왕의 아들' 이라는 의미의 고전 라틴어 표현으론 filius regis나 regis filius 등이 사용됐다가 속 라틴어에선 거의 filius de rege(rex)가 통용됐으며, 따라서 현대 로망스어들에선 대부분 전치사구로만 표현되고 있다: 포어 de rei; 서어 de(l) rey; 불어 de(du) roi; 이어 di(del) re 등. 고전 라틴어의 여격 역시 후반 무렵 이후 점차적으로 ad + 목적격으로 대체됐다.

속 라틴어의 가장 두드러진 특성 중에 하나로 중성명사의 점차적인 소멸을 들 수 있으며, 현대 로망스어들 중에선 발칸 로망스어인 루마니아어에서만 유일하게 중성명사가 존재하고 있고 나머지 다른 로망스어들, 즉 이탈로-로망스어나 갈로-로망스어 및 이베로-로망스어들에선 중성명사가 더 이상 존재하고 있지 않다. 그러나 루마니아어의 중성명사는 단수에선 남성명사의 성격을 나타내고 있는 반면, 복수에선 여성명사적인 기능을 지니고 있으므로 소위 양성(ambigen)의 범주로 취급된다 (Tagliavini, 1973: 196).

고전 라틴어에는 명사의 곡용 형태에 따른 다섯 개의 전형적인 명사의 유형들(예: I. casa, -ae; II. hortus, -i; III. labor, -oris; IV. fructus, -us; V. dies, -ei 등)이 존재했었다:

속 라틴어 및 발칸 라틴어에선 그들 중에서 다섯 번째의 곡용 명사(어간이 -ē, -iē 로 끝나는 명사)가 첫 번째 곡용 명사들로 흡수·통합 됐다:

*Exemplu*

고전 glacies > 속 glacia > 불어 glace; 이어 ghiaccia; 달어 glas; 루어 gheață 등.

또한 고전 라틴어에서 제 4 곡용명사 그룹에 속해있는 명사들이 속 라틴어에선 제 2 곡용명사 그룹으로 옮겨가는 경향을 보여주고 있다. 예를 들자면 고전 라틴어에선 제 4 곡용명사 fructus은 원래 단·복수 주격형이 모두 fructus였었는데, 속 라틴어에선 복수형이 제 2 곡용명사처럼 fructi로 변했다. 다른 예를 들어보자면 제 4 곡용명사인 senatus 역시 단·복수 주격형이 모두 senatus였었는데, 속 라틴어에선 복수형이

| 유형 / 수 격 | | I | II | III | IV | V |
|---|---|---|---|---|---|---|
| | | casa,-ae f. (집) | hortus, -i m. (정원) | labor,-oris m. (노동) | fructus, -us m. (과일, 열매) | dies, -ei m. (날, 낮) |
| 단수 | 주격 | cas-a | hort-us | labor-Ø | fruct-us | di-es |
| | 소유격 | -ae | -i | -is | -us | -ei |
| | 여격 | -ae | -o | -i | -ui | -ei |
| | 목적격 | -am | -um | -em | -um | -em |
| | 탈격 | -a | -o | -e | -u | -e |
| | 호격 | -a | -e | -Ø | -us | -es |
| 복수 | 주격 | -ae | -i | -es | -us | -es |
| | 소유격 | -arum | -orum | -um | -um | -erum |
| | 여격 | -is | -is | -ibus | -ibus | -ebus |
| | 목적격 | -as | -os | -es | -us | -es |
| | 탈격 | -is | -is | -ibus | -ibus | -ebus |
| | 호격 | -ae | -i | -es | -us | -es |

senati로 변했다.

고전 라틴어에선 형용사의 비교급이 소위 종합적인 형태로 사용됐던 것이 속 라틴어에선 magis 또는 plus와 같은 부사와 함께 사용하는 분석적인 형태로 변했다 (Tagliavini, 1973: 202-203):

*Exemplu*

고전 altior > 속 magis(plus) altus > 포어 mais alto; 서어 más alto;
루어 mai înalt; 불어 plus haut; 이어 più alto[47].

고전 라틴어의 지시 대명사 및 형용사(ille, illa, illud 등)가 속 라틴어에서 본래의 지시적인 의미를 점점 상실하면서 정관사의 기능을 지니게 됐으며, 현대 로망스어들 중에선 발칸 로망스어인 루마니아어에서만 유일하게 정관사가 명사 뒤에 접어 형태로 사용되고 있다. [48]

로망스어들에서 사용되고 있는 부정관사 역시 이미 속 라틴어 시대에 고전 라틴어의 '하나'를 나타내는 수사 unus로부터 유래돼 그 기능이 발전된 것으로 밝혀지고 있다.

동사의 활용에서도 고전 라틴어 미래 시제의 종합적인 표현법이 속 라틴어 및 발칸 라틴어에선 habere, volere, debere 등과 같은 조동사들을 대동하여 나타내는 소위 분석적인 형태가 등장하게 됐다:

*Exemplu*

고전 cantabo > 속 cantare habeo > 이어 canterò; 불어 chanterai; 서어 cantaré 등
발칸 vol(e)o cantare > 루어 voi cânta 등
발칸 habeo ad cantare > 루어 am să cânt 등.

동사의 활용 중에서 역시 주목할만한 변화는, 고전 라틴어에선 종합적인 형태로만 존재했었던 과거 시제가 속 라틴어 및 발칸 라틴어에선 조동사 habere 를 대동하

는 분석적인 복합 과거 형태가 등장하게 됐다:

*Exemplu*

고전 cantavi > 속 habeo cantatum 등 (Tagliavini, 1973: 206-207).

앞에서 이미 언급한 바와 같이 루마니아어의 가장 두드러진 특징 중의 하나는 정관사의 전접어 형태일 것이다. 고전 라틴어의 지시 대명사 및 형용사(ille, illa, illud 등)가 속 라틴어에서 본래의 지시적인 의미를 점점 상실하면서 정관사의 기능을 지니게 됐으며, 현대 로망스어들에선 루마니아어에서만 유일하게 정관사가 명사 뒤에 접미사 형태로 사용되고 있다. 우리말 '인간'과 '빵'에 해당하는 라틴어휘에 정관사를 붙인 형태(ille homo, ille pane)로부터 유래된 각 로망스어의 형태들을 비교해 보도록 한다.

*Exemplu*

포어 o homen/ o pão, 서어 el hombre/ el pan, 불어 l'homme/ le pain,
이어 il uomo/ il pane, 루어 omul/ pâinea 등.[49]

위의 예시에서 보듯이 루마니아어에서만 정관사가 명사 뒤에 접어 형태로 붙어 있다. 이 현상은 소위 발칸 언어들의 특성으로서 알바니아어 및 불가리아어 등에서 나타나고 있으므로 이 지역의 기층어의 영향에서 기인됐다는 것이 중론이다.[50] 한편 루마니아어를 제외한 모든 로망스어들에선 빵에 해당하는 어휘가 남성명사인데 반하여, 루마니아어에서만 여성명사인 점 역시 루마니아어 명사의 성이 타 로망스어들과 차이를 보이고 있다는 사실을 시사해 주고 있다.[51]

고전 라틴어와 비교하여 발칸 라틴어의 가장 두드러진 특성 중에 하나로 중성명사의 점차적인 소멸을 들 수 있으며, 현대 로망스어들 중에선 발칸 로망스어인 루마니아어에서만 유일하게 중성명사가 존재하고 있다. 그러나 루마니아어의 중성명사는 발칸 라틴어에서 이미 사라진 후에 발칸 지역의 여러 언어들의 영향에 의해 다시 도입된 것으로 알려지고 있다. 또한 루마니아어에선 여타 로망스어들과는 달리 라틴어

명사의 곡용 중에서 일부이긴 하지만 소유격 및 여격의 곡용 어미변화가 남아 있다.

루마니아어의 명사 중 각 성에 해당하는 예를 하나씩 들어 부정관사 및 정관사와 함께 곡용형태를 비교해 보면 루마니아어의 명사가 지니고 있는 특성을 보다 쉽게 이해할 수 있을 것이다.

부정관사가 오는 경우:

| 남성 명사: 단수 cal(말) | | - | 복수 cai |
|---|---|---|---|
| 1. 주격 | un cal | | nişte cai |
| 2. 소유격 | unui cal | | unor cai |
| 3. 여격 | unui cal | | unor cai |
| 4. 목적격 | un cal | | nişte cai |

| 중성 명사: 단수 parc(공원) | | - | 복수 parcuri |
|---|---|---|---|
| 1. 주격 | un parc | | nişte parcuri |
| 2. 소유격 | unui parc | | unor parcuri |
| 3. 여격 | unui parc | | unor parcuri |
| 4. 목적격 | un parc | | nişte parcuri |

| 여성명사: 단수 casă(집) | | - | 복수 case |
|---|---|---|---|
| 1. 주격 | o casă | | nişte case |
| 2. 소유격 | unei case | | unor case |
| 3. 여격 | unei case | | unor case |
| 4. 목적격 | o casă | | nişte case |

정관사가 오는 경우:

남성 명사:

| | | |
|---|---|---|
| 1. 주격 | calul | caii |
| 2. 소유격 | calului | cailor |

| | | |
|---|---|---|
| 3. 여격 | calului | cailor |
| 4. 목적격 | calul | caii |

중성 명사:

| | | |
|---|---|---|
| 1. 주격 | parcul | parcurile |
| 2. 소유격 | parcului | parcurilor |
| 3. 여격 | parcului | parcurilor |
| 4. 목적격 | parcul | parcurile |

여성명사:

| | | |
|---|---|---|
| 1. 주격 | casa | casele |
| 2. 소유격 | casei | caselor |
| 3. 여격 | casei | caselor |
| 4. 목적격 | casa | casele |

상기 예시에서 보듯이 루마니아어의 부정관사는 단수에서 두 가지 형태가 있다, 즉 남성명사엔 un이 사용되며, 여성명사엔 o가 사용되고 있다. 루마니아어의 중성명사는 단수에선 남성명사의 성격을 지니고 있으므로 부정관사 un과 함께 사용되고 있음을 알 수 있다. 정관사와 함께 사용될 경우에도 단수에서는 중성명사는 남성명사와 같이 (u)l 형태를 사용하고 있는 반면 복수에선 여성명사와 같이 le가 사용되고 있음을 알 수 있다. 특이한 점은 라틴어휘 casa로부터 유래한 루마니아어의 여성명사 casă 는 정관사(여성 a)가 붙어서야 비로소 casa 의 형태를 취하게 된다.

### 2.3.3. 어휘적인 면

현대 로망스제어의 근간이 되고 있는 속 라틴어휘의 핵심에 있어선 그 형태나 내용적인 면에서 고전 라틴어휘와 일치하고 있는 것은 자명한 사실이다. 예를 들자면 라틴어휘 acetum, acus, canis, mater 등과 같은 어휘는 고전 라틴어에서나 속 라틴어에서나 의미상에서 커다란 차이가 없이 사용됐었다. oculus 대신 oclus나 parietem 대신 parete(m), acer 대신 acru 등에서와 같이 일부 어휘들은 약간의 음운적인 차이나 명사의 곡용이나 동사의 활용 등에 의한 형태적인 차이를 보여주고 있으며, 일부 어휘들은 형태론적인 면에선 속 라틴어에서도 거의 모습을 그대로 유지하고 있지만 의미의 추이를 겪기도 한다. 예를 들자면 우리말 '불'에 해당하는 원래의 라틴어휘는 고대 인도·유럽어로부터 유래된 ignis 였었고, 집에서 사용하는 화덕을 뜻하는 어휘론 어원이 불분명한 focus가 사용됐었다. 속 라틴어에선 focus가 점차적으로 ignis의 의미로 사용됐다. 4세기 이후엔 성서 번역이나 의학서적에서 불을 의미하는 어휘로 자주 focus를 발견할 수 있으며, 대부분의 로망스어들에선 속 라틴어휘 fŏcus에서 유래된 형태들이 사용되고 있다(루어 foc, 이어 fuoco, 불어 feu, 서어 fuego, 포어 fogo 등). 다른 예를 하나 더 들자면 우리말 '말'에 해당하는 라틴어휘는 역시 고대 인도·유럽어로부터 유래된 equus였었는데, 서력기원 전 2세기 문헌에서 속 라틴어휘 caballus가 마차 말이나 역마의 의미로 사용됐었으며, 오늘날 로망스어에선 오로지 caballus에서 유래된 형태들만이 통용되고 있다(루어 cal, 이어 cavallo, 불어 cheval, 서어 caballo, 포어 cavalo 등). 의미의 추이에 관한 다른 예를 하나 더 들어보자면 고전 라틴어휘 cognatus는 원래 우리말의 '친척'을 뜻하는 단어로서 우리말 '인척'이란 의미를 지니고 있는 adfinis와 대조적으로 사용됐었다. 고대 로마의 법전에선 이 밖에도 아버지나 할아버지 등과 같은 근친을 뜻하는 agnati란 어휘가 존재하고 있어서 cognati(원친)와 구분됐었으나 속 라틴어에선 cognatus가 단지 결혼으로 맺어진 인척의 뜻으로만 사용됐으며, 대부분의 로망스어들은 속 라틴어의 전통을 물려받게 됐다(루어 cumnat, 이어 cognato, 서어 cuñado, 포어 cunhado 등). 의미변화의 예를 동사에서 들어보자면 원래 고전 라틴어에선 (e)necare 동사는 '죽이다, 살해하다'라는 의미로 사용됐었으나 속 라틴어에선 '물속에서 살해하다', 즉 '익사시키다'라는 의미로 와전됐고, 따라서 로망스어들에선 이런 속 라틴어의 전통을 물려받아 루마니아어에선 îneca, 이탈리아어에선 annegare, 프랑스어에선 noyer, 스페인어에와 포르투갈어에선 anegar 들이 모두 '물에 빠뜨리다', '익사시키다'란 의미로 사용되고 있다. 형용사의 예를 하나 더 들어보면 고전 라틴어휘 orbus의 원래 '벌거벗은, 고아의'라는 의미였었는데, 속 라틴어에선 orbis lumine, orbitas luminis 또는 orbus oculi 등과 같이 '눈을 잃은', '눈먼', 즉 orbus의 뜻으로 사용됐으며, 오늘날 대부분의 로망스어들에서도 이 의미를 물려받고 있다(예: 루어 orb, 이어 orbo 등)(Tagliavini, 1973: 170-171).

속 라틴어의 어휘증대에 가장 중요한 역할을 담당한 것은 의심할 여지도 없이 접두어와 접미사에 의한 어휘파생을 들 수 있다. 속 라틴어는 앞에서도 언급한 바와 같이 민중들에 의해서 구어체로 친밀하게 구사됐던 언어였으므로 축소형 어미들이 자주사용됐다는 사실도 간과해서는 안될 것이다. 예를 들자면 우리말 '귀'에 해당하는 고전 라틴어의 auris 대신에 속 라틴어에선 축소형태인 auricula로부터 음운변화를 거친 oricla형이 통용됐다. 또 다른 유사한 예를 하나 더 들어 보자면 우리말 '무릎'에 해당하는 고전 t라틴어휘 genu 대신에 속 라틴어에서 축소형인 genuculu(m)이 통용됐으며, 현대 로망스어들에선 대부분 이 축소형에서 유래된 형태들이 사용되고 있다(루어 genunchiu, 이어 ginocchio, 불어 genou, 포어 joelho 등).

로마제국의 성장과 더불어 로마인들의 언어였던 라틴어도 상당한 발전을 거듭하면서 라틴어휘도 시대에 따라 많은 변화를 보이고 있음은 당연한 이치일 것이다. 한 예로서 우리말 '아름다운'에 해당하는 고대 라틴어휘 pulcher도 갓 태어났을 당시에는 전체 로망스어권에서 통용됐음에 틀림없을 텐데 시대가 변천함에 따라 사람들은 이 어휘에 식상하게 됐고 같은 의미를 가진 formosus(>포르투갈어 formoso, 스페인어 hermoso, 루마니아어 frumos)에게 자리를 양보하지 않을 수가 없게 됐다. 이 formosus 또한 어느 시점에서는 낡은 형이 되면서 보다 신조어인 bellus(>프랑스어 bel, beau, 이탈리아어 bello)에 의해서 소위 중심 로망스어권에서 밀려나지 않을 수 없게 됐다. 그러므로 고형인 pulcher는 오늘날 어떤 로망스에서도 사용되고있지 않으며 단지 문헌상에서만 그 모습을 찾아볼 수 있다. 언어학자 바르톨리(Bartoli, M.G.)의 소위 지역규준(Arealnorm)이란 이론에 의하면 일정한 언어 범주 내에서 외곽지역의 변화단계는 중심권보다 더디기 때문에 동일한 의미를 지닌 어휘랄 지라도 외곽지역의 어휘가 중심권의 어휘보다 구형일 수밖에 없다는 것이다. 그 이유는 일반적으로 유행의 경로가 그 지역의 중심권에서 발생하여 점차 외곽지역으로 파급됨으로써 어느 한 시점에서 볼 때는 동일한 의미를 갖고 있는 어휘가 지역에 따라 구형이 사용되는 지역과 비교적 신조형이 사용되는 지역으로 구분될 수가 있기 때문이다[52]. 실제적으로 로망스어들의 어휘를 어원론적으로 고찰해보면 로망스어권 내에서도 외곽지역에 위치한 발칸 로망스어인 루마니아어와 이베로 로망스어인 스페인어나 포르투갈어에서 사용되고 있는 어휘가 중심 로망스어권인 이탈리아어나 프랑스어의 어휘보다 구형들이라는 것을 알 수 있다. 예를 들어보자면 위에서 이미 언급한 bellus 이외에도 이탈로-로망스어와 갈로-로망스어에서 통용되는 라틴어휘 tabula(탁자), diurnus(날, 낮)이나 형용사의 비교급을 나타내는 부사 plus[53] 등은 같은 의미로 발칸 로망스어나 이베로-로망스어에서 통용되는 라틴어휘인 formosus, mensa, dies, magis 등보다 신조어들로 규명되고 있다.[54] 이러한 현상은 구어체 라틴어인 속 라틴어가 문어체 라틴어인 고전 라틴어로부터 점점 멀어지게 됐다는 사실을 의미한다. 이것에 관하여 코세리우는 고전 라틴어의 진화과정이 대략 공화정 말기에서 로마제국으로 발돋움하던 시기를 기점으로 하여 진정국면으로 접어들었다가 서로마제국의 멸망시점을 즈음하여 도태된 반면 민중들의 언어였던 속 라틴어는 끊임없는 발전을 거듭하면서 각 지역의 토착어와 융화됨으로써 6~7세기경에 로망스어의 초기단계로 변모했다는 견해다.[55]

## 2.4. 로마제국내의 언어적인 분기

로마제국이 쇠퇴해지면서 제국내의 식민지들에서 그 이전까지는 라틴어에 눌려 집안에서나, 음지에서만 사용돼 오던 각 지역의 토착어들이 점차 영향력을 행사함으로써 로마니아내의 언어적 분기는 불가피하게 됐다. 2세기 말경 이베리아반도에서 간모음(intervocalic)의 무성·파열음들(p, t, k)이 유성음화되기 시작했으며 이러한 변화는 로마니아내에서 점점 동쪽으로 파급돼서 갈리아지방과 알프스지방을 거쳐 북부 이탈리아지방까지 영향을 미쳤으나 중·남부 이탈리아지방까지는 완전하게 전파되지 못한 것으로 알려지고 있다. 예를 들어 라틴어 간모음의 연구개·무성·파열음 [k]와 치·무성·파열음 [t]가 이베로-로망스어인 포르투갈어 및 스페인어에서 유성음화돼 각기 [g]와 [d]로 됐으나 이탈로-로망스어와 발칸 로망스어에선 변화하지 않은 것으로 밝혀지고 있다(Deutschmann, 1971: 18-21):

| 라틴어 | 포어 | 서어 | 이어 | 루어 |
|---|---|---|---|---|
| focus(불) | fogo | fuego | fuoco | foc |
| mutare(바꾸다) | mudar | mudar | mutare | muta |

위의 도표에서 루마니아어의 음운변화(라틴어 focus[fokus] > 루어 foc[fok])를 살펴 보자면 첫째로 루마니아어에선 라틴어의 어말자음 -s가 탈락했음은 물론이고, 어말 단모음 -u도 소멸됐다는 사실을 알 수 있다. 둘째로 라틴어의 간모음의 무성·파열음 c[k]가 그대로 보존되고 있다는 점이다.

또한 3세기 무렵 갈리아지방의 기층어의 영향으로 인해 이탈리아 반도 내에서 대륙권에 속하는 북부지방과 중·남부지방을 가르는 등어선(La Spezia - Rimini)이 그어지게 됐는데, 이 선은 단지 이탈리아어의 방언을 구분하는 경계가 될 뿐만 아니라 소위 동 로망스어권과 서 로망스어권을 나누는 언어학적인 관점에서 볼때 매우 의미 깊은 역할을 하고 있다. 이 등어선을 기준으로서 로마니아, 즉 알프스지방과 갈리아지방 및 이베리아반도에선 라틴어의 어말음 -s를 보존하고 있으며, 명사의 복수 주격을 라틴어 복수 목적격 형태로부터 취하고 있다.

다음은 우리말 '노래하다'에 해당하는 동사의 부정형 및 현재 인칭변화형들에 대한 라틴어, 포르투갈어, 스페인어, 이탈리아어 및 루마니아어의 예들을 비교한 것이다:

| 라틴어 | 포어 | 서어 | 이어 | 루어 |
|---|---|---|---|---|
| cantare | cantar | cantar | cantare | cânta |
| 1. canto | canto | canto | canto | cânt |
| 2. cantas | cantas | cantas | canti | cânți |
| 3. cantat | canta | canta | canta | cântă |
| 4. cantamus | cantamos | cantamos | cantiamo | cântăm |
| 5. cantatis | cantais | cantáis | cantate | cântați |
| 6. cantant | cantam | cantan | cantano | cântă |

위의 현재 인칭변화표로부터 루마니아어의 음운변화 현상을 살펴보면 첫째로 루마니아어에선 라틴어의 부정형(cantare)에서 어미 부분인 -re가 탈락된 소위 형태론적으로 짧은 부정형(cânta)이 사용되고 있다. 이러한 동사의 짧은 부정형은 루마니아어의 특성 중의 하나이다(예: 라틴어 facere > 루어 face, 라틴어 audire > 루어 auzi 등). 둘째로 1인칭 복수 및 2인칭 단·복수에서 -s를 보유하지 못하고 있다는 점이다. 셋째론 라틴어 및 다른 로망스어들에서는 존재하고 있지 않으며 유독 루마니아어에만 â와 ă 모음들이 있다는 점이다.

다음은 라틴어 명사 casa(집) 및 annus(해, 년)의 복수 곡용 예이다:

| 주격 | casae | anni |
|---|---|---|
| 소유격 | casarum | annorum |
| 여격 | casis | annis |
| 목적격 | casas | annos |

다음은 각 로망스어들 의 복수 주격에 해당하는 형태들이다:

| 포어 | 서어 | 이어 | 루어 |
|---|---|---|---|
| casas | casas | case | case |
| annos | años | anni | ani |

위의 예에서 루마니아어는 명사의 복수 주격을 라틴어 복수 목적격 형태로부터 도입하여 사용하고 있다는 것을 알 수 있다. 이러한 현상은 물론 위에서 이미 언급된 바 있는 루마니아어에서 라틴어 어말 자음 -s를 보유하지 못하는 이유와 무관하지 않다.

## 2.5. 발칸 로망스어의 형성

발칸 로망스어는 이미 언급한 바와 같이 발칸 지역, 특히 다키아 지방에선 여타 로망스어권과는 달리 라틴어의 정상적인 발달과정, 즉 고전 라틴어 → 속 라틴어 → 초기 로망스어 → 현대 로망스어로의 과정을 밟지 못했다. 또한 로마제국의 멸망 이후에도 발칸 지역의 역사 및 사회·문화적인 여건상 소위 발칸 로망스어의 특유한 과정을 겪게 되면서 제국내의 여타 지역의 로망스어들과 비교하여 나름대로의 상당한 특성을 보여주고 있다.

## 2.5.1. 음운론적인 면

### 2.5.1.1. 모음

본래 고전 라틴어의 모음체계는 세 개의 이중모음들인 ae, oe, au을 제외하고는 모두 열 개의 단일모음들로 구성돼 있었으며, 음의 길고 짧음에 의해 음소가 구분되는 소위 양적인 음운체계를 가지고 있었다(Lausberg, 1969: 144):

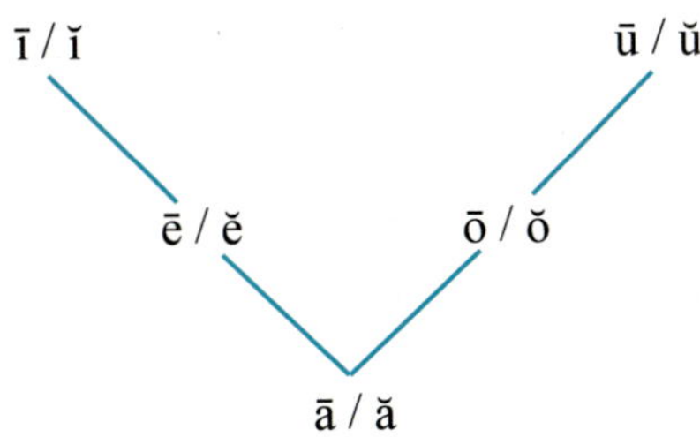


고전 라틴어의 이러한 음의 장·단을 구별하는 양적인 모음체계는 구어체 라틴어인 속 라틴어에선 양적인 기능이 상실되면서 단지 음의 개·폐에 의해서 구별되는 소위 질적인 모음체계를 지니게 됐다(Lausberg, 1969: 145-146):

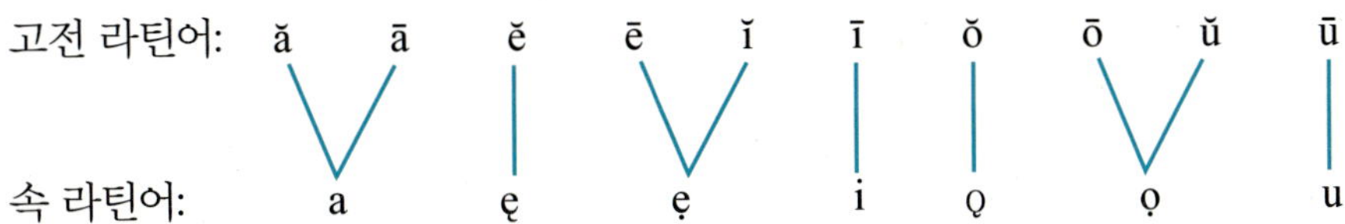


한편 발칸 라틴어에선 여타 지역에서의 발달과정과는 다소 차이가 있는 변화를

겪게 됐으며, 특히 고전 라틴어의 단음 ŭ 의 처리에 있어서 두드러진 차이를 보여준다(Lausberg, 1969: 148-149):

고전 라틴어: ă ā ĕ ē ĭ ī ŏ ō ŭ ū

발칸 라틴어: a ę ẹ i o u

*Exemplu*

고전 crŭce > 속 crọce; 발칸 cruce

고전 sŭrdus > 속 sọrdo; 발칸 surd(u)

루마니아의 언어학자인 로세티(Rosetti)에 의하면 상기된 발칸 라틴어는 4세기 무렵에 형성됐고 개음 ę가 이미 5세기경에 ie로 이중모음화(예: 고전 fĕrrum > 발칸 fęrru > 고대루어 fier)되면서 5개의 단일 모음소들(a, e, i, o, u)로 구성된 3단계의 고대 루마니아어의 모음구조를 갖게 됐으며, 현재의 7개 모음소들(a, e, i, o, u, ə, ɨ)로 구성된 모음체계는 6세기경에 이루어진 강세가 있는 e와 o가 각각 ea(예: sera > seară) 및 oa(예: sole > soare)로 이중모음화 된 후인 7세기 정도에 형성됐다는 견해로서, 이런 일련의 음운변화 현상들은 슬라브어의 영향과는 직접적인 관련이 없으며 이 지역의 기층어인 트라코-다키아어의 영향에서 비롯됐다는 주장이다(Rosetti. 1968. 97-98).

*Exemplu*

고전 măre(바다) > 발칸 mare > 루어 mare

고전 lātus(넓은) > 발칸 latu[56] > 루어 lat

고전 fĕrrum(철) > 발칸 fęrru > 루어 fier

고전 dēnsus(촘촘한) > 발칸 dẹsu[57] > 루어 des

고전 cĭrcus(원) > 발칸 cẹrcu > 루어 cerc

고전 fīlum(실) > 발칸 filu > 루어 fir

고전 pŏrcus(돼지) > 발칸 porcu > 루어 porc

고전 nōdus(매듭) > 발칸 nodu > 루어 nod

고전 fŭrca(삼지창) > 발칸 furca > 루어 furcă

고전 lūna(달) > luna > 루어 lună

루마니아어의 모음체계상의 특징으로는 무엇보다도 모음소들 ă[ə] 와 â=î[ɨ] 의 존재를 들 수 있다. 이들의 유래나 그 시기에 관해선 아직까지도 완전하게 규명되지는 않았지만,[58] 루마니아어의 ă[ə]는 일반적으로 라틴어 a 모음이 강세가 오는 어중음에서, 특히 비자음 m 앞에서나, 비강세 어말음일 경우에 나타난다. 그러나 어두음에선 구어체 지시사인 ăsta 및 ăla 이외엔 존재하지 않는다(Rosetti, 1968: 99).

루마니아어의 â[ɨ]는 주로 라틴어 강세모음 a가 비자음(m, n) 앞에서 나타난다.

Exemplu

라틴어 lana > 루어 lână

라틴어 campus > 루어 câmp

라틴어cantare>루어 cânta

라틴어romanus> 루어 român

그러나 후에 슬라브어에서 차용된 어휘에선 a 모음이 비자음 앞에서도 변음되지 않고 그대로 보존되고 있다.

Exemplu

고대슬라브어 rana > rană

고대슬라브어 chrana > hrană

달마티아어의 모음체계는 예상외로 다양한 이중모음화 현상을 보이고 있다. 속라틴어의 개모음뿐만 아니라 폐모음 및 심지어 모음 a 조차도 이중모음화되고 있다: Veglia(Krk) 지방어에선 폐음절의 a > uo로(라틴어 veterana > veteruona; 루어 bătrână), 개음절에선 a > ua로(라틴어 album > 달어 jualb; 루어 alb) 이중모음화되고 있는 반면,

Ragusa(Dubrovnik) 지방어에선 a > e로(라틴어 casa > chesa; 루어 casă, 라틴어 tata > 벨리아 tuota; 라구사 teta; 루어 tată) 변하고 있다(Tagliavini, 1973: 299).

발칸 로망스어 모음체계상의 특징중의 하나로 이미 언급한 바 있는 라틴어 단모음 ŭ 의 처리를 들 수 있다. 첨언하자면 고전 라틴어의 단모음 ŭ가 속 라틴어에선 폐음 ọ 로 됐지만 발칸 라틴어에선 u가 그대로 보존되고 있으므로 발칸 로망스어를 제외한 모든 로망스어들, 즉 이탈로-로망스어, 갈로-로망스어 및 이베로-로망스어에선 속 라틴어의 ọ로부터 o 모음을 유지하고 있는 반면 발칸 로망스어에선 발칸 라틴어의 u 를 이어받고 있다(Tagliavini, 1973: 300; Meyer-Lübke, 1972: 122).

*Exemplu*

고전 fŭrca > 속 fọrca > 포어 forca; 서어 horca; 이어 forca

고전 fŭrca > 발칸 furca > 루어 furcă

고전 bŭcca > 속 bọcca > 포어 boca; 서어 boca; 이어 bocca

고전 bŭcca > 발칸 bucca > 루어 bucă; 달어 buka 등.

#### 2.5.1.2. 자음

서력기원전 1세기 로마의 유명한 사상가이며 문필가인 키케로(Cicero) 시대에는 라틴어 성문 마찰음 h가 단지 기식음을 포함하고 있는 그리스어원의 어휘에 국한하여 사용됐던 점을 미루어 보아, h 은 이미 고전 라틴어 시대부터 제한적으로 사용됐을 것이라는 견해가 지배적이다. 초기에는 h가 간모음의 위치에서, 특히 동일 모음 사이에 놓여 있을 경우에 탈락되기 시작했으나(예: ne homo > nehemo > nemo, de habeo > dehibeo > debeo 등), 서기 3세기 이후의 문헌에선 h가 어두음일 경우에도 사라진 것(예: habeo > abeo, hanc > anc 등) 으로 알려지고 있다(Tagliavini, 1973: 189-190). 현대 로망스어들 중에선 단지 루마니아어에서만 이 성문 마찰음이 사용되고 있지만(예: duh, hrană 등), 그 기원에 관해선 의견이 분분하다(이문수, 1998: 115).

어말의 양순 비자음 -m은 이미 로마 공화정 시대부터 상당히 약화됐고, 속 라틴어에선 다음절인 어휘에서는 모두 탈락했으며, 단음절일 경우엔 대부분 치음화(m > n)됐다(Lausberg, 1967: 78).

Exemplu

고전 murum > 속 muro > 포어, 서어, 이어 muro; 불어 mur; 달어 mor 등

고전 quem > 속 quene > 루어 cine; 서어 quién; 포어 quem(* -m 은 단지 표기할 때만 사용되며 실제 음에선 발음되지 않음).

발칸 로망스어의 자음 구조상의 가장 두드러진 특징은 라틴어의 간 모음에 위치한 무성 파열음(Tenues)의 보존을 들 수 있다. 이 점은 이미 언급한 바와 같이 중·남부 이탈리아어를 포함한 동 로망스어의 특성이기도 하다:

Exemplu

라틴어 amicus > 포어 amigo; 서어 amigo(무성 연구개 파열음이 유성음화 됨);
> 이어 amico; 달어 amaik[59]

라틴어 ripa > 포어 riba; 서어 riba(무성 양순 파열음이 역시 유성음화 됨);
> 달어 raipa; 루어 râpă[60]

라틴어 mutare > 포어 mudar; 서어 mudar(무성 치 파열음이 역시 유성음화 됨);
이어 mutare; 루어 muta.

치·파열음과 관련하여 우리말 '아버지'에 해당되는 어휘로 달마티아어와 루마니아어에선 라틴어휘 tata로부터 유래된 tuota 및 tată가 사용되고 있는 반면, 기타 로망스어들은 라틴어휘 pater에서 유래된 단어들을 보존하고 있다(예: 라틴어 pater > 포어, 서어, 이어 padre). 그러나 이 예시에서도 달마티아어와 루마니아어에선 라틴어의 무성 치·파열음이 그대로 보존되고 있는데 비하여, 타 로망스어들에선 유성음화 됐음을 알 수 있다(Meyer-Lübke, 1972: 518, 710).

발칸 로망스어의 자음 구조 특성 중의 하나로 전설 모음 앞에서 무성 연구개 파열음의 독특한 음운 변화 현상을 들 수 있다, 즉 달마티아어에선 라틴어의 무성 연구개 파열음이 전설모음 e 앞에서 그대로 유지되고 있으며, 오로지 i 모음 앞에서만 치경·파찰음화 되는 것에 비하여, 루마니아어에선 이탈리아어와 함께 e 와 i 모음 앞

에서 모두 무성 치경 파찰음화 된 것을 알 수 있다(Tagliavini, 1973: 300):

*Exemplu*

라틴어 cena[kena] > 이어 cena[ʧena]; 루어 cină[ʧinə]; 달어 kaina

라틴어 cenare[kenare] > 이어 cenare[ʧenare]; 루어 cina[ʧina]; 달어 kenur[61]

라틴어 vicinu(m) > 이어 vicino[viʧino]; 루어 vicin; 달어 vičain

라틴어 cinque > 이어 cinque; 루어 cinci; 달어 čenk 등.

라틴어 자음군인 무성 연구개 파열음 + 치음(-ct[kt]-, -cs[ks]-)은 간모음의 위치에서 각 로망스어마다 나름대로의 특성을 보여주고 있다:

*Exemplu*

라틴어 octo > 포어 oito; 서어 ocho[oʧo]; 불어 huit[ɥit]; 이어 otto;
달어 guapto; 루어 opt

라틴어 factu(m) > 포어 feito; 서어 hecho; 불어 fait; 이어 fatto;
달어 fait; 루어 fapt 등.

위의 예시에서 보듯이 각 로망스어마다 그 지역의 기층어의 영향으로 인하여 무성 연구개 파열음인 [k]가 다양한 음운 변화 현상을 나타내고 있다. 루마니아어에선 연구개음이 순음화(k > p) 된데 비하여, 달마티아어에선 일부는 순음화(guapto) 되기도 하고 또 일부는 구개음화(fait) 된 점으로 미루어 보아 달마티아 지역에서 두 가지 현상이 교착하게 된 것 같다. 이와 관련하여 Solta는 소위 언어 영향의 파도 이론을 적용하여 다음과 같은 견해를 피력하고 있다:

> 달마티아어에선 라틴어 fructu > 달어 froit, 라틴어 lactea > 달어 alaite 및 섬이름인 라틴어 maximus > 달어 Majsan 등에서 증명해주듯이 아마도 구개음화 현상이 일반적인 현상인듯 싶다. 우리는 여기서 하나의 언어적인 현상인, 즉 소위 파도 이론을 적용시켜 볼 수 있을 것이다: 동쪽으로부터 루마니아어와 다소

약하지만 알바니아어 및 부분적이나마 달마티아어에까지 영향을 끼친 순음화 파도와 서쪽으로부터 밀려와서 달마티아어와 다소나마 알바니아어에는 파급됐지만 루마니아어에까지는 미처 영향력이 미치지 못한 구개음화 파도로서, <중략>, 숫자 여덟을 의미하는 guapto는 일곱을 나타내는 siapto에 따라서 변형됐으며, 중세 후기부터 라구사 지역에서 출현하는 kopsa 등은 고대 루마니아의 유목민들의 언어에서 유래됐을 가능성이 다분하다(Solta, 1980: 145).

연속자음(자음 + 유음 l)이 어두에 올 경우 역시 각 로망스어들에서 독특한 음운 변화 현상을 나타내고 있다: 이베로-로망스어인 포르투갈어와 스페인어에선 대부분의 연속자음의 l이 구개음화됨과 더불어 연속자음이 동화되면서 각기 독특한 음운변화 현상이 나타나고 있으며, 이탈리아어에서도 유음 l이 구개음화 되지만 어두 자음이 그대로 유지되고 있는데 비하여 달마티아어에선 대부분의 라틴어 연속자음들이 보존되고 있으며, 루마니아어에선 연속자음 중에서 연구개음 + 유음으로 된 경우에만 이탈리아어에서처럼 유음 l이 구개음화됐고 나머지 경우엔 달마티아어에서처럼 모두 그대로 보존되고 있다(Lausberg, 1967: 20-21; Tagliavini, 1973: 300):

*Exemplu*

라틴어 clamare[kl-] > 포어 chamar[ʃamar]; 서어 llamar[ʎamar];
이어 chiamare[kiamare]; 달어 klamuar; 루어 chema[kema]

clave > 포어 chave; 서어 llave; 이어 chiave; 달어 kluf; 루어 cheie

라틴어 flamma > 포어 chamma; 서어 llama; 이어 fiamma; 루어 flamă

라틴어 glacie(m) > 이어 ghiaccia; 달어 glas; 루어 gheață

라틴어 plenu(m) > 포어 cheio; 서어 lleno; 이어 pieno; 달어 plain; 루어 plin 등.

라틴어의 자음군인 유성 연구개 파열음 + 비음(-gn-) 또한 각 로망스어마다 다양한 변화를 겪게 된다:

*Exemplu*

라틴어 lignu(m) > 포어 lenho; 서어 leño; 이어 legno; 달어 la(i)n(k); 루어 lemn

라틴어 cognatu(m) > 포어 cunhado; 서어 cuñado;
이어 cognato; 달어 komnut; 루어 cumnat

라틴어 pugnu(m) > 포어 punho; 서어 puño; 이어 pugno; 루어 pumn 등.

상기 예시에서 보듯이 이베로-로망스어와 이탈로-로망스어에선 라틴어의 유성 연구개 파열음이 비자음 앞에서 연구개 비음으로 변음한데 반하여, 발칸 로망스어인 루마니아어에선 연구개 파열음이 비자음에 의해 역행동화됐으며, 달마티아어에선 부분적으론 루마니아어처럼 비음화 되기도 하고 부분적으론 연구개 파열음이 소멸됐거나 구개음화됐다. 그러므로 발칸 로망스어에선 양순 비자음과 치·비자음만이 존재하며 연구개 비자음은 결여돼 있다(Lausberg, 1967: 53; Tagliavini, 1973: 300).

발칸 로망스어의 특성으론 또한 라틴어 자음군인 연구개 파열음 + 순치음이 a 모음 앞에서 양순음화 되는 현상을 들 수 있으나, 이 변화 역시 단지 루마니아어에서만 나타나고 있는 것으로 보아 이 지역의 기층어적인 영향에서 기인했을 가능성이 높다는 학설이 지배적이다(Lausberg, 1967: 24-25; Tagliavini, 1973: 292-294):

*Exemplu*

라틴어 quattuor > 포어 quatro; 서어 cuatro; 이어 quattro; 달어 kuatro; 루어 patru

라틴어 lingua > 포어 lingoa; 서어 lengua;
이어 lingua; 달어 langa; 루어 limbă 등.

루마니아어의 기층어적인 영향으로 간주되는 것으론 아울러 라틴어 간모음의 설측음 l이 다른 유음인 r로 변화하는 현상을 들 수 있다:

*Exemplu*

라틴어 caelu(m) > 포어 ceo; 서어 cielo; 이어 cielo; 달어 čil; 루어 cer

라틴어 sole > 포어 sol; 서어 sol; 이어 sole; 달어 saul; 루어 soare 등.

루마니아어만의 독특한 음운현상으로는 라틴어의 무성 치·파열음이 전설 모음들(i, e) 앞에서 파찰음화(t > ț[ts]) 됐고, 라틴어의 무성 치·마찰음이 전설 모음 앞에서 치경음으로 변한(s > ș[ʃ]) 점이다(Rosetti, 1968: 99; Tagliavini, 1973: 295):

*Exemplu*

라틴어 tenere > 포어 têr; 서어 tener; 이어 tenere; 달어 tenar(e); 루어 ține

라틴어 terra > 포어 terra; 서어 tierra; 이어 terra; 달어 t(y)ara; 루어 țară

라틴어 septem > 포어 sete; 서어 siete; 이어 sette; 달어 sapto; 루어 șapte 등.

그러나 라틴어 sentire > 포어 sentir; 서어 sentir; 이어 sentire; 달어 senter; 루어 simți 등에서 보여 주듯이 치경음화 현상은 부분적으로 나타나고 있다.

### 2.5.2. 형태·통사론적인 면

속 라틴어의 가장 두드러진 특성 중에 하나로 중성명사의 점차적인 소멸을 들 수 있으며, 현대 로망스어들 중에선 발칸 로망스어인 루마니아어에서만 유일하게 중성명사가 존재하고 있다. 그러나 루마니아어의 중성명사는 단수에선 남성명사의 성격을 나타내고 있는 반면, 복수에선 여성명사적인 기능을 지니고 있으므로 소위 양성(ambigen)의 범주로 취급된다(Tagliavini, 1973: 196). 루마니아어의 명사에 관한 예를 하나 들어 단수에서 부정관사와 함께 표기해 보고, 복수에서 둘이라는 숫자를 사용하여 나타내어 비교해 보면, 중성명사의 양성적인 성격을 쉽게 이해할 수 있다:

Exemplu

| 성 | 단수 | 복수 |
| --- | --- | --- |
| 남성명사(profesor): | un profesor | doi profesori |
| 중성명사(scaun): | un scaun | două scaune |
| 여성명사(carte): | o casă | două case |

상기 예시에서 보듯이 루마니아어의 부정관사는 단수에서 두가지 형태가 있다, 즉 남성명사엔 un이 사용되며, 여성명사엔 o가 사용되고 있다. 루마니아어의 중성명사는 단수에선 남성명사의 성격을 지니고 있으므로 부정관사 un과 함께 사용되고 있음을 알 수 있다. 루마니아어에서 둘이라는 숫자는 남성 엔 doi가, 여성엔 două가 사용되는데 중성명사는 복수에서 여성명사와 일치하는 기능을 지니고 있기 때문에 둘이라는 숫자 două와 함께 사용되고 있는 것이다.

고전 라틴어에는 명사의 곡용 형태에 따른 다섯 개의 전형적인 명사의 유형들이 존재했었는데 속 라틴어에선 그 중에서 다섯 번째의 곡용 명사들(어간이 -ē, -iē 로 끝나는 것들) 이 첫 번째 곡용 명사들로 흡수·통합됐다(Tagliavini, 1973: 196):

Exemplu

고전 facies > 속 facia > 포어 face; 서어 haz; 불어 face; 이어 faccia; 루어 față

고전 materies > 속 materia > 불어 matière; 이어 materia; 루어 materie 등.

고전 라틴어의 종합적인 형태였던 형용사의 비교급이 속 라틴어에선 magis 또는 plus 와 같은 부사를 사용하여 분석적인 형태로 변했다(Tagliavini, 1973: 202-203):

Exemplu

고전 altior > 속 magis(plus) altus > 포어 mais alto; 서어 más alto; 루어 mai înalt; 불어 plus haut; 이어 più alto.[62]

고전 라틴어의 지시 대명사 및 형용사(ille, illa, illud 등)가 속 라틴어에서 본래의 지시적인 의미를 점점 상실하면서 정관사의 기능을 지니게 됐으며, 현대 로망스어에선 발칸 로망스어인 루마니아어에서만 유일하게 정관사가 명사 뒤에 접어 형태로 사용되고 있다. 우리말 '돼지'에 해당하는 각 로망스어휘에 정관사를 붙여서 비교해 보도록 한다:

Exemplu

포어 o porco; 서어 el puerco; 불어 le porc;

이어 il porco; 루어 porcul 등.[63]

위의 예시에서 보듯이 루마니아어에서만 정관사가 명사 뒤에 접어 형태로 붙어 있다. 이 현상은 소위 발칸 언어들의 특성으로서 알바니아어 및 불가리아어 등에서 나타나고 있으므로 이 지역의 기층어의 영향에서 기인됐다는 것이 중론이다 (Tagliavini, 1973: 205; 이문수, 1998: 115-116).

동사의 활용에서도 많은 변화를 겪게 됐다. 고전 라틴어 미래 시제의 종합적인 표현법이 속 라틴어 및 발칸 라틴어에선 habere, volere, debere 등과 같은 조동사들을 대동하여 나타내는 분석적인 형태가 등장하게 됨으로써 현대 로망스어들에선 대부분 분석적 표현법이 사용되고 있다.

Exemplu

고전 cantabo > 속 cantare habeo > 이어 canterò; 불어 chanterai; 서어 cantaré 등

발칸 vol(e)o cantare > 루어 voi cânta 등

발칸 habeo ad cantare > 루어 am să cânt 등.

그 밖에도 고전 라틴어에선 종합적인 형태로만 존재했었던 과거 시제가 속 라틴어에선 조동사 habere를 사용하는 분석적인 복합 과거 형태로 바뀌게 됐다:

*Exemplu*

고전 cantavi > 속 habeo cantatum 등 (Tagliavini, 1973: 206-207).

고전 라틴어와 속 라틴어 및 현대 로망스어들 사이의 가장 커다란 통사론적인 차이는 문장내의 어순에 있다고 해도 과언이 아닐 것이다. 고전 라틴어에선 주어 + 목적어 + 술어(S + O + V) 어순이 보편적이었으나, 명사 및 형용사의 곡용과 동사의 활용이 다양하고 뚜렷한 변별력을 지니고 있었기 때문에, 문장내의 어순에 별로 중요성을 부여하지 않았기 때문에 목적어와 술어가 전도되는 어순(S + V + O)도 자연스럽게 사용됐다. 그러나 속 라틴어에선 각종 음운 및 형태적인 변화들이 일어나기 시작하면서 점점 통사적인 문제로 파급될 수밖에 없게 됐다. 간단한 예를 하나 들어 보자면, 고전 라틴어에선 'Petrus는 Paulus를 사랑한다.'라는 의미를 지닌 문장으로 'Petrus Paulum amat.'라고 표현하는 것이 가장 모범적인 정답이겠지만 경우에 따라선 'Petrus amat Paulum.'이나 심지어는 'Paulum Petrus amat.'라고 사용해도 이해하는데 아무런 어려움이 없다. 왜냐하면 명사의 격어미가 주격과 목적격에서 뚜렷한 차이를 나타내고 있기 때문이다. 앞에서 언급한 바와 같이 이미 고전 라틴어 시대 후반부터 목적격어미 -m이 점점 약화되기 시작했으며, 속 라틴어 시대에선 어말음 -m이 대부분 그 자취를 감춰버렸다. 한편 어말음 -s는 속 라틴어 시대와 현대 로망스어에서도 부분적으로 존재하고 있지만, 앞장에서 언급한 바대로, 일부 로망스어들, 특히 동 로망스어인 이탈로-로망스어와 발칸 로망스어에선 완전히 사라졌다. 그뿐만 아니라 그 밖의 격들도 전치사구등에 의하여 대체되면서 격체계가 점점 무너지게 됐으며, 현대 로망스어들은 발칸 로망스어를 제외하곤 명사의 곡용기능을 거의 상실하게 됐다: 한 예를 들어 보자면, 전치사 de + 탈격이 이미 고전 라틴어 후반 무렵부터 증후가 보이기 시작했었는데, 나중엔 소유격을 완전히 대신하게 됐다: 우리말 '왕의 아들' 이라는 의미의 고전 라틴어 표현으론 'filius regis'나 'regis filius' 등이 사용됐다가 속 라틴어에선 거의 'filius de rege(rex)'가 통용됐으며, 따라서 현대 로망스어들에선 대부분 전치사구로만 표현되고 있다: 포어 de rei; 서어 de(l) rey; 불어 de(du) roi; 이어 di(del) re 등. 고전 라틴어의 여격 역시 후반 무렵 이후 점차적으로

ad + 목적격에 의해서 대체됐다[64]: 예를 들어 고전 라틴어 후기 시대의 문헌 중에는 'nunquid aliud vis patri nuntiari?'와 같은 문장 과 더불어 동시에 'praecipe quae ad patrem vis nuntiari,' 등과 같이 전치사구가 병행하여 사용됐던 것이 쉽게 발견된다 (Tagliavini, 1973: 182-183).

발칸 로망스어인 루마니아어에선 위에서 언급한 바와 같이 명사의 소유격 및 여격어미가 변화하고 있지만 일부 대명사들이나 구어체에선 간접 목적어의 여격어미 대신 전치사 la를 이용하여 표현하고 있다: 예를 들어 부정 대명사 및 형용사 tot, toată(모두, 모든것) 앞에서 la tot, la toată(모두에게) 등이나, 우리말 '그는 소에게 물을 주고 있다.' 라는 문장을 '(El) dă apă vitelor.' 대신에 '(El) dă apă la vite.'라고도 표현한다. 그리고 소유격에서도 명사의 소유격어미 변화 이외에도 숫자 앞에서나, 명사 및 대명사의 소유격 앞에서 사용됨으로써 소유명사 및 소유대명사의 역할을 하고 있다: 예를 들어 우리말 '두 학생의 과제물' 이라는 의미로 'tezele ale doi elevi'라고 둘이라는 숫자 앞에 사용돼 소유의 의미를 나타내고 있다. 우리말의 '이 승용차는 그 대학생의 것이다.' 라는 문장을 루마니아어론 'Această maşină este a studentului.' 라고 말하는데, 이 문장에서 소유관사 a가 대학생이란 남성명사(student)의 소유격 형태인 studentului 앞에 옴으로써 '그 대학생의 것' 이라는 소유명사의 기능을 하게 된다. 소유관사의 형태는 소유대상이 되는 명사의 성과 수에 따라 단수에서 a, al 복수에서 ale, ai 등과 같이 모두 네가지 형태가 존재하고 있다: 우리말의 '그 아파트는 우리 것이다.'를 루마니아어론 'Apartamentul este al nostru.'라고 하는데, 이 문장에서 아파트라는 단어가 중성명사이므로 소유관사 al이 사용됐다. 루마니아어의 표준 문법에 의하면 소유의 대상과 소유자가 바로 앞뒤에 위치하고 있으면서 소유대상의 명사가 한정적으로 사용돼 있을 경우(정관사를 지니고 있을 경우)엔 소유관사가 필요치 않으나, 1. 소유대상의 명사가 한정적이지 않거나, 2. 소유대상과 소유자 사이에 다른 수식어가 삽입돼 있을 경우엔 반드시 소유관사를 사용하도록 돼 있다: 우리말의 '나의 책'에 해당하는 루마니아어는 'cartea mea'로서, 이 경우엔 소유대상인 책(carte)이 한정적으로 사용됐고, 소유자에 해당하는 소유 형용사 mea가 바로 뒤에 옴으로써 소유관사가 필요치 않지만, 위의 1.에 해당하는 경우, 즉 소유대상(소유물)이 부정관사가 사용됐거나, 전혀 관사가 없이 사용됐을 경우엔 소유관사가 필

수적이다: '나의 책 한 권'을 루마니아어로 'o carte a mea'라고 하며, 2.에 해당하는 경우, 즉 소유대상에 수식어가 따라올 경우에도 역시 소유관사가 사용된다: '나의 커다란 책'을 'cartea mare a mea'라고 한다.

발칸 언어들의 통사적인 특성 중의 하나로 또한 문장의 어순을 들 수 있을 것이다, 즉 일반적인 어순인 (주어 + 술어 + 목적어) 대신 주어와 목적어가 도치되는 (목적어 + 술어 + 주어)의 어순이 자주 사용되고 있다. 이렇게 주어와 목적어가 바뀌도 별 문제가 발생하지 않는 이유는 전치사를 이용하여 목적격을 나타낼 수 있기 때문이다. 루마니아어에선 특히 목적어가 대명사일 경우와 인간과 관련된 소위 고등 생물을 지칭하는 명사들일 경우에 주로 사용되고 있으며, 대부분 재생대명사들(resumptive pronouns)에 의해서 목적어가 이중으로 표기돼 사용된다: 우리말 'Ion은 Maria를 보았다.'라는 문장을 루마니아어로 'Ion a văzut Maria.'라고 표현할 수도 있지만, 루마니아어의 표준 문법이나 언론 매체 등에서는 대개 그 문장 대신 'Ion a văzut-o pe Maria.'나 어순이 도취된 'Pe Maria a văzut-o Ion.'등과 같이 사용하는 것이 오히려 자연스럽게 여겨지는 실정이다. 이 문장을 분석해 보면, 목적어인 Maria 앞에 목적격 표기용의 전치사 pe가 사용되고 있으며 아울러 목적어, 즉 그(녀)를에 해당하는 접어 형태의 인칭대명사인 o(<pe ea)가 중복돼 목적어를 나타내고 있음을 알 수 있다.

발칸 로망스어인 루마니아어도 타 로망스어들처럼 라틴어의 부정법(infinitive)구문을 계승하고 있지만, 타 로망스어들에 비해 접속법(conjunctive)구문이나 동사상 명사(supine)구문 등을 많이 사용하고 있다는 점 또한 간과할 수 없다: 우리말 '나는 아직 할 일이 좀 있다.'라는 의미로 루마니아어에선 '(Eu) mai am a face ceva.'라고 표현할 수 있다. 이 문장은 문법적으론 아무런 하자가 없지만 자주 사용되지는 않으며, 그 대신 접속법을 이용한 '(Eu) mai am să fac ceva.'나 동사상 명사 구문인 '(Eu) mai am de făcut ceva.' 등과 같은 문장을 선호하고 있다. 또 다른 예를 하나 더 들어 보면, 우리말로 '나는 노래를 부르고 싶다.' 에 해당하는 것으로 갈로-로망스어에선 'Je veux chanter.'; 이탈로-로망스어에선 '(Io) volo cantare.' 등으로 표현되는 것이 보편적이겠지만 발칸 로망스어인 루마니아어에선 이 경우에 접속법을 사용하여 '(Eu) vreau să cânt.' 라고 표현한다.

## 미주

1) 예를 들자면 사르미제제투사(Sarmizegetusa), 나포카(Napoca), 드로베타(Drobeta), 아풀룸(Apulum), 로물라(Romula), 포타이사(Potaissa) 등과 같은 도시들은 등급이 높은 대도시들로 분류됐고, 디에르나(Dierna), 티비스쿰(Tibiscum), 암펠룸(Ampelum), 포롤리숨(Porolissum) 등과 같은 곳들은 자치 도시들로 편제됐다.

2) Bârzu, L. 1981, 44.

3) Daicoviciu, in: Istoria României(ed. Pascu, 1974). 38–39: 다키아 지방엔 당시 이미 작가들이나 문인들에 의해 초등교육 기관이 설립됐으며, 수많은 벽돌들이 드로베타(Drobeta), 수치다바(Sucidava), 사르미제재투사(Sarmizegetusa)와 포롤리숨(Porolissum) 등지에서 발견됐고, 그중의 일부에선 약간의 철자법을 연습한 흔적이 남아 있다. 또한 한 건물 기둥에선 어린 아이가 철필들(styli)을 들고 있는 아이의 모습을 나타내고 있고 알부르누스(Alburnus)에서 발굴된 유물 중에는 문인들이 서자판 위에 확실하게 라틴어나 그리스어로 썼던 것 등과 같이 라틴어 철자법을 교육했던 유물들이 발굴되고 있다는 견해다.

4) Fischer, In: Istoria limbii române, II(1969), 122–128: 그는 cuvinte panromanice absente din limba română 단락에서 여타 로망스어들에서 광범위하게 사용되고 있는 일상생활 어휘들 중에서 루마니아어엔 부재하는 단어들을 낱낱이 지적하고 있다. 그 중에서도 일상생활에서 자주 사용하고 있거나 인간의 심성과 밀접한 관계를 가지고 있는 mater(어머니), pater(아버지), amare(사랑하다) 등과 같은 단어들조차도 루마니아어에서는 사용되지 않고 있는 것에 주목할 필요가 있다는 견해이다. 그러나 그가 든 예들 중에 현대 루마니아어에서 사용되고 있는 단어들도 있는 것으로 미루어 보아 최근에 루마니아어가 라틴어나 프랑스어, 이탈리아어 등으로부터 차용해 사용하기 시작한 것들로 사료된다.

5) 반피는 그의 1972년에 출판된 「Aree latinizzate nei Balkani e una terza area latino-balcanica」의 215–218페이지에서 상기된 3지역을 구분하고 그 중에서도 점차적으로 5~7세기경엔 비중이 북부와 북동부로 옮겨갔다고 언급하고 있다.

6) Iorga, In: Sinteza bizantina(1972, ed. Zamfirescu), 27: 원래는 요르가가 1939년에 발표한 한 강연의 주제로 'Ce e Bizanțul?'(비잔틴제국이란 무엇인가?) 발표한 내용이 훗날 잠피레스쿠에 의해 편집된 것임.

7) Puşcariu. 1943. 456; Rohlfs. 1980. 24; Tagliavini. 1973. 417: 그 밖에도 루마니아의 기독교 어휘 biserică(교회) 및 boteza(세례를 베풀다, 명명하다) 등은 각기 원래의 고대 그리스어가 속 라틴어 basilica와 baptizare 등을 통해 루마니아어로 유래된 것으로 전해지고 있다.

8) Puşcariu. 1905. 145: 그러나 아루마니아어에선 그리스어의 영향에 의해 agu 또는 agiu 등과 같이 사용되고 있음.

9) 이 문장을 고전 라틴어로 옮겨 적는다면 "Manius me fecit Numerio."가 될 것이다. 우리말로 번역하자면 대략 '마니우스가 누메리우스를 위하여 나에게 (이것을) 만들어 주었다.'라는 내용이 되겠다.

10) 'Romania'라는 어휘는 지명 'Roma'에서 파생된 것이다. 지명 'Roma'는 그 어원이 불분명하지만 출현 시기는 B.C. 5세기 이전으로 거슬러 올라가며, 로마인들은 그들 스스로를 로마에 살고 있는 사람들이란 뜻인 'romani'라고 일컬었던 것으로 밝혀지고 있다. 오늘날 로망스어가 사용되고 있는 지역을 일컫는 학술용어인 'romania'는 A.D. 5세기 경에 쓰여진 문헌에 나타나기 시작했지만, 실제론 이미 그 이전부터 사용됐던 것으로 추측된다. 당시 'romania'는 게르만 민족의 영역(germania)과 대조적인 의미로 사용됐었으나, 6세기 부터는 'romanice'가 구사되는 지역을 뜻하게 됐다. 지명 'Roma'에서 파생된 형용사 및 명사형인'romanus', 'romani'외에도 비록 자주 사용되지는 않았던 표현이지만 'romanicus'와 그 부사형인 'romanice'가 'romanice loqui(로망스어를 말하다)' 또는 'romanice scribere(로망스어를 쓰다)' 등과 같은 표현으로 사용됐었다. 오늘날에는 'romanice'로부터 유래된 어휘가 로망스제어에서나 영어 등에서 형용사로 쓰여지고 있다. 예를 들어 불어; langues romanes, 이탈리아어; lingue romanze, 스페인어; lenguas romances, 루마니아어; limbile romanice, 영어; romance languages 등이 있다.

11) 이 등어선은 단지 이탈리아어의 방언을 구분하는 경계선일 뿐만 아니라 로망스어권을 동·서로 분리하는 언어학적인 관점에서 매우 중요한 역할을 하고 있다: 이 선을 기준으로 이탈리아반도의 북쪽지방, 알프스지방, 갈리아지방 및 이베리아반도를 포함한 소위 서 로망스어권에선 라틴어의 어말음 –s를 그대로 보존하고 있으며, 또한 간모음의 무성 파열음들(k, p, t)이 각기 g, b, d 로 유성음으로 변한 반면에 그 등어선을 기준으로 남부지방, 즉 중·남부 이탈리아와 발칸 로망스어권을 포함한 소위 동 로망스어권에선 어말음 –s도 더 이상 보존하고 있지 않고 무성 파열음들도 그대로 유지하고 있다.

12) 서력기원 전후로 활동했던 대 문필가인 키케로(B.C. 106~B.C. 43)의 견해에 따르자면 고전 라틴어에도 가족들이나 친지들 간의 일상적인 표현법과 철학적이거나 수사학적인 표현법 사이에 다소 차이가 있었다고 한다.

13) 1794년에 태어나 1872년에 타계한 Friedrich Diez는 1836년부터 1843년에 이르기까지 저술한 3권으로 된 로망스어들의 비교문법서에서 로망스어들의 모체는 고대 로마의 민중들에

의해 구어체로 사용됐던 속 라틴어라는 사실을 규명하고, 로망스어들의 문법들을 라틴어와 비교·연구함으로써 또한 로망스언어학의 창시자로 인정을 받고 있다.

14) 파열음과 유음 사이나 비음들 사이에서의 모음축약 현상은 이미 서력기원 전후 1세기 문헌이나 비문 등에서 빈번하게 나타나고 있다: domĭna > domna, ocŭlus > oclu, subŭla > subla, calĭdus > caldus 등.

15) Friedwagner, M. 1934, 650–651 그의 견해에 의하면 고트족이 다키아 지방에 대략 1세기(271–375년) 동안 머물었고 그 후 훈족이 450년대 초반까지 거주했으며 그 다음 게피드족이 1세기 이상 그 지역을 지배했고 그 후 아바르족 또한 1세기 이상 주인역할을 행세했던 것으로 전해지고 있다.

16) 루마니아어에선 폐음절의 라틴어 모음 a는 비자음(m, n 등) 앞에서 대부분 â로 변음됐다. 다른 예를 들어보자면 라틴어 cantare > 루마니아어 cânta(re), 라틴어 campus > 루마니아어 câmp 등.

17) 이문수, 1998, 116; Du Nay, A. 1977, 53–54 루마니아어에서 다른 예를 들어보면 '말(馬)'을 의미하는 남성 명사인 cal에 정관사를 붙인 형태는 calul 이며 '소녀'라는 의미를 지닌 여성명사 fată에 정관사를 붙이게 되면 fata가 된다. 이와 같이 정관사가 전접어(enclitic)형태로 사용되고 있는 현상은 소위 발칸언어연합에 속해 있는 루마니아어, 알바니아어, 불가리아어 등에서 공통으로 나타나고 있다.

18) 고전 라틴어의 어말음 –m은 후기 속 라틴어 시대에서 대부분 소멸됐기 때문에 현대 로망스어들에선 그 흔적을 거의 찾을 수조차 없다. 다른 예로서 고전 라틴어의 일곱을 나타내는 sěptem에 해당하는 현대 로망스어휘는 루어 șapte, 이어 sette, 불어 sept, 서어 siete, 포어 sete 등으로서, 어말음 –m이 어떤 언어에서도 사용되고 있지 않다.

19) 이문수, 2002, 174–175.

20) 명사 및 형용사의 어말음 –s는 이미 고전 라틴어 후기 시대에 부분적으로 묵음이 됐으며, 속 라틴어와 발칸 라틴어에선 더 이상 사용되지 않은 것으로 알려지고 있다. 현재 동 로망스어인 이탈리아어와 루마니아어에선 명사나 형용사뿐만 아니라 동사의 활용어미에서도 라틴어의 어말음 –s가 완전히 사라졌다.

21) Meyer-Lübke, W. 1972, 451 발칸 라틴어에서뿐만 아니라 속 라틴어에서도 비음 n은 치음 s 앞에서 탈락한 것으로 여겨진다. 다른 예를 들어보자면 고전 라틴어휘 mēnsa(식탁) 은 속 라틴어에서 이미 n이 사라져서 mẹsa(복수: mēnsae>mese) 로 음운변화가 이루어진 것으로 판단된다. 포르투갈어와 스페인어 mesa 및 루마니아어의 masă가 mẹsa로부터 유래됐다.

22) 이문수, 1999, 62–63.

23) Rosetti, A. 1968. 97–98.

24) 이를테면 로세티의 견해로는 라틴어나 여타 로망스어들에는 존재하고 있지 않는 이 2개의 모음들 모두가 슬라브어의 영향 이전인 7세기 경에 이미 루마니아어에 존재했다는 견해이다. 다시 말하자면 다소 늦게 그 영향이 나타나기는 했지만 기층어에서 비롯했다는 입장(Rosetti, A. 1968. 97–98)인 반면 페트로비치는 두 모음들 모두 기층어와는 상관이 없으며 특히 모음 â/ɨ/는 슬라브어의 영향으로 인하여 유발했을 가능성이 높다는 견해이다(Petrovici, E. 1957. 14–16).

25) Rothe, W. 1957. 18 본래 고대 루마니아어에서 어두의 개음 a가 비자음들 앞에서 고모음 î/ɨ/ 로 됐지만, 전설 모음(일명: 구개 모음)들 앞에서 î/ɨ/가 역행동화 현상이 나타나면서 i 로 변음된 것으로 전해진다.

26) 원래의 음운규칙상으로는 고전 라틴어의 단음 ĕ가 속 및 발칸 라틴어에서 개음 ę로 변한 후에 고대 루마니아어에서 ie로 이중모음화 됐지만, 구개음들(c, g) 다음에서 ie가 e로 축약된 것이라는 중론이다. 예: caelum > cęlu > cieru > cer; gĕlu > gęlu > gieru > ger 등(Rothe, W. 1957. 16).

27) Rothe, W. 1957. 12–13 고대 루마니아어에서 어두의 개음 a가 비자음들 앞에서 고모음 î/ɨ/로 됐지만, 16세기 이후부터는 후설 모음들 앞에서 î/ɨ/가 역행동화 현상이 나타나면서 u로 변음된 것으로 전해진다.

28) 라틴어 간모음의 중자음인 연구개 파열음 + 치음, 즉 –cs/ks/–와 –ct/kt/–는 로망스어들 사이에서 독특하고 다양한 변화를 나타내고 있는데, 발칸 로망스어인 루마니아어에선 연구개 파열음이 대부분 순음화(p/p/) 됐다. 예: 고전 făctŭm > 발칸 factu > 루어 fapt; 고전 ŏcto > 발칸 octo > 루어 opt 등.

29) 라틴어 간모음의 유음 –r–은 루마니아어에선 대부분 다른 유음인 –l–로 교체됐으며, 라틴어 전설 모음들(i, e) 앞의 연구개 무성 파열음(c/k/)은 루마니아어에서 치경 무성 파찰음(/tʃ/)화 됐다.

30) 전설 모음, 즉 ĕ 와 ī 모음들 앞의 라틴어 유성 치·파열음 d/d/는 루마니아어에서 z/z/로 마찰음화됐다. 특히 장음 ē 앞에서는 d가 그대로 보존되고(예: 고전 dēnsus> 발칸 dẹsu > 루어 des) 있는데 비하여, 단음 ĕ( > ie) 앞에선 z로 구개음화(예: 고전 dĕcĕm > 발칸 dęcę > 루어 diece > zece) 됐다는 사실을 주목할 필요가 있다.

31) 전설 모음들(ĕ, ī) 앞의 고전 라틴어 중자음 ll 이 루마니아어에서 대부분 발칸 라틴어의l'(l 의 구개음화) 단계를 거친 후 소멸되는 현상을 보여주고 있다. 예: 라틴어 단수 căbăllus(말) >

루어 cal – 복수 căbăllī(말들) > 루어 cai 등.

32) 라틴어 전설 모음들(i, e) 앞의 연구개 유성 파열음(g/g/)도 무성 파열음(c/k/)의 경우와 유사하게 루마니아어에서 치경 파찰음(/dʒ/)화됐다.

33) 그러나 어두음 l 이 전설모음 앞에서 구개음화되면서 모음 i로 변했다.
예: 라틴어 lĕporem(< lĕpŭs 토끼) > 루어 iepure 등.

34) 간모음의 라틴어 유음 –l–은 루마니아어에서 모두 다른 유음인 –r–로 변했다.
예: 고전 caelum(하늘) > 발칸 cęlu > 루어 cer 등.

35) 전설모음, 특히 i 모음 앞의 라틴어 치자음 s는 루마니아어에서 구개음화돼 치경음 ș/ʃ/로 변했다.
예: 라틴어 sīc > 루어 și 등. 그러나 전설모음 다음에 비자음들(m, n)이 올 경우엔 이 법칙이 적용되지 않는다. 예: 라틴어 sĕntīre > 루어 simți 등.

36) 전설모음, 특히 i 모음 앞의 라틴어 치·파열음 t는 루마니아어에서 치·파찰음인 ț/ʦ/로 변했다. 그러나 전설모음 다음에 비자음들(m, n)이 올 경우엔 이 법칙이 적용되지 않는다. 예: 라틴어 sĕntīre > 루어 simți; 라틴어 tĕmpus > 루어 timp 등. 로테는 중간 단계에서 țiearā 형태를 거친 후에 현재 루마니아어 형태인 țară 로 변했다는 견해이며(Rothe, W. 1957. 16), 라우스베르그는 중간단계로 tiarra 형태를 거친 후 현재의 모습을 취했다는 의견(Lausberg, H. 1967. 8)이다.

37) Lausberg, H. 1967 33, 35–36 라틴어의 마찰음 v는 특히 어중음일 경우에 이미 서력기원 전환기 경에 파열음 b와 더 이상 구별되지 않게 됐으며, 어두음일 경우에도 그 당시부터 혼용됐던 것으로 알려지고 있다. 예를 들자면 라틴어 cabăllus(말)에서 유래한 로망스어들을 비교해 보면 포어 cavalo, 서어 caballo, 이어 cavallo 이나 라틴어 habēre로부터 유래한 포어 haver, 서어 haber, 이어 avere 등에서 보여주듯이 b 와 v가 혼용됐던 것으로 전해지고 있다.

38) Tagliavini, C. 1973. 189–190.

39) Lausberg, H. 1967. 18–19 이를 테면 스페인어의 hermoso(< 라틴어 formosus), hijo(< 라틴어 filius) 등이나, 특히 프랑스어에서 게르만어원의 어휘들인 honte(< 프랑크어 haunitha), hache(< 프랑크어 happja), hanche(프랑크어 hanka) 등에서는 중세까지도 기식음 h가 발음됐던 것으로 알려지고 있다.

40) 이문수, 1998. 115.

41) Tagliavini, C. 1973. 195; Rothe, W. 1957. 8.

42) 앞에서도 설명한 바와 같이 루마니아어에선 고전 라틴어 중자음 ll이 전설 모음들(ĕ, ī) 앞

에서 대부분 l'(l 의 구개음화) 단계를 거친 후 소멸됐다(예: 고전 gă̆llīnă > galina > 루어 găină). 이런 현상은 반드시 라틴어원의 어휘에서만 나타나는 것은 아니며, 또한 기층 어원의 남성 명사 복수 정관사 -i 앞의 l도 마찬가지로 사라졌다. 예를 들자면 기층어로부터 유래된 것으로 알려지고 있는 루마니아어 남성 단수 명사 copil(어린아이)의 복수 형태는 copii이다. 부언 설명하자면 copil에 남성 복수어미 i가 붙으면서 l이 사라진 형태이다. cal의 복수 형태 역시 똑 같은 연유로 cai가 됐다.

43) Lausberg, 1967: 67-71.

44) Rosetti, Al. 1968. 248-249; Du Nay, A. 1977. 51.

45) Lausberg, H. 1967. 87; Pușcariu, S. 1975. 113 이어 quattro, 불어 quatre, 서어 cuatro, 포어 quatro 등 여타 로망스어들에서도 어말 자음 r이 선행하는 모음들과 전위돼 있는 것으로 미루어 보아, 이러한 전위 현상은 발칸 라틴어뿐만 아니라 속 라틴어에서도 이미 발생한 것이 확실하다.

46) 루마니아어는 라틴어의 곡용체계를 다소나마 보존하고 있다: 남성, 중성 및 여성명사들이 공히 두 개의 상이한 격어미(1. 주격 = 목적격, 2. 소유격 = 여격)를 가지고 있으며, 그 외에도 남성명사는 또한 호격어미를 유지하고 있다. 예를 들어 우리말 '주인'에 해당하는 남성명사 domn에 정관사를 붙여 격변화를 시켜 보면, 주격=목적격 domnul, 소유격=여격 domnului, 호격 domnule와 같이 모두 세 가지 격어미 형태를 취하고 있음을 알 수 있다.

47) 소위 중심 로망스어인 프랑스어와 이탈리아어에선 라틴어 부사 plus 로부터 유래한 형태들이 사용되고 있는 반면, 변두리 로망스어인 포르투갈어와 스페인어 및 루마니아어에선 라틴어 magis에서 유래한 형태들이 사용되고 있으며, 달마티아어에선 예상 밖으로 고전 라틴어의 종합적인 형태가 보존되고 있는 것으로 알려지고 있다(Tagliavini, 1973: 300).

48) 루마니아어의 정관사는 접어 형태로 명사뒤에 위치한다. 달마티아어 정관사에 관해서는 자료들의 부족으로 인하여 정확하게 설명하기는 어렵지만 정관사의 위치는 명사 앞에 온 것만은 분명하며, 대부분 명사의 앞에 접어 형태로 붙어서 사용된 것으로 알려지고 있다(Skok, 1934: 454-455).

49) 루마니아어의 정관사 형태는 단수 남성 및 중성명사엔 l(e)이며, 여성명사엔 a이다. 자음으로 끝나는 남성 및 중성명사 뒤에는 명사와 정관사 사이에 연결모음 -u-가 사용된다.

50) Tagliavini, 1973. 205; 이문수, 1998. 115-116.

51) 루마니아어 명사의 성이 여타 로망스어들과 차이를 보이고 있는 예는 상당수가 있다. 예로서 라틴어 남성 명사인 sole(태양)에서 비롯된 포어 sol, 서어 sol, 이어 sole 등은 라틴어와 마찬가지로 남성인데 비해 루마니아어의 soare는 여성이다.

52) Bartoli, M.G., 1939. 68.

53) Tagliavini, C. 1973. 300 소위 중심 로망스어인 프랑스어와 이탈리아어에선 라틴어 부사 plus 로부터 유래한 형태들이 사용되고 있는 반면, 변두리 로망스어인 포르투갈어와 스페인어 및 루마니아어에선 라틴어 magis에서 유래한 형태들이 사용되고 있다.

54) Coseriu, E. 1979. 43.

55) Coseriu, E. 1978. 263–265.

56) 고전 라틴어의 어말음 –m은 이미 속 라틴어에서 대부분 사라졌기 때문에 현대 로망스어들에선 그 흔적을 거의 찾을 수조차 없게 됐다.

57) Cf. Rosetti (1968: 588). 발칸 라틴어에서뿐만 아니라 속 라틴어에서도 비음 n은 치음 s 앞에서 탈락한 것으로 여겨진다. 다른 예를 들어보자면 고전 라틴어휘 mēnsa(식탁)은 속 라틴어에서 이미 n이 사라져서 mẹsa(복수: mēnsae>mese)로 음운 변화가 이루어진 것으로 판단된다.

58) Cf. 이문수 (1998: 114–115). 이 지역의 기층어인 트라코–다키아어의 영향이라는 학설과 상층어인 슬라브어의 영향이라는 상반되는 주장이 맞서고 있다.

59) 루마니아어에선 '친구'라는 의미를 지닌 단어로 라틴어휘가 아닌 슬라브어에서 유래된 prieten이 사용된다.

60) 이탈리아어의 riva는 북부 이탈리아 방언의 영향에서 비롯된 것으로 알려지고 있고, 남부 지방에선 ripa가 통용되고 있다(Meyer–Lübke, 1972: 605).

61) 서 로망스어에선 더욱더 전음화 돼 무성 치·파찰음화됐다(예: 라틴어 cena >포어cea[sea]; 서어cena[sena], 라틴어 cenare > 포어 cear[sear]; 서어 cenar[senar].

62) 현대 로망스어들에선 속 라틴어의 전통을 이어받아 분석적인 형태들이 사용되고 있으며, 달마티아어에선 예상 밖으로 고전 라틴어의 종합적인 형태가 보존되고 있는 것으로 알려지고 있다(Tagliavini, 1973: 300).

63) 고전 라틴어의 남성명사 pŏrcŭs에서 속 라틴어의 pọrco을 거쳐서 유래됐기 때문에 현대 로망스에들에서도 남성명사로 보존되고 있다.

64) 루마니아어는 라틴어의 곡용체계를 다소나마 보존하고 있다: 남성, 중성 및 여성명사들이 공히 두 개의 상이한 격어미(1. 주격 = 목적격, 2. 소유격 = 여격)를 가지고 있으며, 그 외에도 남성명사는 또한 호격어미를 유지하고 있다. 예를 들어 우리말 '주인'에 해당하는 남성명사 domn에 정관사를 붙여 격변화를 시켜 보면, 주격=목적격 domnul, 소유격=여격 domnului, 호격 domnule와 같이 모두 세 가지 격어미 형태를 취하고 있음을 알 수 있다.

# Chapter 3

# 로마제국 이후 발칸지역의 민족 및 언어적인 상황

# Chapter 3 로마제국 이후 발칸지역의 민족 및 언어적인 상황

고트족의 침략을 더 이상 방어하기가 어렵게 되자 로마제국의 아우렐리안(Aurelianus)황제는 A.D. 271년 트라얀황제가 A.D. 106년에 로마제국의 식민지로 만들었었던 다키아 트라야나(Dacia Trajana)를 고트족에게 양보하고 다뉴브 강 이남의 뫼시아 상부(Moesia Superior)와 뫼시아 하부(Moesia Inferior) 사이에 다키아 아우렐리아나(Dacia Aureliana)[1]를 세우고 이곳으로 군대를 철수시킴으로써 로마제국으로선 최초로 영토를 타민족에게 뺏기는 수모를 겪게 됐다.

루마니아 민족의 기원의 단서가 될 수 있는 이 역사적인 사건에 관하여 오늘날 전해지고 있는 문헌들은 독창적인 것으로 인정하기 곤란한 비잔틴의 역사가들에 의한 진술들을 제외하면 모두 여섯 명의 역사가들, 즉 아우렐리우스 빅토르(Aurelius Victor), 에우트로피우스(Eutropius), 페스투스(Festus), 히스토리아 아우구스타(Historia Augusta)를 쓴 보피스쿠스(Vopiscus), 오로시우스(Orosius) 및 요르다네스(Jordanes) 등이 다키아로부터 시간적으로 다른 두 번의 철수에 관하여 라틴어로 진술하고 있다. 한 번은 갈리엔(Gallien)황제[2] 때의 철수에 관한 것이고, 다른 한 번은 아우렐리안황제 하에서의 철수이다. 위의 역사가들 중에서 앞으로부터 네 사람들은 4세기 말경 불과 몇 년의 시차를 두고 진술한 것들이고, 오로시우스는 5세기 초에 그리고 요르다네스는 551년에 기술한 것으로 알려지고 있으며, 아우렐리우스 빅토르와 오로시우스가 첫 번째 철수에 관해서만 언급하고 있는데 반하여 보피스쿠스는 그의 'Historia Augusta'에서 단지 두 번째 철수에 관해서만 기술하고 있으며 나머지 사람들은 두 번에 걸친 철수에 관하여 모두 진술하고 있다(Iliescu, 1973: 5-6). 그러나 다키아 트라야나로부터의 대대적인 철수는 아우렐리안황제 때에 실시됐다는 것에 대해선 이론의 여지가 없는 기정 사실이므로 첫 번째 철수에 관해서만 언급하고 있는 아우렐리우스 빅토르와 오로시우스의 기술들은 제외시키고 나머지 네 명의 역사가들의 진술들에 관하여 보다 구체적으로 검토해 보고자한다. 우선 시기적으로 비슷한 앞의 세 명의 로마 역사가들이 진술한 내용들이다:

> Vopiscus, Aurelian. 39.:
> Cum vastatum Illyricum ac Moesiam deperditam videret, provinciam Transdanuvinam Daciam a Traiano constitutam sublato exercitu et provincialibus reliquit, desperans, eam posse retineri, abductosque ex ea populus in Moesia conlocavit appellavitque suam Daciam, quae nunc duas Moesias dividit.
> Sextus Rufus(=Festus):
> Dacia Gallieno imperatore amissa est et per Aurelianum translatis exinde Romanis duae Daciae in regionibus Moesiae et Dardaniae factae sunt.
> Eutropius:
> Provinciam Daciam intermist vastato omni Illyrico et Moesia desperans eam posse retineri, abdustosque Romanos ex urbibus et agris Daciae in media Moesia collocavit appellavitque eam Daciam, quaenunc duas Moesias dividit et est in dextra Danubio in mare fluenti, cum antea fuerit in Iaev. (Roesler, 1871: 67).

위의 내용들은 거의 대동소이하며 요약하면 다음과 같다:
게르만 종족인 고트족에 의해 일리리아와 뫼시아 지방까지 침략을 당하자 다키아 트라야나를 더 이상 고수할 수 없게 되자 아우렐리안황제는 다키아로부터 모든 관리들과 군인들 및 시민들을 (다뉴브 강 이남의) 뫼시아의 가운데로 철수시키고 그 곳에 다키아 아우렐리아나를 설립했으므로 뫼시아는 양분됐다.

한편 요르다네스가 기술한 내용은 다음과 같다:

> Daces autem post haec iam sub imperio suo Traianus, Decebalo eorum rege devicto, in terras ultra Danubium, quae habent mille milia spatia, in provinciam redegit. Sed Gallienus eos dum regnaret amisit Aurelianusque imperator evocatis exinde legionibus in Mysia conlocavit ibique aliquam partem Daciam mediterraneam Daciamque ripensem constituit et Dardaniam iunxit(Mommsen, 1882: 28).
>
> 트라얀황제의 진두 하에 (로마 군대가) 데케발왕이 이끄는 다키아를 정복한 후 다뉴브 강 이북의 광활한 지역을 로마제국의 식민지로 만들었었으나 갈리안 황제는 다키아를 지배하는 것을 포기했으며, 아우렐리안황제는 그곳으로부터 군대를 철수시켜 뫼시아의 일부에 다키아 메디테라네아와 다키아 리펜시스를 설치하여 (군대를 주둔시키고) 다르다니아(Dardania)와 연결시켰다.

위의 진술 내용 중에서 관건이 되는 것은 다키아 트라야나로부터의 철수한 주민의 수가 얼마나 되는 가이다. 문제는 위의 역사 기록들의 진실성과 정확성에 달려있다. 앞의 로마의 사가들은 거의 이구동성으로 로마 군대와 관리들 및 수많은 주민들이 철수했다고 서술하고있는데 비하여 시기적으로 앞의 세 사람들과는 훨씬 후대 사람이며 고트족의 역사가인 요르다네스는 주로 로마 군대의 철수에 관해서만 언급을 하고 있으며 내용 면에서도 상당 부분을 보충 설명하고 있다는 점이 앞의 세 사람들의 진술과 대조를 이루고 있다. 이와 관련해 독일의 역사가로서 현대 로마사학의 기초를 확립시킨 몸젠(Theodor Mommsen 1817~1903)은 요르다네스의 기록에 관하여 매우 높이 평가하고 있다. 그 이유는 우선 요르다네스는 다뉴브 강 이남 출신으로서 그 지역에 관하여 누구보다도 잘 알고 있었으며 그 역사적인 사건에 대해서도 구비에 의하여 상세하게 알고 있었을 것이고, 둘째로 그는 뫼시아 지방에 관해서도 그때까지 역사 기록상 한 번도 언급되지 않았던 많은 점들을 세세히 전했으며, 셋째로 무엇보다 중요한 것은 그는 그 사건에 관한 자료들을 보충하고 수정했다는 점들을 들고 있다(Mommsen, 1882: 9-19).

로마제국은 이미 3세기 중엽에 다뉴브 강 하류의 북단에 거대한 교두보처럼 돌출한 다키아를 계속 유지한다는 것은 더 이상 효과가 없다고 판단하고 트라얀황제에 의해 로마제국의 속주가 됐던 다키아를 165년 만인 271년에 아우렐리안(Aurelianus) 황제가 고트족에게 내어주고 다키아 속주 각지에 주둔해 있던 로마군 관계자들을 일제히 철수시켜 다뉴브 강 남쪽으로 옮겨왔다. 당시 로마제국과 고트족이 맺은 다키아 양도 협약의 내용은 오늘날 전혀 남아 있지 않다. 아우렐리안황제는 다뉴브 강 이남의 뫼시아의 일부와 트라키아지방의 일부 및 달마티아 지방의 일부를 합하여 새로운 다키아, 즉 다키아 아우렐리아나(Dacia Aureliana)라는 새로운 속주를 신설하고 2개 군단을 배치했다. 시민들이 다키아에 그대로 남아 있을 지 새로운 다키아로 갈 지는 자신들이 스스로 판단하여 결정하기로 했으며, 당시의 정황으로 보아 로마제국의 다키아지방으로부터 철수는 생각보다 그다지 심각한 혼란을 초래하지는 않았고, 따라서 상당수의 로마인들이 다키아에 남기로 결정한 것으로 전해지고 있다. 그리고 당시 다키아를 포기하고 떠나간 로마제국과 다키아의 새로운 주인이 된 고트족은 그 후 계속적으로 적대시한 것이 아니라 경우에 따라선 상호 우호적인 관계를 맺은 것으로 판단된다. 그 이유는 첫째로 그 후 200년 뒤에 서로마제국을 멸망시키게 되는 게르만족의 대공세 시대에 유독 다키아에서 남하한 야만족은 없었다는 사실과 둘째로 고대의 다키아지방은 오늘날의 루마니아영토에 해당하는 지역인데, 현재 루마니아어가 라틴어에서 유래된 로망스어의 일종이라는 사실은 로마제국이 다키아를 철수했을 때 만일 모든 로마인들이 그곳으로부터 철수했다면 불가능한 일이므로 많은 수의 로마인들이 다키아에서 가정을 꾸리며 상주했을 것이라는 의견이 설득력을 갖게 된다(시오노 나나미. 제12권 342-344).

## 3.1. 라틴문화와 비 라틴문화의 접촉

루마니아의 로망스언어학자인 요르단(Iorgu Iodan)은 한 국제 학술대회 발표문에서 "동쪽(동로마제국)의 라틴성은 많은 이질적 요소와 투쟁해야만했다."고 지적한 바 있으며 독일의 롤프스(G. Rohlfs) 또한 그의 저서 'Romanische Sprachgeographie. Geschichte und Grundlagen(1971)'에서 "다른 로망스어들에 비해 루마니아어는 보다 더 많은 이질적요소를 지니고 있다."라고 언급했다. 실제로 루마니아어의 어휘는 여타 로망스어들로부터 독립된 형태를 지니고 있는 어휘가 크게 확장했고 이러한 어휘의 대부분이 비 라틴적인 기원을 가지고 있다. 이러한 사실은 루마니아어가 유구한 역사를 통하여 이 지역의 비라틴계 민족들과의 언어적인 접촉의 결과라고 말할 수 있을 것이다. 보다 더 상세히 언급하자면 첫째로 라틴어와 남동유럽 원주민들의 언어와의 접촉을 언급하지 않을 수 없을 것이다.

바인라이히(Uriel Weinreich)는 그의 저서인 'Languages in contact(1952)'에서 원주민사회는 라틴어에서 그 지역의 토착어의 형태를 보존한 반면에 라틴어 화자 사회는 정복당한 민족의 언어로부터 형태를 차용했다고 설명하고 있다. 그는 아울러 남동유럽지역에서 라틴어가 그리스와 알바니아인들이 거주하는 지역은 제외하고는 언어적으로 보다 우월할 수 있었다고 언급하고 있다.

이러한 사회언어학적 접근법으로 언어학적 접촉이론에 의거하여 루마니아어에 존재하고 있는 어원불명의 어휘에 대한 어원연구가 가일층됐다.

로마인과 다키아인의 접촉으로 인하여 고대 루마니아인의 일상어휘는 사회언어학적 분석방법과 부합하여 나타나고 있다. 예를 들어 abure(증기), buză(입술), burtă(복부), bucura(기쁘게 하다), ceafă(목덜미), moş(노인), vartă(화덕) 등과 같은 발칸지역의 원주민 언어인 토착어로부터 계승된 어휘와 baci(목동), balaur(용), viezure(오소리), ţap(숫염소) 등과 같이 이 지역 일대에서 쓰인 라틴어로부터 차용된 어휘들은 새로운 개념을 나타낸다.

다코-로마인의 라틴어와 이주해온 바바리아인의 언어와의 접촉 또한 유사한 환경아래 있었다. 4세기전반부터 아우렐리안(Aurelianus)황제의 철수명령에 따라 로마군대에 의해 버려진 다키아지방은 게르만족을 비롯하여 수많은 이주민들에 의해 침략 당했다. 첫 번째가 고트족이었다. 서고트족은 몰도바, 트란실바니아 동쪽지역, 문테니아 동부지역 전역에 그들의 정치적 군사적 지배를 강요했고 반달족과 게피드족은 티사강 유역에 그들의 흔적을 남겼다. 그들의 지배가 짧았던 것은 아니다. 로마제국의 관할행정구역이 된 107년 이후 376년에 서고트족은 훈족에 의해 다뉴브 강 남쪽으로 몰아내어졌다. 5세기 후반 다키아지방으로 침략해온 게피드족은 실제로 트란실바니아 북서부의 크리샤나와 서 바나트 지역을 지배했다. 567~568년에 게피드족은 500년경 파노니아 평원지대를 정복하기 시작하여 이 일대를 장악했던 랑고바르드인과 아바르족에 의해 패배 당했다. 아바르족도 초기엔 파노니아 평원지대에 정착했지만 후에 남쪽을 향하여 남하한 다음 도브로제아를 향해 이동하면서 테살로니키와 콘스탄티노플에까지 닿으면서 이동했지만 626년 패배 후에 파노니아 평원에서부터 철수를 강요당했다. 트란실바니아에서 고립된 아바르전사들은 무레슈계곡에 새로운 은신처를 마련해야했다.

이주민족들 중에서 4세기 후반에 이미 티사강과 다뉴브 강 중간지역사이의 파노니아 평원에 정착한 몽골리언 기마족인 훈족을 언급해야 한다. 그때부터 그들은 즉각 약탈 원정을 시작했다. 그들에 의해 정복된 주민들은 공물을 지불했다. 그러나 어떤 식으로도 정복자들과 융화되지 않았다. 이민족들은 군사적으로 방어를 안전하게 했고, 반면에 정착하고 있었던 이 지역의 주민들은 그들을 위해 필요한 노역을 이행했고 식량을 제공했다. 이 지역에서 훈족의 지배는 짧았고 명확하거나 주목할만한 고고학적 흔적을 남기지 못했다.

일찍이 볼 수 있었던 것처럼 이주민족들은 4세기~7세기에 다키아 주변지역인 티사, 크리샤나 서부 평원, 서 바나트 지역 등을 점령하면서 지나갔다. 그러나 이러한 이주민족들은 대부분 로마화된 지역인 동 바나트, 남서부 트란실바니아, 올테니아, 문테니아 서쪽, 카르파치산맥지역을 피해 이주했으므로 이러한 지역들에선 계속해서 농부와 양치기 같은 전원생활을 이끌었던 원주민들이 상주하게 됐다.

이런 이민족들의 문화는 원주민들의 것과 잘 융화하지 않았으며, 이미 형성된 다코-로마인의 언어 및 문화변화에 기여하지 못했다. 오히려 다키아 지역에서 계속해서 거주했던 다코-로마인들 사이에서 널리 행하여진 전원적인 로마인들의 삶의 방식은 이민족들에게 영향을 미쳤는데, 예를 들어 북 다뉴브 강 지역에서 고트족이 기독교를 채택한 것이다. 사실상, 그리스 주교였던 울피라스(Ulfilas)는 7년 동안 그리스인, 로마인 및 고트족에게 기독교를 전파했다. 심지어 성경을 고트어로 번역하기도 했다. 4~6세기부터 기독교가 이 지역에 전파됐던 것은 기독교를 믿는 로마화된 원주민들이 살았던 다뉴브 강 북쪽에서 계속해서 거주했음을 증명한다.

독일학자인 뢰슬러(R. Roesler)의 견해에 따르자면 이것을 정확하게 증명하기란 어려우며 이른바 '루마니아인 이주론'이라 불리는 이론은 논쟁중의 하나이다. 뢰슬러는 오늘날 루마니아어에 다코-로마인들이 고트어와 게피드어로부터 차용한 게르만적 요소의 결여는 다뉴브 강 북쪽에 다코-로마인들이 존재하지 않았음을 의미한다는 의견이다. 그러나 사실상, 게르만어를 사용하는 민족들이 다뉴브 강 남쪽에도 또한 그들의 국가를 건설했음에도 불구하고 그들의 흔적이 그 지역의 언어에서도 보존돼 있지 않은 것 또한 간과할 수 없는 사실이다.

## 3.2. 슬라브 민족의 이주

슬라브 민족이 발칸지역으로 이주하여 들어오기 시작한 시기는 5세기 말경 슬로베니아인들의 조상을 비롯해서 크로아티아인과 세르비아인들에 이어 6세기 중엽부터 불가리아인들이 사바강과 다뉴브 강을 건너 이주하기 시작하여 대략 7세기 말경에는 슬라브 민족의 장기간에 걸친 발칸지역으로의 대이동이 한 단락 맺어졌으나 그 당시 이 지역에서 슬라브 민족이 언어적인 영향을 끼칠 수 있는 단계는 아직 도달하지 못했다. 로망스 민족과 슬라브 민족들이 상호 언어적인 영향을 교환하기까지는 최소한 100여년이 더 경과했고 따라서 800년 즈음해서 발칸-카르파티아 지역에서 로망스-슬라브어간의 병존되는 시기는 고대 루마니아어의 근본적인 음운체계가 완성되는 8세기에서 아루마니아어가 더 이상 다른 형제·자매 방언들과 유대관계를 이루지 못한게 되는 10세기 사이라는 것이 일반적인 견해이다.[3]

## 3.3. 발칸 로망스어와 고대 슬라브어의 관계

루마니아어에는 boier(지주), gospodar(주인), greşi(실패하다), nevastă(처, 아내), plăti(지불하다), porni(출발하다), scump(비싼), sută(백), voievod(후작) 등과 같이 고대 슬라브어의 영향으로 기인되는 약 70~80개의 어휘들이 있다. 이들은 루마니아어의

4개 광의의 방언들에는 모두 존재하고 있는 것으로 미루어보아 루마니아어로 차용된 시기는 이 방언들이 분산되기 이전인 8~10세기경 일 것으로 추산된다. 이러한 어휘들 중에는 슬라브어로부터 차용된 어휘에 라틴어의 접두어 in-에서 유래된 în-이 결합하여 만들어진 합성어도 존재한다는 사실이다. 예를 들자면 다코-루마니아어 învârti(돌리다), 아루마니아어 anvârtesc, 메글레노-루마니아어 anvărtes 등은 고대 슬라브어 vr(ŭ)teti(돌리다)와 라틴어의 접두사 in-이 결합된 합성어이며; 다코-루마니아어 împleti(뜨다, 자다), 아루마니아어 mpletesc, 메글레노-루마니아어 amplites 등도 역시 슬라브어 plesti, pletiti 등에 접두사 in-이 결합돼 만들어진 것으로 알려지고 있다. 아울러 오늘날 루마니아어에 존재하고 있는 슬라브적인 요소들의 도입시기나 경로 등을 정확하게 추적하여 밝힐 수 없는 것들이 많이 있다. 그러나 일반적으로 루마니아어의 고대 슬라브어원의 어휘들은 크게 고대 불가리아어와 세르보-크로아티아어 및 루테니아어루부터 차용된 것으로 간주되고 있다.[4]

그 밖에도 루마니아어의 고대 슬라브적인 요소에서 무시할 수 없는 것은 종교적인 영역을 들 수 있다. 그 이유론 루마니아 교회가 11세기초부터 이미 불가리아 교회에 속하게 됨으로써 예배의식이 고대교회 슬라브어로 거행됐기 때문이다. 단적인 예로서 루마니아의 sfinți(신성하게 하다), voie(의지, 허락), greşeală(실수, 과실), ispită(유혹) 등이 고대교회 슬라브어에서 비롯된 것들로 간주된다.[5]

그러나 현대 루마니아어에 존재하고 있는 슬라브어원의 어휘들 중에서 상당수가 13세기 이후부터 차용된 기술 및 학술용어들과 19세기 후반에 infanterie(보병), cavalerie(기마병), administrație(행정) 등과 같은 일련의 프랑스어휘들이 러시아어를 통하여 차용되기도 했다.[6]

한편 루마니아어에 존재하고 있는 슬라브어원의 어휘들 중에는 슬라브어에서 상응하는 어휘들을 발견할 수가 없는 것들도 있다. 예를 하나 들어보면 루마니아어의 zăpadă(눈)는 슬라브어의 zapad(석양, 가라앉음)와 의미상으로 상당한 차이가 있다. Puşcariu는 이러한 의미상의 비약을 아마도 토착어에 따른 외래어 차용상의 문제와 관련이 있을 것이라는 견해이다.[7]

오늘날 루마니아어 영토에서 사용되고 있는 다코-루마니아어에는 다른 루마니아어 방언들에는 존재하지 않는 슬라브어휘들이 있는데 이들이 어느 경로를 통하여 다코-루마니아어로 들어오게 되는지를 정확하게 밝힐만한 증거가 부족한 실정이다. 그러므로 루마니아어의 고대 슬라브어원의 어휘들은 크게 불가리아어와 세르보-크로아티아어 및 루테니아어로부터 차용된 것으로 간주되는 것이 일반적인 견해이다.[8)]

루마니아어의 슬라브어원 어휘들 중에는 상당수가 음운론적 및 형태론적인 관점으로 자음군 şt(št)나 jd(žd)에서 처럼 불가리아어와 유사한 면을 보이고 있는데 이러한 현상을 고대 슬라브어로부터 공통적으로 유래된 한편 루마니아어휘 cin(작은배) < 고형 ciun은 세르보-크로아티아어 čun의 영향으로 알려지고 있는데, 이것은 고대 슬라브어 člŭnŭ로부터 유래된 것으로서 세르보-크로아티아어의 음운변화의 특성인 l > u 현상이 나타난 것을 알 수 있다. 음운 또는 형태상만으로는 루마니아어의 남 슬라브어휘들이 불가리아어로부터 차용된 것인지 세르보-크로아티아어로부터 유래된 것인지를 구분하기가 거의 불가능한 경우가 대부분이므로 이러한 경우엔 의미론적인 관점에서 기원을 따지지 않을 수 없다. 예를 들어 루마니아어의 grijă(염려, 걱정)이란 의미로는 단지 불가리아어의 griža만이 사용되고 있으며 기타 슬라브어에서는 다른 의미를 지니고 있는 것으로 나타나고 있다.[9)]

다음에서는 루마니아어에 끼친 남 슬라브어의 영향을 음성·음운론적, 형태·통사론적 및 어휘론적으로 살펴보고자 한다.

### 3.3.1. 음성·음운론적 영향

가장 두드러진 현상으로는 무엇보다도 소위 i(혹은 j) 모음화현상(iotacism)을 들 수 있다. 즉 단수 3인칭 인칭대명사 el(그 남자), ea(그 여자) 등을 /el/, /ea/ 대신 /iel/, /iea/로 발음하고 a fi(=to be)동사의 단수 3인칭 현재시제 형태 este를 /ieste/로 발음하는 것을 일컫는다.[10)]

속 라틴어에서 사라졌기 때문에 대부분의 로망스어들에서는 모음을 감춰버린 성문·마찰음 h에 관해서 다소 논란이 있지만 역시 남 슬라브어의 영향이라는 견해가 중론이다.[11)]

credu/ kred$^{o}$/ ; lupi/lup$^{i}$/ 등에서와 같이 어말모음 u 나 i 앞의 자음이 음절을 형성

치 못하고 원순음이나 구개음으로 머물게 된다.[12]

라틴어 pisce > 루어 peşte, 라틴어 scio > 루어 ştiu 등에서와 같이 자음 sc가 전설모음 e 또는 i 앞에서 각기 sce > şte, sci > şti 로 변화되는 것도 남 슬라브 영향으로 간주된다.[13]

### 3.3.2. 형태·통사론적인 영향

여성명사의 호격어미 -o (soră > soro)가 남 슬라브어의 영향으로 간주된다.[14] 전 단락에서 루마니아어의 발칸언어적인 요소 중에 루마니아어의 기수 11~19의 표기방법에 관하여 언급한 바있다. 루마니아어의 기수 중에서 20(douăzeci), 30(treizeci) 등 90까지의 10배수를 셈하는 방법도 역시 남 슬라브어의 영향이라는 것이 Rosetti의 견해이다.[15]

루마니아어의 재귀동사는 라틴어의 재귀적인 용법만 가지고는 설명되지 않는 다양한 기능을 나타내고 있다. 루마니아어에선 수동태의 의미를 재귀동사에 의해 나타내어진다. 예를 들자면 Cerul este acoperit de nori.(하늘이 구름으로 덮여있다)라는 수동태 대신 Cerul se acoperă de nori.라고 재귀동사를 이용해서 나타낼 수도 있다. 또한 루마니아어 재귀동사는 비 인칭 주어의 의미를 갖는다. 예를 들어 Aici se mănâncă bine.(이 곳에선 사람들이 잘 먹는다) 그 밖에도 M-am născut.(나는 태어났다)에서처럼 루마니아어에서는 다른 로망스어들에선 재귀동사가 사용되지 않는 경우에도 재귀용법이 사용된다.[16]

### 3.3.3. 어휘적인 영향

루마니아어에 존재하는 남 슬라브어원의 어휘는 gât(목), obraz(뺨), stomac(위), nevastă(처), rudă(친척), baştină(조국) 등과 같이 가족 및 친인척 관계 및 da(예) 등에 이루기까지 각 분야에 다양하게 퍼져있다.

품사별로도 babă(노파), război(전쟁), grădină(정원) 등과 같이 명사에서 gol(대머리의), bogat(부유한), prost(어리석은) 등과 같이 형용사와 coborî(내려가다), iubi(사랑하다), plăti(지불하다) 등과 같이 동사에 이르기까지 전반적으로 사용되고 있다.[17] 때로는 단어 자체는 라틴어원의 형태를 취하고 있지만 의미상으로 슬라브어의 영향으로 이중적인 면을 보이고 있다. 예를 들어 루마니아어의 lume는 라틴어 lumen(빛)으로부터 유래된 것이지만 고대 슬라브어 světŭ(빛, 세상, 우주)의 영향으로 실제로는 주로 '세상사람'이라는 의미로 사용되는 것이 일반적이다.[18]

그 밖에도 루마니아어에는 남 슬라브어의 영향에 의한 다양한 접두사 및 접미사들이 존재하고 있다 : 예를 들어 접두사 ne-(nemulțumit), pre-(preda), răs-(răsuci), ză-(zăurdi) 등과 접미사 -ac(sărac), -aş(codaş), -că(puică), -iță(linguriță), -uş(picioruş) 등에서와 같이 접두사 6개와 접미사 28개가 존재하고 있는 것으로 알려진다.[19]

### 3.3.4. 상층어로서의 슬라브어

비록 루마니아어에서 라틴어원의 어휘들이 일상생활 용어의 대부분을 차지하고 있는 것은 사실이지만 루마니아어에 존재하고 있는 슬라브어 요소들을 과소평가할 수는 없을 것이다. 슬라브어가 루마니아어에 끼친 영향은 전 단락에서 알아보았듯이 루마니아어의 모든 문법적인 분야에 걸쳐 존재하고 있다. 비근한 예로 인간의 심성을 나타내는 가장 핵심적인 단어라고 해도 과언이 아닌 라틴어 amare(사랑하다)는 이태리어 amare, 프랑스어 aimer, 스페인어 amar 등과 같이 오늘날 루마니아어를 제외한 모든 로망스어에서 계승됐다. 그러나 루마니아어에서 iubi(사랑하다), iubit(애인) 등에서와 같이 슬라브어원이 사용되고 있다. 그 이외에도 현재 표준 루마니아어에서는 긍정적인 대답이 부사로 슬라브어원을 가진 da(예)가 사용되고 있다는 사실은 이미 잘 알려져있다.

루마니아어의 슬라브적인 요소에서 또한 간과해서는 안될 분야는 종교적인 영역이다. 루마니아 교회가 이미 11세기초부터 불가리아 교회에 속하게 되면서 예배의식이 고대교회 슬라브어로 치뤄지게 됐으므로 서 로망스어권에서 교회라틴어의 역할을 루마니아에선 고대교회 슬라브어가 대신하게 됐던 것이다.[20] 비근한 예로서 루마니아어와 프랑스어의 교회용어들을 비교해 보면 프랑스어엔 라틴어원들 (santifier, volonté, offense, tentation)인 것에 비하여 루마니아어엔 슬라브어원들 (sfinți, voie, greşeală, ispită 등)이라는 것을 알 수 있다.[21]

## 3.4. 발칸언어적인 요소

루마니아어의 주요 방언들(영어 : varieties, 루어 : varietăţi) 중에는 현재 루마니아어 영토에서 사용되고 있는 다코-루마니아어를 제외하면 나머지 3개의 방언들, 즉 아루마니아어와 메글레노-루마니아어 및 이스트로-루마니아어 모두가 다뉴브 강 이남에 위치하고 있다. 이러한 현상은 이들 4개의 방언들이 분산되기 이전에는 다뉴브 강을 축으로 하여 그 이남과 이북의 광할한 지역에서 루마니아어의 조상 격이 되는 소위 '공통조어'가 사용됐을 것이라는 학설이 지배적이다. 이와 같이 루마니아어가 남동유럽지역의 방대한 지역에서 사용됐던 이유로는 첫째로 이 지역 주변의 목가적인 생활방식(transhumance)을 들 수 있다. 예를 하나 들어보면 다코-루마니아어의 '목동' 또는 '치즈 만드는 사람' 이라는 의미를 가지고 있는 단어 'baci'는 이 지역의 기층어로부터 물려 받은 트라코-다키아어원을 가지고 있는 것으로 밝혀졌다.[22] 이 어휘는 아루마니아어 'bačiŭ', 메글레노-루마니아어 'batš' 등과 같이 루마니아어의 다뉴브 강 남부 방언들에서뿐만 아니라 인접 국가들의 언어들에서도 같은 어원의 어휘들에 의해서 다음과 같이 증명되고 있다 : 세르보-크로아티아어 'bâč' (치즈 만드는 사람), 알바니아어 'baç' (치즈 만드는 사람), 'bac' (형, 아저씨), 헝가리어 'bàcsi' (형, 아저씨) 등.[23] Capidan에 의하면 이 어휘의 의미상의 차이는 남 슬라브어휘 'batse', 'bate'등과 혼용에서 비롯된 것이라는 주장이다.[24]

루마니아어의 목동용어에서는 극히 소수의 라틴어원 어휘들만이 존재하고 있으며 대부분 토착어휘들에서 유래되고 있는 것으로 알려지고 있다.

최근에 연구된 루마니아어의 기층어휘들에 관한 보고서들에 의하면 학자들의 견해에 따라 다소 유동적이기는 하지만 루마니아어의 토착어휘로 알려지고 있는 120~160여개의 단어들 가운데 60~100개, 즉 과반수에 이르는 단어들이 알바니아어와 공통적인 것으로 알려지고 있다.[25]

위에서 언급된 사실들을 미루어 볼 때, 루마니아어의 발칸언어적인 요소들은 상당한 비중을 차지하고 있으며 그 내용을 좀 더 구체적으로 알아보고자 한다.

## 3.4.1. 음성·음운적인 요소

### 3.4.1.1. 모음

루마니아 대부분의 언어학자들에 의해서 기층어로부터 유래된 것으로 간주돼지는 ă/ə/ 모음에 관하여 우선 Poghirc은 고대 발칸지역의 기념비들에서 a / e의 변동을 기초로 하여 고대 그리스어와 라틴어에는 존재하지 않았고 단지 트라키아어에만 /ə/ 모음소가 존재했다는 것을 증명하려고 시도했다.[26)]

Brâncuş는 루마니아어의 ă /ə/ 와 알바니아어의 ë /ə/ 조음방법과, 그들의 초기 음에 상응한 음가와, 음절내에서의 그들의 기능 및 음성·음운론적인 조건들과 진화 등을 조사함으로써 두 모음들이 이 지역의 기층어로부터 동일한 어원을 가지고 있다는 사실을 증명했다.[27)] Rosetti 역시 루마니아어의 ă /ə/ 모음은 기층어로부터 유래된 것으로서 루마니아어의 또 다른 특유한 모음인 â /ɨ/ 모음보다도 시기적으로 다소 앞선 것으로서 그 시기를 대략 루마니아어의 이중모음인 'ea' 와 'oa'의 출현시기인 6세기 이후로 보고 있다.[28)] 한편 Petrovici는 그러나 루마니아어와 알바니아어의 모음소 /ə/는 독자적으로 출현했으며 특히 루마니아어의 â /ə/ 모음은 슬라브어의 영향일 가능성이 높다는 견해이다.[29)]

### 3.4.1.2. 자음

루마니아어의 자음소들 중에서 가장 첨예하게 논란이 되고 있는 것은 성문·마찰음 h 이다. Brâncuş[30)]나 Poghirc[31)]과 같은 학자들은 루마니아어 hameş(대식가)와 알바니아어의 hamës에서와 같이 양언어들간의 공통적인 요소로서 그 어원을 기층어에서 기인한 것이라는 주장이지만 일반적으로는 이 자음소는 'har'(재능)나 'hrană'(영양분) 등에서 처럼 슬라브어로부터 영향을 받은 것이라는 의견이 지배적이다.[32)]

간모음 -n-의 r음화현상(rhotacism)이 루마니아어와 알바니아어에서 각기 다른 시기에 출현한 것을 고려하여 Rosetti는 일종의 방언적인 분할과 슬라브어의 영향에 따른 결과적인 현상으로 간주했으며, 그러나 r음화의 음성·음운론적인 이유들은 양

언어들에서 공통적인 것이라는 견해이다.[33] 자음군 cs/ks/와 ct/kt/가 ps/ps/와 pt/pt/로 연구개음의 순음화 현상이 루마니아어와 알바니아어에서 공통적인 음운변화에 관하여 Rosetti는 이러한 현상이 고대 마케도니아어나 일리리아어 및 트라키아어에서도 일어나고 있는 것으로 보아 기층어의 영향이라는 입장이다.[34]

### 3.4.2. 형태·통사적인 요소

형태·통사론에서 루마니아어의 발칸언어적인 현상으로 가장 많이 논란이 되고 있는 것은 역시 정관사의 위치에 관한 문제이다. 현재 루마니아어의 정관사의 형태는 다른 로망스어들에서 처럼 라틴어의 ille, illa 등으로 부터 유래된 것이다. 고전 라틴어에서는 지시사로서 그것이 지정하는 명사의 앞에 오는 것이 통상적이었으나 후기 라틴어 문장들에서 ille, illa등이 후접어(proclitic)로 사용된 경우가 194문장이고 전접어(enclitic)로 쓰인 곳이 80문장 정도로 이미 상당한 조짐이 나타났던 것으로 알려지고 있으며[35] 오늘날 루마니아어와 알바니아어 및 불가리아어 등에서 완전히 전접어 형태의 정관사로 사용되고 있다. 예를 들어 frate(형) - fratele(그 형), cal(말) - calul(그 말); minge(공) - mingea(그 공), fată(소녀) - fata(그 소녀) 등에서 남성명사들인 frate나 cal이 한정될 경우(=정관사를 받을 경우)에 라틴어의 ille로부터 유래돼 음운변화를 거친 정관사 l(e) 형태가 연결모음 u-와 함께 사용된 것이며, 여성명사들인 minge나 fată가 한정적으로 될 경우에 라틴어의 illa에서 비롯된 여성형 정관사 a가 전접어 형태로 사용된 것이다.

이와 같은 어미형태의 정관사는 부분적으로 스칸디나비아어들이나 아르메니아어에서도 나타나고 있으므로 그 기원에 관해서 아직까지도 학자들간에 의견이 분분하여 명쾌한 해답을 찾지 못하고 있는 실정이다.

루마니아어에 이러한 정관사형이 나타난 시기는 루마니아어의 4개 방언들에서 공통적으로 존재하고 있는 것으로 비춰볼 때 이 방언들이 분산되기 전에부터 도입됐을 것이 확실하므로 늦어도 10세기 이전으로 추측된다. 그러나 불가리아어에서는 전접어 형태의 정관사는 늦게 전개된 것으로 알려지고 있다. 11세기 문헌에서는 발견되지 않고 있으며 17세기 문헌들에서나 일반적으로 통용되고 있다. 불가리아인들이 알바니아인들 보다는 루마니아인들과 밀접한 관계를 유지했을 가능성이 높기 때문에 불가리아어의 전접어 정관사 형태는 루마니아어로부터 영향을 받았을 것이라는 중론이다.[36]

루마니아어의 기타 발칸언어적인 요소로서 대부분의 학자들은 중성명사의 존재와 수사 중에서 11~19(11: unsprzece 등)의 셈하는 방법, 동사의 부정법(infinitiv)이 접속법(conjunctiv)에 의해 제한적으로 사용되는 점(불어 : je veux chanter. ; 이태리어 : Volo cantare. ; 루어 : Vreau să cânt.) 등을 들고 있다.[37]

### 3.4.3. 어휘적인 요소

이 분야는 루마니아의 발칸 언어학자들이 비교적 많은 관심을 가지도 연구하고 있다. 무엇보다도 발칸-카르파티아 지역의 기층어인 트라코-다키아어의 어원 연구와 이에 필요한 고대 인도·유럽어의 어근에 관한 일련의 목록을 작성한 Russu의 업적에 주목할 만하다. 그는 또한 트라코-다키아어의 일리리아어의 관계뿐만 아니라 그들과 루마니아어와 알바니아어간의 관계에 관한 문제들을 인도·유럽언어학적인 차원에서 심층적으로 연구했다. Russu에 의해 루마니아어와 알바니아어에서 공통적으로 존재하고 있다고 간주되는 70여개의 토착어휘 중에는 dărâma(파괴하다), mătura(청소하다), scula(일으키다, 일어나다), zgâria(긁다) 등과 같이 그 어원이 아직까지 확실히 밝혀지지 않은 것들도 있는 것이 사실이다.[38]

Russu와 함께 루마니아어의 토착어휘들을 분석해보면 대부분 토착민들의 생활형태와 관련된 유목생활을 하던 목동용어 및 동물을 가리키고 있는 단어들이며 그 외에도 인간의 신체나 가족관계, 의류, 신화 등과 같이 당시 인간의 기본적인 생활조건들과 관련된 용어들인 것으로 알려지고 있다.[39]

1976년 9월 루마니아의 수도 Bucureşti에서 개최된 발칸 언어학회에서 발칸학에 관한 제반 문제점들이 토의됐다. 이 자리에서 Russu는 트라코-게티아어의 유산에 관한 목록작성에 깊은 관심을 기울일 것을 강조했으며, Porghirc은 현대 발칸언어들에 의해서 제공된 연구 자료들로부터 트라키아어에 관한 지식을 얻을 수 있다는 가능성을 제시했으며, Mihăilă는 고대 루마니아어 문헌들 속에서 일부 트라키아어휘들에 대한 기록들을 다루었으며, Brâncuş는 루마니아어와 알바니아어에서 기층어의 뒤늦은 영향 등에 관하여 문제들을 제기했다.[40]

이상에서 언급한 바와 같이 루마니아어 및 유럽의 발칸학자들에 의해 발칸지역의 기층어 연구에 지대한 관심을 쏟고 있음에도 불구하고 아직까지 두드러진 진전을 보지 못하고 있는 실정이지만 차차 보다 많은 새로운 사실들이 밝혀지리라 의심치 않는다.

## 미주

1) 다키아 아우렐리아나는 얼마후 디오글레티안(Diocletianus)황제에 의해 다시 수도를 Ratiaia(현재 Arčar)로 하는 다키아 리펜시스(Dacia Ripensis)와 수도를 Serdica(현재 Sofia)로 하는 다키아 메디테라네아(Dacia Mediteranea)로 분리된다.

2) A.D. 218년에 태어나 268년에 사망했으며 253년 이후부터 발레리아누스(Valerianus)황제와 함께 섭정하다가 260년 이후 독자적으로 통치했다.

3) Friedșagner(1934), 657; Gamillscheg(1964), 56; Pușcariu([2]1976), 281; Rosetti(1968). 286–301.

4) Pușcariu. 1976. 289.

5) Pușcariu. 1976. 293.

6) Mallinson. (1987). 318–320.

7) Ibid., p. 288.

8) Ibid., p. 289.

9) Ibid.

10) Rosetti(1968), 302.

11) Ibid.; Petrovici(1957), 41.

12) Ibid. 39; Rosetti(1968), 336–337.

13) Du Nay(1977), 89.

14) Rosetti(1968), 303.

15) Ibid., 304.

16) Ibid., 306–307.

17) Ibid. 313–317.

18) Du Nay(1977), 93.

19) Rosetti(1968), 320–326.

20) Deutschmann(1971), 123.

21) Pușcariu(1976[2]), 293.

22) cf. Cioranescu(1966), 55.

23) cf. Meyer, G. (1891), 29.

24) Capidan(1922), 459–460

25) Poghirc(1969): in: ILR, II, 327–356; Rosetti (1968), 264–276; Russu (1981), 116–117, 130–131; 이문수 (1995), 274–275.

26) Poghirc(1969), 320.

27) Brâncuș(1973): Albano-romanica 3, vocal ă în română și albaneză, în : SCL 24, 3, 291–296.

28) Rosett(1968), 97–98, 247.

29) Petrovici(1957), 14–16; Ibid. (1964), 199–206.

30) Brâncuș(1961) : Originea consoanei h din limba română, in : SCL 12, 4. 471–477.

31) Poghirc(1969), 321.

32) cf. Petrovici(1957), 41; Rosetti(1968), 302.

33) Rosetti(1968), 248–249.

34) Rosetti(1974) : Sur le traitement des grouoes lat. ct et cs en roumain, in : RRL 19, 2. 139–140.

35) Du Nay(1977), 53.

36) Ibid., p. 54.

37) Brâncuș(1978), 372.

38) cf. Russu(1981), 108; Brâncuș(1978), 373.

39) Russu(1981), 131–134.

40) Brâncuș(1978), 373.

# Chapter 4

# 루마니아어의 형성

# Chapter 4 루마니아어의 형성

덴수시아누(Densusianu), 푸슈카리우(Puşcariu), 로세티(Rosetti) 등과 같은 루마니아의 대표적인 루마니아어 발달사 전문 언어학자들은 초기 루마니아어가 출현한 지역, 즉 고대 루마니아어가 형성된 지역을 오늘날의 루마니아 영토에 해당하는 로마제국의 속주였던 다키아(Dacia)뿐만 아니라 상부 뫼시아(Moesia Superior)와 하부 뫼시아(Moesia Inferior)까지 포함하여 보다 더 광범위한 지역이라는 입장이다. 푸슈카리우는 그의 저서인 「루마니아어」(Limba română)에서 초기 루마니아인들의 언어적 통합에 대한 잘못된 의견에서부터 비롯된 루마니아인의 진원지 및 안식처를 몇몇 좁은 지역에서 찾고자 하는 사람들도 없지는 않지만 루마니아인의 선조들은 발칸지역 일대로의 여러 민족들의 침입에도 불구하고 그들에 흡수되지 않고 살아남았으며, 루마니아인의 요람은 다뉴브의 양단, 즉 오늘날의 루마니아 및 불가리아를 포함하여 아드리아해와 흑해 사이의 광할한 지역에서 찾아봐야만 한다는 견해이다(Puşcariu. 1976. 254). 또한 필리피데(Philippide)는 그의 저서인 「루마니아인의 기원」(Originea românilor)에서 루마니아어의 통합성에 대해서 언급하고 있다. 부언하자면 루마니아인의 선조들은 다뉴브 강의 남쪽 및 북쪽 지역을 오가며 생활했으며, 당시 다뉴브 강이 각종 교류의 축으로서의 역할을 했고 이러한 삶의 형태는 지정학적인 관점에서 보더라도 오직 발칸지역에서만 가능한 것이라는 입장이다(Philippide.1928. II. 384-386). 그럼에도 불구하고 당시 공통 루마니아어조어와 다코 루마니아어와 아루마니아어(일명 마케도루마니아어) 등과 같은 광의의 루마니아어 방언들 사이에는 다소 차이가 있다는 사실은 인정할 수밖에 없다. 그 이유로는 푸슈카리우가 그의 저서인 「루마니아어」에서 강조하고 있듯이 다코-루마니아어와 아루마니아어(일명 마케도루마니아어)의 차이는 지역적인 특성으로 인해 발생한 것이고 다코-루마니아어만 놓고 보더라도 크리샤나지방의 관용어구의 특성에 의해서 트란실바니아가 특성화됐다고 설명하고 있다(Puşcariu. 1976. 208). 푸슈카리우는 그러나 방언적인 차이가 다양한 사회공동체에서 의사소통의 방해가 되지는 않았다는데, 그 이유는 루마니아어를 구사하는 주민들은 어느 곳에서나 항상 지역 간의 접촉이 가능했으므로 사회·문화적인 동질감이 이를 한층 더 고조시킬 수 있었다는 의견이다. 이와 관련하여 푸슈카리우는 아울러 동로마제국에선 서로마제국에서 보여주고 있는 도시를 중심으로 하는 주민들의 생활이나 관심사 등이 통합하는 응집력이 결여돼 있었는데 만일 스쿠피(Scupi)를 수도로 하고 있는 이 다키아 노바(Dacia Nova)[1]가 당시 이 지역의 로망스주민이 성장할 수 있는 핵심적인 안식처가 됐었더라면 지역적인 개념과는 전혀 관련이 안 돼 있는 '루마니아민족'이란 거대한 이름이 탄생할 수는 없었을 것이고 아마도 이탈리아인, 프랑스인, 스페인사람 등과 같은 서로마제국의 자매 민족들에서처럼 뫼시아나 다키아 아울렐리아나 또는 다르다니아 등과 같은 지명으로부터 유래된 민족이름을 사용했었을 것이다. 실제로 로망스민족들 중에서 루마니아인은 유일하게 '로마인(romanus)'이라는 이름을 간직했고 발칸지역의 여타 민족들은 루마니아인의 선조를 블라흐족(Vlachs)이라고 부르게 됐다는 것이다((Puşcariu. 1976. 253).

루마니아어가 형성된 지역에 관하여 로세티는 그의 저서 「루마니아어사」(Istoria limbii române)에서 당시 루마니어가 사용된 곳은 발칸일대의 광활한 지역에 걸쳐 있었다. 다뉴브의 북쪽과 남쪽, 드리나(Drina)강의 서쪽부분부터 스코피에(Skopie)의 남쪽과 불가리의 남서쪽, 흑해를 향한 다뉴브 강 유역, 바나트, 트란실바니아, 올테니아, 문테니아지방, 즉 뫼시아, 다키아, 하부 파노니아(Pannonia Inferior)지방에 걸쳐 있었다는 견해이다. 그렇지만 여전히 구별돼야 할 것은 로마제국의 지배 당시 최초로 로마화된 지역과 훗날 루마니아인들에 의해 로마문화 및 언어가 보급된 지역이 어딘지는 밝혀야한다. 로세티의 견해에 따르자면 초기 발칸지역의 로망스어로 간주되는 고대 루마니아어를 구사하는 주민들이 최초로 로마화된 지역 보다 훨씬 더 넓은 곳으로 이주했다는 점을 지적한다. 발칸반도에서 블라흐인들이 존재했었다는 사실은 다뉴브 강 북쪽의 다코-로마인들의 영주를 배제할 여지가 없다. 다코-로마인의 다뉴브 강 이남의 로마문화와의 접촉은 옛 다키아지방을 다시 통합시키려 노력했던 콘스탄틴 제국 시대로 이어진다. 카르파티아에서 발칸으로 이어진 것처럼 다뉴브 강을 따른 루마니아어의 발달은 같은 맥락이라고 보여지며, 지역적인 틀안에서 다뉴브 강은 루마니아어의 라틴성의 주요 축으로 작용했다는 것이다(Rosetti. 1978. 214-216).

## 4.1. 루마니아어의 공통조어

루마니아어 공통조어의 연구는 오늘날 발칸지역 일대에서 산발적으로 사용되고 있는 소위 광의의 루마니아어 방언들이 분산되기 이전 이 일대에서 통일되게 통용됐던 초기의 발칸 로망스어 단계인 고대 루마니아어를 연구하는 작업으로서 이에 관한 현존하는 문헌의 결여로 인해 아직까지도 많은 부분 논란이 되고 있으며 사안에 따라서 학자들 간의 의견들이 다소 분분한 점은 피할 수 없는 현실이다. 루마니아의 언어학자 푸슈카리우를 비롯하여 많은 학자들은 루마니아어 공통조어의 특성으로 간주될 수 있는 모든 것들이 비록 라틴어나 여타 로망스어들과는 차이를 보이고 있을지라도 광의의 루마니아어 방언들에 모두 존재하고 있다는 사실을 주장하고 있다(Puşcariu 1976: 232).

본 장에서는 루마니아어 광의의 방언들이 분리되기 이전에 발칸지역 일대에 보급됐던 발칸 라틴어의 특성 및 그 이후 이 지역 주민들에 의해 구사됐던 초기의 발칸 로망스어 단계인 고대 루마니아어, 즉 루마니아어의 공통조어를 음성·음운적인 면과 형태·통사적 면 및 어휘적인 면 등으로 구분하여 규명해보고자 한다.

### 4.1.1. 음성·음운적인 면

#### 4.1.1.1. 모음체계

이미 상기된 바와 같이 고전 라틴어의 모음체계는 고대 인도유럽어 조어로부터 계승한 것으로 알려지고 있는 음의 장·단에 의해 음소가 구분되는 소위 양적인 모음체계를 가지고 있었으며, 모두 10 개의 단일 모음들(ā, ă, ē, ĕ, ī, ĭ, ō, ŏ, ū, ŭ)로 구성돼 있었다. 그러나 고전 라틴어의 이러한 음의 장·단에 의해 구별되는 양적인 모음체계는 민중들에 의해 구어체로만 구사됐던 속 라틴어에선 모음들의 양적인 변별기능이 상실되면서 단지 음의 개·폐 정도에 의해서만 구별되는 소위 질적인 모음체계(a, ę, ẹ, i, ǫ, ọ, u)로 바뀌게 됐다(Lausberg 1969: 144-146).

고전 라틴어 단모음 ĕ는 속 라틴어 및 발칸 라틴어에서 개음 ę의 과정(Lausberg 1969: 145-148)을 거친 후 루마니아어 공통조어 단계에서 이미 강세의 ę가 ie로 이중모음화 됐다. 예를 들자면 고전 라틴어의 fĕrrum(철)은 발칸 라틴어의 fęrru 단계를 거쳐 고대 루마니아어에선 fier에서와 같이 이중모음으로 변했고 이에 따라 오늘날 다코-루마니아어에선 fier로 아루마니아어에선 h'er 등과 같이 사용되고 있다.[2] 그러나 비(nasal)자음 앞에서는 다소 다른 변화를 겪고 있다. 예를 들자면 라틴어 tĕner > 루어 tânăr(젊은), 라틴어 tĕnere > 루어 ține(꽉잡다) 등에서 보여 주듯이 i 모음이나 â=î/ɨ/ 모음 등으로 보다 닫히는 경향을 보이고 있다.

고전 라틴어의 장(long)모음 ē와 단모음 ĭ는 속 라틴어 및 발칸 라틴어에서 폐음 ẹ 로 변했고(Lausberg 1969: 145-148) 고대 루마니아어에선 대개 e로 보존됐지만 다음 음절의 모음이 a(ă) 또는 e일 경우 ea로 이중모음화 됐다. 예를 들자면 라틴어 cēra가 다코-루마니아어에선 ceară로 아루마니아어에선 țeară 등으로 사용되고 있다(Rosetti 1968: 360-362). 고전 라틴어의 단모음 ŏ와 장모음 ō는 발칸 라틴어에서 모두 o 모음으로 됐고(Lausberg 1969: 148) 고대 루마니아어에서 뒤따르는 음절의 모음이 a(ă) 또는 e일 경우 oa로 이중모음화 됐다. 예를 들자면 라틴어 cōda가 다코-루마니아어와 아루마니아어에서 모두 coadă로 사용되고 있다.[3] 그러므로 루마니아어 공통조어의 모음체계는 속 라틴어 및 발칸 라틴어의 기본적인 5개의 단일모음(a, e, i, o, u)과 발칸지역의 토착어의 영향일 가능성이 높은 ă/ə/ 모음[4]을 포함한 6개의 단일모음들과 이중모음 ea 및 oa를 포함하여 모음충돌 위치의 i + u/ju/[5] 등을 들 수 있다(Rosetti 1968: 364-366).

모음체계상에서 광의의 방언들에서 공통적으로 나타나고 있는 요소로는 첫 번째로 비강세 모음들의 변화이다. 이를 테면 라틴어 어말모음 a와 o가 이미 고대 루마니아어 단계에서 닫혀 지면서 각기 ă와 u 등으로 변하는 현상 변하는 점이다. 예를 들어 라틴어 gallīna(암탉)에서 유래된 어휘들을 살펴보자면 다코-루마니아어에서는 găină로, 이스트로-루마니아어에서 gal'ire, 아루마니아어 및 메글레노-루마니아어에서는 găl'ină 형태로 나타난다.

또한 라틴어 동사 cognoscere(알다, 인식하다)의 직설법 1인칭 단수 현재형인 cognosco에 해당하는 어휘는 다코-루마니아어와 이스트로-루마니아어 및 메글레노-루마니아어에서 cunosc이며, 아루마니아어에서는 cunoscu 형태로 사용된다.[6)] 두 번째로는 고전 라틴어의 단모음 ĭ가 속 라틴어 및 발칸 라틴어에서 모음 e로 변화되는 현상이다. 예를 들어 고전 라틴어 동사의 부정형 lĭgare(묶다)에서 유래된 직설법 1인칭 단수 현재형은 다코-루마니아어, 아루마니아어, 이스트로-루마니아어 및 메글레노-루마니아어에서 모두 leg이다.

발칸 라틴어가 여타 로망스어권에 유입된 속 라틴어와 다른 변화를 보이고 있는 것은 고전 라틴어의 단모음 ŭ의 처리방법상의 차이이다. 부언하자면 서 로망스어권의 속 라틴어에선 고전 라틴어의 단모음 ŭ가 폐음 ọ로 변한 것에 비하여 발칸 라틴어에선 모음 u로 보존되고 있다. 예를 들어 라틴어 mŭsca(파리)에서 유래되는 어휘는 다코-루마니아어와 아루마니아어 및 메글레노-루마니아어의 muscă로, 이스트로-루마니아어로는 muskę에 해당된다(S. Puşcariu, 1976, p. 234).

세 번째로는 자음들 뒤에 위치하는 비강세 어말모음 -i와 -u는 몇가지 특별한 경우를 제외하고는 모두 음이 소멸됐다. 예를들어 고전 라틴어 mĕlum(사과)에서 유래된 어휘는 각각 다코-루마니아어에서는 măr, 이스트로-루마니아어와 아루마니아어 및 메글레노-루마니아어에서는 mer이며. 고전 라틴어 hŏmo(인간)의 복수형에 해당하는 다코-루마니아어 oameni, 이스트로-루마니아어로 omir, 아루마니아어로 oamiń, 메글레노-루마니아어로 ụamiń 등과 같다.

#### 4.1.1.2. 자음체계

루마니아어 공통조어의 단일자음체계는 속 라틴어나 발칸 라틴어의 자음체계에서 크게 벗어나지 않았으므로 현행 다코-루마니아어의 자음체계와 대동소이한 것으로 알려지고 있다. 다만 라틴어에선 존재하지 않았으므로 로망스어들 중에선 루마니아어에서만 사용되고 있는 자음들 ş/ʃ/와 ţ/ts/의 도입 경로 및 시기에 관해선 학자들 간에 의견이 분분한 편이다. 자음체계 상에서 공통조어의 특성으로 간주되는 현상은 라틴어의 연구개(velar)·파열음(plosive)들 c/k/, g/g/ 및 치음 t/t/ 등이 전설모음(front vowel)들(e, i) 앞에서 파찰음화되는 현상을 들 수 있다. 예를 들자면 라틴어 matia로부터 유래된 다코-루마니아어 mațe 아루마니아어 mață 등이나 라틴어 fetus의 축소형인 fetiolus로부터 유래된 다코-루마니아어 fecior 아루마니아어 feĉor 등이나 라틴어 medius로부터 유래된 다코-루마니아어 miez 아루마니아어 ńedz 등과 같이 사용되고 있다(Pușcariu 1976: 235-236; Rosetti 1968: 367). 라틴어 자음군 [무성연구개음 + 치음] 중에서 연구개음이 순음화되는 현상(labialization)을 들 수 있다. 예를 들자면 라틴어 lacte로부터 유래된 다코-루마니아어 lapte 아루마니아어 및 메글레노-루마니아어의 lapti 또는 라틴어 coxa/koksa/로부터 유래된 다코-루마니아어와 아루마니아어의 coapsă 등을 들 수 있다(Pușcariu 1976: 236).

자음체계상에서 나타나는 광의의 루마니아어 방언들에 공통적인 요소에는 몇몇의 단음절어휘를 제외하고 라틴어 어말자음들이 모두 소멸되는 현상을 들 수 있다. 예를 들어, 라틴어 lŭpus(늑대)에서 유래된 루마니아어휘인 lup(<lupu)가 보여주듯이 모든 광의의 방언들에서 공통적으로 어말자음 s가 소멸된 형태가 사용되고 있다. 다른 예로서 고전 라틴어 nōmen(이름)에서 유래된 어휘로서 다코-루마니아어의 nume, 이스트로-루마니아어의 lume, 아루마니아어의 numă, 메글레노-루마니아어의 numi 등의 형태들에서 보여주듯이 어말 자음 -n이 소멸됐다.

아울러 모든 방언들에서 고전 라틴어 간모음의(intervocalic) 유음 -l-이 -r-로 바뀌는 현상이 나타나고 있다. 예를 들어 라틴어 mola(방앗간)가 다코-루마니아어, 아루마니아어 및 메글레노-루마니아어에서는 moară로 사용되며 이스트로-루마니아어에서는 morę 등으로 사용되고 있다. 또 다른 예를 들어보자면 고전 라틴어의 sale(소금)가 다코-루마니아어에선 sare, 아루마니아어 및 메글레노-루마니아어에선 sari, 이스트로-루마니아어에선 sǫre 등과 같이 사용되고 있다. 그밖에도 고전 라틴어 boletus(식용버섯)으로부터 유래된 다코-루마니아어 burete, 아루마니아어 bureati, 메글레노-루마니아어 buręti 등을 들 수 있다(Pușcariu, 1976. 234; Pușcariu, 19752. 136; Rosetti 1968: 377).

### 4.1.2. 형태·통사적인 면

루마니아어 공통조어의 형태·통사적인 특성에 관해선 학자들 간의 의견이 분분한 점이 많은 편이므로 본 장에서는 비교적 견해차이가 적은 것들만을 제시하고자 한다. 우선 명사의 곡용체계상에서 일반적으로 주격과 목적격 및 호격 등이 동일한 격어미 형태를 취하고 소유격과 여격이 동일한 변화를 하게 됨으로써 명사의 격변화체계가 간소화 됐다는 점이다. 고전 라틴어의 제1곡용명사에 속해있던 일부 명사의 복수어미형태가 -i로 되는 것(예: 라틴어 glanda-glandae > 루어 ghindă-ghinzi)이나 고전 라틴어 제5곡용명사 dies에 해당하는 루마니아어 zi의 복수형태가 zile와 같이 복수어미가 -le로 되는 것이 공통조어의 새로운 특성으로 간주된다(Puşcariu. 1976. 237). 그밖에도 루마니아어에서 중성명사가 출현하기 시작한 것은 공통조어단계에서라는 의견이 중론이다.[7]

고전 라틴어에서 지시사의 일종이었던 ille(illa, illud 등)이 정관사의 역할을 담당하게 된 시기는 5~7세기 무렵, 즉 후기 속 라틴어 단계라는 이론이 거의 정설로 인정을 받고 있다.[8] 따라서 루마니아어의 공통조어에선 정관사 형태가 남성명사에서 -l(u) 또는 모음 -e로 끝나는 남성명사의 경우 -le되는 점은 다코-루마니아어와 아루마니아어에서 공통으로 보여주고 있으며 소유격 및 여격이 라틴어 illui로부터 유래된 lu(i)에 의해 표기되고 있다.

아울러 전접어형태의(enclitic) 정관사가 사용되기 시작한 것 또한 공통조어의 특성으로 들 수 있다(Coteanu. 1969. 233; Puşcariu 1976: 238; Rosetti 1968: 384-385).

동사의 활용체계상에서 고전 라틴어의 모든 활용동사들의 직설법 현재 2인칭 단수 및 1, 2인칭 복수 활용어미의 어말자음 -s가 이미 루마니아어 공통조어 단계에서 소멸되면서 모음 -i로 변하는 현상을 보여주고 있다. 예를 들자면 고전 라틴어 cantare, vidēre, dicere, audire 등의 직설법 현재 2인칭 단수의 활용형태가 각기 cantas, vides, dicis, audis 등이며, 복수 1, 2인칭 형들이 각기 cantamus, cantatis, videmus, vitis, dicimus, dicitis, audimus, auditis 등이었지만 루마니아어 공통조어단계에서 이미 각기 2인칭 단수에서 cânţi, vezi, zici, auzi 및 1, 2인칭 복수에서 cântăm, cântaţi, vedem, vedeţi, zicem, ziceţi, audem, auziţi 등과 같이 변한 것으로 알려지고 있다. 아울러 고전 라틴어의 종합적인 과거시제형태가 루마니아어 공통조어에서 조동사 habere을 이용한 분석적인, 즉 복합과거 형태로 변하게 됐다(Caragiu-Marioţeanu. 1969.256-265; Puşcariu. 1976. 239-240; Rosrtti. 1968. 386-387).

통사적인 특성으로는 소유격에서 전치사 de가 사용됐다는 점과 이미 언급한 바와 같이 omul, ziua, noaptea 등에서 보여주듯이 정관사가 전접어 형태를 취하는 점 등을 들 수 있다(Puşcariu 1976: 243; Rosetti 1968: 385-387).

### 4.1.3. 어휘적인 면

루마니아 공통조어의 어휘적인 특성으론 여타 서 로망스어들에서는 보존되고 있는 많은 라틴어원의 어휘들이 4개의 방언들에서는 소멸되거나 변형됐다는 점을 들 수 있다. 그 이유는 발칸지역의 민중라틴어인 발칸 라틴어의 어휘가 파생되는 과정에서 발칸지역의 여타 민족들의 언어들, 특히 슬라브어의 영향에 의해 대체된 것으로 알려지고 있다. 예를 들자면 다코-루마니아어, 아루마니아어 및 메글레노-루마니아어에서는 babă로 사용하고있으며, 이스트로-루마니아어에서는 båbę로 사용되고 있는데, 이 어휘는 라틴어 anus에서 유래됐지만 슬라브어의 영향으로 변형된 예이다(S. Puşcariu, 1976, p. 240).

비교적 최근의 언어통계자료에 의하면 다코-루마니아어의 기본어휘 중에서 라틴어로부터 유래된 어휘수는 대략 1,500~1,600개이며 또한 이 지역의 기층어로부터 계승하고 있는 어휘수가 160~170여개에 이르는 것으로 알려지고 있다(Russu 1981: 130-131). 이것은 다코-루마니아어에서 라틴어원의 어휘 대비 기층어휘의 비율이 10% 이상으로서 이 어휘들이 대부분이 고대 인도유럽어(Proto Indo-European)로부터 상속된 것들로서 남동유럽 및 발칸지역 일대에서 널리 사용됐던 어휘들이라는 것이 규명됐다.[9]

루마니아어의 기층어휘로 판명된 대략 160여 개의 어근들을 분석한 자료를 보면 그중 60~70개가 알바니아어와 공통적이며(예: 루마니아어 abure(증기), bucurie(기쁨), mire(신랑), vatră(화덕) - 알바니아어 avull, bukurë, mirë, vatër 등) 나머지는 단지 루마니아어에만 존재하고 있다는 사실이 밝혀졌다(Russu 1981: 104-108). 한편 이 160여 개의 기층어휘들이 루마니아어의 주요 방언들인 다코-루마니아어, 아루마니아어, 메글레노-루마니아어 및 이스트로-루마니아어 등에 어떻게 분포돼 있는지를 통계적으로 조사해본 결과 모든 4개의 방언들에 존재하고 있는 어휘가 27개이며(baltă, copac, gard, moş, ţap, vatră 등), 53~56개가 오로지 현재 루마니아 영토에서 사용되고 있는 다코-루마니아어에만 존재하고 있으며(băiat, gata, mire, zară 등), 29개가 다코-루마니아어, 아루마니아어 및 메글레노-루마니아어에 존재하고 있고(brad, brânză, buză, copil 등), 38개가 다코-루마니아어와 아루마니아어에 함께 존재하고 있으며(abure, balaur, burtă, mazăre 등), 8개가 다코-루마니아어와 메글레노-루마니아어에 존재하고 있으며(buturǎ, mugure 등), 3개가 다코-루마니아어, 아루마니아어 및 이스트로-루마니아어에 함께 존재하고 있고(mal, rânză 등), 다코-루마니아어와 메글레노-루마니아어 및 이스트로-루마니아어에 1개(tare), 다코-루마니아어와 이스트로-루마니아어에 1개(beregată), 아루마니아어와 메글레노-루마니아어에 1개(adarari) 그리고 2개 어휘가 단지 아루마니아어에만 존재하고 있다(mărcat, zgârma)(Russu 1973: 192-194).

이 통계 자료에서 암시하고 있는 바는 발칸지역 일대에는 고대 로마인들이 진입하기 이전에 이미 인도유럽어민족들이 나름대로의 사회·문화적인 전통을 지니고 있었다는 것이다.

공통조어의 어휘적인 특성 중에서 또 다른 면은 여타 로망스어들에 존재하고 있는 많은 라틴어원의 어휘들이 이미 공통조어 단계에서 어휘파생이나 비 라틴적인 언어들의 영향 등에 의해서 대체됐다는 의견이 설득력을 갖는다. 예를 들자면 우리말 '노파'에 해당하는 어휘로 로망스어들에선 라틴어 vetulus(vetula)로부터 유래된 어휘들이 보존되고 있는데 비해 다코-루마니아어와 아루마니아어 및 메글레노-루마니아어의 babă 이스트로-루마니아어에서 båbę 등과 같이 고대 슬라브어휘에서 차용된 어휘가 사용되고 있으며 또 다른 예로서는 우리말 '공포'에 해당하는 어휘로서 다코-루마니아어와 아루마니아어 및 메글레노-루마니아어의 frică 이스트로-루마니아어에서 frikę 등과 같이 고대 그리스어로부터 유래된 어휘가 사용되고 있는데 비해 여타 로망스어들에선 라틴어 pavor(pavorea)로부터 유래된 어휘들이 사용되고 있다. 그 밖에도 라틴어 tener로부터 유래된 다코-루마니아어 tânăr 아루마니아어와 메글레노-루마니아어의 tinir 및 이스트로-루마니아어에서 tirar 등이 우리말 '젊은(이)'의 뜻을 갖고 있는데 비해 여타 로망스어들에선 대부분 '부드러운, 연한'의 의미로 사용되고 있다(Puşcariu 1976: 240-243).

남동유럽 및 발칸지역 일대가 고대 로마제국의 식민지가 됨으로써 이 지역의 원주민들은 그들 고유의 언어적인 요소들을 일부 간직한 채로 로마인들의 언어였던 라틴어를 의사소통의 언어로 수용하게 됐다. 그리고 로마인들이 발칸지역 일대에서 물러간 이후 수많은 민족들이 이 지역을 거쳐 가지만 이들은 오히려 발칸지역에 이미 뿌리를 내리고 있는 로마문화에 동화됐고 이런 전통은 슬라브 민족이 발칸지역으로 대거 이주해 오기 전까지 한 동안 지속됐다. 그러나 슬라브 민족이 발칸지역으로 이주해오게 되면서 이 지역의 사회·문화적인 커다란 변화가 불가피하게 됐다. 발칸지역 일대에서 로마문화를 계승하고 있는 로망스주민들과 훗날 이주해 온 슬라브인들 간의 문화적인 충돌이 발생하면서 일정기간의 병존과정을 거친 후 대부분의 로망스 주민들은 오늘날의 루마니아 영토에 해당하는 지역으로 집결하여 정착했고 일부 주민들은 위에서 언급한 광의의 루마니아어 방언들이 구사되고 있는 지역들로 흩어지게 됐다.

루마니아의 방언학자 카피단은 슬라브어가 발칸지역의 로망스어인 루마니아어에 영향을 끼친 시기를 고대 루마니아어가 기본적인 음운변화 현상이 종결된 시기인 8세기에서 아루마니아인들이 떨어져나갔던 10세기 사이였으므로 루마니아어에 존재하고 있는 a greşi, a plăti, a porni, nevastă, sută, scump 등과 같은 70여개의 고대 슬라브어원을 가지고 있는 어휘가 다코-루마니아어를 비롯하여 모든 광의의 루마니아어 방언들에 공통으로 존재하고 있는 것으로 미루어보아 이들이 루마니아어로 들어온 시기는 아루마니아인들이나 메글레노-루마니아인들이 떨어져나가기 이전이라는 견해다. 또한 루마니아의 언어학자인 푸슈카리우는 아루마니아어에 헝가리어의 요소가 없는 것으로 보아 아루마니아어가 분리된 시기를 헝가리인들이 고대 루마니아어에 영향을 끼치기 이전이라는 견해다. 결론적으로 말하자면 필자의 견해로는 루마니아어 공통조어의 형성 시기는 9~10세기경으로 추정되며 이 시기에는 카피단이 주장하는 바와 같이 어휘적인 면에서는 이미 어느 정도 고대 슬라브어의 영향이 가능했었을 것으로 사료되지만 푸슈카리우의 견해와 마찬가지로 헝가리인들과 언어적인 상호영향을 교환하기에는 다소 시기상조였던 것으로 판단된다. 루마니아어 공통조어는 카르파티아 및 발칸지역 일대의 토착어적인 요소에 고대 로마제국의 식민지 당시 라틴어가 융화됨으로써 기본적인 음성·음운적인 면과 형태·통사적인 구조가 형성된 까닭에 일부 이 지역의 토착어의 영향으로부터 비롯된 것들을 제외하고는 전반적으로는 발칸 라틴어의 구조를 계승하고 있다. 그러나 발칸 로망스어가 일찍이 라틴어 및 여타 자매 로망스어들과의 교류가 단절됐으므로 어휘적인 면에서는 부족한 공백을 6세기경부터 이 지역으로 대거 이주해온 슬라브 민족들의 언어들로 채울 수밖에 없었다.

## 4.2. 광의의 루마니아어 방언

일련의 루마니아 언어학자들에 의하여 **română primitivă**(primitive Romanian), **străromână**(early Romanian), **română comună primitivă**(primitive common Romanian), **protoromână**(proto Romanian), **română comună**(common Romanian) 등과 같이 묘사됐던 루마니아어의 공통조어는 한 때 카르파티아 및 발칸 산맥(헤무스 산맥) 일대에서 폭 넓게 사용됐었던 것으로 알려지고 있다.[10] 오늘날 루마니아의 영토 내에서 사용되고 있는 루마니아어(일명: 다코-루마니아어)의 세부방언들 외에도 발칸지역 일대에 흩어져 있는 광의의 루마니아어의 방언들(varieties)[11], 즉 다코-루마니아어(Dacoromanian)[12], 아루마니아어(Aromanian), 메글레노-루마니아어(Meglenoromanian) 및 이스트로-루마니아어(Istroromanian) 등이 존재하고 있다. 이 방언들 모두가 상당 부분 루마니아어의 공통조어의 성격을 지니고 있다는 점을 미루어보아 광의의 루마니아어 방언들이 흩어지기 이전에는 발칸지역 일대에서 비교적 단일적인 언어, 즉 루마니아어의 공통조어가 사용됐으며, 이 공통조어는 초기 발칸 로망스어와 무관하지 않다는 것이 전문가들의 중론이다.[13] 본 장에선 광의의 루마니아어 방언들이 형성되는 배경과 이 방언들이 지니고 있는 언어학적인 특성들을 음성·음운적인 면과 형태·통사적인 면 및 어휘적인 면을 중심으로 고찰해봄으로써 루마니아어의 발달사 연구에 있어서 가장 근본적인 문제들 중의 하나인 고대 루마니아어의 진면목을 규명해보고자 한다.

### 4.2.1. 방언의 형성배경

루마니아의 언어학자 푸슈카리우(S. Puşcariu)는 그의 저서 「Limba română」(루마니아어)의 도표 18번에서 우리말의 겨울에 내리는 '눈'에 해당하는 루마니아어휘에 대한 방언연구를 실시하여 루마니아 영토 내에서 모두 3개의 어휘(zăpadă, omăt, nea)가 사용되고 있음을 확인했다. 부언하자면 루마니아의 수도인 부쿠레슈티(Bucureşti)를 포함한 문테니아지방과 트란실바니아지방의 동남부지역 일대에서는 zăpadă[14]라는 어휘가 사용되고 있으며, 몰도바지방과 트란실바니아지방의 북부지역 일대에선 omăt[15]라는 어휘가 사용되고 있고 트란실바니아지방의 서부지역 및 여타 광의의 루마니아어 방언들, 즉 아루마니아어, 메글레노-루마니아어 및 이스트로-루마니아어에선 nea[16]라는 어휘가 오랜 전통을 가지고 있는 것으로 규명됐다(1976: 214~216). 이 세 어휘의 어원을 조사해본 결과 현재 루마니아에서 표준어로 사용되고 있는 zăpadă와 주로 몰도바지방에서 사용되고 있는 omăt는 고대 슬라브어로부터 유래된 것이고 nea만이 유독 라틴어원을 가지고 있다는 것이 밝혀졌다. 이 규명은 고대 루마니아어의 발달과정을 이해하는 데 중요한 사실을 암시해준다고 볼 수 있다, 즉 고대 로마제국의 식민지였던 다키아지방 내에서도 트란실바니아의 서쪽지역에 로마문화 및 라틴어의 보급이 가장 집약적으로 실시됐다는 점과 여타 지역에는 슬라브어의 영향이 막강했다는 것을 알 수 있다.

남동유럽 및 발칸지역 일대가 고대 로마제국의 식민지가 됨으로써 이 지역의 원주민들은 그들 고유의 언어적인 요소들을 일부 간직한 채로 로마인들의 언어였던 라틴어를 의사소통의 언어로 수용하게 됐다. 그리고 로마인들이 발칸지역 일대에서 물러간 이후 수많은 민족들이 이 지역을 거쳐 가지만 이들은 대부분 오히려 발칸지역에 이미 뿌리를 내리고 있는 로마문화에 동화됐고 이런 전통은 슬라브 민족이 이 지역으로 대거 이주해 오기 전까지 한 동안 지속됐다(Du Nay. 1973. 7-16; Russu. 1981. 142-146).

슬라브 민족이 발칸지역 일대로 진입한 경로나 시기 및 언어적인 영향 등에 관한 프리드바그너(M. Friedwagner)의 견해에 의하면 이미 5세기 말경에 슬로베니아인들의 선조(sclavini)가 이주해오기 시작했고 그 뒤를 이어 크로아티아인들과 세르비아인들이 들어왔고 6세기 중엽 슬라브계의 불가리아인들을 비롯하여 680년경에 핀란드계의 불가리아인들이 정착함으로써 슬라브 민족의 대이동이 일단락 지어졌으며 그러나 이 무렵에 다뉴브 강 이북지역인 다키아지방에서는 로마문화을 계승하고 있는 원주민들과 나중에 이 지역으로 이주해 온 슬라브인들 간의 접촉은 미비한 상태였으므로 슬라브어가 언어적인 영향을 끼칠 수는 없었다는 것이다(1934: 657). 가밀셰그(E. Gamillscheg) 역시 프리드바그너와 비슷한 입장으로서 이 지역으로 이주해온 슬라브인들이 원주민들의 언어인 로망스어를 의사소통어로 받아들이기까지는 그 이후 적어도 약 1세기 정도가 더 걸렸을 것이라 견해이다(1964: 56). 카피단(T. Capidan) 또한 당시 슬라브어가 발칸지역의 로망스어인 루마니아어에 영향을 끼친 시기를 고대 루마니아어가 기본적인 음운변화 현상이 종결된 시기인 8세기 이후에서 아루마니아인들이 떨어져나갔던 10세기 사이였으리라는 의견으로서 예를 들자면 a greşi(실패하다), a plăti(지불하다), a porni(떠나다), nevastă(부인), sută(100), scump(비싼) 등과 같은 70여개의 고대 슬라브어원을 가지고 있는 어휘가 다코-루마니아어를 비롯하여 모든 광의의 루마니아어 방언들에 공통으로 존재하고 있으므로 이들이 루마니아어로 유입된 시기는 아루마니아인들이나 메글레노-루마니아인들이 떨어져나가기 이전인 8세기에서 10세기 사이라는 것이다(1925: 45, 51-52). 한편 도이치만(O. Deutschmann)은 당시 다뉴브 강 이남 및 이북 지역에서 로망스어를 구사하는 주민들이 이주하게 된 주된 원인은 슬라브인들의 압박에서 비롯한 것이라는 견해로서 무엇보다도 불가리아제국의 팽창으로 인하여 다뉴브 강 이남의 로망스주민들이 8세기에서 10세기 사이에 보다 더 남쪽으로 이동하면서 아루마니아인들과 메글레노-루마니아인들로 분리됐으며, 다뉴브 강 이북에선 한 부류는 몰도바 남부지방으로 또한 그곳에서 트란실바니아 및 마라무레슈 지방으로 이주했고 다른 부류는 바나트 지방으로 이주한 후 나중에 역시 트란실바니아지방으로 이주했으며 비교적 소수의 주민들이 터키인들을 피하려고 멀리 이스트리아까지 이주해갔다는 의견이다(1973: 120). 루마니아의 방언학자인 투도란(R. Tudoran)의 견해에 따르자면 다코-루마니아인들은 동로마문화의 핵심을 이루면서 다뉴브 강 이북지역에 머물렀던 반면 아루마니아인들 및 메글레노-루마니아인들은 9세기 초경부터 10세기에 이르는 동안 발칸반도의 남쪽으로 이동하여 정착하기 시작했고 이스트로-루마니아인들이 발칸반도의 북서지방인 이스트리아로 이주한 시기를 대략 13세기경으로 보고 있다(Marițeanu 외, 1977: 110-111). 당시 다뉴브 강 이북의 로망스계 주민들은 정치적으로 중요한 역할을 담당하게 됨으로써 더욱 더 발전해나갔지만 다뉴브 강 이남지역으로 이주해간 주민들은 그 지역에서 숫자적으로 열세에 처하게 됐고 세월이 흐르면서 점차적으로 정치·사회적으로 우세했던 민족들에 의해 동화되기 시작했으며, 이런 상황에서 천년 이상의 시간이 경과하면서 언어적으로도 이 지역의 토착어와 라틴어가 기반이 된 공통적인 요소에 이 지역으로 이주해온 민족들의 언어적인 특성이 추가되면서 광의의 루마니아어 방언들이 형성됐다는 투도란의 주장이 설득력을 갖는다고 볼 수 있을 것이다.

## 4.2.2. 방언의 유형 및 특성

### 4.2.2.1. 다코-루마니아어

위에서 이미 언급한 바와 같이 '다코-루마니아어'(Daco-Romanian)란 오늘날 주로 루마니아의 영토에서 2,000만 명 이상의 주민들[17]에 의해서 사용되고 있는 루마니아어를 방언학적인 관점에서 달리 표현한 용어로서 루마니아 지역의 고대 명칭인 다키아(Dacia)왕국이 로마제국의 식민지였던 역사적인 사실[18]과 관련해서 이와 같이 명명되고 있는 것이다. 다코-루마니아어는 일개의 국어로 사용되고 있는 언어로서 여타 광의의 루마니아어 방언들과의 가장 커다란 차이라고 말할 수 있는 것은 다코-루마니아어가 유일하게 문어체를 사용하고 있다는 점이다. 다코-루마니아어는 일반적으로 여타 광의의 방언들에 비해서 다양한 변화를 겪게 됨으로써 진보적인 성향을 띠고 있다. 다코-루마니아어가 지니고 있는 특성들은 현재 루마니아 영토에서 사용되고 있는 루마니아어의 세부 방언들의 특성과도 무관치 않다. 따라서 제한된 지면에서 다코-루마니아어의 특성을 일일이 모두 다 언급한다는 것은 무리라고 판단되므로 본장에선 일부 두드러진 특성들만 간략하게 언급하고 기타 다코-루마니아어가 지니고 있는 차이점들에 관해선 여타 광의의 방언들의 특성을 설명할 때 비교해서 설명하고자 한다.

#### 4.2.2.1.1. 음성·음운적인 면

다코-루마니아어란 위에서 언급한 바와 같이 오늘날 루마니아 영토에서 사용되고 있는 루마니아어를 방언학적인 분류방법상 일컫는 표현이므로 본 연구에선 대체적으로 표준 루마니아어와 동일한 개념으로 이해해도 무방할 것이다. 다코-루마니아어의 모음체계는 8개의 모음들(a, ă, â, e, i, î, o, u)을 가지고 있지만 â와 î는 동일한 음소[19]이므로 모두 7개의 음소들(a/a/, ă/ə/, â=î/ɨ/, e/e/, i/i/, o/o/, u/u/)로 구성돼 있다. 자음체계는 모두 19개(b, c, d, f, g, h, j, l, m, n, p, r, s, ş, t, ţ, v, x, z)의 자음들과 외래어들의 표기를 위한 4개의 자음들(k, q, w, y)을 가지고 있다. 현행 루마니아어 정서법 상에는 9개(âi, ea, ia, ie, io, eo, oa, ua, uă)의 이중모음들 및 4개(eoa, eau, iau, iai)의 삼중모음들이 존재하고 있다(Academia română 2001: 9). 그러나 이중모음 및 삼중모음에 관해선 루마니아의 언어학자들 간의 견해차이가 심한 편이므로[20] 본 장에선 필요불가결한 경우를 제외하곤 구체적인 언급을 생략하겠다. 다코-루마니아어에서 일반적으로 보여주고 있는 음운현상으로는 전설모음들, 특히 전설 고모음 i 앞에서 자음들의 구개음화 현상을 들 수 있다. 예를 들자면 urc/urk/ - urci/urʧi/, merg/merg/ - mergi/merʤi/ 등에서 보여주듯이 연구개 파열음들 k/k/, g/g/ 등이 i 모음 앞에서 구개음화돼서 각기 /ʧ/, /ʤ/ 등으로 변하는 현상이나 cot/kot/ - coţi/kotsi/, vând/vɨnd/ - vinzi/vinzi/ 치 파열음들 t/t/, d/d/ 등이 i 모음 앞에서 각기 파찰음 ţ/ts/와 마찰음 /z/ 로 변하는 현상 등이다. 다코-루마니아어의 또 다른 특성으로는 설측음 l이 역시 i 모음 앞에서 구개음화 되면서 소멸되는 현상을 들 수 있다. 예를 들자면 라틴어 단수명사 caballus로부터 유래된 다코-루마니아어 cal이 복수가 되면서 cai(<라틴어 caballi)로 된다. 그 밖의 다코-루마니아어의 특성에 대해선 여타 방언들을 다룰 때 상호 비교하여 설명하는 것이 바람직하리라 사료돼서 이 장에서는 더 이상 구체적인 언급을 생략하기로 한다.

#### 4.2.2.1.2. 형태·통사적인 면

다코-루마니아어의 형태·통사적인 면에서 눈에 띄는 차이점들만 언급하자면 여타 방언들에서는 대과거시제가 전혀 존재하지 않거나 또는 조동사 a avea를 이용한 우언적 표현법인 분석적 형태(analytic form)가 사용되고 있는데 비해 다코-루마니아어에서는 종합적인 형태(synthetic form)를 취하고 있다는 점[21]과, îl văd pe Ion., o caut pe fiica ta. 등의 예문에서와 같이 고등생물을 지칭하는 무정형(animate) 명사의 목적격 형태소로 전치사 pe가 사용되고 있다는 점 등을 들 수 있다(Puşcariu 1976: 217-218; Mariţeanu 외, 1977: 115-119).

#### 4.2.2.1.3. 어휘적인 면

어휘적인 면에서 다코-루마니아어와 여타 방언들 사이의 가장 두드러진 차이점은 무엇보다도 아루마니아어는 그리스어로부터, 메글레노-루마니아어가 불가리아어로부터 그리고 이스트로-루마니아어가 크로아티아어로부터 지대한 영향을 받은 데서 비롯됐다는 점이다(Puşcariu 1976: 218; Mariţeanu 외, 1977: 118-119). 또 다른 차이점은 라틴어원의 어휘들에서 양면성을 보이고 있는데 이를 테면 다코-루마니아어에선 foaie(종이 장, 잎), luptă(전투), pace(평화), frumos(아름다운) 등과 같은 남 다뉴브 방언들에서는 존재하고 있지 않는 고대 라틴어휘들을 보존하고 있으며 다른 한편으론 일부 라틴어원의 어휘들의 의미가 여타 방언들과 차이가 있다는 점이다. 예를 들자면 라틴어 familia 로부터 유래된 다코-루마니아어의 femeie는 '아낙네, 부인'의 뜻을 지니고 있는 반면 아루마니아어의 fumeal'e 및 메글레노-루마니아어의 fumel'ă(또는 fămeal'ă) 등은 '가족, 어린아이' 의 의미를 가지고 있다는 사실도 간과할 수 없는 점들일 것이다.

#### 4.2.2.2. 아루마니아어

다코-루마니아어 다음으로 사용인구가 많은 광의의 루마니아어 방언으로서 일명 마케도루마니아어라고도 불리고 있는 아루마니아어는 다뉴브 강 이남의 발칸반도에서 폭넓게 사용되고 있지만 주로 그리스의 북부지방과 마케도니아 및 알바니아의 일부 지역에서 대략 40~50만 명의 주민들[22]에 의해서 사용되고 있다. 따라서 아루마니아인들을 부르는 명칭도 각 지역의 언어에 따라 다양한 편이다. 예를 들자면 그리스인들은 그들을 경멸하는 표현으로 cuţovlahi(절름발이 블라흐인들)이라고 부르며, 알바니아인들은 ĉoban(목동)이라고 부르고 세르비아인들은 ţinţari[23]이라고 부르며, 불가리아인들은 belivlasi(하얀 브라흐인들) 등으로 불리고 있지만 아루마니아인들 스스로는 ar(u)mâni이라고 지칭한다(Marițeanu 외, 1977: 171). 한편 루마니아의 문학작품들에서는 이들을 aromâni[24], macedoromâni 또는 români macedoneni[25] 등과 같이 표현하고 있다(Marițeanu 외, 1977: 171).

아루마니아어는 일반적으로 다코-루마니아어에 비해 고립되고 폐쇄된 상황에서 사용돼 왔으므로 비교적 보수적인 면을 보이고 있다. 다음은 아루마니아어의 특징을 음성·음운적인 면과 형태·통사적인 면 및 어휘적인 면 등으로 구분하여 다루어보기로 한다.

#### 4.2.2.2.1. 음성·음운적인 면

모음의 구조적인 관점에서 보자면 아루마니아어는 크게 두 그룹, 즉 하나는 알바니아지역의 아루마니아 지방어(fărşerotesc: 그룹 F)와 여타 아루마니아 지방어(aromâneşti: 그룹 A)로 구분된다.

전자는 다코-루마니아어에 존재하고 있는 고(high) 중설모음 â=î/ɨ/을 가지고 있지 않는 반면 후자인 A그룹의 아루마니아어에는 다코-루마니아어와 같이 7개의 모음소들(/a/, /ə/, /e/, /i/, /ɨ/, /o/, /u/)을 모두 지니고 있다. 예를 들자면 라틴어 pane, sambatum 등으로부터 유래된 다코-루마니아어의 pâine(빵), sâmbătă(토요일)에 해당하는 그룹 F의 아루마니아어에선 pane, sambătă 등인 반면에 그룹 A의 아루마니아어에선 pîni, sîmbîtî 등과 같이 사용되고 있다.

일반적으로 아루마니아어는 다코-루마니아어와는 달리 라틴어의 순음(labial) 다음에 오는 e 모음이나 이중모음 ea을 보존하고 있다. 예를 들자면 라틴어 melum, video, mensa 등으로부터 유래된 다코-루마니아어의 măr(사과), văd(나는 본다), masă(탁자) 등에 비해 아루마니아어에선 meru, vedu, measî 등과 같이 사용되고 있다.

아루마니아어의 또 다른 특징으로는 다코-루마니아어에선 라틴어 폐음절내의 전설모음 e 또는 i가 비자음(nasal) 앞에서 중설 고모음(high) â=î/ɨ/으로 변한 것에 비해 아루마니아어에선 전설모음으로 보존되고 있다. 예를 들자면 라틴어 ventum, monumentum, vendo 등으로부터 유래된 다코-루마니아어의 vânt(바람), mormânt(무덤), vând(나는 판다 < 팔다) 등에 비해 아루마니아어에선 vintu, murnintu, vindu 등과

같이 사용되고 있다.

아루마니아인들의 발음상 다른 특징으로는 이미 언급한 바와 같이 접두어 a-의 사용을 들 수 있다. 부언 설명하자면 다코-루마니아어의 român(루마니아인), râu(강), cumpăr(나는 구입한다) 등 대신에 아루마니아어에선 aromâni, arîu, acumpîru 등과 같이 발음한다(Marițeanu 외, 1977: 174-175).

아루마니아어의 보수적인 특성을 잘 보여주고 있는 또 다른 특징은 다코-루마니아어에선 더 이상 사용되지 않는 라틴어의 어말모음 -u의 보존이다. 예를 들자면 라틴어의 orbus, somnus 등으로부터 유래된 다코-루마니아어의 orb(눈 먼), somn(잠) 등에 비해 아루마니아어에선 orbu, somnu 등과 같이 사용되고 있다(Marițeanu 외, 1977: 177).

또한 아루마니아어에서는 어중음들이 소멸되는 현상(syncope)이 두드러지게 나타나고 있다. 예를 들자면 다코-루마니아어의 măritare(결혼), nevastă(아내), omul(남성명사 om 에 정관사가 붙은 형태) 등 대신에 아루마니아어에선 mărtare, nvastă, omlu 등과 같이 사용된다(Pușcariu 1976: 222).

자음들 중에서 아루마니아어의 특징으로 간주되는 것들은 우선 다코-루마니아어에선 라틴어의 설측음 l이 전설모음들(e, i) 앞에서 구개음화 되면서 소멸되는데 비해 아루마니아어에서는 그대로 보존되고 있다는 점이다. 예를 들자면 라틴어 leporem, glanda, oculum 등으로부터 유래된 다코-루마니아어의 iepure(토끼), ghindă(도토리), ochi(신체부위 눈) 등인데 비해 아루마니아어에선 l'epure, gl'indă, ocl'u 등과 같이 사용되고 있다(Pușcariu 1976: 221; Marițeanu 외, 1977: 177-178).

이외에도 다코-루마니아어에선 라틴어의 연구개 파열음들(c/k/, g/g/)이 전설모음들 앞에서 치경 파찰음(/ʧ/, /ʤ/)으로 변한 반면에 아루마니아어에선 치음들(/ts/, /dz/)로 됐다. 예를 들자면 라틴어 cepa/kepa/, caelum/kelum/, quinque=cinque/kinke/ 등으로부터 유래된 다코-루마니아어에선 ceapă(양파), cer(하늘), cinci(다섯) 등인데 비해서 아루마니아어에선 țeapî, țeru, țințî 등과 같이 사용되고 있다(Marițeanu 외, 1977: 179).

그밖에도 아루마니아인들이 거주하고 있는 주변 지역의 민족들로부터 발음상으로 영향을 받은 것들이 더 존재하고 있지만 지역적으로 다소 차이가 있고 산발적인 면이 있으므로 본 장에선 생략하기로 한다.

#### 4.2.2.2.2 형태·통사적인 면

형태·통사적으로 아루마니아어의 가장 두드러진 면은 무엇보다도 동사의 활용 형태를 들 수 있다. 오늘날 루마니아어의 표준어에선 거의 사라져서 루마니아 올테니아지방에서 일부 지방어로만 사용되고 있는 단순과거 시제형태가 아루마니아어에선 그리스어 부정과거(Aorist)의 영향에 의해서 일반화 됐다는 점이다. 예를 들자면 다코-루마니아어에선 a râde(웃다), a ascunde(숨기다) 등의 동사 1인칭 단수 과거형을 'am râs' 및 'am ascuns' 등과 같이 조동사(a avea)를 사용하여 복합과거시제(compound perfect)로 나타내는데 비해 아루마니아어에선 'arîşu' 및 'ascumşu' 등에서처럼 단순과거시제(simple perfect)를 사용한다. 그리고 대과거시제(pluperfect) 역시 다코-루마니아어에선 종합적인 형태(synthetic form)를 취하는 반면 아루마니아어에서는 조동사 a avea 를 이용한 분석적 형태(analytic form)가 사용되고 있다는 점이다. 예를 들자면 다코-루마니아어에선 a lăuda(칭찬하다) 동사의 1인칭 단수 대과거형을 lăudasem으로 표현하는데 비해 아루마니아어에선 aveam alăuvadată(î)와 같이 사용된다. 또 다른 예를 하나 더 들어보자면 다코-루마니아어에선 a face(~하다) 동사의 2인칭 단수 대과거형을 făcuseşi와 같이 나타내는데 비해 아루마니아어에선 aveai faptă(î)와 같이 사용된다(Puşcariu 1976: 221-222).

동사의 부정형(infinitive) 또한 다코-루마니아어에선 라틴어 동사의 부정형에서 어미 -re가 떨어져나간 소위 짧은 형태(예: a cânta, a vedea, a muri 등)인데 비해 아루마니아어에선 원래의 정상적인 형태(예: a cîntari, a videari, a muriri 등)가 사용되고 있으며, 동사의 과거분사형(past participle) 역시 동사의 유형에 따라 다소 차이는 있지만 대부분 어미 -ă(-î)로 끝나는 것이 특징이다. 예를 들자면 다코-루마니아어의 제1활용동사 a cânta의 과거분사형 cântat 대신 아루마니아어에선 cîntatî(ă); 제2활용동사 a vedea의 văzut 대신 vidzutî(ă); 제3활용동사 a face의 făcut 대신 faptî(ă); 제4활용동사 a veni의 venit 대신 vinitî(ă); 제5활용동사 a urî의 urât 대신 aurîtî(ă) 등과 같이 사용되고 있다(Mariţeanu 외, 1977: 190).

명사의 복수어미로는 루마니아어의 모든 방언들에 공통적으로 사용되고 있는 -i, -e, -le, -uri 이외에도 아루마니아어에서는 -ani, -îni, aḑi, aḑî, -ate 등을 추가로 사용하고 있다.

통사적인 면에서 아루마니아어의 특징을 든다면 다코-루마니아어의 무정형 목적격 형태소 pe가 사용되지 않는 점이다. 예로서 우리말 '나는 나의 형을 만난다.'에 해당하는 표현을 다코-루마니아어에선 (îl) văd pe fratele meu.인데 비해 아루마니아어에선 'ved fratili ńu.'라고 pe 없이 사용된다. 그밖에도 다코-루마니아어에선 기수 20부터 100사이의 숫자 다음 명사가 오는 경우 그사이에 전치사 de를 사용하여 나타내는데 비해 아루마니아어에선 숫자 11부터 사용되고 있다는 점이 눈에 띄는 점이다(Puşcariu 1976: 221-222).

#### 4.2.2.2.3. 어휘적인 면

아루마니아어의 어휘적인 특징은 양면성을 보이고 있다, 즉 한편으로는 다코-루마니아어에선 더 이상 존재하고 있지 않는 라틴어휘를 보존하고 있으며, 다른 한편으로는 다코-루마니아어에는 존재하고 있는 라틴어원의 어휘가 아루마니아어에선 그리스어나 여타 언어들로부터 차용한 어휘들로 대체된 점이다. 전자의 예시로는 다코-루마니아어에선 찾아볼 수 없는 avră(서늘함) < 라틴어 aura, căroare(따듯함) < 라틴어 caloris, cună(요람) < 라틴어 cuna 등이 있으며 후자의 예시로는 다코-루마니아 어휘 argint(은) - 아루마니아어 asime, 다코 negoț(교역) - 아루 emboriu, 다코 pace(평화) - 아루 bărişe, 다코 popor(민족) - 아루 milete 등을 들 수 있다(Puşcariu 1976: 221-224).

### 4.2.2.3. 메글레노-루마니아어

메글레노-루마니아어는 그리스와 마케도니아에 걸쳐있는 메글렌(Meglen: 터키어 Karağova) 산악지역 중에서도 특히 살로니카의 북부지방에서 대략 15,000~20,000명[26]의 주로 농업에 종사하고 있는 주민들에 의해서 구사되고 있다. 메글레노-루마니아어는 앞에서 이미 언급한 바와 같이 상당부분 아루마니아어와 유사한 모습을 지니고 있다. 메글레노-루마니아어의 특성에 대해서도 역시 음성·음운적인 면과 형태·

통사적인 면 및 어휘적인 면 등으로 구분하여 다루어보기로 한다.

#### 4.2.2.3.1. 음성·음운적인 면

메글레노-루마니아어의 모음구조상의 특징은 무엇보다도 다코-루마니아어에서 존재하고 있는 고(high) 중설모음 â=î/ɨ/을 지니고 있지 않다는 점이다. 부언 설명하자면 모음소 â=î/ɨ/는 광의의 루마니아어 방언들 중에서 단지 다코-루마니아어와 그룹 A의 아루마니아어에만 존재하고 있다는 사실이다.

메글레노-루마니아어는 아루마니아어와 함께 소위 남 다뉴브 루마니아어 방언에 속해있으므로 이 두 방언들은 유사한 면들을 많이 보이고 있다. 아루마니아어의 음성·음운적인 특성에서 언급한 바와 같이 다코-루마니아어와는 달리 아루마니아어와 메글레노-루마니아어에선 라틴어의 순음(labial) 다음에 오는 e 모음이나 이중모음 ea 을 보존하고 있다. 예를 들자면 라틴어 melum, video, mensa 등으로부터 유래된 다코-루마니아어의 păr(배나무), ospăț(향연), fată(소녀) 등에 비해 아루마니아어에선 peru, uspețu, featî 등이며, 메글레노-루마니아어에선 각기 per, uspeț feată 등과 같이 사용되고 있다(Marițeanu 외, 1977: 198). 그러나 메글레노-루마니아어에서만 나타나고 있는 특성으로 어두음 a-의 소멸현상(aphesis)을 들 수 있다. 예를 들자면 다코-루마니아어의 afară(밖에), adaug(나는 추가한다), aveam(나는 가지고 있었다) 등인데 비해 메글레노-루마니아어에선 fară, daug, veam 등과 같이 사용된다.[27] 메글레노-루마니아어의 특성으로 간주되는 것으로는 또한 다코-루마니아어에 있는 모음소 â=î/ɨ/가 메글레노-루마니아어에는 존재하지 않으므로 그 대신 개음 ǫ가 사용되고 있다. 예를 들자면 다코-루마니아어의 câmp(뜰, 운동장), lână(양털) 등 대신에 메글레노-루마니아어에서는 cǫmp, lǫnă 등이 사용되고 있다.

자음구조상에서도 아루마니아어와 유사한 현상들을 보이고 있다. 예를 들자면 라틴어 familia, gallina, oc(u)lum 등으로부터 유래된 다코-루마니아어의 femeie(여인), găină(암탉), ochi(신체의 눈) 등인데 비해 메글레노-루마니아어에선 fămeală, gălină, uoclu 등에서처럼 라틴어의 설측음 l이 보존되고 있다는 점이다(Marițeanu 외, 1977: 200). 또한 연구개 파열음들(c/k/, g/g/)이 전설모음들(e, i) 앞에서 다코-루마니아어에서와 같이 치경음화 되지 않고 아루마니아어와 유사하게 치음들(/ts/, /dz/)로 됐다. 예를 들자면 라틴어 cepa/kepa/, caelum/kelum/, quinque=cinque/kinke/ 등으로부터 유래된 다코-루마니아어에선 ceapă(양파), cer(하늘), cinci(다섯) 등인데 비해 아루마니아어에선 ţeapî, ţeru, ţinţi 등이며 메글레노-루마니아어에선 teapă, ţer, ţinţ 등과 같이 사용되고 있다(Mariţeanu 외, 1977: 201). 그 밖에도 아루마니아어와 유사한 점들이 있지만 본 장에선 지면관계상 더 이상 설명을 생략하겠다.

#### 4.2.2.3.2. 형태·통사적인 면

메글레노-루마니아어의 형태·통사적인 특성도 대체적으로 아루마니아어와 매우 유사한 편이다. 메글레노-루마니아어의 특성들 중에는 무엇보다도 아루마니아어에서와 마찬가지로 동사의 활용 형태를 들 수 있다. 오늘날 다코-루마니아어에선 거의 사용하지 않고 있는 단순과거시제가 아루마니아어에서처럼 메글레노-루마니아어에서도 자주 사용되고 있다. 예를 들자면 a râde(웃다), a zice(말하다), a duce(이끌다) 등의 동사들의 과거시제가 다코-루마니아어에선 am râs, am zis, am dus 등과 같이 복합과거형태를 취하고 있는데 비해 아루마니아어에선 arîşu, ḑîşu, duşu 등이며 메글레노-루마니아어에선 roş, ziş, duş 등과 같이 단순과거형태가 사용되고 있다. 대과거시제 역시 다코-루마니아어에선 이미 언급한 바와 같이 종합적인 형태를 취하는 반면 아루마니아어와 메글레노-루마니아어에선 조동사 a avea를 이용한 분석적 형태가 사용되고 있다는 점이다. 예를 들자면 다코-루마니아어에선 a cânta(노래하다), a vedea(보다) 동사의 1인칭 단수 대과거형을 cântasem, văzusem 등으로 표현하는데 비해 메글레노-루마니아어에선 veam căntat, veam vizut 등과 같이 조동사 avea의 불완료과거시제 + 본동사의 과거분사 형태를 취한다. 동사의 부정형 역시 이미 언급한 바와 같이 다코-루마니아어에선 라틴어 동사의 부정형에서 어미 -re가 떨어져나간 소위 짧은 형태인 a cânta, a putea 등을 사용하고 있는데 비해 메글레노-루마니아어에선 아루마니아어에서와 같이 정상적인 긴 형태의 부정형인 a căntari, a puteari 등이 사용되고 있다(Mariţeanu 외, 1977: 207-209).

명사의 경우 루마니아어의 모든 방언들에서 거의 공통적으로 사용되고 있는 복수어미들인 -i, -e, -le, -uri 등이 메글레노-루마니아어의 일부 명사들에서 차이를 보이고 있다. 예를 들자면 다코-루마니아어의 단수명사 fecior(아들, 소년) - 복수 feciori,

단수 pom(나무) - 복수 pomi, 단수 cerb(수사슴) - 복수 cerbi 등인데 비해 메글레노-루마니아어에선 ficôr - ficôr, pom - pom, țerb - țerb 등과 같이 남성명사의 복수어미 -i가 소멸되면서 단수와 복수형의 차이가 없어졌다. 또한 단수에서 -ă 로 끝나는 일부 여성명사의 경우 다코-루마니아어에선 단수 limbă(혀, 언어) - 복수 limbi, 단수 scândură(판자) - scânduri 등인데 비해 메글레노-루마니아어에선 단수에선 별 차이가 없이 limbă, scîndură이지만 복수형(limb, scîndur)에서는 어미 -ă가 소멸되는 현상을 보이고 있다. 그밖에도 아루마니아어와 유사하게 -ani, -ọni, -azî, -aḍî 등과 같이 추가적인 복수어미형들이 사용되고 있다. 명사의 격변화에서도 다코-루마니아어와는 달리 소유격 및 여격의 격변화가 사라졌으며 그 대신 명사의 수나 성과는 상관없이 공통으로 소유격에선 정관사의 후접어 형태의 lu가 여격에선 전치사 la가 사용되고 있다. 정관사의 경우 주격 및 목적격에선 다코-루마니아어에서처럼 전접어(enclitic)의 형태를 취하지만 소유격에선 일반 명사의 경우와 마찬가지로 후접어(proclitic) 형태의 lu가 사용되며 여격에선 전치사 la가 사용되고 있는 것이 특징이다(Marițeanu 외, 1977: 202-204).

#### 4.2.2.3.3. 어휘적인 면

메글레노-루마니아어의 어휘적인 특징은 많은 라틴어원의 어휘가 주변 민족들의 언어적인 영향으로 인하여 대체돼졌다는 점을 들 수 있다. 예를 들자면 다코-루마니아어의 buză(입술), ficat(간), unchi(아저씨), mătușă(아줌마), credință(믿음, 신앙) 등의 라틴어원의 어휘가 메글레노-루마니아어에선 슬라브어원(usnă, drob, ĉiĉa, tetă, veară 등)으로 대체됐다는 점이다. 그밖에도 메글레노-루마니아어에는 슬라브어원 외에도 cumşiiă(이웃), curiiă(숲), picmés(잼 종류) 등과 같이 발칸지역 일대에서 널리 사용되고 있는 터키어원의 어휘가 상당수 존재하고 있으며, frică(두려움), proaspăt(신선한), trăistur(가방류) 등과 같은 그리스어원이나 brad(전나무), copac(나무), sọmburi(씨) 등과 같이 알바니아어와 공동으로 보유하고 있는 이 지역의 기층어휘로부터 유래된 것들도 존재한다(Marițeanu 외, 1977: 210-212).

#### 4.2.2.4. 이스트로-루마니아어

이스트로-루마니아인들은 스스로를 vlah 의 복수형인 vlåš 또는 vlåş 등으로 부르며 그들의 언어를 vlåşki라고 일컫는다. 하지만 주변의 이탈리아인들과 크로아티아인들은 그들을 별명으로 ĉiribiri라고 부르며 그들의 언어를 ĉiribiriski이라고 일컫는다. 이스트로-루마니아인들이 거주하고 있는 지역은 이스트리아반도 내에서 Muntele Mare(이탈리아어 Monte Maggiore, 크로아티아어 Uĉka Gora) 산을 경계로 북쪽에 위치한 Cicearie(크로아티아어 Ĉićarija) 지역의 Jeiăn(i) 마을에서 그곳의 주민들과 어우러져 살고 있으며 그 산의 남쪽지역에선 예전에는 7 마을에서 거주했던 것으로 알려지고 있지만 오늘날 주로 Susńevița(이탈리아어 Frascati)와 Noselo(이탈리아어 Villanova) 등지에서만 루마니아어가 구사되고 있다. 그러나 이스트로-루마니아어를 구사하는 인구가 점점 줄어들고 있는 추세이며 오늘날 1,000 ~ 1,500명 정도의 구사자만 남아 있는 것으로 추산된다(Pușcariu 1976: 228-229, Marițeanu 외, 1977: 213-214). 이스트로-루마니아인들의 기원에 관해서 일부 학자들의 다른 의견도 있지만 일반적으로 다뉴브강 북쪽의 로망스계 주민들이 터키인들의 침략을 피해 이스트리아반도까지 이주해 간 것으로서 이스트로-루마니아어는 다코-루마니아어와 함께 북다뉴브 방언에 속한다는 견해가 중론이다(Pușcariu 1926: 3; Deutschmann 1973: 120; Niculescu 1981: 67).

다음은 이스트로-루마니아어의 대표적인 특성들로 간주되는 것으로서 가급적 짧게 설명하고자 한다.

##### 4.2.2.4.1. 음성·음운적인 면

모음체계 상에서의 이스트로-루마니아어의 특성으론 우선 다코-루마니아어를 비롯한 여타 광의의 방언들에서 존재하고 있는 중설 저(low)모음 a 대신 å가 사용되고 있다. 예를 들자면 다코-루마니아어의 mare(바다), fac(나는 ~한다), arde(탄다) 등 대신에 måre, fåc, årde 등과 같이 일종의 순음화된 모음이 사용된다(Pușcariu 1976: 230, Marițeanu 1977: 215). 다코-루마니아어의 이중모음 ea, oa 등이 이스트로-루마니아어에선 단일모음으로 사용된다. 예를 들자면 다코-루마니아어의 seară(저녁), stea(별), coadă(꼬리, 줄), noapte(저녁, 밤) 등 대신에 sęrě, stę, códę, nópte 등과 같이 사용되고 있다.

자음체계상에선 다코-루마니아어를 제외한 여타 방언들과 마찬가지로 라틴어의 설측음 l을 보존하고 있다는 점이다. 예를 들자면 다코-루마니아어의 iepure, găină, ochi 등이 이스트로-루마니아어에선 l'épur(e), gal'irĕ, ócl'u 등과 같이 사용된다. 그러나 설측음 l이 어말의 위치에서나 자음 앞에서 소멸되는 현상을 보이고 있다. 예를 들자면 다코-루마니아어의 alb(흰), cal(가축 말), vesel(즐거운) 등 대신에 åb, cå, vése 등과 같이 된다. 또한 라틴어원의 어휘에서 비음 n이 유음 r로 바뀌는 현상(rhotacism)이 발생하고 있다. 예를 들자면 다코-루마니아어의 bine(잘, 좋게), ruşine(수치, 모욕), spune(말하다) 등 대신에 bire, rusire, spúre 등과 같이 사용되고 있다(Mariţeanu 외, 1977: 217).

#### 4.2.2.4.2. 형태·통사적인 면

형태·통사적인 면에선 이스트로-루마니아어가 남 다뉴브 방언들과는 달리 다코-루마니아어와 유사한 면을 보이고 있다. 동사의 부정형도 다코-루마니아어와 같이 짧은 형태가 사용되고 있으며 단순과거 대신에 복합과거가 사용되고 있다. 다만 다코-루마니아어와 차이를 보이고 있는 것은 이스트로-루마니아어에선 대과거시제가 전혀 존재하지 않는다는 점이다. 그 밖에도 이스트로-루마니아어에선 조건법(conditional mood)의 조동사로 다코-루마니아어의 aş, ai, ar, am, aţi, ar 등 대신에 a vrea(원하다) 동사로부터 유래된 활용형인 ręş, ręi, rę, ręn, ręţ, rę 등을 사용하고 있는 것이 특징이다.

이스트로-루마니아어의 특성으론 또한 명사의 곡용이 사라져서 단수와 복수의 형태적인 차이가 거의 존재하고 있지 않으며 격어미의 변화도 대부분 사라졌고 다만 정관사 주격 및 목적격에서는 다코-루마니아어와 같이 전접어 형태를 취하지만 소유격 및 여격에선 여타 방언들과 유사하게 후접어(lu)를 사용하고 있다. 예를 들자면 다코-루마니아어의 남성명사 lup(늑대)의 한정적(definite) 주격 및 목적격 형은 lupul이며 소유격 및 여격 형은 lupului인데 비해 이스트로-루마니아어에선 주격 및 목적격에서 lúpu 이며 소유격 및 여격에선 lu lúpu이다(Mariţeanu 외, 1977: 218-226).

#### 4.2.2.4.3. 어휘적인 면

이스트로-루마니아어에서도 여타 남 다뉴브 방언들과 유사하게 많은 라틴어원의 어휘들이 주변 민족들의 어휘들로 대체된 점을 발견할 수 있다. 다만 여타 방언들과 대조적인 면은 이스트로-루마니아어에선 인근 이탈리아어의 영향을 직접적으로 받았거나 아니면 크로아티아어를 거쳐서 차용된 어휘들이 존재하고 있다는 점이다. 예를 들자면 다코-루마니아어의 atunci(그 당시, 그렇다면), pahar(잔), a gândi(생각하다), mereu(항상), săptămână(주일) 등 대신에 alóra, bikerin, penséi, sémpre setimanĕ 등이 사용되고 있으며 fruştikéi(조반), şpas(농담), ţucăr(설탕) 등과 같은 독일어원의 어휘들도 발견된다(Mariţeanu 1977: 228-230).

## 4.3. 루마니아 공국들의 탄생

오늘날 루마니아 국가의 전신인 발라키아(Wallachia)[28]와 몰다비아(Moldavia) 공국이 건립된 시기는 14세기 초엽 및 중반경이다. 발라키아 공국은 현재 루마니아의 수도인 부쿠레슈티(Bucureşti)시를 포함하여 루마니아의 남부지역 일대인 문테니아(Muntenia) 지방[29]을 거점으로 하여 1324년경 아르제슈(Argeş) 지역의 왕후였던 바사라브(Basarab I.)에 의해 건립됐으며, 몰다비아 공국은 1359년경에 마라무레슈(Maramureş) 지역의 왕후였던 보그단(Bogdan I.)에 의해 현재 루마니아 영토의 북동부 지역인 몰도바(Moldova)지방에 건립됐다.[30] 그러나 이 두 공국은 건립 초기부터 내적으로는 농민들이 그들을 예속시키려는 봉건제도에 대항하는 사회적인 운동에 직면했고 외적으로는 건립 초기엔 인접지역의 민족들과의 갈등을 면할 수가 없었고 이어서 당시 오스만 터키제국의 서방정책으로 인해 끊임없이 터키군대에 대항하여 투쟁할 수밖에 없었다. 비근한 예로서 바사라브의 후계자로서 1352년부터 1364년까지 발라키아를 통치했던 니콜라에 알렉산드루(Nicolae Alexandru)는 주변의 불가리아나 세르비아 등과의 동맹관계를 유지함으로써 정치적인 기반을 확고히 다졌으며, 헝가리의 루도빅(Ludovic de Anjou) 왕과 협력하여 타타르인들을 물리쳤다. 한편 몰다비아공국의 미르체아(Mircea cel Bătrân) 왕은 1404년에 니코폴레(Nicopole) 전투에서 터키 군대에 압승함으로써 도브로제아(Dobrogea)지방을 다시 탈환할 수 있었다. 그러나 1437년 트란실바니아지역에 농민봉기가 확산되면서 클루즈 시 근교의 보블라(Bobâlna) 언덕에 농민들이 진지를 쳐놓고 정치·경제·사회적인 권리를 주장하는 당대로는 최대 규모의 시위가 전개됐다. 또한 오늘날 '드라큘라 백작'으로 알려져 있는 발라키아 공국의 '블라드 체페슈'(Vlad Țepeș)[31]는 1462년에 터키의 모하메드 2세가 이끄는 터키군대가 세르비아를 침공하기 위하여 우선 루마니아 공국들을 정복하려 침략했을 때 지주귀족들로부터 독립된 농민군대를 결성하여 터키군대를 무찔렀다. 그 후 1475년에 터키군대가 루마니아를 완전히 장악하려는 의도로 몰다비아 공국까지 공격했을 때 몰다비아 공국의 '슈테판 대제'(Ștefan cel Mare)는 바슬루이(Vaslui) 전투에서 터키군대를 섬멸시키는 전과를 거두기도 했다. 트란실바니아 지방에선 1514년 '게오르게 도자'(Gheorghe Doza)의 주도아래 대대적인 농민봉기가 일어났고, 이로 인해 루마니아에도 의무경작제도가 도입되는 등과 같이 당시 루마니아의 내·외적인 정황이 몹시 혼란스러운 가운데에서도 근대적인 사회제도들이 점차적으로 정착돼가는 과도기적인 시기였다(Huber. 1973. 28-35; Oțetea(red.). 1970. 135-147; Treptow(ed.). 1997. 74-82).

현존하는 루마니아어 된 최고의 문헌은 위에서 이미 언급한 바와 같이 1521년에 큼풀룽의 지주귀족인 네아크슈라는 사람이 트란실바니아 지방 소재 브라쇼브 시의 시장인 하네스 벤크너에게 보내기 위해 쓴 서신이다. 브라쇼브 시를 비롯한 트란실바니아의 동부지역은 중세부터 작센지방의 독일계 주민들[32]이 이주해와 오늘날까지 거주하고 있는 지역으로서 상기된 시장의 이름표기법을 미루어보아 독일계통의 사람으로 추정된다. 이 편지는 루마니아어를 키릴문자로 표기하여 작성된 것으로서 당시 터키인들이 다뉴브 강을 건너서 루마니아로 원정할 것이라는 기별을 전하는 내용을 담고 있다. 상기된 편지에서 암시해주고 있듯이 당시 루마니아인들은 라틴어에서 유래된 그들의 고유한 언어를 사용하고 있었음에도 불구하고 키릴문자를 사용해 표기했다는 사실이다.

원래 서로마제국에서는 교회나 법규 및 행정용어가 라틴어였던데 비해 루마니아가 처해있던 남동유럽지역은 비잔틴 문화권으로서 고대 그리스어가 그 역할을 담당했었지만 이 지역으로 슬라브인들이 대거 이주해와 세력을 떨치게 됐고 927년에 드디어 불가리아 교회가 그리스 정교회의 총주교로부터 독립을 인정받게 됐다. 이후 루마니아교회가 1020년경 슬라브 교회에 예속됨으로써 이 지역 일대에선 고대교회 슬라브어가 예배의식의 정식언어로 자리매김하게 되면서 13세기 고대교회 슬라브어 문헌에 산발적으로 루마니아인명이나 지명 및 일반 어휘들이 키릴문자를 통해서 나타나기 시작했으며, 루마니아인들이 역사상 문자를 처음 사용하기 시작한 시기는 13세기 말경에서 14세기 초반 슬라브인들과 함께 키릴문자를 사용하게 된 것으로 알려지고 있으며, 루마니아어 정서법체계의 기초가 갖춰진 시기는 현존하고 있는 루마니아어의 최초의 문헌이 출현하게 되는 16세기 초 이전이라는 견해가 지배적이다(Malinson. 1987. 306: Nicurescu. 1981. 83-84; Rosetti. 1968. 16; Tagliavini. 1973. 417-418).

그러나 루마니아에서 정서법체계에 대한 관심과 인식이 본격적으로 고조되기 시작된 것은 18세기 중엽 루마니아의 트란실바니아 학파에 의해서 주도된 민족주의 운동의 일환으로서 루마니아인들이 고대 로마인들의 혈통과 문화를 계승하고 있음에도 불구하고 로마문자가 아닌 키릴문자를 사용하고 있다는 것에 대한 문제점이 제기되면서부터라고 볼 수 있다. 그러나 루마니아어의 자모가 키릴문자에서 로마문자로 대체된 것은 1859년 몰다비아(현재 몰도바)와 발라키아(현재 문테니아) 공국이 연합된 이후인 1860년경에 몰도바 지방과 문테니아 지방(당시: Ţara Românească)에서 로마문자를 공식적으로 사용한데에서 비롯됐다.[33]

## 4.4. 중세 루마니아어 문헌

루마니아어로 쓰여진 문헌들이 나타나기 시작했던 16세기 초반경의 루마니아의 사회는 그야말로 격변기라고 해도 과언이 아닐 것이다. 당시의 권력이 왕자나 터키 지배하의 군주의 손에서 루마니아의 부농계층에게로 이전됐다. 문화적인 면은 보다 더 민주적이 됐다. 한편 15세기말에 이르러서는 그동안 유지돼왔던 불가리아의 황제 및 세르비아 지역에서 독재에 의해 지켜졌던 노예제도의 폐지와 더불어 루마니아 지역에서 슬라브 문화는 쇠퇴를 거듭했고 더 이상 남 다뉴브 지역의 슬라브 문화권을 유지할 수 없게 됐다(Densusianu. 1901. 389-397).

그러나 14세기와 15세기에 슬라브어는 루마니아에서 유일한 문화언어였다. 그러므로 문자이전의 루마니아어의 발자취는 슬라브어의 문헌 속에서 찾아야 타당할 것이다. 루마니아의 슬라브어 전문가인 보그단(Bogdan)의 「De la cine şi cînd au împrumutat românii alfabetul chirilic? Bucureşti, 1900」(누구로부터 그리고 언제 루마니아인들은 키릴자모를 차용했는가?)에서 언급되고 있는 바와 같이 키릴자모는 13세기 후반과 14세기 초반까지도 여전히 루마니아어의 음소들을 표기 하는데 사용돼졌었다.

반면에 그보다 더 이전의 루마니아어에 로망스 숙어에 관한 상당수의 증거가 있다. 그것은 일반적으로 비잔틴 연대기 작가들인 테오필락토스 시모카테스(Theophylactos Simokkates)와 테오파네스(Theophanes)가 동부 발칸지역에 원정기간이었던 587년에 그 지방 고유어로 표기됐던 'torna, torna fratre'라는 루마니아 단어들이 최초의 루마니아에 대한증거로 언급되고 있다. 비록 덴수시아누(O. Densusianu)는 그 단어들은 단지 비잔틴 라틴 기간에 군대 명령을 위해 사용된 것에 불과하다고 생각했을지라도(Densusianu. 1901. 390), 너스투렐(Petre S. Năsturel)과 필리피데(A. Philippide) 그리고 좀 더 최근에 로세티(A. Rosetti) 등은 정당한 근거로 이 용어들은 분명히 루마니아어에 속하는 것들이며 더 나아가 루마니아어가 형성돼가는 과정인 다뉴브의 남부지역이 로마화 했을 당시의 이 지역 주민들의 토착어에 관한 매우 가치 있는 정보라는 입장이다.[34]

앞에서 발칸반도의 북서쪽과 세르비아 지역에서 Durmitor, Visitor, Cipitor 등과 같은 루마니아어로 된 지명들에 관해 언급했다. 이러한 루마니아 단어들이나 지명뿐만 아니라 고유명사들까지 11세기~13세기의 헝가리어 문헌에서와 15세기 이전까지의 슬라브어 문서들에 존재하고 있다. 그것은 특히 14~15세기에 많은 루마니아어 단어들이 나타났으며, 이따금 어형변화를 시킨 형태를 포함한 신태그마가 나타나기도 했다. 그것들은 비록 그 후 지속적인 기록을 보유하고 있지는 않더라도 그것 모두는 로망스어가 이미 전체적으로 구체화한 것을 증명한다고 볼 수 있을 것이다(Densusianu. 1901. 394-398).

좀 더 최근 조사로 11~12세기에 트란실바니아 지역에서 라틴문화의 보존사실이 드러나고 있다. 트란실바니아의 남동쪽, 즉 바나트 지방의 체나드-이그리슈-스니코라울 마레(Cenad-Igriş-Sânnicolaul Mare) 지역에는 그들의 복음전파 후에 쫓겨난 그리스 수도사들이 이탈리아 수도사들에 의해 대체됐고 마자르 정권으로부터의 격려를 따라 라틴어, 그리스어 그리고 심지어는 슬라브어도 배운 라틴 기독교 수도원들이 존재했다고 기록돼 있다. 그것은 popor(민족), pedestru(보행자), gint(씨족) 등과 같은 다코-루마니아어 단어들은 루마니아어의 역사적인 음운법칙을 따르지 않은 라틴어원의 어휘였다는 해석이 가능하다: 이를 테면 고전 라틴어 populus은 루마니아어의 전통적인 음운법칙을 따랐다면 popur나 pupur 등과 같이 변화했어야 정상인데 그렇지 않았다. 게다가 pedestru에서도 d+e가 z로 변화하지 않은 것과 라틴어 gente(m) > 루어 gint로 변한 것에 대해 16세기를 제외하고는 어떤 기록에도 남아 있지 않다. 이러한 용어들은 라틴어와 이탈리아어를 잘 알고 있는 아마도 이탈리아의 수도사들에 의해 소개됐을 것이고 그 후에 그 지역에서 구사됐던 루마니아어에 보급됐을 가능성이 크다(pedestru는 트란실바니아 북서쪽 지역의 방언으로 여전히 발견되고 있다.).

우리가 이미 알아본 바와 같이 초기 루마니아 문화는 루마니아어사 학자들에 의해 알려진 것 보다 더 라틴문화의 영향에 더 개방적이었다. Cenad, Igriş 및 Sânnicolaul Mare의 수도원들이 라틴문화의 보존을 위해 상당한 역할을 했고 서유럽의 St. Gall, Corbay 또는 Monte Casino 등의 수도원들에 의해 지속성이 보장될 수 있었다.

13~16세기 기간의 루마니아어에 관해 로세티는 그 시기의 루마니아어는 최초로 루마니아어 텍스트들이 출현하기 시작한 16세기의 루마니아어와 별로 커다란 차이점은 없었으며, 16세기 이전에도 글쓰기에서 루마니아어가 사용됐겠지만 안타깝게도 그러한 문헌은 오늘날 존재하지 않고 있다(Rosetti. 1978. 477-478). 키릴자모의 사용은 루마니아어로 글쓰기하는 것이 이미 전통으로 돼 있다는 점을 보여주고 있다. 보그단(Bogdan)에 의하면 루마니아어의 말소리들을 옮겨쓰기 위해 키릴자모를 채택한 시기는 루마니아어와 불가리아어에서 키릴문자의 음가에서 일치하고 있는 것을 기준으로 추산하여 13세기말에서 14세기 초반경이라는 견해이다(Bogdan. 1900. 585-594).

자코(Sigismund Jakó)와 마놀레스쿠(Radu Manolescu)은 저서 「crierea latină în vul diu」(중세시대의 라틴어 쓰기. 1971, 122)에서 11세기경 가톨릭의 영향 하에서 트란실바니

아 지방에 라틴자모와 라틴어의 재생에 관해 언급하고 있다. 무엇보다도 주목할 만한 것은 칸테미르(Dimitrie Cantemir)의 Descripto Moldaviae(몰다비아에 관한 기술, 1715-1716)에서 이미 주장됐던 바와 같이 전통에 따라 라틴자모로 표기하여 글쓰는 것은 1439년 몰도바에서 사용되기 시작했고 알렉산더군주(1400~1430)는 대주교 테옥티스트(Teoctist)에 의해 어떻게 가톨릭의 전파를 저지했는지에 관한 충고를 참고로 하여 라틴어로 쓰인 책들과 다른 텍스트들을 소각시키도록 명령했다. 이러한 이론은 러둘레스쿠(Heliade Rădulescu) 등과 같은 트란실바니아 학파의 학자들뿐만이 아니라 정치가인 코걸니체아누(Mihail Kogălniceanu)에 의해 채택돼졌다. 코세리우(Eugeniu Coseriu)도 역시 "우리는 사벨리코(M. A. Coccio Sabellico)에 의해 제공된 1509년에 루마니아 민족들 사이에 라틴자모가 쓰여진 것에 대한 정보를 아주 진지하게 수긍해야만 한다고 믿었다(Niculescu. 1979. 19). 어쨌든 최소한 15세기에 루마니아어는 키릴자모로 쓰여진 것을 당연하게 받아들여야 할 것이다: 슈테판대제가 1485년 폴란드의 카시미르(Casimir)왕에게 충성의 라틴어로 된 맹세(haec inscriptio ex Valachico in Latinum versa est)의 루마니아어로 된 원본은 비록 분실됐지만 기원임에 틀림없다. 약 1482~1492년에 옛 루마니아의 부농계층인 우드리슈테(Dragomir Udrişte)는 트란실바니아 지방에 소재하고 있는 브라쇼브의 몇몇 명사들에게 'bunilor i cestitem(나의 선의와 존경을 담아)'로 편지를 시작했는데 아마도 그 귀족은 루마니아어를 알고 있었고 그렇게 쓰는 것에 익숙했을 것으로 추측된다. 게다가 1495년 한 루마니아 성직자가 루마니아어로 편지를 쓰는 것에 대해 시비우 자치당국으로부터 대가가 지불됐다고 알려지고 있다.

13~16세기의 루마니아어는 어떠했을까? 로세티(Rosetti)는 그 기간에는 이를 테면 derept(오른쪽) > 현대 루어 drept 비강세음 'e'의 모음축약현상이 아직 일어나지 않았을 것이며, 그밖에도 당시의 루마니아어는 이미 ea와 같은 이중모음을 소지했을 것이라는 견해다. 또한 그 시기엔 jumetate(현대 루어 jumătate)에서와 같은 구개모음과 중성명사의 복수어미 -ure(현대 루어 -uri)을 보존했다는 입장이다. 그 외에도 Stoiicăi, Jurjii 등에서처럼 남성 고유명사의 속격 및 여격에서 종합적인 형태와 Ştefan a lu Has에서와 같이 관사 'lu'을 사용하여 분석적인 소유격과 여격 형태 등도 그 시기에 형성된 것이라는 주장이다. 심지어 13~16세기동안 루마니아어 방언의 분포도 16세

기의 것과 크게 다르지 않다는 의견이다: 이를 테면 'dz'는 몰도바 지방에서 그리고 발라키아 지방에선 'z'로 나타난다. 다만 유일하게 'g'가 일반화돼있다. 로세티가 정확하게 지적한 바와 같이 이 두시기(13~16세기와 16세기 자체) 사이의 유사점은 문자 이전 시대로부터의 정보의 결핍에 의한 것일지도 모른다. 이전시대로부터 16세기에 이르기까지 점차적으로 더 풍부한 자료는 미허일러(Gheorge Mihăilă)의 「Dicționar al limbii române. București, 1974」(고대 루마니아어 사전 -10세기 후반부터 16세기 초반까지)에서 발견되고 있다. 미허일러에 의해 슬라브-루마니아어, 라틴어 또는 헝가리어로부터 기록된 628개의 텍스트들 중에서 상당수가 라틴기원(207개)이고 다음과 같은 것을 포함하고 있다: 1222-1228년에 bun(좋은), singur(혼자서, 홀로); 1318년 urs(곰), vară(여름); 1348년 fecior(머슴아이, 아들), surd(귀머거리의); 1519년 dos(뒤편의); 1520년 baie(소금 광) 등. 24개의 트라코-다키아어원이 있다: 1293~1302년 baci(목동); 1318년 copil(어린아이); 1520년 groapă(구멍, 구덩이) 등. 59개의 오래되고 대중적인 슬라브어원이 있다: 1348년 bălan(흰); 1361~1370년 mușat(아름다운); 1517년 vârh(꼭대기, 끝); 1519년 iaz(연못) 등. 43개의 유식한 슬라브어원이 있다: 1368년 voi(e)voda(지배자); 1397년 (d)vornic(집사); 1514~1516년 târgoveț(도회지 사람) 등. 26개의 헝가리어원도 기록돼 있다: 1400년 uric(재산); 1408년 ban(돈, 동전); 1424~1431년 oraş(도시); 1512~1521년 ham(마구) 등. 11개의 터키어원: 1436년 turc(터키인); 1509년 caftan와 cadie(터키 재판관) 등과 16세기로부터 온 그리스어원 6개가 있다.

이것은 마자르어, 터키어와 그리스어 요소들이 15세기 후반에서 16세기 글쓰기에 나타난 것으로 쉽게 추론돼질 수 있으며 라틴어와 슬라브어요소들은 그 이전인 13세기에도 발견돼진다. 미허일러(G. Mihăilă)는 그의 사전에서(p. 213-217) 13~14세기에 민중 라틴어의 기록, 원어민과 슬라브어휘와 더 나아가 15세기에 또한 유식한 슬라브어, 마자르어, 그리스어, 터키어와 다른 차용어휘들을 제시하고 있다. 그것은 또한 그 당시 이미 루마니아어에 carte(글자, 책), a scrie(쓰다), a cugeta(생각하다, 숙고하다), a cunoaşte(알다), a învăța(배우다), a număra(고대 읽다, 현대 숫자를 세다), pană(깃털, 팬) 등과 같은 기초적인 문화의 의미론 분야의 상당수 용어들이 루마니아어에도 존재했다(Dimiturescu. 1979. 17-21).

그러한 중요한 루마니아 문화의 역사적인 사건은 개혁의 반향이 우선적으로 이르렀던 루마니아의 카르파티아 산맥을 넘어 트란실바니아, 마라무레슈 및 몰다비아 북부지역에서 발생했다. 그것은 가톨릭교에 반대하여 존 후스(Ian Hus)와 마틴 루터(Martin Luther)가 이끈 위대한 종교적 운동의 시대였다. 그중 하나는 14-15세기에 보헤미아 지방에서 종교적인 혼란으로 인해 존 후스가 이끌어졌던 것으로서 가톨릭교회가 초기 크리스천의 단순하고 순수한 정신의 정제로 되돌아 갈 것을 요구하는 새로운 생각의 목사인 존 후스는 일반 대중들 사이에서 꽤 많은 수의 추종자들을 발견했을 뿐만 아니라 지지자들 중에는 프라하의 학구적인 지식인들도 있었다. 1415년의 파문과 화염은 교황과의 결정적인 종교적 연결고리들의 차단과 가톨릭 성직자에 대항하는 투쟁과 종교적 서비스의 국영화 등을 가져왔다. 보헤미아에서 후스 추종자들의 움직임은 유혈의 반란과 보복을 가져왔고 인접한 헝가리와 트란실바니아까지 더욱더 종교적인 것 외에도 사회적인 본질과 이어져 확산돼졌다.

농민들 대부분이 노예였던 트란실바니아 지방에서 농민들의 상황은 특히 어려워지면서 그 불똥은 일찍이 보블리나에서 1437년 혁명에 불을 지폈다. 루마니아인 뿐만 아니라 헝가리인 소작농들도 귀족에 대항하여 일어섰다. 그들은 비록 격파됐지만 이것은 또한 트란실바니아 지방에서 후스의 추종자들의 유혈박해를 일으켰다. 마르키아(Marchia)의 야콥(Franciscan Jacob)은 1438년 그 지역의 종교재판관으로 보내졌다. 대부분의 후스 추종자들은 몰다비아 지방에 은신처를 잡았다. 그러나 그들의 형제들은 반대 개혁파에 의해 폴란드와 체코에서부터 쫓겨났다. 콘스탄틴((Constantine)이라고 불리는 한 프란체스코 수도사와 심지어 성서를 헝가리어로 번역했던 두 명의 목사들이 몰다비아 지방의 마을을 찾아다니며 존 후스의 개혁개념을 설교했다.[35] N. Iorga, S. Puscariu, N. Draganu, A. I. Candrea와 A. Procopovici 등과 같은 루마니아의 대 석학들은 루마니아어로 번역된 종교적인 텍스트들이 후스의 운동과 무관하지 않다는 가정 하에서 15세기에 종교적 텍스트가 루마니아어로 번역돼 출현했을 가능성이 매우 높다는 입장이다. 비록 후에 헝가리인과 색슨 가톨릭 사이에 전파된 발라키아와 몰다비아의 강한 종교적 권력을 가진 트란실바니아 지방의 루마니아 정교회 신자들은 그 소동에 가담하는 것이 실패했을지라도 트란실바니아 지방에는 발라키아와 몰다비아 지방의 군주들(왕자들)에 의해 설립된 정교회들이 있었고 카르파티아 산맥 넘어 루마니아 영토에는 정통 정교회 대주교들이 발견되고 있다. 게다가 루마니아 농민들의 문제는 비록 그들의 대부분은 민족적, 사회적 및 종교적인 면에서 차별을 받고는 있었으므로 그들이 개혁을 지지했더라도 가톨릭교의 종교적인 논쟁과는 엄격하게 다른 것이다. 몰다비아 지방에서는 정교회는 믿음의 근본을 흔들만한 새로운 사상을 위한 사람들의 정신적 의식구조와 전통에 대한 깊은 뿌리를 공격했다. 후스주의자들이 가톨릭교에 대항하여 투쟁함으로써 정교회는 루마니아민족을 후스주의로부터 고립시켰다. 비록 이따금씩 성경원리의 텍스트들을 루마니아어로 번역하여 새로운 사상으로의 전환점이 되기도 했지만 그들은 당시 트란실바니아, 마라무레슈 및 북부 몰다비아 지방에서 주목했던 종교적 텍스트들의 복잡하고 방대한 범위의 번역을 거의 주도할 수 없었다.

덴수시아누(O. Densusianu)의 「Hisrorie de la langue roumaine」와 로세티(A. Rosetti)의 「Istoria limbii romane」은 루마니아 종교문화의 변형에 직접적 영향을 미친 것은 루터의 개혁이었다는 점을 잘 보여주고 있다. 비텐베르그(Wittenberg) 지방에서 시작한 루터의 개혁은 곧 마자르와 색슨족에 의해 트란실바니아 지방에 보급됐다. 그 방대한 개혁의 보급은 1530년 초에 루터의 책들이 소개되면서 시작됐다. 색슨족의 개혁자 혼테루스(J. Honterus)은 그의 고향인 브라쇼브(Braşov)로 돌아갔고, 그곳에서 1542-43년 그의 선전 책자들이 나타나기 시작했다. 색슨족과 협력하여 헝가리 민족 또한 루터주의를 채택했다. 트란실바니아의 왕자 사폴라이(Ioan Sigsimund Zsapolyai)은 헝가리 정부로부터 그의 영토를 합병시키라는 협박으로부터 분리(독립)하기 위하여 루터주의를 수용했고 루터의 개혁사상을 위해 트란실바니아의 가장 많은 수의 인구를 차지하고 있고 따라서 좋은 병사를 배출했던 루마니아 민족을 설복시키려고 시도했다. 개혁의 (조직적)선전은 처음엔 주정부의 후원을 받았다. 초기에 새로운 교리를 위해 루마니아 민족을 설복시키려했던 것은 색슨족이었고 후에 16세기 중반에는 헝가리 민족이 그러했다. 루마니아인들 사이에 루터주의가 확산되고, 종교서적들이 루마니아어로 번역되고 출판되는 일은 트란실바니아 지방의 세 중심도시인 시비우, 브라쇼브 및 오러슈티에에서 헝가리와 색슨족에 의해 후원되고 주도됐다. 개혁의 확산을 저지하려는 주정부의 간섭으로 인하여 색슨족과 헝가리인들은 발라키아와 몰다비아 지방에서 정교회로부터 루마니아 인들을 분리시키려는 시도를 했다. 한 루마니아 개혁교회가 교회 내에서 슬라브어를 폐지하고 루마니아어로 집단에게 읽어주었던 슨게오르즈(Gheorghe de Sângeordz)라고 불려진 한 주교와 함께 설립됐다. 그는 파벨 토르다슈(Pavel Tordaş)와 미하이 토르다슈(Mihai Tordaş)에 의해 추종됐는데, 만약 트란실바니아의 가톨릭 슈테판 바토리(Ştefan Bathory)의 왕위계승만 없었다면 개혁은 대단한 반향을 얻었을 것이다. 정교회의 계급조직은 트란실바니아 지방의 관구가 둘로 나눠지고 루터와 칼뱅주의자들의 포교단축 등으로 인해 강화됐다.

이러한 것이 최초의 루마니아어 번역본들이 나타났던 시기의 전후 상황이었다. 그들의 언어학적인 특성을 통하여 1530년과 1559년 사이에 마라무레슈와 트란실바니아 북부지방의 지방색을 띄게 됐다. 1532년 몰다비아 지방에서 복음서와 바울(Paul)의 사도서에 대한 루마니아어로 된 번역본들이 최근에 발견됐다.

이것은 1530년과 1559년 사이에 성서들에 대한 루마니아어 번역본의 존재를 확인시켜주고 있다. 그것은 트란실바니아 지방에서와 같이 몰다비아 지방에서도도 성서들이 루마니아로 번역 된 몇몇 안 되는 루마니아의 개혁중심지 중의 한 곳이라는 사실을 증명해주고 있다. 그러한 번역서들 중에는 루터의 교리문답도 존재하고 있다. 또한 찬송가도 루마니아어로 번역된 초기의 작품들 중의 하나다. 사실상 루마니아어 번역된 성서들은 집스(Žips)와 같은 북부 트란실바니아 지방이나 북부 헝가리의 개혁중심지에서 그리 멀지 않은 곳에서 나타났다. 그것이 당시에 종교작품들이 루마니아어로 번역되는 경향이 루터교의 영향을 받았기 때문일 것이라는 추측이다. 파나이테스쿠(P. P. Panaitescu), 비아누(I. Bianu), 치오바누(Ştefan Ciobanu) 등과 같은 학자들은 최초의 종교적 텍스트들의 번역은 내적인 사회·정치적이고 문화적인 요소들에 의해 설명돼져야 한다고 주장한다. 그것은 특정사회단체의 슬라브 문화의 지배에 대한 반응의 결과로 나타난 것임에 틀림이 없다는 견해이다.

반면에 로세티는 루터의 교리문답집이 초기 루마니아어 번역서들 중에서도 고위를 차지했다고 지적했다. 그것은 1559년 코레시(Deacon Coresi)에 의해 인쇄된 첫 번째 책이었다. 그것은 또한 북부 트란실바니아 지방과 마라무레슈 지역에 번역된 책들 중에서 현존하고 있는 것이다. 더 나아가 그것은 브라쇼브의 스케이(Schei) 지역에서 인쇄된 찬송가의 존재에 대한 증거이며, 한 루터주의 책에서 유래된 추가작품이다(Rosetti. 1978. 755-757).

16세기 당시 외적으로나 내적인 요소들은 한결 같이 글쓰기에서 루마니아어를 강요하는 분위기였다. 후스주의를 수용하지 않거나 루터의 개혁에도 개종하지 않은 루마니아 민족은 그러한 요소들을 그냥 보고 넘기지 않고 어떻게 이러한 종교적 경향의 사상들을 채택해야 하는지를 알았고 왜냐하면 루터의 개혁주의가 어떤 내적인 요구와 같다는 것을 어느 정도 감지했기 때문이다.

개혁주의에 유리하게 국면이 호전된 후 슬라브어와 루마니아어 텍스트들의 결합은 정교회 교리에 대한 존경을 다짐하는 의미였으므로 코레시(Coresi) 자신도 정교회의 슬라브-루마니아어 텍스트들을 인쇄하는 작업을 착수했다. 이러한 방법으로 그는 루마니아 민족이 교회에서 루마니아어를 동등하게 사용했음을 증명했다. 따라서 루마니아어는 모든 기독교 종교서적에 나타난 첫 번째 로망스 언어가 됐다. 슬라브어를 극복한 승리는 루마니아어의 진화과정상에 중요한 순간임을 특징지을 수 있었고 16세기 초반이후에 점차적으로 세련된 언어로 발전하게 됐다.

다음은 루마니아어로 쓰여진 초기 문헌들에 대하여 현존하는 것들을 중심으로 보다 구체적으로 살펴보고자 한다.

### 4.4.1. 루마니아어의 최초기 문헌

루마니아어의 최초기 문헌[36]들의 출현 시기는 여타 자매 로망스어들에 비해 상당이 늦은 편이다. 예를 들자면 초기 프랑스어로 된 문헌인 스트라스부르그 서약(Serment de Strasburg)은 A.D. 842년에 작성됐다. 그밖에도 프랑스어의 롤랑의 노래(Chanson de Roland), 이탈리아어의 베로나의 수수께끼(Indovinello Veronese)나 창조주의 노래(Cantico delle Creature), 스페인어의 시드의 노래(Cantar de Mio Cid) 및 포르투갈어의 음유시 Catiga de Ribeirinha 등이 늦어도 11~12세기에 써진데[37] 비해 현존하는 루마니아어로 된 최고(最古)의 문헌은 1521년 네아크슈(Neacşu)라는 사람이 당시 터키인들이 다뉴브 강을 도하해 루마니아로 원정을 계획하고 있다는 기별을 알리기 위해 트란실바니아 지방 소재 브라쇼브(Braşov) 시[38]의 한네스 벤크너(Hannes Benkner)[39] 시장에게 쓴 편지형식의 글이다.[40]

이 서신 이외에도 16세기 후반에는 보로네츠 필사본(Codicele Voronețean)과 스케이아 시편(Psaltirea Scheiană), 보로네츠 시편(Psaltirea Voronețeană) 및 흐루무자키 시편(Psaltirea Hurmuzachi) 등과 같은 성서와 관련된 종교적인 문헌들이 나타나고 있으며 또한 이 즈음해서 루마니아에 인쇄술이 도입돼 출판물들이 발간돼 출현하기 시작하면서 루마니아어의 사용이 점차적으로 확산되고 있음을 암시해 주고 있다 (Catorjan. 1980. 61-62; Tagliavini. 1973. 423).

#### 4.4.1.1. 네아크슈(Neacșu)의 서신

이 편지는 키릴문자를 사용하여 작성돼 있으며, 편지의 서두와 말미 그리고 서중에 간간히 슬라브어로 써져 있다. 본 장에서는 보다 수월한 이해를 도모하기 위하여 로마문자로 표기된 전문을 연구대상으로 다루었음을 밝혀두고자 한다.

"Mudromu i plemenitomu i čistitomu i bogom darovannomu Župan Hanăš Begner ot Brašov mnpgo zdravīe ot Nĕkšul ot Dlăgopole (Înțeleptului și de neam și cinstitului și de Dumnezeu dăruitului jupîn Hanăš Begner[41] din Brașov multă sănătate de la Neacșu din Dlăgopole[42]).

I pak[43] dau știre domnie-tale[44] za[45] lucrul turcilor, cum amŭ[46] auzit eu că împăratul au eșit den Sofija și aimintrea nu e, și seau dus în sus pre Dunăre. I pak să știi domnia-ta că au venit un om de la Nicopoe de mie meau spus că au văzut cu ochii loi că au trecut ceale corabii ce știi și domnia-ta pre Dunăre în sus. I pak să știi că bagă den toate orașele căte 50 de omin să fie în ajutor în corabii. I pak să știi cumu seau prinsŭ nește meșter den Țarigrad[47] cum vorŭ treace[48] aceale corabii la loculcela strimtul ce știi și domnia-ta. I pak spui domniei-tale de lucrul lu[49] Mahamet beg cum amŭ auzit de boiari ce săntŭ megiiaș și de genere-miu Negre cumu iau dat împăratul slovozie lu Mahamet beg pre io-i va fi voia pren Țeara[50] rumănească iară elŭ să treacă. I pak să știi domnia-ta că are frică mare și Băsărabŭ de acel lotru de Mahamet beg mai bărtos de domniele vostre. I pak spui domniei-tale, iară domnia-ta ești înțeleptŭ și aceste cuvinte să ții domnia-ta la tine, să nu ştie umin mulţi, şi domniele vostre să vă păziţi cum ştiţi mai bine. I b(og) te veselit, amin."[51]

"현명하시고 자비로우시고 숭고하시며 신의 가호가 있으시고 만수무강하실 하네스 벤크너시장님께 브라쇼브의 네아크슈 배상.
터키인들의 사건에 관하여 아뢰옵건데 소인이 들은 바로는 황제가 소피아를 벗어나서 다뉴브 강을 향하여 북상하고 있다고 합니다. 마찬가지로 주지하시다시피 니코폴리에 출신의 한 사람이 저에게 와서 말하기를 선박들이 다뉴브 강을 상류하고 있는 것을 자기 눈으로 직접 보았다고 합니다. 역시 주시하시다시피 그들은 모든 도시들로부터 50명씩 사람들을 차출하여 선박들에 도움을 주도록 했답니다. 아울러 주지하시는 바와 같이 그들은 황도(콘스탄티노플)에서 몇 몇 전문가들을 데려왔다고 합니다. 왜냐하면 그 선박들은 협소한 지역들을 항해해야 하기 때문입니다. 아울러 모하멧 베이에 관하여 아뢰옵건데 저의 주변에 있는 지주귀족들과 그리고 저의 사위인 네그레로부터 들은 바로는 황제가 모하멧 베이에게 루마니아 영토를 통해서 가고 싶은 곳으로 가도 좋다는 허락을 내렸다고 합니다. 주지하시는 바와 같이 버서라부도 그들보다도 모하멧 베이의 노략질에 대하여 심히 염려하고 있습니다. 이상은 소인이 인지하고 있던 바를 아뢰는 것이고 소수 사람들만 알고 있는 것이지만 귀하께서도 아셔야 지만 화를 면하실 수 있으리라 사료돼 말씀드리는 것이오니 비밀로 해주실 것으로 믿겠습니다.

신의 은총이 있으시기를 아멘."

### 4.4.1.2. 여타 초기문헌

1570년경 트란실바니아 지방 및 바나트 지역 소재 일부 캘빈교회의 찬송가들 중 헝가리어로부터 루마니아어로의 번역된 것들이 전해지고 있다. 이들은 로마문자를 사용하여 수기로 작성돼 산발적으로 나타나고 있지만 이런 현상은 일시적인 것이어서 더 이상 전통으로 이어지지는 못한 것으로 알려지고 있다. 그밖에 전해지고 있는 여타 루마니아어로 된 초기 문헌들은 보로네츠 필사본(Codicele Voronețean)과 스케이아 시편(Psaltirea Scheiană), 보로네츠 시편(Psaltirea Voronețeană) 및 흐루무자키 시편(Psaltirea Hurmuzachi) 등과 같은 종교적인 번역서들로서 모두 복사본들이며 원본은 분실돼서 아직까지 발견되지 않고 있다. 이 문헌들의 정확한 출현 시기는 알 수 없지만 이 네 편의 문헌들 모두 16세기 당시 루마니아의 트란실바니아 및 바나트 지방 일대에서 나타났던 음운변화의 특성으로 간주되고 있는 간모음(intervocalic) 위치의 n이 r로 변하는 현상(rhotacism) 등을 보여주고 있는 것으로 미루어보아 16세기 중후반이라는 견해가 지배적이다.[52]

#### 4.4.1.2.1. 캘빈교의 찬송가

다음의 예시는 1570년대에 트란실바니아지방 소재 캘빈교회의 헝가리 찬송가를 한 작자미상의 사람에 의해 루마니아어로 번역된 것으로서 로마문자로 표기돼 있다:

> "Ia dspre noy tu domne mania ta; Si cele grele pedepsze à tale; nu grebi pre noy tu sze ne noy gtzudetz; pren gresala nosztra. Sze uey fy plantnik dupe unia nosztre; numa remane nyme enaynte ta' nu ua szufferi czaste lume pedepszetura ta."(Tagliavini 1973. 423-424).

> "주여, 우리에게서 당신의 분노와 무거운 형벌을 거두어주시고 우리가 지은 죄로 우리를 성급히 재판하려 하지마시고 만일 주께서 우리 잘못의 대가를 치르려하신다면 더 이상 아무도 당신 앞에 머물지 않을 것이며, 세상이 결코 당신의 형벌을 받지 않을 것이니라."

상기된 예시에서 보여주고 있듯이 헝가리어 철자법에 따라 s 대신에 sz가, c 대신에 cz, ş 대신에 s 등으로 표기돼 있으며, 현대 루마니아어에선 i로 표기되고 있는데 비해 당시엔 y로 표기돼 있는 것(예: noy, fy, enaynte 등)과 현대 루마니아어 철자법에서 사용되고 있는 ă 와 â 모음[53]이 보이지 않는다는 점(현대어 după 대신 dupe, rămâne 대신 remane 등)이 주목할 만한 부분으로 판단된다.

#### 4.4.1.2.2. 보로네츠 필사본

보로네츠 필사본은 1871년 부쿠레슈티의 한 고등학교(Liceul "Matei Basarab")의 교사였던 '그리고레 크레추'(Grigore Crețu)에 의해 루마니아의 북동부 지역인 부코비나 지방 소재의 보로네츠 수도원(Mănăstirea Voroneț)에서 발견됐다. 그러나 이 필사본은 발견 당시 이미 복음서의 마지막 부분과 사도신경의 18장 1절부터 끝까지와 사도전서 중 야콥전서의 1장부터 5장까지와 베드로전서를 비롯하여 여타 부분 중 약 194페이지 정도의 분량이 소실된 상태였다.

주해부분을 포함하고 있는 본문은 키릴문자와 라틴어 번역문과 더불어 '시미온 슈테판'(Simion Ștefan)의 신약성서 및 '쉐르반 칸타쿠지노'(Șerban Cantacuzino)와 부코비나지방의 체르너우치(Cernăuți) 대학교의 '스비에라'(I. G. Sbiera)교수의 구약성서에 대한 역문으로 돼 있다(Catorjan. 1980. 85-86). 현재는 루마니아 학술원에서 소장하고 있다.

#### 4.4.1.2.3. 스케이아 시편

스케이아 시편은 530페이지 분량의 필사본으로 돼 있으며 '아사키'(G. Asachi)의 개인용 장서로 소장됐던 것이 스케이아의 도서관에 기증됐다가 1884년에 루마니아 학술원에 증정돼서 현재까지 그곳에서 소장되고 있다.

본문은 다윗의 시편들과 찬송가들을 포함하고 있다. 이 시편도 역시 복사본으로서 3명이 다른 필사자들에 의해 첫 번째 것은 1페이지에서 20페이지까지, 두 번째 것은 21페이지에서 196페이지까지, 나머지 것은 197페이지에서 530페이지까지 작성됐다.

스케이아 시편은 1889년에 처음으로 '비아누'(I. Bianu)교수에 의해 매 페이지의 본문 옆에 라틴어의 역문을 곁들이고 '코레시'(Coresi)의 시편(1577년) 중 참조부분을 첨가하여 출판됐으며, 이 시편은 16세기와 17세기에 슬라브어로부터 번역된 여타 시편들과 비교하여 폭넓게 연구돼졌다(Catorjan. 1980. 86).

스케이아 시편 중 제 19편의 앞부분을 불가타 성서에 수록된 라틴어 번역본과 루마니아어 번역본을 비교하여 예로 들어보자면 다음과 같다:

라틴어 번역본

"(2) Caeli enarrant gloriam Dei, et opera manuum eius annuntiat firmamentum. (3) Dies diel eructat verbum, et nox nocti indicat scientiam. (4) Non sunt loquelae, neque sermones, quorum non audiantur voces eorum. (5) In omnem terram exivit sonus eorum, et in fines orbis terrae verba eorum. (6) In sole posuit tabernaculum suum, et ipse tamquam sponsus procedens de thalamo suo. Exultavit ut gigas ad currendam viam."

루마니아어 번역본

"(2) Ceriul[54] spur[55]e slavă Dzeului[56]: făptura mărilor lui spuse vrătute. (3) Dzi[57] de dzi rigăiaşte civăntu, şi noapte de noapte spus înţelepciure. (4) Nu-s cuvente nece giceri ce s nu se audză glasu lor. (5) În tot pămăntul eşi spusa lor, şi în cumplitul lumiei cuventele lor. (6) În soare puse mutarea sa, şi elŭ[58] ca măritu eşi din celariul său. Bucură-se ca uriaşul[59] aleargă cale." (Tagliavini 1973. 422-423).

"하늘이 하나님의 영광을 선포하고 궁창이 그 손으로 하신 일을 나타내도다. 날은 날에게 말하고 밤은 밤에게 지식을 전하니 언어가 없고 들리는 소리도 없도다. 그 소리가 온 땅에 통하고 그 말씀이 세계 끝까지 이르도다. (하나님이) 태양에 장막을 베푸셨도다. (태양은) 그 방에서 나오는 신랑과 같도다. 길을 달리는 거인(장사)처럼 기뻐하도다."

#### 4.4.1.2.4. 보로네츠 시편

보로네츠 시편은 1882년 '마리안'(S. F. Marian)이라 사람에 의해 부코비나지방 소재의 보로네츠 수도원에서 발견된 후 '스투르자'(Dimitrie Sturdza)에게 넘겨졌다가 루마니아 학술원에 기증돼 그곳에 현재까지 소장돼 있다.

본 시편 역시 앞부분 58페이지 분량이 소실됐으므로 단편적으로 보관되고 있으며, 슬라브어로 써진 본문의 매 문구 아래 루마니아어로 된 역문이 이어지는 형식으로 세심하게 필사체로 작성돼 있다.

이 보로네츠 시편은 스케이아 시편과 함께 1898년 '덴수시아누'(O. Densusianu)에 의해 당해 연도 "루마니아어문학사 세미나 학술지"(Anuarul seminarului de istoria limbei şi literaturei române)에 수록됐으며, 키릴문자로 써진 루마니아어로 된 역문은 1911년에 '지우글레아'(G. Giuglea)에 의해 "역사, 고고학 및 문헌학을 위한 학술지"(Revista pentru istorie, arheologie şi filologie)에 수록됐고 1913년엔 '걸루슈커'(C. Găluşcă)에 의해 독일의 할레(Halle)에서 "슬라브-루마니아어 시편"(Slavischrumänisches Psalte-Bruchstück)이란 제목으로 루마니아어로 된 본문과 슬라브어 번역문이 출판됐다(Catorjan. 1980. 86-87).

#### 4.4.1.2.5. 흐루무자키 시편

흐루무자키 시편의 이름은 기증자인 부코비나지방의 역사가인 흐루무자키(Eudoxiu Hurmuzachi)의 성명을 따라 명명됐다. 이 시편은 두 가지 관점에서 매우 중요한 의미를 지니고 있는데 그 첫 번째는 이 흐루무자키 시편은 원본에 대한 복사본이 아니라 슬라브어로 된 원본의 자필 번역문이라는 것이며, 두 번째는 이 시편은 앞에서 언급된 두 시편들, 즉 스케이아 시편 및 보로네츠 시편과는 달리 그 당시에 어떻게 마라무레슈 지방에서 그와 같은 번역이 가능했느냐는 문제는 루마니아 문헌학적인 측면에서 매우 주목할 만한 점이다(Catorjan. 1980. 87).

### 4.4.1.3. 루마니아의 최초기 출판물

루마니아의 인쇄술은 이탈리아의 베니스로부터 몬테네그로와 세르비아를 거쳐 도입됐으며, 초기의 작품들은 대부분 슬라브어로 된 것들이다. 루마니아에서 최초로 인쇄돼 출판된 책은 1508년에 트르고비슈테(Târgovişte)에서 발간된 슬라브어로 된 예배의식문인 것으로 전해지고 있지만 오늘날 증거자료가 불충분한 상태이다. 확실한 증거문헌을 보유하고 있는 최초의 발간서는 1554년에 트란실바니아지방의 시비우(Sibiu)[60]에서 발행된 한 개신교의 교리문답서로서 헝가리어로부터 번역된 것이지만 이 역시 안타깝게도 원본이 분실돼 보존되고 있지 않다. 비록 책의 겉표지는 분실됐으나 전본이 현존하고 있는 것은 1559년에 트란실바니아 지방 소재 브라쇼브

시에서 '코레시'(Coresi)라는 한 집사에 의해 발간된 개신교의 교리문답서다.[61] 이 역시 헝가리어로부터 번역된 것으로서 키릴문자로 표기돼 있다. 이 교리문답서의 주기도문 부분을 로마문자로 번역한 것을 예로 들어보자면 다음과 같다:

"Tatăl nostru ce eşti în ceri, sfinţească-se numele tăŭ, să vïe împărăţie ta, fïe voia ta cumŭ în ceri aşà ş pre pămăntŭ[62]. Pita[63] noastră săţïósa dă-ne noao astăzi, şi iartă noao greşalele noastre, cum ertăm şi noi greşiţilor noştri şi nu-ne duce în năpaste ce ne izbăveaşte pre noi de hitleanul că a ta e împărăţie ş putére în vecïe, Amin."(Tagliavini 1973. 423).

"하늘에 계신 우리 아버지, 당신의 이름을 거룩하게 하옵시며, 나라이 임하옵시며, 당신의 뜻이 하늘에서 이룬 것같이 이 땅에서도 이루어지이다. 오늘날 우리에게 일용할 양식을 주옵시고, 우리가 우리에게 죄지은 자를 사하여 준 것같이 우리 죄를 사하여 주옵시고, 우리를 시험에 들지 말게 하옵시고, 다만 악에서 구하옵소서, 대개 나라와 권세와 영광이 아버지께 영원히 있사옵나이다. 아멘.

그밖에도 코레시와 그의 도재들에 의해 1561년에 Evangheriarul(복음서), 1563년에 Apostolul(사도신경), 1564년에 Evangheriarul comentat(복음서 주해) 및 Molitvenicul(기도문), 1970년에 Psaltirea(시편) 및 Liturghierul(미사전서) 등과 같은 복음, 성서들이 브라쇼브에서 출판돼 나오게 됐다. 이 해에 또한 오라데아(Oradea Mare)와 클루즈(Cluj)에서도 캘빈교의 찬송가 수록집(Cântece bisericeşti)이 로마문자로 표기돼 출판됐으며, 1582년에는 오러슈티에(Orăştie)에서 캘빈교의 사교 미하일 토르다쉬(Mihail Tordaşi) 일행에 의해 두 권으로 된 성경책이 출판되는 등 일연의 출판물들이 속출하기 시작한다(Rosetti, Cazacu, Onu. 1971. 59-60).

## 4.5. 역사상 루마니아인의 재등장에 관한 문헌

다키아 트라야나로부터 로마인들이 철수한 후 당시의 로마제국이나 그리스의 사가들에겐 다키아에 대해 별무관심이었으므로 세계사에서 오랫동안 다키아인들에 관하여 언급이 없었다. 이러한 역사적으로 오랜 침묵을 깨고 나타난 문헌은 익명의 헝가리의 궁중 사가가 쓴 게스타 훈가로룸(Gesta Hungarorum)과 러시아의 네스토르(Nestor) 연대기이다.

우선 1172~1196년 사이에 통치한 헝가리의 왕 Bela 3세(혹은 4세)의 궁중에서 익명의 사가에 의해 쓰여진 '게스타 훈가로룸'에서 언급되고 있는 다키아인들의 후예들로 여겨지는 부분은 다음과 같다:

> ...quam terram habitarent Sclaui, Bulgarii et Blacchii ac pastores Romanorum. Quia post mortem Athile regis terram Pannonie Romani dicebant pascua esse eo, quod greges eorum in terra Pannonie pascebantur(Szentpétery, 1970: 45).

> 슬라브족과 불가리아족과 로마의 유목민인 블라흐족들이 그 지역에서 거주하고 있었다. 파노니아 지방의 왕인 아틸레(Athile)가 사망한 후에 로마의 유목민들은 이 지역을 목초자로 지정하고 그 곳에 그들의 가축들을 방목했다.

1113~1118년 경 키에프 지방의 동굴 수도원의 한 수도사에 의해서 쓰여졌던 네스토르-연대기[64]는 888~898년의 사건에 관하여 다음과 같이 기술하고 있다.

> 동쪽에서 와서 그들은(마자르족 898년에) 사람들에 의해 헝가리 산맥이라고 불려지는 산들을 급히 통과해서 그곳에 살고 있던 블라흐족과 슬로베니아인들을 공격하기 시작했다. 이전에 슬로베니아인들이 거주했었으나 블라흐족이 그 지역을 차지했다. 그러나 헝가리인들이 블라흐족을 쫓아내고 그 땅을 소유하게 됐고 그곳에서 굴복한 슬로베니아인들과 함께 거주했으며, 그 이후 이 지역

을 헝가리라고 불렀다(Tchiževskij, 1969: 24).

한동안 블라흐라는 어휘에 관하여 많은 논란이 됐었지만 독일의 바이스게르버라는 학자는 그의 책에서 이 어휘가 남동부 유럽에 거주하고 있는 로마인들이나 로망스 민족을 일컫는 것으로서 원래는 고지 독어 Wlahos, Walha 등으로부터 유래됐으며(Weisgerber, 1953: 190), 그후 주변의 슬라브 민족들이나 비잔틴 사람들과 같은 타민족들에 의해 Vlah, Voloch, Vlach, Bloh, Bloch, Walach 등과 같이 다양한 형태로 사용됐던 반면에 루마니아인들은 스스로를 지칭할 때 라틴어 romanus로부터 유래된 român, rumen, rumân 등과 같은 어휘를 사용했으며 그 들의 국가를 지칭할 때는 Ţara românească 나 România로 표현했다고 한다(Armbruster, 1972: 162).

비록 로마인들이 다키아 트라야나 지방으로부터 철수한 이래 고대 역사에서 정치적인 비중이 상대적으로 약한 이유에서 다뉴브 강 이북 지역의 루마니아인들에 관한 언급이 결여돼 있기 때문에 상당 기간의 역사적 증거가 부재한 것만은 부인할 수 없는 사실이지만 헤로도토스나 스트라본과 같은 고대 그리스의 역사·지리학자들이 그들의 저서에서 언급한 바를 종합적으로 비교하여 분석해 보면 넓은 로마제국이 남동부 유럽으로 진출하기 이전에 이 지역의 원주민 중의 하나인 트라키아 민족은 고대 인도·유럽어 민족들 중에서도 인도인들에 버금갈 정도로 방대한 민족이었으나 너무 흩어져 있으므로 그 세력을 떨치지 못하고 있었다고 전하고 있다. 서력 기원 전 1세기 전반 경 부레비스타라는 지도자가 다뉴브 강 이북 지역의 다키아인들과 게티아인들을 통합시켜 봉건 국가 형태의 왕국을 건립해 남동 유럽 일대를 장악했으나 로마 군대가 이 지역으로 진출하게 되면서 다뉴브 강이남 지역은 이미 A.D. 45~50년에 로마제국의 지배하에 처하게 됐으나 다뉴브 강 이북 지역인 다키아 왕국은 그 후에도 50~60년 이상 을 버티어 오다가 101~102년과 105~106년 두 차례에 걸친 전투에서 다키아의 왕인 데케발(Decebalus)이 이끄는 군대가 트라얀 황제가 친히 진두 지휘하는 로마 군대에 의해 패배함으로써 다키아는 로마제국의 식민지가 되며, 이로써 로마제국은 사상 최대로 광활한 영토를 누리게 된다. 로마제국의 새로운 식민지가 된 다키아 트라야나 지방엔 당시 호시탐탐 노리던 게르만 민족의 침략에 대비하여 상당수의 로마 군대를 상주시켰으며, 아울러 두 차례에 걸친 전투로 인해 수많은 군인들이 전사해 황폐해진 다키아 지방에 로마제국내의 다른 지방들로부터 이주해오도록 식민 정책을 펼치는 것이 불가피했다고 전해진다. 그 결과 실로 제국내의 여러 지역으로부터 많은 이주민들이 보다 나은 생활 여건을 찾아서 새로운 식민지로 몰려오게 됐다. 다양한 모국어들을 가지고 있는 여러 지방으로부터 이주해온 이주민들과 다키아인들은 로마인들과 접촉을 위하여 라틴어를 의사소통의 언어로 구사할 수밖에 없었으며, 이로 인해 다키아 지방에선 짧은 기간 내에 비교적 집약적이고 강도 높게 로마 문화가 보급될 수 있게 됐다.

그러나 로마제국의 최후의 식민지였던 다키아 트라야나 지방을 고트족의 침략에 의해 포기할 수밖에 없게 되자 아우렐리안황제는 271년에 로마 군대를 다뉴브 강 이남으로 철수시키고 이미 오래 전부터 제국의 식민지였던 뫼시아 지방의 한 가운데에 새로운 다키아를 설립했고 이를 '다키아 트라야나'와 구분하기 위하여 '다키아 아우렐리아나'라고 일컫게 됐다.

다키아 트라야나로부터의 로마 군대의 철수에 관하여 현존하는 문헌들 중에서 독창적인 것으로 인정하기 곤란한 비잔틴 사가들의 기록들을 제외한다면 모두 여섯 자료들이 존재하고 있는데 이들의 일부는 갈리엔황제 당시의 철수에 관해서만 언급을 하고 있으며, 일부는 두 번째인 아우렐리안황제하의 철수에 관해서만 기록하고 있고, 또 다른 일부는 두 번의 철수 모두에 관하여 보고하고 있다. 그러나 본격적인 철수는 두 번째인 아우렐리안황제에 의한 것이라는 점에 대해선 자명한 사실이기에 본 연구에선 두 번째 철수에 관해서만 집중적으로 조사했으며, 그 결과 페스투스나 보피스쿠스 및 에우트로피우스는 모두 로마 사가들로서 거의 동시대의 사람들로서 그들의 보고 내용들도 대부분 대동소이한 반면 이들 보다 훨씬 후대 사람인 요르다네스는 발칸 지역 출신으로서 다키아, 뫼시아, 트라키아 지방 등에 지대한 관심과 해박한 지식과 충분한 역사적인 자료들을 바탕으로 비교적 정확하고 상세하게 역사를 기술하고 있다는 점이 신빙성과 설득력을 얻고 있다고 평가할 수 있을 것이다.

한편 다뉴브 강 이북의 다키아 트라야나 지방은 정치·군사적인 차원에서 비중이 약해지면서 당시 로마인들이나 그리스사람들의 관심에서 멀어지게 됐고 역사 기록에서 점점 잊혀져 갈 수밖에 없었다. 그 후 12세기 후반 익명의 헝가리 궁중 사가에 의해 쓰여진 'Gesta Hungarorum'과 키에프의 한 수도사에 의해 쓰여진 'Nestor-연대기'에서 각기 블라흐인들이 다뉴브 강 이북에서 거주하고 있었다는 내용이 기술돼 있는데 이 블라흐족이 최근의 학자들에 의해 어원이 밝혀지면서 이 것이 남동부 유럽 일대에 거주하고 있던 로망스 민족을 일컫는 말인 고지 독일어휘 Wlahos, Walha 등으로부터 유래된 것이며, 남동부 유럽 및 발칸 지역의 민족들에 의해 그들의 언어들로 사용되고 표기되다 보니 Vlah, Voloch, Vlach, Bloh, Bloch, Walach 등과 같이 다양한 형태를 취하게 됐던 것으로서 블라흐인들은 오늘날 루마니아인들의 선조를 의미한다고 볼 수 있다는 견해다. 특히 네스토르-연대기는 888~898년의 역사적인 사건에 관한 보도로서, 늦어도 9세기 말 경에는 루마니아인들의 선조들이 다뉴브 강 이북 지역, 즉 한때 다키아인들의 본 고장이었고, 오늘날 루마니아인들의 영토에서 거주하고 있었다는 증거가 될 수 있을 것이다.

## 4.6. 루마니아민족 및 루마니아어의 기원에 관한 상반된 두 이론

서기 107년에 로마제국의 트라얀(Trajanus) 황제가 친히 지휘하는 로마군대가 다키아(Dacia)왕국(오늘날 루마니아 영토)을 정복함으로써 제국의 관할행정구역이 된 다키아 트라야나(Dacia Trajana) 지방이 고트족에 의해 여러번 침략을 당하자 아우렐리안(Aurelianus) 황제는 서기 271년에 Dacia Trajana지방에서 다뉴브 강 이남으로 군대를 철수시켜 그곳에 새로운 관할행정구역인 다키아 노바(Dacia Nova) 즉 다키아 아우렐리아나(Dacia Aureliana)를 세웠다.

이주론은 로마군대가 다뉴브 강 이남으로 철수할 때 함께 도망갔던 로마화 된 주민들이 중세에 그들의 선조들이 전에 살았었던 북쪽으로 다시 이주했을 것이라는 이론에 근거를 두고 있다. 이 로마화 된 주민들은 북상하면서, 이전에 로마의 식민지였던 트란실바니아 지방에선 헝가리 민족과 부딪쳤고, 트란실바니아를 제외한 그 나머지 지역에선 슬라브 민족과 투쟁하여 그들을 몰아내었는데, 이것은 터키의 기마족인 쿠만족이 다뉴브 지역을 지배하고 있을 때에 (약 1083~1241년) 매우 수월했을 것이다. 이 때문에 루마니아인들은 271년에 Dacia Trajana 지방에서 로마인들이 물러간 후에 그 지역에 대해서 역사적으로나 언어적으로나 연관성을 주장할 수가 없으며, 그밖에도 루마니아인들이 로마시대 이후부터 끊임없이 Dacia Trajana지역에 상주했다면, 그들의 언어가 고트족이나 게피드족과 같이 그곳을 지배했던 고대 게르만 민족으로부터 언어적 영향을 다소나마 받았을 텐데 그 증거를 전혀 찾아볼 수 없는 반면 다뉴브 강 남쪽 언어들의 성분을 많이 함유하고 있기 때문에 루마니아인들은 그들의 진원지를 다뉴브 강 남쪽에서 찾아야만 한다는 주장이다.

이 학설은 J.F. Sulzer, J.C. Engel 등과 같은 독일 학자들과 R. Rösler에 의해 널리 알려졌으며, W. Tomaschek, G. Paris, F. Miklosich, O. Densusianu, Al. Philippide 같은 학자들은 이 이론에 대해 단지 부분적으로만 동의했었다.

이주론에 반대되는 이론, 즉 루마니아인들이 다뉴브 강 북쪽 지역인 Dacia Tajana에서 계속해 거주하고 있다는 상주론은 우선 J. Bruckhardt, Th. Mommsen, J. Jung 등과 같은 독일의 역사가들과 A.D. Xenopol, D. Onciul, N. Iorga, C.C. Diculescu같은 루마니아 학자들에 의해 주장됐다. 상주론을 반대하는 사람들은 271년에 단지 로마군대와 관리들 그리고 지주계급들만 다키아 트라야나를 떠났고 주민들의 부분은 그곳에 계속 머물렀고 오늘날까지 그곳에서 거주하고 있다는 주장이다.

이 문제는 어떤 관점에 중점을 두는가에 따라 여러 가지 방법으로 해석될 수 있기 때문에 필자는 가급적 객관적인 입장으로 루마니아의 문헌들 보다는 외국자료를 통하여 주로 역사적인 측면과 언어학적인 측면에서 이 두 이론을 분석하고자 한다.

### 4.6.1. 역사적인 추론

이 추론은 사실상 다음의 세 가지 점들에서 기인하고 있다: 첫째는 다키아 트라야나로부터의 철수에 관한 로마 역사가들의 보도이며, 둘째는 다키아 트라야나로부터 로마인의 철수 이후에 거의 천년동안 다뉴브 강 북쪽 지역에서의 루마니아인에 관한 역사적 자료가 없다는 점이고, 셋째는 루마니아인의 선조에 대해서 최초로 언급한 문헌들이다.

#### 4.6.1.1. 다키아 트라야나 지역으로부터의 철수에 관한 로마 역사가들의 보도

271년에 있었던 철수가 그 지역의 모든 백성들을 포함한 것인지 아니면 단지 군대,

관리와 지주계급에만 국한된 것이었는지의 여부는 이 두 상반되는 이론에 있어서 중요한 문제점이라고 여겨진다. 뢰슬러는 아우렐리안 황제의 지휘 하에서 다키아 트라야나 지방으로부터의 완전한 철수에 대해 보도한 로마 역사가들의 세 가지 기록들을 제시했다(Roesler. 1871. 67):

> eam posse retineri, abductosque ex ea populus in Moesia conlocavit appellavitque suam Daciam, quae nunc duas Moesias dividit". Die Mitteilung des Sextus Rufus im Breviar. ist zum Teil noch dürrer : "Dacia Gallieno Imperatore amissa est et per Aurelianum translatis exinde Romanis duae Daciae in Flav. Vopiscus, V. Aurelian. 39. "Cum vastatum Illyricum ac Moesiam deperditam videret, provinciam Transdanuvinam Daciam a Trajano constitutam sublato exercitu et provincialibus reliquit, desperans, regionibus Moesiae et Dardaniae factae sunt". Eutropius 9, 15 verrät deutlich, dass er dieselbe Vorlage hatte wie Flav. Vopiscus : "Provinciam Daciam intermisit vastato omni Illyrico et Moesia desperans eam posse retineri, abductosque Romanos ex urbibus et agris Daciae in media Moesia collocavit appellavique eam Daciam, quaenunc duas Moesias dividit et est in dextra Danubio in mare fluenti, cum antea fuerit in Iaeva.

위의 인용문 중에서 라틴어로 쓰여진 부분을 요약하자면 다음과 같다.

> 게르만 민족의 일종인 고트족에 의하여 일리리아(Illyria)와 뫼시아(Moesia)까지 침략당하여 (로마제국의 관할행정구역이었던) 다키아 트라야나를 더 이상 고수할 수가 없게 됐을 때 아우렐리안 황제는 그 지방으로부터 모든 관리들과 군인들 및 시민들을 (다뉴브 강 남쪽에 위치한) 뫼시아의 가운데로 철수시켰고 그곳에 새로운 다키아, 즉 다키아 아우렐리아나(Dacia Aureliana)를 설립했다. 따라서 그 후 뫼시아는 두 개로 분리됐다.

뢰슬러는 플라비우스 보피스쿠스(Flavius Vopiscus)의 역사적 사건의 연구에 대해 매우 사려 깊고 신중한 역사가였으며 그 외에도 그는 풍부하고 믿을만한 자료들을 갖고 있었을 것이라고 말한다. 이처럼 그는 이 세 가지 보도들, 무엇보다도 보피스쿠스의 보도내용의 가치와 진실성을 높이 평가하면서, 271년에 아우렐리안 황제가 단지 로마군대와 행정기구 뿐만이 아니고 수많은 주민들도 철수 시켰을 것이라고 주장한다. 그것에 대립해서 부딘스키(Budinszky)는 이 문제에 관하여 다음과 같이 언급하고 있다(Budinszky. 1881.211):

> Selbst der Abzug der römischen Provinzialen unter Aurelian nach dem jenseitigen Donauufer wird sich ohne Zweifel, wie dies in der Natur derartiger Massregeln begründet ist, zumeist nur auf die wohlhabenderen Klassen und die Bewohner der Städte beschränkt haben. Ein grosser Teil der ländlichen Bevölkerung hingegen, der kleine Bauer und Viehzüchter, Ackerknechte und Hirten, hatte weniger oder keine Veranlassung, sich der Auswanderung anzuschliessen.

> Aurelian 황제때에 로마의 식민지 주민들은 다뉴브 강 남쪽으로의 철수는 의심할 여지가 없다. 이러한 조치들의 성격상 대부분 단지 부유한 계층과 도시 주민에 한했을 뿐이다. 이와 반대로 소작농, 목축업자, 머슴과 양치기 같은 지방 주민의 다수는 이주할 기회가 적었거나 거의 갖지 못했다.

철수 당시 다키아 트라야나에는 주민들의 대다수가 그대로 머물렀을 것이라는 입장에 프리드바그너 역시 동의한다(Friedwagner. 1934. 647):

> Da ein Zwang zur Adwanderung wohl nicht ausgeübt wurde, mögen manche, die einheimische Frauen oder Grundbesitz oder sonst Freude am schönen Lande, anch solche, die nichts zu fürchten und zu verlieren hatten, wie z.T. die arbeiter in den Gold-und Salzbergwerken, zurückgeblieben sein,

das Risiko auf sich nehmend.

이 이주가 강압적으로 실행된 것이 아니기 때문에 그 고장의 부인들 또는 토지 소유자나 아름다운 고장에 대해 애착을 가진자들과 금광 및 소금광산의 노동자의 일부같이 두려워할 것도 잃을 것도 없는 사람들은 위험을 무릅쓰고 머물렀을지도 모른다.

일리에스쿠는 그의 논문에서 모든 존재하는 역사적인 자료들을 상세하게 조사했는데 Dacia에서의 철수에 대한 그의 의견은 다음과 같다(Iliescu. 1973. 5):

Abgesehen von den byzantinischen Geschichtsschreibern, welche spät auftreten und anscheinend keinen selbtändigen Aussagewert für die Lösung der Frage besitzen, ..., bleiben sechs Autoren, die Nachrichten über die Räumung Dakiens überliefern. Alle sechs schreiben in lateinischer Sprache und zwar : Aurelius Victor, Eutropius, Scriptores Historiae Augustae, Orosius und Jordanes. Die schriften der ersten drei sind im Zeitabstand von einigen Jahren während der zweiten Hälfte des 4. Jhs. erschienen. Die HistoriaAugusta ist tatsächlich erst gegen Ende des 4. Jhs. entstanden. Orosiushat zu Begin des 5. Jhs. geschrieben und Jordanes hat sein Werk im Jahr 551 n. Chr. verfasst.

늦게 등장한데다 짐작컨대 그 문제의 해결을 위한 독창적인 진술가치를 지니지 못한 비잔틴의 역사가들을 제외하고, ....., Dacia에서의 철수에 대한 소식을 전한 여섯명의 작가들이 있다. 여섯명 모두 라틴어로 기록했으며, Aurelius Victor, Eutropius, festus, 'Historia Augusta'를 쓴 작가, Orosius와 Jordames이다. 처음 세 명의 기록들은 4세기 말경에 불과 수년 시간 간격을 두고 쓰여졌고 'Historia Augusta'는 실제로는 4세기 말경에 처음 나왔다. Orosius는 5세기 초에 썼으며, Jordanes는 서기 551년에 그의 사기를 저술했다.

이 여섯 개의 문헌들은 Dacia Trajana 지역에서의 시간적으로 각기 다른 두 번의 철수에 대해서 언급했다: 한번은 갈리엔(Gallienus) 황제(218~268; 253년 이후 Valerian 황제와 공동섭정; 206년부터는 독자적인 통치) 때의 철수와 다른 한번은 Aurelian 황제(214~275; 270년부터 황제가 됨)때의 철수이다. Aurelius Victor와 Orosius가 단지 첫 번째 철수에 관해서만 언급한데 반해 Eutropius, Festus와 Jordanes는 두 번의 철수에 관해 모두 보고했고, Vopiscus는 그의 저서인 'Historia Augusta'에서 단지 두 번째의 철수에 대해서만 언급하고 있다.

Iliescu의 견해에 의하면 역사가인 Festus(Rösler는 Sextus Rufus라고 씀)와 Vopiscus는 Entropius의 보고를 베껴 썼으며, Eutropius 또한 잘못 보고했거나 아니면 편파적인 보고를 했을 것이라는 것이다. 왜냐하면 Eutropius가 한편으론 'Dacia Trajana'의 내부적인 몰락과 다뉴브 강 북쪽에서 남쪽으로의 지체없는 이전을 통해서 제국의 커다란 지역손실을 은폐함으로써 로마 제국의 손상된 명예를 구하고, 다른 한편으론 완전한 철수의 기술로 Aurelian 황제를 로마시민을 염려하는 황제로 나타내려는 의도를 갖고 있었다고 한다. Iliescu는 Aurelian 황제시대에 식민지로 부터의 완전한 철수를 단행하기는 불가능했을 것이라고 주장함으로써 Eutropius의 기록을 진실한 문헌으로 보는 것을 의심했는데, 왜냐하면 그 당시에 로마 제국은 이미 확실하게 몰락하고 있었고 그 외에도 로마 시민의 철수라는 생각은 이미 하드리안(Hadrianus)황제(76~138; 117년부터 황제가 됨)때에 불가능한 것으로 간주됐기 때문이다. 그래서 일리에스쿠는 6세기경의 고트 민족의 역사가인 요르다네스(Jordanes)의 이 문제에 대한 기록을 신뢰하는 몸젠(Th. Mommsen)의 의견에 전적으로 동의한다(Iliescu. 1973. 11):

> Der Vertreter der richtigen Tradition, Jordanes, stammt erstens von der unteren Donau und war als solcher ein guter Kenner des Donaugebietes, über das er, wahrscheinlich auch durch mündliche Überlieferung, vielseitig unterrichtet war. Zweitens beweist er ein reges Interesse für Moesien, über das er zahlreiche und selbst bis dahin unerwähnte Einzelheiten liefert, so dass Mommsen mit Recht sagen konnte, „er hat die Geschichte der Goten in eine Geschichte Moesiens umgewandelt„. Drittens aber, und das ist am

allerwichtigsten, ergänzt und berichtigt er die von ihm herangezogenen Quellen.

정확한 전술의 대표자인 요르다네스는 첫째로 다뉴브 강 이남 출신이며 다뉴브 지역을 잘 아는 사람으로서 그 문제에 관하여 구비에 의해서 광범위하게 알고 있으며, 둘째로 그는 뫼시아에 대해 많은 관심을 표시하면서, 그때까지 언급되지 않은 수많은 세세한 점도 전했다. 그런 까닭에 몸젠은 (다음과 같이) 정당하게 말할 수 있었다. "그는 고트족의 역사를 뫼시아의 역사로 변화시켰다." 셋째로 무엇보다도 중요한 것은, 그는 그와 관련을 맺은 자료들을 보충하고 교정한 일이다.

요르다네스가 식민지로부터의 철수에 대해서 보고한 부분은 다음과 같다 (Momsen. 1882. 28):

Daces autem post haec iam sub imperio suo Traianus, Decebalo eorum rege devicto, in terras ultra Danubium, quae habent mille milia spatia, in provinciam redegit. Sed Gallienus eoc dum regnaret amisit Aurelianusque imperator evocatis exinde legionibus in Mysia conlocavit ibique aliquam partem Daciam mediterraneam Daciamque ripensem constituit et Dardaniam iunxit.

Trajan 황제의 지휘하에 (로마군대가) Dacia 민족의 왕인 Decebal을 Dacia와 함께 정복한 후 다뉴브 강 북쪽의 광활한 지역을 로마제국의 관할행정구역으로 만들었다. 그러나 Gallien 황제는 Dacia를 지배하는 것을 포기했으며 (그의 후임자인) Aurelian황제는 그곳으로부터 군대를 철수시켜 Moesia의 일부에 'Dacia Mediterranea'와 'Dacia Ripensis'를 설치하여 (군대를 주둔케 했고) Dardania와 연결시켰다.

실제로 요르다네스는 다른 세명의 역사가들과는 달리 주관적인 보고를 했는데, 그때 그가 이용한 페스투스(Festus)의 기록 부분은 '.....그리고 아우렐리안은 로마인들이 그곳에서 철수된 후에 Moesia와 Dardania 지역에 두 개의 Dacia를 설립했다 ....' 인데 이 부분을 다음과 같이 바꾸었다. '..... 아우렐리안 황제는 그곳으로부터 군대를 소환하여 Moesia로 이동했으며 그곳의 일부에 Dacia Mediterranea와 Dacia Ripensis을 설립하고 Dardania을 연결시켰다'.

### 4.6.1.2. 루마니아인의 선조들에 관한 거의 천년동안의 역사기록의 침묵에 관하여

다뉴브 강 이북에서의 루마니아인의 토착성에 반대하는 사람들은 Aurelian 황제하에 'Dacia Trajana'에서의 로마인의 철수 후에 거의 일천년 동안이나 역사기록에 그곳에서의 루마니아인의 선조들에 대한 언급이 없다는 점과, 오랫동안의 역사적인 침묵 끝에 나타난 문헌에서 헝가리 왕인 Andrea Ⅱ.가 독일 기사단이 széklyek족과 블라흐족의 지역으로 진입하기 위해 헝가리 영토를 통과할 때 내는 조세도 면제해 주고 1221년엔 그들에게 Bârsei와 Făgăraş 지역의 많은 부분을 식민하도록 해주었다는 기록을 제시한다.

Rösler는 이 블라흐족은 단지 'Silva Blacorum et Bissenorm'의 한정된 지역 즉 Făgăraş산맥의 지역에 살고 있었을 것이고 그 주민의 수도 대단하지 않았을 것이라는 의견이다. 다뉴브 강 이남에서 이북으로 루마니아인들이 이주했을 것이라는 그의 이주론을 뒷받침하기 위해서 Rösler는 다뉴브 강 북쪽에서의 루마니아인의 늦은 존재를 알리는 기록과 비교해서, 다뉴브 강 남쪽에서는 이미 980년에 루마니아인들이 실존했었다는 문헌을 제시한다. 그것은 Nicoliţă라는 한 루마니아인이 비잔틴 군대에서 사령관으로 임명됐다는 비잔틴 황제 Basileios Ⅱ.(976~1025)의 편지이다(Windisch. 1981. 407): "헝가리 왕 Andrea Ⅱ.가 독일의 기사단들이 1221년 블라흐족의 지역으로 들어가기 위하여 헝가리 영토를 통과하여 지나가는데 내는 통과세를 면제해 주었다"는 내용이 담긴 문헌이 다뉴브 강 북쪽, 즉 오늘날의 루마니아 영토에서 루마니아 민족에 관한 역사 기록상의 오랜 침묵을 깬 최초의 기록이라는 이론은 더 이상 그 효력을 발휘할 수 없게 됐다. 왜냐하면 1900년대 초에 'Descriptio Europae Orientalis'라는 다른 문서가 발견됐는데, 이 문서도 다뉴브 강 북쪽에서

의 블라흐족에 대해서 언급했다. Rösler 시대에는 알려지지 않았던 이 새로 발견된 문서는 약 1308년에 세르비아 지방의 한 프랑스 도미니코 수도사에 의해서 작성된 것으로 알려진다. 또한 이 Descriptio는 헝가리의 익명의 궁중사가의 기록인 'Gesta hungarorum'과 같이 'pastores Romanorum'과 'pascua Romanorum'이라는 어휘를 보유하고 있으며 이 두 문헌의 작가들은 분명히 서로 아무런 영향도 없이 오늘날 더 이상 보존되고 있지 않은 원천적인 'Ur-Gesta Hungarorum' (늦어도 1092년 이전에 쓰여진 것으로 추측됨)에서 인용한 것으로 미루어 보아서 Rösler에 의해서 역사적인 자료로서 인정받지 못했던 'Gesta Hungarorum'이 이 Descriptio가 발견됨으로써 그 진가가 확증됐다고 볼 수 있다(Friedwagner. 1934. 701).

비잔틴 보고들은 11세기와 13세기 사이에 다뉴브 강 남쪽의 루마니아 사람들의 존재와 그들의 정치적인 중요성에 관해서 많이 언급했는데 특히 두 번째 발라키아-불가리아 제국(1186~1398)설립에서의 루마니아인의 결정적인 역할에 대해서 언급했다. 그러나 비록 비잔틴 역사 기록에서의 북쪽의 루마니아 민족에 대한 언급과 비교하여 다뉴브 강 남쪽의 루마니아 민족에 대한 이른 언급을 인정한다 할지라도 Rösler의 이주론은 정당성을 갖지 못한다. 왜냐하면 정치적인 비중의 결핍으로 인한 다뉴브 강 북쪽에서의 루마니아인의 선조에 대한 늦은 언급이 그 지역에서의 루마니아 민족의 늦은 정주에 대한 증거가 될 수 없기 때문이다.

### 4.6.1.3. 블라흐족에 관한 문헌들

여기에서 주요 논제가 되고 있는 문헌은 익명의 궁중사가가 쓴 헝가리의 'Gesta Hungarorum'과, 다뉴브 강 북쪽에서의 루마니아 민족의 토착성에 대해서 많든 적든 일치하거나 또는 최소한 12세기의 마자르족의 도착에서 카르파티아 산맥 지대에서의 루마니아 민족의 존재에 대해서 보고한 러시아의 Nestor연대이기이다. 1172/73~1196/97년 사이에 통치한 헝가리 왕 Béla Ⅲ.(또는 Ⅳ.)의 궁중에서 익명의 사가가 쓴 'Gesta Hungarorum'에서 블라흐족에 대한 언급은 다음과 같다(Szentpétery. 1970. 45):

...quam terram habitarent Sclaui, Bulgarii et Blacchii ac pastores

Romanorum. Quia post mortem Athile regis terram Pannonie Romani dicebant pascua esse eo, quod greges eorum in terra Pannonie pascebantur.

슬라브족과 불가리아족과 로마화 된 유목민인 'Blachii'(블라흐족)가 그 지역에서 거주했다. 파노니아 지방의 왕인 Athile가 죽은 후에 로마화 된 유목민들은 이 지역을 목초지로 정하고 그곳에 그들의 가축들을 방목했다.

뢰슬러는 이 익명의 사가에 대하여 진실성이 없으며 편파적으로 보고했다고 비난했다. Rösler는 블라흐족이 이미 헝가리 왕인 Arpad(886년부터 왕이됨) 시대 이전에 트란실바니아와 헝가리의 동쪽 전 지역에 살고 있었다는 이 익명의 궁중사가의 설명은 사실로 인정할 수 없고 이 위험한 문헌을 어떠한 경우에도 그 시대에 루마니아인의 선조가 다뉴브 강 북쪽에서 거주했다는 자료로 받아들여서는 안된다는 견해다. 그러나 이 'Gesta Hungarorum'과 마찬가지로 러시아의 Nestor-연대기도 블라흐족과 헝가리인에 관해선 일치하게 보고한다. Nestor-연대기는 약 1113~1118년에 키에프 지방의 동굴 수도원의 한 수도사에 의해서 쓰여졌으며 이 연대기는 단지 수도사인 Lawrentij의 사본만 존재하여 그 때문에 Lawrentius-연대기라고도 불린다. 이 연대기는 888~898년의 사건에 관한 첫 단락에서 다음과 같이 보고한다.[65]

Von Osten gekommen, zogen sie(die Magyaren anno 898) eilends durch das grosse Gebirge, welches man das Ungarische benannte, und begannen die dort lebenden Volovhen und Slowenen zu bekriegen. Dort sassen nämlich früher die Slowenen, und die Volovhen unterwarfen das Land der Slowene. Dann aber verjagten die Ungarn die Volochen, nahmen das land in Besitz und siedelten mit den Slowenen zusammen, die sie sich unterworfen hatten und seitdem hiess das Ungarn.

동쪽에서 와서 그들은 (898년에 마자르족) 사람들이 헝가리 산맥이라고 부른 큰 산맥을 서둘러서 통과해서 그곳에 살고 있는 블라흐족과 슬로베니아인을 공격하기 시작했다. 이전에 그곳에는 슬로베니아인이 거주했었으나 블라흐족이 슬로베니아인의 땅을 정복했었다. 그러나 헝가리인이 블라흐족을 쫓아내고 그 땅을 소유했으며 굴복한 슬로베니아인과 함께 이주했다. 그 후 헝가리라고 불렀다.

이 블라흐족에 대해서 뢰슬러는, 이 블라흐족은 루마니아 사람을 의미하는 것이 아니고 카롤링거왕조 때에 로마제국내의 프랑크인을 의미하며, 헝가리가 아마도 파노니아 지방을 점령했을 것이고 그곳에는 프랑크-로마 통치하에 슬로베니아인 더 정확히 말하면 모라비아 사람이 살고 있었을 것이라는 의견이나 뢰슬러는 Nestor-연대기에 나오는 블라흐족과 서로마의 프랑크족과의 동일성을 어원한적인 관점에서 관찰했는데 즉 그는 'Volochi'라는 어휘의 개념이 프랑크 군주국에 속했던 모든 민족, 예를 들어 동프랑켄 지방의 동게르만족 같은 민족을 포함한다고 주장한다. 그래서 그는 위의 양 문헌 ('Gesta Hungarorum'과 'Descriptio Europae Orientalis')의 역사적인 가치를 인정하기를 거부했다. 이미 위에서 언급한 바와 같이 'Gesta Hungarorum'은 1913년에 발견된 'Descriptio Europae Orientalis'에 의해서 가치가 인정됐으며, Nestor-연대기에 나오는 블라흐족에 관해서 Friedwagner는 Rösler가 블라흐족을 헝가리 위쪽에서 모라비아족과 싸우는 서프랑크족으로 잘못 생각했다고 지적했다.

한편 바이스게르버(L. Weisgeber)의 견해에 따르자면 발칸 로마 민족을 가리키는 'Walachen'이란 이름은 일반 게르만어나 동게르만어에서 유래한 것이 아니고 고지독어에서 왔으며 그때부터 슬라브족이나 더 나아가 비잔틴 사람들이 사용했으며 그것의 확실한 전거인 'βλάχιο'는 976년까지 거슬러 올라간다고 했다(Weisgeber. 1953. 190). 게르만족이 서쪽지역의 지배자가 됐을 때, 그들은 그들이 정복한 로마사람을 그들의 고유언어 즉 슬라브어 Vlah에서 차용한 Walha로 표시했다. 이 단어는 슬라브어로는 'Vlachus, Generatim homo romane originis' (동로마 민족)라는 뜻이며, 대개 슬라브족과 잦은 접촉을 한 동로마 민족 즉 루마니아 민족을 나타낸다(Tagliavini. 1973. 123).

블라흐족에 관해서는 교황 Innozenz Ⅱ.(약 1160~1216; 1198년에 교황이 됨)의 편지에서도 볼 수 있다 : 교황이 교회의 이름으로 콘스탄티노플에서 서로마 제국의 정치적인 이상을 실현하기 위해서 발칸 지역을 포함하여 전체 지역의 로마화를 촉구하고자 그는 1199년에 Ioniță Asan(1204년 11월 8일 불가리아족과 블라흐족의 왕이 됨)에게 편지를 썼다. 헝가리 왕인 Béla Ⅳ.에게 1234년에 교황 Gregor Ⅸ.(dir 1160~1241; 1227년에 교황이 됨)가 쓴 편지에서도 블라흐족에 관한 언급이 있다Tagliavini. 1973. 418).

게르만족, 슬라브족과 그리스사람들이 루마니아 민족을 표시하는데 게르만어에서 유래한 단어인 Walha를 사용하는 동안에 루마니아 민족 스스로는 rumâni 및 rumenos 또는 그에 상응하는 파생어 이외에 다른 말로는 부르지 않았으며, 그들 고유의 나라를 Romania에 대한 기억에서 'țara românească'(루마니아 민족의 국가)라고 불렀다. Romania란 용어는 먼저 게르만 제국과 대립해서 로마제국을 나타낸다. 그것은 또 이미 6세기 이후에는 romanice(로망스어)가 사용됐던 전 지역을 의미한다. E. R. Curtius는 그의 저서에서 Romania란 단어는 romanus에서 발달했으며 이것도 인종을 뜻하는 어휘였던 latiuns가 지명 Latium에서 유래한 것처럼 지명인 Roma의 파생어라고 진술했다. 형용사인 romanus는 'civis romanus'와 'populus romanus'가 의미하는 것처럼 원래는 인종을 나타낼 뿐만 아니라 정치적인 의미로도 사용됐었다. 그러나 그 단어는 세월이 흐름에 따라 그의 인종적인 의미는 거의 상실했다(Tagliavini. 1973. 120).

로마인이 그들의 도시인 Roma를 따라 명명한 Romani란 단어는 처음에는 Latini란 단어와 대립했으나 마지막에는 단지 Barbari에 대한 반대어로 사용됐다. 212년 Caracalla 황제의 칙령이후는 제국내의 모든 주민들을 Romania라고 불리워졌다. 오늘날 로망스어가 사용되고 있는 전 지역(Romania)을 언어지리학적인 관점에서 살펴보면, 인종적인 의미는 서쪽에선 오늘날 단지 레토-로망스어에서만 부사 romanice의 굴절형태로 명맥을 유지하고 있다(Tagliavini. 1973. 124).

> im osten ist lateinisch romanus neben seiner Fortsezung in griechischer Form mit einem ausschliesslich politischen Sinn in direkter Tradition in der Nationalitätsbezeichnung des einzigen Volkes erhalten, das romanischsprachig geblieben ist, der Rumänen. In Runänien erscheint rumăn als Name des Volkes seit den ältesten Zeiten(Coresi, Praxiu 38,

usw.), und das u darin stellt die regelmässige Entwicklung des lateinischen unbetonten o dar ; aber schon in den frühesten Texten in rumänischer Sprache tritt auch die Form mit o(român)auf, die eine Annäherung an das Lateinische zeigt und von gebildeten Autoren verwendet wurde, welche den Zusammenhang zwischen român und romanus sahen.

동쪽 지역에선 라틴어휘 romanus가 정치적인 의미를 제외한 그리스어 형태에서의 그의 발달 이외에, 로망스어에 속하는 민족의 표현에서 전통적으로 유지되고 있는 것은 오직 루마니아어에서 이다. 루마니아어에서 rumăn은 고대 이후 민족의 이름으로 나타났으며(Coresi, Praxiu 38, 등), 철자 u는 그 안에서 라틴어의 악센트 없는 o의 규칙적인 발달을 의미한다. 그러나 이미 루마니아어로 쓰여진 초기의 책들에선 o의 형태도 나타나는데(român), 이것은 라틴어로의 접근을 나타내며 român과 romanus사이의 연관성을 알고 있는 학자들에 의해서 사용됐다.

이 어휘는 실제로 모든 4개의 루마니아 주요 방언에 존재하고 있는데, 예를 들어 dr.(daco-român : 다코-루마니아어)의 român, rumân, ar.(aromân : 아루마니아어)의 arumân, arâmân, istr.(istro-român : 이스트로 루마니아어)의 rumâr, rumër와 mgl.(megleno-român : 메글레노-루마니아어)의 rumǫn이다. 이 사실은 오늘날 지리적으로 떨어져 있는 루마니아의 주요 4개의 방언들이 같은 언어 집단에 속한다는 것을 증명하고 있다. 이러한 맥락에서 미론(P. Miron)은 다음과 같이 진술하고 있다(Miron. 1978. 184):

Die Vorfahren der Rumänen, die geographisch zerstreut und politisch oft getrennt waren, die durch den Einfall der Wandervölker ihre Siedlungen immer wieder aufgeben mussten um überleben zu können, haben von dem Ruhm des Imperiums nus die Sprache bewahrt. Aber gerade dieses Bindungselement hat sich als eine ungeheure Kraft erwiesen : die Träger dieser Sprachgemeinschaft bleiben vor Entnationalisierung verschont und ihre Sprache entwickelte sich zu einer Verkehrssprache...

지리적으로 분산되고, 정치적으로 자주 떨어져 있었으며, 유목민에 의한 침략에서 살아남기 위하여 그들의 거주지를 항상 포기해야만했었던 루마니아 민족의 선조들은 (로마) 제국의 명성으로부터 단지 언어만을 보존했다. 그러나 바로 이 계승 요소가 대단한 힘이 된 것이 증명됐다 : 이 언어의 계승 민족은 그들의 조국을 빼앗길 위기를 면했고 그들의 언어가 공용어로 발달하게 됐다.....

### 4.6.2. 언어학적인 추론

언어학적인 주장으로는 특별히 다음의 세 가지 점이 거론되고 있다: 첫째는 루마니아어에서의 고대 게르만어적인 요소의 결여, 둘째는 그와 반대로 남 다뉴브 언어들의 영향과, 셋째는 루마니아에서 고대 루마니아어로 된 지명 결핍 등이다.

#### 4.6.2.1. 루마니아어에서의 고대 게르만어적인 요소의 결여

아우렐리안 황제의 지휘 하에서 로마인의 철수 후에 제국의 관할행정구역이었던 'Dacia Trajana'는 271~375년 사이에 고트족의 지배를 받는다. 그 후 난폭한 훈족의 지배(375~453)후에 트란실바니아는 다시 동 고트종족의 한 부류인 게피드족의 통치하에 놓이는데 약 570년 까지는 랑고바르드족(게르만 민족의 한 종족)과 아바르족(타탈 민족의 한 종족)의 연합된 세력에 의해서 정복된다. 아바르족은 그들이 불가리아인들에 의해서 정복될 때까지인 8세기 말까지 그 땅을 지배했다.

뢰슬러는 한편으론, 예를 들어 프랑스어에서의 프랑크-게르만어의 유산, 또는 스페인어의 아랍어적 요소 또는 현대 그리스어에 슬라브어의 영향과 같이, 이탈리아어 스페인어 특히 프랑스어에서의 게르만어의 영향을 언급한다. 또한 다른 한편으론 루마니아인의 선조가 로마인들이 Dacia로부터 철수 후에도 계속해서 다뉴브 강 북쪽에 살고 있었다면, 루마니아어가 게르만 민족과의 접촉에서 다소나마 게르만어의 영향을 받아들였어야 할 것이라고 주장한다. 뢰슬러는 또한 루마니아어에 존재하고 있는 약간의 게르만어 낱말들은 훨씬 후에 트란실바니아 지역의 작센 지방어로부터 차용됐다는 의견이다(Roesler. 1871. 122-123).

융(Jung)은 그와 반대로 이미 1877년에 루마니아어에서의 고대 게르만어 요소의 결핍과 관련해서, 고트족과 게피드족은 Dacia의 토착민과 밀접한 접촉을 하지 않았는데, 왜냐하면 그들의 생활 방식이 완전히 달랐기 때문이라고 주장했다(Jung. 1877. 357).

디쿨레스쿠(Diculescu)는 다음의 루마니아 어휘에서 고대 게르만어적 어원을 증명하기를 시도했는데, 스콕(P. Skok)은 그것들을 대부분 슬라브어 어원을 가진 것으로 보았다. 예를 들어, rom.(루마니아어) butură<slav.(슬라브어) burara, rom. boare<bură<slav. burja, dr. Zgudui, ar. agudi<slav. god-, rom. mătură<slav. melta 등이다. 로세티(Al. Rosetti)도 융이 언급한 것과 마찬가지로, 그 당시에 민족들 간에 다른 생활환경은 로마민족과 게르만 민족 사이에 언어적인 교환을 가능케하지 않았을 것이라는 이유에서 루마니아어에서의 고대 게르만어의 영향을 완전히 부정하고 그것을 'Dacia Trajana'지역에서의 루마니아인의 상주론에 대한 필연적인 증거로 여기지 않는 반면에 가밀셱(E. Gamillscheg)은 루마니아어에 게피드족으로부터 받아들인 약 26개의 고대 게르만어원을 가진 낱말들이 있다고 믿었다. 가밀셱에 의해서 게르만어에서 유래된 어휘로 제시된 낱말들 중 gard(울타리)같이 기층어휘로 판명되거나 또는 schimă, shimă 등과 같은 변이 형태와 더불어 18세기 이후에 흡수된 것으로 증명된 ştimă(그림자, 영혼)같은 어휘들을 비교적 최근의 근원으로 규명한 탈리아비니도 역시 로세티와 비슷한 의견이다. 그의 견해에 의하면 루마니아어에서의 고대 게르만어 요소의 결여로 인하여 루마니아 민족의 다뉴브 강 남쪽에서 북쪽으로의 이주론을 결부시켜 유리하게 이야기해서는 안되는데, 그 이유는 Dacia와 같이 로마제국의 관할행정구역으로 있었던 Moesia에서도 고대 게르만어 어휘들을 받아들이지 않았기 때문이다. 아르빈테(V. Arvinte)는 그 점에 대해서 다음과 같이 언급하고 있다(Arvinte. 1980. 25) :

> Wenn es wirklich altegermanische Wörter im Rumänischen gäbe, so wäre dies kein zusätzliches Argument für die Kontinuitätsthese ; denn auch

südlich der Donau haben sich die germanischen Völker aufgehalten, und folglich hätten die Entlehnungen auch dort stattfinden können. Das fehlen altegermanischer Elemente im rumänischen Wortschatz, das Roesler als Einwand gegen die Kontinuitätstheorie benutzte, ist als Beweis aus dem obengenannten Grund unbrauchbar. Wenn die romanisierte Bevölkerung nur südlich der Donau gelebt hätte, bliebe das Fehlen germanischer Wörter ebenfalls ungeklärt ; denn wir wissen, dass germanische Völker sich auch dort niedergelassen haben.

실제로 루마니아어에 고대 게르만어 낱말이 있다 해도, 그것이 상주론을 뒷받침해주는 주장이 되지는 않는다 ; 왜냐하면 다뉴브 강 남쪽에도 게르만 민족이 살았었으므로 (언어의) 차용이 그곳에서도 가능했을 수도 있었기 때문이다. Rösler가 제시한 루마니아 어휘에서의 고대 게르만어 요소의 결핍도 위에서 언급된 이유에서 루마니아 민족의 상주론을 반대하는 증거로서 소용이 없다. 로마화된 백성들이 단지 다뉴브 강 이남에만 살았었더라도 해도 게르만 어휘의 결핍 역시 설득력이 없을 것이다 ; 왜냐하면 우리들은 게르만 민족이 역시 그곳에도 살고 있었다는 것을 알고 있기 때문이다.

따라서 루마니아에서의 고대 게르만어의 요소의 결핍이 다뉴브 강 북쪽에서의 루마니아인의 상주론에 대한 찬성 또는 반대 주장이 될 수 없다는 결론을 내릴 수 있을 것이다.

#### 4.6.2.2. 루마니아어에서의 남 다뉴브적인 요소의 존재에 대하여

뢰슬러가 루마니아인의 이주론을 뒷받침 하는 증거로서 제시한 중대한 언어학적인 문제점들 중의 또 다른 하나는 루마니아어에서의 남 다뉴브적인 언어요소들 — 고대 게르만어휘의 결핍에 반하여— 의 존재인데, 특히 알바니아어와 루마니아어의 공동 어휘들은 예를 들어 다음과 같다.

| 루마니아어 | 알바니아어 |
|---|---|
| abure(증기, 연기) | avull |
| baligă(퇴비) | bajgë |
| baltă(늪, 연못) | baltë |
| brad(전나무, 소나무) | bredh |
| bucurie(기쁨) | bukurë(아름다운) |
| buză(입술) | buzë |
| copac(나무) | kopac(나무줄기) |
| cursă(덫, 고리) | kurthë |
| daş(새끼양) | dash(거세된 수양) |
| gard(울타리) | gardh |
| gata(준비된, 완성된) | gat(준비된) |
| ghimpe(바늘) | gjëmp |
| grumaz(목덜미, 목) | gurmas |
| mal(해안, 해변) | mal |
| mos(백발의, 할아버지) | moshë(연령) |
| scrum(재) | shkrum |
| ţap(수염소) | cap |
| vatră(난로) | vatër |
| zară(버터 우유) | dhallë(신 우유) 등이다. |

뢰슬러는 루마니아어와 알바니아어 간의 이러한 공통점은 단지 두 민족들의 직접적인 언어 접촉에 의해서만 증명될 수 있으며, 이 언어의 상호적인 영향은 단지 다뉴브 강 남쪽에서 발생했음에 틀림없는데, 왜냐하면 알바니아 민족은 명백하게 다뉴브 강 북쪽에는 결코 주거한 적이 없었기 때문이라는 의견이다(Roesler. 1871. 126). 그러므로 그는 이 점이야 말로 루마니아 민족의 남 다뉴브 강 근원에 대한 명백한 증거라고 주장한다. 동시에 그것은 단지 알바니아어—루마니아어의 공통점뿐만이 아닌 발칸 언어상에 관한 문제이기도 하기 때문에, 이 문제는 지금까지 많은 학

자들에 의해서, 무엇보다도 발칸 학자들에 의해서, 취급돼 왔는데 대표적인 발칸 학자들로는, K. Treimer, F. Miklosich, Th. Capidan, G. Meyer, Al. Philippide, O. Densusianu, E. Cabej, K. Sandfeld, S. Puşcariu, G. Weigand, N. Jokl, P. Skok, D. Detschew, Al. Rosetti, I. I. Russu, Vl. Georgiev, G. Reichenkron, Gr. Brâncuş 등이 있다.

일부 학자들이 알바니아어와 루마니아어 사이의 공통점을 한 언어에서 다른 언어로의 차용를 통해서 설명하는데 반해, 다른 학자들은 차용이론을 거부한다. 바이간트(G. Weigand) 역시 알바니아어와 루마니아어 사이에 공통으로 있는 기층 어휘가 알바니아어로 부터의 차용어휘라고 믿고 있는데 반해, 트라이머(K. Treimer)는 알바니아어로부터의 차용어에 대해 반대를 표명한다. 카피단(Th. Capidan)은 알바니아어—루마니아어의 공통어휘 52개 가운데 19개가 아루마니아어에는 없는 것을 제시했는데 이것은 알바니아와 아루마니아가 인접하고 있었던 지리적인 여건으로 보아 전혀 예상치 못했던 일로서, 예를 들어 '덫'이란 뜻인 dr. cursă, alban. kurthë에 비해 ar. bată[동사 bat(e)에서 파생된 명사형으로 이것은 라틴어 batt(u)ere : 때리다에서 옴]이고, 준비된, 완성된의 뜻인 dr. gata, alban. gat는 ar. étim(étmu)이다[66].

지금까지 약 160~170개의 루마니아어 기층 어휘의—그 가운데 약 70개는 알바니아어와 공통임— 어원이 로마시대 이전으로 거슬러 올라간다고 밝혀졌는데 다시 말하면 약 100개의 기층 어휘들이 루마니아어에 단독으로 존재한다는 것이다. 이 알바니아어에는 없는 어휘들은 최근에야 처음으로 규명됐고 뢰슬러나 바이간트 및 카피단 시대에는 알려지지 않았었는데, 예를 들면 다음과 같은 단어들이 있다: acăta(속하다, 걸다), ameţi(귀를 먹게하다, 마비시키다), anina(매달다), arunca(던지다), băta(쑤셔넣다, 삽입하다), băiat(소년), brânză(치즈), burtă(배), copil(아이), încurca(엉클다, 혼란시키다), întâmpla(발생하다), leagăn(요람, 발상지), ridica(위로 올리다), urca(올라가다, 타고 오르다), zară(버터 우유) 등이다. 루수(I. I. Russu)는 총 160~170개의 기층 어휘들을 4개의 루마니아 주요 방언에서 찾아내어 다음과 같이 분석했다(Russu. 1973. 192):

- 모든 4개의 방언에 : 27개 어휘
- 단지 다코-루마니아어에 : 53~56개

- 다코-루마니아어, 아루마니아어와 메글레노-루마니아어에 : 29개
- 다코-루마니아어와 아루마니아어에 : 38개
- 다코-루마니아어와 메글레노-루마니아어에 : 8개
- 다코-루마니아어, 아루마니아어와 이스트로-루마니아어에 : 3개
- 다코-루마니아어, 메글레노-루마니아어와 이스트로-루마니아어에 : 1개 (tare : 힘센)
- 다코-루마니아어와 이스트로-루마니아어에 : 1개 (beregată : 목, 목구멍)
- 아루마니아어와 메글레노-루마니아어에 : 1개 ((a)darari : 짓다, 일하다)
- 단지 아루마니아어에 : 1~2개 (mărcat : 요구르트, zgârma : 할퀴다)

이것으로 160~170개 어휘중에 약 3분의 1인 53~56개가 단지 북다뉴브 지역의 방언, 즉 다코-루마니아어에만 존재한다는 것이 밝혀졌다. Russu는 중세기 동안에 외교어의 도입이 전체 카르파티아 지역에서 이 모든 53~56개 어휘들을 몰아낼 수 있었을 것이라고 생각지 않았다. 그의 연구에 의해서 알바니아어에 있으면서 동시에 다른 남 다뉴브 루마니아 방언에 있는 토착어휘는 단 한 개도 없다는 것이 밝혀졌다. Russu는 계속해서 루마니아어의 기근어휘에 대한 이 토착어휘들의 관계를 조사해서 다음의 통계를 작성했다. 루마니아어의 기근 어휘는 약 160~170개의 토착어휘와 1,550~2,000개의 라틴어휘 그리고 2,000개가 넘는 슬라브 낱말들로 구성돼 있다. 다시 말해서 슬라브어 요소들을 제외하면 이 토착어휘가 상속된 기근어휘들의 10분의 1이상에 달하는 것으로 나타나고 있다. 따라서 루수는 다음과 같은 결론을 내리고 있다(Russu. 1973. 194-196):

> Zur zeit der Entstehung der rumänischen Sprache, als die vorrömische indogermanische Bovökerung in eine enge Verbindung mit der Romanitas des Balkan-Karpatenraums kam, drangen die Wörter dieser Bevölkerung, nämlich der Thrako-Daker, in die romanisch-rumänische Sprache ein. Sie bilden somit den besten Beweis der sprachlich-kulturellen Kontinuität der thrako-dakischen und romanischen Bevölkerung, somit der Romanisation und der Bodenständigkeit der Ostromanen von Moesien und Dakien.

루마니아 언어의 형성시기에 로마시대 이전의 인도—게르만족이 발칸—카르파티아 지역의 로마민족의 문화와 풍습과 밀접한 관계를 맺었을 때, 이 민족 즉 트라코—다키아족의 언어가 로망스어—루마니아어에 들어왔다. 그것은 트라코—다키아족과 로마인들의 언어적—문화적인 연속성과 뫼시아와 다키아의 동로마 민족의 토착성을 증명하는 가장 좋은 증거가 된다.

### 4.6.2.3. 루마니아에서 로마시대의 지명이나 강 이름의 결여에 대하여

뢰슬러는 계속해서, 만약에 루마니아 민족이 'Dacia Trajana'에 끊임없이 주거했었더라면, 로마시대의 옛날 지명들을 보유하고 있어야만 한다고 주장했다. 그의 의견은 루마니아 사람들이 실제로는 로마의 지명이 아니고 헝가리인 또는 독일인에 의해 전달된, 예를 들어 Hátszeg > Hatiag(rum. Haţag), Klausenburg > Clusiŭ(Cluj), Thorda > Turda, Fogaras > Fogărăş, Brassó > Braşov 등과 같은 대부분 슬라브어원의 지명을 갖고 있다는 것이다(Russu. 1871. 131). 이 견해는 우선 J. Melich, S. Kniezsa, L. Gáldi, L. Makkai 등과 같은 헝가리의 학자들에 의해서 환영을 받았다.

A. Du Nay[67] 같은 학자들은 루마니아에는 로마—라틴어에서 계승된 지명과 강 이름이 완전히 결여돼 있으며 대부분은 슬라브어원으로서—음운학적으로 보아—, 빨라야 11~12세기 사이에 유입된 비교적 최근의 것이라고 주장한다. Du Nay는, 만약에 루마니아인 선조들이 민족 이동시기 동안에 그들의 거주지를 트란실바니아의 높은 산악지대로 옮겨 살았다면 최소한도 그들이 살았던 지역의 지명과 강 이름은 보존하고 있어야만 한다는 의견이다. 그러나 루마니아의 북서쪽에 있는 지명인 Bistra와 Târnava와 트란실바니아의 두 개의 큰 강이름인 Olt와 Mureş가 슬라브어나 또는 헝가리어를 통해 중개됐기 때문에, 그 당시 루마니아인 선조들이 트란실바니아의 산악지대에 남아있었다고 할 수 없을 것이라는 의견이다(Du Nay. 1977. 256). 요약하자면 대체적으로 두 가지 문제점이 논의되고 있다: 첫째는 루마니아에 무엇보다도 트란실바니아 지방에 로마—라틴어 지명과 강 이름이 있는가 하는 것이고, 둘째는 루마니아의 고대 슬라브어가 아닌 비교적 최근의 슬라브어원의 지명과 강 이름이 어떤 의미를 갖는가 하는 것이다. 고대 중세이전의 루마니아의 지명 또는 강 이름에 관해서는 최고 35개 이름이 거론된다. 대부분의 루마니아 학자들은

이 고대 이름의 라틴 어원을 증명하기 위해서 온갖 노력을 다했다. 그래서 드러가누(N. drăganu)나 푸슈카리우 같은 학자는 부당하게도 강 이름인 Olt를 라틴어에서 유래한 것으로 오인했다. 그들은, 루마니아어 Olt 원래는 라틴어 Alutus(Alutum, Alutas)에서 왔으며 헝가리어 형태인 Olt도 역시 라틴어 Alutus에서 유래했다는 의견이며, 루마니아 사람들은 약 13세기까지 옛날 이름인 Alt를 보존하고 있었으며 후에 헝가리의 지배 당시 지금의 이름인 Olt를 받아들였다는 의견이다. 푸슈카리우가 제시한 것처럼 Alutus에서 u모음이 생략됐다는 것도 가능한 것처럼 보이는데, 왜냐하면 그와 같은 경우의 충분한 예들이 있기 때문이다. 일예로서 고전 라틴어 calidus(따뜻한) > 속 라틴어 caldus > 루마니아어 cald 및 고전 라틴어 viridis(초록색) > 속 라틴어 virdis > 루마니아어 verde 등이 있다. 문제점은 루마니아어에서 a가 o로 바뀐 데에 있다. 이 음성학상의 발달은 라틴어에선 생소한 반면, 슬라브어에선 그에 관한 잦은 예들이 있는데 예를 들면 Marissus(Marisius) > 슬라브어 Moris > 루마니아어 Mureş이아 Samum(Samussos) > 슬라브어 Somъšъ > 루마니아어 Someş 등이 있다. 상당적으로 비교적 적게 보존되고 있는 루마니아의 고대 지명과 강 이름 중에서 Dunăre(다뉴브) < 고대 인도 유럽어 Dānoụi 또는 Dāneụi < 고대 이란어 danu—(강)나 어원학적으로 아직 완전히 규명되지 않은 Ampoi, Argeş 등과 같은 이름을 제외하곤, 대부분은 슬라브어원으로 거슬러 올라간다고 볼 수 있다. 그 밖에도 루마니아의 슬라브어원의 지명과 강 이름들은 그들의 음성학적인 형태로 보면 9세기의 고대교회 슬라브어보다 훨씬 최근의 것임을 알 수 있는데, 예를 들면 유음의 전위 현상이 일어난 Breaza < 슬라브어 berza, Predeal < Perdal 등과, y에서 i로의 변화가 일어난 Rabiţa < rybica, Bistra(Bistreţ, Bistriţa) < bystr 등이나 비강세 반모음이 탈락된 Crasua < krasьna. Osna < okьna 등이 있다(Popović. 1960. 118).

위에서 제시된 예시들은 루마니아 사람들이 아마도 고대 지명과 강 이름을 이미 중세 이전부터 슬라브어원에서 받아들인 것으로 추측된다. 따라서 약 10세기경에 루마니아 선조들과 슬라브 민족들 간의 밀접한 교류가 있었으며, 그 후 대부분 이름들이 루마니아어로의 발전이 완전히 이루어졌을 때에 그대로 받아들여졌다는 것을 나타낸다고 볼 수 있다. 물론 슬라브족이 상당히 일찍부터 Dacia에 거주하고 있었다는 것이나, 6세기의 랑고바르드족과 아바르족과의 전쟁을 계기로 Dacia에 진입했던 슬라브족이 이 지역의 지배자로서 문화적인 영향을 미칠 정도로 결정적인 역할을 했다는 것을 배제할 수는 없다. 또한 루마니아는 중세 말기에 다뉴브 지방에 건립된 블라흐—불가리아 제국으로부터 남 슬라브어의 영향을 많이 받았다(Diculescu. 1922. 165; Popović. 1960. 118).

일부 루마니아인들이 중세에 다뉴브 강 남쪽에서 북쪽으로 이주했을 것이라는 생각은 1666년에 달마투스(Lucius Dalmatus)에 의해서 처음으로 언급됐다. 그러나 이 부분적인 이주론이 널리 알려진 것은 온키울(D. Onciul)에 의해서인데 그는 뢰슬러의 이주론에 반박하기 위하여, 즉 다뉴브 강 북쪽에서의 루마니아 민족의 토착성을 역설하기 위하여 루마니아 민족의 한정된 이주론을 인정했다. 그의 이론을 지지하는 사람들은 다키아 트라야나(Dacia Trajana)지역에서의 로마인의 철수 후에도 주민들의 일부가 그곳에 남아있었으며 그 수는 단지 소수에 지나지 않았을 것이라는 의견이다. 그들은 또한 다뉴브 강이 어떠한 경우에도 언어 경계선이 될 수는 없으며, 오히려 강 양편 사이에서는 활발한 교류가 이루어 졌을 것이며, 따라서 루마니아어의 발생 장소로 다뉴브 강의 북쪽과 함께 남쪽 지역도 포함해야만 할 것이라는 의견이다.

스트라본(Strabo)과 헤로도토스(Herodotos) 등과 같은 고대 그리스의 지리·역사가들이 명확히 보도한 바와 같이, 언어와 불사의 신앙을 공통으로 갖고 있고 약 기원전 1세기 중반에 부레비스타(Burebista)왕에 의해 연합된 게티아족과 다키아족이 루마니아 민족의 선조인 것은 의심할 여지가 없을 것이다. 이 Geto-Dacia족은 브레비스타왕의 지휘 하에 1세기 이후, 다뉴브 강 남쪽 특히 뫼시아와 흑해 연안의 도시들로 침입했다.

로마인과의 반복되는 전투(101~102, 105~106) 끝에 Dacia는 107년에 로마 제국의 트라얀 황제에 의해 정복돼 로마의 관할행정구역으로 속하게 됐다. Dacia족의 마지막 왕이었던 데케발(Decebalus)의 자살이 시사해주고 있듯이 불사의 신앙을 갖고 있던 Dacia인들이 양 전쟁에서 수없이 희생됐다는 것은 당연한 일일 것이다. 그 때문에 로마제국의 트라얀 황제는 Dacia를 정복한 후에 우선 식민 정책을 실시해야만 했다. 그 결과로 제국의 여러 속주로부터 많은 사람들이 새로 정복된 식민지로 이주했다. 다키아 트라야나(Dacia Trajana)의 설치로 동·북쪽에서 침략하는 타민족들, 특히 게르만 민족에 대한 로마제국의 동부지역의 방어를 확고히 하고 소아시아로의 통로를 보호하는 것을 성취했다. 그러나 토착민족의 내부반란은 로마인들에겐 꾸준한 위험이 됐다. 따라서 로마인들의 통치기간동안 Dacia에 수많은 군대를 주둔시켰다. 로마군의 노병들과 이주민들은 Dacia내에서의 로마화 작업을 촉진하는데 기여했고 그 후 약 150년간의 비교적 짧은 기간에도 불구하고, 심층적인 로마화가 성공할 수 있었다. 여러 언어를 모국어로 하는 민족들이 모인 Dacia Trajana의 백성들이 라틴어를 공용어로 사용할 수밖에 없었던 것이 라틴문화의 심도 높은 보급을 가능케 했다(Gamillscheg. 1960. 525; Reichenkron. 1965. 349).

271년에 아우렐리안(Aurelianus)황제는 계속되는 고트족의 침략으로 다키아 트라야나로부터 로마군대의 철수를 명령했으며, 로마인의 철수 후에 슬라브 민족이 이 지역으로 침입할 때까지, 다키아 지역은 여러 종족간의 끊임없는 권력 투쟁의 전쟁터가 됐다. 슬라브족의 침략은 남동유럽지역에서 엄청난 언어·문화적 및 정치적인 변화를 가져왔다. 발칸지역의 로마인들은 서쪽의 로망스어권과 완전히 분리됐고, 그로 인해 로망스어를 쓰는 지역 내의 언어학적인 차이가 더 커지게 됐다. 로망스어를 쓰는 주민들은 도시에서 퇴거하여 산악지대와 평야사이에서 농업과 목축업으로 삶을 영위했다. 이들은 시간이 흐름에 따라 카르파티아 산맥 지대에서 발칸 지역 일대와 그리스의 올림포스 산악 지대까지 퍼지면서 최소한도 세 개의 인구 밀도가 밀집한 거주 지역을 형성했다: 첫 번째 지역은 Dacia의 북서쪽, 특히 Geto-Dacia 시대부터 로마 통치시대까지 Dacia의 중심지였으며 루마니아의 언어 지리부도에서 보여주듯이 고대 라틴어의 형태를 보존하고 있는 트란실바니아 지방이다. 두 번째 지역의 중심지는 다뉴브 강 남쪽의 다르다니아(Dardania)로서 그곳을 라이헨크론(Reichenkron)은 아루마니아인의 진원지로 여겼다(Reichenkron. 1978. 383). 세 번째는 다뉴브 강 하류의 양쪽 지역으로 한때는 게티아족의 주요 거주지였으며 왕성한 로마 기독교의 생활이 꽃피었던 곳인 도브로제아(Dobrogea)=(Schythia minor)지방에서 Olt강의 입구까지의 지역이다. 이들 중심지에서부터 로망스어를 사용하는 민족의 인구가 사방으로 흩어졌다. 이 이주는 루마니아어에서 방언들 간의 차이점이 거의 없을 정도로 언어의 현저한 평준화를 가져왔다.

약 7세기말부터 9세기말까지 발칸—카르파티아 지역에서 슬라브족과 로망스어를 구사하는 민족들 사이에는 두 개의 언어가 동시에 사용되는 일종의 이중언어

(Bilingualism) 현상이 한동안 지속됐다. 다뉴브 강 북쪽의 슬라브족은 마침내 로마화됐으며, 반면에 남쪽의 슬라브인은 그들의 지반을 확고히 할 수 있었다. 다뉴브 강 북쪽에선 로망스어가 슬라브족에 의해 공용어로 받아들여짐으로써 널리 보급되기 시작했으며, 그 과정에서 로망스어가 슬라브어에 영향을 받아 10세기 초에, 즉 아루마니아인들이 그들의 본거지인 다뉴브 강가를 이미 떠난 후에, 고대 루마니아어로 발전했다.

루마니아 민족의 이주론과 상주론에 대한 많은 학자들의 여러 가지 의견들과, 위에서 살펴본 루마니아 민족의 이동과 루마니아어의 발달시기 등은 이 상반되는 두 학설의 절충을 시도한 프리드바그너(Friedwagner)의 이론을 지지하는 도이취만(Deutschmann)의 다음과 같은 주장이 설득력이 있는 것으로 판단된다(Deutschmann. 1971. 118):

> Wir wissen heute, mit Hilfe der sprachgeographischen Forschung, die nach dem Erscheinen(1938) des rumänischen Sprachatlanten möglich geworden ist, dass keine der beiden Thesen falsch ist, dass aber zusammen erst das richtige Bild ergeben : Autochthonie und Migration.

> 우리들은 오늘날 루마니아의 언어지도의 출현(1938)으로 가능하게 된 언어지리학적인 연구의 도움으로, 양 이론중 하나도 잘못된 것이 아니라는 것과, 그러나 토착성과 이주라는 두 이론을 합쳐야만 정확한 모습이 나타난다는 것을 안다.

## 4.7. 루마니아인을 일컫는 어휘

루마니아어는 언어계보학적인 관점에서 보자면 이탈리아어, 프랑스어, 스페인어 및 포르투갈어 등과 함께 인도유럽어족 중에서도 이탤릭어군에 속해 있는 로망스어의 일종이다. 오늘날 일개 국민이나 국호 등을 지칭하는 어휘를 라틴어휘로부터 직접 계승하여 사용하고 있는 국가는 로망스어권에서도 루마니아가 유일한 나라이다. 실제로 루마니아는 지리적으로 남동유럽에 위치하고 있으면서도 오히려 여타 자매언어 국가들에서도 사용하고 있지 않은 국민을 지칭하는 어휘로 라틴어의 romanus로부터 유래된 român 을 사용하고 있다.[68] 그러므로 루마니아인들은 이 어휘에 대해 남다른 애착심과 자부심을 가지고 있을 뿐만 아니라 루마니아인의 선조가 고대 로마제국으로부터 언어와 문화 및 혈통을 이어받았다는 사실에 대해 상당한 자긍심을 지니고 있다.

루마니아인이 이와 같이 라틴어 및 로마문화를 계승하게 된 연유는 오늘날 루마니아 영토에 해당하는 고대 다키아(Dacia)왕국이 A.D. 106년 로마제국에 의해 정복돼 제국의 식민지가 됐고 그 후 비교적 짧은 기간 동안이기는 하지만 이 지역에 로마문화 및 라틴어가 집약적으로 보급됐기 때문인 것으로 알려지고 있다(Deutschmann. 1971. 114; Gamillscheg. 1962. 242).

그렇지만 로마제국의 여타 식민지들에 비해 상당히 늦게 제국의 속주로 편입됐던 다키아지방[69]으로부터 아우렐리안(Aurelianus)황제는 고트족의 침략으로 인해 271년 로마군대를 다뉴브 강 이남으로 철수시킴[70]으로써 로마제국 역사상 최초로 제국의 영토를 타 민족에게 빼앗기는 치욕을 감수해야만 했다. 그 후 거의 1,000년 동안 이 지역에서 루마니아인의 선조들에 대한 역사적인 기록이 전무한 실정이다. 루마니아인의 존재에 관하여 역사상 다시 언급되기 시작한 것은 1172~1196년 기간에 통치했던 헝가리의 왕 벨라(Béla) 3세의 통치 당시 익명의 궁중사가에 의해 라틴어로 써진 게스타 훈가로룸(Gesta Hungarorum)과 1113~1118년경에 키예프 소재 한 수도원의 수도사에 의해 써진 네스토르(Nestor) 연대기 등에서의 기록들이다. 이 두 문헌들에서 공통적으로 언급된 부분이 블라흐인(Blachi, Volochi 등)이라는 명칭이다. 이 어휘의 어원에 대하여 그동안 많은 주장과 논란이 있었지만 최근에 밝혀진 바로는 이 어휘가 원래 고고 독어(Althochdeutsch)의 Walhos로부터 유래된 것으로서 그 의미는 남동유럽 및 발칸지역에 거주했던 로마인의 후예, 즉 루마니아인의 조상을 일컬었다는 것이다(Tagliavini. 1973. 123; Weisgerber. 1953. 190).

이와 같이 루마니아인을 가리킬 때 발칸지역 주변의 여러 민족들은 고고 독어에서 유래된 어휘를 차용하여 사용한 반면에 루마니아인들은 스스로를 지칭할 때 일찌감치 라틴어휘 romanus(복수 romani)로부터 유래된 români, rumâni 등과 같은 표현을 사용했으며 그들의 국호를 România, Țara românească[71] 등으로 나타냈다 (Armbruster. 1993. 156-159).

본 장에서는 현재 루마니아어에서 루마니아인을 뜻하는 어휘로 사용되고 있는 român, români 의 어원과 아울러 발칸지역 일대에서 루마니아인의 선조 격인 '블라흐인'을 일컬었던 Wlachi, Volo(c)hi, Vlahi, Blachi 등과 같은 어휘의 어원을 고찰해 보고 이 두 어휘의 정확한 의미와 사용 시기 및 경로 등을 밝혀냄으로써 현재까지도 논란이 되고 있는 루마니아인의 기원 및 루마니아어의 정체성에 대한 문제를 규명해보고자 한다.

### 4.7.1. 루마니아어휘 român

위에서 이미 언급한 바와 같이 '루마니아인'이라는 의미를 지닌 루마니아어휘 român의 어원은 라틴어휘 romanus로부터 유래된 것이다.[72] 오늘날 이 어휘를 계승하여 일개 국가의 국민이나 국호 등을 지칭하는 어휘로 사용하고 있는 나라로는 루마니아가 유일하다. 현대 루마니아어에선 român의 파생어휘가 다양한 형태로 사용되고 있다. 예를 들자면 루마니아의 국호를 나타내는 România 외에도 루마니아인을 뜻하는 남성명사 겸 형용사인 român과 이에 대조되는 여성명사 româncă 및 축소형 româncuță 등을 비롯하여 또 다른 형용사형태인 românesc, românească, româneşti 및 부사형 româneşte, 동사의 부정형 româniza, 과거분사형 românizat, 동명사형 românizare 등이 사용되고 있다.[73]

고대 로마인들은 스스로를 Roma[74]라는 지명(Toponym)에서 비롯된 어휘인 romanus, romani(<romanus의 복수형) 등으로 지칭했다.[75] 명사 겸 형용사로 사용됐던 어휘 romanus는 civis romanus(로마 시민)나 populus romanus(로마 민족) 등과 같은 어구에서 보여주듯이 원래는 인종적이고 정치적인 의미를 지닌 용어로 사용됐었다. 그 후 이 어휘는 로마 시민권자의 수와 범위가 점점 확대됨에 따라 본래의 인종적인 의미를 잃게 되면서 단지 언어적이고 정치적인 의미만을 보유하게 됐고 그 후 서로마제국의 분열에 이은 게르만 왕국의 건립과 더불어 이 어휘는 정치적인 의미마저

상실하게 되면서 주로 언어적인 개념으로 사용됐다는 의견이 중론이다.[76] 또한 이 어휘들은 초기에는 latinus, latini[77]와 구별되는 표현으로 사용됐었으나 로마제국의 영토가 확장되면서 점차적으로 로마제국의 영토 밖에서 거주하는 이방인을 가리키는 barbari[78]와 대조되는 내용으로 사용됐고 212년 카라칼라(Caracalla) 황제의 칙령이 선포된 이후에는 로마제국내의 모든 주민들은 romani 가 되는 영광을 갖게 됐다(Deutschmann. 1971. 25).

오늘날 문헌학적인 관점에서 전문용어 Romania 의 의미는 고대 로마제국의 영토 중에서 로망스제어가 통용되고 있는 지역, 즉 유럽의 로망스어권을 일컫는 의미로 사용된다. 이 어휘는 현존하고 있는 문헌상으론 오로시우스(Orosius)[79]의 작품 등과 같은 5세기 문헌들에서 언급되고 있지만 이 어휘가 사용되기 시작한 시기는 그 이전으로 거슬러 올라간다는 의견이 설득력을 갖는다. 그 당시엔 Romania 가 주로 게르만민족들의 영토인 Germania(일명: Barbaria)에 대조되는 의미로 사용됐었지만 6세기경에는 이미 현대적인 의미와 유사하게 romanice[80]가 구사되고 있는 지역이라는 개념으로 사용됐다.

한편 고대 로마인들이 남동유럽 및 발칸지역으로 진출한 시기 및 경로와 로마군대가 다키아 지방으로부터 철수한 이후 이 지역의 정황을 일별해보자면 일찍이 B.C. 230년경 달마티아지역을 정복하여 훗날 발칸지역 일대로 진출할 교두보를 마련해놓은데 이어서 B.C. 200~188년에 그리스를 점령한 후 근 2세기만인 A.D. 10년 로마제국은 파노니아(헝가리 대평야지대)지방을 차지했고 이어 46년에 트라키아(불가리아)지방을 거쳐서 106년에 다키아지방(루마니아)을 식민지로 접수함으로써 발칸지역 일대가 로마제국의 식민지로 됐다(Saria. 1953. 3-10; Wartburg. 1951. 35-39). 그러나 위에서 이미 언급한 바와 같이 로마제국의 아우렐리안 황제는 고트족의 침략으로 인해 271년에 다키아 지방으로부터 로마군대를 다뉴브 강 이남으로 철수시킬 수밖에 없게 됐으며 그 후 다키아지방은 여러 민족들 간의 전장으로 변했다.

5세기 말엽 슬로베니아인을 시작으로 6~7세기에는 여러 슬라브 민족들이 남동유럽 지역으로 대거 이주해옴으로서 발칸지역 일대에 커다란 지각변동이 일어나게 됐다(Friedwagner. 1934. 650-657). 927년에 불가리아 교회가 그리스 정교회의 총주교로부터 독립을 인정받게 된 이후 루마니아교회가 1020년경 슬라브 교회에 예속됨으로써 이 지역 일대에선 고대교회 슬라브어가 예배의식의 정식언어로 자리매김하게 되면서 13세기 고대교회 슬라브어 문헌에 산발적으로 루마니아인명이나 지명 및 일반 어휘들이 키릴문자를 통해서 나타나기 시작했다. 루마니아인이 역사상 문자를 처음 사용하기 시작한 시기 또한 13세기 말경에서 14세기 초반 슬라브인들과 함께 키릴문자를 사용하게 된 것으로 알려지고 있다(Niculescu. 1981. 83-84; Rosetti. 1968. 16; Tagliavini. 1973. 417-418).

현존하고 있는 루마니아어로 쓰여진 최고(最古)의 문헌은 1521년에 루마니아의 한 지주계급 출신인 '네아크슈'(Neacşu)라는 사람이 트란실바니아 지방의 브라쇼브(Braşov) 시장인 '하네스 벤크너'(Hannes Benkner)에게 당시 터키인들이 다뉴브 강을 도하하여 루마니아 공국들을 침범하려 한다는 기별을 알리기 위해 쓴 서신이다. 루마니아어와 형제·자매가 되는 여타 로망스어들의 초기 문헌들에 비해 대략 500여년 정도가 늦은 편이다.[81] 그나마 이 서신조차도 역시 로마문자가 아닌 키릴문자로 표기돼 작성됐다.[82]

문헌상으로 루마니아어휘 român이 처음으로 나타나기 시작한 시기는 16세기 중후반으로 1581년에 출판된 오러슈티에의 구약성서(Palia de la Orăştie)에서 român 이라고 언급되면서부터이다. 비슷한 시기인 16세기 후반에 루마니아의 코레시(Coresi)에 의해 출판된 사도행전(Apostol)에서 비록 키릴문자로 표기돼 있지만 rumân[83]이란 어휘가 등장하고 있다(Giuglea. 1935. 226-228; Tagliavini. 1973. 124). 그러나 이 어휘가 다코-루마니아어의 român(또는 rumân), 아루마니아어의 armân, arămân(또는 aromân), 메글레노-루마니아어의 rumon, 이스트로-루마니아어의 rumăr, rumër[84]등에서와 같이 소위 광의의 루마니아어 방언들[85]에서 모두 보존돼있는 것으로 미루어 보아 이 광의의 방언들이 분리되기 이전 단계인 루마니아어의 공통조어[86]에서부터 이미 사용됐었다는 사실을 반증해주고 있다.

음성·음운론적인 관점에서 보자면 루마니아어휘 român, România 등에서 보여주고 있듯이 현대 루마니아어의 모음체계상에는 라틴어나 여타 로망스어들에선 찾아볼 수없는 우리말 /으/에 해당하는 중설 고모음(high vowel)이 2개(â 와 î) 존재하고 있다. 이 두 모음들은 동일한 음가를 가지고 있다(î=â/ɨ/). 루마니아어의 현행 정서법 상에서는 단어의 어두나 어말의 위치에선 î 로 표기하고 어중의 위치에선 â 로 표기하는 것을 원칙으로 하고 있다. 루마니아어에서 이 모음소 /ɨ/는 대부분 라틴어 폐음절의 중설 저모음(low vowel)인 /a/가 비자음들(n, m)앞에서 고모음으로 변모음된 것이다(이문수. 2004. 66-67). 예를 들자면 라틴어 romanus > 루마니아어 român 외에도 라틴어 cantare(노래하다) > 루어 cânta[87]에서나, 라틴어 campus(정원, 들판) >루어 câmp에서 또는 라틴어 manus(손) > 루어 mânǎ이나 또 다른 예로는 라틴어 veteranus(노병)> 루어bătrân(노인) 등이 있다. 반면에 고대 슬라브어 rana > 루어 rană(상처) 또는 슬라브어 chrana > 루어 hrană(음식, 영양분) 등에서 보여주듯이 루마니아어에서 후에 슬라브어나 기타 비(非) 라틴계 언어들로부터 차용된 어휘에서는 폐음절의 a가 비자음들 앞에서도 그대로 보존되고 있다. 따라서 루마니아어에 존재하고 있는 모음소 â=î/ɨ/가 도입된 시기는 루마니아인의 선조가 슬라브인들과 언어적인 영향을 주고 받기 이전 단계부터 사용됐었던 것으로 알려지고 있다(Densusianu. 1975. 268-269; Mallinson, 1987, 308-309). 하지만 위에서 이미 언급한 바와 같이 19세기에 발간된 사전이나 문헌들에서는 român 대신에 romăn, rumîn, romîn 등으로 표기돼 있는 것으로 미루어보아 현대 표준 루마니아어에서 사용되고 있는 형태인 român의 출현 시기는 그다지 오래되지 않은 것으로 사료된다.[88]

### 4.7.2. 고고 독어휘 Walhos

서로마제국을 지배하게 된 게르만민족은 한 때 고귀하고 영예로운 명성을 지녔었던 로마인들을 경멸하는 어조로 그들의 언어인 게르만어로 Walha라고 불렀다. 고대 게르만어휘 Walhos, Walha 등은 원래 기원전 1세기의 시저(Caesar) 및 키케로(Cicero) 시대엔 Volcae라는 어휘로 단지 켈트족을 일컬었던 것으로 알려지고 있다.[89] Volcae인들은 애당초 기원 전 300년경 오늘날 독일의 마인(Main) 강의 북부 지역에서부터 남하하면서 게르만종족들과 이웃하게 됐다. 이 어휘는 고대 영어휘 Wealas, Wealhas 등과 현대 영어의 Wales, Welsh 등에서 보여주듯이 점차적으로 모든 켈트인들, 즉 게르만민족이 아닌 민족을 일컫는 용어로 사용됐다.

고고 독어(Althochdeutsch)에서 Walha의 개념은 단지 프랑스 및 이탈리아 지역의 로망스인들을 일컬었고 중고 독어(Mittelhochdeutsch)의 walhisch, wel(hi)sch 및 신고 독일어(Neuhochdeutsch)의 welsch 은 이탈리아인을 일컫는 의미로 사용됐으며, 화란어에서 waals은 프랑스어권 이웃인 벨기에의 월룬인(Wallone)을 뜻하게 됐다. 그 후 슬라브인들이 이 고고 독어휘 Walha를 차용하면서 고대교회 슬라브어에서 Vlah란 어휘는 슬라브인들과 접촉이 잦은 동로마제국의 로망스인들, 즉 루마니아인들의 선조를 가리키는 의미로 사용되기 시작했으며, 그 여파로 동유럽 및 발칸지역 일대 민족들의 언어들에서 다소 의미적인 차이는 있지만 Voloh, Włoch, Vlah, Oláh 등과 같은 형태로 표기돼 사용됐거나 현재까지도 통용되고 있다는 의견이 설득력을 갖고 있다.[90]

바이스게르버(Weisgerber)의 견해에 따르자면 고고 독어의 Volc에서 Walh로 변화를 겪었던 시기에 즈음하여 모음 o가 a로 변했으며, 아울러 연구개음인 k가 성문음인 h로 변했는데, 이 두 개의 음운변화 현상은 전형적인 게르만어의 음운변화과정으로 잘 알려져 있다는 것이다. 또한 바이스게르버는 Volcae인들은 이미 기원 전 3세기 경 일부는 남프랑스 지역에 또 다른 일부는 발칸 지역 및 소아시아 지역에서 거주했다는 사실이 증명됐다는 주장이다.[91]

비잔틴 문헌들에서 발칸지역 일대에서의 블라흐인들에 관한 기록들은 6세기경 슬라브인들에 저항했던 블라흐인들(Vlachoi)이라고 언급되기 시작했고 10세기 문헌엔 블라흐인들이 불가리아인들과 함께 불가리아제국을 건립한 장본인으로 알려지고 있다는 사실(Pei. 1976. 139-140)을 비롯하여 976년경 비잔틴 역사가인 요안 스킬리체스(Ioan Skylitzes)에 의해 써진 것으로 그 내용은 불가리아의 니콜라(Nikola) 왕의 아들 다비드(David)가 그리스의 북부지역에 소재하는 프리스파(Prispa) 호수와 카스토리아(Kastoria) 호수 사이에 위치한 '아름다운 오우크나무들'이라고 불려지는 장소에서 몇 명의 블라흐인들(Βλάχοι)에 의해 살해됐다고 전해지고 있다. 1020년 바실레오스(Basileos) 황제가 불가리아 전 지역에 거주하는 블라흐인들을 오크리다(Ochrida) 주교 산하에 속하도록 명한 후 7년이 지난 1027년에 블라흐인들이 비잔틴 제국의 군인으로 언급되기 시작한 것으로 전해지고 있다(Giurescu. 1971. 58-60). 비잔틴 제국이 안드로니쿠스 콤네누스(Andronikus Komnenus) 황제의 지배(1184-1185년) 당시 쇠퇴기를 맞이하던 차에 불가리아의 북부지역에서 페테르(Peter)와 아산(Assan)으로 불려진 두 명의 블라흐인이 주도했던 반란이 일어났고 1185년 이들은 성 데메트리우스

교회에서 독립을 선포하게 됐다고 전해지고 있다.[92]

그밖에도 세르비아에서 전해지고 있는 약 40 여개의 수도원 증여증서(Hrisovs) 상에는 블라흐인들이 세르비아의 곳곳에서 거주했던 것으로 전해지고 있다. 이 증여증서들 중 가장오래 된 것(1198-1199년경)으로 알려지고 있는 한 증서 상에는 힐란더(Hilander) 수도원에 속해 있는 블라흐인들이 프리즈렌(Prizren) 지역에 거주했었다고 기록돼 있으며 1220년대와 1230년대의 증서들에선 코소보(Kosovo) 및 몬테네그로(Montenegro)와 헤르체고비나(Hercegovina)지역에서 블라흐인들이 거주했다고 언급하고 있다.[93]

위에서 이미 언급한 바와 같이 역사기록상으로 루마니아인의 선조가 다뉴브 강 이북지역에서 다시 등장하기 시작한 것은 12~3세기경 '로마 유목민'이나 '블라흐족'이라고 언급되면서다. 이 문헌들을 구체적으로 살펴보자면 우선 1115년경 키예프 지역의 한 동굴 수도원의 수도사에 의해 작성된 것으로 알려지고 있는 네스토르(Nestor) 연대기[94]에서 언급되고 있는 '블라흐족(Volochi)'에 대한 명칭이며, 두 번째로는 1172~1196년 기간에 통치한 헝가리의 왕 벨라 3세(Bela III.) 당시 한 궁중사가에 의해 써진 게스타 훈가로룸(Gesta Hungarorum)[95]에서 언급된 '로마 유목민(pastores Romanorum)'이라는 내용과 아울러 13세기 초엽에 헝가리의 왕 안드레아 2세(Andrea II.)가 독일의 기사단 소속 기사들에게 헝가리 영토를 지나서 오늘날 루마니아 영토에 거주하고 있었던 '블라흐족(Blachi)'의 지역으로 들어가는데 통과세를 면제해주었다는 공문서상의 '블라흐인'에 관한 내용이다. 그밖에도 교황 그레고르(Gregor) IX가 1234년에 헝가리 왕인 벨라 IV에게 보낸 한 서신에서 '블라흐인들이 가톨릭 사교직(Episkopat) 대신에 그리스인들의 일부 사이비 주교직에 속해 있는 것 같다'는 내용에서도 불라흐인들에 관하여 언급하고 있다(Tagliavini. 1973. 418).

이와 같이 다뉴브 강 이북 지역의 블라흐인들에 비해 다뉴브 강 남쪽 지역의 블라흐인들이 정치적인 비중으로 인해 비잔틴 문헌에서 상대적으로 더 자주 그리고 시기적으로도 일찍부터 언급되고 있다는 점은 부인할 수 없는 사실이지만 12세기 이후부터는 발칸지역의 여러 민족들과 관련해서 다뉴브 강 이북지역의 블라흐인들에 관한 역사적인 자료들이 속출하고 있는 사실 역시 주목하지 않을 수 없을 것이다.

이런 맥락에서 필자는 루마니아민족 및 루마니아어의 요람이 오늘날의 루마니아 영토에 해당하는 다뉴브 강 이북 지역뿐만 아니라 다뉴브 강 이남지역을 포함하는 보다 광활한 지역으로서 그 당시 다뉴브 강이 언어적으로나 민족적인 경계선이 되지 않았었다는 루마니아의 언어학자 푸슈카리우(Puşcariu)의 의견에 전적으로 공감한다. 푸슈카리우의 견해에 따르자면 루마니아인의 선조는 한 때 다뉴브 강 이남 및 이북의 광활한 지역에 거주했었으며 이들 중의 일부가 동루마니아인(români răsăriteni)으로서 훗날 아루마니아인들 및 메글레노-루마니아인들로 분리돼 발전하게 됐고 두 번째 그룹은 서루마니아인(români apuseni)으로서 훗날 이스트로-루마니아인들이 됐고 나머지 그룹이 오늘날 루마니아 영토에 거주하고 있는 다코-루마니아인들(dacoromâni)이라는 것이다(Puşcariu. 1976. 254).

오늘날 루마니아어가 로망스어의 일종이라는 사실에 대하여 더 이상 이의를 제기하는 학자는 없을 것이다. 고대 로마제국의 여타 식민지역들에 비해 상대적으로 짧은 기간 동안 로마인들이 체류했던 다키아지방에서 현재까지 로마제국의 언어였던 라틴어가 뿌리를 내리고 루마니아어로 발전하게 된 것에 대하여 많은 학자들이 기적적인 일이라고 표현하고 있다.

A.D. 106년에 발칸반도 일대에서 가장 늦게 로마제국의 식민지가 됐던 다키아지방으로부터 아우렐리안 황제는 게르만민족의 침략으로 인해 271년에 로마군대를 다뉴브 강 이남으로 철수시킬 수밖에 없었으므로 불과 165년 남짓한 기간 동안 로마인들이 거주했던 다키아지방에서 파란만장한 발칸지역의 역사 속에서도 불구하고 오늘날까지 언어적으로 로마제국의 명분을 이어가고 있다는 사실이 일반인들에게는 쉽게 믿기지 않을 수도 있으리라 판단된다. 역설적으로 언급하자면 이런 사실이 당시 다키아지방의 여건상 로마제국내의 여타 식민지역에 비해 로마문화 및 라틴어의 보급과정이 그만큼 더 집약적으로 시행됐다는 증거가 될 수도 있을 것이다.

로마인들이 물러난 발칸지역으로 슬라브인들이 이주하여 들어오기 시작한 것은 5세기 말경 슬로베니아인들을 비롯해서 7세기 말경에는 슬라브 민족의 대이동이 일단락 지어진 것으로 알려지고 있다(Friedwagner. 1934. 657). 슬라브 민족의 대대적인 이주는 발칸지역 일대의 기존 로망스 계 주민들에게 커다란 지각변동을 유발시키게 됐다. 그 결과로 이전까지 비교적 광활한 발칸지역 일대에서 거주하면서 소통했던 루마니아인의 선조들도 흩어지게 됐으며 10세기 경엔 아루마니아인 및 메글레노-

루마니아인이 형제자매들과의 유대관계가 단절됐고 13세기경 이후엔 이스트로-루마니아인마저 다코-루마니아인과 더 이상의 접촉이 두절된 것으로 알려지고 있다(Mariţeanu외. 1977. 111).

한편 A.D. 271년 로마군대가 다키아지방으로부터 철수한 후 이 지역이 로마인들의 관심권에서 점점 멀어지게 됨으로써 다키아지방에 관한 역사적인 기술이 상당기간 동안 부재할 수밖에 없었으며, 루마니아인의 선조가 문헌상에서 다시 등장하기 시작한 것은 중세 때 '로마 유목민'이나 '블라흐족' 등으로 언급되면서다.

남동유럽 및 발칸지역 일대에서 거주했던 블라흐족에 관하여 그동안 학계에서 많은 관심과 논란이 있었지만 명확한 규명이 없었던 차에 독일의 역사언어학자인 바이스게르버에 의해 남동유럽 및 발칸지역 일대에서 주로 게르만민족이나 슬라브 민족이나 고대 그리스인들 및 헝가리인들에 의해서 '블라흐인'이라고 언급됐던 명칭들은 원래 고고 독어의 Walhos, Walha 등에서 유래된 것으로서 남동유럽에 거주했던 고대 로마인들의 후예, 즉 오늘날 루마니아인의 선조들을 일컬었던 것이라는 사실이 밝혀졌다.[96] 부언하자면 발칸지역 일대의 여러 민족들은 이 지역에 거주했던 로망스 계 주민들을 일컬을 때 고고 독어휘를 차용하여 그들 나름대로의 발음습관에 따라 Blachi, Blochi, Vlachi, Volochi, Walachi, Wlachi 등과 같이 다양한 형태의 어휘를 사용한 반면 루마니아인은 스스로를 라틴어의 romani(< 단수 romanus)로부터 유래된 români, rumâni, rumeni 등의 어휘를 사용하여 지칭했던 것으로 알려지고 있다(Armbruster. 1993. 156-159).

오늘날 루마니아어에서는 루마니아인을 나타내는 어휘로 라틴어 romanus로부터 유래된 român을 사용하고 있으며, 이 어휘가 광의의 루마니아어 방언들에서 모두 보존돼 있는 것으로 미루어 보아 이 방언들이 분리되기 이전 단계인 루마니아어 공통조어에서 이미 이 어휘가 사용됐었던 것은 분명한 사실일 것이다. 이와 같은 사실은 아루마니아인들이 흩어지기 시작한 8세기 이전부터 루마니아인의 선조들이 이 어휘를 구사했었다는 점을 시사해주고 있는 것이다.

결론적으로 말하자면 루마니아인의 선조들은 고대 로마제국의 식민지배 당시 찬란했던 로마문화 및 라틴어에 동화됐고 로마인들이 다키아지방으로부터 철수한 이후에도 로마제국민이었다는 자긍심을 가지고 끊임없이 라틴어를 구사했음에도 불구하고 문자를 사용하지 못한 연유로 중세까지 발칸지역의 로망스어인 고대 루마니아어를 구두로만 사용해왔다. 루마니아인들이 문자를 처음으로 사용하게 된 시기는 13~14세기경으로서 슬라브인들로부터 키릴문자를 차용하여 사용하기 시작한 것(Tagliavini. 1973. 417-418)이었으며 그 후에도 오늘날까지 유구한 역사를 통하여 주변의 슬라브 민족들로부터 사회·문화적 및 언어적으로 많은 영향을 받게 됨으로써 루마니아어의 로망스적인 특성들이 많이 희석됐을 것으로 사료된다. 비근한 예로서 이미 언급한 바와 같이 현존하는 루마니아어로 쓰여진 최고의 문헌인 네아크슈의 서신(1521년)조차도 키릴문자로 작성돼 있으며 문헌상으로 루마니아어휘 **român** 또는 **rumân** 등이 처음으로 나타나기 시작한 시기 또한 16세기 중후반으로 키릴문자로 표기돼 있는 점들을 미루어보아 이런 전통은 그 이후에도 한동안 계속해서 유지됐던 것으로 알려지고 있다.

루마니아에서 정서법체계에 대한 관심과 인식이 본격적으로 고조되기 시작된 것은 18세기 중엽 루마니아의 트란실바니아 학파에 의해서 주도된 민족주의운동의 일환으로서 루마니아인들이 고대 로마인들의 혈통과 문화를 계승하고 있음에도 불구하고 로마문자가 아닌 키릴문자를 사용하고 있다는 것에 대한 문제점이 제기되면서부터라고 볼 수 있다. 그러나 루마니아어의 자모가 키릴문자에서 로마문자로 대체된 것은 1859년 몰다비아(현재 몰도바)와 발라키아(현재 문테니아) 공국이 연합된 이후인 1860년경에 몰도바 지방과 문테니아 지방(당시: Țara Românească)에서 로마문자를 공식적으로 사용한데에서 비롯하고 있으며, 그 후 루마니아어에서 존재하고 있는 일부 음소들을 위하여 로마문자와 키릴문자가 병용되는 과도기를 거쳐 현행되고 있는 세 개의 구별자질들(discritics)을 사용하여 순수한 로마문자로만 표기하게 된 것은 20세기 들어와서 실현될 수 있었다(Mallinson. 1987. 306-307).

## 4.8. 다코-로마적인 연속성

루마니아인의 역사와 관련하여 가장 근본적인 문제들 중의 하나는 18세기 초에 제기되기 시작한 것으로서 로마제국의 아우렐리안황제에 의해서 271년에 다키아(다키아 트라야나)로부터 로마군대의 철수 이후 다키아지방에서 다코-로만인들의 지속적인 거주 여부에 관한 문제이다. 이 문제는 루마니아와 인접 국가들, 특히 헝가리와 정치 및 영토적으로도 밀접한 연관이 있다. 루마니아의 역사학자 요르가(Iorga)에 따르자면 1791년에 작성된 것으로 알려지고 있는 외교적 각서인 Supplex Libellus Valachorum(블라흐인의 청원서)에서 언급되고 있는 블라흐인이란 이방인이 아니라 로마제국의 트라얀 황제에 의해 106년에 정복돼 새로운 속주가 된 다키아지방에 주둔한 로마군대과 이미 제국의 속주가 된 여러 지방의 주민들이 다키아지방으로 이주해온 이주민들이라는 의견인데(Iorga. 1969. 215-216), 원래 이 주장은 미쿠-클라인(Micu-Clain), 사무엘 미쿠(Samuel Micu), 쉰카이(Gheorghe Şincai), 마요르(Petru Maior) 등과 같은 트란실바니아 학파에 의해서 당시 줄처(Josef Sulzer), 엥겔(Enger), 에더(Karl Eder) 등과 같은 오스트로-헝가리의 역사학자들이 다양한 목적으로 주장했던 다키아지방에서의 루마니아인의 상주를 부정하는 이론에 반론을 제기하고자 주창된 것이다. 그러나 이 주장은 훗날 독일의 뢰슬러(Robert Roesler)에 의해 조목조목 반대의견이 제시됐고 그 후 이 문제는 한동안 유럽의 많은 학자들에 의해 갑론을박으로 이어졌다.

문제의 핵심은 첫째로 아우렐리안 황제의 명령에 따라 271년 다키아지방에서 로마군대의 철수 당시의 상황과 관련된 역사적인 문헌, 즉 사료의 내용이다. 이 역사적인 사건에 대하여 보도한 로마의 사가들은 모두 에우트로피우스(Eutropius), 아우렐리우스 빅토르(Aurelius Victor), 페스투스(Festus), 보피스쿠스(Vopiscus), 오르시우스(Orosius)를 비롯하여 요르다네스(Jordanes) 등을 들 수 있다. 이들 중에서도 가장 논란의 대상이 됐던 것은 다키아왕국이 로마제국에 의해 정복된 이후 다키아지방에는 더 이상 다키아인들이 존재하지 않았다고 짧게 보도한 에우트로피우스의 보도내용(Dacia enim diuturno bello Decibali viris fuerat exhausta)이다. 이 주장은 로마군대의 철수 이후 루마니아인들의 다뉴브 강 이북 지역의 거주를 전적으로 부정하려는 사람들과 루마니아사람들이 로마인들 그 자체였다고 주장하는 순수 라틴주의자들의 입장과도 너무 잘 들어맞는다. 하지만 다키아인의 멸종론은 여러 가지 역사적인 증거로 반박될 수 있다: 우선 고대 그리스 역사가 디오 카시우스(Dio Cassius)는 몇몇 다키아 부족들은 로마인들에게 굴복했다고 언급하고 있으며 또한 독일 역사가 파치(Patsch)도 수많은 다키아인들이 로마인들에게 복종했다고 언급하고 있다. 그리고 로마군의 보조부대원을 모집할 때 Ala I Ulpia Dacorum, Cohors II Augusta Dacorum, Cohors III Dacorum equitata 등과 같이 다키아지방에서 징병했다는 사실은 잘 알려져 있다. 다키아인들의 이름이 한 세대에서 다음 세대로 넘어갈 때에 로마인의 이름으로 바뀌는 것도 비석에 증거로 남아있다. 이 증거들은 특히 카라칼라(Caracalla) 황제의 칙령[97]이 선포됐던 212년 이후 많이 발생한 것으로 나타나고 있다. 아울러 Porolissum. Napoca, Potaissa, Apulum, Ampelum, Germisara, Arcidava, Drobeta, Sucidava, Capidava 등의 지역에선 다키아인의 부락들이 대부분 로마인들의 부락으로 발전하게 된 증거들이 발견됐고 이 지역들 중의 일부에선 다키아인의 이름과 지명 및 강 이름들이 토착민들로부터 정복자들로 계승돼 전해지고 있다. 게다가 당시 로마인들은 애당초 원주민이었던 제토-다키아인들을 멸망시킬 아무런 이유나 의도가 전혀 없었다. 왜냐하면 강 유역을 개발하거나 농사일들은 숙련된 원주민들이 없이는 불가능했고 크세노폴(Xenopol), 프르반(Pârvan), 요르가(Iorga), 다이코비치우(Daicoviciu) 등과 같은 루마니아 역사가들이 이구동성으로 언급하는 바와 같이 역사상 로마제국의 다른 지방들에서도 로마인들이 그들이 정복한 지방의 원주민들을 전멸시킨 예는 전혀 찾아볼 수가 없다는 사실이다(Niculescu. 1981.31-32).

두번째론 271년에 다키아 트라야나로부터 로마군대의 철수에 관한 것으로 아울렐리안 황제의 명령에 따라 로마군대의 철수가 실시될 당시 어느 정도 규모의 다키아인들 또는 다코-로마인들이 로마군대와 함께 다뉴브 강 이남으로 이주를 했는지에 관한 문제다. 이 역사적인 사건에 대한 현존하고 있는 역사적인 문헌상의 내용이 다소 차이가 있어서 정확한 사실을 규명하기가 어려운 실정이다. 그러나 분명한 것은 아우렐리안 황제가 271년 다키아 트라야나에서 로마군대를 철수하여 다뉴브 강 이남에 재배치시키고 그 곳에 라티아리아(Ratiaria)를 수도로하는 다키아 리펜시스(Dacia Ripensis)와 세르디카(Serdica)를 수도로 하는 다키아 메디테라네아(Dacia Mediterranea)를 설립했다는 사실이다. 다키아 트라야나로부터 로마군대의 철수에 대하여 유일하게 보도한 역사가는 크리스티안 비숍 요르다네스(Christian Bischop Jordanes)로서 그는 뫼시아지방 태생의 로마화 한 고트족 출신으로 이 지역에 관해서는 어느 누구보다도 자세한 정보를 바탕으로 이 사건에 대해 'Aurelianusque imperator evocatis exinde legionibus in Mysia conlocavit ibique aliquam partem Daciam mediterraneam Daciamque ripensem constituit et Dardaniam iunxit'(아우렐리안 황제는 그곳으로부터 군대를 철수시켜 뫼시아에 다키아 메디테라네아와 다키아 리펜시스를 설립하고 다르다니아를 연결시켰다.) 등과 같이 비교적 구체적으로 언급하고 있다.[98] 하지만 271년 로마군대가 다키아 트라야나로부터 철수했을 당시 누가 함께 옮겨갔는지에 대한 명쾌한 역사적 자료는 존재하고 있지 않다. 루마니아의 역사학자인 불페(Radu Vulpe)는 당시 로마군대의 철수에 관한 대부분의 현존하는 역사자료들은 100여 년 전에 일어난 사건에 대해서 대략적으로만 알려주고 있으며, 그 자료들조차 서로 관련이 있을 수 있다는 지적이다. 아울러 불페의 견해에 따르자면 당시 다뉴브강 이남 지역에선 인구가 대대적으로 이동한 어떤 흔적도 찾아 볼 수 없다는 것이다(Vulpe. 1971. 49.).

현존하는 사료들과 최근까지 연구 및 조사된 자료들을 바탕으로 종합적으로 판단하자면 다뉴브 강 이북 지방에서의 다코–로마의 연속성에 관하여 역사적, 고고·인류학적, 그리고 언어학적인 관점 등에서 논증할 수 있을 것이다. 그동안 발굴된 4~6세기의 고고학적 유물이나 지명 및 역사적인 기록들이 조심스럽게 다뉴브 강 이북 지역에서 로마화 한 주민들의 존재에 무게를 실어주고 있다. 고고학적 발견은 부분적이기는 하지만 다코–로마적인 연속성에 대한 주요한 증거들을 보여준다. 특히 트란실바니아지역에서는 많은 다코–로마인들의 정착농업생활에 대한 증거와 4~6세기의 전통적인 무덤들과 종교적인 물건들 즉 'ego Zenovius votum posui' 문구가 새겨진 교회의 샹들리에, 'Quartine vivas'란 문구가 새겨진 은으로 된 브로치, 로마–비잔틴 동전, 로마 전통의 도자기 등과 같은 물건들이 발견된 바 있다.

또한 다뉴브 강 이북 지역에서 고대 다코-로마의 지명들이 슬라브인들을 통해서 전해지고 있는 것들 중에는 Alutus > Olt, Marys년 > Mureş, Samus > Someş, Ordessos > Argeş 등이 있다. 지우레스쿠(C. C. Giurescu)의 견해에 따르자면 다뉴브 강 이북에서 루마니아어를 구사하는 주민들이 평상시엔 평원에서 살았고 야만민족의 침략 당시엔 숲에서 피난처를 구하면서 상주하고 있다는 것이다(Giurescu. 1976. 29-30).

다코-로마적인 연속성의 또 다른 증거는 다뉴브 강 유역 곳곳에 퍼진 라틴교회이다. 프르반은 3세기에 기독교가 시작됐다고 하고, 반면 피피디(D. M. Pippidi)는 3~4세기에 다코 로마인들과 고트족들에게 교리가 전파됐다는 의견이다.[99]

라틴어를 구사하는 선교사들이 라틴어를 이해하는 사람들에게 설교했다는 증거를 다음과 같은 속 라틴어휘들이 기독교 라틴어에서 어의가 변한 것들이 루마니아어에서도 발견되고 있다는 사실이 이것을 설명해준다. 이를 테면 기독교 라틴어휘 Biserică(교회), cruce(십자가), Dumnezeu(신), a boteza(침례받다, 세례받다), înger(천사), păresimi(사순절), câşilegi(사순절의 시작) 등이 각기 속 라틴어휘 basilica, crux-crucis, Domine dues, baptisare, angelus, quadragesima, caseum-ligat 등으로부터 의미변화와 함께 유래된 것이다. 그밖에도 루마니아어에서 발견되고 있는 기독교 라틴어에서 의미가 바뀐 것들 중에 lege(법), credinta(믿음), păgân(무신론자, 이교도), păcat(죄, 죄악) 등이 있다.

푸슈카리우는 루마니아어의 교회 용어는 전원적이며 교회의 계급이나 행정조직에 대한 용어가 부족한 편이라고 지적하면서 이는 중세 초기 루마니아 도시에 발전된 교회조직의 행정적인 체계나 또는 수도원 생활경험이 없었고 다만 마을 신부만 존재했었기 때문이라는 견해다(Puşcariu. 1976. 361).

다코-로마적인 연속성의 더 확실한 증거는 다음과 같은 루마니아어의 농업 용어에도 발견할 수 있다. agru (쟁기질한 들판), câmp (들판), falce(측정단위, rod) a ara (쟁기질하다), a săpa(잡초를 제거하다), a semăna (씨 뿌리다), a culege(수확하다), a secera(베어들이다), seceră(낫), a treiera(탈곡하다), a bate grâul(밀을 탈곡하다), arie(탈곡장), a vântura(키질하다), grâu(밀), mei(기장), orz(보리), secară(호밀), paie(짚), spic(과일을 우려내는 기구), grăunțe(곡식알), neghină(선옹초), cânepă(삼), ceapă(양파), aiu(마늘), 방언 curechi(양배추), 역시 방언 curcubetă(호박), pepene(멜론), trifoi(잔개자리, 토끼풀속의 식물) 등이 모두 라틴어에서 유래된 것들이다. 라틴어휘는 또한 제빵 용어에도 존재하고 있다. 이를 테면 moară(제분소), a măcina(빻다, 갈다), a coace(빵을 굽다), făină(밀가루), pâine(빵) 등이다. 농경기술과 주식의 조리법은 다코 로마인들의 기본적인 직업이 됐다.

목축업이나 축산업에도 마찬가지다: pastor 또는 păcurariu(목동), oaie(양), berbec

또는 방언 arete(숫양), mioară(새끼 양), turmă(짐승 떼), 방언 păcuină(암양), mătrice(울타리), noaten(친 양), țârț(3번째), a ierna(겨울을 나다), munte(산), şes(목장), bou(황소), taurm(황소), vacă(젖소), junc(수송아지), vitea 또는 juncă 또는 방언 junicea(암소), vițel(송아지), capră(염소), vătui(어린이), păşune(방목하다), a adăpa(물 먹이다), a paşte(풀 먹이다), staul(마구간), fân(건초), furcă(포크, 삼지창), jug(멍에), a înjuga(멍에를 씌우다), a dejuga(멍에를 벗기다), strămurare(막대기), rumega(씹다) 등이 모두 라틴어원을 가지고 있다. 라틴어휘는 또한 가축에도 쓰였다. 예를 들자면 câine(개), cățea(암캐), cal(말), iapă(암말), armăsar(종마), porc(돼지), scroafă(암퇘지) 등이 있다.

푸슈카리우는 루마니아어에서 농업이나 목축업의 분야에서 많은 라틴어원의 용어들이 증명되고 있으며 게다가 루마니아 지역을 통과하며 양떼를 치는 목동들은 그 언어를 표준화하려는 움직임을 보여주고 있고 농업이나 목축업에 종사하는 정착자도 있었다고 한다(Puşcariu. 1976. 358.).

다코 로마인들에게 보다 뛰어난 이동성을 제공했던 특별한 목초지도 있었다. 이를 테면 목동들은 알프스의 목초지에서부터 다뉴브 습지대나 흑해연안까지 이동했다. 이것은 목축을 위한 정기적인 이동으로서 목동들은 그들의 가족이 거주하고 있으며 농사짓고 또한 그들을 위한 과일나무가 자라고 포도가 열리는 그들의 영원한 거주지의 거의 경계지역까지 이동했다. 푸슈카리우는 트란실바니아 서쪽 지역의 다코-로마인들의 언어에서 라틴어의 요소가 보존되고 있다는 사실을 최초로 언급했다. 이를 테면 ai(마늘), păcurar(목동), nea(눈), june(젊은이), pedestru(여행자) 등과 같은 단어들은 트란실바니아 서쪽 지역에 관한 루마니아 언어지리부도(Atlasul Lingvistic Român)에 기록돼 있다(Puşcariu. 1976. 346-347).

다키아 트라야나 지방의 다코-로마인들은 그들 고유의 언어를 보존하고 있었으며 그들은 자신의 것을 지킬 뿐만 아니라 또한 다뉴브 강 남쪽 지방의 로마속주들과 유익한 교류를 통하여 야만족들의 침략에 저항했다. 루마니아의 올테니아, 바나트 동쪽 심지어 문테니아와 몰도바 남쪽은 끊임없이 두 뫼시아 및 소 스키타이와 교류를 이어갔다. 그 곳은 당시 로마인들에 의해 지배를 받고 있었던 지역이다. 로마 비잔틴 당국은 다뉴브 강 이북의 다코-로마 지역을 감독 및 감시했고 종종 그 지역을 침범했다. 올테니아, 바나트, 문테니아, 몰도아지방의 서쪽을 넘어 로마제국이 영토를 확장했을 때였다. 콘스탄틴 대제는 328년 수치다바(Sucidava)에 다뉴브 강을 넘을 수 있도록 다리를 놓았고 올트 골짜기에서 로물라(Romula)에 이르는 길을 따라 도로를 재건축 했다. 그리고 고트족에게 로마 비잔틴 제국의 연합국(Foederati)이 되도록 강요했다. 535년 유스티니아누스 황제는 다키아지방을 포괄하는 대주교를 두었다. 다코-로마인들과 고트족은 로마 비잔틴 제국의 정치적, 경제적 및 문화적인 영향아래 놓이게 됐다.

사실상 고트족은 3~4세기가 시작되면서 기독교화 됐으며 라틴어를 채용했고 다코-로마 지역과 함께 제국의 속주의 생활에 동참하게 됐다. 이 시대의 다키아의 그리스어 및 라틴어 비문들을 조사해보면 야만족들이 융화된 몇몇 사례들이 밝혀지고 있다. 이를 테면 트로에스미스(Troesmis), 악시폴리스(Axiopolis) 및 토미(Tomi) 등지의 비문들에선 어떻게 고트족들이 기독교화 됐고, 세례를 받았고, 로마군대의 서열에 들어오게 됐는지를 잘 보여주고 있다. 융화에 있어서 가장 중요한 역할을 한 것은 종교라는 점이다.

## 미주

1) 271년 아우렐리안(Aurelianus)황제는 고트족의 침략으로 인해로마제국의 속주였던 다뉴브 강 이북의 다키아(일명 다키아 아우렐리아나)로부터 군대를 철수시켜 다뉴브 강 이남의 다르다니아(Dardania)지방에 새로운 다키아(Dacia Nova)를 설립하고 군대를 이주시켰다. 이 새로운 다키아는 일명 '다키아 노바' 또는 '다키아 아우렐리아나'라고 일컬어진다.

2) Rosetti. 1968. 359: 로세티의 견해에 따르면 이중모음화 현상은 즉흥적인 변화로서 대략 5세기경에 이미 발생한 것으로 사료된다.

3) Rosetti. 1968. 97–98, 363: 로세티의 견해에 의하면 이 이중모음들이 고대 루마니아어에서 형성된 시기는 6세기경으로 추정된다.

4) 루마니아어의 ă/ə/ 모음의 기원에 관하여 아직도 완전하게 규명되지는 않았지만 고대 그리스어나 라틴어에는 존재하지 않았던 이 모음 역시 이 지역의 토착어로부터 유래됐다는 학설이 중론이다(Brâncuș. 1973. 291–296; Poghirc. 1969. 320; Rosetti. 1968. 97–98, 247).

5) 예를 들자면 라틴어 mentione로부터 유래된 다코–루마니아어 minciună, 아루마니아어 minčune 등에서와 같이 i 모음은 선행자음에 의해 흡수돼서 구개음화로 나타나고 있다.

6) Pușcariu, 1976, p. 233; Rothe,W. 1957, p. 30; 다코–루마니아어, 이스트로–루마니아어 및 메글레노–루마니아어에서는 이후에 어말모음 –u가 소멸된 것으로 알려지고 있다.

7) Coteanu. 1969. 213; Rosetti. 1968. 384: 일반적으로 고전 라틴어에서 존재했었던 중성명사는 이미 후기 속 라틴어단계에서 모두 사라졌으므로 현대 로망스어들에선 루마니아어를 제외하곤 어떤 언어에서도 존재하지 않고 있다. 따라서 발칸 라틴어에서도 중성명사가 부재했으며 훗날 루마니아어 공통조어에서 다시 그 모습을 나타내기 시작했다는 견해이다.

8) Coteanu. 1969. 230–231(특히 각주 1,2번 참조): ille, illa, illud 등이 정관사로 자리매김한 시기는 학자들에 따라 5세기에서 7세기 사이로 다소 유동적이지만 그것은 각 로망스어가 구사되고 있는 지역의 상황에 따라 다소 차이가 날 수 있다고 판단된다. 하지만 라틴어에서 초기 로망스어단계로 전환되기 이전에 이미 정관사의 기능을 수행한 것으로 사료된다.

9) Russu. 1981. 115–117: 그는 이 어휘들의 어근 및 음운적인 현상들이 전형적인 인도유럽어의 변화과정을 밟고 있다는 의견이다.

10) Cf. ILR, 1969, 17: 특히 각주에서 이 용어와 관련하여 역대 루마니아의 언어학자들이 언급한 참고자료를 제시하고 있으며 코테아누(Coteanu) 자신도 traco-romanică 또는 română comună 라는 표현을 사용하고 있다; 또한 듀네이(Du Nay) 역시 이러한 견해들을 인정하고 있다(1977. 73-75).

11) Cf. Mallinson, 1987, 303: 일부 학자들은 이 광의의 루마니아어 방언들을 발칸 로망스어의 일종으로 간주하고 있다.

12) 고대 로마제국의 식민지 당시 제국의 관할행정지방의 명칭이었던 다키아(Dacia)지방에서 비롯된 표현으로서 현재 대략 루마니아 및 몰다비아공화국의 영토에 해당됨.

13) 이와 관련하여 덴수시아누(Densusianu)는 발칸 로망스어(romanică balcanică)의 일종으로 간주하고 있으며(1975. 202-205); 필리피데(Philippide)는 초기 루마니아어(română primitivă)라고 언급하고 있으며(1929. 233); 푸슈카리우(Pușcariu)는 고대 루마니아어 시기(epoca străromână)라고 일컫고 있으며(1976. 244); 로세티(Rosetti)는 공통 루마니아어(română comună)라고 부르고 있다(1968. 351).

14) DEX, 1181; Cihac, 1978, 211: 고대슬라브어로부터 유래된 것으로 알려져 있음(cf. zapadati).

15) DEX, 718; Cihac, 1978, 210: 역시 고대슬라브어에서 유래된 것으로 전해지고 있음(cf. ometti).

16) DEX, 674; Pușcariu, 1975, 100: 라틴어휘 nix(nivis)로부터 유래된 것으로 규명됐음.

17) 루마니아의 인구가 대략 2,200~2,300만 명으로서 그 중 90% 정도가 루마니아어를 모국어로 사용하고 있고 몰다비아 공화국에서도 약 250만 명의 루마니아어 구사자들이 거주하고 있다.

18) 오늘날 대략 루마니아의 영토에 해당하는 고대 다키아 왕국이 A.D. 106년부터 275년 고트족에게 넘어가기 전까지 로마제국의 식민지였다.

19) 음소 /ɨ/는 다코-루마니아어를 제외하곤 아루마니아어의 일부 방언(그룹 A)에서만 사용되고 있으므로 다코-루마니아어의 특성으로 간주할 수 있을 것이다(Marițeanu 외, 1977: 198).

20) 예를 들자면 일부 학자들은 루마니아어의 기본적인 이중모음을 단지 ea, eo, oa 등 3개만 인정하고 있으며, 루마니아어의 반모음 /j/를 모음단위로 취급한다면 루마니아어의 이중모음 수는 20 여개 이상으로 늘어날 수도 있지만 일반적으로 자음단위로 취급하는 것이 중론이며 삼중모음을 인정하지 않고 있다(Mallinson 1987:308).

21) 예를 들자면 다코-루마니아어에선 우리말 '보다' 및 '노래하다'에 해당하는 동사의 대과거 시제를 조동사 없이 văzusem, câtasem 등과 같은 형태로 사용되고 있다.

22) Marițeanu 외, 1977. 172: 사용인구수는 30～60만 명으로 매우 유동적이며 비교적 최근의 통계자료에 의하면 약 40만 명으로 추산되고 있다. 그 중에서 가장 많이 거주하고 있는 지역은 그리스 북부지방으로서 약 15만 명이 살고 있다.

23) 아루마니아인들이 무성 치·파찰음(ț/ts/)을 사용한다고 하여 일컬어진 것이라고 전해지고 있다.

24) Pușcariu. 1976. 221: Marițeanu. 1977. 171, 176: 라틴어 romanus로부터 유래된 루마니아어 român(루마니아인)》 복수 români(루마니아인들)에 해당하는 방언적인 표현법으로서 접두어 a-는 아루마니아인들의 발음습관상의 특징으로서 별다른 의미는 없다.

25) Pușcariu. 1976. 221: 마케도-루마니아인들이라는 뜻으로 사용된 것인데 푸슈카리우의 견해로는 아루마니아인들의 과반수가 마케도니아에서 살고 있지 않으므로 이 표현은 적합하지 않다는 것이다.

26) Marițeanu 외, 1977. 190: 사용인구가 점점 줄어들고 있는 경향이며 일부는 일차 세계대전 이후 루마니아로 이주해가서 루마니아의 Tulcea 주 내의 Cerna 지역에 모여서 살고 있다.

27) Marițeanu 외, 1977. 199: 이런 현상은 아루마니아어에선 없으며 이스트로-루마니아어에서 나타나고 있는 것으로 알려지고 있다.

28) Armbruster. 1972. 162; 이문수. 2001. 274-275: 주변의 민족들은 고지 독일어 Walha-로부터 유래된 발라키아(Walachia, Valachia 등)라는 표현을 사용했던 반면 루마니아인들은 스스로를 라틴어의 romanus 로부터 유래된 Țara românească 나 România 등으로 표현했던 것으로 전해지고 있다.

29) 당시 루마니아인들은 이 공국을 차라 로므네아스커(Țara Românească)라고 부른 반면에 주변의 민족들은 고대 게르만어원을 가지고 있는 발라키아(Wallachia, Valachia), 발라카이(Wallachei) 등으로 일컬었다.

30) Giurescu. 1980. 106-110; Huber. 1973. 23-35; Niculescu. 1981. 73-74; Oțetea(red.). 1970. 125-127; Treptow(ed.). 1997. 65-67: 발라키아와 몰다비아 공국의 효시 및 건립 시기에 대해선 학자들 사이에 다소 의견 차이가 있다. 특히 발라키아 공국의 설립시기에 관해선 대부분 정확한 연대를 밝히지 않고 있다. 그러나 1324년에 발라키아가 헝가리와 평화적인 관계를 도모했다는 기록과 특히 1330년 포사다(Posada) 대전에서 발라키아의 바사랍(1310-1352년)가 이끄는 군대가 칼 로베르트(Carl Robert)의 헝가리 군대에 대승을 거두고 헝가리 왕으로부터 주권을 인정받은 역사적 사실을 고려하여 그 이전에 이미 발라키아 공국이 건립됐다는 학설이 설득력을 갖고 있다.

31) 루마니아어로 țepeș란 단어는 뾰족한 기둥, 화살촉 등의 뜻을 가지고 있으며 블라드 공이 터키인들을 뾰족한 기둥을 사용하여 잔인하게 처형했다는 설이 전해 내려오고 있음.

32) 루마니아어로는 이들을 사쉬(Sași)라고 일컫는다.

33) Malinson. 1987. 306–307; Schroeder. 1967. 69–73: 루마니아어의 현 철자법은 1881년의 결정적인 정서법 개혁에서 대부분의 주요 골격이 형성된 것으로 알려지고 있다.

34) Năsturel. in Sttudii și cercetări de istorie veche. 1956. 179–188; Philippide. 1923. 504–508; Rosetti. 1978. 657–658: 이들은 그 당시엔 이미 시기적으로 라틴어에서 발칸 로망스어의 초기 단계인 초고대 루마니아어로의 변화가 시작한 시기로 간주할 수 있다는데 공감하고 있다.

35) Catorjan. 1940. 49; Rosetti. 1978. 484: 그러나 한편 몰다비아 지방선에선 체코의 후스 추종자들이 정교회의 루마니아인들과 연결이 되지 못하여 그들의 학설과 가르침은 예상했던 반응을 일으키는데 실패했던 것으로 전해지고 있다.

36) 본 장에서 지칭하는 루마니아어의 최초기 문헌이란 루마니아어로 써진 현존하는 최고(最古)의 문서를 의미하는 것임.

37) Tagliavini. 1973. 373–427; 이문수, 이창순. 2006. 88–91: 실제로는 이보다도 더 이전에 써진 문서들이 남부 프랑스 지방에서 발견되고 있지만 그 내용이나 문자를 해독하기가 어려워서 아직까지는 규명할 수가 없다.

38) 중세이후 독일 작센(Sachsen)지방으로부터 이주해온 주민들이 거주하고 있는 도시로서 독일어로 Kronstadt, 헝가리어로 Brassó라고 일컬어짐 .

39) 원문에선 슬라브어로 Hanăš Begner라고 쓰여 있음.

40) Catorjan. 1980. 80; Rosetti, Cazacu, Onu. 1971. 49–50: 이 편지의 대부분은 루마니아어로 작성돼있지만 편지의 서두 및 말미와 중간에 일부 접속사(ipac) 또는 전치사(za) 등이 슬라브어휘로 돼 있으며 원문은 키릴문자로 쓰여 있다.

41) 원문에 슬라브어로 표기된 이름으로 독일어로는 Han(ne)s Benkner라고 표기됨.

42) Carojan. 1980. 80: 원문에는 이 부분이 슬라브어로 써져 있으며, Dlăgopole은 현재 루마니아의 지명 Câmpulung에 해당하는 당시 슬라브어의 명칭임.

43) Carojan 1980. 80; Tagliavini. 1973. 420: 슬라브 어휘로서 ipac 또는 ipak 등으로도 표기되며 '마찬가지로, 또다시' 등의 의미를 지니고 있는 접속사임.

44) 현대 표준어에선 주로 손아래 사람에게 사용하는 2인칭 존칭 대명사의 주격 dumneata의 소유격 및 여격 형으로 dumitale 형태가 사용된다.

45) Carojan 1980. 80: 역시 슬라브 어휘로서 루마니아어의 despre(~에 관하여)에 해당하는 의미를 지니고 있는 전치사임.

46) 오늘날 루마니아의 일부 지역의 방언에서 사용되고 있는 형태로서 현대 표준어에선 복합과거 시제의 조동사 1인칭 단수형으로 am 이 사용된다.

47) Carojan. 1980. 80: 원문에는 이 부분이 슬라브어로 써져 있으며, 비잔틴 제국과 오스만 터키 제국의 수도였던 콘스탄티노플(Constantinopolis)의 당시 슬라브어 명칭임.

48) 오늘날엔 trece(지나가다) 형태가 표준어로 사용된다.

49) 남성(고유)명사의 소유격 및 여격 정관사 형태인 lui의 고형으로서 아루마니아어 등과 같은 광의의 루마니아어 방언들에서도 나타나고 있다.

50) Lausberg. 1969. 185; Rothe. 1957. 13; 이문수. 2005. 87-88: 고전 라틴어의 단모음 ĕ은 속라틴어 단계에서 개음 ę로 변한 후 발칸 로망스어인 루마니아어에서 ie로 이중모음화 되는 것이 일반적인 현상(예: 고전 fĕrrum 〉 발칸 fęrru 〉 루어 fier 등)이지만 그밖에도 매우 다양한 변화를 보이고 있는 것 또한 사실이다. 여기 본문에서도 고전 라틴어 tĕrra(땅, 육지)로부터 유래된 것으로서 표준 루마니아어에선 țară 에 여성 정관사 -a가 붙은 țara 형이 사용되고 있지만 다른 변화현상(예: 고전 pĕtra(돌) 〉 발칸 pętra 〉 루어 piatră 등)도 나타나고 있는 것으로 미루어보아 당시에는 țeara 혹은 țiara 등과 같은 형태로 사용됐던 것으로 사료된다.

51) Carojan 1980. 80; Rosetti, Cazacu, Onu. 1971. 79; Tagliavini. 1973. 420-421: 문헌들에 따라 철자법 상에 다소 차이가 있어서 상호 비교하여 공통적인 것으로 통일했음.

52) Catorjan. 1980. 85; Malinson. 1987. 310; Rosetti. 1968. 521; Tagliavini. 1973. 421; 루마니아의 북부 지역인 마라무레슈 지역을 비롯하여 트란실바니아 및 바나트 지방 일대의 16세기 문헌들에서 보여주고 있는 이 현상은 또한 광의의 루마니아어 방언의 일종인 이스트로-루마니아어의 특성으로도 간주되고 있다. 예를 들자면 루마니아어 anina(메달다) 동사의 3인칭 단수형인 anină 대신 arină 또는 ariră, lumină(불빛) 대신 lumiră로 그리고 plină(가득찬) 대신 pliră 등으로 사용됐다.

53) 이문수. 2005. 82-84: 현대 루마니아어의 정서법에는 라틴어나 여타 로망스어들에선 존재하지 않으므로 라틴어로부터 물려받은 것이 아닌 것이 분명한 두 개의 모음들 ă[ə] 와 â=î[ɨ]가 있으며, 이들의 유래에 대해선 아직도 완벽하게 규명되지 않고 있다.

54) 고어로서 현대 표준어에선 중성명사인 cer(하늘)에 정관사가 붙어서 cerul 형태를 취한다.

55) 여기서도 spune 대신 spure로 표기하는 소위 'r' 음화 현상이 나타나고 있다.

56) 현대어에선 Dumnezeu(주님, 하느님)의 소유격인 lui Dumnezeu 형태를 취한다.

57) 오늘날 표준 루마니아어에선 zi(날, 일)로 표기된다.

58) 루마니아의 일부 지역의 방언에서 사용되고 있는 형태로서 오늘날 표준어에선 삼인칭 단수 남성 인칭대명사 el로 표기된다.

59) DEX. 1139: 단수 남성명사 uriaș(거인, 장사)에 정관사가 붙은 형태로서 헝가리어 óriás로부터 유래된 것이다.

60) 이 도시 역시 중세 이후 독일계 주민들이 이주해와 정착한 곳 중의 하나이며 이 도시의 독일어 명칭은 헤르만슈타트(Hermannstadt)임.

61) Rosetti, Cazcu, Onu. 1971. 59; Tagliavini. 1973. 423: 루마니아어로 'Întrebare creștinească'라는 부재로 출판됐다.

62) 고전 라틴어휘 pavīmĕntum(땅, 육지)에서 유래된 것으로서 오늘날 표준 루마니아어에서 pământ 형태로 사용되고 있다. 부언하자면 어중음(-vī-)과 어말음(-um) 축약현상과 음운 변화 현상(pa>pă, mĕn>mân 등)을 보여주고 있다. 본문에서는 고모음 â(mân) 대신 저모음 ă(măn) 가 사용되고 있는 점이 주목할 만한 부분이다.

63) 우리말 '빵'이라는 의미의 루마니아어 여성명사 pită은 헝가리어 pita에서 유래된 것으로서 현대 표준 루마니아어에선 라틴어 pane로부터 유래된 pâine가 사용되고 있다.

64) 이 연대기는 오는날 단지 수도사인 Lawrentij의 사본만 보존돼 전해지고 있어서 일명 Lawrentij-연대기라고도 일컬어진다.

65) Friedwagner. 1934. 702; Tchižewskij. 1969. 24; Windisch. 1982. 53: Windisch는 Tchižewskij의 글을 인용했다고 표명하고 있음.

66) Weigand. 1927. 209; Teimer. 1914. 385-411; Capidan. 1922. 등을 참고함.

67) Du Nay은 루마니아어에 관한 한 저명한 유럽의 학자에 대한 익명으로서 정치적인 상황이 그로 하여금 불가피하게 익명을 사용할 수밖에 없도록 만들었다고 저서에 명기돼 있다.

68) Deutschmann. 1971. 26; Meyer-Lübke. 1972. 608; Tagliavini. 1973. 124: 오늘날 루마니아어에선 '루마니아인'을 일컫는 말로 라틴어의 명사 및 형용사로서 '로마인' 또는 '로마의, 로마인의' 의미로 사용됐었던 어휘 romanus로부터 계승한 român을 사용하고 있다. 이 어휘는 루마니아어에서 시대에 따라 rumîn 또는 romîn이나 rumân 등으로 표기되기도 했다.

69) Deutschmann. 1971. 113-115: A.D. 106년에 현재 대략 루마니아영토에 해당하는 지역인 당시 다키아 왕국이 로마제국의 황제 트라얀(Trajanus)이 진두지휘하는 로마군대에 의해 정복돼 로마제국의 식민지가 됐기 때문에 이 지방을 다키아 트라야나(Dacia Trajana)고 일컬으

며, 아우렐리안(Aurelianus) 황제에 의해 다뉴브 강의 이남으로 철수하여 새로 설립한 다키아 지방을 다키아 노바(Dacia Nova) 또는 다키아 아우렐리아나(Dacia Aureliana)라고 한다.

70) Iliescu. 1973. 5–6: 당시 다키아로부터 로마군대의 철수에 관해서 모두 4명의 고대 로마사가들, 즉 에우트로피우스(Eutropius), 페스투스(Festus), 보피스쿠스(Vopiscus) 및 요르다네스(Jordanes)의 기록들이 전해지고 있다. 앞의 3명은 4세기 말엽에 불과 수년의 간격을 두고 비슷한 내용을 보도한데에 비해 다뉴브 강 이남지역 출신으로서 이 지역의 사정에 대해 비교적 잘 알고 있었던 것으로 알려져 있는 요르다네스는 그들보다 반세기 이후인 551년에 이 역사적 사건에 관해서 다음과 같이 보다 더 세세하게 보도하고 있다:

Daces autem post haec iam sub imperio suo Traianus, Decebalo eorum rege devicto, in terras ultra Danubium, quae habent mille milia spatia, in provinciam redegit. Sed Gallienus eos dum regnaret amisit Aurelianusque imperator evocatis exinde legionibus in Mysia conlocavit ibique aliquam partem Daciam mediterraneam Daciamque ripensem constituit et Dardaniam iunxit(Mommsen. 1882. 28).

트라얀황제의 진두 하에 (로마 군대가) 데케발왕이 이끄는 다키아를 정복한 후 다뉴브 강 이북의 광활한 지역을 로마제국의 식민지로 만들었었으나 갈리안황제는 다키아를 지배하는 것을 포기했으며, 아우렐리안황제는 그곳으로부터 군대를 철수시켜 뫼시아의 일부에 다키아 메디테라네아와 다키아 리펜시스를 설치하여 (군대를 주둔시키고) 다르다니아(Dardania)와 연결시켰다(몸젠. 1882. 28).

71) ţara은 '영토, 국가, 땅' 등을 나타내는 루마니아어 여성명사 ţară에 정관사가 붙은 형태이며, românească은 형용사 기본형 românesc가 여성단수명사를 수식하면서 변화한 형용사의 곡용형태이다.

72) De Cihac, A. 1978. 233–234; Meyer–Lübke. 1972. 608; Puşcariu, S. 1975. 132: 치학의 사전 상엔 roman, romăn 등으로 그리고 푸슈카리루의 사전에는 romîn 으로 표기돼있고 마이어륍케의 사전이 초판이 1822년에 출간됐다는 사실을 가만하더라도 사전 상에는 rumîn, romîn 등으로 표기돼 있는 것으로 미루어보아 오늘날 표준 루마니아어에서 사용되는 형태인 român 의 출현 시기는 그다지 오래되지 않은 것으로 사료된다. 현대 표준 루마니아어에선 라틴어 명사 및 형용사의 어미 –us 가 모두 탈락됐고 폐음절의 –a– 모음은 비자음들(nasals) 앞에서 고모음(high vowel) î=â/ɨ/로 변했다. 루마니아어의 모음체계에는 중설 고모음(/ɨ/)에 해당하는 모음이 2개(â 와 î) 존재하고 있으며 발음상으로는 아무런 차이가 없다. 이들은 대부분 라틴어 폐음절의 a 모음이 비자음들(n, m)앞에서 나타난다. 예를 들자면 라틴어 cantare(노래하다) 〉 루어 cânta에서나, 라틴어 campus(정원, 들판) 〉루어 câmp 에서나 또한 라틴어 manus(손) 〉 루어 mână에서나 또 다른 예로는 라틴어 lana(양털)〉 루어lână 등이다. 그러나 개음절에서는 라틴어 a 모음이 루마니아어에서도 그대로 유지되고 있다. 예를 들면 라틴어 annus(년, 해) 〉 루어 an 등이다(Mallinson, 1987, 309). 치학의 사전 상엔

roman, romăn 등으로 그리고 푸슈카리루의 사전에는 romîn으로 표기돼있고 마이어뤱케의 사전이 초판이 1822년에 출간됐다는 사실을 가만하더라도 사전 상에는 rumîn, romîn 등으로 표기돼 있는 것으로 미루어보아 오늘날 표준 루마니아어에서 사용되는 형태인 român의 출현 시기는 그다지 오래되지 않은 것으로 사료된다(Meyer-Lübke. 1972. 60).

73) DEX. 1996. 933: 그밖에도 românie, românime, românism, români 등과 같이 다양한 명사형들이 사용되고 있음을 알 수 있다.

74) Tagliavini. 1973. 63: 지명 Roma 의 어원이 아직까지 완전하게 규명되지 않은 상태이다. 혹자는 이 어휘가 라틴어가 아니고 에투루리아어로부터 유래됐을 가능성을 배제할 수 없다는 주장이다.

75) Curtius. 1948. 38: 쿠르티우스의 견해에 따르자면 원래 인종을 뜻하던 latinus가 지명 Latium에서 유래된 것처럼 romanus 역시 지명 Roma로부터 유래됐다는 것이다.

76) Deutschmann. 1971. 22-27; Tagliavini. 1973. 120-122: 원래 라틴어에서 수식어의 어순이 피수식어의 뒤에 오는 것이 정상이지만 일부 특정어휘 및 관용어구에선 어순이 전도되는 경우도 종종 나타난다. '로마어'란 개념의 라틴어는 lingua romana가 일반적인 어순이지만 813년 Tours의 종교회의(Synode)의 결의문이나 842녀 스트라스부르(그)의 서약 등에선 romana lingua으로 수식어와 피수식어의 어순이 도치돼 있다. 도이취만의 견해에 따르자면 이 경우, 즉 romana가 전위돼 사용됐을 경우, 특별한 의미를 지닐 수도 있다는 것이다. 부언하자면 romana lingua은 '로마어'라는 개념으로, 그리고 lingua romana은 '로마인의 언어'라는 개념으로 사용됐다는 주장이다.

77) 이 어휘는 지명 Latium으로부터 유래된 것으로 전해지고 있다. Latium이란 어휘는 '평지, 평평한 지대'라는 의미를 지니고 있으며, 고대 중부 이탈리아 지방에서 거주했던 사비니인의 구릉지에 대조되는 의미로 사용됐다. Latinus, Latini 등은 이미 로마시대의 작가들에 의해서도 그 지역의 언어나 주민들과 관련하여 다양한 의미로 사용됐다.

78) Tagliavini. 1973. 120: Barbarus라는 어휘는 원래 고대 그리스어 βάβαρος로부터 차용된 것으로 알려지고 있다. 그리스어에서의 본래의 의미는 '그리스어를 구사할 수 없는 사람'이라는 의미로 사용됐고 로마인들은 이 어휘를 차용하여 '로마인들이 아닌 타 민족, 특히 게르만 민족'을 일컫는 의미로 사용했던 것으로 전해진다.

79) Paulus Orosius은 로마제국의 식민지였던 스페인 지역 출신의 신학자로서 5세기 초 기독교 작가로 활동했다.

80) Deutschmann. 1971. 26: 지명 Roma에서 파생된 부사로서 romanice locui, romanice scribere 등과 같은 관용어구로 사용됐다. 이 어휘는 12세기 갈리아(프랑스) 지역에서

romanz, romans 등으로 사용됐고 그 후 이탈리아어 romanzo, 스페인어 및 포르투갈어 romance 등과 같이 여타 로망스어권으로 확산됐으며 우리말에서 '로망스', '로만스' 등으로 번역돼 사용되고 있다.

81) Tagliavini. 1973. 373–427; 이문수. 2009. 61: 예를 들자면 초기 프랑스어로 된 문헌인 스트라스부르그 서약(Serment de Strasburg)은 A.D. 842년에 작성됐다. 그밖에도 프랑스어의 롤랑의 노래(Chanson de Roland), 이탈리아어의 베로나의 수수께끼(Indovinello Veronese)나 창조주의 노래(Cantico delle Creature), 스페인어의 시드의 노래(Cantar de Mio Cid) 및 포르투갈어의 음유시 Catiga de Ribeirinha 등이 늦어도 11~12세기경에 작성됐다.

82) Mallinson. 1987. 306; Schroeder, 1967, 69–70; 이문수. 2009. 62–63: 루마니아어에서 키릴문자가 로마문자로 대체된 시기는 1860년경에 몰도바지방과 오늘날의 문테니아지방에서 로마문자가 공식적으로 사용되기 시작한데에서 비롯된다. 그러나 로마문자가 처음으로 도입될 당시엔 라틴어나 여타 로망스어들에선 존재하지 않는 일부 루마니아어의 독특한 음소들을 표기하기 위해 부분적으로 불가피하게 키릴문자가 사용됐으며 나머지 음소들은 로마문자로 표기함으로써 키릴문자와 로마문자가 혼용되는 과도기를 거친 후 이어서 1867/69년과 1881년, 1895년 및 1904년에 잇따른 맞춤법의 개혁을 통하여 현대 루마니아어의 정서법이 그 윤곽을 드러내게 된 것으로 알려지고 있다.

83) Meyer–Lübke. 1972. 608, Tagliavini. 1973. 124: 마이어뤼케의 사전이 초판이 1822년에 출간됐다는 사실을 가만하더라도 사전 상에는 rumîn, romîn 등으로 표기돼 있는 것으로 미루어보아 오늘날 표준 루마니아어에서 사용되는 형태인 român 의 출현 시기는 그다지 오래되지 않은 것으로 사료된다.

84) Tagliavini. 1973. 124; Marițeanu 외 1977. 217: 이스트로–루마니아어에선 비자음 n이 유음 r로 바뀌는 현상(rhotacism)이 발생하고 있다. 예를 들자면 다코–루마니아어의 bine(잘, 좋게), rușine(수치, 모욕), spune(말하다) 등 대신에 bire, rusire, spúre 등과 같이 사용되고 있다.

85) Marițeanu 외 1977. 110–111: 루마니아의 방언학자인 투도란(R. Tudoran)의 견해에 따르자면 다코–루마니아인들은 동로마문화의 핵심을 이루면서 다뉴브 강 이북지역에 머물렀던 반면 아루마니아인들 및 메글레노–루마니아인들은 9세기 초경부터 10세기에 이르는 동안 발칸반도의 남쪽으로 이동하여 정착하기 시작했고 이스트로–루마니아인들이 발칸반도의 북서지방인 이스트리아로 이주한 시기를 대략 13세기경으로 보고 있다.

86) Coteanu, 1969, 17: 특히 각주에서 이 용어와 관련하여 역대 루마니아의 언어학자들이 언급한 참고자료를 제시하고 있으며 코테아누 자신도 traco–romanică 또는 română comună 라는 표현을 사용하고 있다. 코테아누의 견해에 따르자면 슬라브 민족이 발칸지역으로 이주해와 정착하기 이전엔 루마니아의 바나트지방이나 올테니아지방 및 트란실바니아지방 또는

문테니아지방 등에서뿐만 아니라 다뉴브 강남단의 발칸 산맥 일대의 광활한 지역에서 비교적 단일화된 언어가 통용됐었다는 것이며, 이는 당시 한 때 카르파티아 및 발칸 산맥(헤무스 산맥) 일대에서 폭 넓게 사용됐었던 초기 발칸 로망스어와 무관하지 않은 것으로 알려지고 있다.

87) Mallinson, 1987, 317: 라틴어 cantare 〉 루어 cânta; 라틴어 facere 〉 루어 face; 라틴어 audire 〉 루어 auzi 등에서와 같이 루마니아어에서 라틴어 동사의 어미 -re가 떨어져나간 시기는 대략 18세기 중반 경으로 추산되고 있다.

88) 1870년에 출판된 치학의 사전 상엔 roman, romăn 등으로 그리고 1905년에 나온 푸슈카리루의 사전에는 romîn으로 표기돼있고 마이어륍케의 사전이 초판이 1822년에 출간됐다는 사실을 가만하더라도 사전 상에는 rumîn, romîn 등으로 표기돼 있는 것으로 미루어보아 오늘날 표준 루마니아어에서 사용되는 형태인 român의 출현 시기는 그다지 오래되지 않은 것으로 사료된다.

89) Tagliavini. 1973. 123; Weisgerber. 1953. 164-166: 시저의 '갈리아 전쟁기(De bello gallico)'나 키케로의 '프로 폰테이오(Pro Fonteio)' 등에서 Volcae 라고 언급됐던 켈트족 계통의 종족을 일컫는 어휘로 사용됐다.

90) Tagliavini. 1973. 123: 중세에 건립된 루마니아의 두 공국들 중의 하나를 당시 주변 민족들에 의해 발라카이(Walachei) 또는 발라키아(Walachia, Wallachia) 등과 같이 일컬었던 반면 루마니아인들은 스스로 차라 로므네아스커(Tara Românească)라고 지칭했다는 것이다.

91) Weisgerber. 1953. 163-164: Volcae인들은 Volcae Tectosages 그룹과 Volcae Arecomici 그룹으로 나눠지게 됐고 이 Volcae Tectosages 그룹이 Tectosages란 이름으로 B.C. 281년에 발칸지역에 출현해서 델피(Delphi)지방을 약탈했다는 보도가 있다.

92) Du Nay 21: 이 반란은 비잔틴제국에 의해 무리하게 강행된 조세제도에 대한 주민들의 항거였으며, 당시 이 지역의 주민은 가축을 사육하는 유목민들로서 대부분 블라흐인들이었던 것으로 알려지고 있다.

93) Dragomir. 1959. 17-30: 드라고미르의 견해에 따르자면 이지역의 블라흐인이 남긴 이름들을 조사해보건 데 대부분 목축업이나 목공업에 종사했었다는 것이다. 예를 들자면 Durmitor은 루마니아어 동사 a dormi(잠자다)에서 유래된 것이고 Visator은 a visa(꿈꾸다)에서, 그리고 Palator은 a spăla(씻다) dptj 유래된 이름이라는 의견이다.

94) Friedwagner, 1934, 702–703: 이 연대기는 오늘날 단지 수도사 Lawrentij의 사본만 보존돼 전해지고 있으므로 일명 Lawrentij–연대기라고 일컬어지고 있으며, 그 내용은 898년에 마자르족(헝가리인)이 발칸지역으로 이주해오면서 블라흐족을 몰아내고 그 지역을 차지하게 됐다는 것이다:

Von Osten gekommen, zogen sie (die Magyaren anno 898) eilends durch das grosse Gebirge, welches man das Ungarische benannte, und begannen die dort lebenden Volochen und Slowenen zu bekriegen. Dort sassen nämlich früher die Slowenen, und die Volochen unterwarfen das Land der Slowenen.

동쪽에서 와서 그들은 (898년 마자르족) 사람들이 '헝가리 산맥'이라고 부른 큰 산맥을 서둘러서 통과하여 그곳에 살고 있는 블라흐족과 슬로베니아인들을 공격하기 시작했다. 그곳에는 이전에 슬로베니아인들이 거주했었으나 블라흐족이 슬로베니아인들의 땅을 정복했다.

95) Szentpétery, 1970, 45: 블라흐족과 관련하여 디음과 같이 언급돼 있다:

...quam terram habitarent Sclaui, Bulgarii et Blacchii ac pastores Romanorum. Quia post mortem Athile regis terram Pannonie Romani dicebant pascua esse eo, quod greges eorum in terra Pannonie pascebantur.

슬라브족과 불가리아족과 로마의 유목민인 블라흐족들이 그 지역에서 거주하고 있었다. 파노니아 지방의 왕인 아틸레(Athile) 가 사망한 후에 로마의 유목민들은 이 지역을 목초지로 지정하고 그 곳에 그들의 가축들을 방목했다.

96) Weisgerber, 1953, 161–190: 고고 독일어휘 Walhos 의 원래 의미는 항 켈트족의 명칭이었던 Volcae로부터 유래된 것으로서 고대 게르만어의 음운변화과정을 거쳐서 모음 o가 a로 변했고 아울러 자음 k가 h로 변하여 Volc– 에서 Walh– 로 됐으며, 그 의미도 '켈트인'이라는 뜻에서 초기 고고 독일어에서 이미 '로마인'이라는 개념을 지니게 됐다는 견해이다.

97) 카라칼라 황제는 212년에 로마제국 내의 모든 정상적인 주민에게 로마시민권과 동일한 자격을 부여한다는 내용의 칙령을 선포했다. 이 칙령에 의거 각 속주의 주민들이 로마인들과 대등한 신분자격을 갖게 됨에 따라 로마인과 현지 주민들 간의 결혼도 잦아지게 됐고 로마 군인들도 정년퇴직 후 복무했던 현지에서 가정을 이루고 거주하게 되는 경우가 급속히 증가하게 됐다.

98) Mommsen, 1882, 28: 요르다네스는 이 사건에 대하여 보도한 다른 로마사가들과는 달리 상당히 주관적으로 보도하고 있다는 점에서 자료의 신빙성을 높게 평가하고 있음.

99) Pippidi, D.M. 1958, 234–264; Daicoviu, C. 1935, 192–209: 다이코비치우만이 2~3세기경 다뉴브 강 이북에서 기독교의 존재에 대해 회의적인 입장이다.

Chapter 5

# 중·근세 여타 외래어의 영향

# Chapter 5 중·근세 여타 외래어의 영향

## 5.1. 헝가리어의 영향

중세로 접어들면서 역사적인 상황에 따라 루마니아어는 발칸지역으로 이주해 온 여러 민족들의 언어들과 접촉이 불가피하게 됐다. 그 중에서도 루마니아어에 가장 큰 영향을 준 것은 헝가리어이다. 마자르족 또는 헝가리인으로 일컬어지는 이들은 소위 피노-우그리아어족에 속해 있는 언어를 구사하고 있었고 우랄 산맥과 볼가강 사이에서 거주했다. 이미 9세기경에 그들의 존재는 돈(Don)강과 드네프르(Dnieper)강 사이에서 보고된 바있다. 그곳에서 페체네그인(Pechenegs)과 불가리아인(Bulgars)과의 전쟁에서 패한 후 그들은 아르파드(Arpad)의 지도하에서 카르파티아 산맥을 가로질러서 파노니아(Pannonia) 지방에 자리 잡았다. 10세기경 이들은 점차 트란실바니아로 넘어와 침략을 시작했지만 그곳의 원주민들은 저항했다. 12세기에 작성된 헝가리의 Gesta Hungarorum에서 익명의 벨라 4세의 비서관은 헝가리인들이 Biharea citadel(오늘날 루마니아의 Bihor)지방의 루마니아인 공작이었던 메누모루트(Menumorut)와 전투를 벌였고 블라흐인과 슬라브인들의 공작이었던 젤루(Gelu)가 지배하고 있던 지역을 점령했다고 언급하고 있다.

그 지역의 통치지들은 10세기에 그들의 완전한 독립을 지키기 위해서 싸웠다. 벨라 왕의 익명의 사가 기술한 그 로마화 한 유목민인 블라흐인들(Blachi ac pastores Romanorum)은 침략자에게 쉽게 양도하지 않았다. 이 지역에서 헝가리 군주국의 통치는 11세기 후반에서 시작한 것으로 알려져 있다. 이와 반대로 헝가리 봉건 왕국에 의한 트란실바니아의 지배는 12세기와 13세기에도 계속됐다. 헝가리인들은 루마니아의 영주들과 공작들이 헝가리에 협력하는 대가로 중세 봉건적 특권을 주었다.

11세기와 12세기에 이미 루마니아어에는 마자르어의 요소가 스며들었다는 것은 분명하다. 이 영향은 주로 어휘적인 면에서 루마니아어로 전파됐는데 주로 사회적인 삶을 나타내는 어휘들이다: oraş(도시), bir(세금), birău(부지사, 장관), bâlci(시장), hotnog(우두머리), docat(공국), hotar(경계), gând(생각), gazdă(주인), nemeş(귀족), pârcălab(지휘자), pârgar, şoltuz(시장, 우두머리), sălaş(주소), uric(재산), viteaz(용감한) 등이 있고, 상업 및 공업 분야의 어휘로는 aldămaş(거래하다), ban(돈), a cheltui(쓰다), chezaş(보증인), (h)eleşteu(연못), hirdău(통), pârâş(원고), marhă(암소, 짐승), meşter(장인, 기능공) , vamă(세관), 등이 있으며, 농경조직에 관한 어휘로는 dijmă(1/10), imaş(공동마을), neam(친척,가족,인종,민족), megieş(이웃) 등이 있고, 군대 용어로는 puşcă(머스켓총, 포), a puşcaş(총잡이, 저격병) 등이 있다.

그밖에도 몇몇 동사들은 마자르어원을 가지고 있지만 남부 슬라브어(불가리아어 또는 세르보-크로티아어)를 통해서 전달된 것으로 알려지고 있다: 예를 들어 a alcătui(구성하다), a bănui(의심하다), a bântui(자주가다), a birui(이기다), a făgădui(약속하다), a ingădui(허락하다), a sudui(남용하다), a tămădui(고치다) 등에서와 같이 접미사 -ui(슬라브어 -ovati, 헝가리어 -i) 및 a felului(대답하다), a pretalui(평가하다)에서처럼 접미사 -alui 와 -ului 등이 합쳐져 형성된 것이다. 또한 헝가리어의 기원으론 루마니아어에 다음과 같은 접미사를 붙인 것들이 존재하고 있다: -aş, -eş -(a)uş. 그밖에도 일부 추상적인 형용사와 명사들도 언급할 만한 가치가 있다: 예를 들자면 gând(생각), chin(고통), fel(종류), hang(반복구, 후렴), pildă(보기), raită(치다). 그리고 일부 구상명사들인 talpă(구두바닥), şir(e)ag(줄, 끈), chip(얼굴), ciupercă(버섯), şoim(매), tâlhar(노상강도) 등이다.

루마니아인과 헝가리인은 이후 수백 년 동안 트란실바니아에서 함께 살아오면서 그곳에는 다코-루마니아어의 여타 하위 방언들에서보다도 마자르어휘가 더 많이 있다. 그러나 다른 한편으론 헝가리어의 방언 속에 루마니아어휘가 굉장히 많이 존재하고 있다는 사실도 간과해서는 안 될 것이다. 특히 그것들은 대부분 목가적인 생활이나 지명 또는 고유명사 등과 연관된 것들이다.

## 5.2. 페체네그어와 쿠만어의 영향

헝가리인들이 트란실바니아에 들어온 이후에 알타이어족의 페체네그족과 쿠만족은 파노니아와 다뉴브 강 이북의 루마니아 지역에서 잠시 함께 머무르게 된다. 페체네그인들이 당시 점차적으로 발라키아(문테니아지방) 평원을 침략한 이유는 쿠만인에게 압박을 받고 있었기 때문이었는데, 그들은 서쪽 지방과 남쪽 지방까지 나아갔고 파노니아와 비잔틴 제국도 침략하기 시작했다. 그러나 그들의 침략은 1091년의 냉혹한 전투에서 비잔틴 인들에 의해 저지된다. 그들이 이 지역에 남긴 발자취는 Peceeaga, Picineaga, Picinegul 등과 같은 지명과 바나트 지역에서 헝가리어의 Pecenoge, 세르비아어의 Pecenejevci 등을 남겼을 뿐이다.

쿠만족에 관해서는 더 많은 이름들과 자료가 남아있다. 11세기 후반, 그들은 페체네그인들이 떠나버린 발라키아와 몰다비아(오늘날 몰도바) 지역을 지배하게 된다. 이들 역시 페체네그인들과 마찬가지로 부족 안에서 소를 사육하고 양을 기르는 유목생활을 했으며 원주민의 영향을 받아서 농사를 짓고 주거지를 마련하기도 했다. 쿠만족의 사회는 계층이 구분돼 있었다. 지도자는 기독교를 채택했고 심지어 1227년에는 Milcov 강 유역에 주교관구를 세워 봉건 관계를 더욱 더 강화 시켰다. 초기에는 루마니아 지역인 몰다비아와 발라키아를 쿠만족의 영토라는 의미로 '쿠마니아'(Cumania)라고 불렀다(Niculescu. 1981. 72).

쿠만족의 지배가 끝나는 시기는 1241년 몽고인의 침략으로 인해서다. 쿠만족의 대부분은 파노니아로 지역으로 달아나서 그 지역의 원주민들과 융화됐고 나머지는 다뉴브 강 이남지방까지 달아났다. 일부 쿠만인들은 그 당시까지도 불가리아 지역에서 그 흔적을 나타내기도 했는데, 그곳에서 그들은 găgăuți 또는 surguci라고 일컬어졌다.

쿠만어의 요소를 확인하는데 있어서 주요 어려움은 터키어의 단어와 유사성이 있다는 것이다. Codex cumanicus[1)]에서 다음과 같이 루마니아어와 공통적인 단어들을 찾을 수 있다: ambar(루어 hambar 헛간), chater(루어 catâr 노새), habar(지식, 암시), maydan(루어 maidan 빈터), murdar(더러운), taman(단지), chinda(루어 chindie 석양) 등.

덴수시아누(O. Densusianu)는 이 외에도 루마니아어에서 쿠만어의 영향에 의한 것으로 다음과 같은 단어들을 예로 들었다: beci(지하실), țoi(브랜디잔), scrum(재) 등. 쿠만어의 흔적은 트란실바니아 지방을 포함하여 루마니아 전역에서 발견된다. 참고로 트란실바니아 지역에선 터키어로부터 차용된 것은 전혀 기록돼 있지 않는다. 남 다뉴브 방언에서도 마찬가지로 대부분이 쿠만어에 기원을 두고 있는 일부 지명과 고유명사들이다: Balaban, Teleorman, Caracal, Cara, Caraiman 등. 그밖에도 쿠만족을 기념하여 루마니아 인들이 지은 지명으로 Comana, Comăneşti 등이 존재하고 있다.

## 5.3. 비잔틴 그리스어의 영향

비잔틴 그리스의 종교, 정치 및 문화와 루마니아 문화와의 만남은 루마니아어에 많은 영향을 끼쳤다. 이는 양대 문화 간의 접촉으로 인한 문화변용의 결과라 볼 수 있다. 그리스어의 영향은 터키의 통치자들과 함께 다수의 그리스인 관료들이 유입되고 통역, 무역 등 다양한 직업에 종사하면서 강화되기 시작한다. 일반적으로 루마니아어에 끼친 그리스어의 영향을 두 시기로 나누는데 첫 번째는 7세기에서 15세기 비잔틴 그리스어와 두 번째는 16세기부터 시작되는 현대 그리스어의 영향이다. 미허에스쿠(H. Mihăescu)은 그의 저서인 「Influența grecească asupra limbii române până în secolul al XV lea. Bucureşti, 1966」(15세기까지 루마니아어에 미친 그리스어의 영향)에서 초기에서부터 시작하는 그리스어에서의 차용시기를 크게 4가지 요소로 구분하고 있다: 첫 번째로 라틴어가 사용되는 다뉴브 지방의 헬레니즘(그리스 문화), 두 번째로 고대 그리스어, 세 번째로 4세기에서 9세기 슬라브어를 통해 미치는 간접적 영향이나 직접적인 비잔틴 문화의 영향, 마지막으로는 아루마니아어(Aromân)에서 발견되는 그리스어적인 요소이다.

초기에 라틴어로 침투하여 여러 로망스어들에서 나타나고 있는 헬레니즘 영향에 따른 어휘들 중에 오늘날 루마니아어에서 발견되고 있는 것으로는 angelus > 루어 înger(천사), basillica > 루어 basilică(교회) 등이 있다.

고대 그리스어는 루마니아어가 독립적으로 존재하지 않았던 시기에 유입됐다. 그 당시 유입된 어휘를 살펴보면 다음과 같다: frică(두려운), broatec(청개구리), cium[(종기), proaspăt(신선한), spân(수염이 없는), sterp(불모지의), astupa(채우다, 막다), trufă(송로버섯의 일종, 초콜릿 과자) 등.

문화변용으로 인해 진행 된 그리스-슬라브어적 요소의 영향은 물론 사회·문화적으로 우위에 있는 특권계층에게서 주로 나타났다. 이러한 그리스-슬라브어적 요소는 라틴어원의 기독교 어휘 확장에 일조했고 비잔틴 그리스어는 루마니아의 국가가 형성되면서 생겨난 다양한 분야의 어휘 확장에 기여했다. 일부 학자들은 루마니아가 주변을 둘러싸고 있는 슬라브 문화의 장벽을 어떻게 극복했는지를 이해했는데 이것은 루마니아에 영향을 미친 그리스-슬라브적인 성격을 동시에 겸비한 독특한 문화 형성을 두고 말하는 것이다. 중세 루마니아어에 끼친 그리스어의 영향을 시대별로 구분하여 살펴보자면 다음과 같다:

❶ 9세기에서 10세기 비잔틴 그리스어의 영향

비잔틴 그리스어는 9세기경 슬라브인들을 통해서 유입됐다. 예를 들면 busuioc(나륵꽃, 향미료로 쓰는 박하나무과 식물), crin(백합), colibă(오두막집), comoară(보물, 재화), corăbie(배), cucuvaie(올빼미), dafin(다프네), disagă(지갑), drum(길) 등이 있다.

9세기와 10세기에 슬라브인들을 통해 유입 된 그리스어는 당시의 비잔틴 종교의식을 불가리아로부터 받아드리면서 이루어졌다:

교회 용어

amin(아멘), alleluia(할레루야), aghiasm[(성수), arhidiacon(부주교), azimă(성찬용 빵), condac(찬송가), minei(미사기도서), liturghie(예배식), icoană(성상), mănăstrie(수도원), călugăr(수도승), episcope(주교), mitră(미터), lavră(유대교회), mir(성서), tipic(의식), metanie(로사리오-묵주를 굴리면서 올리는 기도), cler(교역자), potir(성찬, 미사용 컵)

사람, 동물, 식물에 대한 명칭

isop(이솝), iudeu(유대인), migdal(아몬드나무), aspidă(살무사), lighioană(창조물, 동물), finic(버드나무 가지), nard(은매화 향기), fariseu(바리새인), evreu(유대인)

비잔틴 기독교 의식에서 소개 된 월 명칭

cărdinar(일월), făurar(이월), mărţişor(삼월), prier(사월), florar(오월), cireşar(유월), cuptor(칠월), gustar(팔월), răpciune(구월), brumărel(시월), brumar(십일월), îndrea(십이월)

❷ 10세기에서 13세기 유입된 어휘

이 시기에 나타난 슬라브-비잔틴 어휘들은 루마니아 사람들의 생활수준이 높아졌다는 것을 보여준다.

문화관련 어휘

hârtie(종이), condei(펜), călimară(잉크병), diac(비서)

사회생활 관련 어휘

temei(토대), litră(리터), săpun(비누), pat(침대), orez(쌀), a văpsi(현재 a vopsi로 사용되며 염색하다의 뜻), tigaie(프라이팬), pirostie(삼발이), strachină(움푹 패인 접시), pir(개밀), mireasmă(향수)

상업 및 경제 관련 용어

ieftin(저렴한), a agonisi(저축하다), folos(사용), temelie(기초, 토대), camată(고리대금), argat(농장 노동자),mătase(비단), prisos(과잉), arvună(계약금)

군대용어 및 기타 용어

flamură(군기, 국기), cucură(진동), cart(경계), mânie(분노), urgie(격노)

❸ 13세기에서 14세기 기독교 어휘의 확장

그리스-슬라브어적인 요소는 라틴어원의 기독교 어휘 확장에 기여했다.

cimitir(묘지), eretic(이교도), schit(은둔생활), turlă(교회의 첨탑), paraclis(작은교회), faclă(횃불), eres(미신), egumen(대수도원장), sihastru(수행자), a mărturisi(고백하다), pizmă(야망, 시기), candru(가지가 달린 촛대), chir(영주), zâzanie(영지, 봉토)

❹ 13세기에서 15세기 사이에 루마니아 봉건국가 조직이 형성되면서 사회, 정치, 경제 및 문화적인 개념이 등장했고 이를 적절히 표현할 수 있는 전문적인 명칭이 필요하게 됐다.

catastif(리스트), comis(점원), buzunar(주머니), zahăr(설탕), pitar(식량조달업자), hrisov(공적), plapomă(솜털이불), ducă(지도자), spătar(집사, 재산관리인), logofăt(장관, 대법관), despină(독재자의 부인), cămară(식료품 저장실) 등.

## 5.4. 오스만 터키어의 영향

루마니아에서 터키어적 요소는 종교 등과 같은 정신세계를 표현하는 어휘가 많은 그리스어적인 요소보다는 물질·문명적 성격을 지닌 요소들이 많은 편이다.

Lazăr Şăineau는 그의 저서인 「Influenţa orientală asupra limbei şi culturei române. Bucureşti, 1901」(루마니아 문화 및 언어에 미친 동양적인 영향)에서 루마니아어에서의 터키어적 요소가 동양적 영향의 일부라고 서술했다. 그는 정도의 차이는 있지만 같은 계열의 언어인 쿠만어와 페체네그어의 영향도 터키어와 같은 동양적 영향에서 비롯됐다는 관점에서 연구했다.

루마니아어에 끼친 터키어의 영향은 16세기부터 나타나기 시작한다. 루마니아가 오스만 터키제국의 속국이 된 후 발라키아(문테니아)와 몰다비아(몰도바) 공국들이 터키의 지배하에 들어가기 시작 하는데 당시 텍스트 문헌에는 다소 적은 수의 단어들이 기록돼 있다. 그러나 17세기부터 차용된 터키어원의 어휘수가 급격히 증가했다. 16세기에 터키어로부터 차용된 어휘의 예를 들어 보자면

atlaz(비단), boccea(꾸러미), bogasiu(상인), catifea(벨벳), cearceaf(침대보), haraci(세금, 터키에 바치던 조공), ibric(차 주전자), marmară(손수건), peşcheş(뇌물), tafta(호박단), tipsie(쟁반) 등이 있다. 17세기에 차용된 어휘의 예들로서 abanos(흑단 나무), alai(시종), bacşiş(팁), belea(문제), bidviu(말,군마), bocluc(비탄), buluc(군중, 인파), cafea(커피), calabalâc(무리, 군중), capac(뚜껑), caşcaval(치즈), ceapraz(노끈), ceardac(발코니), chef(주연, 파티), chirie(월세), cioban(양치기), cişmea(물펌프), conac(영지, 봉토), dimie(두꺼운 옷), divan(쇼파), duşman(적), geambaş(상인), giuvaer(보석), hambar(헛간, 외양간), han(여관), harbuz(수박), herghelie(말사육장), iret(교활한), iureş(습격), leaf[(인금), liman(항구), macat(침대의 겉덮개), mahala(슬램가), mangafa(바보, 얼간이), mangal(숯, 목탄), marafet(하찮은 것, 사소한 일), mezat(경매), murdar(더러운), nai(팬파이프), odaie(방), perdea(커튼), raft(선반), saltea(매트리스), samsar(투기꾼), schelă[(항구), soi(종류), surghiun(망명, 유랑), surlă[(트럼펫), taraf(음악 밴드), tichie(모자), ursuz(침울한), zaiafet(흥청거림,큰 술잔치), zaraf(고리대금업자), zor(급한), zorbagiu(반역자) 등이 있다.

터키제국은 루마니아 영주들의 저항이 계속되자 더 이상 루마니아인을 영주로 임명하지 않고 콘스탄티노플의 파날(Fanar)지역에 거주하고 있던 그리스 상인과 학자들을 루마니아 공국의 영주로 임명하게 된다. 이들은 영주로 임명 된 후 루마니아 공국에 대대적인 개혁을 실시하는데 이것은 착취를 하기 위한 개혁이었다. 악랄한 착취로 루마니아는 황폐해지지만 이 기간 동안 유입된 그리스 문화를 통해서 간접적으로 서유럽의 문화를 받아들이기도 한다.

파나리오트 시대(1711~1821)는 터키어의 영향이 강화되기 시작한 시기이다. 터키어의 영향은 이전의 경향과는 달리 현대 그리스어적 요소와 함께 도입되기 시작한다. 다음은 당시 차용된 어휘를 열거해 놓은 것이다. 인상적인 것은 이 어휘들이 생활에 밀접한 관계를 갖고 있다는 것이다. 이 어휘들을 음식, 가정 용품, 상업용어 등의 분야로 나누어 볼 수 있다(A.Rosetti, B.Cazau, Liviu Onu. 1971. 413-414):

음식

Acadea(카라멜), baclava(단 케이크), ciorb[(국), sarma(간 고기를 양배추나 포도 잎으

로 싼 것), iarut(요쿠르트), şerbet(샤베트), pilaf(밥), rachiu(브랜디), magiun(자두잼), ciulama(화이트 소스 스튜), iahnie(콩스튜) 등.

가정용품

farfurie(접시), ciorap(양말), tavan(천장), geam(창문), papuc(슬리퍼), colan(목적이), maramă(실크로 된 머리 장식품), anteriu(무릎길이의 남성용 코트), fildeş(상아), cazan(보일러), ceaun(철주전자), tuci(무쇠) 등.

상업용어

teanc(꾸러미), toptan(도매), amanet(저당물, 전당), cântar(저울), geaba(무료), mofluz(파산), muşteriu(고객), top(용지), para(작은 동전), peşin(현금의, 준비가 된) 등.

그밖에도 이 시기에 차용된 터키어원의 루마니아어휘로는 다음과 같은 것들이 존재하고 있다:

anason(아니스의 열매), arpagic(첫해의 앙파), boiangiu(염색업자), bostan(호박), burghiu(송곳), cais(살구나무), catâr(노새), catran(선원), chimion(커민, 미나리과의 식물), curmal(대추야자), dud(뽕나무), dulgher(목수), habar(생각, 지식), hal(계약, 조건), huzur(여가, 레저), lalea(튤립), naz(변덕), nufăr(수련화), papugiu(제화업자), tabiet(취미), zambilă(히아신스) 등.

**미주**

—

1) 1303년 이탈리아와 독일의 선교들에 의해 편집된 라틴-페르시아어 쿠만어 용어소사전임.

Chapter 6

# 근대 루마니아어

# Chapter 6 근대 루마니아어

루마니아 언어의 역사에서 우리가 소위 '16세기'라고 일컫는 것은 1640년 혹은 1650년까지 지속된 기간을 포함한다. 그것의 경계는 학자들의 견해에 따라 다소 차이가 있다. 덴수시아누, 로세티, 카자쿠, 오누 등은 비교적 보다 간결하게 정리하고 있는 반면에 문테아누, 바실레, 츠라 등과 같은 최근의 루마니아어학자들은 16세기의 루마니아어를 1640년 또는 그 이상까지 늘리는 경향이 있다.[1)] 16세기의 루마니아어의 구조와 17세기 중반까지의 루마니아어의 구조는 텍스트로 남아있는 문헌과 그 문헌이 만들어진 지역에서 구사되고 있는 방언 사이에 밀접한 관계가 놓여 있음을 알 수 있다. 어떤 학자들은 소위 'r'음화 현상이 일어나고 있는 북부지방의 것을 한 그룹으로 그리고 브라쇼브, 시비우, 오러슈티에 등과 같은 트란실바니아의 남부 및 남서부 지방의 문헌들을 구분하려 한다. 예를 들자면 로세티는 방언지역에 따라 문헌들을 구별하려고 시도했다. 그는 또한 북부와 남부 트란실바니아 지방의 결합이라고 묘사했던 바나트(Banat)와 후네도아라(Hunedoara) 지역 방언도 고려했다 (Rosetti. 1978. 492-495). 반면에 우리는 아울러 로세티가 그의 저서의 다른 곳(Rosetti. 1978. 612)에서 '방언의 구분은 북부 트란실바니아와 몰다비아 지방에서 사회적 그룹들과 남부 트란실바니아와 발라키아지방 사이에 더 나아가 트란실바니아 지방에서 이웃 지방으로 이주한 일부 주민들과도 연결고리가 존재한다. 이와 같이 16세기 루마니아어의 음성체계는 오늘날의 것보다 더 현저하게 두드러진 지방색을 나타내고 있었고 그들 중 일부는 공통어의 확산을 통해 사라졌으며, 더 높은 사회적 명성을 누리며, 언어의 일반적인 발전 안에서 지방의 발전 속도의 느림을 뛰어넘었다 (Rosetti. 1978. 612).'라고 언급한 것을 숙고하지 않을 수 없다.

## 6.1. 16~17세기 중반 루마니아어

16세기부터 17세기 중반에 이르기까지 루마니아어의 특징은 유형론적인 측면에서 봤을 때 보수적이거나 혹은 혁신적인 양상을 띤다. 다음과 같은 것들을 그 당시의 특성으로 주목하지 않을 수 없다:

❶ 라틴어에 강세가 없는 a는 ă로 여전히 동화현상(assimilation)을 적용받지 않은 채로 남아있었다. 예를 들자면 băserică (교회, 현대 루마니아어 biserică). blăsteme(저주하다, 현대 blesteme), a rădica(일어서다, 현대 ridica), pãrete(벽, 현대 perete), fămeie(여성, 현대 femeie) 등. 그러나 또한 라틴어원이 아닌 것에 기초를 둔 단어들도 있다. 예를 들어 năsip(모래, 현대 nisip), păhar(술잔, 현대 pahar) 등.

❷ 그 당시에는 아직 라틴어 e 모음의 모음축약 현상이 나타나지 않았다. 예를 들자면 derept(오른쪽, 옳은, 곧은, 현대 drept), a derege(고치다, 개선하다, 현대 a drege) 등.

❸ 그밖에도 또한 i+n이나 m+자음의 상황에서 아직 동화현상은 일어나지 않았다. 예를 들자면 a împle(채우다, 현대 a umple), a îmbla(걷다, 여행하다, 현대 umbla), a îmfla(부풀다, 증가하다, 현대 umfla) 등. 그 당시에 간혹 umplut나 umpluse 등과 같은 동사들의 변화형태를 발견할 수 있지만 그래도 여전히 arepi(날개, 현대 arpi), a ceti(읽다, 현대 a citi), demîneață(아침, 현대 dimineață), neşte(약간, 어떤, 현대 nişte), a nemeri(도착하다, 찾다, 현대 nimeri)에서의 e는 동화현상을 적용받지 않고 있음을 알 수 있다. 하지만 어말모음 -u은 적어도 문자적으로는 보존되고 있다. 예를 들어, domnu(신), semnu(신호) 등을 들 수 있다.

다음 이어지는 것들은 17세기 중반까지 진행된 변화내용들이다:

❶ 강세가 있는 e가 a 또는 e를 만날 때 단모음화가 이루어지는 것으로서 다음의 경우들이다. leage>lege(법, 법규) 등(cf. Rosetti. 1978. 496-499).

❷ en > in으로의 변화 예를 들어 cuvente > cuvinte(단어, 낱말), den > din(-에서, -로부터); în > in으로의 변형 예를 들어 inel(반지), inimă(마음) 등. 또한 hiastru(의붓아들)에서처럼 f+i > hi로 변하는 흔치 않는 예외가 있기는 하지만 그 당시의 언어는 대부분 요드(yod) 앞에 오는 순음들이 변이(innovated)되지 않은 채 그대로 보존되고 있다.

그밖에도 치음들은 변이되지 않고 보존돼 있다. 단지 t', d' 등에서와 같은 상황에서만 즉 구개음화된 형태에서 부분적으로 혼합될 경우만 č/ʧ/, ğ/ʤ/로 변했다. 그리고 파찰음 č와 ğ는 혼합되지 않은 채 보존되고 있다. 단지 지역 방언에 따라 결과적으로 마찰음(fricative)으로 변했는데 이런 현상은 부분적인 배경 하에서만 일어났다.

북부(마라무레슈, 바나트, 몰다비아)지방의 텍스트들에서 나타나고 있는 현상들로는 다음과 같은 것들이 있다:

❶ 파찰음(africates) dz (<라틴어 d+e 또는 i 로 변형된 것), g(<라틴어 j+a 또는 o 또는 u로 변형된 것) 등이 발견되고 있다: a azăcea(눕다, 지금은 a zăcea), dzile(날들, zile), Domnedzău(하나님, 지금은 Dumnezeu), giumătate(절반, 현대 jumătate), guide(판사, 현대 jude 또는 judecător), giudeț (국가, 판단, 현대 județ) 같은 상황에서 발견할 수 있다.

❷ 이중모음 îi(또는 âi)의 부재, 즉 단일 모음화 현상: pîne(빵, 현대 공식적으로 pâine), cîne(개, 현대 câine), mîne(내일, 현대 mâine) 등.

❸ 양순자음 뒤에 오는 e의 탈 구개음화(depalatalization) 현상: iobăscu (나는 사랑한다, 현대 iubesc), mărg(나는 간다, 현대 merg), ivăscu(나는 나타난다, 현대 ivescu)뿐만 아니라, 일부 정해진 파찰음이나 마찰음 뒤에 오는 경우도 마찬가지이다: țîn(나는 잡는다, 유지한다, 현대 țin), dzîc(나는 말한다, 현대 zic), samănă(유사한, 현대 seamănă) 등.

❹ -tor이나 -ar 등과 같은 접미사에서 r음의 연음화(mouillure) 현상: agiutoriu(도움,

현대 ajutor), dătătoriu(주기, 현대 dătător) 등. 그밖에도 많은 다른 경우도 있다. 예를 들자면 ceriul (천국, 하늘, 현대 cerul), boieriu(귀족, 현대 boier), mărgăritariu(진주, 현대 mărgăritar) 등. 반면에 mirule(손, 현대 mâinile), spunere(말하다, 현대 spune), 에서 나타나는 간모음 -n-의 'r'음화 현상(rhotacism) 그러므로 r이나 nr을 만날 경우 나타나는 'r'음화 현상이다. n이 e나 i를 만났을 때 아무런 변화가 일어나지 않고 보존된다. 예를 들어 călccniu(발뒤꿈치, 현대 călcâi), pustińe(사막,버리다, 현대 pustie), cuńe(누구에게, 현대 cui), întîniu(처음, 현대 întâi) 등.

❺ 그리고 혀를 굴려서(rolled) 발음하는 전동음 r 존재: amarră(쓴, 현대 amară), riu(강, 현대 râu), hotarră(국경지방, 미개척의 영역, 현대 hotare) 등. 마지막 현상은 가장 널리 퍼져있다.

남부 혹은 남서부 트란실바니아 뿐만 아니라 발라키아 지방을 포함하는 남부 지방의 텍스트들에서는 많은 변이양상이 나타났음을 알 수 있다:

❶ 라틴어 d(+e 또는 I) > z로 변하는 소위 구개음화 현상: 라틴어 audire > 루어 auzi(듣다), dies > zi(날들), dicere > zice(말하다) 등

❷ 라틴어 야+후설모음(o 또는 u)에서 j로 변하는 현상: 라틴어 deorsum > 루어 jos(아래), 라틴어 adjuto > 루어 ajut(나는 돕는다) 등.

❸ 이중모음화 현상 îi(삽입음 i와 함께): 라틴어 cane(m) > 루어 câine(개), 라틴어 mane > 루어 mâine(내일) 등.

❹ 마찰음 s, z 다음에 나타나는 구개음의 보존: 라틴어 sera > 루어 seară(밤), 라틴어 domine deus > 루어 Dumnezeu(하나님) 등.

팔리아 델 라 오러슈티에(Palia de la Orăştie)의 텍스트들에선 rumân이나 rumânesc의 형태 이외에도 român과 românesc 등과 같은 형태들이 나타나고 있는데 라틴어 형태에 보다 더 가까워지는 것에 의미를 두고자 했을 지도 모른다. 이것은 아울러 아마도 불가타 성경(the Vulgata)이나 헝가리아어의 어원을 통해서 유입됐을 가능성이 다분하다.

17세기 중엽까지 루마니아 문학의 음성학적인(phonetic) 구조는 상당한 동요와 방언적인 차이를 보여준다(Densusianu. 1938, 12). 그 외에도 지역적인 규범에서의 불안정성을 언급하지 않을 수 없을 것이다: 방언의 특징은 항상 텍스트들에서 겹쳐 나타나는 것은 아니다. 이를 테면 발라키아 지방어의 요소가 코레시(Coresi)의 인쇄술의 영향으로 루마니아의 다른 지역에서 구사되는 언어에 의해 다른 지방에서도 나타날 수 있다.

형태론(morphology)적인 면에서 보자면 눈여겨보아야 할 부분은 다음과 같다:

❶ 여성명사(feminine)의 -e복수형이다. 예를 들어 dobînde(이자율, 오늘날 dobânzi), rane(부상, 오늘날 răni), groape(씨, 오늘날gropi), nunte(결혼, 오늘날 nunți), talpe(신발밑창, 오늘날 tălpi) 등; 중성명사-ure 복수형에서는 locure(장소들, 좌석들 오늘날 locuri), chinure(고통, 오늘날 chinuri), ceriure(천국, 오늘날 ceruri) 등.

❷ 소유격-여격 형태 eei나 iei로 끝나는 관사(article)에서 보여지는 pelițeei(몸의, 오늘날pieliței=피부의), judecateei(판결의, 오늘날 judecății), inimiei(마음의, 오늘날 inimii) 그 외에도 또한 남성(masculine) 호격 형태(단수, 복수), -e로 끝나는 정관사의 경우 단수 ome!(사람, 오늘날 omule!, 정관사와 함께), învățătoare! (선생님, 오늘날 învățătorule), nebune!(미친놈, 오늘날 nebunule); 복수 frați! (형제들, fraților), bărbați!(당신들, 오늘날 보통 bărbaților!) 등. 소유격에서의 정관사의 후접어 형태, 즉 남성 명사 lu와 lui을 동반하는 경우, 여성명사를 동반하는 경우에도 역시 후접어 ei 또는 ii을 취한다: a ei noastre credință(문자 그대로, '그녀의 우리의 믿음' Codicele Voronețean에서), ii Sara(문자 그대로, '사라의' Palia de la Orăștie에서) 등.

❸ 동사의 활용에서 부정형(infinitive) -a로 끝나는 동사의 불완료과거(반과거) 시제 모든 인칭에서 다양한 어미변화형태를 발견할 수 있다. 이를 테면 era (~였다), pleca(출발하고 있었다), grăia(말하고 있었다) 등.; 현대 표준 루마니아어에선 이미 사라진 단순 과거 시제 형태의 경우 cerşiiu(나는 요청했다, 오늘날 cerşii, 문자적으로 am cerşit), dediu(나는 줬다, 오늘날 dădui, 또는 문자적으로 am dat), feciu(나는 했다, 오늘날 făcui, 문자적으로 am făcut) 등이나 삼인칭 단수의 경우도 마찬가지이다. 이를 테면 fepse(그는 했다, 오늘날 făcui), ven(r) iu(그는 왔다, 오늘날 veni), vişu(그는 봤다,

오늘날 văzu), scrişu(그는 글을 썼다, 오늘날 scrise) 등. 또한 현대 표준 루마니아어에선 더 이상 사용하지 않는 우언적인(종합적인) 대과거 시제의 경우 era venritu(그는 왔었다), era merşi(그는 갔었다), era înțeles(그는 이해했었다), nu să era culcați(그는 아직 자러 가지 않았었다) 등.

4. 라틴어의 접속형태를 재생한 să나 se와 함께 결합하는 조건법 현재의 경우인데 이를 테면 se feceri (만일 그가 했다면), se ğudecaret(만일 그들이 법원에 출드했다면), să nu fure(만일 그들이 아니었다면) 등이나 우언적(종합적) 조건법 과거 시제에서 vrea동사와 결합했을 경우, 이를 테면 se vrea fi(만일 그들이었었다면), peri-vrea(그는 멸망했었을 텐네), scula-se-vrea(그는 일어났었을 텐데) 등. 또는 조동사 a fi(~이다, ~이 있다)와 함께 사용하여 ară fi adus(그는 가져왔었을 텐데) 등.
5. 긴 부정사를 이용(불변화사 a 와 함께)하거나; 라틴어의 과거분사 형태 fapt (만들어진, 오늘날făcut), întort(돌아온, 오늘날întors) 또는 유사한 형태인 înțelegut(이해된, 오늘날 înteles), învăncut(무찌러진, 오늘날 învins) 등이 있다.

통사론(syntax)적인 관점에서 번역된 텍스트와 원문 간의 차이를 고려해야 할 것이다. 번역문의 구문론적 구조는 슬라브어와 헝가리아의 원문에서부터 차용한 수많은 구문들로 이루어져 있다. 루마니아인의 고유한 언어정신에서만 봤을 때 그러한 구문들은 초기의 번역가들이 기술이 부족한 것과 성경적인 텍스트들을 서투른 언어로 옮기는 데 어려움이나 추상적 용어의 부족, 일부 문학적 전통을 통해 얻어지는 순응성 등의 부족으로 번역가들을 배신했을 것이다(어려움을 겪었을 것이다). 일반적인 결과는 종종 그렇듯 원문어구(phraseology)의 무조건적 모방으로 나타날 수밖에 없었다(Rosrtti. 1978. 577). 반면에 번역되지 않은 원본의 통사론적 구조는 대중적 언어의 표본형태에 보다 근접해 있었다.

다음은 17세기 중반 문어체 루마니아어의 얼마 안 되는 통사론적인 특징들이다:

1. 소유격과 여격의 분석적 전치사 구문들인데 예를 들어 전치사 de의 사용법으로서 cale de cetate(문자적으로 성채의 길), casa de domnul(=문자적으로 주인 집) 등.
2. 전치사 a의 사용법 trestie a cărtulariu(=문자적으로 학자의 갈대), dĕde (el) a

lucrători(그는 노무자들에게 주었다) 등.

❸ 전치사의 대격 구문(전치사 pre > pe와 함께)은 다양한 변화를 했다: 후루무자키 시편(Psaltirrea Hurmuzaki), 보로네츠 시편(Psaltirea Voronețeană) 및 보로네츠 필사본(Codicele Voronețean) 또는 코레시(Coresi)에 의해 인쇄된 텍스트들에서 인칭대명서 직접 목적어는 전치사 pre(오늘날 pe)와 함께 형성되지 않았다(Onu. 1959. 206; Niculescu. 1965. 77). 반면에 1583년 코레시에 의해 인쇄된 복음서 또는 두번째 설교집의 해설(Evanghelia cu tilc or Cazania II)에선 전치사 pre가 나타나고 있다. 비록 복음서 자체 텍스트에는 없었지만 번역되지 않은 텍스트들에소와 같이 아마도 원조 슬리브 텍스트의 영향에 기인하는 것으로 추축된다.

관사들의 사용에서 나타나는 특별한 통사적인 문제점들을 살펴보자면 무엇보다도

❶ 여성명사의 소유격과 여격을 위한 후접어 관사: acest cap de țară a Mulduvei(몰다비아 지역의 저쪽끝자락)와는 대조적으로 Gheorghe a i Mosostoie(Mosostoie의 Gheorghe) 등.

❷ 형용사적인 관사의 활용: spuse ceii fete(자구적 의미, 그가 그 소녀에게 말했다.) 등. 그러나 그것의 부재의 경우 săgetele tarelui(자구적 의미, 강한 자의 화살, celui tare 대신 쓰임)와 병행하여 소유대명사들 앞에서 소유격·여격으로 후접 관사가 쓰임: lui al nostru priiatin(자구적으로, 우리의 친구에게), 대신 또는 a ei voastre credință(자구적으로, 당신의 충성의) 등이 있다.

어휘 분야에 대해 언급하자면, 우선 그 빈약함을 언급하지 않을 수 없게 된다. 이런 거대한 장애물을 극복하기 위해 번역자들은 어휘를 차용했고, 특히 종교, 정치 및 문화적인 개념들 또는 다의어에 의존하는 것들을 명명하기 위해서 외국어로부터 차용해 번역하기도 했다. 루마니아어에서 17세기 중반에 이르기까지 기존의 용어들이 보존되고 있는 것들은 다음과 같다:

agru(뜰, 현대 ogor), arină(모래), auă(포도, 라틴어 uva, 현대 struguri), a cumpli(채우다, 완성하다, 현대 a umple), a deşidera(소원하다, 현대 a dori), a numara(읽다, 현대 단지 셈하다

의 의미로만 쓰임), a deştinge(구별하다, 현대 distinge), gintu(부족, 현대 gintă), i!(가라!, 현대 du-te!), (a se) inveşti(입다, 현대 a (se) imbraca), lucoare(빛, 현대 lumină), măritu(신랑, 현대 mire), temoare(두려움, 현대 teamă), virtute(덕, 가치, 현대 virtute), 등이 있다.

그 당시에 일부 단어들은 다른 의미로 쓰였다:
adunătură(조합, 현대 단지 군중을 의미함), bezaconie(범죄, 불법, 현대 bazaconie 어리석음의 뜻임), bezdnă(낭떠러지의 의미, 현대 beznă 어두움), cătuşe(닻, 현대 수갑의 의미로 쓰임), ciudă와 ciudesă(경이, 전자는 현재 악의, 유감 등의 뜻으로 사용되고 후자는 사라졌음), limbă(사람들, 종족, 현재는 "혀"와 "언어"라는 의미로 쓰임), mişel(가난한, 극빈자, 현재는 부정한, 무뢰한의 혹은 겁이 많은 등의 의미임), peliţă(몸, 현재 피부혹은 필름), prost(단순함, 현재 멍청이 혹은 나쁜). a săruta(경례하다, 현재 키스하다), silă(힘, 현재는 반발), soţie(한패, 현재는 단지 아내의 의미) 등이 있다.

그 당시에 역시 슬라브어와 헝가리아어 용어들도 함께 통용됐다. 그 당시의 사회, 경제, 정치 및 종교적인 현실과 연계해서 기술적인 용어들이 차용됐다. 이를 테면 alămojnă(보시), cislă(회의, 협의), a măhăi(손짓하다, 신호하다), a upovăi(희망하다), a gilălui(증오하다), a felelui(답하다) 등. 16세기와 그 다음 초기 반세기의 언어는 루마니아어가 그 당시의 문화를 접촉할 수 있도록 해 주었다. 비록 완전히 합쳐지지는 못하고, 남부와 북부 간 지역적인 격차는 있었지만, 초기 텍스트들에서 나타나고 있는 루마니아어는 루마니아어 문자표기 상의 어떤 규범을 설정하기 시작했다. 이와 같이 통일된 표준 문어체 언어의 토대가 갖춰지게 됐다.

## 6.2. 17~18세기 루마니아어

17세기 후반에서 18세기 초반에 걸친 루마니아어는 결과적으로 슬라브어를 공식적으로 배제시키는 방향으로 진화했다. 트란실바니아 지방과 발라키아 지방 및 몰다비아 지역에서 처음으로 루마니아어는 교회와 왕족의 사람들에게 소개됐다. 몰다비아 지방의 바실레 루푸(Vasile Lupu)와 발라키아 지방의 마테이 바사랍(Matei Basarab) 그리고 발람(Varlaam), 시미온 슈테판(Simion Ştefan)과 도소프테이(Dosoftei) 같은 박식한 대주교들은 루마니아어로 된 최초의 종교 서적들을 공식적으로 발간하고 번역을 장려하거나 혹은 직접적으로 그 일에 스스로 참여했다.

성직자인 번역자들이 종교적인 가르침들은 전문가가 아닌 학자들이 현대 유럽의 신념에서 벗어나 루마니아어로 쓰는 더 이상 슬라브어를 알지 못하는 민중들의 언어에 퍼뜨려 지도록 해야 한다는 생각에 의해 동기가 부여됐다. 일반적인 사람들의 언어는 더 이상 슬라브 문화적 언어에 비해 하위의 것이나 비속한 것으로 간주되지 않았다. Miron Costin(1633~1691), Constantin Cantacuzino(1650~1716), Dimitrie Cantemir(1673-1723)와 같은 17~18세기 루마니아의 대표적인 인문주의자들은 루마니아어를 문학 작품뿐만 아니라 종교적 언어로서 발전시켜나갈 정도로 루마니아어에 대한 각별한 입장을 공감했다(Panaitescu. 1965. 211).

이것이 당대의 루마니아 학자들이 일반적으로 루마니아어에 대한, 특히 문학적인 루마니아어에 대해 그들의 의견을 진술했던 시기였다. 무엇보다도 그들은 루마니아어의 라틴성과 루마니아가 라틴어로부터 유래했다는 점을 강조했다. 역사가 Grigore Ureche(1590~1647)은 그의 Letopisețul Țării Moldovei(몰도바 지방의 연대기)에서 헝가리, 트란실바니아 그리고 마라무레슈 지역에서 살고 있는 많은 루마니아인들은 그들 모두가 로마의 후손이고 모두 몰다비아 사람들과 같은 지위를 가지고 있다고 주장했다. 또 다른 연대기 작가인 미론 코스틴(Miron Costin)은 그의 저서 De neamul modovenilor(몰다비아 종족에 대해서)에서 몰다비아이들은 이 땅에서 오래전부터 살아온 루마니아인으로서 로마로부터 온 로마인이고 언급하고 있다. 더군다나 코스틴은 그들이 트라이안 황제(Trajanus)에 의해 최초로 설립된 이후 그들이 이 장소들을 떠날 때까지 수많은 사람들이 산과 마라무레슈 지방과 올트 강 유역에서 살았고 그것은 오늘날 몰도바 사람들이 발라키아인들이나 트란실바니아인들과 마찬가지로 그 명칭을 소중히 여기는 것이다.

루마니아어의 라틴적 유래에 대한 생각은 각 지역에 있는 루마니아인들이 하나라는 생각과 연결됐다. 디미트리에 칸테미르(Dimitrie Cantemir)는 루마니아인들이 살고 있는 모든 영토에서 루마니아-몰다비아-발라키아인의 고대성과 통일성에 관해 언급했다. 코스틴은 또한 몰도바 지역과 발라키아 지역에 살고 있는 거주자들과 헝가리아 땅에 살고 있는 루마니아 인들은 모두 같은 인종이고 그들의 시조 또한 같다고 지적했다. 이와 같은 방법으로, 발라키아 연대기 작가인 칸타쿠지노(Canstacuzino)는 트란실바니아의 루마니아인들, 몰다비아인들 그리고 이 영토에서 거주하고 있는 모든 사람들이 같은 종족이고 같은 언어를 사용한다. 그들 모두는 같은 근원에서 나왔고 그것을 유지해왔다고 말했다.

특히 중요한 것은 대주교인 Simion Ştefan, Varlaam 및 Dosoftei에 의해 이 기간 동안에 떠맡아지게 됐다는 사실이다. 문어체 루마니아어에 대한 문제들에 관심을 가진 최초의 루마니아 학자는 시미온 슈테판(Simion Ştefan)이었다. 대주교였던 그는 1648년 알바 율리아(Alba Iulia)에서 출판된 신약성서의 머리말에서 후회하며 루마니아 인들은 모두 비슷하게 말하는데 실패했다 고 기록했다. 그는 아울러 단어들의 가치는 그 단어들의 보급을 균형 잡히게 해야 한다면서, 모든 사람이 그 단어들을 이해할 수 있어야 좋은 것이라고 서술했다. 이와 같이 루마니아 문화에서 처음으로 루마니아어로의 번역하는 문제들이 대두됐다. 슈테판 대주교는 '우리는 모든 사람들을 이해시켜야 했기 때문에 그러한 방법을 만들어 냈다. 또한 우리는 다른 사람들이 예를 들어 synagoque, publican, gangrene 같은 그리스어원의 단어들을 다른 사람들도 계속해서 사용할 수 있도록 남겨두었다. 하지만 루마니아 인들은 그 단어들을 사용하지도 않았고 그것들이 무엇인지도 알지 못하고 있다.'라고 언급했다. 그러므로, 슈테판은 문어체 루마니아어에 신조어의 도입을 통하여 루마니아 단어들을 풍부하게 할 필요성을 인정했다. 그 후 1698년에 그레체아누(Radu Greceanu)도 혼자서 특히 그리스어를 루마니아어로 번역하기란 매우 어렵다. 예를 들어 어떤 그리스어어휘와 지명들은 사전에서 조차 찾을 수 없는 것들이 있으며, 설상 그들이 사전에 실려 있다고 할지라도 이해할 수 없는 것들이어서 번역하기 위해 그것들을 바로 빌려올 수 없다고 비판했다. 그러나 신조어를 통해서 루마니아어의 풍부한 개념을 실제적으로 실용에 훌륭하게 활용했던 사람은 디미트리에 칸테미르(Dimitrie Cantemir)였다. 몰다비아의 왕자였던 그는 차용어휘에만 의존하지 않고 루마니아어에 문화적이고 과학적인 전문용어들을 고안하기 위해 토착어휘를 이용하여 신조어휘를 만들려고 부단히 노력했다. 그는 Istoria ieroglifică(상형문자의 역사)에서 라틴어와 그리스어

요소들을 의미론적으로 그리고 심지어 때로는 어원론적으로 설명하는 모두 260개의 외국어 용어들을 설명하기 위한 단어들을 작성했다. 이것은 루마나이아의 신조어에 대한 최초의 소사전의 출현으로 기록된다. 그것에는 새로운 단어들이 유통되거나 문어체 루마니아어에 침투하는데 실패했다는 것은 두말할 나위가 없다. 사실상 몰다비아 지방의 왕자였던 칸테미르의 작품이나 그의 아이디어나 신조어휘의 창조 등과 같은 것들이 트란실바니아 학파의 학자들에 의해 계승돼 발전됐다.

1640~1780년 기간에 루마니아어로 쓰여진 많은 양의 작품들이 있다. 그중에서도 가장 중요한 문서는 종교적인 것 혹은 종교적인 주제를 가진 문학 작품들이다. 모든 작품들은 다른 루마니아 지방으로 배포됐다. 트란실바니아 지방에선 1648년에 슈테판(Sinion Ştefan)의 지휘아래 신약성서가 번역돼 출판됐고 몰다비아 지방에선 1643년 발람(Varlaam)이 「Cartea românească de învățătură sau cazania」(학습 또는 설교를 위한 루마니아어 교본)을 출판했고 발라키아 지방에선 1688년에 당대의 저명한 형제 학자들인 라두 그레체아누(Radu Greceanu)와 쉐르반 그레체아누(Şerban Greceanu)와 칸타쿠지노(Constantin Cantacuzino)가 가담한 공동작업의 결과로 「Biblia de la Bucureşti」(부쿠레슈티 성경)이 출판됐다. 그리고 이러한 작품들은 모든 루마니아 지방에 보급됐다. 특히 발람의 작품은 많은 대중적인 독자를 즐겼다. 토메스쿠(Mircea Tomescu)는 그의 저서 「Istoria cărții româneşti」Bucureşti. 1968. 69(루마니아 서적의 역사)에서 트란실바니아나 바나트 지방에서 출판된 다른 설교문의 모음집이 발람의 설교문의 발췌문을 포함했다는 것을 보여주었다. 이 설교 문서는 바나트 지방의 티미쇼아라(Timişoara)도시에서 가까운 한 마을에서 전사됐고 그것에 다양한 주석을 단 복사본들이 발라키아와 몰도바 지역에서 발견돼진다(Niculescu. 1978. 99-100). 이들 종교적 작품들이 대개 루마니아인들의 언어학적 그리고 문화적 단일성을 증명해주는 모든 루마니아 종족에 대해 썼다는 것이 또한 중요하다.

물론 그 당시의 기초적인 작품들 외에도 종교적인 글들이 지속적으로 나타났다. Bălgrad(지금의 알바 이울리아)에서는 Scutul Cathehismului(충성을 위한 사과)라는 제목하에서, 약 1640년대에, 그것이 같은 도시 안에서 인쇄돼졌다는 것을 나타내는 유용한 정보에 관해서 쓰여진 Calvinistic Cathehism(칼빈주의의 충성)이라는 책과 Coresi's Cazania의 2권의 발행 등이 그것을 입증해주고 있다.

또한 트란실바니아에서는, 성직자 요안 조바(Ioan Zoba)가 「Sicriul de aur」(금빛 성당, 1683), 「Cărare pre scurt」(지름 길, 1685), 「Ceasloveț」(일과 기도서 소책자, 1689) 그리고 「Molitvenic」(기도책, 1689) 같은 책들을 발간됐다.

개혁에 대항하는 투쟁을 하면서 대주교 발람(Varlaam)은 1645년에 「Răspunsul împotriva Catehhismului calvinesc」(발라키아에서 발간된, 칼뱅주의적 교리문답서)를 썼다. 이와 유사하게 몰다비아 지방의 대주교인 도소프테이(Dosoftei)는 「Dumnedzăiasca liturghie」(신성한 미사,1679), 「Psaltirea slavo-română」(슬라브-루마니아어 찬송가, 1680), 「Moltivănicul de înțăles」(기도문의 해석본, 1681), 「Octoihul」(8가지의 찬송가,1683), 「Parimiile」(속담들, 1683) 등과 같은 루마니아어로 발간되고 번역된 예배에 대한 중요한 책들을 루마니아 교회에 헌정했다. 이러한 일련의 작업들은 교회에 루마니아어를 소개하는데 결정적으로 중요한 역할을 했다.

발라키아에서는 루마니아어로 번역된 교회 책자들이 1640년도에 인쇄돼 출간하기 시작했다. 최초로 출판된 설교서들 중에는 「Evanghelia învățătoare」(복음 설명서, 1642)을 비롯해 슬라브어로된 텍스트와 루마니아어로된 종교 의식서들이 있다: 「Pogribania preoților」(성직자의 종교적 매장, 1650), 「Mistirio」(성례전, 1651), Târnosenie(교회들의 정화 의식, 1652) 등.

1680년 이후에, 출판 활동은 발라키아 지방에서 번성하면서, 부쿠레슈티, 스나고브, 트르고비슈테, 부저우 그리고 름닉 등지에서 발간된 책들은 이전에 루마니아 공국에서 이뤄냈던 무엇들보다도 양적인 면에서나 질적인 면에서도 능가했다. 다른 것들 중에서, 제일 처음으로 나타난 것은 「Evaghelia」(찬송책, 1682), 「Apostorul」(사도 행전, 1683), 그리고 「Biblia de la București」( 부쿠레슈티 성경, 1688) 등이다. 그 후에 대주교 이비레아눌(Antim Ivireanul)의 지도 아래에서 발라키아인들은 루마니아의 미사를 위해 필요한 거의 모든 책들을 출판했다. 이를 테면 「Psaltire」(찬송책, 1694), 「Evaghelie」(복음서, 1697), 「Molitvenic」(기도책자, 1706), 「Osmoglasnic」( 8가지의 찬송가, 1706), 「Octoih」(8가지의 찬송가, 1712), 「Liturghie」( 미사경본) 등이다.

트란실바니아 지방에서의 출판 활동은 1750년 후에 대 전환기를 맞이하게 됐다. 몇몇 책들이 특히 블라즈에서 뿐만 아니라 벌그라드(알바 이울리아), 시비우 그리고 다른 중심지역에서도 출판됐다. : 「Floarea adevărului(진실의 꽃, 1750), 「Ceaslovul」

(일과 기도서, 1751), 「Catehismul」(교리문답서, 1753), 「Strastnicul」(형벌의 책, 1753), 「Liturghierul」(미사, 1756), 「Evanghlia」(복음서, 1756), Octoihu(8가지의 찬송가, 1760)l, Penticostarul(오순절 책자, 1768) 등.

림닉의 주교들 더마스킨(Damaschin), 케사리에(Chesarie) 그리고 필라렛(Filaret)은 「Mineiele」(매일의 미사, 1776~1780)을 출간함으로써 슬라브어에 대한 루마니아어의 승리를 완결 졌다.

같은 시대에 루마니아의 역사서 기술의 출현이 두드러졌다. 가장 가치 있는 저서들은 몰다비아 지방의 연대기 작가들에 의해 쓰여졌다. 1359~1595 시대를 아우르고 있는 우레케(Grigore Ureche)의 「Letopisețul Tării Moldovei, de când s-au descălecat țara şi de cursul anilor şi de viața domnilor」(몰도바 지방의 연대기, 그 공국이이 설립된 이후 군주들의 인생사)를 시작으로 하여 코스틴(Miron Costin)의 「Letopisetul Tarii Moldovei de la Aron Voda incoace」(군주 아론으로부터 현재까지의 몰다비아 지방의 연대기)에 이어서 네쿨체(Ion Neculce)의 「Letopisețul Tării Moldovei de la Dabija Voda până la a doua domnie a lui Constantin Mavrocordat」(군주 다비자로부터 콘스탄틴 마브로고르닷의 두 번째 통치자까지의 몰다비아 지방의 연대기)로 계속 이어진다.

발라키아에서도 역시 Şerban Cantacuzino(1678~1688)와 Constantin Brâncoveanu(1688~1714)의 통치 동안에 다소 문학적인 특성을 지니고 있는 연대기들과 연감들이 그레체아누(Radu Greceanu)에 의해서 쓰여졌다. 이를 테면 「Istoria domniei lui Constantin Basarab Brâncoveanu voievod」(군주 Constantin Basarab Brâncoveanu의 통치 시기의 역사, 1698년 ), 굉장한 재산가인 칸타쿠지노의 「Istoria Tării Rumâneşti」(발라키아의 역사), 그리고 포페스쿠(Rade Popescu)의 「Cronica lui Nicolae Mavrocordat」(Nicolae Mavrocordat 의 연대기,1714) 등이다. 같은 시기에 아울러 몇 가지의 법 규범들이 번역됐거나 혹은 그것들 중 몇몇은 인쇄돼 출판됐다. 게다가 그것들은 교회법에 의거한 작품들이었다. 예를 들어 「Pravila」(올테니아의 수도사인 Mihail Moxa에 의해서 번역된 법 규범), 「Şepte taine」(Chacellor Eustratie에 의해 작성된 작품인 일곱 가지의 미스테리, 1644) 등이 있고 시민법을 쓴 두 저서는 출판됐다: 「Carte românească de învățătură」(학습용 루마니아어 교제, 1646), 「Pravila lui Vasile Lupu」(그리스어와 이탈리아어를 근원으로 번역된 것을 편집한 Hospodar Vasile Lupu의 법 규범으로 잘 알려진 교의에 대한 루마니아어 책) 그리고 「Îndreptarea legii」(법 설명문, 1652, 대부분 1646년 이아쉬에서 발간된 문서들을 복사한 그러나 언어학적으로나 문학적으로 다른 발라키아 지방어의 구조를 채택한 법 설명문) 등이다.

같은 시대에 루마니아어로 쓰여진 최초의 문예작품들의 출현이 목격돼졌다: 코스틴(Miron Costin)의 철학적 시 「Viața Lumii」(세계의 삶, 1680) 그리고 칸테미르(Dimitrie Cantemir)의 우화적인 소설 「Istoria ieroglifică」(상형문자의 역사, 1705) 등이다. 그러나 슬라브어와 그리스어로된 것들로부터 루마니아어로 번역된 셀 수 없이 많은 대중 책들이 루마니아의 전 지역에 널리 보급됐다. 그것들 중에서 가장 잘 알려진 것들은 이를 테면 「Alexandria」(알렉산더 왕의 이야기), 「Floarea darurilor」(영광의 꽃), 「Rujdenița」(탄생의 이야기), 「Esopia」(이솝의 삶과 우화), 「Istoria Troadei」(트로이의 역사), 「Sindipa filozoful」(철학자 신디파), 「Varlaam şi Ioasaf」(Udrişte Năsturel에 의해 번역된 발람과 이오아삽의 이야기) 등이다.

17세기 후반에는 철학, 지질학, 의학, 천문학, 수학 등과 같은 다양한 테마로 된 학문적인 글들이 채택되거나 번역되기 시작했다. 1700년경에는 칸테미르(Dimitrie Cantemir)의 지질학과 동시에 기독교적인 영감의 철학적 글인 「Divanul sau Gâlceava Înțeleptului cu lumea sau Giudețul sufletului cu trupul」(다이반 혹은 세이지의 세계와의 반목 혹은 영혼과 육체 사이의 논쟁 , 1698)이 브라쇼브에서 나타났다. 18세기에는 학문적인 글의 수가 상당히 증가했다. 우르수(N. A. Ursu)는 용어의 목록을 정리한 그의 저서 「Formarea terminologiei ştiințifice româneşti」( 루마니아어 학술용어의 형성)에서 그것들에 대한 각별한 주의를 기울여 조사했다. 특히 루마니아어-슬라브어 또는 슬라브어-루마니아어와 같이 이중언어 소사전들이 편찬됐으며 또한 1757년에 에우스타티에비치(Dimitrie Eustatievici)에 의해 필사된 최초의 루마니아어 문법책이 출간됐다.

17~18세기 루마니아어의 구조는 지난 세기의 문자 및 음성학적인 형태들을 그대로 보존함에 의해 특성이 부여될 수 있다: a împle(채우다, 차다), a îmfle( 부풀다), den(~에서, ~으로부터), dentre(~중에서), amente(기억), easte(현재는 este, ~이다, 있다)와 같은 철자법들, priaten(현재는 prieten, 친구), 철자 끝에 -u가 붙어있는 단어들 예를 들어 니쿨체(Neculce)에 의해서 domnu(영주, 통치자, 군주), fostu(전에의, 전자)가 있다(Iordan. 1954, 337; Rosetti. 1978, 717-721).

이런 발음법의 전통적인 관점들 외에도 특히 발라키아 문헌들에서 a ridica 와 a risipi 등과 더불어 a rădica(현재는 a ridica, 일으키다, 지적하다), a răsipi(현재는 a risipi, 낭비하다)와 같은 혁신적이고 새로운 형태들도 있었다. 아울러 din, dintre, a umfla, a umbla(가다), boier(군주, 부농 특권귀족), grăieşte(그가 말하다), prieten(친구) 등의 음성 형태들은 차차 더 분명하게 됐고 그들은 점진적으로 문어체 표준어가 됐다.

그러나 이 기간 동안 주목할 것은 이를 테면 몰다비아의 코스틴(Miron Costin), 칸테미르(Dimitrie Cantemir) 및 네쿨체(Ion Neculce) 등의 글들에서 일부 지역적인 특성들의 출현이다. 그리고 음성학적인 측면에서와 다음과 같은 변화들이 분명하게 두드러졌다: 강세의 이중모음 ea > é 예를 들자면 avé(가졌다), băté(쳤다), mieluşé(새끼 암양) 또는 강세의 이중모음 ia > ié 예를 들어 abié (거의 ~하지 않다), spăriét (깜짝 놀라서), tăiét(베다의 과거분사) 등. 또는 어말 혹은 어중의 비강세 e의 닫힘(e > i) 예로서 aproapi (근처에), degite(손가락), vinim(우리가 오다) 등. 또는 순음 다음의 비구개음화 현상 예를 들어 bat(현재 băut, 만취한), să margă(현재 să meargă, 그에게 가게 되다) 그리고 s, z, dz, ş, j, ţ 등과 같은 마찰음 다음에 비구개음화현상 이를 테면 sângru(현재 singur 홀로), îngrodzând(현재 îngrozind, 놀라운), sară(현재 seară, 저녁), mojîci(현재 mojici, 촌스러운 사람들), amăţală(현재 ameţeală, 어지러운) 등. 그밖에도 Biblia de la Bucureşti에 있는 f +i의 구개음화현상 예를 들어 hiară (현재 fiară, 야생동물), hiarestreu(현재 fierăstrău, 톱) 그리고 Dosoftei에 의한 p+i의 구개음화현상 예를 들어 chiapteni(현재 piepteni, 머리빗들) 등이 있다.

이런 몰다비아 지방어의 특징들은 다른 지역의 음성적 특성들에서 추가됐다는 점이 지적돼야 할 것이다: 발라키아어의 j, z에 대하여 몰다비아어에선 g, dz 등. 또는 mâne(현재 mâine, 내일), pâne(현재 pâine, 빵), câne(현재 câine, 개)와 같은 발음법. 또한 발라키아어에서 나타나고 있는 지역적인 특성들로는 de(~의), pe(~위에) 대신에 dă, pă 등과 같이 탈 구개음화현상과 재귀대명사 se > să의 경우에서 탈 구개음화현상 등. 이와 같이 17~18세기 언어는 일반적으로 다코-루마니아어의 지역적 특성들을 반영했다.

이 같은 보수적인 경향들은 형태론에서도 나타나고 있다: talpe(현재는 tălpi, 구두밑창), izbînde(현재는 izbînzi, 승리들) 등에서와 같이 -e로 끝나는 여성명사 복수형태;

lucrure(현재는 lucruri, 사물들), podure(현재는 poduri, 교량들), glasure(현재는 glasuri, 목소리들)에서처럼 -ure로 끝나는 중성명사; oame!(현재는 omule! 이보게!), pămînte!(now pamîntule! 오, 세상에!)에서처럼 -e로 끝나는 관사 없는 남성호격; 가령 auz(현재는 aud, 나는 듣는다), văz(현재는 văd, 내가 보다) 그리고 spui(현재는 spun, 나는 말한다)와 같은 요드(히브리어 10번째 자모)화된 동사형태 등이 있다. 이와 함께 일부 새로운(혁신적인) 것들도 나타났었다: 당시의 연대기 작가들의 작품에서 -uri로 끝나는 복수형태들, 소생된 치음의 동사형태들 예를 들어 văd(나는 본다), aud(나는 듣는다); zişu(현재는 zise, 그가 말했다), plînşu(현재는 plînse, 그는 눈물을 흘렸다)종류의 동사형태들은 감소된 반면에 수동의미의 재귀형태 뿐만 아니라 vîndurăm (삽입사 -ră가 포함된 것, 우리는 팔았었다)처럼 과거분사의 형태도 발견할 수 있다; s-au osândit(현재는 a fost osândit, 그는 선고받았었다) 등이 있다. 형태론에서는 또한 지역화의 경향이 있었다: 현대엔 구어체적인 표현으로 간주되는 동사의 미래시제 형태들 이를 테면 발라키아어의 o face에 대하여, 몰다비아어에선 같은 의미로 oi face(내가 할 예정이다), o face(그가 할 예정이다); 몰다비아에서 불변화사의 소유격 관사 a뿐만 아니라 발라키아에서 이것의 가변의 형태들, 즉 al, ai, ale 등이 있으며 또한 지역적 형태들로 우리말'지금'에 해당하는 부사 a(c)mu, 뿐만 아니라 acu(m) 등도 문어체에서 모습을 나타냈다.

그밖에도 우리는 a, de, la 등과 함께 사용된 분석적인 소유격 및 여격을 주목해야 할 것이다: 전치사 a, de, la로 형성된 예를 들어 보자면 purtători de trebile domniei(글자대로, 정부 일들의 심부름꾼), au spus a tot morodul(글자대로: 그들은 모든 사람들에게 말했다) 또는 au dzis la şoltuzul(그들은 시장에게 말했다) 등이 있다. 또한 고유명사에서 전접어 관사(예를 들어 Mihnii-vodă, Radului-Vodă, Brâncoveanului 등에서와 같이 소유격 및 여격으로서); 소유격에서 동격명사의 일치 예를 들어 starea cetății Cameniții(글자대로, Camenița 성의 국가) 등이 있다.

통사론에서, 우리가 일부 고어의 경향이 된 교회 형식의 구조들을 주목하는 것만큼이나 칸테미르(Dimitrie Cantemir)의 지식에 의한 문체의 구조와 도소프테이(Dosoftei)의 시형론의 구조를 간과 할 수 없는 것이 있다. 가령 우리가 Dimitrie Cantemir, Miron Costin 또는 Constantin Cantacuzino와 같은 작가들과 함께 라틴어, 폴란드어 또는 이탈리아어로 된 중세 문학 대표적인 모델들의 영향과 같이

Grigore Ureche 또는 Ion Neculce에 의한 구어체적이고 속적인 표현형식의 영향을 간과해서는 안 될 것이다. 칸테미르는 라틴어, 비잔틴어 그리고 터키어의 영향을 드러내 보이면서 특히 그의 문학적인 학자적 스타일을 가장 독특하게 나타냈다. 전체적으로 이것은 아마도 문헌의 구문상의 그리고 문체의 구조가 보다 더 유연하고 다채롭게 됐었다는 것을 말하는 것일지도 모른다. 그러나 그것들은 이전 세기의 쓸모없게 된 구조들로부터 벗어나지 못했었다.

그 어휘는 다른 것과 구별되는 특징으로써 신조어를 가졌다. 게다가 슬라브어의 용어들은 문학적인 경로들을 통해서 차용됐다. 예를 들어 blagocestie(숭배), cin(계층), preobrajenie(변형), iproci(더 나아가서) 등과 같이 터키어와 현대 그리스어로부터 많은 차용이 있었다. 우리는 이미 슬라브어의 단어들과 심지어 양을 비롯해 가축사육 용어들을 포함하여 가정, 교역, 음식, 의복, 군대, 기술, 식물 등과 같은 일부 의미론적인 영역들에서 16~17세기에 그들의 출현을 논했었다.

18세기 특히 그리스 문화가 좀 더 광범위하게 루마니아 영토로 침투했을 때인 1770년과 1820년사이에 어휘 또한 많은 그리스 신조어의 유입이 나타났다. 몰다비아에서는 1711년에 그리고 발라키아에서는 1715년에 시작한 루마니아 영토의 왕권은 터키 정부에 의해 파나리오트 통치자들(콘스탄티노플 지역 Phanar출신의 그리스인)에게 주어졌다. 그들은 단순한 통치자들로 그들의 역할은 오토만 터키의 지배권을 유지하는 것과 오토만 제국을 위한 곡식과 음식의 공급을 보증하는 것이었다. 그럼에도 불구하고 루마니아영토는 어느 정도의 자치권은 유지했다: 그들은 터키에 의해 점령당하지도 그들의 관할로 들어가지도 않았다. 1821년에 파나리오트 통치의 종말이 초래됐을 때, 투도르 블라디미레스쿠(Tudor Vladimirescu)에 의해 야기된 반란의 강압 아래 몰다비아와 발라키아의 왕권은 터키정부의 결정권에 따라 한 루마니아 영토에서 다른 곳에 이르기까지 변경됐고, 11개 가문의 74명의 통치자들에 의해 차례로 유지됐다. 파나리오트 군주들 중에서 Constantin Mavrocordat, Alxandru Ipsilanti, Grigore Ghica3세 등과 같은 사람들은 자유주의적이고 문화적인 면에서 훌륭하게 솔선수범하기도 했다.

파나리오트 정권의 가장 의미 있는 업적은 그리스문화의 도입과 근대 그리스문화를 통한 프랑스 문화의 도입이었다. 그리스 학교들이 열리게 됐고 기카(Ghica) 가문의 연대기는 말할 나위도 없고 카라제아(Constantin Caragea) 및 포티노(Fotino)와 같은 작가들에 의해 루마니아 영토에 대한 연대기가 그리스어로 기록되기도 했다; 학문상으로, 슬라브어 신학 교육을 대신해서 철학적이고 문학적인 지침이 그리스어로 소개 돼졌다. 아울러 그리스어는 법원의 공식어가 됐다.

18세기 그리스어로부터의 차용어휘는 문어체언어에서 참된 발달을 구현해줌과 더불어 주로 정신적인 면과와 사회생활에 관련된 것들이었다: 예를 들어 교육분야에서 ipochimen(사람), agramat(무지한); 예술 분야에 melos, musicos(음악 단장), tragodie(비극); 종교분야에서 pronie(신의 뜻), arhidiacon(부주교); 가족생활에서 babă(노파), țață(초라한 여자), zulie(질투); 의사소통 분야에서 a filonichisi 말하다, 논하다), polilogie(긴 연설), anafora(공식 보고서), plic(봉투); 정신적인 면에서 anost(둔감한), a catadicsi(황송하게 ~하여 주시다), nostim(즐거움, 좋은), a plictisi(지루하게 하다), filotimie(관대), ifos(거만, 뽐냄); 사회계급에서 arhondologie(왕족의 명감); 정치 및 행정분야에서 anarhie(무정부 상태), a chivernisi(다스리다; 절약하다), eterie(반란), politie(정책), protimisis(우선권, 선택권); 무역 영역에서 apodoxis(영수증), a exoflisi(수행하다), icosar(작은 동전); 의복 영역에서 bibil(레이스), calțavetă(가터), fiong(매듭), fundă(나비매듭), stambă(캘리코) 등. 현대 루마니아어에서 그들은 주로 주로 일상회화에서 가끔씩 욕설 등에서 남아있다.

일부 동사의 활용어미들은 근대 그리스어가 기원이다: -isi, -arsi, -erisi 등은 로망스어 기원의 동사들에서 사용되고 있다: a curisi(치료하다, 병을 낫게 하다), a asigurarisi(보증하다), a apierosi(나타내다; 보내다), a se fandosi(으스대다), a se sclifosi(훌쩍훌쩍 거리다) 등. 대부분의 터키어 요소들이 물질생활에 관련돼 있는 것과는 달리 현대 그리스어적인 요소들은 특히 정신적인 면과 사회생활에 반영된 것을 주목해야 할 것이다.

이와 같이 그리스어와 터키어의 요소들은 어떤 루마니아어의 역사에 포함돼 있는 것으로써 영향으로 간주돼서는 안 될 것이다: 그들은 예를 들어 슬라브어와의 직접적인 접촉결과의 경우에서처럼 루마니아어의 본질적인 문법상의 구조를 바꾸었거나 체계를 변경했을 정도는 아니다. 터키어와 그리스어와의 관계의 경우는 제한된 기간 내에서 강한 침투로 인해 초래할 수 있는 제한된 접촉으로 간주해야 옳을 것이다.

루마니아 언어 전체가 17~18세기 터키어와 그리스어의 침투에 종속됐던 것은 아니었다. 터키어휘와 같이 그리스어의 요소들은 특히 발라키아와 몰다비아 지방에 전파됐고 트란실바니아에는 매우 적은 범위에서 파급됐다. 트란실바니아 지방에선 그리스어휘의 경우 결코 터키어휘 대체할 정도로 영향이 그 지역에 미치지는 않았다. 17~18세기 루마니아 언어의 이중언어적인 상태는 그리스어의 신조어휘를 통해서 표현돼지곤 했던 몰다비아와 발라키아 지방에서의 개념들에 대해 트란실바니아 지방에선 라틴어-헝가리어-독일어 명칭을 가졌다. 다수의 현대 그리스어휘가 사실상 1821년 후에 쇠퇴됐었던 루마니아어로 유입된 것이다.

1740~1780년으로 간주되는 시대에는 지역적 용어들이 또한 특별한 중요성을 지녔다. 음성학이나 형태론적인 면과는 달리 17~18세기 루마니아어휘는 분명히 '지역화'에 의해 특성 지어졌다. Varlaam, Dosoftei, Miron costin 및 Dimitrie Cantemir의 문학 작품에는 제한적인 보급으로 트란실바니아 지방어휘만큼 자주는 아니지만 수많은 지역적 용어들이 있다: agud(좀 더 일반적으로는 dud, 뽕나무), arină(현재는 일반적으로 nisip, 모래), ciobotă(현재는 일반적으로 cizmă, 장화), curechi(현재는 일반적으로 varză, 양배추), feredeu(현재는 지역적으로만, 공용어로는 baie, 욕실), gingină(현재는 일반적으로 gingie, 고무), glod(현재는 단지 지역적으로만 noroi, 진흙), garbuz(현재는 단지 지역적으로만 pepene verde, 수박), mamcă(현재는 일반적으로 doică, 유모), mire(신랑), omăt(현재는 단지 알부 지역의 방언, 표준어 zăpadă, 눈), pântece(복부), a sudui(현재는 단지 지역적으로만 a înjura, 욕설하다), a şugui(현재는 단지 지역적으로만 방언으로 사용됨, 표준어 a glumi, 농담하다), tină(현재 대중적으로 noroi, 진흙), ţinterim(현재는 단지 cimitir, 묘지) 등. 몰다비아어 작품에서 빈번한 a aldui(현재는 a binecuvânta, 축복하다), alenşig(현재는 단지 duşmănie, 불화, 앙심), a bintătui(현재는 apedepsi, 처벌하다), de biu(현재는 din belşug, 풍부한), chischineu(현재는 basma, 두건), cloambă(현재는 단지 creangă, 나무 가지), hasnă(현재는 단지 folos, 유익함, 이용), imală(현재는 단지 지역적으로만 noroi, 진흙), lundişor(현재는 지역적으로만 prostuţ, 어리석은), niştotă(현재는 단지 lipsă로만, 부족, 특히 음식의 부족), pită(현재는 지역적으로 pâine, 빵), poroboc(현재는 copil, 어린이), sucă(현재는 지역적으로 nărav, 습관), tăroasă(현재는 gravidă 또는 일반적으로 borţoasă, 임신한), a zăuita(현재는 지역적으로 a uita 잊다) 등과 같이 수많은 이런 단어들이 몰다비아, 트란실바니아 및 바나트 지방에서 기록된 문헌들

에 의해 퍼뜨려졌다.

이와 같이, 17~18세기 루마니아어의 구조는 루마니아 지역 내에서 구사된 토착어와 발칸지역의 그리스-터키 문화에 동등하게 개발돼 있었음을 입증했다. 따라서 루마니아 문화의 언어가 풍부해지는 현대화의 유익한 과정으로 접어들게 됐다. 코스틴(Miron Costin), 칸테미르(Dimitrie Cantemir) 및 도소프테이(Dosoftei)를 통해서 이 세기들은 처음으로 루마니아 언어를 예술적으로 육성하는 시도를 보였다. 대주교였던 도소프테이의 찬송가와 코스틴의 시는 루마니어로 작시하는 첫 시도였다. 연대기들과 작가미상의 일화를 담은 그의 이야기의 작품들의 수집을 통해서 네쿨체(Ion Neculce)는 루마니아어 산문의 창시자중 한명으로 손꼽히고 있는 반면에 대주교 발람(Varlaam)과 특히 이비레아눌(Antim Ivireanul)은 루마니아 수사학의 기초를 닦아놓았다. 1640~1780년 기간은 루마니아 언어와 문화의 발달과정상 가장 풍부하고 가치 있는 최고의 시대였음은 부인할 수 없을 것이다.

## 6.3. 트란실바니아 학파

루마니아어 역사상 1780~1840년의 기간은 일반적으로는 서유럽을 향한, 특히 서유럽 라틴-로망스어화를 향한 개방의 시대라고 특징을 지을 수 있을 것이다. 그 기간 동안의 루마니아어의 진화과정을 연구하기 위해선 무엇보다도 18세기 후반에 트란실바니아(Transylvania) 지방에서 시작돼 루마니아의 세 지방에서 비록 부수적이기는 하지만 다르게 계속된 한 프로세스의 근원으로 돌아가 볼 필요가 있다. 우리는 그것을 현대 루마니아 언어와 문화의 라틴 로망스 서부 유럽으로의 통합이라 부를 수 있을 것이다. 푸슈카리우(Sextil Puscariu)는 그것을 루마니아어의 재로망스어의 과정이라고 명명했다. 라틴어와 로망스어의 용어들이 산발적이고 아주 우연하게 루마니아어로 유입됐던 전 세기에 비해 1780~1840년 기간은 루마니아인이 거주하고 있는 모든 지역에서 라틴-로망스 문화의 재건설로 이끌었던 일치된 정치 및 사회적 프로그램과 함께 한 의식적인 문화적 및 언어적 현상으로 그 특징을 나타낼 수 있다. 당연하게 18세기의 서부 문화의 대리인이자 수용자로서의 발라키아(Wallachia)와 몰다비아(Moldavia)는 트란실바니아(Transylvania)지방과는 다른 사회적 계층 및 문화적 인 성향을 보이고 있었다. 후자에서 폭력적인 사회적, 국가적, 정치적, 종교적 격동은 루마니아 문화를 라틴-로망스 유럽에 적응시켰고 시작부터 그 안에서 루마니아 민족의 자각과 계몽의 역할을 부여했다.

17~18세기 동안의 발라키아 및 몰다비아 지방에서 감지됐던 서유럽 정신은 그 존재를 실감나게 했다. 비 라틴적 문화와 언어적인 중계자들을 통하여 루마니아인이 라틴 혈통임을 다시금 자각하게 됐다. 피콜로미니(Enea Silbio Piccolomini)에 간접적으로 정통해 있던 몰다비아의 연대기 작가들에 의해 설립된 17세기 폴란드의 문화적 환경 안에서 이탈리아 르네상스의 요소들과의 접촉은 18세기 에 그리스 문화를 따라 서부 유럽화의 가치를 발라키아 지방에 퍼뜨렸다.

그리고 몰다비아의 밀레스쿠(Nicolae Milescu)와 발라키아의 칸타쿠지노(Constantin Cantacuzino)와 같이 현대 그리스 문화에서 훈련된 지식인들이 서유럽, 특히 베니스와의 문화 및 외교적 관계에 활용됐던 것은 단순한 사건이 아니었다. 브른코베아누(Constantin Brâncoveanu)왕자 자신은 Nicolas Comnen Papadopoulos라고 불리는 이탈리아에 살고 있는 한 그리스인과 왕래했고, 이즈미르(Izmir)에서 베니스 영사와 가까운 관계를 즐겼으며, 파두아(Padua)에서 그들의 학문연구를 계속하기 위하여 그리스계의 루마니아인 학자들을 보내었다. 바로 거기가 칸타쿠지노(Constantin Cantacuzino)가 콘스탄티노플에서 지낸 기간 이후에 그의 학문을 마무리 지은 곳이다. 그리고 다시 그의 아들 Raducanu Cantacuzino가 공부할 목족으로 베니스로 보내졌다.

현대 그리스 요소 유입의 절정기였던 18세기에 발라키아의 연대기작가들은 현대 그리스를 통하여 로망스기원(특히 이탈리아어)의 신조어휘를 소개했다. 그 시기의 루마니아어휘가 물질문화의 대상들에 대한 그리스-이탈리아어의 이름들과 함께 풍부해진 것은 동부 발칸 문화를 통한 것이었다.

그렇게 중재된 서부와의 접촉은 현대 문어체 루마니아어 건설과정의 초기 단계였다. 최초의 서부 라틴-로망스어휘적인 요소는 그것의 기초와 스타일에 있어서는 비잔틴 구조에 입각한 시기에 접목됐다. 그러나 그것은 그 자신의 문화 유형에 따라서 사가마다 차이가 있었다. 폴란드어, 터키어, 러시아어, 그리스어 등과 같은 동유럽문화를 통하여 중재 된 서유럽과의 교류초기의 성격은 점차적으로 격차가 발생했다. 한편으로 발라키아 지방의 연대기작가들 또는 심지어 몰다비아의 네쿨체(Ion Neculce)조차도 토착어(방언)의 세속화와 다른 한편으로는 코스틴(Miron Costin)의 고전주의적 엄격함과 중세 수사학의 모든 규칙을 따라 이국의 문화적 중심지에서 교육을 받은 칸테미르(Dimitrie Cantemir)의 예술적 숙련이 있었다. 그들 작가들 가운데서도 칸타쿠지노(Constantin Cantacuzino)는 독자적인 입지를 유지했다. 그에게는 라틴 모델의 영향은 콘스탄티노플과 파두아 에서 그가 연구한 것에 따라 비잔틴 문체의 왜곡에 의해 상쇄됐다.

이 모든 것들이 역사적 문학과 그 시기의 발라키아 지방의 칸타쿠지노나 몰다비나 지방의 칸테미르와 같은 당대의 대학자들의 작품들이 -그들 각자는 동유럽과 중재를 통하여 서유럽의 라틴-로망스적인 가치를 발견했던 그들 자신의 방식으로 - 비잔틴 모델의 모방에 의해 그 시기에 구조된 루마니아 문화언어로 유입된 수많은 서유럽 요소들의 침투를 위한 중요한 채널을 형성했음을 증명한다. 그리하여 우리가 문어체 루마니아어의 개시가 서유럽에서부터 왔다는 사실은 역사적 문헌에 의한 것이다.

라틴-로망스권의 중부 유럽 문화와의 직접적인 접촉은 18세기 중반 트란실바니아 지방으로 거슬러 올라간다. 서부 유럽인의 정신은 트란실바니아 학파의 등장보다 앞서 정치, 종교, 문화적 사건들에서 그 이정표를 남겼다. 덴수시아누(O. Densusianu)는 17~18세기에 트란실바니아에서 오스트리아에 의해 촉진된 로마-가톨릭 교회와의 종교 연합의 역할을 지적했다. 그것은 보다 높은 지적수준의 혜택을 누릴 수 있는 권리를 얻은 루마니아인에게 수많은 문화적 이점을 가져왔다. 로마-가톨릭교회와의 연합은 종교적 행동에 잘 닦인 국민적 의의와 목적을 수여했던 루마니아 사회적 동력의 주장을 불러왔다. 실제로 로마와의 연합은 대 분쟁을 촉발시켰다. 그것은 정치적 행동의 도구인 동시에 무기가 되면서 루마니아인의 주요 국민적 요구사항에 종속된 것이었다. 루마니아인의 문화적 부흥기에서 주요 지도자는 미쿠-클라인(Inocentiu Micu-Clain)주교였다. 그는 1738년에 오스트리아인 황제 Charles 6세로부터 블리지(Blaj)에 수도원과 신학교를 건설하는 허가를 받았다. 그리하여 Blaj에 학교가 지어졌다. 나아가 1743년부터는 그의 자금으로부터 젊은 루마니아인들이 로마에 있는 데 프로파간다 피데(De propaganda fide)대학에 보내졌다.

트란실바니아에 라틴 학교들을 세움과 동시에 1738년에 한 수녀원과 1734년에 한 학교를 설립하고 오스트리아의 황제 찰스 6세의 승인과 함께 미쿠-클라인 주교의 직접적인 지도하에서 20명의 젊은이들이 기숙하면서 라틴어를 교육받을 수 있도록 했다. 트란실바니아 지방에 민족적인 개성에 대한 인식하에서 루마니아인의 타 민족들에 비교하여 독특한 정체성의 차이를 의미하는 소위 하나의 'Abstand'의 아이디어가 이르게 됐다. 바로 그곳, 즉 트란실바니아 지방에서 루마니아의 문화가 라틴 문화에 기반을 두고 있다는 점을 강조하는 루마니아어의 라틴기원에 대한 주장의 거대한 운동이 시작됐다.

사무엘 미쿠(Samuel Micu) 는 그의 「Scurtă cunoştinţa a istoriei românilor」(루마니아 역사의 개관)에서 루마니이아인에게 다음과 같이 특별히 감동적으로 호소했다(cf. Fugariu. 1970. 1):

"O cuvântătorule rumâne primeşte această puţintică, dar 쳐 multă osteneală şi priveghe adunată istorie a neamului iău şi , au tu te nevoieşte, au, de nu poţi tu, îndeamnă şi ajută pre alţii care pot, ca mai pre lung şi mai pre larg, lucrulire rumâneşti să le scrie şi la tot neamul cunoscute să le facă... ca cei buni să se laude întru neamurile neamurilor, iar cei răi şi cei nevrednici să se ruşineze şi să înceapă a lepăda simţirea cea dobitocească şi a fi oameni rumâni, adecă desăvârşiţi, că mult iaste a fi născut rumân."

"오, 루마니아어 구사자여 비록 힘들여 만들어지고 끈기 있게 응집된 너의 종족의 역사일지라도 이 작음을 받아들여라. 그리고 너 홀로 투쟁하거나 혹은 만약 네가 스스로 할 수 없다면 더욱 광범위하게 그리고 길이길이 루마니아인의 진실에 대해 쓰기 위하여 그리고 그들을 모든 너의 나라에 알릴 수 있도록 악한 것과 가치 없는 것들은 수치스러우며 그리하여 유기되기 시작하기 위하여 모든 종족 가운데 영광의 자리를 선한 것이 차지할 수 있도록  할 수 있는 다른 이들을 돕고 격려하여 노력하게 하라."

후에 마요르(Petru Maior, 1754~1821)는 루마니아인들이 나중에 그들이 숭고한 종족의 후손이라는 것을 알게 될 때 그들 모두가 용기를 내어 인간성과 예의범절에 있어 조상의 본보기를 따르도록 할 것을 주장했다.

이와 같이 트란실바니아 지방에서 루마니아 사회의 역사적 진실성이 확립됐다. 트란실바니아 루마니아인의 자율성, 국민적 정체성과 역사적 근원이 루마니아 국민의 문화적 형체를 만드는 필요성을 이끌어 냈다. 그들의 문화적 사회적 해방을 위하여 미쿠-클라인(Inocentiu Micu-Clain, 1692~1768), 미쿠(Samuel Micu, 1745~1806), 쉰카이(Gheorghe Şincai, 1753~1816), 마요르(Petru Maior, 1754~1821), 부다이-델레아누(Ioan Budai-Deleanu, 1760~1830) 등을 포함한 수많은 인사들이 국가의 번영과 루마니아인의 권익을 위하여 요고비치(Paul Iogovici, 1764-1808), 몰나르-피우아리우(I. Molnar-Piuariu, 1741~1815), 다이코노비치-로가(C. Diaconovici-Loga, 1770~1850) 등과 같은 수많은 지식인들과 함께 투쟁했다. 그들은 루마니아 문화 및 언어학의 역사가 지칭했던 'Şcoala Ardeleană'(트란실바니아 학파) 혹은 일명 'Şcoala latinistă'(라틴 학파)을 설립했다.

트란실바니아 학파에 속해있는 학자들이 가장 중요하게 여겼던 행동강령은 루마니아어의 표준화와 단일화 및 양성화를 위한 투쟁이었다. 교화된 언어를 위한 규범 개념이 등장한 것은 그들의 작업으로부터 시작됐다. 쉰카이(Gheorghe Şincai)는 그의 「Catehismul cel mare」(대 교리문답서, 1783)에서 18세기의 계몽된 개념을 사용한 최초의 학자인 듯하다:

> "..,în care muncă a mea m-am sârguit cât am putut ca de la cuvintele şi 패규딜 cele româneşti nicicum să nu mă abat şi depărtez, şi să le aleg... nu pentru altă ceva fără numai ca prin normă... să se îndrepte şi să sporească limba noastră, precom şi a altor neamuri"

> "..,나는 내 작업에서 내가 할 수 있는 한 루마니아어휘나 구절로부터 벗어나지 않고 어떻게 해서라도 그것들을 선택하려고 애써왔다. 한 규범을 통하여 여타 민족들의 언어만큼이나 우리 언어를 증가시키고 수정하려는 유일한 목적으로",

언어, 문법, 사전의 문제들이 가장 중요한 관건이 됐다. 미쿠(Samuel Micu)와 쉰카이(Gheorghe Şincai)는 1780년에 오스트리아의 빈에서 「Elementa linguae daco-romanae sive valachicae」(다코-루마니아어 혹은 발라키아어의 요소)을 출판했고 템페아(Radfu Tempea)는 1798년에 「Gramatica rumânească」(루마니아어 문법)을 요르고비치(Paul Iorgovici)는 1799년에 「Observații de limba rumânească」(루마니아어에 대한 고찰)을 발간했다. 그밖에도 미쿠와 쉰카이가 1788년 빈에서 공동으로 「Deutsch-walachische Sprachlehre」(독일어-발라키아어 언어교습서)를 출판했다. 이런 책들이 모두 루마니아어를 묘사하려는 시도들을 구현하고 루마니아어의 구조및 루마니아어의 기능의 메커니즘을 알리고 하나의 통일된 규범을 장려하고자 한 것들이었다.

트란실바니아 지방에서 루마니아인의 민족적이고 사회-정치적 주장을 위한 투쟁에서 같은 문화 언어적 가치가 라틴 철자들이 루마니아어 쓰기에 소개되면서 촉진됐다. 다음은 미쿠(Samuel Micu)가 1801년에 쓴 그의 「Către cetitoriu」(독자들에게)의 서문에서 언급한 내용이다(Fugariu. 1970. 273):

> "..,am judecat că noi, cei ce sântem romani să punem într-această cărticică literele noastre cele vechi şi părinteşti. Şi să socotim că fieştecărui adevărat român înțelept şi cu minte bună, mai plăcea-i-va cele părinteşti de câte cele streine, care pre neamul nostru la mare barbarie l-au adus"

> "우리는 우리 로마인들이 우리의 오랜 어버이의 글자들의 소책자에서 사용해야만 한다고 생각했다. 우리는 또한 어떤 참되고 현명하고 건전한 루마니아인이라면 우리 민족을 야만적인 것으로 가져가게 한 외국의 것들 보다 조상으로부터 물려받은 것들을 더욱 즐길 것이라고 생각했다."

라틴 알파벳을 루마니아어 쓰기체제에 적용하려는 미쿠(Samuel Micu)의 노력은 그의 1779년 빈에서 출판한 「Cartea de rogacioni pentru evlavia homului chrestin」(기독교신자의 예배를 위한 기도서)의 끝부분에서 저자는 그가 사용한 알파벳과 라틴-슬라브어의 문자들의 상응성에 대하여 언급하고 있다. 물론 미쿠(Samuel Micu)에 의해 제의된 그 철자체계는 어원적으로 모든 루마니아어의 현상들을 라틴 알파벳으로 복원하고자 하는 것이었다. [ă]은 caldare(현대 caldare, 물통)에서와 같이 a 또는 septemana (현재 săptămână, 주일)에서 보여주듯이 e로 나타내어졌다; [i]의 말소리는 어두에선 i로 어중에선 e 또는 a로 표기됐다. 예를 들어 fen (현대 fin, 건초), camp(현대 câmp, 벌판) 그리고 târg(야시장, 전시장)에서와 같이 â로 되는 경우들도 있다; [u]의 소리는 rogacione(현대 rugăciune, 기도) 등에서와 같이 o로 됐다; [che]와 [ghe]은 glacia(현대 gheață, 얼음), clave(현대 cheie, 열쇠) 등에서와 같이 각각 cl, gl이 변했다; 그 밖에도 qu-은 quare(현대 care, 누구 또는 관계대명사), quand(현대 când, 언제) 등에서와 같이 c로 됐다; [ea]와 [ia]은 epa(현대 암말), herva(현대 iarba, 잔디) 등에서와 같이 e가 변한 것이다; [st+e] 또는 [st+i]은 crescere(현대 creştere, 성장) 또는 esti(현대 eşti, a fi 동사의 2인칭 단수 활용형) 등에서와 같이 sc의 변형이다; [mn] 또는 [mi]은 pugn(현대 pumn, 주먹), gnell( 현대 miel, 양) 등의 예시에서 보여주듯이 gn으로부터 변형된 것이다. 또한 hom(현대 om, 인간), hora(현대 ora, 시간) 등에서 h와 같이 오늘날 어떤 음가도 지니고 있지 않은, 즉 탈락된 철자들도 있다.

일부 트란실바니아 학파의 다른 대표자들은 그들의 사회, 정치, 문화적 프로그램과 조화를 이루는 주도권을 잡기 위하여 키릴알파벳을 라틴 알파벳으로 대체하자고 주장했다. 그 당시 또한 일부 학자들은 음성학적인 철자법에 따라 변화를 시도했다. 이를 테면 음가 [î]을 위해 â, î, ê 등을 제안했고 오늘날 쓰이고 있는 [ea], [ia] 등과 함께 자음군 cl, gl 등을 각기 [che], [ghe] 등으로 표기하는 것과 h의 삭제 등을 제시했다.[2] 19세기 트란실바니아 지방에선 전반적으로 라틴철자법을 이용한 어원적인 표기법의 필요성에 대한 주장이 확산됐고 이런 사상은 루마니아 전역의 모든 학자들에게 영향을 끼치게 됐다.

## 6.4. 18~19세기 트란실바니아 지방의 문화언어

당시 트란실바니아 지방의 문화언어는 철학적이고 정치적인 용어들을 현대 그리스어로부터 차용해 사용했던 발라키아나 몰다비아 지방과는 차이를 보였다. 트란실바니아 지방에선 상당수의 학술용어 신조어휘들이 서구문화를 장려했던 학자들의 언어 속으로 은연중에 파고들었다. 이런 어휘들은 이탈리아어로부터 직접 차용되기도 했고 적지 않은 수는 현대 그리어의 이탈리아적인 요소로부터 차용된 것들이다. 이와 같은 어휘들 중에는 지리학과 자연과학의 전문용어들을 언급하지 않을 수 없을 것이다. 1796년 Amfilohie Hotiniul에 의해 출판된 「Gramatica de la învățătura fizicii」(물리학 학습의 문법)의 내용 중에서 예를 들어보자면 arcipelag(현재 arhipelag, 다도해), orizonte(현재 orizont, 지평선), ovest(현재 est, 동쪽), satelite(현재 satelit, 위성) 등이나 apendolo(현재 pendul, 진자 ), ecfatore(현재 ecuator, 적도), emisfero(현재 emisferă, 반구) 등이다. 그밖에도 이탈리아어의 문법 용어로부터 차용된 grammatica(현재 gramatică, 문법), propozițione(현재 propoziție, 절, 문장), nome(현재 nume, 이름, 명사), pronome(현재 pronume, 대명사) 등이 있다.

이와 같이 루마니아 공국들에서 문어체 루마니아어는 서유럽에서 영향을 받았다고 볼 수 있을 것이다. 물론 일부 학자들은 현대 그리스 문화를 공부했거나 이탈리아와 직접적인 접촉을 통하기도 했다. 그러나 분명한 것은 교양 있는 언어의 서구화는 제한된 학문적인 용어들을 통하여 서구화됐다는 사실이다. 그것은 트란실바니아 지방에서 사용된 수학용어의 라틴성과 혼티니울(Amfilohie Hotiniul)의 집필에 의해 같은 시기에 몰다비아 지방에서 대중화 한 이탈리아어적인 것과를 비교하는 것은 의미 있는 일일 것이다. 동시에 1806년에서 1810까지 기간에 물리학, 화학, 의학 등의 전문용어들이 서부 로망스어적인 요소가 나타나고 있음을 보여주고 있다. 그러나 같은 시기에 현대 그리스어적인 요소는 루마니아 문화언어에서 많은 의미론적인 분야를 확장시켰다. 그들은 국가의 정치적 및 행정적 조직에 관련된 개념들을 명확하게 정리했다: politie( 도시, 현재 사라짐), politicesc(현재 politic, 정치의), anarhie(무정부상태), eterie(반항하다), anafora(직무상의 보고서), catagrafie(직무상의 기록) 등; 법률분야 clironom(현재 사라짐, 상속인), protimisis(현재 사라짐, 더 좋아함) 등: 지적인 삶 a paradosi(현재 사라짐, 가르치다), a silabisi(음절로 나누다), ritoricesc(현재 retoric, 수사학), ipochimen(현재 오직 익살스러움, 익살스런 사람); 예술분야 musicos(현재 사라짐, 음악완성), melos, psaltichie(현재 사라짐, 종교적인 음악) 등. 현대 그리스어휘의 영향은 1790년부터 1821년에 절정을 이뤘고 그 시대의 대부분은 사회의 고위층이나 왕자의 지위에 있거나 고위 성직자들이나 사업인들의 써클 내에서 유통됐었다.

쉽게 말하자면 트란실바니아 지방은 일반적인 행동의 부분으로서 이론적으로 뒷받침이 됐고 실제적으로도 여러 문화적인 요소들에서, 심지어 철학에서도 성취했던 새로운 어휘와 개념을 소개했다: 미쿠(Samuel Micu)는 natură(자연), idee(생각, 사상), experiență(경험), societate(사회) 등과 같은 용어들을 사용했다. 반면에 발라키아와 몰다비아 지방에선 이러한 혁신들이 개인적으로 이탈리아와 밀접한 접촉을 유지했던 버커레스쿠(Ienăchiță Văcărescu)나 혼티니울(Amfilohie Hotiniul) 등과 같은 지식인들의 개인적인 주도권으로 인해 학술용어에 한정돼질 수밖에 없었다.

그러므로 몰다비아-발라키아 지방의 서구에 대한 개방은 그리스 문화의 국한된 범위안에서 일어났다. 그 초기 과정에서 일부 돌출한 위인들을 통하여 이탈리아와 언어 및 문화적인 접촉을 했다. 그러나 당시 발라키아와 몰다비아 지방의 다른 지식인들은 동양적인 전통을 유지하기를 원했다. 그러므로 중요한 동시성과 통일성 안에서 즉각적인 서구와의 친선도모의 과정도 있었지만 루마니아의 모든 지방들에서 한결 같지 않았고 의견들이 다양했다: 트란실바니아 지방이 이론적인 면에서 민중의 운동으로 굳건한 진보적인 입장인 반면 발라키아와 몰다비아 지방은 여전히 개인적인 주도권에 의해 초기에 달성한 단계에 머물고 있었다.

1805년경 서부 로망스어적인 요소의 침투는 루마니아 문화에 강력한 영향을 끼쳤다. 당시의 문화적 및 언어적인 현상은 지금까지 충분하게 강조됐던 바와 같이 한 중대한 사실과 연결돼 있다는 점이다. 헝가리의 부다대학의 인쇄소에서 루마니아인의 책들을 위해 루마니아인 미쿠(Samuel Micu), 쉰카이(Gheorghe Şincai), 마요르(Petru Maior) 등과 같은 루마니아인들이 루마니아 책들의 출판을 위해 비평가나 감독관의 직위에 임명됐다는 사실이다.

1804년에 미쿠(Samuel Micu)가 쉰카이(Gheorghe Şincai)와 함께 "Imperial Printing-House"(제국인쇄소)에 교정원으로 임명돼 근무했고 미쿠가 사망한 이후 1806년에 쉰카이(Gheorghe Şincai)에게 검열관직이 인계됐다. 그 후 1809년에 마요르(Petru Maior)가 부다로 왔으며 쉰카이로부터 검열관 직을 물려받아 성공적으로 임무를 완수했다.

1806년 미쿠의 주도하에 부다에서 루마니아어의 달력 시리즈 출판의 막을 열게 됐다. 그 작업은 1807년에서 1808년에 쉰카이에 의해 그 다음 해에는 마요르(Petru Maior)에 의해 속계됐다.

루마니아인의 연합교회가 루마니아 정교회와 함께 루마니아 문화를 서방에 대폭적으로 개방했던 헝가리 부다대학의 제국인쇄소를 중심으로 펼쳐진 이러한 활기찬 활동은 1805년과 1806년을 시점으로 역사, 철학, 신학, 실용적인 자연과학 분야의 수많은 루마니아 책들에서 서구의 어휘적인 요소들이 대 홍수를 이루게 됐다.

그 당시 트란실바니아 지방에서는 마요르의 친구이자 보조원이었던 부다이-델레아누(Ion-Budai Deleanu) 블라지(Blaj)에서 도제훈련을 받고 있었다. 그는 18세기 말에 시작하여 1812년에 끝낸 위대한 영웅 서사시 Ţiganiada를 집필했고 그밖에도 수많은 저서 및 사전류를 편찬했다.

그러므로 쉰카이, 마요르 그리고 마지막으로 부다이 델레아누(Ion Budai-Deleanu)를 통하여 현대 루마니아어의 로망스적인 서구화의 최고점에 도달 할 수 있었음을 이해하는 것은 그다지 어려운 일이 아닐 것이다. 1805~1806년으로부터 1812년~1820년에 이르기까지 트란실바니아 지방은 라틴-로망스 유럽과 직접적으로 접촉하면서 점차적으로 서구의 문화영역으로 빠져들어 갔다.

## 6.5. 18~19세기 발라키아 지방에서 루마니아문화 및 언어의 서구화

발라키아와 몰다비아 지방에서 발생된 루마니아 문화 및 언어의 로망스적인 서구화를 위한 오리엔테이션은 비록 같은 가간 동안이라고 할지라도 트란실바니아 지방과는 완전히 다른 방법이었다. 그들의 문화적인 범위의 첫 번째 특징은 유럽과의 문화적인 접촉에 대한 자각의식의 발전상에서 더딘 행보였다. 비록 콘스탄틴 브른코베아누(Constantin Brâncoveanu)의 추진 아래서 실시됐다 할지라도, 「Fioer di virt」은 Floarea darurilor(축복의 꽃)으로 번역돼 1770년에 스나고브(Snagov)에서 출판됐고 「Fiore di filosofi e d'altri savi」은 1773년 트르고비슈테(Târgovişte)에서 Pilde filozoficeşti(철학적 비유)로 번역됐다. 이것들이 감수성이 예민한 대중의 존재를 암시할지도 모른다. 반면 오스트리아의 빈에서 라틴어와 이탈리아어를 공부하고 그의 뜻에 따라 그의 아들도 그런 언어들을 배우도록 한 마테이 크레출레스쿠(Matei Crețulescu)같은 귀족은 유럽의 기준에 따르는 필요성만을 18세의 마지막 10년까지도 주장했다; 이것은 대표자들이 했고, 당시 문화적 및 종교적 중심지에서 름닉(Râmnic)의 주교와 같은 고위 성직자의 대표들과 소수의 문명화한 원주민의 귀족들과 상인 및 학자들에 의해 실시됐다.

름닉(Râmnic)에 소재한 인쇄소는 당시 트란실바니아 지방의 문화적 중심지였던 시비우와 밀접한 접촉을 유지하면서 18세기 전반에 걸쳐 활동했고 가톨릭 영향에 대항하기 위해 트란실바니아 지방의 전 지역에 루마니아어 책들이 유통될 수 있도록 노력을 경주했다. 18세기 초(1719년)에 여전히 다마스킨(Damaschin)은 크라이오바(Craiova)에 라틴학교와 름닉(Râmnic)에 루마니아 학교를 설립하기를 희망했고 실제로 트란실바니아와 바나트 지방에 름닉에서 인쇄된 루마니아어 책들을 보급시킬 수 있도록 궁정 의회에 허락을 요청했다(cf. Duțu. 1968. 125).

18세기 말 무렵 황제 요셉(Joseph) 1세의 관대한 종교적인 무관심의 배경에 대항해서 루마니아연합 가톨릭교도들을 열중시켰던 문화적 활기는 트란실바니아 남부지방에서 루마니아 비가톨릭 교도들에게 이처럼 한 순수한 문화의 각성을 야기시키면서 루마니아 정교회 쪽으로 이동됐다. 16세기와 17세기에 이미 공국들의 루마니아인들이 그들의 언어적이고 민족적인 공동체의 명분하에서 상업적 관계를 수립했었던 남부 트란실바니아 지방의 경계 도시들에서 시작한 이해는 루마니아의 가톨릭 교도와 비가톨릭 교도들의 민족적이고 사회적인 교리들 사이에 도달하게 됐다. 문화적 중심지들과 부다, 브라쇼브 및 시비우의 인쇄소는 발라키아와 몰다비아 지방으로부터 온 책들에게 문호를 개방했다. 이러한 노력은 카르파치 산맥 양쪽의 학자들의 동참을 이끌어 냈고, 즉 빈과 로마의 가톨릭학교나 대학들에서 수련한 사람들과 동방 정교의 아카데미에서 공부했던 사람들이었다: 로마 가톨릭교회에 합류했던 트란실바니아인들은 라틴문화의 정교회 형태들을 받아드렸던 사람들에 의해 호응을 얻게 됐다.

1786년에 우크라이나 키에프 학술원에서 인문학(교양과목)에 학위를 받았던 에우타티에비치(Dimitrie Eustatievici)는 트란실바니아 지방에서 루마니아의 비가톨릭 교도 학교의 경영자로 임명됐다. 루마니아 가톨릭교도를 위한 그의 상대는 스테파노 보르지아(Stefano Borgia) 추기경의 후원을 받고 로마의 신학대학을 다닌 쉰카이(Gheorghe Şincai)였다. 루마니아 공국들의 주교들은 트란실바니아 지방에서 상인, 인쇄공 그리고 학자들과 관계를 지속했다. 미사기도문은 1805년 헝가리의 부다에서 재 인쇄됐다; 거의 같은 방법으로 1795년 일반적인 지리학처럼 호틴(Hotin)의 암필로히에(Amfilohie) 주교에 의해 번역됐던 것이 다시 번역됐고 1814년 부다에서 재 인쇄됐다. 트란실바니아 지방에서 발라키아와 몰다비아지방의 루마니아 책들의 유통은 실제로 반대 방향에서 유통의 여파도 사실상 대략 1800년 즈음해서 확보됐다. 이처럼 18세기의 마지막 십년에 다뉴브 강의 양쪽으로부터 루마니아 국가적 차원의 문화가 지역과 종교적인 경계를 넘어 그 자신의 모습을 드러내기 시작했다. 트란실바니아 지방에서 유사한 현상과는 달리, 유럽 로망스어 세계로 향한 공국들의 접근은 그리스정교의 영향을 통해 행해졌다: 름닉의 주교 케사리에(Chesarie)가 1780년에 다음과 같이 언급하고 있다:

> "Afla linia neamului rumânese din vechi trăgîndu-să din slăvit neam al romanilor — valahi numindu- să după limba slovenească — a căror slavă au strălucit împreună unde şi-au întins soarele razele".

> "그들은 로마인들의 영광스러운 국가로부터 유래된 것처럼 나는 고대로부터 루마니아 사람들의 혈통을 발견할 수 있다. 그들은 슬라브어에서 발라키아인들이라고 불려졌다; 그들의 영광은 대양이 그 광선을 보냈던 곳이라면 어디에서든지 함께 보여질 수 있다".

반면 대주교 그리고레 르므니체아누(Grigore Râmniceanu)은 1787년에 자연의 깊은 소리와 태양 아래에 만물 본질의 발견의 성공적인 접근을 이루러낸 당시 유럽의 학술원의 철학자들의 열렬한 심정을 찬양했다.

라틴혈통의 사상이 다소 덜 화려하고 덜 박식할지라도 공국들에서 문화에 의해 또한 공식화 됐다.

주교들은 배움으로 꾸며졌고 그들은 때때로 러시아어, 현대 그리스어뿐만 아니라 라틴어, 이탈리아어, 프랑스어의 전문가들이었다. 케사리에는 문학 및 정치의 메르쿠리우스(Mercure littéraire et politique)를 읽었고 그는 프랑스어로 대백과사전(dictionnaire encyclopédique)이라고 불린 책을 보내주길 요구했고 디드로(Diderot)의 백과사전(Encyclopédie)의 원본을 번역한 첫 번째 루마니아 사람이었던 것으로 알려지고 있다.

몰다비아 지방에선 대주교 게우카(Leon Gheuca)가 주교로서 프랑스어를 배웠고, 거대한 비용을 들여 매우 훌륭한 도서관을 마련했고 다양한 책들이 그의 모국어로 번역될 수 있도록 요청했다. 머저레아누(Vartolomei Măzăreanu)는 러시아어로부터 번역했고 반면에 호티니울(Amfilohie Hotiniul)은 이탈리아를 여행했고 부피에르(Buffier)에 의해 1775년 로마에서 출판된 지리서(Geografia universale)를 가져와 그가 친히 1795년에 이아쉬에서 루마니아어로 번역하여 「De obşte gheografie」을 출판했다. 발라키아와 몰다비아 지방에서 로망스어적인 서구화의 대리인들은 그들의 지위와 정교회를 마음에 세겨 비축해두었다: 그들은 름닉(Râmnic), 이아쉬(Iaşi), 네암츠(Neamţ) 및 호틴(Hotin)의 주교들이었으므로 그리스 동방교회 또는 러시아 교회의 덕택으로 동방종교의 양성차원에서 그리스 대주교 우그로-블라히아(Ugro-Vlahia)와 연결에 의할 뿐만 아니라 말하자면 루마니아 공국들의 선도적인 계층인 군주들과 귀족들이 어디에 연결돼 있는지의 여부에 상관없이 그리스의 이해관계에 따르도록 돼 있었다.

우리들은 부쿠레슈티의 대주교 앞으로 보내는 름니체아누(Grigore Râmniceanu)의 말, 즉 철학적 주제에서 영광과 욕망을 가진 국가들의 국경들과 이웃하고 있는 발라키아 공국에서 건전하고 섬세한 분위기와 함께 유럽의 한 부분으로 선택된 것을 찬미하는 것을 이해해야만 할 것이다(Duţu. 1968. 192). 서구를 향한 발라키아와 몰다비아 지방의 주교들과 귀족들의 오리엔테이션은 천천히 지속적이고 우회적으로 일어났다: 정교회의 옹호자들에 의하여 지원된 오래된 동방 문화에 대한 저항은 매우 강했고 서구로 향한 걸음은 공국의 권위에 반항하는 것으로 간주돼 차단될 수 있었다. 트란실아니아 지방에서의 개혁과는 달리 권력 계급의 감독아래 발라키아 지방의 서구화와 현대화는 자연적으로 절도있게 진행됐다.

반면에 이 혁신적인 프랑스 정신은 18세기의 몰다비아 및 발라키아의 사회에서는 상부로부터 소개됐다. 파나리오트 군주들은, 즉 터키인들보다 우월한 그들의 문화적인 우월감을 통해 그리스를 일으켜 세우는 고귀하고 은밀한 임무의 수행자들은 당시의 서구 문화적인 요소를 가져왔다. 당시 터키정권의 밀사들이었던 그들은 매우 엄격한 계급을 지니고 있는 귀족정치의 대표자들로서 자신들 스스로 혁신주의를 구현하지는 않았지만 새로운 것들의 유입에 안성맞춤인 분위기를 조성했다(Cornea. 1972. 53). 루마니아인들에게 교육받은 상류계층의 사람들 사이에서의 서구와 친선적인 사례들을 제공하면서 그들은 유럽에 루마니아 통합의 과정을 자극했고 가속화했다. 그러므로 모든 것이 루마니아 사회이든 그리스 사회이든지 제한된 상류사회계층의 배타적인 귀족들의 세계 내에서 일어나고 있었다.

파나리오트인들이 그리스 타입의 숭고한 문화를 내세웠고 루마니아의 귀족계급에 의하여 모방됐던 문화적인 분위기에 젖어 있던 그곳에 19세기 초 오스트리아의 빈 대학에서 신학과 수학을 공부했던 아브릭(Avrig)의 라저르(Gheorghe Lazăr)와 로마와 빈에서 철학과 공학을 공부한 아사키(Gheorghe Asachi)가 도래했고 그들은 모두 루마니아 민족적인 문화운동에 헌신적이었다.

트란실바니아 지방의 문화는 상승하는 사회그룹에게 특별하게 서쪽 로망스적인 서구를 향한 공국들의 오리엔테이션에서 그 존재를 느껴지게 했다. 골레스쿠(Constantin Radovici Golescu)와 같은 루마니아 교육을 장려했던 귀족들과 라저르와 아사키 같은 위에서 언급된 학자들 양쪽은 모두 카르파티아 산맥의 저편에 문화적 움직임에 밀접하게 연결돼 있었다. 1820년에 아사키(Asachi)는 몰다비아 공국의 수도인 이아시(Iași) 근처에 있는 소콜라(Socola)에 학교를 다시 조직했고 봅(Vasile Fabian Bob), 폽(Vasile Pop), 코스테아(Ion Costea)와 같은 트란실바니아 지방의 지식인들을 교수로 데려왔다.

엘리트의 학교와는 대조적으로 실용주의적인 접근이 루마니아 교육을 위하여 예정돼 있었다. 부쿠레슈티의 성 사바(Sf. Sava)학교에서 라저르(Gheorghe Lazăr)는 지도와 기하학 및 실용적인 기하학을 수단으로 해서 수학과 역사적인 지리학을 가르치도록 요구됐다(Cornea. 1972. 71-72). 아사키(Gheorghe Asachi)는 이아시(Iași)에 있는 3계급 수도원의 학교에서 측지학과 수학을 응용한 수학 선생님이었다. 비록 봉건제도의 동방정신에서 행동할지라도 서구적인 욕망들을 공유하는 귀족들에 의해 감독된 현대화의 과정에서 행정적인 관리를 위해 성직자를 가르치는 것이 그의 임무였다. 이와 같이 파나리오트의 지배자에 의해 고안됐고 받아들여진 루마니아의 교육은 계속해서 하류사회 그룹에 초점을 맞추기 시작했다. 그러나 루마니아 학교들은 곧 그들의 사회와 문화적인 범주뿐만 아니라 포부를 초과하게 됐다. 라저르(Gheorghe Lazăr)의 학교는 널리 알려지게 됨으로서 학생들을 모집했고, 특히 루마니아 민족의 역사 수업에 대해 열광했고 루마니아어의 이론적인 교육의 발전을 희망했던 중간계층의 학생들을 모집한 반면 아사키(Gheorghe Asachi)의 코스는 그들의 모국어로 수업을 듣고자하는 열망을 지니고 있는 귀족의 자제들에 의해 참여돼졌다. 그것이 처음에 두 주도권의 운명이 같지 않았던 이유다: 반면 발라키아 지방에선 개화된 귀족들과 상류계층의 사람들과 상인들에 의해 격려되고 지지를 받게 됨으로서 루마니아어의 교육이 발전했고, 그러므로 광범위한 사회적인 참여를 확보하게 됐고 1818년엔 그리스 학교의 폐지에 따라 유리한 입장이 됐었지만 친 그리스파의 보수적인 귀족들에 의해 좌절됐고 1819년에 이아시에 있는 학교가 사라지게 됐다.

결과적으로 발라키아에서 현대 유럽의 문화는 사회의 하위계층으로 깊게 퍼져간 반면에 몰다비아에선 아사키(Gheorghr Asachi)의 감독아래서 개교됐었던 루푸(Vasile Lupu)의 학교(Şcoala Vasiliană) 1828년에 다시 문을 열게 될 때 즈음인 19세기의 20~30년경엔 서구의 현대문화는 전적으로 귀족정치의 영역으로 남아있게 됐다.

그러므로 19세기에는 복잡한 사회문화적인 구조에도 불구하고 하나로 통일된 서구화의 과정이 발전하게 됐다: 트란실바니아 지방에선 문화는 대중들에게 접근하기 쉬워졌고, 수세기 동안 어둠속에서 처해 있었던 많은 농노들을 계몽하는 운명에 놓여 있게 된 반면에 몰다비아에선 문화는 벌써 그리스와 루마니아인의 귀족정치의 특정 집단에 국한돼 커지기 시작했다.

## 6.7. 루마니아 문화의 지역 간 순환시대

서구 로망스적인 문화가 루마니아 영토를 덮친 것은 라틴유럽의 민족들의 문화역사에서 가장 근본적인 현상들 중에 하나로 간주된다. 당시 발라키아와 몰다비아는 라틴-로망스적인 문화와 언어에 대한 열광적인 전파를 경험했다. 하지만 지식인과 귀족들 그리고 고위 성직자들은 그들의 문화적 배경과 특혜를 당대의 수준만큼 라틴유럽의 역사에 덕을 보지 못했다. 그 공국들에서 구사되는 교양 있는 루마니아어는 로망스적인 요소들을 흡수했다. 수많은 이탈리아어적인 요소들이 예너키처(Ienăchiță, 1735~1797), 알레쿠(Alecu, 1762-1799), 니콜라에(Nicolae, 1784~1825), 얀쿠(Iancu, 1791-1863) 및 아사키(Gheorghe Asachi) 등과 같은 버커레스쿠(Văcărescu) 시인단체의 작품들에서 식별될 수 있다. 그리고 거기에는 러시아 군대와 관리들에 의해 유입된 프랑스어적인 요소뿐만 아니라 상당수의 그리스어적인 요소들도 있었다. 당시 루마니아 귀족들은 그리스어에 정통했던 것으로 알려지고 있다.

현대 루마니아 문화의 발달과정상에서 이와 같은 환경 하에서, 1821년 블라드미레스쿠(Tudor Vladimirescu)의 혁명이 일어났고, 그것의 민족적이고 사회적 중요성은 곧 정치적인 결과를 가져왔다. 1822년 파나리오트 시대가 끝나고 그리고레 기카 4세(Grigore IV Ghica)와 스트루자(Ioniță Sandu Sturdza)가 각각 발라키아와 몰다비아 공국의 왕위에 올랐고 중요한 사건들이 연속적으로 일어났다. 그 필요성은 루마니아인들의 현대로 가는 필요충분조건의 기초가 됐다. 비록 국민적인 동의는 없었을지라도 엘리트 계층을 위한 문화에 유리하게 한 민족의 퇴화하는 규범의 후퇴, 과거의 슬픈 유산의 타도는 어둠 속에서 정치권력의 재편을 계속했다. 이것들이 바로 19세기의 20년대(1821~1829)에 발라키아를 동요시킨 몇몇 주요한 이슈들이었다.

포포비치(D.Popovici)와 코르네아(Paul Cornea)는 루마니아 문화의 역사에서 소위 출발점을 강조했다. 만약 루마니아인들이 1821년의 사건들 중에서 그리스인의 폭동, 즉 헤테리아(Heteria)를 생략하면, 절대적으로 몰다비아 역시 발라키아와 관련돼있는 사건들의 전체범위를 선택해야만 할 것이다. 공국의 후기에 루마니아인들의 정신적, 윤리적 및 지적인 개혁의 혁신적인 움직임은 루마니아 지방을 현대 유럽적 생각의 범위와 예술적 가치들 내에서 더 빠르게, 더 강렬하게 이끌어 냈다.

루마니아의 계몽주의운동은 발라키아 지방에서 카르파티아 산맥의 남쪽에서 시작했다: 그것은 2번째 루마니아 계몽주의운동이었다. 트란실바니아 지방에서처럼 그 감격은 떠오르는 중류계층의 사람들에 의하여 촉진됐고 역시 또한 트란실바니아 지방에서와 같이 완전히 눈에 띄게 로망스적인 서유럽 향해 개방적인 태도를 보였다. 그러나 이 두 사회적이고 민족적이고 문화적인 움직임의 차이는 라틴세계와의 관계양상에 있있다: 트란실바니아 지방에선 라틴문화는 그들의 2천여 년의 역사적인 전통과 민족의 존재 및 존엄성을 주장해야만 했던 민족의 권리를 보증해주었던 반면 발라키아 공국은 서구와 동시성을 가지기 위해 동시대의 로망스적인 유럽과의 접촉을 찾고 있었다.

이러한 시각에서 우리는 발라키아 공국에서 사회화 과정을 위한 투쟁을 서약했던 상류계층의 일부인 계몽된 귀족들의 행동을 고려하지 않을 수 없다. 벌레아누(Grigore Băleanu), 골레스쿠(Dinicu Golescu), 버커레스쿠(Iancu Văcărescu) 및 필립페스쿠(Constantin Filipescu) 등은 그들의 사회적인 임무를 깨달았고 서구 문화에 문호를 개방했다. 그 시기는 볼테르(Voltaire), 몽테스큐(Montesquieu), 콩디약(Condillac) 및 베카리아(Beccaria) 등이 루마니아인들에 의해 발견됐고 루마니아어로 번역됐던 때이다: 철학 강의들이 개설됐고 골레스쿠(Dinicu Golescu)는 teoria virtuților(미덕의 이론)과 stiința moralicească(윤리의 과학) 등과 같은 철학 작품 2개를 번역했다. 자연은 철학과 조국 그리고 종교 그리고 로만티시즘과 함께 고전주의 및 이탈리아와 프랑스적인 서구와 함께 그리스와 섞였다. 문화적 공생은 트란실바니아 지방과 함께 국민적 문화의 사도들을 지속적으로 유치시켰다. 버커레스쿠(Iancu Văcărescu)는 심지어 몰다비아와 발라키아 공국의 결합을 꿈꾸었다: 예를 들면 1830년에 그는 두 공국을 분리시켰던 그 개울을 주제로 한 시 La Milcof(밀코브에서)를 썼다. 그는 영원한 로마를 찬양했고 지각 있고 학자였던 그는 루마니아 문화에 라신(Racine), 몰리예르(Molière) 및 라마르틴(Lamartine) 등을 소개하고 프랑스 문학작품들을 번역했다. 디니쿠 골레스쿠(Dinicu Golescu)는 과격한 사회적이고 문화적인 개혁을 시도했고 반면 그의 형 요르다케 골레스쿠(Iordache Gloescu)는 반 봉건적 사회적인 비평주의를 위해 희생에 많은 문학적이고 문화적인 활동을 했다. 계몽된 귀족정치는 역사적 감각을 익혔고, 귀족들의 허영심을 시인했고, 서구문명을 장려하고 있었던 중류 및 하층계층들과 연합했다.

1825년 즈음 발라키아 공국이 무물레아누(Barbu Paris Mumuleanu), 름니체아누(Naum Râmniceanu), 플레쇼이아누(Grigore Pleşoianu), 포테카(Eufrosin Poteca) 그리고 심지어 독특한 개성을 지닌 러둘레스쿠(Ion Heliade Rădulescu) 등을 비롯한 중류계층의 학자들이나 지식인들에 의해 이끌려 이탈리아와 프랑스 쪽으로 방향을 맞추기로 결정했다. 계몽된 귀족들은 루마니아의 문화와 국어의 교화의 길을 개척하기로 했다. 그 정책의 일환으로 극장들이 설립됐고 학자의 사회단체, 신문들, 잡지들 그리고 인쇄소들이 세워졌다. 1824~1825년에 라저르(Gheorghe Lazăr)의 노력으로 성 사바(St. Sava) 학교가 재건됐고, 이처럼 루마니아 교육이 발전하여 크라이요바(Craiova), 큼풀룽(Câmpulung), 벌레니 산악지대(Vălenii de Munte)와 발라키아 공국의 다른 지역들로 네트워크를 확장시켰고 1826년에 디니쿠 골레스쿠(Dinicu Golescu)는 골레슈티(Goleşti) 마을에 학교를 세웠다. 이처럼 발라키아의 문화는 민주화 작업을 성공할 수 있었다.

트란실바니아 지방에서의 라틴세계, 발라키아 공국에서의 로망스세계에 대한 루마니아 문화의 이러한 노출환경과 증가하는 유통 및 혼합을 통한 문어체 언어를 현대화 하려는 다양한 방법들의 통일성을 요구했던 알종의 국민적인 문화의 구체화의 환경하에서 1830년대 후반 발라키아 공국에서 한 인물, 즉 러둘레스쿠(IOn Heliade Rădulescu)가 출현했다. 그는 작가이자 이론가였으며 문어체 루마니아어는 루마니아의 모든 교육을 받은 사람들과 동일해야만 하고 루마니아인들을 교육하고 구제하려고 하는 자는 그들에게 언어를 만들어 주고 그 언어를 완성시켜주어야 할 것이라는 철학을 지녔던 인물이었다. 이러한 이유로 트란실바니아 학파 이후 그 역시 발라키아 공국에서 이기는 하지만 루마니아 문화의 언어를 만들기 시작했다. 그러나 선택적으로 진행시키고 현대적 해결책을 진전시키면서 러둘레스쿠(Heliade Rădulescu)는 루마니아인들은 한 공통적인 언어를 창조하고 철자법을 통일시키기를 원했다. 실제적으로 러둘레스쿠와 더불어 문어체 루마니아어의 교화가 시작됐다고 해도 과언이 아닐 것이다. 그는 더 나아가 언어를 교화시킨다는 것은 그 진전을 방해하는 장애물을 정화시키는 것, 예를 들어 통일되고 현대적인 문어체 루마니아어를 위한 규범을 정하는 작업이 필요하다는 것을 강조했다.

우리가 교양 있는 언어의 탈 트란실바니아화라고 부를 수 있는 것, 즉 독일어, 러시아어 또는 그리스어 중개역할의 제거뿐만 아니라 라틴어적인 요소 대신 이탈리아어적인 요소들의 선택은, 오직 새로운 발라키아 공국의 사회·문화적인 구조의 대표주자로부터 기대돼지는 바와 같이, 당대의 로망스어들을 지향했던 러둘레스쿠의 공적으로 간주해야만 마땅할 것이다: georafie(지리), centru(센터), energie(에너지)는

gheografie, chentron, energhia로 바뀌었다; 마찬가지로, privilegiu(특권), colegiu(대학 또는 신학교) 등은 각각 privileghiu, coleghiu 등으로 바뀌었다; Taţit(트란실바니아인들은 독일 모델을 따라 쓰곤 했기 때문에)대신 Tacit(Tacitus); 그럼에도 불구하고 러둘레스쿠 자신은 여전히 soţietate(지금 societate, 사회)을; pretend 대신에 pretinde(가장하다), sţenă보다는 오히려 scenă(무대, 장면)을; patriotismos, enthusiasmos, cliros 대신에 patriotism(조국애, 애국심), entuziasm(=열의), cler(성직자) 등을 썼다. 그러므로 그리스어 접미사 -os, -icesc 등을 제거하고 그 대신 -ic으로 대체했다.

라틴어의 접미사 -(t)io에 상응하는 루마니아어 ~(ţ)ie의 일반화 역시 러둘레스쿠에 의해 정리됐다. 그밖에도 라틴어 qu-을 c-로 적용했다. 예를 들면 라틴어 qualitas, 이탈리아어 qualità, 루마니아어 calitate(질, 자질). 그 이외에도 다양한 다른 제안으로 현대 문어체 루마니아어로 통합됐다(cf. Close. 1974. 144-116).

두말할 나위도 없이 러둘레스쿠의 혁신의 일반적인 경향은 루마니아어를 로망스어권에 보다 가깝게 접근시키려함에 성취될 수 있었던 루마니아 문화언어의 통일 및 현대화를 지향한 것이었다. 러둘레스쿠의 견해에 따르자면, 결과적으로 과장됨이 없지는 않았고 대중들로부터 호응을 얻는 것에 실패할 위험도 없지는 않았지만, 구조적인 관점으로 보자면 이탈리아어가 루마니아어와 가장 유사한 언어이지만 프랑스어나 일반적 로망스어적인 해결책들이 대중들에게 보다 쉽게 이해될 수 있다는 것이다(cf. Tagliavini. 1926. 313-359).

1828년에 출판된 그의 문법책에서 러둘레스쿠는 사람들이 이해할 수 있도록 글을 써야하며 죽은 사람을 위해서가 아니라 살아 있는 사람을 위해 써야 한다는 점을 강조하고 있다. 러둘레스쿠의 시대와 일치하는 1821~1841년의 기간에는 서구 로망스어들, 특히 이탈리아어와 프랑스어에 문어체 루마니아어의 어휘와 구조를 광범위하게 열었다.

러둘레스쿠의 문어체 루마니아어의 현대화 및 로망스화 작업은 트란실바니아 지방에서 어느 때보다도 더욱 명백했던 고고학적인 경향들, 즉 라틴화 작업과는 커다란 차이를 보이게 됐다. 게다가 그것은 루마니아 문화의 역사에 부과된 현대 그리스어, 독일어, 러시아어 등과 같은 비로망스어의 중간자들을 배척하면서 로망스어와 직접적인 접촉을 의미했다. 그것은 서구 로망스 문화 내로 교양 있는 루마니아어의 결정적인 산입을 의미하게 됐다. 이와 같이 러둘레스쿠의 주된 활동기간이었던 1829~1841년 동안에 발라키아 공국은 18세기 중반 이후 트란실바니아 지방에서 추구했던 것들, 즉 루마니아 문화가 서구 로망스 문화와 동시대적으로 되는 과정을 누릴 수 있게 됐다.

루마니아 영토를 에워싸고 있던 서구 로망스 문화는 신 라틴 민족들의 문화적 역사에서 가장 근본적인 현상들 중에 하나였다. 연대기적으로 최근 로망스 문화간의 경향들이 비 라틴적인 매개체들과 다양한 사회·문화적 영향을 통해 스스로 확대되면서 트란실바니아, 발라키아 및 몰다비아 공국까지 도달하게 됐다. 트란실바니아 지방에서 이탈리아 문화는 오스트리아 헝가리 지역과 교차됐던 반면 발라키아와 몰다비아 공국엔 18세기에 서구화 된 그리스와 러시아를 통해 이르게 됐다. 또한 트란실바니아 지방의 서구화는 로마 가톨릭과 관련된 종교에 의해 동반된 반면 발라키아와 몰다비아의 경는 정교회를 신봉했다. 그러나 계몽시대에 유럽의 합리주의가 이 동 로망스어권에서 고위 교권에 의해 장려되고 지지됐다는 것이 생소할는지 모른다. 그러므로 서구화는 일개의 문화적인 문제일 뿐만 아니라 역사적, 언어학적, 사회적 및 정치적인 일들이 됐다.

나름대로 독특한 특징을 지니고는 있지만 라틴-로망스적인 루마니아 공국들이 서구의 라틴-로망스 문화에 비중을 두고 있고 유럽 로망스어권의 서구화처럼 상당한 사회·문화적 분열이나 지역들 간의 또는 같은 지역 내에서도 다른 문화적 지역으로부터의 층화를 일으켰다는 것은 당연하다. 달리 표현하자면 루마니아 영토에서 서로망스 문화는 무엇보다도 다양함을 의미했다.

의심할 여지없이 이러한 현상의 원인은 18세기 트란실바니아, 발라키아 및 몰다비아 지방의 루마니아 사회에서 일반적으로 행해지는 상황에서 찾아보아야 한다. 카르파트산맥 넘어 트란실바니아 지방의 루마니아인들은 지방귀족들의 이해관계가 특권이 박탈된 농민들의 이해관계가 일치하므로 사회·정치적인 동질성을 요구했던 반면 발라키아와 몰다비아에선 신분과 계급에 의해 사회계층이 확고했다. 이러한 차이들이 서구 로망스어권을 향하는 루마니아 언어와 문화를 위한 다른 길을 열었다.

그러므로 오늘날 현대 루마니아 문화와 통일된 문어체 루마니아어에 대해 논의하기 위해선 우선적으로 그것의 다양한 사회·문화적 및 언어학적인 자료들에 대한 참조를 필요로 한다. 1750~1840년동안에 그 과정은 가장 절정에 이를 수 있었다; 그것은 서구 로망스어권으로부터 문화적 영향이 개방된 시대였고 현대 문어체 루마니아어에서 문화적 및 언어적인 특성이 형성됐던 시대였다.

그점이 우리가 그 당시의 문어체 루마니아어를 이해하기 위해 문화의 지역 간 순환과 루마니아의 지방들 간의 신조어의 순환을 반드시 고려해야하는 이유다. 18세기에 특별한 중요성은 칸테미르(Dimitrie Cantermir)의 역사학적인 작품들에 의해 정해진다고 해도 무리가 없을 것이다: 라틴성과 루마니아인의 다키아에서의 지속성(상주론)에 대한 사상이 트란실바니아 지방에서 사회·문화적이고 국가적 움직임에 의해 중요시되고 신봉됐다. Hronicul romanomoldo-vlahilor(루마니아-몰도바-발라키아인들의 연대기)는 오스트리아의 빈에 의해 구입돼 주교였던 미쿠 클라인(Inocențiu Micu Clain)에 의해 블라지(Blaj)로 옮겨졌다; 그것은 1730년에 모사된 적 있고 Descriptio Moldaviae(몰다비아의 묘사)와 Istoria imperiului otoman(오토만 제국의 역사)에 나란히 인용한 미쿠(Samuel Micu)에 알려지게 됐다. 또한 쉰카이(Gheorghe Şincai)는 그의 아버지의 전기인 Vita Constantini Cantemirii(콘스탄틴 칸테미르의 삶)을 비롯하여 칸테미르의 다른 작품들을 읽었고 반면 마요르(Petru Maior)는 칸테미르를 학식이 숭고한 사람(foarte mare învățătură)으로 묘사했다.

이러한 상황 아래 우리는 트란실바니아 지방의 라틴어학자들의 철자법에서 라틴어와 로망스어 신조어휘를 적용하기 위해 칸테미르에 의해 사용된 몇 가지 방법들을 확인하는 권리를 누릴 수 있게 됐다. 우리의 견해로는 이것은 칸테미르와 1770년 이후에 트란실바니아 학파의 학자들이 공동으로 사용했던 pretenție(주장), condiție(조건, 상태), continuație(지속), disputație(논쟁, 토론), orație(연설, 기도)와 같은 단어들의 어미 -ție을 설명할 수 있다. 실제로 라틴어의 어미-(t)io의 이와 같은 적용은 문어체 루마니아어의 전통과 일치했다; 이러한 형태들이 발라키아의 연대기에서도 나타나고 있다는 것은 역시 우연치 않은 일이다.

우리가 시인 버커레스쿠(Ienăchiță Văcărescu)와 학자인 골레스쿠(Iordache Golescu), 쉰카이(Gheorghe Şincai), 마요르(Petru Maior) 등의 작품들에서 observatie(관찰), multiplicație(현재 multilicare, 곱셈), elocveniție (현재 elocventa, 웅변), experienție(현재 experință, 경험, 실험), orator(강사, 연사), centru(센터), elegant(우아한), fabulă (우화),

veneraţie(=존중), veteran(노병) 등과 같은 로망스 신조어휘에서 발라키아와 트란실바니아 사이의 일치를 위한 설명을 역시 루마니아의 문화영역 간에서 찾아야만 할 것이다. 이와 같은 모든 라틴어와 로망스 신조어휘의 핵심적인 결합의 이미지는 어느 지역이나 작가 개인의 독립적으로 이뤄진 것이 아니고 서로 다른 지역의 문화, 다른 작가들, 다른 작품들부터의 적응된 형태들의 상호 인식과 순환에 의해 전달되고 끊임없이 이어질 것이다.

현대 문어체 루마니아어의 역사도 역시 루마니아 문화의 영역 내에서 교양 있는 언어의 순환이 관건이 될 것이다.

## 6.7. 19~20세기 초반 루마니아어

19~20세기의 루마니아어의 구조는 하나의 통일된 규범을 찾는데 그 특징이 부여될 수 있었다.

Iaste(현대 este, ~이다), priiatin(현대 prieten, 친구) 등과 같은 오래된 음성학적인 표기법은 사라지고 각각 ieste와 prieten 등으로 교체됐다; a ceti(읽다), den(~부터), dentru(~중에서) 등은 a citi, din, dintru 등으로 대체됐다.

a audzi(듣다)가 a auzi로 교체되는 예시에서와 같이 지역적인 방언들의 표기법들도 유사한 유형을 띠게 됐다.

아직까지도 이런 현상들이 종종 나타나고 있다: a împlea(현대 a umple, 채우다), a īmbla(현대 a umbla, 가다, 돌아다니다), împregiur(현대 împrejur, 주위에), a încongiura(현대 a înconjura, 포위하다), câne(현대 câine, 개), mâne(현대 mâine, 내일), pâne(현대 pâine, 빵), direg (현대 dreg, 나는 수선한다), diregătorie(후에 dregătorie, 고관), dirept(현대 drept, 곧은, 오른 쪽의) 등과 같은 단어들은 라틴어에 근접한 유사성 때문에 보존됐다. 보다 특별하게 철자를 쓰는 것은 라틴어에 존재하지 않았던 표시(부호)를 피하는데 의미를 두었다: ă와 î(â)는 문자 e로 대체돼 표기됐다. 예를 들자면 beutură(현대 băutură, 음료수), a crepa(현대 a crăpa, 파열하다, 쪼개다), reu(현대 rău, 나쁜, 악마), strein(현대 străin, 외국의, 이방인), capetem(현대 căpătăm, 우리가 얻다), numer(현대 număr, 수, 숫자), redecine(현대

rădăcini, 뿌리들) 등과 같은 형태들은 몰다비아의 코나키(Costache Conachi)의 시들에서도 나타나고 있다: resboae(현대 războiaie, 전쟁들), resplăteşte(현대 răsplăteşte, 그는 보답한다), recoreşti(현대 răcoreşt, 너는 춥다), zedar(현대 zadar, 소용 없음) 등. 바나트(Banat) 지방의 언어학자 요르고비치(P. Iorgovici)와 로가(Constantin Diaconovici Loga)는 라틴어의 계보에 좀더 근접한 루마니아어 계보 형성을 위해 아래와 같은 철자법을 사용했다: potere(현대 putere, 힘, 세력), sunt(현대 sunt, 나는 ~이다), scie(현대 ştie, 그는 안다), fornos(현대 frumos, 아름다운) 등. 미쿠(Samuel Micu)도 rumân(현대 român, 루마니아인)과 roman(로마인) 모두를 같은 방식으로 roman이라 표기했다. 이것은 어원학적인 철자법에 근거를 두고 있다. 트란실바니아 지방의 철학자이자 시인인 Lucian Blaga(1895-1961)은 어구의 시적인 변화를 채택하는 것은 하나의 통일된 규범에 이르기 위한 루마니아어의 라틴 복구화 현상이라 불렀다.

형태론적인 면에서는 규칙화된 소유관사의 경향을 기록하고 있었다. 이를 테면 형태변화를 하지 않는 a 대신에 al, a, ai, ale의 규칙화된 변형을 사용했다; 또한 치음들이 복구된 형태가 빈번하게 나타났다. 예를 들어 -auz, poci, spui 등 대신에 aud(나는 듣는다), pot(나는 할수 있다), spun(나는 말하다) 등과 같이 사용했다. 복수 3인칭의 불완료 과거시제로 어미-u의 사용이 점진적으로 증가했다. 예를 들자면 ei erau(그들은 ~이었다), 하지만 a merge 동사는 복수 3인칭에서 ei mergea(그들은 갔다, 그들은 가고 있었다)형태도 광범위하게 사용됐다. 가정법(접속법) 형태에서 să deie, să steie 등의 형태들은 să dea(그가 주는 것), să stea(그가 아는 것)의 형태로 교체되기 시작했다.

그러나 당시 루마니아어 혁신의 대부분은 어휘 면에서 발생했다. 로망스어의 서구화는 루마니아어의 어휘를 라틴어와 이탈리아어로부터 차용된 신조어휘로 풍요롭게 됐다. 트란실바니아 학파의 초기 대표자들은 과도하게 신조어들을 사용하지 않았다. 미쿠(Samuel Micu)는 언제나 어디서든지 신조어휘를 수용하는 입장이었다. 이것은 트란실바니아 학자들이 번역 차용어와 번역된 전문용어의 사용을 선호했으며, 오래된 루마니아어 철자법에 존재하는 어휘의 보존을 중요시했다는 것과 아울러 전통적인 어휘목록이 파생이나 합성을 통해 창조돼진 단어들에 의해 풍부해지고 완전해졌다는 것으로 설명될 수 있다.

그러나 이상하게 생각되는 점은 트란실바니아 학파들은 과격한 언어순화 및 라틴주의적인 경향을 보이지 않았으며, 그들은 오히려 신조어휘를 소개하는 데에 남용을 매우 반대했다. 다음은 당시 트란실바니아 학파들에 의해 차용된 라틴-로망스어로부터의 신조어휘들 중 일부다(Ştefan Munteanu, Vasile Ţâra. 1983. 127).

라틴-로망스 신조어휘:

aghent(현대 agent, 대리인), antecessor(현대 obsolete, 구식의), attac(현대 atac, 공격), attentat(현대 atentat, 암살계획), cauză(원인), condiţie(조건), conferenţie(현대 conferinţă, 강연, 회의), columnă(원주, 기둥), a consilia(상담하다, 조언하다), consilier(상담자, 조언자), constituţie(구성, 체질), a corecta(고치다), director(감독, 지배인), elementuri(현대 elemente, 요소들), elocvenţi(웅변의, 웅변자들), exemplar(모범, 견본, 전형)), gen(성, 장르), incsripţie(명, 비문), inspector(검사자), literă(글자), mysterii(현대 mistere, 신비, 비법, 신비스러운 것), magistru(지배인, 석사), memorie(기억), modă(유행), natură(자연), naţoane(현대 naţiuni, 국가들), oxasie(현대 ocazie, 경우, 기회), omagiu(경의, 충성심), pedagogue(지휘자, 감독) a prononţiia(현대 a pronunţa, 발음하다, 선언하다), proprietate(재산, 자산), presidium(현대 prezidiu, 상임 간부회), raţie(양식, 정량), a recomenda(현대 a recomanda, 추천하다, 천거하다), a replica(응답하다, 대꾸하다), regulă(규칙), securitate(안전), sistemă(현대 sistem, 제도) stand(노점, 신문 판매점), sosţietate(현대 societate, 사회, 회사), sufragiu(투표, 선거권), ţivilizaţie(현대 civilizaţie, 개화, 교화) urban(도시의), virtuos(덕망이 높은), veneraţie(존경, 숭배) 등.

전문용어:

afecţii(감정, 질병), articul(현대 articol, 관사, 기사), caz(경우), cauterisaţie(현대 cauterizare, 소작, 뜸), compoziţie(현대 구성, 작곡), cujugţie(현대 conjuncţie, 결합, 접속사), dialect(방언), derizat(파생어휘, 파생된), imperfect(미완료의, 불완료의, 반과거 시제) instinct(본능, 직관), interjecţie(감탄, 감탄사), mod(유형, 법, 태도), pronume(대명사), termen(전문용어), verb(동사) 등.

번역차용어와 번역된 전문용어:

alsăuire(현대 însuşire, 유용, 사용, 충당), asăuri(현대 atribute, 부수물, 속성), chipuri(현대 또한 moduri, 유형들), estere(현대 existeţă, 존재), feţe(현대 persoane, 사람들), hotărîre(결정), închipuire peste tot(현대 idee universală, 세계관), a închipui(상상하다), încheiat(현대 또한 articulat, 발음된, 분절적인), a împururi(현대 영원하게 하다), întregime(현대 또한 intergritate, 완전, 전체), nestrăbunicios(현대 de nestrăbătut 또는 impenetrabil, 불가입성의, 헤아릴 수 없는), peste tot(도처에), putinţă(가능성), singuratec(개별적인, 홀로), spiţă(종, 종족), stihie(자연적인 요소), stări împrejur(현대 circumstanţe, 환경), temei(주제), trup(몸통), zicere(현대 afirmaţie, 긍정, 주장) 등이 있다.

요르고비치(Paul Iorgovici)는 그의 「Observaţii de limbă rumânească」(루마니아어의 강평)에서 고대 라틴어원의 어휘적 요소로부터 파생을 통해 만들어진 신조어휘의 많은 목록들을 제시했다. 그 중의 일부 예들을 들어보자면 다음과 같은 것들이 있다:

라틴어 venire(루마니아어 a veni) 동사로부터 파생된 어휘

convenire(정기 대회, 회의), convenciune(현대 convenţie, 화해, 조정), devenire(됨, 진화), prevenire(도착, 도달), provenire(출현)

라틴어 luminare 동사로부터 파생된 어휘

라틴어 iluminare(조명, 일루미네이션)

라틴어 perire 동사로부터 파생된 어휘

imperit(미지의, 구식의), imperiţie(무지, 퇴화, 위축), periculos(위험한)

라티어 lucire 동사로부터 파생된 어휘

prelucire(현대 strălucire, 반짝거림, 빛남) 등.

그 당시의 특징은 용어에 주석을 다는 것이 일반적인 경향이었다. 마요르(Petru Maior), 쉰카이(Gheorghe Şincai) 및 혼티니울(Amfilohie Hotiniul) 등은 그들이 사용했던 신조어휘들에 대한 설명을 다는 습관이 있었음을 알 수 있다(Niculescu. 1978. 148-158): 예를 들어 그들은 trută sau păstrăv(송어류 또는 송어), ghinte adecă neamuri(종들, 즉 인종), cvadranţi sau pătrari(사각형들 또는 제곱 평방들) 등; 고어에 주석을 단 신조

어의 예를 들어 보면 bani sau monete(돈 또는 동전들), icoana sau figura(성상 또는 상상) 등과 같이 사용하고 있다.

위의 예에서 말하고자 하는 점은 저자들이 사람들을 계몽시키기 위한 취지로 신조어휘를 설명하려고 애썼다는 것이다.

1825년 헝가리의 부다(Buda)에서 출판된 Dicționar românesc-lătinesc-unguresc-nemțesc(루마니아어-라틴어-헝가리어-독일어 사전)에 의해 최초로 주석을 단 신조어휘의 소개와 연구가 이루어졌다. 그 사전은 원래 1795년 미쿠(Samuel Micu)에 의해 시작돼 콜로쉬(V. Coloşi), 코르넬리(I. Corneli), 테오도로비치(I. Theodorovici) 및 테오도리(A. Teodori)와 같은 많은 트란실바니아 학자들에 의해 완성될 수 있었다. 그 후 그 사전의 일부 내용이 마요르(Petru Maior)와 갈디(L. Gáldi)에 의해 Dicționarium valachico-latinum(발라키아어-라틴어 소사전)으로 재편집돼 1944년 부쿠레슈티에서 출판됐다.

그밖에도 위의 사전에는 대중적인 루마니아어휘들, 많은 신조어휘들, 그들 중 일부는 실제로 유통됐었으며, 의심할 여지도 없이 신조어휘들과 함께 언어의 풍요성을 위한 취지의 일환으로 단지 타당성에 맞춰진 또는 예측해서 사용된 어휘들이 기록돼 있다. 다음은 소위 부다(Buda)의 어휘사전에 기록돼 있는 용어 사례들이다:

bal(파티, 공), bancă(은행, 벤치), capital(수도), climă(기후), complot(음모, 책략, 구상), convenție(대회), companie(회사), complement(보어, 보충, condiție(조건), chirurgie(외과, 외과수술), contagios(전염성의), generos(관대한), familie(가족), medicină(의약), medic(의사), epilog(발문, 에필로그, magie(마술), moral(도덕의, 도덕적인), notă(부호, 기호, 표지), plan(계획, 안, 방식), pretext(구실, 핑계), pur(순수한), rație(양식, 정량), regulă(규칙), sacrament(서약), teatru(극장, 연극) 등. 사전에 뿐만 아니라 이런 많은 단어들이 후에 결과적으로 루마니아 문화적 언어에 일반화됐다는 점을 강조하지 않을 수 없다.

19세기의 마지막 50년(1840년부터 1890년까지)동안 문어체 루마니아어는 특별히 역사적, 사회적 및 문화적인 유리한 조건하에서 발전하게 됐다. 루마니아 문화의 범국가주의적이고 통합된 특성은 러둘레스쿠(Ion Heliade Rădulescu), 아사키(Gheorghe Asachi) 그리고 한 통일된 교양 있는 언어을 위해 영향력을 발휘했던 모든 사람들, 즉 트란실바니아 학파의 대표적인 학자들에 의해 기록돼질 수 있을 것이다. 시인 알렉산드리(V. Alexandri)와 산문작가인 네그루지(C. Negruzzi)의 도움을 받아 코걸니체아누(M. Kogălniceanu)에 의해 1840년 처음으로 발행된 잡지인 Dacia Literară(문예의 다키아)은 그러한 민족적이고 역사적인 이념의 가장 적합한 언어학저 및 문학적인 표현이었다. 그 작가들은 과거의 선행들에 매료됐다: 그들은 루마니아 민족의 과거 영광스런 시대만큼이나 위대한 역사적 특성들을 되살려냈다. 코걸니체아누는 그 스스로 Arhiva românească(루마니아의 고문서기록부)을 편집했고 역사적인 문서들을 출판했다. 이제 이 문서에 대한 학자들의 관심은 대중들에게로 갔다. Dacia Literară은 다키아(Dacia)의 전 지역의 산물들을 모은 루마니아의 학술잡지로서 루마니아인들 모두를 위한 같은 언어와 같은 문학을 갖고자 하는 소망을 이행하는 것을 목표로 삼고 있다는 점을 밝히고 있다.

우리는 모든 루마니아인들 통합하는데 찬성하는 중대한 행동들에 의해 표시되는 1840년대 후반을 잊어서는 안 될 것이다. 루마니아 국가의 통일은 1848년 자본주의적 민주주의 혁명의 대상들 중 하나였다. 루마니아 공국들의 통합에 대한 생각은 사람들의 잠재의식과 혁명가들의 생각 속에 항상 존재했었다. 예를 들어 1848년 혁명기간 동안 발행지들 중 하나인 Pruncul român(루마니아의 미성년자)이란 신문은 당시 '우리의 몰다비아 형제들이여 모든 루마니아 국민이 더 자유로워지고 한 민족인 형제들로 하나의 국가를 구성하기 위하여 폭정을 타파합시다.'라고 촉구했다. 1848년 8월 알렉산드리(V. Alexandri)는 역사가이자 혁명가인 벌체스쿠(Nicolae Bălcescu)에게 보내는 편지에서 몰다비아의 중요한 한 정당의 가장 열렬한 소망은 한 정부 아래서 같은 헌법체제하에서의 발라키아와의 통일이라는 점을 강조했다(ed. Pascu. 1974. 253). 1848년 혁명은 민족적인 통일의 의지를 표출하면서 루마니아 영토 전역에서 본질적인 대 통합이었다. 그 통일은 결코 천천히 달성되지 않았다: 통일은 모든 국민들의 정당한 운동이었다. 루마니아 문화가 라틴-로망스 유럽의 역사와 동시대성에 융합할 수 있도록 준비했고 1848년 자본주의적 민주주의 혁명동안 함께 싸웠던 그 세대는 그 이후 1859년 루마니아 공국의 통일의 위대한 이상을 실현한 세대와 같은 세대였다; 그 중 일부만 예로 들자면 러둘레스쿠(Ion Heliade Rădulescu), 알렉산드리(V. Alexandri), 바리치우(Gheorghe Barițiu), 버르누치우(Simion Bărnuțiu), 파퓨-일라리안(Alexandru Papiu-Ilarian), 라우리안(August Treboniu Laurian), 마요레스쿠(Ion Maiorescu), 로세티(Constantin A. Rosetti), 이온(Ion)과 디미트리에 볼린틴네아누

(Dimitrie Bolintineanu), 볼리악(Cezar Bolliac), 오러샤누(Nicolae Orăşanu) 등이다. 쿠자(Alexandru Ioan Cuza) 왕자는 1859년 1월 24일 몰다비아와 발라키아 두 공국의 통치자로 선출됐다. 그 역사적 사건은 1918년 하나의 통일된 루마니아 통합 국가로의 발전의 기로의 필수적 단계를 장식하게 됐다.

그 통합은 국가의 독립의 성취를 위한 선결과제였다. 그것은 1860년에 라틴 알파벳이 공식적으로 소개된 그런 단순한 기회에 의한 것은 아니었다. 1862년 통합된 공국들은 Romania라는 이름을 얻었다. 1866년 프러시아(Prussia)연방으로부터 우리의 통치자로서 호헨졸러른-지그마린겐(Hohenzollern-Sigmaringen)가의 카롤(Carol)왕자의 부임해 옴으로서 도입된 헌법에 의해 공식적으로 보장받게 되면서 루마니아는 오트만 터키제국의 종속에 대한 어떠한 언급됨도 없이 국가의 공식적인 이름이 됐다. 그 이후 1866년 Societatea academică română로 불렸고 그리고 나서 후에 Academia Română(루마니아의 학술원)으로 변신하여 루마니아인들이 거주하고 있는 모든 지역으로부터의 루마니아의 학문적이고 문화적인 특성을 정리하는 단체가 됐다. 루마니아의 언론은 보수적인 Timpul(시간), Epoca(시대) 그리고 진보적인 Românul(루마니아인), Voinţa naţională(국가적 의지) 등과 같은 신문들과 1855년과 1856년의 Zimbrul(들소), Steaua Durării(다뉴브 강의 별), România literară(문예의 루마니아 등과와 같은 잡지들로 구성됐다. 1869년부터 1872년 동안은 또한 근로자들과 사회주의자들의 언론이 등장했다.

트란실바니아 지방에서는 바리치우(Gheoghe Bariţiu)가 1838년에 Gazeta de Transylvania(트란실바니아의 신문)와 Foaie pentru minte, inimă şi literară(마음과 심장과 문학을 위한 잡지)를 발행했고 시비우(Sibiu)에서는 Teregraful de român(루마니아의 전신) 등이 등장했다.

그러한 환경아래 1877년 5월 9일 루마니아의 국가적 독립이 선언됐다: 코걸니체아누(Mihai Kogălniceanu) 수상은 다음과 같은 성명을 Adunarea deputaţilor(루마니아 의회)에서 발표했다:

"Sîntem indenpendenţi, sîntem naţiune de sine-stătătoare; sîntem o naţiune liberă şi indenpendenţă"("우리는 독립했다. 우리는 독립적인 국가이다. 우리는 자유롭고 독립된 국가이다.") ; 진심에서 우러나오는 대중적인 열광의 분위기속에 터키로부터의 독립전쟁은 시작됐다; 그것은 1878년에 끝났다. 1878년부터 1900년까지의 기간에 루마니아는 유럽국가들 중에서, 주로 로망스어권의 국가들 중에서 특히 프랑스와 이탈리아와 더불어 그 자리를 차지하게 되면서 전례 없는 경제적, 정치적 및 사회적인 발전을 이뤘다. 루마니아어는 교양 있는 로망스어들 가운데에서 동등한 지위를 얻게 됐다.

루마니아 문화언어에 기반을 둔 그러한 사회·정치적 환경들의 결과들은 매우 중요했다. 무엇보다도 그 언급은 대량의 신조어휘의 유입을 언급하지 않을 수 없을 것이다. 루마니아 사회의 발전과 더불어 경제적, 학문적 및 기술적인 진전이 루마니아 문화의 언어가 서구 로망스어들로부터의 차용을 야기했다. 문어체 루마니아어는 그 사회의 사회적이고 경제적인 발전을 적당히 반영시키기 위한 도구가 돼야만 했다. 이탈리아어와 프랑스어는 특히 이런 목적을 위해 도움이 됐다. 전자와 특히 후자는 상류사회와 또한 부르주아 계급 그리고 사회생활에 있어 어떤 눈에 띄는 지위에 오르고자 열망하고 있는 모든 이들에게 선망의 대상이 되는 언어들이었다. 교육을 잘 받고 자란 젊은 여성들과 기사도 정신의 젊은 남성들 그리고 젊은 장교들과 같은 젊은 층의 사람들은 전체 루마니아 사회를 열중시켰던 로망스 서구화의 중개자들이었다. 시간의 극적인 효과 속에서 젊은 여인들은 프랑스 교사들과 기타 음악 교사와 춤 교사를 요구했고 반면에 노인들은 그들의 아들과 딸들이 그들의 집을 프랑스 유행을 좇아 거꾸로 바꾸려 한다고 불평했다. 그들은 각각 이성을 따르기를 원했고 또한 각자가 나름대로 자기들의 행동에 정당성을 찾으려고 했다. 대중들의 입에서는 무의미한 평등과 자유, 마음에 드는 어휘들, 무의미함 등과 같은 말들이 쏟아져 나오기 시작했다.

그러나 우리는 1830년대에 서구 주로 프랑스에서 유학했던 젊은이들이 그곳에서 문화 및 사회단체와의 직접적인 접촉이 이뤄졌다는 점을 간과해서는 안 될 것이다; 그 젊은이들 중에는 후에 정치가가된 Mihai Kogălniceanu(1817~1891), 시인 Vasile Alecsandri(1821~1890), 작가이자 외교관이었던 Ion Ghica(1816~1897) 그리고 산문작가인 Alecu Russo(1819~1859) 등이 있었다; 그들은 혁신적인 사상에 고취돼 몰다비아와 발라키아로 돌아왔다. 그들은 보수적인 귀족들과 법관들로부터 조롱받기도 했지만 그들은 결국 1848년에 발발한 혁명과 1859년 몰다비아와 발라키아의 대 통합 그리고 현대 루마니아의 창조를 이끌었다. 서구 로망스어권, 특히 이탈리아 및 프랑스와의 문화적 접촉은 주로 현대 세계의 사회적이고 정치적인 현실적인 문제들과의 접촉을 의미했다.

이탈리아어 특히 프랑스어의 전문용어는 수학, 기하학, 자연과학, 의학 등에서 발견돼졌다. 우르수(N. A. Ursu)는 그의 「Formarea terminologiei ştiinţifice româneşti」(루마니아어의 학술전문용어의 형성. 부쿠레슈티, 1962)에서 루마니아어에 끼쳐진 영향들에 대하여 두 가지 중요한 단계들이 어휘 창조 과정에서 구별될 수 있다는 것을 제시했다: 첫 번째는 18세기 후반 초에서부터 시작하여 대략 1830년에 이르기까지 기간에 몰다비아와 발라키아에서 대량의 현대 그리스어 및 러시아어의 요소들과 트란실바니아에선 라틴어, 독일어 및 이탈리아어 등으로부터의 많은 차용어휘들의 유입을 들 수 있으며, 두 번째는 1830년 이후로 프랑스어, 이탈리아어, 라틴어로부터 유입된 대다수 차용어휘로부터의 특성을 부여할 수 있을 것이다; 이미 현대 그리스어, 러시아어 또는 독일어로부터 차용된 많은 용어들은 1830년 이후부터 지금까지 프랑스어를 모델로 그들의 결정적인 루마니아어 형태를 확립시켰다. 그 시기동안 그라우르(Alexandru Graur)가 복합적 어원학이라고 부른 현상인 다양한 언어들로부터 몇몇의 경로를 통해 약간의 용어들이 유입됐다. 게다가 그 시기의 중요한 특징들은 번역 차용어휘들과 외국어 전문용어들의 번역이었다; 그러나 번역 차용어희는 현대에 접어들면서 대량의 차용어들에 굴복하면서 그 수가 점차적으로 감소됐다.

이런 상황에서 루마니아어에서 프랑스어와 이탈리아어원의 전문용어들의 목록을 집계한다는 것은 그리 간단한 작업은 아니다. 마레아(Dimitrie Marea)는 3만여 단어를 포함하고 있는 칸드레아(I. A. Candrea)와 아다메스쿠(Gheorghe Adamescu)의 「Dicţonarul enciclopedic al limbii române」(루마니아어 백과사전. 부쿠레슈티, 1931)을 기준으로 통계를 낸 결과 그 당시 루마니아어의 29.6%에 해당하는 어휘가 프랑스어원임을 발견했다. 이어서 5만여 중요단어들을 포함하고 있는 「Dicţonarul limbii române contemporane」에서는 전체 어휘 중 38.4% 가 프랑어로부터 유래된 사실을 찾아냈다. 하네슈(P. V. Haneş)는 그의 「Dezvoltarea limbii literare române în prima jumătate a secolului al XIX- lea」(19세기 전반기에 문어체 루마니아어의 발달. 부쿠레슈티, 1904. 220-250)에서 루마니아 작가들이 그들의 작품들에서 사용한 프랑스어로부터 차용한 어휘목록을 제시하고 있다: 예를 들자면 a copia(복사하다), adnotaţie(주석, 주해), original(기원의, 원래의), erudiţie(박학, 박식), filozofie(철학), naiv(순진한, 천

진난만한), suav(쾌적한, 부드러운), amabil(친절한, 상냥한), bizar(기괴한), blond(금발의), brun(짙은 갈색의), diafan(내비치는, 투명의), eter(공기, 창공), etern(영원한), fatasmă(유령), laştate(소심, 비겁), matinal(이른아침), melodios(음악적인, 선율적인), misterios(신비스런, 미스터리한), roză(장미), a saluta(인사하다), terasă(발코니), brav(용감한), demoazelă(성직단), franc(솔직한), grav(중대한, 진지한), ierarhie(계급조직, 계층), iluzie(환상, 환영,환각), marş(3월), peisaj(풍경, 경치), a prefera(선호하다), rezon(이유), rezonabil(타당한, 합리적인), solenel(근엄한, 엄숙한), suflu(호흡, 숨), anomalie(변칙, 예외), argument(의논, 논쟁), civilizaţie(교화, 개몽), complement(보어, 보충), contradicţie(모순, 부정), elementar(기초적인), fatastic(환상적인), fantazia(환상, 공상, 상상), formulă(형, 형식), pedant(현학적인, 박식한 티를 내는), reacţionar(반동의, 반발적인), rezervă(비축, 보존물, 보존), soluţie(해결), voiaj(여행), abuz(남용), arbitrar(수의적인, 임의의), a consulta(참고하다, 의견을 듣다, 진찰을 받다), a eczila(추방하다), a legaliza(확인하다, 증명하다), a maltrata(학대하다), personal(인간적인, 개인적인), simpton(증상), vagabond(방랑자, 건달), armonios(조화로운), atac(공격), conversaţie(회화, 대화), a exalta(올리다, 높이다, 찬양하다), fatal(운명적인), idealism(이상주의), materialism(물질주의), palid(창백한), pension(하숙), piramidal(피라밋형의, 피라밋과 같은), a profita(이익을 얻다), provizie(마련, 준비, 식량, 양식), prizonier(죄인, 죄수), prozaic(산문체의), radios(빛나는 , 방사되는), reverie(환상, 몽상), sistem(제도), a triumfa(승리하다), a vizita(방문하다) 등이 있다.

특히 1848년 시대의 작가들이 자주 프랑스어로부터 차용어휘를 사용했지만 초기 형태가 항상 보존되지는 않았다. 이를 테면 당시 차용됐던 어휘들 중 a brila(찬란하다, 눈부시다), caos(혼돈, 무질서), concherant(정복하는), seanţă(회의, 시즌), a dispoza(명령하다, 주문하다), a mepriza(멸시하다), dezir(희망, 바람), solenel(엄숙한), sujet(주제), a grinţa(화나서 이를 갈다), suvenir(기념품), ierarşie(계급, 계층), retirat(은퇴한), volonter(자발적인) 등과 같은 많은 어휘들이 문어체 루마니아어의 발달과정 상에서 사라져버렸다. 루마니아어에서 그들의 존재는 일시적인 것이었다. 그러나 프랑스어원의 어휘들은 대부분 문어체 루마니아어에 뿌리를 깊게 내렸다.[3)]

프랑스 문화의 영향과는 다르게 이탈리아 문화의 영향은 루마니아전역에 명백하게 영향을 주었고 심지어 프랑스 문화와 접촉하면서 발전을 진일보하게 됐다.

당시 몰다비아의 주교였던 혼티니울(Amfilohie Hotiniul)와 발라키아의 고위 집사였던 칸타쿠지노(Constantin Cantacuzino)는 그들의 저서에서 에서 몇몇 이탈리아어휘들을 소개했다(Roseti, Cazacu, Onu. 1971. 339). 그러나 19세기에 접어들어서 발라키아의 러둘레스쿠(Ion Heliade Rădulescu)와 몰다비아의 아사키(Gheorghe Asachi)의 꾸준한 활동에 의해 이탈리아어의 요소들이 루마니아 문어체 언어에 고루 퍼지게 됐다. 아사키는 특히 문학과 애국심을 통해 이탈리아에 접근하려고 노력했다. 당시 아사키의 시들에서 주로 사용됐던 이탈리아어원의 차용어휘 중에는 melanconia(우울증, 향수), solenitate(엄숙, 근엄), fortună(운수, 운명, 행운), astuție(기민, 교활), bandiera(깃발, 국기), focolar(난로, 화덕), vendetă(복수, 원수 갚기) 등과 같은 단어들이 발견되고 있다.

반면 철학자였던 러둘레스쿠(Ion Heliade Rădulescu)는 루마니아어의 가장 좋은 동반자인 이탈리아어와 모든 측면에서 닮았다는 사상에 입각하여 많은 활동을 한 학자였다. 1839년 이후 러둘레스쿠는 이탈리아어의 순수주의, 즉 루마니아어의 이탈리아어화를 시도했다. 그의 저서 「Paralelism între limba română şi italiană」(루마니아어와 이탈리아어 사이의 공통점, 1840 )에서 그는 루마니아어와 이탈리아어는 초창기 이탈리아에서 사용됐던 같은 언어(라틴어)에서부터 유래된 방어들이다. 그러므로 그는 루마니아어에 존재하고 있던 슬라브어, 터키어, 헝가리어 및 그리스어적인 요소들을 이탈리아어 요소를 통해 대체하려고 시도했다. 예를 들어 러둘레스쿠는 그의 「Vocabular de vorbe streine în limba română」(루마니아어에 존재하고 있는 외래어휘, 1847)에서 러시아어원의 bătaie, bătaie de inimă , viclean , vrednicie , bogat 등의 어휘들 대신에 bătăiare(때림, 타도) baticor(심장고동), digitate 또는 demnitate(존엄, 존엄성), opulent(풍요로운, 부자의) 등과 같은 단어들로 교체시켰다. 게다가 그는 oglindă(거울), mândrie(자부심, 긍지), oboseală(피로), clopot(벨) 등의 단어들을 제거하고 그 대신에 spechiu 또는 specol, fiertate, fatică, camponă 등으로 대신하자고 제안했다. 이런 다소 과장된 면에도 불구하고 이어지는 루마니아어의 진화과정에서 Alexandru Odobescu(1834~ 1895)와 George Călinescu(1899 ~ 1965) 등과 같은 박식한 작가들을 통해 opulent(풍요로운, 부자의), demnitate(존엄, 존엄성), 등의 어휘가 들어오게 됐다. 1855~1880년 기간과 20세기에 상당수의 이탈리아어의 요소들이 루마니아어로 침투했다는 것은 자명한 사실이다: 예를 들어 보자면 acerb(쓰라린, 맛이 쓴), a aclama(갈채하다, 환호하다), a acompania(동반하다), adulator(아첨하는, 알랑거리는), a agita(선동하다), amant(사랑하는 사람, 연인), amor(사랑), antepenultim(끝에서부터 3번째의), asasin(암살자, 살인자), a aspira(숨을 들이마시다, 호흡하다), atitudine(자세, 태도), aură(기, 징조), avariție(탐욕, 허욕), aventură(모험, 탐험), avocat(변호사), 등이 있다. 반면에 beatitudine(복음, 지복), colegiu(학교, 대학), conațional(동농의), consiliu(회의), docent(대학의 전임강사), domestic(국내의, 내수의) 등과 같은 단어들은 이탈리아어에서 루마니아어로 도입됐다. 그들의 아직 출판되지 않은 각각의 학위논문들에서 모카누(Marin Z. Mocanu)와 쿠자(Maria Cuza)는 당시의 루마니아어 사전들을 참고해 루마니아어에 존재하고 있는 이탈리아어의 목록을 만들었다.

19세기 초반의 루마니아어의 신조어휘를 논할 때 우리는 루마니아 문화언어의 서구 로망스화는 결과적으로 러시아와의 접촉에 의한 영향을 받은 것이라는 사실을 간과할 수는 없다. 1826년의 Akkerman(아커만)협정과 러시아와 터키 사이의 Adrianople(아드리아노플)조약에 따라 발라키아 및 몰다비아 공국들은 러시아의 섭정에 놓이게 됐다는 사실을 알게 됐다. 1831년에 발라키아와 그 다음 해에 몰다비아에서 루마니아의 전역에 걸쳐서 자본주의 발달에 유리하도록 농업, 산업 및 상업의 발전에 기여를 했던 이 제정됐다. 동시에 그것은 많은 현대적 제도들을 마련했고 서구형의 정치 및 행정적인 조직체계 상의 근대화를 보장해 주었다. 19세기 초반에 러시아 자체도 18세기 프랑스 계몽운동의 영향아래 놓여 있게 됐다.

수많은 행정 및 정치적인 분야의 프랑스어원의 어휘들이 러시아어를 통해 루마니아어로 침투했다.

요르단(Iorgu Iordan)은 1949년 루마니아 학술원 연감에 게재된 「Influențe rusești asupra limbii române」(루마니아어에 끼친 러시아어의 영향)에서 다음과 같은 어휘들이 러시아어에서 기원한 것이라고 했다: vacanție(현대 vacanță, 휴가), esenție(현대 esență, 본질) , rezidenție(현대 rezidență 주거, 거주, 저택) 등에서와 같이 어미 -ție로 끝나는 신조어휘뿐만 아니라 complect( 완벽한), caiet(공책, 비망록), comitet(위원회) 등과 같은 어휘들이 러시아어원에서 비롯한 것으로 간주하고 있다(Niculescu. 1978. 116-122). Règlement organique(기관의 규정)의 초록이 밝혀낸 내용을 보면 러시아어의 중재를 통해 차용된 수많은 정치 및 행정적인 용어들 중에는 다음과 같은 어휘들이 있다:

sesie(현재 sesiune, 회의, 회기, 회의중), misie(현재misiune, 임무), reglement(현재 regulament, 규칙), finanţ(현재 finanţe, 재정, 재무, 재정적 지위) 등. 그 이외도 러시아어의 고유한 어휘들인 cinovnic(고관, 고위 장교), delă(사건, 일), ocârmuire(정부), ofis(법령) 등과 같은 단어들도 있다. 러시아어원 중에는 Anglia(영국), Rusia(러시아) 등과 같은 일부 유럽의 국호들과 polcovnic(육군대령), porucic(육군소위, 중위) 등과 같은 군사적 용어들도 있다. 그밖에도 artilérie(화실, 아틀리에), cavalérie(기수, 기사, 신사) 등에서 보여주듯이 강세부호가 붙은 단어들도 있다.

러시아어휘들이 루마니아어에 유입되는 것과 동시에 프랑스어휘들도 침투했다. 사실상 당시 루마니아의 공국들에는 프랑스어에 능통한 러시아 장교들이 주둔하고 있었고 그들은 프랑스어의 관용구들이나 프랑스 문화가 루마니아에 퍼지는데 가장 활동적인 매개자 역할을 했다.

한편 19~20세기의 루마니아어를 연구하는데 있어서 19세기 후반 루마니아 문화언어의 몇 가지 경향들을 집고 넘어가지 않을 수 없을 것이다. 트란실바니아 지방과 발라키아공국과 몰다비아공국이 연합한 루마니아 사이의 긴밀한 문화적 접촉은 1840년 이후에 순수한 라틴화 경향을 지지하면서, 트란실바니아 학파, 특히 마요르(Petru Maior)의 개념들이 카르파티아 산맥을 넘어 발라키아와 몰다비아로 퍼져나가는 원인이 됐다. August Treboniu Laurian(1810-1881)은 1840년에 루마니아어의 라틴어적인 구조에 있어서 그 완벽한 순수성을 주장하면서 소위 이방적인 요소들이(barbarismi) 순수한 라틴성을 더럽히고 있다라고 강조하고 있다(Saineanu. 1892. 162). 마심(I. C. Massim)과 함께 라우리안(August Treboniu Laurian)은 루마니아어의 라틴적 요소를 내포한 「Dictionarul limbei romane」(루마니아어 사전. 부쿠레슈티, 1871)을 출판했고, 그 후 1877년에 슬라브어, 터키어, 헝가리어, 현대 그리스어 및 기타 다른 언어들의 용어들을 포함하고 있는, 즉 루마니아어의 이방적인 어휘들을 기원이나 형식을 통해 그리고 불확실한 기원을 가진 어휘들 또한 포함한 용어사전을 계획했다. 루마니아어의 라틴적 어원연구에 대한 대 작업이었던 이 세권으로 구성된 사전은 비현실적일 만큼 광대했고 비 라틴적인 문자들인 ă, â, î, ş, ţ, z, j 등을 배제시키고 인위적으로 어원적인 철자법에 의해 보완돼졌다. 문어체적인 루마니아어가 안정돼가고 있던 한 시대 그리고 한 국가에서 라우리안(A. T. Laurian)은 다른 사회적, 정치적,

국가적 상황 하에서 루마니아인들이 거주하고 있는 또 다른 지역인 트란실바니아 지방에서도 유효했던 이론적인 원칙을 시대착오적으로 재고했었다. 어떤 의미에서 라우리안은 Timotei Cipariu(1805~1887)에 의해 트란실바니아 지방에서 해명된 이론들을 계승했고, 치파리우는 비 라틴적 요소들을 정화하야 결국에는 그런 상황 하에서 가능한 가장 순수한 언어를 쓰려는 개념을 채택하면서 트란실바니아 학파의 전통을 계속해 유지해나갔다. 치파리우는 그 이유로 다음과 같은 점들을 강조했다: 죽어 있고, 잊혀진 그리고 버려진 형태들과 어휘들 및 기호들을 되살리기 위해; 슬라브적인 또는 그 밖의 왜어적인 요소들을 버리기 위해 그리고 그것들을 로마의 방언들로부터 채택된 용어들로 대체하기 위해서다(Cipariu. 866. 5).

치파리우가 제안한 것은 라틴어와 이탈리아어적인 요소들을 차용함으로써 루마니아어 본래의 라틴성을 복구하는 것이었다. 그는 각각의 루마니아어 소리(음소)가 초기 라틴문자로 표기돼졌던 점에서 어원적으로 라틴화된 철자법의 제안을 더 진전시켰다.

그러나 여기서 강조돼야 할 것은 트란실바니아 지방에선 그러한 개념들이 그들의 오래되고 빛나는 역사에 적합한 정치적 권리를 박탈당한 루마니아 주민들에 의해 일어난 사회적, 민족적 투쟁의 표현을 제도화했던 반면 카르파티아 산맥 이편에 있는 루마니아(몰다비아와 발라키이 공국의 연합으로 닫생된 루마니아 민족이 오랫동안 염원해왔고 준비해온 연합국가)에서는 라틴화의 이상이 트란실바니아 지방에서와 같은 반응을 불러일으키는데 있어서는 실패했다는 사실이다. 그것은 'me gaudiu forte de ve vedere in bona sanita'(건강한 당신을 보게 돼 기쁩니다.) 또는 'una rondinella nu face primavera'(한 마리 제비가 봄을 만드는 것은 아니다.)라고 쓰는 것이 루마니아어의 라틴성과 통일성을 규정하는 것을 의미한다고 믿는 Alecu Russo(1719~1859), Vasile Alecsandri(1821~1890) 그리고 Alexandru Odobescu(834-1895)와 같은 루마니아의 순수 라틴주의자인 작가들에 의해서 반대돼졌기 때문이다. 이러한 작가들은 그 학자들의 아이러니에 반대하고 나섰다. 이 작가들은 심지어 '현학자', '학구적 언어체계', '학문의 연회'라고 풍자까지 사용하면서 비판했고 특히 한 민족의 언어는 긴 역사적 과정의 결과라는 생각에 반대했다: 이 작가들은 루마니아어는 루마니아 민속노래의 언어의 교육, 국가심장의 언어, 종교서적의 번역가에 의해, 우리 신념의 언어에의; 늙은 연대기 작가들에 의해, 역사의 언어에 의해 제공된 교육에서 비롯됐다고 주장했다. 그것은 라틴어의 체계가 아니라 국가의 문어체적 언어가 돼야하는, 즉 루마니아인들이 있는 곳이라면 어디에서나 쓰여지고 들려지는 공통적인 언어이다. 그러한 개념들은 '대중적·역사적' 경향이라고 불리게 된 생생한 연설에서 뿐만 아니라 고어에도 의존하고 있는 것이다. 19세기후반의 이론들의 모든 논쟁은 실질적으로 또한 이론적으로, 루마니아 문화적 언어를 근거로 하려 시도했다(cf. la Mancaş. 1974. 5-29; Munteanu, Ţâra. 1978. 134-159).

이렇게 높이 평가된 비판들에도 불구하고, 라우리안(August Treboniu Laurian)과 Timotei Cipariu)의 라틴화 성향은 문어체 루마니아어에 많은 새로운 어휘들을 도입했다: 이를 테면 당시의 기술적 분야의 루마니아어에서 사용된 어휘들 중에는 articulatoriu(유성음의), factura(증명서, 신용장), fisura(갈라진 틈, 균열), famat(유명한, 이름이 알려진), fluctuant(변동이 심한) 등은 처음으로 라우리안(Laurian)과 마심(Massim)의 루마니아어 사전에 기록돼졌다. 라틴주의자들에 의한 루마니아어 문화어휘의 형성에 대한 기여는 아직 엄격한 평가가 없다.

비평가 마요레스쿠(Titu Maiorescu, 1840~1917)의 활동은 대부분 1879년 루마니아 아카데미와 1867년 루마니아 학술원 사회 그리고 1879년에 발라키아인, 몰다비아인, 트란실바니아인, 부코비나인 그리고 심지어 마케도니아-루마니인들로 구선된 범 국가적 학술 포럼인 루마니아 학술원으로 된 루마니아 문학 사회의 설립과 연결돼 있다.

초기 루마니아 학술원은 이온 헬리아드 러둘레스쿠(Ion Heliade Rădulescu), 치파리우(Timotei Cipariu), 바리치우(Gheorghe Bariţiu), 알렉산드리(Vasile Alecsandri), 콘스탄틴 네그루지(Constantin Negruzzi), 라우리안(August Treboniu Laurian), 마심(I. C. Massim), 로세티(C. C. Rosetti, 티투 마요레스쿠(Titu Maiorescu), 후르무자키(A. Hurmuzaki), 스비에라(I. G. Sbiera), 우레키아(V. A. Urechia), 이온 카라지아니(Ion Caragiani) 등과 같은 작가들, 철학자들, 역사학자들 및 지식인들이 포함돼 있었다.

1869년 오랜 토의 끝에 루마니아 학술원은 라틴주의자들의 어원화를 통해 파생된 정서법 제도를 설립했다. 그 정서법에 따라 z, ş, ţ 대신에 di, si, ti, ci 등을 사용할 것; 악센트 사용과 cas'a(집)에서와 같이 관사가 붙은 형태의 어포스트러피 사용 그리고 이중글자는 어원론적으로 정당화한다는 것을 선언했다. 1866년에 티투 마요레스쿠(Titu Maiorescu)는 그의 연구 「Scrierea limbei române」(루마니아어의 글쓰기에 관하여)를 출판했고 1867년과 1873년에 회상했다. 그는 일부 어원적인 요소들을 보존한 루마니아어의 철자법에서 음성학적인 원칙을 설정하는 것을 제안했다: 그는 음성학적인 부호들뿐만 아니라 논리적인 부호들도 필수적으로 의미적으로 중요한 소리들, 즉 음소들을 적어두기 위해 글자들이 사용돼야 하다는, 즉 루마니아어에 음운론적인 철자법의 토대를 마련할 것을 주장한 첫 번째 학자이다. 마요레스쿠의 제안은 1880~1881년에 공식적으로 받아들여졌다. 1889년 덴수시아누(O. Densusianu)의 비평에 따라 그것들은 마요레스쿠(Titu Maiorescu), 덴수시아누, 비아누(Ion Bianu) 및 네그루지(Iacob Negruzzi) 등으로 구성된 위원회에서 재고돼졌으며, 오히려 음성학적인 원칙에 가까운 쪽으로 가져왔고 그것들은 1904년 루마니아 학술원의 결정에 의해 공식적으로 됐다. 그러나 그 때 어원론적인 필요성들에 의해 판단된 음성학적인 원칙들부터 벗어나게 됐다.

1932년 루마니아어 정자법 규범들이 푸슈카리우(Sextil PuŢcariu)의 지도 아래서 다시 변경됐고, 1953년 그라우르( Alexandru Graur), 요르단(Iorgu Iordan) 및 에밀 페트로비치(Emil Petrovici) 등으로 구성된 학술원 소위원회는 어원론적인 철자법의 모습들을 더 멀리하게 했다. 현재 통용되고 있는 루마니아어 철자법은 실제로 마요레스쿠에 의해 그 토대가 마련된 것이다. 어원학서부터 음성학에 이르기까지 진화하는 연속적인 교정들을 따랐으므로 비록 그것이 형태론적인 통일의 원칙들을 준수하고 있을 지라도 그것은 다른 형태론을 위한 다른 철자법과 동일한 어형변화표상에서 통일된 철자법을 지니고 있으므로 본질적으로 음성학적인 것이다. 예를 들어 보자면ea(그녀) 그러나 ia(그녀는 잡는다) 또한 accea(단수여성형 지시형용사 및 대명사) 그러나 aceia(복수남성형 지시형용사 및 대명사) 등이다.

문어체 언어를 향한 중요한 권고들과 확고한 태도를 보여준 학자도 역시 마요레스쿠였다. 그는 1868년에 그의 논문 「Limba română în jurnalele din Austria」(오스트리아의 학술지 상에서 루마니아어)에서 독일어적인 표현법들, 방언적인 형태등과 문장의 지루함을 지적했고 -실제로 트란실바니아안에서 루마니아어로 출판하기 위해 조회했다), 그 후 1873년에 「Studiu de patologie literară」(병리학 문어체의 연구)라는 부제를 달고 있는 그의 풍자적인 논문 「Beția de cuvinte」 (다변)에서 그는 용어법과 문체가 단정치 못함을 비난했다. 1872년 그의 「Direcția nouă în poezia și proza romană」(루마니아어 시와 산문의 새로운 방향)과 1881년 또한 그의 논문 「În contra neologismelor」(신조어에 반대하여)에서 마요레스쿠는 교양 있는 루마니아어에 신조어휘들의 존재에 관한 그의 의견을 개진했다. 그는 이질적이고 잡다한 것이 아니고 한 진정한 루마니아어의 스타일을 위한 그의 바람을 표현했다. '에이린의 얼룩덜룩한 그것'을 비평했다. 이런 의미에서 그는 사람에게 감동을 주기를 바라는 과시나 또는 차용어휘들을 피해야 하는 한 문어체 언어의 채택을 제안했다. 반면에 그는 새로운 개념을 전달하기 위한 자연적인 필요성을 채워줄 수 있도록 신조어휘들이 루마니아어에 유입되는 것을 허용했다. 마요레스쿠의 신중하고 현실적인 태도는 라틴어로부터의 차용어휘들이나 로망스어들로부터의 신조어휘들이 유입되는 거대한 과정 동안 섭리적인 것이었으며, 이 두 가지 현상들 모두 1866~1880년을 상징할 수 있는 것들이었다. 그의 견고한 태도는 외국어들로부터 차용하는 것을 절제시키는 한편 înrâurire(영향, 독일러 Einfluss 모델에 따라서 번역된 것임), luare aminte(주의를 기울이다, 마음을 잡다), a se margini(제한하다, a se limita대신에 사용됨), propășire(과정, 라틴어 progressus로부터 차용번역됨) 등과 같은 차용번역들을 격려했고 상당수의 불필요한 신조어휘들을 삭제시켰다. 이것은 아직 마요레스쿠를 순수주의자로 간주하기에는 충분하지 않을 것이다. 그는 스스로 stimulant(자극하는, 자극적인), tendență(경향), prelecție(대학의 강의) 등과 같은 신조어휘들을 사용하고 있는 반면 그는 신조어휘를 남용하는 것을 비난하고 기존의 루마니아어휘들을 문화언어로 회복시키기 위해 루마니아어의 실제적인 가능성에 대한 면밀한 지식을 추천했다. 이를 테면 împrejurare(환경), binecuvântare(축복, 신의 은총) 등과 같은 단어들을 사용함으로써 circumstanță, benedicțiune 등과 같은 어휘들을 쉽게 잊을 수 있다는 것이다. 마요레스쿠는 루마니아 언어와 문화의 민족적인 특수성을 교화하고 보존해야 한다는 생각에 이끌려 루마니아민족의 언어의 가치를 굳게 믿었다. 에미네스쿠(Mihai Eminescu), 크레안거(Ion Creangă), 카라지알레(I. L. Caragiale), 슬라비치(Ioan Slavici) 등에 의한 루마니아 문학의 위대한 고전주의 작품들이 문예동인단체인 'Junimea'(청춘)의 위대한 정신적 지주와 가까이 하면서 그들의 상징을 만들었거나 또는 그의 교훈을 문자 그대로 따랐던 것은 결코 우연한 일이 아니었다. 몰다비아, 발라키아 그리고 트란실바니아 지방에서 그들은 루마니아

민족의 살아 있는 전통의 대표자들이었다. 그들은 또한 그것에 그들의 창조의 혁신적인 능력과 전통들과의 연결돼 있다는 인식을 추가했다. 그것은 마요레스쿠의 '민족적인 오리엔테이션'이 승리한 그 위대한 작가들을 통해서 있게 된 것이다. 예술적 스타일은 계승됐고 규범은 아름다운 문자들의 언어를 위해 설립됐고, 학문적 어휘는 현대화됐지만 무엇보다도 문어체 루마니아어의 구조를 통일시키는데 공헌하고, 지역주의로부터 그것을 해방시키고 또한 그것을 모든 루마니아어인의 언어로 전환하는 과정의 강화가 있었다. 그것은 루마니아어가 프랑스어, 이탈리아어, 스페인어 또는 포르투칼어와 함께 나란히 로망스 세계의 교화된 언어로 되는 것이었다.

19세기의 마지막 20년은 루마니아 언어와 문화를 유럽인들이 확인한 진정한 '황금시대'라고 상징할 수 있을 것이다. 그것은 티투 마요레스쿠의 후원으로 행운스러운 정치적이고 경제적인 조건들에서 일어났다.

세기의 전환은 특히 트란실바니아 지방에서 루마니아어의 단일화의 극점에 도달하게 됐다. 1918년 루마니아의 대연합에 이르러 지방주의와 대중적인 요소들은 여전히 카르파트 산맥 너머에서 구사되는 언어에 남아있었다. 하지만 루마니아 학술원에 의한 철자법의 구체화 작업과 위대한 사전의 출현은(1886~1893년에 하슈데우(Haşdeu)의 「Etymologicum Magnum Romaniae」(대 루마니아어의어원사전)와 1910~1913년에 푸슈카리우(Puşcariu)의 지도와 편집아래 준비된 「Dicționarul Academiei」(루마니아 학술원의 사전) 등의 출현으로 인해 루마니아 문화언어의 통일을 위한 추세가 강화됐다.

1918년 루마니아 통일 국가가 설립된 이후에는 문어체 루마니아어에 대한 규범의 단일화가 더욱 유리하게 됐다. 초기엔 단어들, 특히 신조어휘들을 시작으로 해서 더 이상 형태적인 면에서 루마니아 전 지역에서 서로 다르지 않게 됐다. 이와 같이 -ție로 끝나는 신조어휘들이 어미가 -țiune로 되는 어휘들보다 더 크게 유행하게 됐다. 그리고 그것들은 점차적으로 학문적이고 철학적인 스타일로 굳어져 갔다. 이와 유사하게 -aj로 끝나는 신조어휘들이 점차적으로 -agiu 형태의 어휘들을 밀어내고 그 영역으로 세력을 확장해나갔다. 어휘의 형태, 특히 프랑스어의 형태는 1차 세계대전 후에 보다 더 큰 확장을 보여주었다. 심지어 프랑스어 신조어휘들의 유행이 문학이나 극장가를 덮치면서 이를 테면 루마니아어 a bulversa(<프랑스어 bouleverser,

뒤엎다), a clama(외치다), cozerie(만담, 잡담), a deboşa(타락시키다, 꾀다), eboşă(스케치, 사생화), a flana(거닐다, 산책하다), a se mefia(의심하다), rezolut(확고한), revolut(성취한, 완성된), sejur(머무름, 체류) 등과 같은 단어들이 유행하게 됐다. 이 어휘들은 아마도 그 당시 평균이상의 도시의 중산계층으로부터의 도약한 고위층의 사회·문화적 기원이었을 것으로 여겨지며, 이미 그 당시 푸슈카리우의 「Limba română」(루마니아어, 1940)와 요르단의 Limba română actuală. O gramatică a greşelilor」(현대 루마니아어. 실수의 문법, 1943) 등에 의해 동화되지 않은 것으로 간주됐다.

프랑스의 비판주의의 직접적인 영향아래 루마니아 언론계는 물론이고 로비네스쿠(Eugen Lovinescu) 및 콘스탄티네스쿠(Pompiliu Constantinescu)와 같은 사들의 문학적 비평은 상당수의 신조어휘들을 소개하게 됐다: 예를 들자면 abscons(< 프랑스어 absconse, 난해한), fabulaţie, alertă(경계, 경보), adjuvant, cuplu(한쌍), fervoare(열정), lejer(자유로운, 풀린, 우연한, 임시의), a exulta, a ghida(이끌다), a deregla(전복시키다, 뒤엎다), rectiliniu, tern(어리석은) 등이 있다. 이것들 중 대다수는 오늘날까지 보존되고 있다. 그 이후로 역시 코슈북(George Coşbuc, 1866~1918) 및 블라후처(Alexandru Vlahuţă, 1858~1919) 등과 같은 시인들이나 잠재된 가치와 미덕을 지니고 있는 민속적인 언어를 발견하고 널리 보급시키려고 노력했던 산문작가이자 희곡작가인 슈테퍼네스쿠-델리브란체아(Barbu Ştefănescu-Delavrancea) 같은 사람들의 반향이 있었다.

20세기 초에는 루마니아 농부들을 향한 토착의 애국적이고 사회적이고 민족적인 오리엔테이션을 선언하는 문학적인 동향들이 출현했다: 비평가인 이브러이레아누(G. Ibrăineanu, 1871~1936) 및 소설가 스테레(Constantin Stere, 1871~1936) 등이나 그밖에도 '전원생활의 묘사에서 사실주의'을 제의하고 있는 이아시(Iaşi)의 평론잡지 'Viaţa Româneascã'(루마니아인의 삶)을 중심으로 활동했던 작가들에 의해 장려된 '포퓰리즘'과 마찬가지로 역사적이고 전원적인 영감을 교화시키고 민족을 위한 문학작품을 쓰기 위한 목표를 가지고 있는 위대한 역사학자이자 작가였던 요르가(Nicolae Iorga)에 의해 촉진된 'Sămănătorism'(선전주의)가 바로 그것들이다.

트란실바니아 지방에서 루마니아와의 연합이후에도 오랫동안 독일어나 라틴어화한 형태의 신조어휘들이 심지어 지식인들에서도 유통됐다. 예를 들어 senátor(상원의원), muzíca(음악) 등의 단어들에서 강세표기나 adjunct(부속의, 부수의, 보조의),

advocatură(법률학자들의 소송절차), filială(상회, 회사 또는 기관의 지사), acurat(정확한) 등과 같은 단어들이 있다. 일부 문자들은 카르파티아 산맥을 가로질러 발라키아와 몰다비아로 왔다. 이를 테면 기존에 있는 conversație 대신에 독일어 Unterredendml 번역차용어인 convorbire(대회, 회화)을 비롯해 probă(증거), corectură(정정, 수정), coloratură(착색, 특색이 있는 악곡), rentabil(이익이 많은), învățăcel(제시), a sista(그만두다), şahist(체스선수) 등을 들 수 있다. 그러므로 신조어휘들도 또한 트란실바니아 지방에서 연합된 루마니아의 일부분인 발라키아와 몰다비아로 왔다. 푸슈카리우는 그의 저서 「Limba română」(루마니아어. 1940, 1976 개정판. 410-415)에서 트란실바니아 지방의 신조어휘들이 루마니아아의 연합으로 말미암아 그들의 보급으로 루마니아 전역으로 널리 퍼진 것들을 조사하고 그 유래를 밝혀냈다. 푸슈카리우는 그 어휘들의 대부분이 아마도 오스트리아제국 당시 트란실바니아 지방에서 구사됐던 프랑스어원의 어휘들이어서 부쿠레슈티나 이아쉬의 프랑스 마니아들조차도 알지 못했던 단어들로 간주하고 있다: 예를 들어 anticar(고물 연구가, 중고판매인), cupeu(기차의 구획, 기차의 한 간살 방), mars!(행진!), peron(역 승강구) 등과 같은 것들은 트란실바니아 지방을 통해 루마니아어로 스며든 프랑스화한 오스트리아의 어휘들이었다.

1900년 이후, 교화된 루마니아어의 형태론적인 규범들 또한 많은 변화를 겪었다: 일부 형용사의 복수형들이 정착했다: 예를 들어 형용사 nou(새로운)의 남성 복수형 noi, 여성 복수형 nouă 대신에 남성 단수형 nou, 여성 단수형 nouă, 남성 및 여성 복수형 noi로 됐다. 여성 복수명사형도 -e 대신에 -i가 정착돼서 grădine(정원들), cireşe(벚나무, 체리), țărance(시골 여성) 등 대신에 grădini, cireşi, țăranci 등이 됐다. 그 결과 음절이 단축ㄷ과 음성적 변이에 의해 복수로 된 명사의 수가 증가하게 됐다; 발라키아 지방의 접속법 형태들이 보급되는 현상도 발생했다. 예를 들어 să steie(그는 머물다), să deie(그는 주다)와 같이 다양한 형태들로 사용됐던 것을 să stea , să dea로 통일 했고, 이와 유사하게 să spuie, să ție, să cază, să trimiță 대신에 să spună(=그는 말하다), să tină(그는 잡는다), să) cadă(그는 떨어지다, 넘어지다), să trimită(그는 보내다)와 같은 동사의 형태들이 문어체 루마니아에 보급돼졌다; fusese(~였었다), rămăsese(머물렀었다) 등에서와 같이 직설법 대과거 3인칭 복수형들에 어미 -ră가 첨가돼 fusese는 fuseseră로 ramasese는 rămaseseră로 됐다. 제2 활용(어형 변화) 동사에 속하는 상당수가 제 3 활용 동사로 옮겨갔다. 예를 들어 a apărea(나타나다), a dispărea(사라지다), a rămânea(남다, 머물다), a ținea(잡다, 유지하다) 등이 a apare, a rămine , a ține 등으로 변화했다.

통사론 역시 연합 전과 특히 1918년 연합(통일)이 이루어진 이후에 많은 변화를 겪었다. 우선적으로 언급돼야 할 것은 첫 번째로 현재 교육되고 있는 언어에 당시의 프랑스어, 이탈리아어 및, 독일어의 구조들의 번역 차용어휘에서 기원하고 있다 점이다: a ajuta pe cineva(누군가를 돕다, 대격 대신 여격과 함께) 대신에 a ajuta cuiva을 사용하고, 프랑스어의 changer de plan에 따라서 a schimba de plan을, a se teme de cineva (누군가를 두려워하다) 대신에 a teme pe cineva를 사용했다. 참고로 프랑스어는 craindre quelqu'un이다. 또한 a urma după cineva(글자 그대로 해석하면 어떤 사람을 따르다) 대신에 a urma cuiva(누구를 계승하다, 참고로 프랑스어는 succeder a quelqu'un이다). 그리고 다음과 같은 어구들에서 부정법이 사용됐다: credea a spune(직역하면 그는 말하는 것을 생각했다, 참고로 프랑스어에선 il croyait dire 이다), obosea de a-l urmări(직역하면 그는 그 남자를 좇아간 것으로 피곤했다, 참고로 프랑스어에선 il fatiguait de le suivre), mă interesează a şti(나는 알기에 관심이 있다, 참고로 프랑스어에선 il m'intéresse de savoir) 등이 있다. 그리고 a se cere(요구되다), a se dori(기원하다), a se vrea(바라다) 등과 같은 동사들은 수동태뿐만이 아니라 재귀적으로도 사용됐고 또한 과거분사와 함께 se cere ştiut(알려질 필요가 있다), se doreşte iubit(그는 사랑 받기를 기원한다), se vrea stimat(그는 존경 받기를 바란다) 등과 같이 사용되기도 했다. 그밖에도 관계대명사 in care 대신에 관계부사unde(거기에, 그곳에)가 사용됐다. 예를 들어 într-un veac unde poeții abundă(=시인들이 풍부했던 세기에) 등과 같은 문장구조에서이다.

20세기에 문어체 루마니아의 또 다른 통사적인 경향은 문화언어에 스며드는 구어체 구조에서 화법에 가까이 접근하고 있다는 점이다.

이런 관점에서 소유 대명사의 동격에서 격에 일치가 사라졌다는 점을 언급하지 않을 수 없을 것이다. 예를 들면 casei acesteia(이 집의)는 casei aceasta로 됐으며, 또한 să dăm ajutor colegei noastre copleşită de treburi(너무 많은 일들로 애를 쓰고 있는 우리의 여자동료에게 도움의 손길을 건넵시다.)와 같은 잘못된 문장에서 여격 여성명사를 수식하고 있는 형용사형이 복수형 copleşite 가아니고 단수형 copleşită으로 표기되고 있는 점이다. 그리고 수사의 부사적 한정사 întâi(첫 번째의, 첫째로)가 형용사적 한정사로 변했다. 예를 들자면 clasa a doua(두 번째 반), clasa a treia(세 번째 반)에서 유추해서 calsa întâi(첫 번째 반)이 clasa întâia로 변했다. anul al doilea(두 번째 해, 2학년), secolul al douăzecilea(20세기) 등 대신에 anul doi, secolul douăzeci 등과 같이 한정적인 구조에서 서수의 사용 대신 기수로 치환이다. 아울러 am văzut pe tata(나는 아버지를 봤다), am dat mamei cartea(나는 어머니에게 책을 주었다) 등에서와 같이 직접 및 간접 목적어의 대격 또는 여격 인칭대명사의 접어형태의 재생을 들 수 있다.

예를 들어 i-am vazut pr tata, i-am dat mamei cartea는 am vazut pe tata am dat mamei cartea로 변화였다. 사람 이름들에 사물화된 복수 직접 목적어들 앞에서 전ㄴ치사 pee가 붙는 것은 거의 드물다. 예를 들어 publicul îi încurajează pe sportivii români(관중들이 루마니아 선수들을 응원한다) 대신에 publicul încurajează sportivii români와 같이 사용된다.

마지막 두 개의 문어체 루마니아의 경향들은 양차 대전 사이에서 더욱더 명백해졌다. 요르단(I. Iordan)은 1930년과 1940년 기간사이의 루마니아어를 설명하는 데 매우 중요한 두 개의 연구 작업에 헌신했다: 그 하나인 「Limba români actuală. O gramatică a greşelilor」(현대 루마니아어. 실수들의 문법, 1943)에서 그는 1918년 루마니아의 연합 이래로 루마니아어의 '역동성', 즉 혁신적인 것들뿐만 아니라 관용에서 벗어난 것들을 조사했다. 또 다른 저서인 「Stilistica limbii române」(루마니아어의 문체론, 1944)에선 다양한 루마니아 작가들의 작품들로부터 중요한 부분들을 발췌하여 루마니아어를 쓰고 말하는 표현적인 의미, 즉 문체론적인 현상을 설명했다.

현대 루마니의 수많은 언어학적 및 문체론적인 관점들을 밝히는 작업은 푸슈카리우(Sextil Puşcariu)의 「Limba romana」(루마니아어, 1940)와 그라우르(Alexandru Graur)의 「Tendințele actuale ale limbii române」(루마니아어의 현대적인 경향, 1968)에 의해 이끌어졌다고 해도 과언이 아닐 것이다.

## 미주

1) Rosetti, Cazacu, Onu. 1971. 33–46: 16세기 루마니아어를 거의 16세기에 국한지어 다루고 있다; Munteanu, Vasile, Țâra. 1978. 54–66: 반면에 이들은 16세기 루마니아어를 1640년까지 취급하고 있으며; Gheție. 1975. 272: 그는 더 나아가 1656년까지 연장시키고 있다.

2) Cf. Șincai, G. Elementa linguae daco-romanae sive valachicae. Buda, 1805; Budai-Deleanu, I./Maior, P. Orthgraphia romana sive latino-valachicae una cum clavi. Buda, 1819; Diaconovici-Loga, C. Orthographia sau dreapta scrisoare. Buda, 1818 등은 라틴 문자와 함께 어원적인 철자법을 주장했다.

3) Rosetti, Cazacu, Onu. 1971. 577–584; Munteanu, Țâra. 1983. 144–147: 그밖에도 Adamescu, Gál야, Ivănescu, Iordan 등과 같은 수많은 루마니아의 언어학자들에 의해 18세기 초부터 18세기 말에 이르는 기간에 루마니아어에 끼친 프랑스 문화 및 차용어휘에 관해 연구했다.

# Chapter 7

# 현대 루마니아어

# Chapter 7 현대 루마니아어

언어계보학적인 관점에서 보자면 루마니아어는 라틴어로부터 유래된 언어들의 그룹인 로망스어군에 속해 있는 언어로서 지리적인 여건 상 발칸 로망스어로 구분되고 있다. 발칸 로망스어들 중에서 유일하게 일개의 국어로서 생존하고 있는 루마니아어는 일부 독특한 음소들 및 구별자질들(ă, â, î, ş, ţ 등)을 제외하곤 전반적으로 라틴어의 자모체계를 그대로 유지하고 있다.

현행 정서법 상에서 루마니아어의 모음체계는 8개의 모음들(a, ă, â, e, i, î, o, u)로 구성돼 있지만 모음 â와 î는 동일한 음가(/ɨ/)를 가지고 있기 때문에 음소로는 7개의 모음소들(a/a/, ă/ə/, â=î/ɨ/, e/e/, i/i/, o/o/, u/u/)을 지니고 있으며 9개(âi, ea, ia, ie, io, eo, oa, ua, uă)의 이중모음들 및 4개(eoa, eau, iau, iai)의 삼중모음들로 구성되어 있다. 루마니아어의 자음체계는 모두 19개(b, c, d, f, g, h, j, l, m, n, p, r, s, ş, t, ţ, v, x, z)의 자음들과 외래어들의 표기를 위한 4개의 자음들(k, q, w, y) 등으로 구성되어 있다. 자음 c와 g는 뒤에 오는 모음이 중설 및 후설음(a, ă, â, î, o, u)일 경우엔 연구개 파열음(/k/, /g/)이 되며, 뒤에 오는 모음이 전설음(e, i)일 경우엔 치경 파찰음(/ʧ/, /ʤ/)이 되기도 한다. 따라서 루마니아어는 두 개의 반모음들(/w/, /j/)을 제외하면, 모두 20개의 자음소들로 구성돼 있다.

그러나 루마니아어의 자모가 키릴문자에서 현행의 로마문자로 대체된 것은 1860년경에 몰도바지방과 문테니아지방(당시: Ţara Românească)에서 공식적으로 로마문자가 도입되었으므로 현대 루마니아어 정서법의 전통은 여타 로망스어들에 비해 비교적 짧은 편이다.

루마니아어에 로마문자가 처음으로 도입될 당시엔 라틴어나 여타 로망스어들에서는 존재하지 않는 일부 음소들을 표기하기 위해 부분적으로 키릴문자가 사용됐고 나머지 음소들은 로마문자로 표기함으로써 키릴문자와 로마문자가 병용되는 과도기를 거친 후 이어서 1867/69년과 1881년, 1895년 및 1904년에 잇따른 정서법의 개혁을 통하여 현대 루마니아어의 정서법이 그 윤각을 드러내게 됐다.

루마니아 학술원은 1993년 3월 8일자로 기존 루마니아어의 정서법을 또다시 개정하여 중설 고모음 â와 î의 역할을 구별할 것을 결의하였고 의회의 동의를 거쳐 1994년 1월 1일자로 새로운 정서법을 적용하고 있다. 즉 정서법이 개정되기 이전에는 라틴어휘 romanus로부터 유래된 루마니아어휘 român 및 그로부터 파생된 România, românesc 등과 같은 루마니아의 국호나 국민 등을 일컫는 어휘에서만 사용됐었던 â 모음을 루마니아어의 모든 어휘에서 어중음은 â로 그리고 어두와 어말음은 î로 표기하는 것을 원칙으로 정하였다. 그밖에도 새로 개정된 정서법에선 a fi(~이다, ~이 있다) 동사의 직설법 현재시제의 기존 인칭변화형들인 sînt, eşti, este, sîntem, sînteți, sînt 등을 각기 sunt, eşti, este, suntem, sunteți, sunt 등으로 바꾸었다. 부언하자면 어중음 î를 u로 표기하도록 정하였다. 이와 같이 루마니아어의 정서법이 최근까지도 끊임없이 개정되고 있는 것은 18세기 후반부터 트란실바니아 학파에 의해 주동된 루마니아의 민족주의 운동의 일환이었던 루마니아어의 라틴어 복고운동의 연장으로 이해될 수 있을 것이다.

현대 루마니아어 국면의 시발점을 대략적 평가기준으로 1930~1940년경에 쓰여지고 구사됐던 구어 및 문어체 루마니아어로 잡는다면 우리는 이제 현대 언어의 어떤 특성들을 식별해야 할 입장에 놓여 있다. 우리가 무엇보다도 먼저 착수해야 할 첫 번째 관찰은 최근 몇 년 동안 루마니아어가 일부 명사의 체계상의 분류유형에서 수많은 변동들을 해결해왔다는 것이다. 예를 들자면 şcoală(학교)의 복수형이 şcoale 또는 şcoli 등으로 사용됐던 것을 그리고 stradă(길)의 복수형을 strade 또는 străzi 등으로, coală(종이의 장)의 복수형을 coale 또는 coli 등으로, boală(질병)의 복수형을 boale 또는 boli 등으로 그리고 coadă(꼬리)의 복수형을 coade 또는 cozi 등과 같이 현대 표준 루마니아어에서 여성명사의 이중적인 복수형들을 -i 복수형 하나로 정리한 것을 들 수 있다. 이것은 루마니아어의 일부 명사의 복수 어미 형태들이 -e에서 -i으로 바뀌는 경향을 설명해주고 있는 것이다. 루마니아어의 이전 단계에서도 동일한 경향들을 발견할 수가 있다. 예를 들어 16-19세기의 복수형과 현재의 복수형을 비교해보면, 우리는 talpe(구두의 밑창들), aripe(날개들), săgete(화살촉들), porunce(명령들), barbe(턱수염들) 등등과 같은 복수형들이 지금은 최종적으로 각각 tălpi, aripi, săgeți, porunci, bărbi 등으로 바뀐 것을 알 수 있다. 여성 복수형 -i로 가는 경향은 오늘날 심지어 telegramă(전보, 복수형), telegrame, înghețată(아이스크림, 복수형 înghetate), mahala(교외, 복수형 mahalale), limonadă(레모네이드, 복수형. limonade) 등과 같은 명사들에까지 그 영향을 끼치고 있다. 그러나 비록 문어체 루마니아어에선 용인하고 있지는 않지만 회화체에서는 telegrami, înghețate, măhălăli(그리고 mahalăi), limonăzi 등과 같은 형태의 복수형들이 구사되고 있다.

복수형이 -i로 끝나는 것은 몇몇 형태학상의 표시들을 통해 단수 형태들로부터 확실히 구분되는 이점을 제공한다. 이와 같은 연구결과로부터 도출되는 구조적인 결론은 루마니아어는 각각의 명사의 수에 확실히 분리된 형태들을 선호한다는 것이다. 루마니아어에서 성별의 뒤바뀜은 외관상으론 수의 뒤바뀜보다 덜 중요한 것으로 여겨진다.

한 유사한 상황이 중성명사의 복수에 의해 제공된다. 이 영역에서 역시 공통적인 형태들 중 일부 변화들이 발견된다. 예를 들어 nucleuri-nuclee(핵들), hipodromuri-hipodroame(경주장들), aerodromuri-aerodroame(공항들), reveruri-revere(접은 옷깃들) 등에선 -e로 끝나는 복수형들인 nuclee, hypodroame, revere 등이 우세한 것으로 해결됐다. 하지만 중성명사에서 -uri 어미를 포기하는 것은 일반적인 경향이라고 말하기 어려울 수 있다. 왜냐하면 많은 수의 명사들이 그것을 유지하거나 동의복수형태를 취하기 때문이다: 예를 들자면 corpi-corpuri(몸통들), timpi-timpuri(시간들, 속도들, 시제들, 박자들), chibrituri-chibrite(안전한 성냥들), contacturi-contacte(접촉들), ghiseuri-ghisee(매표소들) 등이 있다.

반드시 짚고넘어가야할 것은 대부분이 신조어휘들에서 나타나고 있는 것으로 형태 단일화에서 흔들림을 보여주고 있는 많은 명사들에서 복수어미로 -e을 선호해왔다는 사실이다. 아주 극소수의 경우 rapoarte(보고서들)-raporturi(유대감);

resorturi(기계들)-resoarte(부문, 영역, 예: in resoartele de specialitate 특화부문) 등에서와 같이 두 개의 서로 다른 의미를 지닌 복수형들이 존재한다.

중성명사의 복수형에 의해 일어나는 또 다른 문제도 있다: 제한된 영역에서 일부 복수 형태들의 특성화다. 많은 수의 중성명사들이 복수형 어미로 -e 외에도 남성명사의 복수어미인 -i의 형태를 보여주고 있다: hexametru(6보격)의 복수형 hexametre 또는 hexametri; robinet(마개, 주둥이)의 복수형 robinete 또는 robineti; exploziv(폭발하는, 파열음)의 복수형 explozive 또는 explozivi; compus(합성된, 합성물)의 복수형 compuse, compuşi 등이 있다. 남성형태들은 condensatori(축전기들), curenţi(전류들), cristali(결정들) 등에서와 같이 오늘날 주로 과학 또는 기술 용어로 특화된 의미를 갖고 있으며, -e 어미의 복수형은 일상적인 언어에서 폭 넓고 일반적으로 알려진 의미로 유지돼 왔다는 점을 주목할 필요가 있다.

## 7.1. 현대 루마니아어의 구조

본 장에선 현대 루마니아어의 구조를 음성·음운적인 면과 형태·통사적인 면 및 어휘적인 면 등으로 구분하여 설명하고자 한다. 그러나 본론에 들어가기에 앞서 루마니아에서 비교적 최근까지도 시행되고 정서법 개정의 내력 및 주요 골자를 간단하게나마 언급하고자 한다. 루마니아인은 라틴어에서 유래된 고유한 언어를 가지고 있었음에도 불구하고 역사상 루마니아인들이 공식적으로 문자를 사용하기 시작한 시기는 13세기 말에서 14세기 초반 경 키릴문자를 사용하기 시작한데서 비롯한 것으로 알려지고 있다(Malinson. 1987. 306: Nicurescu. 1981. 83-84; Rosetti. 1968. 16; Tagliavini. 1973. 417-418; 이문수. 2009, 73 등). 그러나 루마니아에서 정서법체계가 갖춰진 시기는 현존하고 있는 루마니아어의 최초의 문헌[1]이 출현한 16세기 초 이전이라는 견해가 지배적이다.[2]

루마니아에서 정서법체계에 대한 관심과 인식이 본격적으로 고조되기 시작된 것은 18세기 후반부터 루마니아의 트란실바니아학파에 의해서 주도된 루마니아의 민족주의운동의 일환으로서 루마니아인들이 고대 로마인들의 혈통과 문화 및 언어를 계승하고 있음에도 불구하고 로마문자가 아닌 키릴문자를 사용하고 있다는 것에 대한 문제점이 제기되면서부터라고 볼 수 있겠다. 루마니아어의 자모가 키릴문자에서 로마문자로 대체된 것은 몰다비아(현재 몰도바)와 발라키아(현재 문테니아)공국이 연합된 1859년 이후이므로 현대 루마니아어 정서법의 전통은 여타 로망스어들에 비해 비교적 짧은 편이며 그 이후 최근까지도 여러 차례 정서법 개정과정을 거쳐 현행 정서법체계를 이루게 된 것으로 알려지고 있다. 루마니아어에서 처음으로 로마문자가 도입될 당시엔 라틴어나 여타 로망스어들에서는 존재하지 않는 일부 루마니아어의 음소들을 표기하기 위해 부분적으로 키릴문자가 사용되었으며 나머지 음소들은 로마문자로 표기함으로써 키릴문자와 로마문자가 병용되는 과도기[3]를 거친 후 이어서 1867/69년과 1881년, 1895년 및 1904년에 잇따른 정서법의 개혁을 통하여 현대 루마니아어의 정서법이 그 윤각을 드러내게 된 것이다. 하지만 작금의 정서법은 1881년의 결정적인 개혁에서 대부분의 주요 골격이 형성되었다고 해도 과언이 아니다.[4] 이 당시 개정된 사안들 중에서 무엇보다도 괄목할만한 것은 음소 /ɨ/(우리말 /으/)을 표기하는데 있어서 â와 î 의 역할이 구분되었다는 점이다, 즉 어중음일 경우는 â로 표기하고 어두음이나 어말음에서는 î로 표기하도록 개정된 것이다. 그러나 1932년 및 1954년에 또 다시 맞춤법이 개정되면서 그 동안 논란이 되어오던 음소 /ɨ/에 대한 â의 표기를 철회하는 등 몇몇 새로운 맞춤법들이 개정되었지만 전반적으로는 기존의 전통을 유지하면서 부분적인 변화를 꾀하게 된 것이다. 예를 들자면 이 시기에 이미 현대 루마니아어에서 사용되고 있는 인칭대명사 eu, el, ea, ei, ele 등이나 a fi 동사의 활용형들인 este, eşti, eram 등의 발음법에서 소위 'i 모음화현상'(ioticisation)의 적용이 확고한 전통을 굳히게 되었다. 이어서 1965년에 개정된 맞춤법에서 루마니아의 국호나 국민을 뜻하는 단어들인 România, român, românesc, româneşte 등의 파생어휘에서만 â자로 표기할 것이 새롭게 결정되었다.[5] 그러나 1994년에 개정된 루마니아어의 정서법에서는 â와 î의 역할이 구별됨으로써 România, român 등의 파생어휘에서 뿐만 아니라 라틴어에서 유래된 모든 어휘에서 어중음은 â로 그리고 어두와 어말음일 경우엔 î로 표기하는 것을 원칙으로 정했다. 앞에서 이미 언급한 바와 같이 루마니아 관보는 1994년 1월 1일자로 새로 개정된 정서법을 공지하였으며, 그 내용은 다음과 같다: 기존 어중모음의 î 대신 â의 사용 및 a fi(~이다, ~이 있다) 동사의 직설법 현재 1인칭 단수 및 3인칭 복수 형태를 기존 sînt에서 sunt로 그리고 1인칭 복수형 sîntem을 suntem으로 2인칭 복수형 sînteți을 sunteți 등으로 바꾸는 것이다. 부언설명하자면 새로운 맞춤법이 개정되기 이전까지는 루마니아어에서 음소 /ɨ/(우리말: 으)을 위한 모음으로 라틴어의 romanus로부터 유래된 루마니아어의 român[6]에서 파생된 어휘, 즉 루마니아의 국호나 국민 등을 나타내는 단어들인 România, română, românesc, româneşte 등에 한해서만 â로 표기하고 기타 모든 단어들에서는 어두나 어중이나 어말의 위치에 상관없이 î가 사용됐었다. 그러나 새로운 정서법에서는 접두어의 첨가에 의한 복합어들[7]을 제외한 모든 어휘에서의 어중모음 î가 â로 바뀌게 된 것이다. 예를 들어보자면 루마니아어의 '노래하다'라는 동사 cânta[8]의 경우 새로운 정서법이 도입되기 이전엔 부정형 및 직설법 현재시제의 각 인칭에 따른 변화형들이 부정형: a cînta(직설법 현재 인칭변화형: 1. cînt, 2. cînți, 3. cîntă, 4. cîntăm, 5. cîntați, 6. cîntă 등) 이었는데 새로 개정된 정서법에 의해 a cânta(cânt, cânți, cântă, cântăm, cântați, cântă 등)와 같이 표기하게 되었다.

이 새로운 정서법에 준하자면 심지어 a coborî(내려오다) 및 a hotărî(결정하다) 등과 같이 동사의 부정형에서 어말모음이 î로 되어 있지만 과거분사형(coborât, hotărât 등)이나 현재분사형(coborând, hotărând 등)이 되면서 î가 더 이상 어말의 위치가 아니므로 â로 표기하도록 바뀌었다. 아울러 루마니아어에서 한글의 '~이다, ~이 있다'에 해당하는 a fi 동사의 직설법 현재 인칭변화형은 원래 각 인칭에 따라 1인칭 단수에서 sînt, 2인칭 단수에서 eşti, 3인칭 단수에서 este, 1인칭 복수에서 sîntem, 2인칭 복수에서 sînteți, 3인칭 복수에서 sînt 등이었는데 새로운 맞춤법에 의해 sunteți, sunt 등으로 바뀌었다. 요약하자면 a fi 동사의 직설법 현재 1인칭 단수 및 3인칭 복수 형태를 기존 sînt에서 sunt로 그리고 1인칭 복수형 sîntem을 suntem으로 2인칭 복수형 sînteți을 sunteți 등으로 바꾸는 것, 즉 기존의 î 모음 대신 u 모음을 사용하는 것으로서 라틴어 esse(~이다) 동사의 현재 인칭변화형 sum, es, est, sumus, estis, sunt 등의 형태와 무관하지 않은 것으로 사료된다.

### 7.1.1. 음성 · 음운론

루마니아어의 자모체계에 관해선 루마니아의 학자들 간에도 다소 견해차이가 있지만[9], 비교적 가장 최근인 2001년에 루마니아 학술원 산하 요르단(Iorga Iordan) 언어연구소에서 출판한 「Îndreptar ortografic, ortoepic şi de punctuaţie」의 기준에 따라 정리하자면 현행 루마니아어 정서법 상의 자모체계는 모두 19개(b, c, d, f, g, h, j, l, m, n, p, r, s, ş, t, ţ, v, x, z)의 자음들과 외래어들의 표기를 위한 4개의 자음들(k, q, w, y)과 8개의 단일 모음들(a, ă, â, e, i, î, o, u), 9개의 이중 모음들(âi, ea, ia, ie, io, eo, oa, ua, uă) 및 4개의 삼중 모음들(eoa, eau, iau, iai)로 구성돼 있다.[10] 다음은 현행 루마니아어 정서법 상의 단일자모체계이다[11]:

| | | |
|---|---|---|
| 1. a, A /a/ | 10. h, H /h/ | 21. r, R /r/ |
| 2. ă, Ă /ə/ | 11. i, I /i/ | 22. s, S /s/ |
| 3. â, Â /ɨ/ | 12. î, Î /ɨ/ | 23. ş, Ş /ʃ/ |
| 4. b, B /b/ | 13. j, J /ʒ/ | 24. t, T /t/ |
| 5. c, C /k/ | 14. k, K /k/* | 25. ţ, Ţ /ts/ |
| 5′. c, C(+i/e) /tʃ/ | 15. l, L /l/ | 26. u, U /u/ |
| 6. d, D /d/ | 16. m, M /m/ | 27. v, V /v/ |
| 7. e, E /e/ | 17. n, N /n/ | 28. w, W /w/* |
| 8. f, F /f/ | 18. o, O /o/ | 29. x, X /ks/,/gz/ |
| 9. g, G /g/ | 19. p, P /p/ | 30. y, Y /j/* |
| 9′. g, G(+i/e) /dʒ/ | 20. q, Q /kw/* | 31. z, Z /z/ |

모음 â와 î 은 동일한 음가(/ɨ/)를 가지고 있으므로 루마니아어의 모음소들은 모두 7개(/a/, /ə/, /e/, /ɨ/, /i/, /o/, /u/)이다. 자음 c와 g은 뒤에 오는 모음이 전설모음(front vowels)일 경우 치경 파찰음(/ʧ/, /ʤ/)이 되며, 여타 모음들, 즉 중설 및 후설모음 앞에서는 연구개 파열음(/k/, /g/)이 된다. 따라서 루마니아어는 두 개의 반모음들(/w/, /j/)을 제외하면, 모두 20개의 자음소들로 구성돼 있다. 부언하자면 3쌍(유·무성음)의 파열음들, 즉

양순음(b/b/, p/p/), 치음(d/d/, t/t/) 및 연구개음(g/g/, c/k/)들이 존재하고 있고 3쌍의 마찰음들, 즉 순치음(v/v/, f/f/), 치음(z/z/, s/s/), 치경음(j/ʒ/, ş/ʃ/) 및 치경·파찰음(/ʧ/, /ʤ/)들과 2개의 비음들(m/m/, n/n/)과 유음들(l/l/, r/r/)이 있으며, 그밖에도 쌍을 이루지 못하고 있는 치·파찰음 ţ/ʦ/과 무성 성문 마찰음 h/ɦ/ 등이 존재하고 있다. 특히 로망스어들 중에서도 유일하게 루마니아어에서만 존재하고 있는 성문 마찰음 /ɦ/에 관해서는 그 유래 및 도입경로나 시기 등에 대하여 다소 의견이 분분하지만 대체적으로 슬라브어를 비롯한 발칸지역의 언어들의 영향에서 기인한 것으로 간주된다.[12]

모음 e/e/가 어두에서 종종 /ie/로 발음되는 일종의 구개음화 현상인 /i/모음화현상(ioticisation)은 슬라브어의 영향으로 간주되며, 이러한 현상은 중세 이후 서 로망스어들로부터 차용된 어휘에는 적용되지 않고 있다. 예) era/era/'시대' 반면 fi'~이다' 동사의 불완료 과거 시제 3인칭 단수형 era/jera/.

i모음은 어말에 올 경우 음절을 구성하지 못하고 그 앞의 자음을 구개음화시켜주는 역할만 한다. 그러나 어말 모음 -i 앞에 '자음+유음'의 연속 자음일 경우 어말모음 -i도 음절을 형성하게 된다. 예) pom/pom/(나무) pomi/pom'/(나무들) 반면 tigru/tigru/(호랑이) tigri/tigri/(호랑이 들). 그러나 -i모음이 어말에 오더라도 연속 모음일 경우 완전한 음절을 구성할 수 있다. 한 예로서 lup/lup/(늑대)의 복수 형태는 lupi/1up'/(늑대들)이며 복수 명사에 정관사가 붙을 경우(*형태론에서 취급하고 있지만 루마니아어는 발칸어군의 특징으로서 정관사가 접미사 형태를 취한다) lupii/1upi/(그 늑대들)에서처럼 음절을 형성한다. 연구개 파열음 c/k/와 g/g/는 전설모음인 e와 i 앞에서 각기 c/tf/와 g/dʒ/로 구개음화된다. 예를 들자면 자음 c/k/는 다음에 중설 및 후설모음 a, o, u가 오면 ca/ka/, codru/kodru/, cu/ku/이지만 전설모음 e와 i 앞에서는 ce/tʃe/, cine/tʃine/이고 자음 g/g/도 a, o, u 앞에서는 garaj/garaʒ/, gol/gol/, gură/gurə/이지만 e와 i 앞에서는 gem/dʒem/, ginere/dʒinere/ 등과 같이 된다. 전설모음 e와 i 앞에서 /k/와 /g/ 발음을 위한 보완으로 중자음 ch와 gh가 사용된다. 예) chema/kema/, ghindă/gində/. 자음 k/k/는 c나 ch(전설모음 앞)의 등이며 주로 외래어 및 차용어에서만 사용된다. 예) kilometru, kilogram, kilowatt 등.

#### 7.1.1.1. 모음체계

현대 루마니아어의 단일 모음체계는 상기된 바와 같이 7개의 모음소들(a/a/, ă/ə/, â=î/ɨ/, e/e/, i/i/, o/o/, u/u/)로 구성돼 있다. 루마니아어의 이러한 모음구조의 발달과정에 관하여 학자들 간의 다소 견해 차이를 보이고 있지만 일반적으로 발칸 라틴어의 모음구조는 4세기 무렵에 형성됐으며, 발칸 라틴어의 개음 ę가 이미 5세기 경에 ie로 이중모음화(예: 고전 fĕrrum > 발칸 fęrru > 루어 fier)되면서 5개의 단일모음들(a, e, i, o, u)로 구성된 3단계의 고대 루마니아어의 모음구조를 갖게 됐다는 것이 중론이다.[13] 그러나 현대 루마니아어에서 존재하고 있는 2개 모음들, 즉 ă/ə/와 â/ɨ/의 출현 경로나 기원에 관하여선 루마니아의 언어학자들 간에도 의견이 구구한 편이다. 본 장에서는 루마니아어의 근간이 되는 라틴어의 모음구조 및 그 발달과정을 살펴보고 루마니아어와 자매가 되는 여타 로망스어들, 그 중에서도 이탈리아아어와 함께 소위 동로망스어군에 속해 있는 루마니아어의 모음체계를 통시적으로 살펴보고, 루마니아어의 모체가 되는 라틴어의 모음체계 상에서는 존재하고 있지 않았으므로 여타 로망스어들에서는 발견할 수 없으며 유독 루마니아어에서만 존재하고 있는 모음소들(ă/ə/, â=î/ɨ/)을 중심으로 그들의 출현경로 및 시기 등을 통시적으로 추적하여 루마니아어 모음체계의 실체를 고찰하고자 한다.

##### 7.1.1.1.1. 라틴어 모음체계의 변화

라틴어는 언어계보학적인 관점에서 보자면 고대 인도·유럽어족 중에서도 팔리스크어 및 오스크-움브리아어 등과 함께 이탤릭어군에 속해 있는 언어로서 고대 이탈리아반도 내에서 주로 로마를 중심으로 한 그 주변 지역인 라티움 지방의 방언이었으나 라틴민족의 팽창과 더불어 로마제국어로 통용됐던 언어이다. 현존하는 라틴어 문헌 중 가장 오래된 것은 프레네스테(Praeneste)란 곳에 소재하는 한 에트루스키아인(일명: 에트루리아인)의 묘에서 출토된 비녀에 새겨진 명문이다. 이 비녀는 서력기원 전 7세기 말경에 '마니우스(Manius)'라는 대장장이에 의해서 만들어졌기 때문에 '마니우스의 비녀' 또는 '프레네스테의 비녀(Fibula Praenestina)'등으로 일컬어지고 있다.[14] 이 비녀에 새겨져 있는 문구의 내용은 다음과 같다: Manios med fhe fhaked Numasioi.[15]

위의 문장을 어원학적인 관점에서 조사해보면 앞의 두 단어들, 즉 Manios med은 전형적인 상고 라틴어휘이며 동사의 과거형태인 fhe fhaked은 중복(reduplication)현상으로서 당시 오스크어(일명: 오스키아어)의 특성을 나타내고 있고 Numasioi은 에투루스키아인의 이름인 것으로 밝혀지고 있다.[16] 이 비녀에 새겨진 간단한 한 문장에서 볼 수 있듯이, 당시 이탈리아 반도의 중부지역에선 라틴어 외에도 에트루리아어 및 오스크어 등이 혼합돼 사용됐던 것으로 알려지고 있다. 당시의 라틴어는 원시적이고 단순한 상고 라틴어의 형태를 벗어나지 못했던 것으로 알려지고 있다. B.C. 3세기 경 라틴 민족이 정치·경제 및 사회·문화적으로 팽창을 거듭하기 시작할 무렵부터는 라틴어도 질적 및 양적으로 커다란 변화를 겪게 됐다. 로마제국이 영토를 확장해나감으로써 식민지역들과의 교류를 통하여 각종 물질문명이 발달했고 이에 따른 라틴어의 급격한 변화가 불가피하게 됐다. 그 결과로 귀족들이나 학자들에 의해서만 제한적으로 사용됐던 문어체 라틴어인 고전 라틴어(Classical Latin)와 서민들에 의해서 구어체로만 전해지던 속 라틴어(Vulgar Latin)간의 격차가 점점 더 심화될 수밖에 없었다. 이와 같이 주로 폐쇄된 귀족사회에서만 고립돼 사용됐던 문어체 라틴어는 시대적인 변화 조류에 합류하지 못하여 로마제국의 몰락과 더불어 도태될 수밖에 없었던 반면, 비록 서민들에 의해서 구어체로만 사용됐던 속 라틴어는 로마제국의 본거지인 이탈리아 반도 내에서뿐만 아니라 각 식민지역에서도 그 지방의 토착어와 융화돼 새로운 모습으로 변모하기 시작했는데 이러한 변화가 결국 초기 로망스어들의 탄생을 야기 시키게 된 것이다.[17]

한편 로마제국이 정치·군사적으로 세력을 떨치고 있었을 당시는 식민지역들에서 라틴어의 위력에 눌려 토착어들이 커다란 영향력을 발휘하지 못했었으나, 로마제국이 쇠퇴하여지자 각 지역의 토착어들의 기세가 점차적으로 드높아지면서 차츰 그들의 몫을 주장하게 됐고 더군다나 각 지역마다 토착어들이 독특한 성격을 지니고 있었던 만큼 로마니아(Romania)[18] 내에서 각 지역별로 언어적인 분기를 피할 수 없게 됐으며, 이미 2세기 말경 이베리아반도에서 간모음(intervocalic)의 무성 파열음 [t]가 유성음[d]화되기 시작했다(예: immutavit >imudavit). 이러한 변화는 이베리아반도에서 발생하여 점차 동쪽으로, 즉 갈리아 지방, 알프스 지방을 거쳐 중·북부 이탈리아 지방까지 파급됐으나 남부 이탈리아와 발칸 지역에는 미처 전파되지 못 한 것으로 여겨진다. 또한 3세기경 이탈리아 반도 내에서 대륙 권에 속하는 북부와 중·남부를 가르는 등어선(La Spezia-Rimini)[19]이 그어지게 됐는데, 이 선을 기준으로 하여 북쪽 지방에서는 갈리아 지방의 기층어 영향을 받아 괄목할 만한 음운변화를 가져왔던 것으로 알려지고 있으며,[20] 일반적으로 구어체 라틴어인 속 라틴어부터 로망스어로 변화하기 시작한 시기는 대략 6~7세기경으로 추정되고 있다.[21]

#### 7.1.1.1.1. 라틴어 모음체계의 변화

##### 7.1.1.1.1.1. 고전 라틴어의 모음체계

고전 라틴어의 모음체계는 음의 길고 짧음에 의해 음소가 구분되는 소위 양적인 모음체계를 가지고 있었으며, 세 개의 이중모음들인 ae, oe, au을 제외하고는 모두 열 개의 단일 모음들로 구성돼 있었다(ā, ă, ē, ĕ, ī, ĭ, ō, ŏ, ū, ŭ). 고전 라틴어의 이와 같은 모음의 장·단에 의한 변별력은 고대 인도유럽어 조어로부터 물려받은 것으로 알려지고 있다. 예를 들자면 고전 라틴어 **mălum**(사악, 불행) - **mālum**(과일의 사과) 간의 차이나 또는 **pŏpulus**(국민, 민족) - **pōpulus**(식물의 백양속, 포플러류) 등에서 보여주듯이 음의 장·단에 의해 변별력을 갖게 되는 별개의 음소로소의 기능을 지니고 있었다.[22]

##### 7.1.1.1.1.2. 속 라틴어 및 발칸 라틴어의 모음체계

고전 라틴어의 이러한 음의 장·단을 구별하는 양적인 모음체계는 구어체 라틴어인 속 라틴어에선 양적인 기능이 상실되면서 단지 음의 개·폐 정도에 의해서 구별되는 소위 질적인 모음체계(a, ę, ẹ, i, ǫ, ọ, u)로 바뀌게 됐다.[23]

위의 도표에서도 나타나 있듯이 고전 라틴어의 단모음 ă 및 장모음 ā은 속 라틴어에서 더 이상 양적인 변별력을 유지하지 못하게 됐고[예: 고전 **pătĕr**(아버지) > 속 **patęr**, 고전 **mātĕr**(어머니) > 속 **matĕr**], 고전 라틴어의 단음 ĕ은 속 라틴어에서 역시 양적인 변별력을 상실하면서 개음 ę로 됐다[예: 고전 **dĕcem**(열) > 속 **dęce**[24]]. 한편 고전 라틴어의 장음 ē은 단음 ĭ와 더불어 속 라틴어에서 양적인 변별력을 잃고 폐음 ẹ로 됐다[예: 고전 **mēnsa**(식탁) > 속 **mẹsa**, 고전 **pĭper**(후추) > 속 **pẹper**]. 그러나 고전 라틴어의 장음 ī은 속 라틴어에서 양적인 변별력은 상실했지만 i로 보존됐다[예: 고전 **mīlle**(천) > 속 **mille**]. 고전 라틴어의 단음 ŏ도 속 라틴어에서 양적인 변별 기능을 상실하고 개음 ǫ 됐으며[예: 고전 ŏcto(여덟) > 속 ǫcto], 고전 라틴어의 장음 ō은 단음 ŭ와 함께 속 라틴어에서 폐음 ọ로 됐다[예: 고전 sōle(태양) > 속 sọle, 고전 fŭrca(포크) > 속 fọrca]. 고전 라틴어의 장음 ū은 속 라틴어에서 양적인 변별 기능을 상실했지만 u로 유지됐다[예: 고전 ūnus(하나) > 속 unu[25]].

특히 속 라틴어와 발칸 라틴어 간의 가장 커다란 차이를 보이고 있는 것은 고전 라틴어의 단모음 ŭ로서 속 라틴어에선 폐음 ọ로 변한 반면에 발칸 라틴어에선 u 모음이 보존됐다. 예를 들자면 고전 라틴어 fŭrca은 속 라틴어의 fọrca를 거쳐서 이탈리아어 및 포르투갈어 forca, 스페인어 horca 등으로 됐지만 발칸 로망스어인 루마니아어에선 고전 라틴어의 단모음 ŭ가 발칸 라틴어에서 u로 유지됐으므로 루마니아어휘 furcă에서 보여주고 있듯이 루마니아어에서 u로 보존되고 있다.[26]

라틴어의 이중모음들 ae, au, oe 등은 부분적으로는 이미 고전 라틴어 시대에 이미 단모음화 경향을 보이기 시작했고, 속 라틴어에선 대부분 단모음으로 됐다. 한 예로서 상고 라틴어의 이중모음 형태였던 ai는 고전 라틴어에서 ae의 과정을 거쳐 단음 ĕ로 된 후에 속 라틴어에서 개음 ę로 변한 것으로 알려지고 있다. 예를 들자면 고전 caelum > cĕlum > 속 cęlu > 이어 cielo, 불어 ciel, 서어 cielo, 포어 ceo, 루어 cer 등이다. 이중모음 au도 발칸 라틴어를 포함한 일부 지역을 제외하곤 대부분 o로 단모음화 됐다. 예로서 고전 aurum > 속 oro > 이어 oro, 불어 or, 서어 oro, 포어 ouro, 루어 aur 등이다.[27] 고전 라틴어의 이중모음 oe는 불확실한 발달 과정을 겪은 것으로 전해지고 있으나, 속 라틴어에선 이중모음 oe가 더 이상 존재하지 않는 것으로 미루어 보아, 속 라틴어에서 ẹ로 단일음화 된 것이라는 견해가 지배적이다.[28] 파열음과 유음들 또는 비음들 사이의 어중 모음들의 축약현상(syncope)은 이미 고전 라틴어에서부터 발생한 것으로 전해진다. 예로서 A.D. 1세기의 비문들에서 domĭna, calĭdus, ocŭlus 대신에 domna, caldus, oclus 등이 사용되고 있다. 그러나 어중 모음들의 축약 현상도 로마제국 내의 모든 지역에서 완전하게 통용되지는 않았던 것으로 추측된다. 예로서 고전 라틴어휘 dŏmĭnus에서 포어 dom, 서어 don, 이어 don, 루어 domn 등 대부분의 로망스어들에서 어중 모음 -ĭ-가 축약된 것에 비해, 고전 라틴어의 pūlex(또는 pūlĭce)로부터 이어 pulce, 불어 puce 등이 비롯됐지만, 발칸 로망스어인 루마니아어에선 purice로 변한 점을 미루어 보아 어중모음의 축약은 로망스어

들 사이에서도 부분적인 현상으로 간주된다.[29]

#### 7.1.1.1.2. 루마니아어의 모음체계

고전 라틴어(문어체 라틴어)의 양적인 모음 체계는 속 라틴어(구어체 라틴어)에서 더 이상 모음의 장·단에 의한 변별적 자질을 상실하면서 질적인 모음 체계로 변모했으며 로망스 제어의 모음체계는 속 라틴어에서 발전한 것이다. 앞에서 이미 언급한 바와 같이 발칸 라틴어로부터 유래된 루마니아어의 모음체계는 7개의 음소들(a/a/, ă/ə/, â=î/ɨ/, e/e/, i/i/, o/o/, u/u/)로 구성돼 있으며 모음의 장·단을 구별하는 양적인 대립은 물론이거니와 개·폐를 구별하는 질적인 대립조차도 지니고 있지 않다. 이 모음소들은 아래의 도표와 같이 모음사각도를 형성한다.

모음사각도[30]

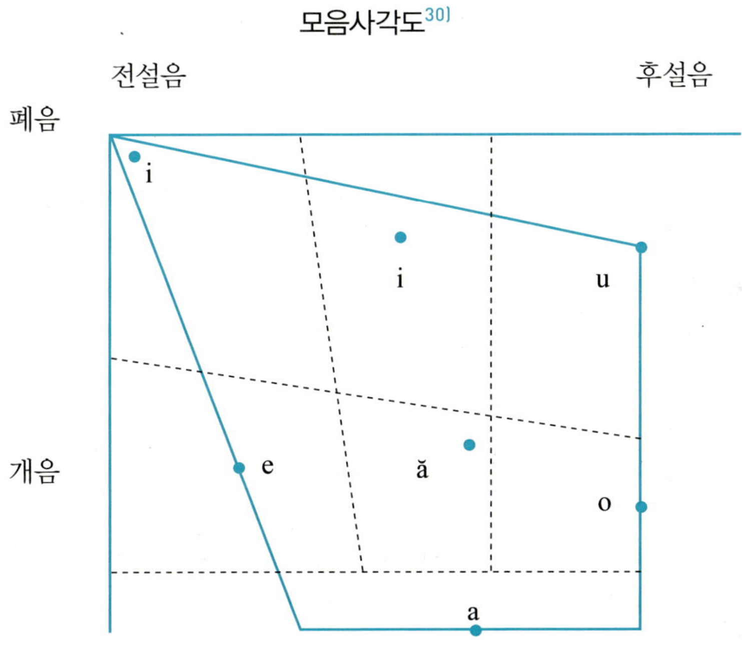


루마니아어에는 라틴어나 타 로망스어에서는 전혀 찾아볼 수 없는 두 개의 특이한 모음 ă/ə/와 î/ɨ/가 있다. 이 모음들이 루마니아어의 모음 체계에 모습을 나타내기 시작한 동기 및 시기에 관해서는 아직도 논란의 대상이 되고 있다. 라틴어 비 강세

음절의 a/a/가 ă/ə/로 되는 현상은 루마니아어 외에도 알바니아어(ë)에도 이에 상응하는 모음이 있다. 루마니아어에서 이 ă/ə/음은 대개 라틴어 비 강세음절의 a모음이 약음화 현상(라틴어 casa/kasa/>루마니아어 casă/kasə/)으로 나타나고 있지만, 강세음절에서도 종종 나타나고 있다. 예로서 라틴어 cantare(노래하다) 동사의 직설법 1인칭 복수형 cantamus > 루어 cântăm에서나 또는 라틴어 dare(주다) 동사의 직설법 현재 3인칭 단수형 dat > 루어 dă의 경우 등이다.

루마니아어의 중설 고(high)모음인 â/ɨ/은 대부분 라틴어 폐음절의 a 모음이 비자음들(n, m)앞에서 나타난다. 예를 들자면 바로 위에서 언급한 라틴어 cantare(노래하다) > 루어 cânta에서나, 라틴어 campus(정원, 들판) > 루어 câmp에서나 또한 라틴어 manus(손) > 루어 mână에서나 또 다른 예로는 라틴어 lana(양털) > 루어lână 등이다. 그러나 개음절에서는 라틴어 a 모음이 루마니아어에서도 그대로 유지되고 있다. 예를 들면 라틴어 annus(년, 해) > 루어 an 등이다. 드물기는 하지만 간혹 돌연변이가 발생하는 경우도 있다. 예로서 라틴어 anima(가슴, 마음) > 루어 inimă 등이다. 그러나 이것은 라틴어 anima가 루마니아어에서 inimă로 발전하기 이전에 중간 단계에서 înimă 형태를 지녔다가 î 모음이 다음 음절의 구개모음(e. i)의 영향으로 인하여 역행동화된 것으로서 이러한 예는 루마니아어에 자주 나타난다. 예를 들자면 루마니아어의 '단어'라는 의미의 단수명사형은 cuvînt(=cuvânt)/kuvɨnt/이지만 복수형에선 복수형 어미 -e가 붙으면서 î(=â)/ɨ/가 구개모음 -e 앞에서 역행동화현상으로 인하여 -i-로 변하여 cuvinte/kuvinte/로 된다.

반면에 루마니아어에서 이보다 후에 슬라브어나 기타 비 라틴계 언어들로부터 차용된 어휘에선 폐음절의 a 모음이 비자음들 앞에서도 변하지 않고 그대로 존재하고 있다. 예를 들자면 고대 슬라브어 rana > 루어 rană(상처) 또는 고대 슬라브어 chrana > 루어 hrană(음식, 영양분) 등이 있다. 따라서 루마니아어의 /ɨ/ 모음소가 도입된 시기는 루마니아인들이 슬라브인들로부터 언어적인 영향을 받기 이전인 것으로 알려지고 있다.[31]

루마니아어의 이중모음 수는 학자들의 견해에 따라 3-20개의 커다란 편차를 보이고 있다. 부언하자면 루마니아어의 반모음(또는 반자음) /j/를 모음단위로 인정하느냐 아니면 자음단위로 취급할 것인지 여부에 따라서 루마니아어 이중모음의 숫자가 상당한 차이를 초래할 수 있다. 그러나 가장 대표적인 이중모음은 아래의 도표와 같이 ea, oa, eo로서 이들은 모두 두 번째 부분에 강세를 가지므로 상승조가 된다.[32]

이중모음[33]

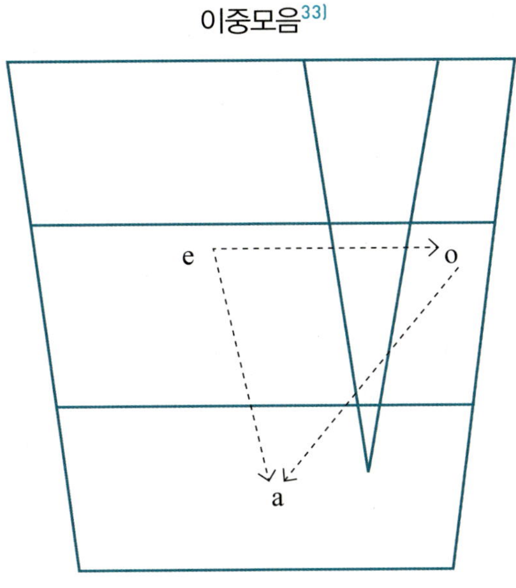


특히 이중모음 ea와 oa에 관해선 루마니아의 언어학자들 간에도 의견이 매우 분분한 편이다. 로세티(Al. Rosetti)는 이 두 이중모음들이 루마니아어의 대표적인 이중모음으로서 루마니아어에서 그 모습을 나타내기 시작한 시기에 관하여 현재의 7개 음소들로 구성된 모음 체계가 형성되기 이전인 6세기경으로 추산하고 있는 반면[34]에, 페트로비치(E. Petrovici)는 이 두 이중모음들은 원래는 이중모음이 아니었으며 모음 a가 선행하고 있는 구개음이나 순음 등과 함께 이중모음형태로 표기됐을 뿐이라는 견해이다.[35] 그러나 이 두 이중모음들이 루마니아어의 4개 방언들[36]에 두루 나타나고 있는 것으로 미루어 보아 이 방언들이 분리되기 이전인(8세기) 공통조어시대부터 사용되기 시작한 것은 분명하다. 따라서 고대 라틴어원의 어휘들에서는 e 모음이 다음 음절의 a 또는 e 모음 앞에서 ea로, o 모음이 a, ă 또는 e 모음 앞에서 oa로 이중모음으로 됐다. 예로서 라틴어 sera(저녁) > 루어 seară이며 라틴어 porta(대문) > 루어 poartă 등이다.[37]

슬라브어원의 어휘들에서는 e나 o가 대부분 그대로 보존되고 있다. 예를 들자면 슬라브어 peštera > 루어 peştera(동굴) 또는 슬라브어 kobĭ > 루어 cobe(조류의 혓병, 재수 없는 사람) 등이다.[38]

다음은 라틴어의 모음들이 루마니아어로 진화된 과정 및 그 현상들에 관하여 강세음절과 비 강세음절로 구분하여 취급하고 비 강세음절일 경우엔 어말음일 경우와 어두음일 경우, 강세 앞 음절일 경우, 강세 뒤 음절일 경우 및 강세 중간 음절일 경우 등으로 세분화하여 고찰해보고자 한다.

7.1.1.1.2.1. 강세음절

7.1.1.2.1.1. 고전 라틴어의 단음 ă나 장음 ā

고전 라틴어의 단음 ă나 장음 ā는 발칸 라틴어에서 모두 a로 됐으며, 현대 루마니아어에서도 a 모음이 그대로 보존되고 있다.

*Exemplu*

고전 ă > 발칸 a = 루어 a : 고전 măre(바다) > 발칸 > mare > 루어 mare

고전 ā > 발칸 a = 루어 a : 고전 pāce(평화) > 발칸 > pace > 루어 pace 등.

라틴어 a 모음이 폐음절에서 비자음들(m, n) 앞에 위치할 경우엔 루마니아어에서 고모음 â/ɨ/로 변했다. 그러나 a 모음이 어두에서는, 즉 개음절일 경우엔 비자음들 앞에서 다양한 변화를 보여주고 있다.

폐음절: a > â/ɨ/:

고전 lāna(양모) > 발칸 lana > 루어 lână

고전 cāmpus(들판) > 발칸 campu > 루어 câmp

개음절: a = a:

고전 ămārus > 발칸 amaru > 루어 amar

고전 ănnus(해, 년) > 발칸 anu > 루어 an

a > î:

고전 angŭstus(좁은) > 발칸 angustu > 루어 îngust

고전 anque(역시) > 발칸 ance > 루어 încă

a > î > i[39]:

고전 angĕlus(천사) > 발칸 angẹlu > 루어 înger > inger[40]

고전 anĭma(영혼) > 발칸 an(e)ma > 루어 înemă > inimă(심장, 마음)

a > î > u[41]:

고전 angŭlus(모서리) > 발칸 angulu > 루어 înghiu > unghiu

고전 ambŭlō (< inf. ambŭlāre) > 발칸 amb(u)lu > 루어 îmblu > umblu 등.

7.1.1.2.1.2. 고전 라틴어의 단음 ĕ

고전 라틴어의 단음 ĕ는 발칸 라틴어에서 개음 ę로 변했으나 이미 상술한 바와 같이 고대 루마니아어에서 이중모음 ie로 변했다.

고전 fĕrrum(철) > 발칸 fęrru > 루어 fier

고전 pĕctus(가슴) > 발칸 pęctu > 루어 piept 등.

그러나 발칸 라틴어 개음 ę는 폐음절 내에서 비자음들 앞에 위치할 경우 i로(예: 고전 dĕnte > 발칸 dęnte > 루어 dinte) 변하는 예들이 종종 나타나는데, 이것은 발칸 라틴어 개음 ę가 고대 루마니아어에서의 이중모음화(ie) 과정을 겪은 후 ie가 ii를 경유하여 i로 변한 것으로 알려지고 있으나, 일부 어휘에서 고전 라틴어의 단음 ĕ가 비자음들 앞에서 발칸 라틴어의 개음 ę를 거쳐 루마니아어에서 고모음 â=î/ɨ/으로 변하는 것(예: 고전 tĕner > 발칸 tęner > 루어 tânăr; 고전 vĕntus(바람) > 발칸 vęntu > 루어 vânt 등)에 대해선 일반적인 음운규칙에서 벗어나는 특별한 현상이라는 것이 중론이다.[42]

현대 루마니아어에서 일부 고전 라틴어 단음 ĕ가 미음 -a 앞에서 ia로 됐는데, 이 음운 변화는 중간 단계에서 발칸 라틴어의 개음 ę의 경로와 고대 루마니아어 ie과정을 거친 후 어말 모음 -ă/ə/(< 라틴어 -a)의 영향에 의한 역행동화 현상으로 간주된다.[43]

Exemplu

고전 pĕtra 단수(돌) > 발칸 pętra > 루어 piatră

고전 pĕtrae 복수(돌들) > 발칸 pętre > 루어 pietre 등.

7.1.1.2.1.3. 고전 라틴어의 장음 ē

고전 라틴어의 장음 ē는 발칸 라틴어에서 폐음 ẹ로 바뀌었고, 루마니아어에선 대개 e로 보존되고 있지만, 어말 모음 -ă/ə/(< 라틴어 -a) 앞에서 이중모음 ea로 됐다.

고전 dēnsus(촘촘한) > 발칸 dẹsu[44] > 루어 des

고전 sēra(저녁) > 발칸 sẹra > 루어 seară 등.

현대 루마니아어에서 발칸 라틴어 폐음 ẹ(<고전 장음 ē)가 비자음들(m, n) 앞에서 i로(예: 고전 plēnus > 발칸 plẹnu > 루어 plin) 고모음화되는 경향을 띠고 있다.

7.1.1.2.1.4. 고전 라틴어 단음 ĭ

고전 라틴어 단음 ĭ은 장음 ē의 경우와 마찬가지로 속 라틴어와 발칸 라틴어에서 공히 폐음 ẹ로 변했고, 루마니아어에선 대개 e로 보전되고 있지만, 어말 모음 -ă(< 라틴어 -a) 앞에서 ea로 이중모음으로 됐다.

Exemplu

고전 cĭrcus(원) > 발칸 cẹrcu > 루어 cerc

고전 dĭgĭtus(손가락) > 발칸 dẹgẹtu > 루어 deget

고전 crĭsta(볏) > 발칸 crẹsta > 루어 creastă 등.

7.1.1.2.1.5. 고전 라틴어 장음 ī

고전 라틴어 장음 ī는 발칸 라틴어에서나 고대 및 현대 루마니아어에서도 그대로 보존되고 있지만, 전설모음인 ī 가 어두의 유음 r 다음에서 중설모음인 â=î/ɨ/로 변했다.

고전 fīlum(실) > 발칸 filu > 루어 fir

고전 frīgus(추위) > 발칸 frigu > 루어 frig

고전 rīvus(강) > 발칸 (rivu) > 루어 râu

고전 rīpa(강가) > 발칸 (ripa) > 루어 râpă 등.

7.1.1.2.1.6. 고전 라틴어 단음 ŏ 및 장음 ō

고전 라틴어 단음 ŏ 및 장음 ō는 일반적으로 발칸 라틴어나 루마니아어에서 o로 그대로 보존되고 있지만, 이미 고대 루마니아어에서 어말음 -ă/ə나 -e 앞에서 oa로 이중모음화 됐으며, 단음 ŏ가 비자음(m, n) 앞에서 고음 u로 변했다.

고전 pŏrcus(돼지) > 발칸 porcu > 루어 porc

고전 dŏmĭnus(주인) > 발칸 domnu[45] > 루어 domn

고존 nōdus(매듭) > 발칸 nodu > 루어 nod

고전 pōmum(과일나무) > 발칸 pomu > 루어 pom

ŏ > oa:

고전 pŏrca(암돼지) > 발칸 porca > 루어 poarcă

고전 hŏstis, hŏste(적) > 발칸 oste > 루어 oaste

ō > oa:

고전 sōle(태양) > 발칸 sole > 루어 soare

고전 cauda[46], cōda(꼬리) > 발칸 coda > 루어 coadă

ŏ > u:

고전 mŏntem(산) > 발칸 monte > 루어 munte

고전 bŏnus(선, 좋은 것)> 발칸 bonu > 루어 bun 등.

7.1.1.2.1.7. 고존 라틴어 단음 ŭ 및 장음 ū

고존 라틴어 단음 ŭ 및 장음 ū는 발칸 라틴어와 루마니아어에서 모두 u로 그대로 보존되고 있다.

고전 lŭpus(늑대) > 발칸 lupu > 루어 lup

고전 sŭrdus(귀머거리의) > 발칸 surdu > 루어 surd

고전 lūna(달) > 발칸 luna > 루어 lună

고전 hūmĭdus(젖은) > 발칸 umẹdu > 루어 umed 등

7.1.1.2.2. 비 강세음절

비 강세 모음들은 우선 어말음일 경우와 강세가 있는 음절 앞과 뒤에 위치할 경우 및 다음절로 구성된 어휘에서 강세가 오는 음절들의 중간에 위치하는 경우들을 별도로 구분하여 취급했다.

7.1.1.2.2.1. 어말

고전 라틴어의 단음 ă 및 장음 ā 은상기된 바와 같이, 속 및 발칸 라틴어에서 장·단의 변별력이 상실되면서 모두 a 모음으로 통일됐다. 발칸 라틴어의 비 강세 어말 모음 -a는 루마니아어에서 대부분 -ă/ə/로 됐다.

Exemplu

고전 lūna(달, 월) > 발칸 luna > 루어 lună

고전 căsa(집) > 발칸 casa > 루어 casă

고전 pŏrta(대문) > 발칸 porta > 루어 poartă 등.

고전 라틴어의 어말 단음 -ĕ와 장음 -ē는 발칸 라틴어 및 루마니아어에서 대부분 그대로 보존되고 있다.

고전 bŏnĭtāte(선) > 발칸 bonẹtate > 루어 bunătate[47]

고전 pūlĭce(벼룩) > 발칸 pulẹce > 루어 purece[48]

고전 라틴어의 어말 모음 -ī는 발칸 라틴어 및 루마니아어에서 그대로 보존되고 있다.

고전 grŏssi pl.(< grŏssus 두꺼운) > 발칸 grosi > 루어 groşi

고전 mŭlti pl.(< mŭltus 많은) > 발칸 multi > 루어 mulţi 등.

고전 라틴어휘 중에서 어말 모음 -ŏ나 -ō로 끝나는 명사나 형용사는 극히 드물어서 예들을 찾아보기가 쉽지 않다. 라틴어 동사 căntare, audĭre, vĭdēre 등의 활용에서 직설법 현재 1인칭 단수형이 căntō, audĭō, vĭdĕō인 것에 비하여, 루마니아어에선 cânt, aud, văd 등에서 보여주듯이 라틴어 어말음 -o는 루마니아어에선 대부분 소멸된 것으로 간주된다.[49] 그러나 고전 라틴어 ambŭlō (< inf. ambŭlāre) > 발칸 amb(u)lu > 루어 îmblu > umblu와 같이 변하는 것이지만, 고전 라틴어휘 quăttt(ŭ)ŏr(넷)에서 어말 자음 -r은 현대 로망스어들(루어 patru, 이어 quattro, 불어 quatre, 서어 cuatro, 포어 quatro 등)에서 암시해주고 있듯이 이미 속 및 발칸 라틴어에서 음위전환(metathesis)이 이루어진 것으로 간주된다.[50] 이 고전 어휘는 속 및 발칸 라틴어에서 quat(u)ro 형태를 취했으며, 루마니아어에선 라틴어 비 강세 어말 모음 -o가 대개 -u로 변한 것으로 알려지고 있다.

고전 라틴어 비 강세 어말음 -ŭ나 -ū 또한 현대 루마니아어에서 대부분 소멸됐지만 일부 어휘에선 -u가 그대로 보존되고 있다.

*Exemplu*

고전 acus(바늘) > 발칸 acu > 루어 ac

고전 lŭpus(늑대) > 발칸 lupu > 루어 lup

고전 dĕus(신) > 발칸 dęu > 루어 z(i)eu

고전 sŏcrus(시아버지, 장인) > 발칸 socru > 루어 socru[51]

7.1.1.2.2.2. 어두

라틴어에서 모음이 어두에 오는 경우는 대개 중설 저모음인 a로서 루마니아어에서 대부분 그대로 유지되고 있지만 부분적으로는 라틴어의 a 모음이 루마니아어에서 탈락되기도 했다.[52]

*Exemplu*

고전 ădŭncus(굽은, 갈고리 형태의) > 발칸 aduncu > 루어 adânc(깊은)

고전 ănnus(해, 년) > 발칸 annu > 루어 an

고전 argĕntum(은) > 발칸 argęntu >루어 argint[53]

고전 aurŭm(금) > 발칸 auru > 루어 aur

고전 autŭmnus(가을) > 발칸 autumnu > 루어 toamnă

7.1.1.2.3. 강세 앞 음절

일반적으로 고전 라틴어 강세 앞 음절의 a는 루마니아에서 중설 모음 ă/ə/로 됐다.

*Exemplu*

고전 barbātus(털이 많은) > 발칸 barbatu > 루어 bărbat(남자)

고전 satŭllus(배부른) > 벌칸 satulu > 루어 sătul

그러나 강세 앞의 음절이라도 개음절의 어두음 a는 그대로 보존됐으며, 비자음(m, n) 앞에선 강세 음절에서와 마찬가지로 고모음(â=î/ɨ/)으로 됐다.

고전 argĕntum(은) > 발칸 argęntu >루어 argint[54]

고전 cabăllus(말) > 발칸 cabalu > 루어 cal[55]

고전 angŭstus(좁은) > 발칸 angustu > 루어 îngust

고전 mandūcāre(먹다) > 발칸 man(d)ucare > 루어 mânca

고전 라틴어 강세 앞 음절의 단음 ĕ와 장음 ē 및 단음 ĭ는 발칸 라틴어에서 각기 개음 ę 및 폐음 ẹ를 거쳐 루마니아어에서 대부분 e로 됐다. 그러나 어두음일 경우엔 불명확한 변화를 겪은 것으로 전해지고 있다.[56]

고전 lĕgūmen(채소) > 발칸 lęgume > 루어 legumă[57]
고전 cīvĭtātem(도시) > 발칸 civẹtate > 루어 cietate > cetate
고전 eram(esse 동사의 불완료 과거) > 발칸 eram > 루어 eram
고전 erīcius(고슴도치) > 발칸 ericiu > 루어 arici 등.

고전 라틴어 강세 앞 음절의 장음 ī는 루마니아어에서 대부분 i로 보존되고 있다.

고전 frīctūram(구운 고기) > 발칸 frictura > 루어 friptură
고전 dīcēbat(dīcĕre 동사의 불완료 과거) > 발칸 diceba > 루어 zicea

고전 라틴어 강세 앞 음절의 ŏ, ō와 ŭ, ū는 발칸 라틴어에서 각기 o와 u의 과정을 거친 후에 루마니아어에서 대부분 u로 됐다.

고전 rŏgāre(부탁하다) > 발칸 rogare > 루어 ruga[58]
고전 fōrmōsus(아름다운) > 발칸 fromosu > 루어 frumos
고전 mŭlgēre(젖을 짜다) > 발칸 mulgere > 루어 mulge
고전 dūrāre(지속되다) > 발칸 durare > 루어 dura 등.

그러나 폐음절내의 단음 ŏ는 비자음 앞에서 u나 또는 더 나아가서 u > ă > â=î로 변음 됐다.

고전 dŏmĭnīca(일요일) > 발칸 dominica > 루어 duminecă > duminică

고전 fŏntāna(샘) > 발칸 fontana > 루어 fântână 등.

#### 7.1.1.2.4. 강세 뒤 음절

고전 라틴어 강세 뒤 음절의 단음 ă나 장음 ā는 모두 발칸 라틴어의 a 과정을 거친 후에 루마니아어에서 강세 앞 음절에서와 마찬가지로 대부분 중설 모음 ă/ə/로 됐다.

*Exemplu*

고전 compărāt(<compărāre) > 발칸 compara > 루어 cumpără

고전 lingŭlam(숟가락) > 발칸 lingula > 루어 lingură 등.

고전 라틴어 강세 뒤 음절의 단음 ĕ와 장음 ē 및 단음 ĭ는 강세 앞 음절에서와 마찬가지로 발칸 라틴어에서 각기 개음 ę 및 폐음 ẹ를 거쳐 루마니아어에서 대부분 e로 됐다.

고전 fŏrfĭce(가위) > 발칸 forfẹce > 루어 foafece[59]

고전 pūlĭce(벼룩) > 발칸 pulẹce > 루어 purece

고전 dŏmĭnĭca(일요일) > 발칸 dominica > 루어 > duminică

그러나 주변 환경의 영향에 따라 비교적 많은 차이를 보이고 있다. 예를 들자면 선행하는 비음들 뒤에서 ă/ə/로 됐다.

고전 gĕmĭnus(쌍둥이) > 발칸 gęmẹnu > 루어 geamăn

고전 nŭmĕrus(숫자) > 발칸 numęru > 루어 număr 등.

또한 앞에서 이미 언급한 바와 같이 어중 모음의 축약 현상은 이미 A.D. 1~2세기 경부터 고전 라틴어에서 전반적으로 나타났으며, 발칸 지역에선 부분적으로 적용된 것으로 알려지고 있다.[60]

고전 călĭdŭs, căldŭs(따듯한) > 발칸 caldu > 루어 cald

고전 dŏmĭnus(주인) > 발칸 domnu > 루어 domn 등.

고전 라틴어 강세 뒤 음절의 ŏ, ō와 ŭ, ū는 강세 앞 음절에서와 마찬가지로 발칸 라틴어에서 각기 o와 u의 과정을 거친 후에 루마니아어에서 대부분 u로 됐지만, 부분적으론 축약됐다.[61]

고전 lĕpŏre(토끼) > 발칸 lẹpore > 루어 iepure

고전 măscŭlus(남성의) > 발칸 masculu > 루어 mascur(수퇘지, 멧돼지)

고전 lingŭlam(숟가락) > 발칸 lingula > 루어 lingură

고전 mĕrŭla(지빠귀) > 발칸 mẹrula > 루어 mierlă 등.

### 7.1.1.2.5. 강세 중간 음절

고전 라틴어 강세 중간 음절의 단음 ă나 장음 ā는 강세 앞이나 뒤 음절에서와 마찬가지로 모두 발칸 라틴어의 a 과정을 거친 후에 루마니아어에서 대부분 중설 모음 ă/ə/로 됐다.

*Exemplu*

고전 jurămĕntum(선서) > 발칸 juramẹntu > 루어 jurământ[62]

고전 lĭgātūra(끈, 연결) > 발칸 lẹgatura > 루어 legătură 등.

고전 라틴어 강세 중간 음절의 단음 ĕ와 장음 ē 및 단음 ĭ는 강세 앞 음절이나 뒤 음절에서와 마찬가지로 발칸 라틴어에서 각기 개음 ę 및 폐음 ẹ를 거쳐 루마니아어에서 대부분 e로 됐다.

고전 măcĕllārius(백정) > 발칸 macęlariu > 루어 măcelar

고전 dĭgĭtāle(골무) > 발칸 dẹgẹtale > 루어 degetar 등.

그러나 비자음 n 앞에서 개음 ę 및 폐음 ẹ가 i로 전설음화됐으며, 치자음들(t, d, n) 뒤에서 중설 모음 ă/ə/로 됐다.

고전 argĕntārius(은세공사) > 발칸 argęntariu > 루어 argintar
고전 venēnōsus(유독한) > 발칸 venẹnosu > 루어 veninos
고전 sĕptĭmāna(주일) > 발칸 sęptẹmana > 루어 săptămână
고전 bŏnĭtāte(선) > 발칸 bonẹtate > 루어 bunătate 등.

또한 고전 라틴어 강세 중간 음절의 단음 ĭ와 장음 ī은 경우에 따라서 부분적으로 축약됐다.

고전 mŏntĭcĕllus(언덕) > 발칸 montẹcelu > 루어 muncel
고전 pavīmĕntum(땅바닥) > 발칸 pavimẹntu > 루어 pământ 등.

고전 라틴어 강세 중간 음절의 ŏ, ō와 ŭ, ū는 강세 앞이나 뒤 음절에서와 마찬가지로 발칸 라틴어에서 각기 o와 u의 과정을 거친 후에 루마니아어에서 대부분 u로 됐다.

고전 carbōnārius(숯장이) > 발칸 carbonariu > 루어 cărbunăr
고전 medŭllāris, medŭllārem(사지, 관절) > 발칸 medulare > 루어 mădular 등.

그러나 일부 어휘에선 어중모음 o나 u가 축약됐다.

고전 collŏcāre(놓다) > 발칸 colocare > 루어 culca
고전 mŏnūmĕntum(묘비) > 발칸 monumẹntu > 루어 mormânt

루마니아어의 음운구조는 발칸 라틴어의 특성으로 인하여 여타 로망스어들과는 다소 상이한 음운변화 과정을 겪게 된 것을 제외하곤 대부분 라틴어의 음운구조를 그대로 보존하고 있다. 물론 고전 라틴어의 모음체계는 민중들에 의해 구어체로만 사용됐던 속 라틴어에서 상당한 변화를 겪게 됐다. 오늘날 로망스제어가 속 라틴어부터 유래된 점을 감안하자면, 현대 루마니아어의 모음체계 역시 기본적으론 라틴어의 모음체계를 계승하고 있다고 해도 과언은 아니지만 루마니아어의 모음체계 중에는 라틴어에선 찾아볼 수 없는 두 개의 중설 모음들(ă/ə/, â=î/ɨ/)이 존재하고 있다. 이 두 모음소들의 유래나 도입 시기에 관하여 아직도 언어학자들간에 남동 유럽 지역의 기층어 중의 하나인 트라코-다키아어의 영향에 기인한다는 학설과 상층어인 슬라브어의 영향에서 비롯됐을 것이라는 의견이 분분하다. 우선 루마니아어의 ă/ə/ 모음은 대개 라틴어 강세음절의 어중모음 a가 비자음 m 앞에서나(예: 라틴어 juramĕntum > 루어 jurământ), 비 강세음절의 미음일 경우에(예: 라틴어 casa > 루어 casă) 나타나며, 어두음일 경우엔 매우 드물기는 하지만 구어체에서(예: ăsta, ăla 등) 그 모습을 보이고 있다.[63] 모음소(/ə/)가 루마니아어(ă) 이외에도 소위 발칸 언어 연합에 속해 있는 알바니아어(ë) 및 불가리아어(ъ) 등에서도 존재하고 있다는 사실 등을 고려해 보자면, 루마니아어의 중설모음 ă은 이 지역의 기층어로부터 유래된 것으로 여겨지며, 그 시기는 루마니아어의 이중모음 ea 및 oa가 출현했던 6세기 이후로 추측된다.[64] 루마니아어의 중설 고모음 â=î/ɨ/은 라틴어 폐음절의 a 모음이 비자음들(m, n) 앞에 위치할 경우에 나타나고 있으며(예: 라틴어 lāna (양모) > 루어 lână), a 모음이 어두에서는, 즉 개음절일 경우엔 비자음들 앞에서도 그대로 유지되고 있다(예: 라틴어 ănnus (해, 년) > 루어 an). 반면에 루마니아어에서 이보다 후에 슬라브어나 기타 비 라틴계 언어들로부터 차용된 어휘에선 폐음절의 a 모음이 비자음들 앞에서도 변하지 않고 그대로 존재하고 있다(예: 고대 슬라브어 rana > 루어 rană; 고대 슬라브어 chrana > 루어 hrană 등). 따라서 루마니아어의 /ɨ/ 모음소가 도입된 시기는 루마니아인들이 슬라브 민족들로부터 언어적인 영향을 받기 이전인 것으로 사료된다.

#### 7.1.1.2. 자음체계

루마니아어의 자음체계는 고전 라틴어의 자음체계로부터 속 라틴어 및 발칸 라틴어의 단계를 거쳐 현대 로망스어들로 발전하는 과정을 밟으면서 다소 변화를 겪게 됐으며 또한 로마제국이 정치·군사적으로 세력을 떨치고 있었을 당시는 식민지역들에서 라틴어의 위력에 눌려 토착어들이 커다란 영향력을 발휘하지 못했었으나, 로마제국이 쇠퇴하여지자 각 지역의 토착어들의 기세가 점차적으로 드높아지면서 차츰 그들의 몫을 주장하게 됐으며 더군다나 각 지역마다 토착어들이 독특한 성격을 지니고 있었던 만큼 로마니아(Romania)[65] 내에서 각 지역별로 언어적인 분기를 피할 수 없게 됐다.

이미 2세기 말경 이베리아반도에서 간모음의(intervocalic) 무성 파열음 [t]가 유성음 [d]화 하기 시작했다(예: immutavit >imudavit). 이러한 변화는 이베리아반도에서 발생하여 점차 동쪽으로, 즉 갈리아 지방, 알프스 지방을 거쳐 중·북부 이탈리아 지방까지 파급됐으나 남부 이탈리아와 발칸 지역까지는 미처 전파되지 못했다. 또한 3세기경 이탈리아 반도 내에서 대륙 권에 속하는 북부지역과 지중해권의 중·남부지역을 가르는 등어선(La Spezia-Rimini)이 그어지게 됐는데, 이 선을 기준으로 하여 북쪽지방에서는 갈리아 지방의 기층어적인 영향으로 인하여 괄목할 만한 음운변화를 가져옴으로써 이탈리아어의 중·남부지역 방언과 차이를 보이게 됐다. 이 분기선은 이탈리아어의 방언들을 구분하는 경계선일 뿐만 아니라 로망스어권을 동·서로 분리하는 등어선의 역할을 하고 있다. 부언하자면 이 선을 기준으로 이탈리아반도의 북쪽지방, 알프스지방, 갈리아지방 및 이베리아반도를 포함한 소위 서 로망스어권에선 라틴어의 어말음 -s를 그대로 보존하고 있으며, 또한 간모음의 무성 파열음들[k, p, t]이 각기 유성음[g, b, d]으로 변한 반면에 그 등어선을 기준으로 남부지방, 즉 중·남부 이탈리아와 발칸 로망스어권을 포함한 소위 동 로망스어권에선 어말음 -s도 더 이상 보존하고 있지 않고 무성 파열음들도 그대로 유지하고 있다.[66] 본 장에선 지리적으론 발칸 로망스어에 속해 있으며 언어학적인 특성으로 보자면 동 로망스어권에 속해 있는 루마니아어 자음체계의 발달과정을 고전 라틴어로부터 속 라틴어 및 발칸 라틴어의 단계를 거쳐 루마니아어에 이르기까지의 음운변화 현상들을 통시적으로 고찰하고자 한다.

#### 7.1.1.2.1. 라틴어 자음체계의 발달과정

라틴어의 발달과정의 단계에 관하여는 학자들 간의 분리방법상 다소 차이는 있지만 일반적으로 B.C. 3세기 중반(B.C. 240년)을 기준으로 하여, 그 이전의 라틴어를 초기 또는 상고 라틴어(Archaic Latin)로 간주한다. 상고 라틴어는 원시적인 고대 언어들의 한계를 벗어나지 못한 단순한 언어였던 것으로 전해지고 있다. 그 후 라틴어는 발전기로 간주되는 B.C. 240~80년 기간에 시인 엔니우스(Ennius)나 희극작가 플라우투스(Plautus) 및 테렌티우스(Terentius) 등과 같은 라틴어의 발전에 기여했다. 소위 라틴문학의 황금기로 일컬어지는 B.C. 80~ A.D. 14년 기간의 고전기에는 무엇보다도 로마시대의 대 문필가인 키케로(Cicero)에 의해서 문법의 기본 체계가 완성됐고 그 밖에도 정치가이며 문필가였던 시저(Caesar)나 로마제국의 초대 황제인 아우구스투스(Augustus)에 의한 라틴문학 장려정책으로 리비우스(Livius)나 오비디우스(Ovidius) 등과 같은 작가들이 활발한 문학 활동을 펼침으로써 고전 라틴어의 전성기를 맞이하게 됐다. 한편 B.C. 3세기 이후 라틴민족의 정치적인 팽창과 더불어 라틴어도 급속한 변화를 겪게 되면서, 궁중에서 매우 제한된 계층의 귀족사회에서만 문어체로 통용됐던 고전 라틴어와 민중들에 의해서 구어체로만 사용됐던 속 라틴어 간의 차이가 현격하게 벌어지게 됐다. 폐쇄된 사회계층에서만 사용됐었던 고전 라틴어는 A.D. 5세기 후반 로마 제국의 멸망과 더불어 자연적으로 도태된 반면, 속 라틴어는 로마 제국의 본토 내에서뿐만 아니라 제국내의 식민지들에서 폭넓게 사용되다가 각 지역의 토착어들과 융화돼 초기 로망스어들로 탈바꿈하여 오늘날 현대 로망스제어들로 계승되고 있다.[67]

7.1.1.2.1.1. 고전 라틴어의 자음체계

고전 라틴어의 마지막 알파벳인 자음 z 가 도입된 시기는 공화정 말기나 아우구스투스황제 당시인 것으로 전해지고 있다.[68] 따라서 오늘날 전해지고 있는 고전 라틴어의 단일자음들은 모두 18개(B, C, D, F, G, H, K, L, M, N, P, Q, R, S, T, V, X, Z)가 있으며 그밖에도 3개의 기식음들(ch, ph, th)과 2개의 반모음(w, j)이 존재하고 있다.[69]

고전 라틴어에는 많은 자음군들이 존재했던 것으로 알려지고 있지만 이들의 발달과정은 각 지역에 따라 많은 차이를 보이고 있으며, 변화 시기도 다양한 것으로 전해지고 있다. 따라서 라틴어 자음군의 음운변화 현상에 관하여는 루마니아어의 자음체계 부분에서 구체적으로 다룰 예정이다.

7.1.1.2.1.2. 속 라틴어의 자음체계

우리가 흔히 라틴어라고 일컫는 것은 대략 B.C. 3세기경부터 귀족사회에서 문어체로 사용됐던 고전 라틴어를 지칭하는 것이다. 이와는 대조적으로 민중들에 의해서 구어체로만 사용됐던 속 라틴어는 시대나 지역 또는 사회적인 신분 및 직업 등에 따라 다양한 형태를 지니고 있었던 것으로 알려지고 있다.[70] 본 장에선 고전 라틴어의 자음체계가 시대적인 경과에 따라 자체적으로 변했거나 또는 속 라틴어의 단계에서 변화된 현상들을 ① 양순·파열음 b 및 치순·마찰음 v ② 연구개 파열음 c/k/ 및 g ③ 성문·마찰음 h ④ 양순·비음 -m ⑤ 무성 치·찰음 -s ⑥ 무성 치·파열음 -t 등으로 구분하여 설명하고자 한다.

7.1.1.2.1.2.1. 유성 양순 파열음 b와 유성 치순 마찰음 v

이미 A.D. 1세기 이후 고전 라틴어의 유성 양순 파열음 b와 유성 치순 마찰음 v 간의 상호 교환되는 현상들이 나타나기 시작했으며, 특히 마찰음 v가 유음들(l, r) 뒤에서 파열음 b로 변하는 현상은 자주 일어났던 것으로 알려지고 있다. 예를 들자면 '수양'을 나타내는 고전 라틴어휘 vervex 대신에 자주 berbex 형태로 사용됐던 것이 발견되고 있다.[71]

7.1.1.2.1.2.2. 무성 연구개 파열음 c/k/와 유성 연구개 파열음 g/ɡ/

고전 라틴어에선 자음 c와 k 간에는 발음상에 전혀 차이가 없었으나 사용법상 중설모음 a 앞에선 k가 선호됐던 것으로 전해지고 있다. 예를 들자면 각 달의 첫 번째 날을 뜻하는 calendae보다는 kalendae가 보다 자주 사용됐었지만 세월이 흐르면서 k의 사용이 점차적으로 줄어든 것으로 알려지고 있다. 그리고 c의 음가는 전설모음이나 후설모음 앞에서 모두 무성 연구개 파열음 /k/로 발음됐던 것으로 전해지고 있다.[72]

고전 라틴어의 무성 연구개 파열음 c/k/가 전설모음들 앞에서 구개음화되는 현상, 즉 루마니아어 및 이탈리아어에선 치경 파찰음화(/ʧ/) 현상으로 나타나며 여타 로망스어들인 프랑스어와 스페인어 및 포르투갈어에선 치찰음(/s/)으로 나타나는 현상은 늦어도 A.D. 3세기말에 시작됐으며[73], 유성 연구개 파열음 g/ɡ/도 문헌상으로는 다소 늦기는 하지만 비슷한 시기에 구개음화되기 시작한 것으로 추측된다. 그러나 고전 라틴어 ego > 속 라틴어 eo > 루어 eu, 이어 io, 서어 yo, 포어 eu 또는 고전 라틴어 magister > 이어 maestro, 루어 maestru 등에서 볼 수 있듯이 유성음 g는 간 모음 위치에서, 특히 전설모음 앞에서 소멸된 것으로 밝혀지고 있다.[74]

#### 7.1.1.2.1.2.3. 성문 마찰음 h[ɦ]

속 라틴어에서 자음체계의 변화 중 가장 두드러지는 현상으론 무엇보다도 성문 마찰음 h[ɦ]의 변화 과정을 들 수 있을 것이다. h[ɦ]은 이미 상고 라틴어에서 매우 약화된 것으로 추측이 된다. 왜냐하면 이미 상고 라틴어에서 간모음의 위치에서, 특히 동일 모음 사이에 놓여 있을 경우에 탈락되기 시작한 것으로 알려지고 있다. 예: ne homo > nehemo > nemo; de habeo > dehibeo > debeo 등. B.C. 1세기인 키케로 시대에는 라틴어 성문 마찰음 h가 단지 기식음을 포함하고 있는 그리스어원의 어휘에 국한하여 사용됐으며, A.D. 3세기 이후의 문헌에선 h가 어두음일 경우에도 소멸된 것으로 전해진다.[75]

#### 7.1.1.2.1.2.4. 어말 양순 비음 –m

어말의 양순 비음 -m은 이미 로마 공화정 시대부터 상당히 약화됐으며 속 라틴어에선 일부 단음절의 단어들을 제외하곤 다음절인 어휘에서는 모두 소멸됨으로써 형태상으로 주격형태와 목적격형태가 동일하게 됐으며 단일음절인 경우에도 양순음 m이 대부분 치음 n으로 변했다.[76]

#### 7.1.1.2.1.2.5. 어말 무성 치·찰음 –s

어말 무성 치찰음 -s는 비교적 복잡한 발달 과정을 겪은 것으로 알려지고 있다. 부언하자면 단수 주격 명사의 어말음 -s는 A.D. 1~2세기의 비문들에서 대부분 소멸됐다가 A.D. 3세기부터 다시 부활되기 시작했으나 로마제국내의 전 지역으로는 파급되지 못했으므로 이러한 현상의 유무가 현대 로망스제어들을 크게 동·서로 양분시키는 언어학적으로 매우 의미 있는 기준들 중의 하나로 꼽히고 있다. 예로서 우리말 '노래하다' 동사의 고전 라틴어휘 cantare의 직설법 현재 단수 2인칭 형태인 cantas와 현대 로망스어들의 형태들인 루어 cânți, 이어 canti, 불어 chantes, 서어 cantas, 포어 cantas 등을 비교해 보면, 소위 서 로망스어들(불어, 서어, 포어 등)에선 어말음 -s가 보존되고 있는 반면 동 로망스어들(이어, 루어 등)에선 완전히 사라졌다.[77]

7.1.1.2.1.2.6. 어말 무성 치·파열음 –t

어말 무성 치·파열음 -t도 대부분 소멸됐다. 특히 동사의 직설법 현재 단수 3인칭 형태(예: 고전 cantat(그가 노래한다.) > 속 canta 등)에서 보여 주듯이 모음 뒤에선 완전히 사라졌다. 그러나 라틴어 esse(~이다) 동사의 직설법 현재 3인칭 복수 형태(예: 고전 sunt > 속 son(t) > 이어 sono, 불어 sont, 서어 son, 포어 são, 루어 sunt 등)에서 보여 주듯이 비자음 n 뒤에선 부분적으로 보존되고 있는 것으로 알려지고 있다.[78]

7.1.1.2.1.3. 루마니아어의 자음체계

현대 루마니아어의 자음체계는 모두 19개(b, c, d, f, g, h, j, l, m, n, p, r, s, ş, t, ţ, v, x, z)의 자음들로 구성돼 있다. 자음 k는 루마니아어에서 단지 외래어들을 표기하는 역할만 할 따름으로서 자모로 인정하지 않으며, 자음 c와 g는 뒤에 오는 모음에 따라 연구개 파열음(/k/, /g/)이 될 수도 있고 치경 파찰음(/ʧ/, /ʤ/)이 되기도 한다. 따라서 루마니아어는 두 개의 반모음들(/w/, /j/)을 제외하면, 모두 20개의 자음소들로 구성돼 있다. 부언하자면 3쌍(유·무성음)의 파열음들, 즉 양순음(b/b/, p/p/), 치음(d/d/, t/t/) 및 연구개음(g/g/, c/k/)들이 존재하고 있고 3쌍의 마찰음들, 즉 순치음(v/v/, f/f/), 치음(z/z/, s/s/) 및 치경음(j/ʒ/, ş/ʃ/)들과 쌍을 이루지 못하고 있는 무성 성문 마찰음 h/ɦ/이 있으며, 한 쌍의 치경 파찰음(/ʧ/, /ʤ/)과 단독의 치·파찰음 ţ/ʦ/이 있으며, 그밖에도 각기 2개의 비음들(m/m/, n/n/) 및 유음들(l/l/, r/r/) 등이 존재하고 있다.[79]

본 단락에선 단어 내의 자음의 위치에 따라 어두음, 어중음 및 어말음 등으로 구분했으며, 각각의 경우에 단일자음과 자음군들을 세분하여 설명하고자 한다.

7.1.1.2.1.3.1. 어두음

7.1.1.2.1.3.1.1. 단일자음

고전 라틴어의 어두 단일자음들은 성문 마찰음인 h/ɦ/을 제외하곤 대체적으로 발칸 라틴어 및 현대 루마니아어에서 그대로 보존되고 있다.

*Exemplu*

고전 barbātus(털이 많은 사람) > 발칸 barbatu > 루어 bărbat(남자)

고전 căpŭt/kaput/(머리) > 발칸 capu > 루어 cap/kap/

고전 cŏxa/koksa/(넓적다리) > 발칸 coxa > 루어 coapsă/koapsə/[80]

고전 cŭppa/kupa/(잔, 컵) > 발칸 cupa > 루어 cupă/kupə/

고전 caelum/kælum/(하늘) > 발칸 cęlu > 루어 cer/ʧer/[81]

고전 cĭrcus/kirkus/(원) > 발칸 cęrcu > 루어 cerc/ʧerk/

고전 dēnsus(촘촘한) > 발칸 dęsu > 루어 des

고전 děcěm(열, 십) > 발칸 dęcę > 루어 diece > zece[82]

고전 dīcěre(말하다) > 발칸 dicęre > 루어 zice[83]

고전 dŭlcĭs,(달콤한) > 발칸 dulcę > 루어 dulce

고전 fĕrrum(철) > 발칸 fęru > 루어 fier

고전 găllīnă/galina/(암닭) > 발칸 galina > 루어 găină/gəinə/[84]

고전 gŭlă/gula/(목구멍) > 발칸 gula > 루어 gură/gurə/(입)

고전 gĕlu/gelu/(서리) > 발칸 gęlu > 루어 gieru > ger/ʤer/[85]

고전 hĕrba(잔디) > 발칸 ęrba > 루어 iarbă

고전 lŭcrŭm(수익) > 발칸 lucru > 루어 lucru(일)[86]

고전 mŏntem(<mōns 산) > 발칸 monte > 루어 munte

고전 nāsum(코) > 발칸 nasu > 루어 nas

고전 pānem(빵) > 발칸 pane > 루어 pâine

고전 quīnquĕ/kwinkwe/(다섯) > 발칸 cinque/kinkwe/ > 루어 cinci/ʧinʧi/

고전 rōmānŭs(로마의) > 발칸 romanu > 루어 român

고전 sōlem(< sōl 태양) > 발칸 sole > 루어 soare[87]

고전 sĕptĕm(일곱) > 발칸 sępte > 루어 şapte[88]

고전 tālem(< tālĭs 크게) > 발칸 tale > 루어 tare.

고전 tĕrra(육지) > 발칸 tẹrra > 루어 țară[89]

고전 văccă(암소) > 발칸 vacca > 루어 vacă[90]

7.1.1.2.1.3.1.2. 단일자음

자음군들은 편의상 크게 ① 자음 + r ② 자음 + l ③ 자음 + 반모음 ④ 치음 + 자음 등으로 분리하여 설명한다.

7.1.1.2.1.3.1.2.1. 자음 + r

라틴어의 자음군들 중에서 자음 + r의 형태들은 루마니아어에서 대부분 그대로 보존되고 있다.

Exemplu

고전 brăcchiŭm(팔) > 발칸 bracchiu > 루어 braț

고전 crēdere(믿다) > 발칸 crẹdere > 루어 crede[91]

고전 frĭcare(문지르다) > 발칸 frẹcare >루어 freca

고전 grānŭm(곡식) > 발칸 granu > 루어 grâu

고전 trăhere(당기다) > 발칸 tragere[92] > 루어 trage

7.1.1.2.1.3.1.2.2. 자음 + l

라틴어의 자음 + l 형태의 자음군은 연구개 파열음 + l을 제외하곤 대부분 그대로 보존되고 있다. 라틴어의 어두 자음군 연구개 파열음 + l, 즉 cl- 및 gl-은 루마니아어에서 유음 l이 i 모음으로 됐다.

Exemplu

고전 blăndŭs(귀여운) > 발칸 blandu > 루어 blând

고전 flămmă(불꽃) > 발칸 flamma >루어 flamă

고전 plăcere(마음에 들다) > 발칸 placere > 루어 plăcea

고전 clāvem(< clāvīs 열쇠) > 발칸 clave > 루어 cheie

고전 glăndem(< glăndīs 도토리) > 발칸 glande > 루어 ghindă

7.1.1.2.1.3.1.2.3. 자음 + 반모음

라틴어의 자음 + 반모음 형태의 대표적인 연구개 + 순음(qu-)은 루마니아어에서 비교적 다양한 변화를 겪고 있다.

qu + a 모음:

이 경우 루마니아어에서 양순음이나 연구개음으로 된다.

Exemplu

고전 quăttŭor(넷) > 발칸 quattru[93] > 루어 patru

고전 quăndo(언제) > 발칸 quando > 루어 când[kɨnd]

qu + 전설모음(e, i):

이 경우 루마니아어에서 치경음 /ʧ/으로 된다.

Exemplu

고전 quĭd(무엇) > 발칸 que(d) > 루어 ce[ʧe]

고전 quaerere(찾다) > 발칸 querere > 루어 cere[ʧere]

qu + o 모음:

이 경우는 이미 속 라틴어 시대에 연구개 파열음으로 단음화한 것으로 알려지고 있다.[94]

Exemplu

고전 quōmŏdŏ(어떻게) > 발칸 comodo > 루어 cum 등.

7.1.1.2.1.3.1.2.4. 치음 + 자음:

이 경우에도 이어지는 모음에 따라 루마니아어에서 다소 상이한 변화를 보여주고 있다.

sc + 중설모음:

그대로 보존되고 있다.

Exemplu

고전 scāla(계단) > 발칸 scala > 루어 scară

sc, st + 전설모음(e, i):

치음 s가 치경음화됐다.

Exemplu

고전 scīre(쓰다) > 발칸 scire > 루어 şti[ʃti] 등.

7.1.1.2.1.3.2. 어중음

7.1.1.2.1.3.2.1. 단일자음

7.1.1.2.1.3.2.1.1. 순음 b와 v

라틴어의 어중 단일자음들은 대부분 루마니아어에서 그대로 보존되고 있다. 그러나 순음 b와 v는 이미 고전 라틴어 시대에 마찰음화 되면서 구별이 불확실해졌으며[95], 루마니아어에선 특히 어중의 간 모음 위치에서 모두 탈락됐다.

Exemplu

고전 lŭpŭs(늑대) > 발칸 lupu > 루어 lup

고전 căbăllŭs(말) > 발칸 caballu > 루어 cal

고전 nŏvĕm(아홉) > 발칸 nove > 루어 nouă

7.1.1.2.1.3.2.1.2. 연구개 파열음 c/k/와 g/g/

라틴어의 연구개 파열음들(c/k/, g/g/)은 어두음에서와 마찬가지로 중설 및 후설모음들 앞에서는 그대로 보존되고 있지만 전설모음들 앞에선 치경음화(/ʧ/, /ʤ/) 됐으며, 일부 유성 연구개 파열음(g/g/)은 간 모음 위치에서 탈락됐다.[96]

Exemplu

고전 măndūcare(씹다, 먹다) > 발칸 manducare > 루어 mânca

고전 fŏcŭs(불) > 발칸 focu > 루어 foc

고전 vīcīnŭs(이웃) > 발칸 vicinu > 루어 vecin[veʧin]

고전 pāce(< pāx 평화) > 발칸 pace > 루어 pace[páʧe]

고전 lĭgare(연결하다) > 발칸 lęgare > 루어 lega

고전 lĕgūmĕn(협과) > 발칸 lęgume > 루어 legume pl.(채소)

고전 lēge(< lēx 법) > 발칸 lege > 루어 lege[leʤe]

고전 săgĭtta(화살) > 발칸 sagitta > 루어 săgeată

고전 măgĭs(더욱, 보다 많이) > 발칸 mai[97] > 루어 mai

7.1.1.2.1.3.2.1.3. 치음

치음들은 어두음에서와 같이 중·후설모음 앞에서는 대부분 그대로 보존되고 있지만 전설모음 앞에서는 구개음으로 됐다.

Exemplu

고전 nōdŭs(매듭) > 발칸 nodu > 루어 nod

고전 audīre(듣다) > 발칸 audire > 루어 auzi

고전 căsă(집) > 발칸 casa > 루어 casă

고전 fōrmōsī(pl. 아름다운) > 발칸 frumosi > 루어 frumoşi[frumoʃi]

고전 mūtare(옮기다, 바꾸다) > 발칸 mutare > 루어 muta

고전 sŭbtīle(< sŭbtīlĭs 섬세한) > 발칸 subtile > 루어 subțire

라틴어의 유음들 중에서 r은 대부분 그대로 보존되고 있으나 l은 간 모음 위치에서 r로 변했다.

고전 mărĕ(바다) > 발칸 mare > 루어 mare
고전 gĕlū(서리) > 발칸 gelu > 루어 ger

라틴어의 비자음들은 거의 그대로 보전되고 있지만 n은 간모음의 위치에서 간혹 탈락되기도 한다.

고전 nŭmĕrŭs(수자) > 발칸 numeru > 루어 număr
고전 lūnă(달) > 발칸 luna > 루어 lună
고전 grānŭm(곡식) > 발칸 granu > 루어 grâu

7.1.1.2.1.3.2.2. 자음군

고전 라틴어의 어중 자음군들(cc, ll, nn, rr 등)은 각 지역에 따라 많은 차이를 보이고 있으며, 변화 시기도 다양한 것으로 전해지고 있다. 예를 들자면, 고전 văccă(암소) > 루어 vacă; 고전 căbăllus(말) > 루어 cal; 고전 ănnus(해, 년) > 루어 an; 고전 fĕrrum(철) > 루어 fier 등과 같이 현대 루마니아어에서 이 자음군의 형태를 거의 발견할 수 없는 것으로 미루어 보아, 이미 속 라틴어 및 발칸 라틴어 시대에, 혹은 늦어도 초기 루마니아어에서 고전 라틴어의 이 자음군들이 단음화한 것으로 추측된다.[98] 그 밖의 자음군들은 어두음의 경우와 유사하게 편의상 크게 ① 유음 + 자음 ② 비음 + 자음 ③ 자음 + l ④ 자음 + r ⑤ 치음 + 자음 ⑥ 연구개 + 치음 ⑦ 자음 + 반모음 등으로 분리하여 설명한다.

7.1.1.2.1.3.2.2.1. 유음 + 자음

라틴어의 자음군 중 유음 + 자음 형태들은 루마니아어에서 대부분 그대로 보존되고 있다.

l + 자음: 대부분 그대로 보존되고 있다.

Exemplu

고전 dŭlcĕ(< dŭlcīs 달콤한) > 발칸 dulce > 루어 dulce

고전 călĭdŭs(따듯한) > 발칸 caldu[99] > 루어 cald

r + 자음: 대부분 그대로 보존되고 있다.

고전 sŭrdŭs(귀머거리의) > 발칸 surdu > 루어 surd

고전 pŏrtă(대문) > 발칸 porta > 루어 poartă[100]

7.1.1.2.1.3.2.2.2. 비음 + 자음

라틴어 비음 + 자음 형태의 자음군들도 속 라틴어 및 발칸 라틴어 시대에 이미 음운 변화한 것들을 제외하곤 루마니아어에서 대부분 그대로 보존되고 있다.

m + 자음:

이 형태는 대부분 그대로 보전되고 있으나 라틴어 자음군 mn은 루마니아어에서 다소 불안정한 변화 형태를 보여주고 있다.

Exemplu

고전 sŏmnŭs(잠) > 발칸 somnu > 루어 somn

고전 scămnŭm(걸상) > 발칸 scamnu > 루어 scaun[101]

n + 자음:

이 형태도 대부분 그대로 보존되고 있다. 그러나 라틴어 자음군 ns는 이미 발칸 라틴어 시대에 n이 탈락한 것으로 알려지고 있다.

Exemplu

고전 fŭndŭs(바닥) > 발칸 fundu > 루어 fund

고전 căntare(노래하다) > 발칸 cantare > 루어 cânta

고전 mēnsa(식탁) > 발칸 mẹsa[102] > 루어 masă

#### 7.1.1.2.1.3.2.2.3. 자음 + l

자음 + l 형태도 대부분 그대로 보존되고 있다. 그러나 bl에서 유성 양순 파열음인 b가 u 모음으로 변했으며, 연구개음 + l 형태의 자음군은 어두음에서와 같이 유음 l이 모음으로 됐다.

Exemplu

고전 sŭfflare(불다) > 발칸 sufflare > 루어 sufla

고전 stăbŭlŭm(마구간) > 발칸 stablu > 루어 staul

고전 ŏcŭlŭs(눈) > 발칸 oclu > 루어 ochiu[okiu]

고전 ŭngŭlă(말굽) > 발칸 ungla > 루어 unghie[ungie]

#### 7.1.1.2.1.3.2.2.4. 자음 + r

자음 + r 형태의 자음군들도 대부분 그대로 보존되고 있다.

Exemplu

고전 lăcrĭmă(눈물) > 발칸 lacrima > 루어 lacrimă

고전 pĕtră(돌) > 발칸 pętra > 루어 piatră[103]

고전 căpră(염소) > 발칸 capra > 루어 capră

#### 7.1.1.2.1.3.2.2.5. 치음 + 자음

s + 자음 형태도 대부분 그대로 보존되고 있지만 자음군 -st-는 전설모음 앞에서 치음 s가 치경음(ş/ʃ/)으로 변했다.

Exemplu

고전 mŭscă(파리) > 발칸 musca > 루어 muscă

고전 cŏstă(늑골) > 발칸 costa > 루어 coastă

고전 căstīgare(교정하다) > 발칸 castigare > 루어 câştiga(획득하다)

7.1.1.2.1.3.2.2.6. 연구개음 + 치음

간 모음 위치의 라틴어 자음군 -ct/kt/-와 -x/ks/-의 무성 연구개 파열음 /k/가 루마니아어에서 순음으로 변했으며, 라틴어 -gn-의 유성 연구개 파열음 /g/은 루마니아어에서 순음 /m/ (-mn-)으로 됐다.

Exemplu

고전 făctŭm(사건, 사실) > 발칸 factu > 루어 fapt

고전 cŏxă[koksa](좌골부) > 발칸 coxa > 루어 coapsă

고전 lĭgnŭm(나무) > 발칸 legnu > 루어 lemn

7.1.1.2.1.3.2.2.7. 자음 + 반모음

그 밖에도 라틴어의 자음군 -qu-와 -gu-가 중설모음 a 앞에서 각기 -qu-> -p-, -gu-> -b- 등으로 순음화한 점도 들 수 있다.

Exemplu

고전 ăquă(물) > 발칸 aqua > 루어 apă

고전 lĭngua(언어) > 발칸 lingua > 루어 limbă

7.1.1.2.1.3.3. 어말음

라틴어의 어말 자음들은 루마니아어에서 대부분 소실됐다. 특히 어말 자음 -m, -t 등은 속 라틴어 시대에 이미 탈락되기 시작한 것으로 알려지고 있다. 어말음 -s는 일반적으로 소멸됐으나 단음절 어휘를 비롯한 일부 어휘에서 -s가 i 모음으로 변했으며, 어말 자음 -r은 선행하는 모음과 전위됐다.

Exemplu

-c > -Ø:

고전 sīc(이와 같이) > 발칸 sic > 루어 şi(그리고, 또한)

-d > -Ø:

고전 quĭd(무엇) > 발칸 que(d) > 루어 ce[ʧe]

-m > -Ø:

고전 cŭm(함께) > 발칸 cu > 루어 cu

-n > -Ø:

고전 nŏmĕn(이름) > 발칸 nomen > 루어 nume

-r : 선행하는 모음과 전위됐다.

고전 ĭntĕr(사이에) > 발칸 inter > 루어 între

고전 frātĕr(형제) > 발칸 frater > 루어 frate[104]

-s > -Ø:

고전 tĕmpŭs(시간) > 발칸 tęmpu > 루어 timp

-s > -i:

고전 nōs(우리들) > 발칸 noi > 루어 noi

-t > -Ø:

고전 căpŭt(머리) > 발칸 capu > 루어 cap

고전 라틴어의 자음은 모음에 비해 비교적 간소한 체계를 지니고 있었던 편이다. 어두의 단자음일 경우엔 성문 마찰음 h/ɦ/를 제외하곤 대체적으로 발칸 라틴어 및 현대 루마니아어에서 고전 라틴어의 자음체계가 그대로 보존되고 있다. 본래 기식음이었던 h는 이미 고전 라틴어 시대부터 제한적으로 사용됐으며, 초기에는 간모음의 위치에서 탈락(예: ne homo > nehemo > nemo)되기 시작했으나 점차적으로 어두음일 경우(예: habeo > abeo)에도 자취를 감추게 됐다.[105] 현대 로망스어들 중에서 유독 루마니아어에서만 이 성문 마찰음이 존재하고 있다(예: duh, hrană 등). 그러나 이 마찰음이 대부분 슬라브어에서 차용된 어휘들에서 나타나고 있는 것으로 미루어보아, 이 음이 발칸 라틴어에서도 사라졌다가 고대 루마니아인들이 슬라브 민족을 비롯하여 주변 지역의 민족들의 언어로부터 차용한 것이라는 의견이 지배적이다.[106] 또한 로망스어들 중에서 루마니아어에서만 나타나고 있는 자음소들인 ş/ʃ/ 및 ţ/ʦ/는 각기 라틴어의 치찰음 s와 치·파열음 t가 전설 모음 앞에서 구개음화 된 것이다(예:

라틴어 sīc > 루어 şi; 라틴어 tĕnere > 루어 ţine 등). 이외에도 라틴어에선 존재하지 않았던 치경 파찰음 /ʧ/와 /ʤ/ 또한 각기 라틴어의 유·무성 연구개 파열음들(g/g/, c/k/)이 전설 모음들(e, i) 앞에서 구개음화 된 것들이다(예: 라틴어 gĕlu/gelu/ > 루어 ger/ʤer/; 라틴어 caelum/kælum/ > 루어 cer/ʧer/ 등). 그밖에 간모음의 라틴어 자음군 ct/kt/ 및 x/ks/에서 연구개 /k/가 루마니아어에서 순음 /p/로 됐으며(예: 라틴어 fsctu(m) > 루어 fapt; 라틴어 coxa > 루어 coapsă 등), 역시 간 모음의 라틴어 qu/kw/와 gu/gw/의 연구개음 /k/와 /g/가 루마니아어에서 각각 순음 /p/와 /b/로 변한 사실(예: 라틴어 aqua > 루어 apă; 라틴어 lingua > 루어 limbă 등)도 주목할 점으로 지목된다. 결론적으로 말하자면 루마니아어의 자음체계는 라틴어에 근간을 두고 있으나 지역적인 여건 상 기층어 및 상층어적인 요인 등으로 인하여 적지 않은 변화를 겪게 되면서 소위 발칸 로망스어로서의 독특한 모습을 지니게 됐다.

### 7.1.2. 형태·통사론

명사의 성에 관해선 잘 알려진 바와 같이, 루마니아어는 가동성 명사의 범주를 포함하고 있다. 오늘날 문어체 루마니아어는 명사가 얼마 전까지도 남자들만의 직업 또는 직위를 표시하는 명사들의 불변성을 향하는 경향을 보이고 있다. 비록 오늘날 그런 직업이나 직능을 대부분 여성들도 또한 누리고 있다고 하더라도, 저마다의 명사들은 아직 여성형을 잘 이끌어내지 못하고 있다: ministru(장관), vatman(전차 운전자), militian(시민군 또는 경찰), forjor(주조자) 등: 그런 직업을 가지고 여성형을 구분하기 위해서 femeie-ministru, femeie-forjor, femeie-militian 등에서처럼 여성명사의 도움을 얻어서 작문에 의지하게 된다. 한편으로 그런 문어체의 경향에 대한 강한 반발로, 대중의 회화체에선 vatmanita(여성 케이블카 운전자), sudorita(여성 용접공) 등의 예시에서와 같이 파생을 통해 보충형태를 만들어 사용하고 있으며, 이런 경향은 점차적으로 문어체에도 파급되고 있다. 이렇듯 접미사 -iţă은 여성형을 나타내는데 일반적인 용법으로 자리매김하고 있는 것으로 여겨진다. 그런 까닭에 이것은 최근까지 호칭 파생어로 특화돼 사용됐다. 이 여성형 접미사 -iţă은 또 다른 전형적인 여성형 접미사 -ă의 경쟁자가 됐다: avocat(변호사. 특히 법정 변호사)-여성형 avocată, inginer(기술자)-여성형 ingineră, arhitect(건축기사)-여성형 arhtectă 등. 접미사 -ă은 문어체 루마니아어에서 대중적인 형태인 -iţă와 우열을 다투고 있다. 이를 테면 inginer(기술자, 엔지니어)의 여성형으로 inginerịță와 ingineră가 서로 우위를 점하기 위해 경쟁을 벌리고 있다.

격의 굴절(어형변화) 문제는 사람들의 개별화된 이름(소위 사람들의 성)의 상황에 초점이 맞춰진다. 사람들과 또한 고유명사를 나타내는 개별화된 남성명사들은 보통명사들과는 다르게 그들의 소유격과 여격을 형성한다: lupului(늑대의, 또는 늑대에게) 그러나 lui Ion(이온의 또는 이온에게); 이것은 오늘날 lui Popescu에서와 같이 사람들의 성(고유명사)에도 또한 적용된다. 그러나 고유명사의 경우 19세기까지 Bălcescului와 같이 종합적인 소유격과 여격 형태를 사용했다. 분석적인 소유격과 여격은 확실히 우세해지고 있다. 심지어 여성 이름들과 오로지 종합적인 소유격과 여격 형태 갖는 명사들은 우리가 이미 봐온 바와 같이 lui Maria(마리아의 또는 마리아에게), lui Ana(아나의, 아나에게) 등에서와 같이 점차적으로 분석적으로 바뀌어갔다. 그러므로 현대 루마니아어는 인간의 고유명사의 소유격과 여격을 형성하는 수당들을 하나로 통일하는 경향이 있다는 주장을 정당화한다.

역시 호격에 관해서도 다소 언급할 필요가 있다. 이미 알려진 바와 같이 루마니아어는 라틴어의 -e로 끝나는 남성 호격 어미를 유지해왔다. 그리고 명사의 격 체계의 균형에 대한 관점에서 Alexandro!(알랙산드리아야!), bunico!(할머니!) 등에서와 같이 여성명사 호격에서 슬라브어로부터 호격 어미 -o을 차용해 사용하고 있다. 더욱이 루마니아어는 자체적인 수단에 의해 호격의 더 나아간 형태를 또한 만들어왔다: -ia로 끝나는 여성명사들이 이를 테면 Marie!(마리아야!) 등에서와 같이 -ie의 호격어미를 취하는 경우도 있다. 한편으로 남성 명사들은 호격에서 -e 형태 외에도 tricălosule!(이 악당!), prostule!(이 바보!) 또는 고유명사들의 경우 Radule!(라두야!), Neagule!(네아구야!) Ionescule!(요네스쿠야!) 등에서처럼 -ule로 끝나는 새로운 형태를 취하기도 한다. 아울러 방언들에서 mămăi! 및 mamă-hăi!(어머니!), moşuleu! 또는 moşule-hău!(이 노인네!) 등과 같은 형태들도 사용되고 있다.

그러나 이러한 호격형태의 다양성은 구어체 언어에서 난관에 직면해 문어체 언어는 반대 경향의 반응을 보이며 호격의 가치를 지닌 주격형태들을 사용한다. 이런 관점에서 이를 테면 Maria!(마리아야!) Ana!(아나야!), Sandu!(산두야!) 등이나 또는 tovarăşi!(동료들아!)에서와 같이 주격형태의 호격이 감탄이나 인사말의 취지로서 교양있는 언어로 퍼져가고 있다는 점을 주목할 필요가 있다. 게다가 주격 단수의 형태가 호격보다 더 완곡하게, 심지어 겸손하게 느껴질 수가 있다. 어떤 사람들에게는 tovarăşul profesor!(교수님!), tovarăşa, profesoară!(여교수님!) 등의 표현들이 tovarăşe profesor!이나 tovarăşe profesoară! 등보다 덜 친밀하게 들릴 수도 있다. 왜냐하면 주격형태의 호격은 특히 어느 정도 거리가 있는 모르는 사람을 부를 때 사용되고 있기 때문이다. 그러므로 우리는 주격 형태의 호격을 '거리가 있는' 또는 '격식을 갖춘' 호격이라고 언급하는지도 모른다.

명사들과 함께 사용되는 관사의 용법에 관해서 언급하자면 루마니아어엔 Bucureşti, Galaţi. Iaşi, Ploieşti 등과 같이 많은 복수형태의 지명들이 있다. 거기에 남성 복수 정관사가 덧붙여져서 Bucureştii, Galaţii. Iaşii, Ploieştii 등과 같은 형태들을 취한다. 이 정관사의 사용은 오늘날 쇠퇴해가고 있다: Bucureştii Noi(새로운 부쿠레슈티), Calea Bucureştilor(부쿠레슈티의 길) 등과 같이 일부 고정된 합성어를 제외하곤 위의 지명들은 Bucureştiul, Galaţiul, Iaşiul, Ploieştiul 등과 같이 단수 형태에서 정관사를 갖는다. 이와 같은 형태적 변화의 원인을 찾기란 그다지 어렵지 않다. 왜냐하면 지명의 형태는 단수 의미와 조화를 이루어왔기 때문이다.

관사와 관련된 형태론적인 어려움들은 cinema(영화관, 강세가 마지막 모음에 있음), radio(라디오), studio(스투디오), zero(제로), verso(뒤쪽, 이면, 강세를 갖지 않는-o로 끝남) 등과 같이 모음으로 끝나는 신조어휘에서 비롯된다. 이러한 명사들은 루마니아어의 형태론적인 체계에서 벗어나는 것이다: 왜냐하면 cinemá의 경우 비록 -a로 끝날지라도 이것은 sarma(양배추 쌈)와 같은 여성명사가 아니고 중성명사이기 때문이다. 그리고 rádio, stúdio, zéro, vérso 등의 경우 이들은 강세가 없는 -o로 끝나기 때문에 그들은 관사를 받을 수는 있지만 추가로 -u을 받지는 못한다: 이를 테면 tablou(그림, 사진), cargou(화물선), lingou(주괴), trusou(혼수감) 등처럼 추가로 -u를 받을 수 없다. 그것이 바로 정관사의 존재를 필요로 하는 상황에서 이 체계를 해결하기 위하여 문어체에선 cinema을 cinematograf로 대체하는 한편 다른 명사들을 강세가 없는 -o로 동화시키는 이유이다. 이렇듯 예를 들어 rádio-radióul, stúdio-studióul 등에서와 같이 관사의 유·무에 따라 그들의 강세를 변화시키는 그런 종류의 명사들, 즉 특별한 형태학상의 유형이 발생한다: 따라서 역시 자연적으로 radiouri, studiouri 등에서처럼 관사가 없는 복수형들이 퍼지게 됐다.

대명사는 현대 루마니아어에서 많은 문제를 야기하고 있는 형태론상의 한 분야이다. 3인칭 단수에서 남성의 인칭대명사인 el(그) 외에도 라틴어 de+ipse(전치사 de + 지시대명사 ipse 자신의, 스스로)로부터 유래된 형태인 dânsul이 생겨났다. 원래 이 대명사는 몰다비아 방언에서 la dânsul(그의 집에, 그에게), pe dânsul(그를) 등과 같이 단지 전치사구에서만 통용됐었다. 그러다 문어체 언어에서 일반화됨으로써 그것이 el의 완전한 경쟁자가 됐고, 그것의 통사적인 용법이 처음엔 주격에 그리고 후엔 소유격 및 여격에 이르기까지 범위를 넓혀갔다. 그러므로 3인칭 단수 인칭대명사의 경우 남성은 el과 dânsul이고 여성은 ea와 dânsa과 같이 2쌍이 존재하는 단계에 이르렀고 그들을 구별하기 위해서 용법은 dânsul, dânsa 등에 정중함이라는 가치를 부여하여 사용하기 시작했다. 요즘에는 많은 사람들이 dânsul을 존경, 경외 등을 나타내는 비슷한 의미를 지니고 있으나 그 뉘앙스를 점점 잃어가기 시작하고 있으며 때로는 반어적으로 쓰이기도 하고 있는 dumnealui의 대용으로 사용하고 있다. 같은 방법으로 남성 복수형태의 dânşii와 여성 복수형인 dânsele이 양성을 모두 나타내고 있는 dumnealor와 대조적으로 사용되고 있다.

강세가 있는 대명사는 성과 수에 따라 다양한 어형변화체계를 지니게 된다. 이를테면 남성 1인칭 단수의 경우 eu însumi이며 여성의 경우 eu însămi이다. 남성 1인칭 복수의 경우 noi înşine이며 여성의 경우 noi însene이다. 남성 3인칭 복수의 경우 ei înşişi이며 여성의 경우 ele înseşi 등이다. 구어체 루마니아어는 însăşi 아니면 însuşi와 같이 단지 한 가지에 의해서 문어체의 다양성을 대신하므로 어형변화가 단순한 편이다. 사실상 강세가 있는 대명사는 문어적인 용법에 제한되어 있다. 대중적인 언어에선 그것을 형용사 singur(혼자서, 홀로)나 부사 chiar(chiar eu, 나조차도, 나 스스로도)와 함께 대용하고 있기 때문이다.

소유 대명사에 관해 언급하자면 현대 루마니아어에서 소유격의 가치를 지닌 인칭대명사의 남성 3인칭 단수 소유격 lui에 손해를 줄 정도로 소유 대명사 său/sa(=그의 또는 그녀의 그리고 그것의)의 더 광범위한 사용을 지적하지 않을 수 없다. 인칭대명사

소유격 형태인 lui가 대중적이라고 여겨졌기 때문에 그 현상은 lui을 회피하려는 경향에 의해 설명될 수 있을 것이다. 그 결과 său/sa가 보다 '교양 있는' 문체론적인 요소로 되면서 '공손한' 또는 '예절 바른' 가치를 소유하기 시작했다: 이를 테면 cartea sa (그의/그녀의 책)가 cartea lui(그의 책) 형보다 좀 더 공손한 의미를 나타내고 있다. 이는 우리가 한 교사나 교수나 또는 우리가 특히 존경하는 그 외의 사람들에 대해 말할 때 우리는 lui보다는 său를 선호하는 경향이 있는데, 그것은 우리의 존경을 역시 소유 대명사를 이용해서 확실히 하고자 함이다.

현대 루마니아어에서 많은 독특한 변화들을 보이고 있는 것이 또한 동사이다. 무엇보다도 우선적으로 언급해야 할 것은 동사의 활용체계가 바뀌고 있다는 점이다; 그 중에서도 가장 중요한 것은 동사 활용어미 -ea와 -e 사이의 접사 첨가의 혼동이다: 이를 테면 a dispărea(사라지다) > a disrare; a plăcea(누구의 마음에 들다) > a place; a scădea(감소하다) > a scade; a rămânea(머물다) > a rămâne; a ținea(잡다) > a ține; a umplea(채우다) > a umple 등이다. 마지막 세 가지 형태들은 문어체 루마니아어에 의해 최종적으로 받아들여졌다. 그러나 fácem > făcém(우리는 한다); báteți(sjgmlemfdms 친다) > bătéți; a bate(치다) > a bătea; a face(~하다) > a făcea 등은 문어에 의해 인정되지 않았다. 다른 한편으론 문어체의 발음법에서도 이런 동사들의 2인칭 복수형이 접어형의 비강세 인칭대명사에 의해 뒤따라질 경우 결과적으로 어미에 강세를 받게 되는 것이 흥미로운 점이다. 이를 테면 duceți(너희들은 이끈다) 그러나 ducéți-vă!(너희들 가라!); úmpleți(너희들은 채운다) 또한 umpléți-vă!(너희들의 잔을 채워라!) 등과 같이 -ea로 끝나는 동사의 활용에서 존재하는 형태들의 경우들에서 흔히 볼 수 있다.

이를 테면 a curăța 그리고 a curăți(=깨끗이 하다); a datora 그리고 a datori (~의 덕택이다) 또한 때때로 약간의 의미의 차이들을 보여주고 있는 a (se) ingrija(걱정하다) 그러나 a se ingriji(무엇을 돌보다) 등에서와 같이 이중형태를 지니고 있는 다른 동사들도 있다. 신조어휘들의 경우엔 이를 테면 a prefera 또는 a preferi(선호하다), a succeda 또는 a succede(성공하다, 계승하다) 등의 예시들에서와 같이 이런 형태들은 좀 더 명확하다. 일반적으로 말하면 이러한 경우에 문어체 루마니아어는 a prefera, a succeda, a curăța, a datora 등의 동사들에서처럼 -a로 끝나는 동사의 굴절과 일치하는 형태들이 유리하다고 판단된다.

현대 루마니아어에서 동사의 굴절(어미변화)상에서 또 다른 문제점은 직설법 현재의 접미사에 대한 것이다; 이를 테면 동사의 부정형(원형)이 -a로 끝나는 동사의 직설법 현재 1인칭 단수형 -ez와 그리고 부정형이 -i로 끝나는 동사의 직설법 현재 1인칭 단수형 -esc 등이다. 최근 이 어미들을 포기하는 경향이 좀 더 명백해지기 시작했다; 예를 들어 bânuieşte(그가 의심하다), destăinuieşte(그가 자백하다), bombăneşte(그가 불평하다) 등 대신에 bănuie, destăinuie, bombăne 등의 형태들이 나타나고 있다. 또한 se conformează(그는 타협한다), consemnează(그가 기록하다), disperează (그가 절망하다), alochează(그가 배분하다), ignorează(그가 무시한다) 등 대신에 se conformă, consemnă, disperă, alocă, ignora 등의 형태들이 나타난다. 때때로 eu acord(나는 동의한다) - eu acordez(나는 악기의 소리를 튜닝한다) 등과 같이 이 두 가지 유형들 간에 의미상의 구별이 확립돼지고 있다.

그 이외도 현대 루마니아어에서 동사적인 가치와 함께 새로운 구조의 출현이 광범위하게 증가하고 있다: 이를 테면 a da randament(효과가 이다), a da în fololsinţă(~을 활용하다, 특히 주택시설과 관련해서), a transpune în viaţă (소생시키다), a ridica prblema(문제를 제기하다), a crea condiţii(환경을 조성하다), a ridica nivelul(기준을 세우다), a lua pauză(=쉬다), a da (o înaltă) apreciere(진심으로 감사하다), a treca (ca) o sorcină(일을 처리하다), a organiza munca/lucrul(일/활동을 조직하다), a se înscrie la cuvânt(청중에게 묻다), a veni în întâmpinare(환영하다 또는 중간에서 만나다) 등이 있다. 이것들은 대부분 언론이나 정치에서 사용되고 있다. 예를 들자면 'tineretului studios i s-au creat condiţii noi de viaţă şi de învăţătară'(젊은 대학생들에게 삶과 학습의 새로운 환경이 조성됐다), congresul... a dat o înaltă apreciere muncii perseverente şi multilaterale desfăşurate (의회는 전개된 끈기 있고 다방면한 사업들을 높게 평가했다); 그것들은 또한 기술적인 은어에서도 생겨났다. 이를 테면 주로 a da în folosinţă(활용하다), a organiza munca(일을 조직하다). 하지만 이들은 일상생활 회화에서도 상당한 유행을 이뤄냈다.

최근의 이러한 동사어구들은 루마니아어의 결합적이고 표현적인 가능성들을 풍요롭게 해주고 있다, 현대 구어체 루마니아어에 관련해 언급하자면 상반되는 경향에 대해서 언급할 충분한 가치가 있다. 예를 들어 수많은 동사어구들이 한 단어로 단축되는 현상을 들 수 있다: 이를 테면 a prezenta o comunicare (과학적인 자료를 배달하다) > a comunica; a face un referat(증정하다/서류를 전달하다/서류를 요구하다) > a refera; a da rebuturi(=가난해지다/쓸모없는 제품이 되다) > a rebuta; a da un impuls(충격을 주다) > a impulsiona; a face un conspect(줄거리를 요약하다) > a conspecta 또는 최근의 a face lectură(읽다) > a lectura; a trage concluzii(결론을 내리다, 결말을 내다) 등이 있다.

부정사(infinitiv) 부정분사(gerunziu) 용법의 일부 변화에 대해 또한 강조하지 않을 수 없다. 이 영역에선 문어체나 심지어 외국어 문장구조의 영향이 명백하다, 즉 오늘날 부정사구의 전치사로의 확산이 점점 더 많이 광범위해지고 있다. 몇십 년 전까지만 해도 부정사는 주로 전치사 de, pentru 등과 함께 구성돼 쓰이곤 했다. 예를 들자면 a înceta de a mai vorbi(말하기를 그치다), sa ridicat pentru a vorbi (그는 말하기 위해서 일어났다) 등과 같이 사용됐지만 오늘날 우리는 la, în, prin 등과 같은 전치사 뒤에 부정사가 쓰이는 것을 자주 볼 수 있다: 이를 테면 autorul se limitează la a alege două teme(그 작가는 두 가지 테마를 고르는데 몰두하고 있다); s-a specializat în a experimenta…(그는 실험하는데 뛰어나다); merge pînă la a contesta adevărul(문자대로 직역하면 그는 진실을 다투는 한은 간다); sfârşeşte prin a spune (그는 말을 함으로써 끝낸다) 등을 들 수 있다. 위의 예들은 전치사 뒤에 절대적으로 명사를 요하는 전형적인 루마니아어의 통사론적 구조와는 조화를 이루기가 어렵다: 이를 테면 se limitează la alegerea(그는 선택하는데 몰두한다); s-a specializat în experimentarea…(그는 실험에 있어서 뛰어나다); merge pînă la contestarea…(그는 도전할 수 있는 데까지 나아간다) 등이다. 사실상 이러한 부정사의 구조의 일부는 gerunziu(부정분사)에 의해 교체되기도 한다: 예를 들자면 sfârşeşte spunând(그는 말하기를 끝낸다); s-a specializat experimentind (그는 실험하는 데에 뛰어났다) 등이다. 이러한 경우들에서 부정사의 이용은 문어체적인 표현을 일반적인 통상언어의 구조로부터의 구별하고자 하는 경향(대개 신중하게)에서 비롯된다.

부정분사(gerunziu)에 관해서는 아래 구문들의 예시에서와 같이 프랑스어의 영향으로 특히 이것의 수식어 기능의 용법이 광범위하게 됐다는 점을 주목할 필요가 있다: trebuie să fi răsunat un cântec vobind despre moartea unui cioban(노래는 양치기의 죽음의 외침임에 틀림없다); limba literară este o realizare superioară sintetizînd posibilitățile de exprimare ale limbii întregului popor(문어체적인 언어는 전체 민족의 언어의 표현을 위한 가능성들을 종합하고 있는 하나의 숭고한 실현이다.) 등, 이러한 구조들은 역시 오로지 문어체적인 것이다. 넓게 유통되고 있는 것들 중에는 부정분사(gerunziu)가 전체문장을 대신해서 사용되는 구조(구문)이 있다: 예를 들어 răscoala a început în nordul Moldovei, din satul Flămânzi, cuprânzind apoi centrul Moldovei şi extinzându-se în toată țara(1907년 북부 몰다비아에 소재하고 있는 플러믄지마을에서 농민들의 봉기가 일어났는데 그 지방의 중심지를 포함하고 그 후에는 나라 전체로 퍼져 나갔다); a murit în 1872, fiind îngropat la Mănăstirea Soveja (그는 1872년에 죽었고, 소베자 수도원에 묻혔다) 등이다.

그 이후 발생했던 수많은 변화들 중에서 전치사, 접속사, 대명사 및 관계부사 등이 교환할 수 있다는 취지로 그들을 통해 표현된 통사적 관계의 체계에 주목할 필요가 있다.

철자법에 있어서는 특히 최근에 전치사를 다른 전치사로 바꿔 쓰는 경향이 분명해진다. 이미 몇십 년 전에 materiale din fier(직역하면 '철 상품' 대신에 '철로 만들어진 물질')에서와 같이 de대신에 din을 사용했던 구조의 상업 통신문 용어가 널리 퍼졌다. 이와 유사하게 produse din lapte(우유 상품 대신에 우유로 만들어진 상품); preperate din carne(고기상품 대신에 고기로 만들어진 상품) 등과 같이 사용됐다. 이런 현상은 전혀 새로운 것이 아니다. 그러나 이러한 경향은 최근에 상당한 유세를 얻어왔다: 예를 들어 전치사 de는 최종 목표나 사용 및 목적을 나타내는 한정적 구문에서와 같이 다른 경우들에서도 대체되고 있다: 예를 들어 articole pentru sport(스포츠 물품 대신에 스포츠를 위한 물품); carne pentru gătit(요리용고기 대신에 요리를 위한 고기) 등에서이다. 유사한 현상은 여기에서도 나타나고 있다: 전치사 pentru은 목적이나 이유 및 연관관계 등과 같은 부사적 관계를 표현하기위해 사용되는 한 위의 articole pentru sport(스포츠를 위한 물품)의 경우에서처럼 이제 한정적 어구들로 진입하게 되는 것이고, 이렇게 문법상의 동의(동의적인 중복)를 통하여 그것의 기능을 확장해 나가는 것이다.

그러므로 이러한 경향은 그 자신을 의미론적으로 일부 전치사들, 특히 부사적인 구문을 한정적 구문에 가깝게 가져가는 소위 막중한 임무를 띠고 있는 전치사들인 de, pe 등과 같은 것들을 재해석하는 것으로 나타낸다. 다른 말로 바꿔 표현하자면, 우리는 똑같은 의미를 가지고 있는 전치사구들의 형성방법들이 통합돼지고 있다는 것을 안다. 아마도. 반면에, 우리는 이런 모든 경우들을 한 세대에서 다른 세대로 걸쳐서 전치사들을 새롭게 하는 진행의 표현으로 받아들일 수 있을 것이다. 이러한 대체들은 그것을 쓰고 말하는 사람들에 의해 떠맡아진 분석에서 기인한다. 비교하여 검토해본 바에 따라 그들은 각각의 구문에서 적당하지 않은 전치사를 대체할 것을 고려한다.

통사적인 관계를 표현하는 문법적 요소들의 의미적인 분석은 문어체 언어에서 교양 있는 전치사 어구들(기능적인 면에서 의미적으로 정밀하고 명확함)과 일상적인 회화의 속적인 전치사 어구들(종종 다의적이고 다기능적임) 간의 대조들을 이끈다. 예를 들어 그런 경쟁은 최근에 a vorbi(구사하다), a scrie(쓰다), a spune(말하다) 등과 같은 동사들 뒤에 토론의 주제를 가리키는 보어들이나 목적어들 앞에서 전치사 despre(~에 관하여)와 de(~의) 사이에서나 또는 이러한 동사들과 유사한 어구들에서 두드러진다. 이와 같이 전치사 despre은 전치사 de보다 더 문학적이고, 더 교양 있고 그래서 문체상으로 더 지적인 말인 듯싶다. 반면에 전치사 de은 참으로 매우 자주 일상회화에서 사용되고 있고 따라서 회화체적인 요소로 간주된다.

이런 상황에서 토론의 주제를 가리키는 전치사적인 목적어를 만드는데 있어서 전치사 de를 회피하는 경향이 다분했다: 예를 들어 nu vorbeam numai despre ei(나는 다만 그들에 관해서만 얘기하는 것이 아니다); era vorba despre viața care va veni după aceea(관건은 그 이후에 다가올 삶에 관한 것이다); pentru că nu putem vorbi aici despre toți intepreții(왜냐하면 우리는 여기서 모든 연주자들에 관해 말할 수가 없기 때문이다) 등과 같다. 그것은 실수의 문제라기보다 어떤 것을 더 선호하느냐와 그 원인들의 문제다: 이런 구조 속에서 despre은 형식적이고 문학적인 스타일이라는 점이 명확해졌다.

현대 루마니아어에서 혁신적인 것들은 일반적으로 두 개의 반대되는 경향들의 결과이다. 첫 번째로 교양 있는 사람들의 말에서 나타나고 일상회화에서 사용되는 구조들을 회피하는 것으로 구성된다, 즉 그것은 문체에 격식과 고상함을 주려는 경향이다.

수많은 사실들이 이런 경향으로부터 생겨났다. 여기서 우리는 우언적인 수동태에 밀려 수동적인 의미로 사용되는 재귀동사에 대한 회피현상을 언급하지 않을 수 없다: 이를 테면 la 1 februarie s-a deschis şcoala de calificare(기술 양성소는 2월 1일에 개교했다) 대신에 la 1 februarie a fost deschisă şcoala de calificare; astăzi se va vota legea pensiilor(오늘 연금법이 표결에 부쳐질 것이다) 대신에 astăzi va fi votată legea pensiilor 등으로 사용하는 경향이다. 이러한 경향의 이유로는 정확하고 명료한 것을 바라는 데에서 기인하고 있음이 틀림없다.

이러한 현상은 현대 문어체 루마니아어를 일상회화로부터 멀리하여 보다 더 높은 수준으로 그러나 인위적일 수밖에 없는 문어체의 특성을 부각시키려는 경향이 있다. 이러한 환경에서 현대 루마니아어의 형식성이 지지를 받아왔다.

정반대 경향이 밑에서부터 진행되고 있으며 구어체의 구조들이 문어체로 침투함으로써 자체적으로 나타나고 있다. 이를 테면 부사 numai(단지, 오로지) 대신에 doar 또는 astfel(이와 같이) 대신에 aşa의 출현이나 pentru ca să(~하도록) 대신에 ca să을 사용하는 것과 같이 일부 접속사 및 전치사 어구의 축소 또는 반대로 vreau să spun(나는 말하기를 원한다) 대신에 vreau ca să vă spun와 같이 목적을 표현하기 위해 첨가시켜 사용하거나 또는 în ceea ce priveşte(~에 관한한) 대신에 în ce priveşte와 같이 관계대명사를 불변화사로 이용하는 것 등을 들 수 있다. 모든 이런 현상들은 현대 문어체 루마니아어를 일상회화체에 가까이 가도록 하기 위한 구조상의 단순화의 경향을 가리키고 있는 것이다.

현대 루마니아어에서 이 두 개의 혁신적인 범주들은 일상회화와 문어체 언어 사이에서 상호 비옥하게 하는 것이 그동안 관행적으로 사용해왔던 것보다 비중이 더 크다는 것을 증명해주고 있다. 반면에 우리는 일상회화의 형식화, 즉 문학적(문어체적)으로 변하는 경향을 목도한다. 이를 테면 문어체적인 구조가 정치적 언어나 언론 및 문학비평 등을 통해 정당하게 일상회화로 확산되고 있다는 점이다. 일하는 사람들을 교육시키기 위한 편의시설, 책들, 학교, 라디오와 텔레비전 등이 루마니아의 먼 마을에까지 도달함으로써 현대 루마니아의 문어체적인 요소들이 확산되는데 적극적으로 공헌하고 있다. 반면에 수많은 대중적인 형태들과 구조들은 속적인 언어 속으로 스며들고 있다. 이것은 특히 현세대의 일반적인 사람들이 사회주의 문화에 대한 접근의 결과이다. 정치적 및 노동조합 활동을 통해서 그리고 나라 안에서 집단적으로 일하는 주민의 거대한 부분들의 참가를 통해서 일반 대중들에게도 그리고 들판이나 공장에서 일하는 사람들에게도 문서로뿐만 아니라 구두로 발언권이 주어져서 그들이 사용하는 언어, 즉 대중적인 언어를 가지고 왔다.

이 모든 문제들을 위해 다음의 연구들을 참고하면 매우 유익할 것이다: 요르단(Iorgu Iordan), 로말로(Valeria Guțu Romalro), 니쿨레스쿠(Alexandru Niculescu)의 Structura morfologică a limbii române contemporane(현대 루마니아어의 형태론적 구조, 부쿠레슈티, 1967), 로말로(Valeria Gutu Romalro)의 Corectitudine şi greşeală(정확함과 실수, 부쿠레슈티, 1972), 미허에스쿠(N. Mihăescu)의 Dinamica limbii române literare(문어체 루마니아어의 진화, 부쿠레슈티, 1976) 및 Carte despre limba românească(루마니아어에 대한 책, 부쿠레슈티, 1972) 등. 그들은 모두 요르단(Iorgu Iordan)이 소위 '루마니아어의 교화'라고 불렀던 것을 다루고 있다. 루마니아 공화국의 학술원은 이 임무를 지닌 위원회를 창설했다. 최초로 이바슈쿠(George Ivaşcu)에 의해 편집된 'România literară'을 비롯해 문학적이고 문화적인 잡지와 평론잡지들이 현대 루마니아어의 국면과 문제들을 고려하는 언어 칼럼 또는 언어 연대기 등을 시행하고 있다.

이런 통람들은 일부 회화체적인 특성을 지닌 어휘나 형태들이나 구조들이 다소 쉽게 그리고 때때로 무의식적으로 현대 언어에 침투하고 있는 것을 주목했다: 예를 들자면 stăruieşte(지속되다), bănuieşte(의심하다), perimează(쇠퇴하다), concurează(경쟁하다), inventează(발명하다) 등 대신에 각각 stăruie, bănuie, perimă, concură, inventă 등과 같이 동사의 활용어미들인 -esc, -ez 등을 포기하는 것; nişte relații(몇몇 관계들), nişte poziții(몇몇 위치들) 등에서와 같이 추상명사의 신조어휘 앞에 복수 부정 수사-관사인 nişte의 사용하는 것이다. 이것은 통상적인 용어를 피하기 위해 도입된 신조어휘의 형식적이고 혹은 과장된 이용을 부수적으로 나란히 얻게 된다: 이를테면 a lua(잡다, 가지다, 마시다, 먹다 등) 대신에 a servi; a face(~하다) 대신에 a realiza; mulțime(다수) 대신에 multitudine 등이 있다.

다음은 루마니아어의 품사별 구조적인 체계를 도표로 일목요연하게 요약한 내용들이다.

### 7.1.2.1. 명사

서 로망스제어들과 마찬가지로 발칸 로망스어에서도 라틴어 명사 부류(명사, 형용사 등)의 곡용체계가 음운적 변이로 인해 축소됐다. 그러나 이점에 있어서 루마니아어는 여타 로망스어들에 비해 다소 보수적으로서 아직도 3개의 다른 곡용체계 형태를 유지하고 있다: ① 주격/대격( =목적격 ) ② 소유격/여격 ③ 호격.

명사의 곡용 예

(a) 남성 명사

(1) lup(늑대)

| | | sg. | pl. |
|---|---|---|---|
| N./A. | –def. | lup | lupi |
| | +def. | lupul | lupii |
| G./D. | –def. | lup | lupi |
| | +def. | lupului | lupilor |

(2) arbore(나무)

| | | sg. | pl. |
|---|---|---|---|
| N./A. | -def. | arbore | arbori |
| | +def. | arborele | arborii |
| G./D. | -def. | arbore | arbori |
| | +def. | arborelui | arborilor |

(3) codru(숲)

| | | sg. | pl. |
|---|---|---|---|
| N./A. | -def. | codru | codri |
| | +def. | codrul | codrii |
| G./D. | -def. | codru | codri |
| | +def. | codrului | codrilor |

### (b) 여성명사

(1) casă(집)

| | | sg. | pl. |
|---|---|---|---|
| N./A. | -def. | casă | case |
| | +def. | casa | casele |
| G./D. | -def. | case | case |
| | +def. | casei | caselor |

(2) stea(별)

| | | sg. | pl. |
|---|---|---|---|
| N./A. | -def. | stea | stele |
| | +def. | steaua | stelele |
| G./D. | -def. | stele | stele |
| | +def. | stelei | stelelor |

(3) câmpie(평야)

| | | sg. | pl. |
|---|---|---|---|
| N./A. | -def. | câmpie | câmpii |
| | +def. | câmpia | câmpiile |
| G./D. | -def. | câmpii | câmpii |
| | +def. | câmpiei | câmpiilor |

### (c) 중성명사

(1) studiu(연구)

| | | sg. | pl. |
|---|---|---|---|
| N./A. | -def. | studiu | studii |
| | +def. | studiul | studiile |
| G./D. | -def. | studiu | studii |
| | +def. | studiului | studiilor |

(2) oraş(도시)

| | | sg. | pl. |
|---|---|---|---|
| N./A. | -def. | oraș | orașe |
| | +def. | orașul | orașele |
| G./D. | -def. | oraș | orașe |
| | +def. | orașului | orașelor |

(3) deal(언덕)

| | | sg. | pl. |
|---|---|---|---|
| N./A. | −def. | deal | dealuri |
| | +def. | dealul | dealurile |
| G./D. | −def. | deal | dealuri |
| | +def. | dealului | dealurilor |

곡용형태의 차이는 특히 여성명사에서 두드러지게 나타나지만 남성명사에서도 한정적으로 사용이 될 경우 뚜렷하게 된다. 즉 명사의 곡용 예에서 보여주듯이 관사가 붙지 않은 단수 여성명사 소유격/여격 형태가 복수 형태와 일치한다. 반면에 단수 남성명사는 주격/소유격/여격/대격의 형태가 동일하다. 이 경우 물론 부정관사의 형태에 의해서 주격/대격과 소유격/여격이 구별된다.

이러한 2개의 곡용체계 외에도 비록 완벽하지는 못하지만 라틴어의 호격이 보존되고 있다. 완벽하지 못하다는 의미는 첫째 호격어미가 모든 명사들에서 나타나지 않고 일부 제한된 어휘(남성명사 및 고등생물을 지칭하는 어휘)에만 적용되고 있으며, 둘째는 그나마 호격이 점점 쇠퇴해가고 있다는 점이다. 구체적으로 설명하자면 단수 남성명사의 호격은 일반적으로 정관사가 붙은 형태에 호격어미 -e를 첨가하여 만든다. 예) om(인간)→omule, domn(주인, 신사, 씨)→domnule 등. 그러나 친족 관계를 나타내는 어휘에는 정관사나 호격어미를 전혀 첨가하지 않거나 또는 단지 호격어미만을 붙여 호격을 나타낸다. 예) frate(형제)→frate, tată(아버지)→tată 또는 cumătru(대부)→cumetre 등. 단수 여성명사의 호격은 대부분 주격 형태와 일치하며 단지 몇몇 명사들에서 -o 어미를 붙인 형태가 병행하여 사용된다. 예) soră(자매)→soră 또는 soră→soro. 고유명사에도 호격이 있는데 역시 약간의 여성명사를 제외하고는 주로 남성고유명사에만 한정돼 사용되며 호격어미 및 정관사의 첨가 여부는 명사의 어간형태에 따라 다소 유동적이다. 예) Rada(남자이름)→ Radule, Gheorghe(남자이름)→Gheorghe, Ana(여자이름)→Ana 또는 Ana→Ano 등. 여성명사 호격어미 -o의 기원에 관해서는 슬라브어의 영향이라는 의견이 지배적이다. 라틴어의 호격은 제 2곡용명사(일명 : o변화)를 제외하고는 주격과 동일하다. 예) rosa(장미)→rosa. 한편 일부 학자들 간에는 라틴어의 호격이 로망스어로 발전하면서 거의 모습을 감추어 버린 것으로 미루어보아 현대 루마니아어의 여성명사뿐만 아니라 호격 자체를 슬라브어와의 교류에 의한 결과로 간주하는 사람들도 있다.

루마니아어는 로망스제어들과 같이 명사부류의 성이 구분돼 있으나 특별한 점은 소위 중성(쌍성)이 재도입돼 사용되고 있는 점이다. 음운변이의 결과로서 라틴어의 제 2, 제 3곡용 중성명사들은 단수에선 남성단수명사와 함께 그리고 복수에서는 여성복수명사와 같은 곡용을 한다. 라틴어 제 2곡용 단수 명사 scamnu(m)>루마니아어 scaun(의자)에 정관사를 붙인 곡용 예를 들어 본다:

| | sg. | pl. |
|---|---|---|
| N. | scaunul | scaunele |
| G. | scaunului | scaunelor |
| D. | scaunului | scaunelor |
| A. | scaunul | scaunele |

루마니아어에는 발칸언어연합(루마니아어, 알바니아어, 불가리아어 등)의 특성 중의 하나인 접미사 형태의 정관사가 사용되고 있다. 예를 들면 서로망스제어에선 라틴어 ille homo '그 사람'의 어순을 유지하고 있는 반면 루마니아어에선 homo i1le(>루마니아어 omul)와 같이 한정사가 명사의 뒤에 위치한다. 아루마니아어 방언에서는 om/ om/ 대신에 /omu/로 발음되는 것과 -e로 끝나는 남성 명사의 정관사형태가 -le(예: fratele '그 형제')인 것을 비추어 볼 때 omul(omu+l)에서 -u-는 통시적으론 한정어미의 일부라기보다는 어간의 일부로 간주되나 공시적으론 자음 중복을 피하기 위한 연결 모음으로 풀이된다.

라틴어 제 3곡용 단수명사 tempus>루마니아어 timp(시간)에 정관사를 붙인 예를 보면 :

| | sg. | pl. |
|---|---|---|
| N. | timpul | timpurile |
| G. | timpului | timpurilor |
| D. | timpului | timpurilor |
| A. | timpul | timpurile |

이 두 곡용범주에 속해있는 명사들은 루마니아어 전체 명사의 근간을 이루고 있으며 그 수도 점점 증가하고 있는데 그 이유는 새로이 도입되는 외래어를 중성명사로 만들기 때문이다.

한편 19세기 이후부터 문어체 루마니아어에서 중성명사의 고유한 복수어미 -uri가 여성명사의 복수어미인 -e로 대치되는 경향을 보이고 있다. 예로서 중성단수명사 nivel '수준'의 복수는 niveluri 이외에도 문어체에서는 오히려 nivele가 보편적으로 사용되고 있다.

부정관사는 다른 로망스제어와 같이 라틴어의 unus homo(>루마니아어 un om)의 정상적인 어순을 취한다.

### 7.1.2.2. 형용사

루마니아어 문장에서 형용사의 어순은 라틴어나 로망스제어에서처럼 일반적으로 수식하는 체언의 뒤에 위치한다. 루마니아어의 기본적인 형용사 곡용은 아래의 도표가 보여 주듯이 수식하는 명사의 성, 수, 격에 따라 4가지 형태변화를 한다.

### 형용사의 곡용 예

(1) bun(좋은)

| | m./n.sg. | m.pl. | f.sg. | f./n.pl. |
|---|---|---|---|---|
| N./A. | bun | buni | bună | bune |
| G./D. | bun | buni | bune | bune |

(2) drept(오른쪽의, 곧은)

| | m./n.sg. | m.pl. | f.sg. | f./n.pl. |
|---|---|---|---|---|
| N./A. | drept | drepți | dreaptă | drepte |
| G./D. | drept | drepți | drepte | drepte |

(3) mare(큰)

| | m./n.sg. | m.pl. | f.sg. | f./n.pl. |
|---|---|---|---|---|
| N./A. | mare | mari | mare | mari |
| G./D. | mare | mari | mari | mari |

(4) verde(초록색의, 푸른)

| | m./n.sg. | m.pl. | f.sg. | f./n.pl. |
|---|---|---|---|---|
| N./A. | verde | verzi | verde | verzi |
| G./D. | verde | verzi | verzi | verzi |

그러나 mare(큰)과 같은 일부 형용사들은 단·복수에서 각각 남성과 여성의 구별 없이 동일한 형태 변화를 한다. 따라서 이 범주에 속해있는 형용사들은 기본적인 형용사의 4가지 형태가 아닌 2가지 형태 변화를 한다. 이 범주에 속해있는 형용사들도 물론 피수식어, 즉 명사가 여성 소유격·여격일 경우 형용사는 복수 형태를 취한다: casa mare(그 큰집)의 곡용 예:

| | sg. | pl. |
|---|---|---|
| N. | casa mare | casele mari |
| G. | casei mari | caselor mari |
| D. | casei mari | caselor mari |
| A. | casa mare | casele mari |

명사의 곡용 예에서 언급된 바와 같이 중성명사를 수식할 경우 단수에선 남성명사의 경우와 동일하게 어형 변화를 하고 복수에서는 여성 복수명사를 수식하듯이 변화한다. 예) 단수 scaunul bun(좋은 의자) - 복수 scaunele bune.

경우에 따라서는 형용사가 수식하는 명사와 어순이 바뀌면서 명사에 붙은 정관사를 취하기도 한다. 예) omul bun(그 좋은 사람) →bunul om.

위에서 본 바와 같이 수식어적으로 쓰인 형용사는 체언의 성과 수에 따라 변화한다. 그러나 루마니아어에선 형용사가 술어적 용법으로 사용됐을 경우에도 체언인 주어의 성과 수에 일치한다. 예) Fetele sunt frumoase.(그 소녀들은 예쁘다.) Caii sunt puternici.(그 말들은 힘이 세다.).

### 7.1.2.3. 지시사(지시대명사 및 형용사)

지시사들은 그들이 수식하는 체언의 성 ·수 ·인칭에 따라 변화하며 강조형과 생략형으로 구분돼 다양한 형태를 갖으며 때로는 체언을 대신하여 대명사적으로 사용되기도 한다.

지시사의 종류에는 담화자를 기준으로 거리의 원근에 따라 근접지시사와 원접지시사 및 선택 지시사 또는 동일 지시사 등이 있다. 근간이 되는 지시사의 곡용 예는 아래의 도표에서 볼 수 있다.

지시사의 곡용 예

acest(이것) < 라틴어 ECCE+IST-

| | | m./n.sg. | m.pl. | f.sg. | f./n.pl. |
|---|---|---|---|---|---|
| N./A. | -def. | acest | acești | această | aceste |
| | +def. | acesta | aceștia | aceasta | acestea |
| G./D. | -def. | acestui | acestor | acestei | acestor |
| | +def. | acestuia | acestora | acesteia | acestora |

acel(저것) < 라틴어 ECCE+ILL-

| | | m./n.sg. | m.pl. | f.sg. | f./n.pl. |
|---|---|---|---|---|---|
| N./A. | -def. | acel | acei | acea | acele |
| | +def. | acela | aceia | aceea | acelea |
| G./D. | -def. | acelui | acelor | acelei | acelor |
| | +def. | aceluia | acelora | aceleia | acelora |

### 7.1.2.4. 대명사

#### 7.1.2.4.1. 인칭대명사

루마니아어의 인칭대명사 체계는 라틴어에서 기원한 것으로서 라틴어 대명사의 격 구분을 보존하고 있다. 인칭대명사 강조형(독립형 또는 강세형)과 생략형(비 강세형)이 있으며 그 용법도 형태만큼이나 다양하고 복잡하다. 생략형의 인칭대명사는 접어(clitic)의 성격을 지니며 전치사 pe는 강조형의 대격을 표시하는데 사용된다. 인칭대명사의 비 강세형(접어형태)의 곡용 예와 대격을 나타내는 전치사 pe의 구체적인 용법은 통사론에서 다루어진다.

문장내에서 인칭대명사 비 강세형의 위치는 일반적으로 접속법이나 명령법(특히 긍정 명령문) 및 현재분사 구문을 제외하고는 동사 및 조동사의 바로 앞에 위치한다. 단 3인칭 단수 여성 목적격 비강세 인칭대명사 o는 복합과거 시제에서 본동사의 과거분사 뒤에 접미사 형태로 온다.

Exemplu

Unde pui pantoful(너 구두를 어디에 두니)? - Îl pun în dulap(나는 그것을 장에 두지).

Îl poţi pune în dulap(너는 그것을 장에 둘 수 있니)?

M-a căutat Ion(이온이 나를 찾았다).

Astăzi am văzut-o pe Maria(오늘 나는 마리아를 봤다).

접속법: 접속사 să와 본동사 사이에 온다.

Exemplu

Poţi să-l pui în dulap(너는 그것을 장에 둘 수 있니)?

Trebuie să-mă aştepţi aici(너는 나를 여기서 기다려야 한다).

현재분사 구문: 현재분사형 뒤에 온다.

Exemplu

Dându-mi-l, Maria mi-a spus(나에게 그것을 주면서, 마리아는 나에게 말했다).

명령법:

긍정 명령: 동사 뒤에 온다.

Exemplu

Cheamă-l pe Radu(라두를 불러라)!

부정 명령: nu와 동사 사이에 온다.

*Exemplu*

Nu-l chema pe Radu(라두를 부르지 마라)!

### 인칭대명사

| 격 \ 인칭 | | 1 | 2 | 3 | | 4 | 5 | 6 | |
|---|---|---|---|---|---|---|---|---|---|
| | | | | (m.) | (f.) | | | (m.) | (f.) |
| N | | eu | tu | el | ea | noi | voi | ei | ele |
| G | | | | lui | ei | | | lor | |
| D | 접어형 | îmi, îmi | îți, ți | îi, i | îi, i | ni, ne | vi, vă | le | le |
| | 자유형 | mie | ție | lui | ei | nouă | vouă | lor | lor |
| A. | 접어형 | mă | tu | îl | o | ne | vă | îi | le |
| | 자유형 | (pe+)mine | tine | el | ea | noi | voi | ei | ele |

### 7.1.2.4.2. 소유대명사 및 형용사

소유대명사는 인칭대명사의 소유격을 대표하여 사용된다. 1인칭 2인칭 단·복수에서 이들은 형용사의 형태를 취하며 수와 인칭에서 소유물과 일치한다. 3인칭에서는 인칭대명사의 여격 강세형 lui와 ei가 주로 사용되며 수와 성은 소유자와 일치한다. 소유대명사의 특징으로는 소유관사를 대명사 앞에 동반케 하는 것으로 이 경우 소유관사는 소유물의 성과 수에 따라 결정된다.

| 구분 | s.g. (단수) | pl.(복수) |
|---|---|---|
| m. (남성 ) | al | ai |
| f. (여성) | a | ale |

소유형용사· 및 소유대명사의 곡용 예는 아래 도표에서 볼 수 있다.

## 소유형용사 및 소유대명사

1/sg.

| | m./n.sg. | m.pl. | f.sg. | f./n.pl. |
|---|---|---|---|---|
| N./A. | (al) meu | (ai)mei | (a)mea | (ale)mele |
| G./D. | meu | mei | mea | mele |

2/sg.

| | m./n.sg. | m.pl. | f.sg. | f./n.pl. |
|---|---|---|---|---|
| N./A. | (al)tău | (ai)tăi | (a)ta | (ale)tale |
| G./D. | tău | tăi | tale | tale |

3/sg.

| | m./n.sg. | m.pl. | f.sg. | f./n.pl. |
|---|---|---|---|---|
| N./A. | (al)său | (ai)săi | (a)sa | (ale)sale |
| G./D. | său | săi | sale | sale |

1/pl.

| | m./n.sg. | m.pl. | f.sg. | f./n.pl. |
|---|---|---|---|---|
| N./A. | (al)nostru | (ai)noștri | (a)noastră | (ale)noastre |
| G./D. | nostru | noștri | noastre | noastre |

2/pl.

| | m./n.sg. | m.pl. | f.sg. | f./n.pl. |
|---|---|---|---|---|
| N./A. | (al)vostru | (ai)voștri | (a)voastră | (ale)voastre |
| G./D. | vostru | voștri | voastre | voastre |

### 7.1.2.5. 동사

#### 7.1.2.5.1. 동사의 유형 및 직설법 현재 시제

루마니아어 동사는 라틴어 동사의 체계를 보존하고 있으나 학자들의 관점에 따라 3~5가지 활용으로 분류된다. 루마니아어 동사의 부정형은 라틴어 동사의 부정형을 그대로 보존한 긴 형태인 facere와 마지막 음절 -re가 생략된 짧은 형태인 face 두 가지가 병행돼 사용됐었지만 오늘날 긴 형태는 명사형이 됐다. 루마니아어 동사의 직설법 현재 시제(timpul prezent)는 라틴어 동사의 직설법 현재 시제에서 유래됐지만 1인칭 복수와 2인칭 단·복수 활용어미 -s을 보유하지 않음으로써 형태상에서 상당한 차이를 보인다.

본 장에서는 루마니아어 동사의 유형을 아래 도표에서와 같이 어말모음 형태에 따라 크게 5가지로 분류했고 제 1(-a), 제 4(-i) 및 제 5(-î) 활용동사에는 어간모음 교체 여부에 따라 각각 2가지(a,b)로 세분했으며 2개의 불규칙 동사들인 a fi(~이다, 있다)와 a avea(가지다)의 현재인칭변화를 별도로 소개한다.

**동사의 활용 예**

| TYPE 1 (a) | | | | TYPE 1 (b) | | | |
|---|---|---|---|---|---|---|---|
| Inf. cânta(노래하다) | | | | Inf. lucra(일하다) | | | |
| 1. | cânt | 4. | cântăm | 1. | lucrez | 4. | lucrăm |
| 2. | cânți | 5. | cântați | 2. | lucrezi | 5. | lucrați |
| 3. | cântă | 6. | cântă | 3. | lucrează | 6. | lucrează |
| conj. | să cânte | pp. | cântat | conj. | să lucreze | pp. | lucrat |

| TYPE 2 | | | |
|---|---|---|---|
| Inf. vedea(보다) | | | |
| 1. | văd | 4. | vedem |
| 2. | vezi | 5. | vedeți |
| 3. | vede | 6. | văd |
| conj. | să vadă | pp. | văzut |

| TYPE 3 | | | |
|---|---|---|---|
| Inf. face(하다, 만들다) | | | |
| 1. | fac | 4. | facem |
| 2. | faci | 5. | faceți |
| 3. | face | 6. | fac |
| conj. | să facă | pp. | făcut |

| TYPE 4 (a) | | | | TYPE 4 (b) | | | |
|---|---|---|---|---|---|---|---|
| Inf. dormi(자다) | | | | Inf. zidi(세우다, 짓다) | | | |
| 1. | dorm | 4. | dormim | 1. | zidesc | 4. | zidim |
| 2. | dormi | 5. | dormiți | 2. | zidești | 5. | zidiți |
| 3. | doarme | 6. | dorm | 3. | zidește | 6. | zidesc |
| conj. | să doarmă | pp. | dormit | conj. | să zidească | pp. | zidit |

| TYPE 5 (a) | | | | TYPE 5 (b) | | | |
|---|---|---|---|---|---|---|---|
| Inf. omorî(죽이다) | | | | Inf. urî(미워하다) | | | |
| 1. | omor | 4. | omorâm | 1. | urăsc | 4. | urâm |
| 2. | omori | 5. | omorâți | 2. | urăști | 5. | urâți |
| 3. | omoară | 6. | omoară | 3. | urăște | 6. | urăsc |
| conj. | să omoare | pp. | omorât | conj. | să ură | | |

## 불규칙 동사 직설법 현재

| 불규칙 동사 (a) | | | | 불규칙 동사 (b) | | | |
|---|---|---|---|---|---|---|---|
| Inf. fi(~이다, 있다) | | | | Inf. avea(가지다) | | | |
| 1. | sunt | 4. | suntem | 1. | am | 4. | avem |
| 2. | ești | 5. | sunteți | 2. | ai | 5. | aveți |
| 3. | e(ste) | 6. | sunt | 3. | are | 6. | au |
| conj. | 아래 도표 참조 | pp. | fost | conj. | să aibă | pp. | avut |

| 접속법 현재 | | | |
|---|---|---|---|
| 1. | să fiu | 4. | să fim |
| 2. | să fii | 5. | să fiți |
| conj. | să fie | 6. | să fie |
| conj. | să facă | pp. | făcut |

라틴어 제 1활용동사 (-are)에서 발전한 제1 활용동사(-a)의 특징은 현재 3인칭 단수와 복수 형태가 동일한 점이다. 라틴어 제2 활용동사(-ēre)에서 발전한 제2 활용동사(-ea)에선 현재 1인칭 단수와 3인칭 복수에 해당하는 형태가 동일하다. 라틴어 제3활용동사(-ěre)로부터 온 제 3활용동사 (-e)는 제2 활용동사와 동일한 특성을 갖는다. 라틴어 제4 활용동사(-ire)에서 발전된 제4 활용동사(-i)와 제5 활용동사(-î)는 대부분의 루마니아 문법학자들에 의하면 동일한 활용 범주로 취급되며 그 특성도 별로 차이가 없다.

#### 7.1.2.5.2. 미래 시제

루마니아어의 미래 시제는 우언적으로 표현되며 루마니아어의 역사적인 배경에 따라 모두 3가지 방법이 있으나 그 중에서도 문어체 형태인 조동사 voi(<라틴어 volere)+동사의 부정형이 발칸지역에서 공통으로 사용되고 있다. 구어체로는 불변화사 o+접속법 형태가 많이 쓰이며 세 번째 방법도 역시 우언적인 표현법으로 조동사 avea<라틴어 habere)+접속법 형태인데 이 마지막 것은 오늘날 별로 사용되지 않고 있다.

**Exemplu**

| | 1) voi+부정형 | 2) o+접속법 | 3) avea+접속법 |
|---|---|---|---|
| 1. | voi cânta | o să cânt | am să cânt |
| 2. | vei cânta | o să cânți | ai să cânți |
| 3. | va cânta | o să cânte | are să cânte |
| 4. | vom cânta | o să cântăm | avem să cântăm |
| 5. | veți cânta | o să cântați | aveți să cântați |
| 6. | vor cânta | o să cânte | au să cânte |

#### 7.1.2.5.3. 불 완료과거(반과거) 시제

루마니아어 불 완료과거 시제(timpul imperfect)의 활용어미는 라틴어의 불완전과거(-bam)에서 발전된 것(속 라틴어에서는 폐쇄음 b가 파찰음으로 되면서 마찰음 v와 구별이 없어지게 됐는데 이 순·마찰음이 루마니아어에서는 대부분 소멸됐다. 예로서 라틴어 caballus>루마니아어 cal '말', novem>nouă '아홉' 등)으로 활용어미 형태에 따라 2가지 유형으로 구분된다. 즉 제 1, 제 5 활용동사는 어간+(-am, -ai. -a, -am, -ați,-au) 이며 제 2, 제 3, 제 4활용동사는 어간+(-eam. -eai, -ea, -eam. -eați, -eau)이다.

*Exemplu*

| | 제 1 (-a) | 제 5활용동사(-î) | 제 2 (-ea) | 제 3 (-e) | 제 4 (-i)활용동사 |
|---|---|---|---|---|---|
| | lucra | coborî | vedea | merge | citi |
| 1 | lucram | coboram | vedeam | mergeam | citeam |
| 2 | lucrai | coborai | vedeai | mergeai | ceteai |
| 3 | lucra | cobora | vedea | mergea | citea |
| 4 | lucram | coboram | vedeam | mergeam | citeam |
| 5 | lucrați | coborați | vedeați | mergeați | citeați |
| 6 | lucrau | coborau | vedeau | mergeau | citeau |

#### 7.1.2.5.4. 단순과거 시제

루마니아어의 단순과거 시제(timpul perfect simplu)도 역시 라틴어의 완료시제(완료어간+완료활용어미)에서 직접 유래된 것이다. 루마니아어의 단순과거의 활용은 어간(과거분사형)에서 어말 자음 -t를 제외한 부분에 활용어미(-i. -şi. -∅, -răm, -răți,. -ră)를 붙이는 것이다. 그러나 단순과거 시제는 현대 표준 루마니아어에선 그 존재가 이미 사라졌으며 단지 올테니아 지방에서 방언으로 사용되고 있다. 그러나 제 1활용동사(-a)의 3인칭 단수의 변화형은 예외적으로 어미가 -ă로 되고, 제 3활용동사 중 merge→과거분사 mers와 같은 동사의 과거분사형에 -e를 첨가한 mers+e가 단순과거의 어간이 된다.

Exemplu

| | a lucra | a coborî | a vedea | a merge | a citi |
|---|---|---|---|---|---|
| 1 | lucrai | coborâsem | văzui | mersei* | citisem |
| 2 | lucrași | coborâseși | văzuși | merseși | cetiseși |
| 3 | lucră* | coborâse | văzu | merse | citise |
| 4 | lucrarăm | coborâserăm | văzurăm | merserăm | citiserăm |
| 5 | lucrarăți | coborâserăți | văzurăți | merserăți | citiserăți |
| 6 | lucrară | coborâseră | văzură | merseră | citiseră |

### 7.1.2.5.5. 복합과거 시제

단순 과거시제는 표준 루마니아어에선 점점 모습을 감추고 있으며 오늘날 단지 주로 루마니아의 서부지역인 올테니아 지방에서만 방언으로 사용되고 있다. 그 외의 지역에선 복합과거 시제(timpul perfect compus)가 단순과거를 포괄해 사용되고 있다. 루마니아어의 복합과거는 속 라틴어 habere+과거분사에서 기인된 것으로 조동사 avea(=have)동사의 현재인칭변화 생략형에 본동사의 과거분사형으로 구성되는 분석적 표현법을 쓰고 있다.

Exemplu

cânta

1. am cântat
2. ai cântat
3. a cântat
4. am cântat
5. ați cântat
6. au cântat

### 7.1.2.5.6. 대과거 시제

루마니아어의 대과거 시제(timpul mai mult ca perfect)는 라틴어의 접속법 대과거 형태에서 발전된 것으로서 종합적 표현법이 사용된다. 대과거의 활용은 단순과거에서처럼 어간(동사의 과거분사형에서 -t을 제거한 부분)에 대과거 활용어미(-sem, -seşi. -se. -serăm, -serăţi, -seră)를 붙여 만든다. 루마니아어 일부 방언에서는 그리스어 부정과거(aorist)의 영향으로 분석적 형태(복합과거)보다는 종합적(synthetic) 형태인 단순과거가, 대과거에는 역시 그리스어의 영향으로 분석적(analytic) 복합과거 형태가 사용된다.

| | a lucra | a coborî | a vedea | a merge | a citi |
|---|---|---|---|---|---|
| 1 | lucrasem | coborâsem | văzusem | mersesem | citisem |
| 2 | lucraseși | coborâseși | văzuseși | merseseși | cetiseși |
| 3 | lucrase | coborâse | văzuse | mersese | citise |
| 4 | lucraserăm | coborâserăm | văzuserăm | merseserăm | citiserăm |
| 5 | lucraserăți | coborâserăți | văzuserăți | merseserăți | citiserăți |
| 6 | lucraseră | coborâseră | văzuseră | merseseră | citiseră |

그러나 일부 동사들은 대과거 시제의 활용이 불규칙적으로 되는 것들이 있다. 다음은 불규칙 변화 동사들의 예이다:

| | a fi | a sta | a da | a avea |
|---|---|---|---|---|
| 1 | fusesem | stătusem | dădusem | avusesem |
| 2 | fuseseși | stătuseși | dăduseși | avuseseși |
| 3 | fusese | stătuse | dăduse | avusese |
| 4 | fuseserăm | stătuserăm | dăduserăm | avuseserăm |
| 5 | fuseserăți | stătuserăți | dăduserăți | avuseserăți |
| 6 | fuseseră | stătuseră | dăduseră | avuseseră |

### 7.1.2.5.7. 현재분사

루마니아어의 현재분사(부정분사 gerunziu)는 라틴어 동형사(gerundivum)의 -andum, -endum형태에서 발전한 것으로서(예: cantandum>cântând), 형태는 동사 부정형에서 어말 모음을 제외한 부분에다 -ând (제 4활용동사는 -ind)를 붙인다. 어간이 치자음으로 끝날 경우엔 대부분 구개음화된다.

Exemplu

cânta → cântând, trimite → trimițând, vedea → văzând, coborî → coborând, citi → citind 등.

| 동사 | -a 동사 | -e 동사 | -ea 동사 | -î 동사 | -i 동사 |
|---|---|---|---|---|---|
| 현재분사 | -ând | | | | -ind |

### 7.1.2.5.8. 과거분사

루마니아어의 동사의 과거분사(participiu trecut)는 라틴어의 완료분사에서 유래된 것으로 동사 부정형(infinitiv)의 어미유형에 따라 -a, -i, -î으로 끝나는 동사들은 과거분사형태가 동사 부정형 + t가 붙는 이른바 규칙변화 동사들이다. 그리고 나머지 2유형들(-ea, -e) 중에서 -ea으로 끝나는 동사는 과거분사형어미가 -ut이고 부정형이 -e으로 끝나는 동사는 과거분사형어미가 -ut 또는 -s으로 된다.

| 동사 | -a 동사 | -i 동사 | -î 동사 | -ea 동사 | -e 동사 | |
|---|---|---|---|---|---|---|
| 과거분사 | -at | -it | -ât | -ut | -ut | -s |

Exemplu

-a 동사: a înnora - înnorat, a ploua - plouat

-i 동사: a acoperi - acoperit, a citi - citit

-î 동사: a coborî - coborât, hotărî - hotărât

-ea 동사: a vedea - văzut, a cădea - căzut

-e 동사: a începe - început, a merge - mers

불규칙 과거분사

a fi(이다, 있다) - fost, a şti(알다) - ştiut, a bea(마시다) - băut, a coace(익히다) - copt, a fierbe(끓이다) - fiert, a frige(굽다) - fript, a sparge(쪼개다) - spart, a rămâne(머무르다) - rămas 등.

#### 7.1.2.5.9. 접속법

루마니아어의 접속법(modul conjunctiv)은 통사론적인 관점에서 라틴어나 타 로망스어들과 많은 차이점을 보이고 있으며, 형태론적으로 보아도 라틴어의 특성을 거의 잃고 단지 접속사인 să에 의해 직설법과의 구별을 나타내고 있다. 접속법현재의 1 활용은 불규칙적인 a fi동사를 제외하고는 1, 2인칭 단·복수에서는 직설법현재와 동일하며 단지 3인칭 단·복수에서 직설법과 다른 형태를 취한다. 예를 들자면 직설법 현재 3인칭에서 활용형 어미가 -ă일 경우 접속법에선 -e가 되며, 반대로 직설법 3인칭 활용형 어미가 -e일 경우 접속법에서 -ă로 바뀐다(예: 직설법 El merge > 접속법 El să meargă. 반면에 직설법 El cântă > 접속법 El să cânte. 등)그리고 접속법 과거 시제는 인칭에 관계없이 să + fi + 과거분사형으로 구성된다(예: 직설법 El merge. > 접속법 과거 El să fi mers. 등). 접속법 부정문일 경우 부정을 나타내는 부사 nu의 위치는 접속사 să와 본동사 사이에 위치한다(예: El să nu meargă. 등).

접속법 현재 시제:

1) - a 동사: 3인칭: -ă > -e

a cânta vi. 노래하다

| 직설법 | 접속법 |
|---|---|
| 1. cânt | să cânt |
| 2. cânți | să cânți |
| 3. cântă | să cânte |
| 4. cântăm | să cântăm |
| 5. cântați | să cântați |
| 6. cântă | să cânte |

a lucra vi. 일하다

| 직설법 | 접속법 |
|---|---|
| 1. lucrez | să lucrez |
| 2. lucrezi | să lucrezi |
| 3. lucrează | să lucreze |
| 4. lucrăm | să lucrăm |
| 5. lucrați | să lucrați |
| 6. lucrează | să lucreze |

2) -e 동사: 3인칭: -e > -ă

a merge vi. 가다

| 직설법 | 접속법 |
|---|---|
| 1. merg | să merg |
| 2. mergi | să mergi |
| 3. merge | să meargă |
| 4. mergem | să mergem |
| 5. mergeți | să mergeți |
| 6. merg | să meargă |

3) -ea 동사: 3인칭: -e > -ă

a vedea vt. 보다

| 직설법 | 접속법 |
|---|---|
| 1. văd | să văd |
| 2. vezi | să vezi |
| 3. vede | să vadă |
| 4. vedem | să vedem |
| 5. vedeți | să vedeți |
| 6. văd | să vadă |

4) -i 동사: 3인칭: -e > -ă

a veni vi. 오다

| 직설법 | 접속법 |
|---|---|
| 1. vin | să vin |
| 2. vii | să vii |
| 3. vine | să vină |
| 4. venim | să venim |
| 5. veniți | să veniți |
| 6. vin | să vină |

a citi vi., vt. 읽다

| 직설법 | 접속법 |
|---|---|
| 1. citesc | să citesc |
| 2. citeşti | să citeşti |
| 3. citeşte | să citească |
| 4. citim | să citim |
| 5. citiți | să citiți |
| 6. citesc | să citească |

5) -î 동사: -e > -ă

a coborî vi., vt. 내리다

| 직설법 | 접속법 |
|---|---|
| 1. cobor | să cobor |
| 2. cobori | să cobori |
| 3 coboară | să coboare |
| 4. coborâm | să coborâm |
| 5. coborâți | să coborâți |
| 6. coboară | să coboare |

a hotărî vt., vi. 결정하다

| 직설법 | 접속법 |
|---|---|
| 1. hotărăsc | să hotărăsc |
| 2. hotărăşti | să hotărăşti |
| 3. hotărăşte | să hotărască |
| 4. hotărâm | să hotărâm |
| 5. hotărâți | să hotărâți |
| 6. hotărăsc | să hotărască |

6) 불규칙 변화 동사(Verbe neregulate):

3인칭 현재 직설법 - 접속법

a avea: are - să aibă

a bea: bea - să bea

a da: dă - să dea

a lua: ia - să ia

a scrie: scrie - să scrie

a sta: stă - să stea

a şti: ştie - să ştie

a ploua: plouă - să plouă

a fi 동사의 접속법은 모든 인칭에서 차이를 보이고 있다.

Exemplu

| 직설법 | 접속법 |
|---|---|
| 1. sunt | să fiu |
| 2. eşti | să fii |
| 3. este | să fie |
| 4. suntem | să fim |

| | |
|---|---|
| 5. sunteți | să fiți |
| 6. sunt | să fie |

기타 불규칙 변화동사 -ia 및 -ui 동사:

a întârzia vi. 지각하다

Exemplu

| 직설법 | 접속법 |
|---|---|
| 1. întârzii | să întârzii |
| 2. întârzii | să întârzii |
| 3. întârzie | să întârzie |
| 4. întârziem | să întârziem |
| 5. întârziați | să întâziați |
| 6. întârzie | să întârzie |

a contribui vi. 기여하다

Exemplu

| 직설법 | 접속법 |
|---|---|
| 1. contribui | să contribui |
| 2. contribui | să contribui |
| 3. contribuie | să contribuie |
| 4. contribuim | să contribuim |
| 5. contribuiți | să contribuiți |
| 6. contribuie | să contribuie |

### 7.1.2.5.10. 조건-원망법(기원법)

루마니아어의 조건법(modul condițional-optativ)에 관해서는 아직도 학자들간의 의견이 분분하다. 형태적으로 보아 우언적인 표현법을 사용하고 있는데 조동사 (aş, ai, ar, am, aţi, ar)의 기원부터가 불분명한 실정이다. 루마니아어의 미래시제가 조동사 vrea(=voi)+부정형인 것으로 미루어 보아 조건법을 표시하는 조동사는 vrea>rea의 불완전과거 형태를 연상케 한다. 조건법에서는 현재의 분석적 형태인 조동사+부정형의 어순이라기보다는 통합적 형태인 부정형+조동사 (cântareaş)에서부터 분리됐을 것이고, 모든 라틴어 부정형의 어말 음절 -re가 소멸된 시기로 미루어 보아 우언적인 표현법이(=분석적 표현법) 실시된 후에 접미사 -re가 떨어져 나갔으리라는 의견이 중론이다.

현재(Prezent):

루마니아어의 조건-기원법 현재 시제는 조동사(aş, ai, ar, am, aţi, ar) + 본동사의 부정형(원형)으로 나타낸다.

Exemplu

(Eu) aş merg acasă..

(Tu) ai merge acasă.

(El/Ea) ar merge acasă.

(Noi) am merge acasă.

(Voi) aţi merge acasă.

(Ei/Ele) ar merge acasă.

과거(Perfect):

조건-기원법 과거 시제는 조동사(aş, ai, ar, am, aţi, ar) + fi + 본동사의 과거분사형으로 이루어진다.

Exemplu

(Eu) aş fi mers acasă.

(Tu) ai fi mers acasă.

(El/Ea) ar fi mers acasă.

(Noi) am fi mers acasă.

(Voi) ați fi mers acasă.

(Ei/Ele) ar fi mers acasă.

#### 7.1.2.5.11. 명령법

루마니아어의 명령법(modul imperativ)은 라틴어의 명령법형태를 유지하고 있다. 2인칭 단수 명령형은 본래의 라틴어 명령법과 인칭형태 간의 형태적인 관계에 따라 주로 직설법 3인칭 단수 현재 형태(예) cântă!)와 동일하지만 때로는 2인칭 단수와 같은 형태 (예: vezi!)를 취하기도 한다. 복수명령형은 직설법 복수 2인칭 형태(예: cântați!, vedeți!)를 그대로 취한다. 그 밖에도 불규칙 형태를 갖는 일부 동사들이 있는데 [(zice(말하다) → zi!, duce(이끌다) → du!, face(만들다. ~하다) → fă, veni(오다) → vino!], 이들도 역시 라틴어로부터 계승된 것이다. 그리고 2인 단수 명령문에선 동사의 부정형을 취하고 부정을 나타내는 부사 뒤에 위치한다. 예: Nu-l chema pe Maria(마리아를 부르지 마라)!, Nu veni aici(여기 오지 마라)! 등.

### 7.1.2.6. 수사

루마니아어의 수사 체계는 형태론적인 관점으로 보아 라틴어의 수사에 근간을 두고 있다.

예로서 숫자 1~10를 라틴어와 루마니아어로 표기하면 다음과 같다:

1= unu(<라틴어 unus)

2= doi/două(<라틴어 duo)

3= trei(<라틴어 tres)

4= patru(<라틴어 quattuor)

5= cinci(<라틴어 quinque)

6= şase(<라틴어 sex)

7= şapte(<라틴어 septem)

8= opt(<라틴어 octo)

9= nouă(<라틴어 novem)

10= zece(<라틴어 decem)

그러나 수사 11~19와 10의 배수들(20, 30.......90)은 라틴어의 형태소들로 구성돼 있으나 구성방법은 슬라브어 형식을 따르고 있다.

Exemplu

quattuor super decem> patrusprezece(14), quattuor+decem>patruzeci(40) 등.

특이한 것은 또한 100을 나타내는 루마니아어는 고대 슬라브어 sŭto에서 유래된 sută이지만 한편 1,000은 다시 라틴어 mille에서 유래된 mie라는 점이다.

### 7.1.2.7. 관사

#### 7.1.2.7.1. 부정 관사

라틴어나 여타 로망스제어들과 마찬가지로 수사 unu의 형태에서 다음과 같은 부정관사가 만들어졌다. 다만 특이한 것은 복수 주격 및 대격(목적격)을 위한 부정관사 형으로 부정수사 nişte가 사용되고 있다는 점이다:

| 수 | sg. | | pl. |
|---|---|---|---|
| 성 / 격 | m./n. | f. | m./n./f. |
| N. | un | o | (nişte) |
| G. | unui | unei | unor |
| D. | unui | unei | unor |
| A. | un | o | (nişte) |

#### 7.1.2.7.2. 정관사

루마니아어의 정관사는 라틴어 지시사 ille, illud, illa 등으로부터 유래됐지만 이미 명사부분에서 언급한 바와 같이 접미사 형태로 체언 뒤에 붙는다(구체적인 예는 7.1.2.1. 장의 명사부분을 참조):

| 수<br>격 \ 성 | sg. | | pl. | |
|---|---|---|---|---|
| | m./n. | f. | m. | n./f. |
| N. | -(u)l(e) | –a | 복수+i | 복수+le |
| G. | -lui | –복수형+i | 복수+lor | 복수+lor |
| D. | -lui | –복수형+i | 복수+lor | 복수+lor |
| A. | -(u)l(e) | –a | 복수+i | 복수+le |

## 7.1.3. 통사론

고전 라틴어 문장 구성의 기본 어순이었던 주어+목적어+동사(S+O+V)가 루마니아어에선 상황에 따라 변화가 가능하긴 하지만 S+O+V 어순이 보편적으로 됐다. 의문사가 없는 의문문은 일반적으로 억양의 변화만으로 표시하지만 주어와 동사를 도치시켜 사용할 수도 있다. 예) Şi Ion vine? /Vine şi Ion?(Ion도 오니?) 반면에 의문사가 있는 의문문에서는 주어와 동사를 도치시키는 것이 통상적이다. 예) Când vine Ion?(Ion은 언제오니?) 삽입 절을 포함하고 있는 긴 명사구와 같은 복잡한 문장 구성분도 어순을 변경시킨다.

*Exemplu*

**merită să fie notate în această ordine încercările scriitorului de a găsi un echivalent sunetelor ă şi î.**(이런 관점에서 ă모음과 î.음에 상응하는 음가를 찾으려는 작가의 시도는 주목할 만한 가치가 있다.).

대명사들도 어순에 영향을 줄 수 있다. 특히 인칭대명사는 접어로서 문장 내에서 그들이 대신하고 있는 명사(구)와 다른 위치에서 나타날 수도 있다: 예) Bărbatul a dat caietul copilului.(그 남자는 어린아이에게 공책을 주었다.) - (El) i l-a dat.(그는 그에게 그것을 주었다.).

명사구 내에서 소유형용·대명사는 소유물 뒤에 위치하는 것이 통례이다: 예) Soția lui Ion e sora regelui.(이온의 처는 왕의 누이다.). 형용사는 피수식어 뒤에 위치하는 것이 일반적이지만 (예) copilul mic(작은 아이), cărțile scumpe(비싼 책들). 일부 형용사들은 수식되는 명사 앞에 오면서 정관사까지도 가져오기도 한다: 예) bunul om(그 좋은 사람), următoarele cuvinte(다음의 단어들) 등.

관계절은 물론 선행사 뒤에 오는 것이 일반적인 어순이다. 예) Radu a cumpărat casa pe care am construit-o.(라두는 내가 설계한 집을 샀다.).

그리스어나 다른 발칸어군들에서처럼 루마니아어에서도 목적어+동사+주어(O+V+S)어순이 S+V+O를 대치하여 사용되는 것이 보통이다. 형태론적으로 주어와 목적어가 구별될 수 있는 특성이 이와 같이 어순이 뒤바뀌게 하는 주된 요인이다. 전치사 pe(<라틴어 per)는 모든 대명사뿐만 아니라 고등생물을 나타내는 명사(구)를 대격으로 만들어 주는 역할을 한다. 따라서 명사구-동사-명사구의 문장 구조가 설명될 수가 있으며 중복대명사를 동반함으로써 명백해진다. 예) Ion a văzut-o pe Maria.(Ion은 그 여자 Maria를 보았다.). 문장과 의미상으론 아무런 차이가 없는 Ion a vazut Maria.(Ion은 Maria를 보았다.). 위의 두 문장은 모두 문법적으로 맞는 문장들이다. 그러나 만일 어순이 OVS일 경우엔 다음과 같은 문장이 될 것이다. Pe Maria a văzut-o Ion.(Maria 그녀를 Ion이 보았다.). 전치사 pe와 접어 -o는 반드시 있어야 한다. 재생대명사는 관계절이나 문장 내에서 생물분류체계에서 저등 항목에 해당되는 명사들일지라도 이들이 모두 목적어로 올 경우에 앞뒤 상호참조 표시로서 사용된다. 예) Aceasta e cartea pe care am cumpărat-o.(이것이 내가 산 책이다.), Singura mentiune a acestei părți de cuvânt o găsim dat cartea ieri.(이 사람이 내가 어제 책을 건네주었던 바로 그 소녀다.).

대부분의 타 로망스어들과 같이 루마니아어 문장의 주격 인칭대명사는 강조나 대조적인 용법으로 사용될 경우를 제외하고는 거의 생략된다. 그 이유는 형태론에서 언급된 것처럼 동사의 활용어미가 인칭마다 구별이 확실하기 때문이다. 예) Ai plecat?(너 출발했니?), Da, am plecat.(그래 나 출발했다.).

직접·간접목적어가 인칭대명사의 접어(재생대명사)일 경우 이들의 위치는 동사나 조동사의 앞에 온다. 예) O caut pe Maria(나는 Maria를 찾고 있다), Mi l-a dat.(그는 나에게 그것을 주었다.). 단 복합과거시제에서 여성 목적격 인칭대명사 o는 과거분사 뒤에 접어 형태로 붙는다. 예) (Eu) i-am dart-o-lui.(나는 그에게 그것을 주었다.).

인칭대명사의 접어목적어가 직접, 간접 두 개일 경우 여격목적어(간접목적어)가 대격목적어(직접목적어) 앞에 온다. 예) Mi l-a dat.(그는 나에게 그것을 주었다.). 또한 로망스제어들에서처럼 명령법에서 인칭대명사 접어의 위치는 동사 뒤에 오며 인칭대명사 접어 목적어가 직접 및 간접 두 개일 경우 평서문에서처럼 간접목적어가 직접목적어로 앞에 온다. 예) Dă-mi-i !(나에게 그것을 주오!). 루마니아어는 재귀대명사 se를 보유하고 있으며 그 용법은 본래의 순수한 재귀적인 의미(예 : se bate 자해하다)뿐만 아니라 비인칭 주어(예: se spune, 사람들은 말한다)이나 수동적인 의미(예: Aici se vând cărţile. 여기서는 책들이 판매돼 진다)로 사용되기도 한다.

명사구 내의 일반적인 어순은 다음과 같다.

a) 부정관사/지시사 + 명사 + 형용사
un/acest + copil + bun

b) 명사+정관사 + 지시사 + 형용사
copilul + acesta + bun

c) 형용사+정관사 + 명사
bunul + copil

a)에서 보듯이 부정관사는 명사 앞에 위치하며 형용사는 명사 뒤에 온다. 단, c)에서 처럼 대조적인 용법에서는 예외이다. b)에서처럼 지시사가 명사 다음에 올 경우 명사나 지시사 모두 정관사를 받는다.

루마니아어 전치사 구절 내의 명사는 전치사 cu(~와 함께)을 제외하고는 정관사가 붙지 않는다. 예) cu masa(탁자와 함께), sub masă(탁자 밑에). 그러나 전치사 구절 내의 명사가 한정적으로 사용될 경우엔 다시 정관사를 받는다. 예) sub masa pe careai construit-o.(네가 만든 그 탁자 밑에).

이러한 현상은 제한적 관계절과 계속적 관계절을 구별하여 주는 유용한 방법이 된다. 계속적 용법의 예) Sub masă, pe care ai construit-o.(탁자 밑에서, 그 탁자는 네가 만들었다.)

루마니아어가 발칸언어들과 공통적으로 보유하고 있는 특성은 대개 이미 형태론서 지적한 바와 같이 미래시제에서 조동사 voi(<라틴어 volare)를 이용한 우언법의 사용(예: voi cânta 나는 노래를 부를 예정이다)과 정관사를 접미사 형태로 사용하는 것(예: pomul 그 나무, casa 그 집 등)과 재활대명사의 접어적인 사용법 -이것은 서 로망스제어에서도 산발적으로 나타난다-및 서 로망스어들에 비해 부정사의 용법이 제한돼 있다는 점 등을 들 수 있다.

서 로망스제어에서처럼 루마니아어는 라틴어로부터 부정사 보어절 구조를 이어 받았으나 발칸어군의 영향으로 그 용법이 많이 제한됐다. 예를 들어 우리말 '~하기를 원한다(~하고 싶다)' 라는 문장을 프랑스어나 이탈리아어에서는 조동사+부정사로 표시하지만 루마니아어에선 조동사+접속법으로 나타낸다.

*Exemplu*

| | |
|---|---|
| 한국어 | 나는 노래하기를 원한다. |
| 프랑스어 | Jr veux chanter. |
| 이탈리아어 | Volo cantare. |
| 루마니아어 | Vreau să cânt. |

그러나 많은 루마니아어의 화자들은 조동사 putea(~할 수 있다)+접속법 형태(예 : pot să cânt. 나는 노래할 수 있다)대신에 putea+부정사(예 : pot cânta )형태를 사용하고 있다. 이 경우 능력이나 가능성을 나타내는 화법조동사로서의 의미가 주어진다. Pot cânta 형태에서 pot는 본동사와 조동사의 역할을 겸하고 있으며, 짧은 형태의 부정사는 동사적 복합체의 어간으로 분석된다. 왜냐하면 일반적으로 동사의 부정형 앞에는 전치사 a가 선행되는 것이 보통인데 여기서는 그렇지 않기 때문이다. 따라서 Pot cânta 는 조동사+동사의 어간의 구조로서 취급 될 수가 있는 것이다.

부정사의 용법이 쇠퇴하기 시작한 것은 비교적 최근의 일로서 부정사의 용법이 제한되면서 라틴어의 부정사형에서 어미부분 -re가 탈락됐다. 현대 표준 루마니아어에서는 -re가 붙은 형태는 명사형으로 확립됐고 그 용법은 영어의 동명사와 유사하다. 즉 긴 부정사인 +re형은 동사적이라기보다는 명사적인 특성을 지님으로써 어미정관사를 받기도 하고 형용사 등에 의해서 수식될 경우에는 성과 격 등의 일치도 필요로 한다(예: Se întoarce 그는 돌아온다 → întoarcerea lui neaşteptată 그의 예기치 못한 돌아옴).

루마니아어는 이러한 발칸언어연합의 특성을 지니고 있음에도 불구하고 지난 약 150년간 통사론에 있어서 주된 흐름이 로망스어 쪽으로 기우는 경향을 보여주었다. 부정사는 더욱 더 규칙적으로 보어절 표시로서 나타나기 시작했고, 우언법을 사용한 수동형이 재귀적 수동태의 영역을 많이 잠식했다. 예) A fost furat.(그것은 도둑맞았다.) 구문이 S-a furat.라는 표현보다 더 일반적으로 사용된다. 또한 현대 표준 구어체에서 소유나 간접목적어를 표현하는 용법으로 소유격이나 여격을 쓰는 것보다 전치사를 사용하는 것이 통상적이다. 예) Dă apă vitelor.(그는 가축들에게 물을 준다.) 대신에 Dă apă la vite. 구문이 보다 더 많이 통용되며, planul Bucureştiului(부쿠레슈티시의 관광안내 책자) 대신에 planul de Bucureşti으로 표현하기도 한다.

이와 같이 루마니아어가 형태·통사론적인 면에서 향후 얼마나 더 모체인 라틴어나 자매 언어들인 로망스어의 특성을 되찾는 복고 경향을 띄게 될 지는 예측하기 어렵지마는 전체적인 구조 자체가 변모되지는 않을 것이라는 의견이 지배적이다.

### 7.1.4. 어휘

루마니아어 전체어휘의 어원에 대한 통계자료는 시대에 따라 학자들 간에 커다란 차이를 보이고 있다. 예를 들어 보자면 루마니아의 언어학자 치학(A. de Cihac)은 그의 어원사전(I. 1870, II. 1879)에서 조사대상어휘 총 5,765개 중에서 라틴어원의 어휘가 20%, 슬라브어원의 어휘가 40%, 터키어원이 20%이며 나머지 20%는 그리스어원이나 헝가리어원 또는 알바니아어원 등이 차지하고 있다고 기술하고 있다. 치학의 어원사전보다 약 50년 후에 출판된 칸드레아(I. A. Candrea)의 어원사전(I. 1931)

에선 조사대상 총 43,269개 어휘 중 프랑스어와 이탈리아어, 즉 로망스어로부터 차용한 어휘(대부분이 라틴어원으로부터 유래된 것임)가 29.5%이고 라틴어원의 어휘가 약 23.2%, 슬라브어원이 16.6%이며 13.5%가 어원불명이고 터키어원이 4.4%이며 헝가리어원이 3.1%이며 그리스어원이 2.4%이며 게르만어원이 약 1.7%이고 나머지는 1% 대 미만을 차지하고 있다. 이것보다 약 30년 후에 루마니아의 부쿠레슈티대학의 언어연구소에서 출판한 어원사전(1958)의 통계자료에 의하면 조사대상 총 49,649개 어휘 중 로망스어로부터 차용한 어휘가 약 40.1%이며 라틴어원이 22.4%이고 슬라브어원이 11.1% 정도 해당하고 있으며 8.3%가 어원불명이고 기타 터키어원이 약 3.6%, 그리스어원이 약 2.4%, 헝가리어원이 2.2%, 게르만어원이 1.8% 등으로 나타나고 있다.[107] 위에서 언급된 세 가지 사전들에서 제시된 통계자료들을 비교하여 분석해보면 우선 루마니아어가 언어계보적인 관점에서 보자면 라틴어로부터 유래된 로망스어군에 속해 있는 언어임에도 불구하고 루마니아어에 존재하고 있는 라틴어원의 비율이 의외로 낮은 편이라는 점이다. 둘째로는 물론 조사대상 어휘 수에서 차이가 있기는 하지만 두드러지게 변화된 것은 1870년대에 출판된 치학의 사전에서 조사대상 어휘의 약 40%에 이르렀던 슬라브어원을 비롯하여 터키어원이나 헝가리어원 및 그리스어원 등의 비율이 1930년대와 1950년대에 출판된 사전들에서 급격히 감소했다는 사실이며, 셋째로는 1870년대 치학의 사전에선 전혀 언급되지 않았던 로망스어원의 어휘가 1930년대에선 약 30%이며 1950년대에선 40%로 갑자기 증가했다는 점 등이다.

루마니아의 언어학자 그라우르(A. Graur)는 그의 저서(1967)의 서론에서 모든 현상들에서와 마찬가지로 언어에서도 일시적인 것들과 지속적인 것들 사이나 또는 표면적인 것들과 필수적인 것들 사이에 차이를 구분할 필요가 있다는 점을 강조하고 있다. 사실 한 언어의 문법구조는 시간이 흐르더라도 주요 골격은 커다란 변동이 없는데 반하여 어휘는 시대에 따라 쉽게 변할 수 있는 부분이다. 그러나 이러한 변화가 때로는 갑작스럽고 급진적으로 일어날 수도 있으며 때로는 전문가들조차도 감지하지 못할 정도로 서서히 진행되는 경우도 있다. 실제적으로 각 언어마다 시대적인 필요에 의해 외국어들로부터 차용되거나 아니면 그 언어 자체적으로 만들어진 신조어휘가 사용되고 있지만 이런 어휘가 향후 10년이나 20년 후에도 계속해서 일상용어로 사용될지는 모를 일이다. 이와는 반대로 각 언어마다 수 백 년 또는 그 이상의 기간 동안 보존되고 있는 어휘가 있다. 따라서 우리는 한 언어의 어휘를 놓고 지속성이란 관점에서 어떤 계층을 정할 필요가 있다. 어휘적인 면에서 어떤 언어의 특성을 관찰하고자 할 경우에 일시적이고 유동적인 어휘보다는 지속적이고 안정적인 어휘를 대상으로 하여 연구하는 것이 보다 효과적이라는 것은 자명한 사실이다.

어휘는 언어의 다른 요소들에 비해서 쉽게 차용돼질 수 있으며 바로 이러한 연유에서 루마니아어는 슬라브어를 비롯한 인접 언어들과의 접촉으로 라틴어원의 어휘층이 엷어지게 됐던 것이다. 지난 150년 동안 루마니아어에서 라틴어 복고 경향을 가장 많이 보여준 분야가 어휘였다. 최근의 언어통계 한 자료에 의하면 루마니아어의 복고경향이나 국제적인 공용어휘의 도입으로 인하여 다소 비율이 감소되기는 했지만 루마니아어 전제 어휘 중 슬라브어휘가 차지하고 있는 비율이 40% 정도 되는 것으로 알려지고 있다. 그러나 한편 기초어휘만을 대상으로 한 통계 자료에 의하면 60%가 라틴어원이고 20%가 슬라브어원이며 나머지 20%가 기타 인접 언어들로부터 유입된 것으로 나타나고 있다. 물론 일상생활에 근간을 이루고있는 100~200 기본어휘 항목을 조사해본 결과 90% 이상이 라틴어원으로 규명됐다.

#### 7.1.4.1. 기층어원

발칸 로망스어에 있어서 기층어의 영향에 관한 자료가 충분치 못하므로(현재 보존되고 있는 자료로는 불가리아의 Ezerevo에서 발견된 B.C. 5세기 경에 제조된 반지 위에 새겨진 문구와 로마인들이 발칸지역을 점유하기 이전의 시기인 고대 그리스의 사전 편찬자들에 의해 수집된 100여개 미만의 단어들이다) 확실한 증거를 제시하기는 어렵지만 그 중요성을 인지하여 많은 인도유럽언어학자들과 발칸지역어원학자들 및 역사·비교 언어학자들에 의해서 심층적으로 연구되고 있다.

제1장 루마니아어의 기층어에서 이미 언급한 바와 같이 루마니아어에는 어원이 로마시대 이전으로 거슬러 올라가는 160여개 단어들이 존재하고 있다. 최근의 연구들에 의하면 이들 가운데 60~70개는 알바니아어와 공통적이고 나머지 100여개, 예를 들어 **brânză**(치즈), **copil**(어린아이), **zară**(유장, 버터유우) 등은 루마니아어에만 단독으로 존재한다는 사실이 밝혀졌다. 이 160여개의 기층어휘들이 루마니아어의 주요

방언들인, 다코-루마니아어(현재 루마니아 영토에서 사용되고 있는 루마니아어), 아루마니아어, 메글레노-루마니아어 및 이스트로-루마니아어 등을 포함하여 다뉴브 강 이남 지역에 분포돼 있는지를 통계적으로 분석해 본 결과 루마니아어의 기층어휘 160여 개 중에서 약 에 해당하는 53~56개가 단지 다뉴브 강 이북 지역의 방언인 다코-루마니아어에만 존재하고 있다는 것이 밝혀졌다. 이 53~56개의 어휘중에서 몇 개나마 애당초부터 단지 동로마 제국의 북부지역에서 존재했었다면, -그리고 지방 주민들에 의해 채택돼진 일종의 로망스어로 침투했다면-, 로마시대 이전의 기층어적인 요소는 다뉴브 강 이북 지방에서 더욱 더 강했었으며 또한 집요하게 보존됐으리라고 여겨지며, 루마니아어의 기층어휘는 로마시대 이전의 이 지역 원주민들인 트라코-다키아 민족과 로마인들과의 밀접한 유대 관계가 이루어지고 있을 당시에 형성된 것으로 판단된다.

루마니아어의 기층어휘들 중에서 남 다뉴브적인 요소들이 상당히 존재하고 있다는 것은 부인할 수 없는 사실일 것이다. 특히 루마니아어와 알바니아어 사이의 공통적으로 존재하고 있는 어휘들에 관하여 바이간트(G. Weigand)는 알바니아어로부터의 차용어로 간주한데 반하여 트라이머( K. Treimer)는 차용관계를 반대하는 입장을 표명했다. 한편 카피단(Capidan, T.)은 이들 공통어휘 가운데 19개가 루마니아어의 남다뉴브방언인 아루마니아어에는 존재하고 있지 않다는 것을 제시했다. 기층어휘 중에서 루마니아어와 알바니아어가 공유하고 있는 예들을 들어 보면 다음과 같다:

| 루마니아어 | 알바니아어 |
|---|---|
| abure(증기) | avull |
| balbegă, buligă(회비) | baigë, bagjë |
| baltă(늪) | baltë |
| bască(양모) | bashkë, baskë |
| brad(전나무) | bredh |
| bucurie(기쁨) | bukurë(아름다운) |
| buză(입술) | buzë |
| copac(나무) | kopaç(나무줄기) |

| | |
|---|---|
| copil(어린아이) | kopil(기사) |
| cursă(덫) | kurthë |
| daş(새끼양) | dash(거세된 수양) |
| gard(울타리) | gardh |
| gata(준비된) | gat |
| grumaz(목) | gurmas |
| mal(해안) | mal |
| mire(신랑) | mirë |
| moş(늙은이) | moshë(연령) |
| scrum(재) | shkrum |
| ţap(수염소) | cap |
| vatră(화덕) | vatër 등. |

### 7.1.4.2. 라틴어원

루마니아 지역의 고대 명칭인 Dacia(Trajana)에 보급된 라틴어는 주로 군민들과 제국 내의 각처에서 이주해 온 이주민들에 의해 사용됐던 비교적 단순하고 수준이 낮은 라틴어였다. 예로써 루마니아어로 '늙은, 연로한'의 의미를 가진 단어인 bătrân은 라틴어 veteranùs '노병(의)'란 어휘에서 유래된 것인데, 이것은 당시 로마제국의 군인들이 퇴직 후 근무지였던 Dacia에 정주하게 되면서 의미가 와전된 것이다. 이와 같이 원래 풍부하지 못한 라틴어휘를 물려받은 발칸 로망스어는 서 로망스어와 교류가 단절되면서 부족한 어휘를 인접 민족의 언어들로부터 차용하여 보충시킬 수밖에 없었다. 그러나 다른 관점에서 보자면 루마니아어의 일상생활회화에서 주로 사용되는 어휘들에 국한하여 통계를 내보면 라틴어원의 어휘가 압도적인 비중을 차지하고 있다는 것을 알수 있다. 비근한 예로서 최근 연구된 인간의 신체부위와 관련된 50개의 단어들의 어원조사를 한 결과 40개가 라틴어원으로 밝혀졌으며, 3개(anus, vulvă, penis)가 라틴어원이지만 프랑스어를 경유하여 비교적 늦은 시기에 루마니아어로 유입된 것으로 사료되며, 2개(obraz, gât)가 고대 슬라브어원이며, 2개(ceafă, burtă)가 아직 어원이 확실하게 규명되고 있지는 않지만 기층어휘일 가능성이 높은 것으로 간주되고 있으며, 1개(buză)는 기층어로부터 유래한 것이 확증됐으며, 1개(labă)는 헝가리어로부터 차용한 어휘로 알려지고 있으며, 1개(talie)는 프랑스어원으로서 러시아어를 통하여 비교적 최근에 차용된 것으로 전해지고 있다. 위의 수치를 백분율로 환산하면 루마니아어의 신체관련 어휘의 80%가 라틴어원이며, 8%가 로망스어원이며, 4%가 어원불명이며, 4%가 고대 슬라브어원이며, 기층어원과 헝가리어원 각각 2%를 차지하고 있다. 이 통계수치를 앞에서 언급한 치학 이후 1930년대와 1950년대 및 1980년대의 통계자료들과 비교해보면 신체관련 어휘의 어원이 라틴어 및 로망스어로부터 유래한 비율이 급격히 상승하는 반면에 슬라브어원이나 여타 외래어원의 비율이 감소하고 있으며 어원연구가 활발하게 이루어지면서 어원규명이 증진돼 어원불명의 어휘비율이 상대적으로 감소하고 있다는 사실을 보여주고 있다. 푸슈카리우의 신체관련 어휘의 어원에 대한 통계수치와 비교해보면 로망스어원을 포함하여 라틴어원의 비율이 92%대에서 88%대로 감소했지만 이러한 차이는 앞에서도 이미 언급한 바와 같이 통계조사대상의 어휘선정과도 무관치 않다고 판단된다.

한편 루마니아어의 신체관련 어휘의 사용빈도(U)나 다의성(S) 및 파생력(D) 등을 살펴보면 50개 어휘 중 위의 세 범주에 모두 포함된 어휘(USD)가 8개(cap, față, ochi, ureche, limbă, piept, inimă, picior)이며, 이들 어휘는 모두 라틴어원을 가지고 있는 것으로 나타나고 있다. 10개(păr, buză, gură, gât, umăr, spate, sân, fund, braț, corp)는 사용빈도 및 다의성이 높은 것(US)으로서 이들 중 buză는 기층어휘이며, gât는 슬라브어원이고 나머지 8개는 라틴어원이다. 이어서 신체어휘 50개 중 5개(obraz, nas, barbă, mână, palmă)는 사용빈도 및 파생력이 높은 것(UD)으로서 이들 중 obraz는 슬라브어원이며 나머지 4개는 라틴어원으로 구성돼 있다. 50개 중 1개(mustață)는 다의성 및 파생력이 높은 것(SD)으로서 라틴어원을 가지고 있다. 50개 중 9개(creier, frunte, sprânceană, dinte, deget, pumn, genunchi, os, piele)가 사용빈도만 높은 것(U)으로서 모두 라틴어원을 지니고 있는 것으로 돼 있다. 50개 중 2개(cot, pulpă)는 다의성만 높은 것(D)으로서 모두 라틴어부터 유래됐다. 또한 50개 중 2개(burtă, unghie)는 파생력만 높은 것(D)으로서 burtă는 아직 어원이 규명되지 않았으며, unghie는 라틴어로부터 계승한 것이다. 이상과 같이 50개 신체관련 어휘 중 37개는 소위 루마니아어의 대표어휘 2,581개 속해 있으며, 대표어휘에 들지 못하는 13개 어휘 중 6개(măsea, ceafă, trunchi, talie, labă, muşchi)는 일리에스쿠의 루마니아어 기본어휘 3,209개에 포함돼 있고, 나머지 7개, 즉 bărbie, şale, buric, anus, vulvă, penis, coapsă 등은 루마니아어의 기본어휘 범위 밖에 있다. 이러한 통계조사내용은 신체어휘 50개 중에서 43개, 즉 86%에 해당하는 어휘가 루마니아어의 기본어휘에 속해 있는 것으로서 라틴어원의 비율과 거의 일치하고 있다는 사실을 반영해주고 있다.

#### 7.1.4.3. 슬라브어원

슬라브어가 발칸 로망스어에 미친 영향은 서 로망스어에 있어서 게르만어의 역할 이상으로 지대하다고 할 수 있다. 루마니아어(내)의 슬라브 어휘는 도입된 시기에 따라 크게 두 종류로 구분된다. 그중 한 부류는 약 5~8세기경부터로 추산되는 발칸 로망스어와 남 슬라브어 간의 접촉으로 인하여 유입된 대중적인 어휘로서 당시 슬라브 민족은 정복자로서 또한 지주로서 군림했었다. 루마니아어에 존재하고 있는 boier(지주), gospodar(주인), voievod(왕후, 후작) 등의 어휘가 비근한 예다. 다른 부류는 13세기 이후부터 차용돼진 기술 및 학술용어들이 대부분이다. 후자의 경우엔 같은 어원에서 유래된 기존 어휘들과 함께 혼용되면서 이중어를 유발하기도 했다. 예) 고대 슬라브어 sŭvŭršiti에서 유래된 루마니아어휘 sfârşi와 vârşi는 모두 '완성하다. 마치다'라는 의미로서 전자는 구어체에서 후자는 문어체에서 주로 사용된다.

비록 루마니아어에서 라틴어원의 어휘들이 일상생활 용어의 대부분을 차지하고 있는 것은 사실이지만 루마니아어에 존재하고 있는 슬라브어 요소들을 과소 평가할 수는 없을 것이다. 슬라브어가 루마니아어에 끼친 영향은 전 단락에서 알아 보았듯이 루마니아어의 모든 문법적인 분야에 걸쳐 존재하고 있다. 비근한 예로 인간의 심성을 나타내는 가장 핵심적인 단어라고 해도 과언이 아닌 라틴어 amare(사랑하다)는 이태리어 amare, 불어 aimer, 스페인어 amar 등과 같이 오늘날 루마니아어를 제외한 모든 로망스어에서 계승됐다. 그러나 루마니아어에서 iubi(사랑하다), iubit(애인) 등에서와 같이 슬라브어원이 사용되고 있다. 그 이외에도 현재 표준 루마니아어에서는 긍정적인 대답이 부사로 슬라브어원을 가진 da(예)가 사용되고 있다는 사실은 이미 잘 알려져있다.

루마니아어의 슬라브적인 요소에서 또한 간과해서는 안 될 분야는 종교적인 영역이다. 루마니아 교회가 이미 11세기초부터 불가리아 교회에 속하게 되면서 예배 의식이 고대교회 슬라브어로 치루어 지게됐으므로 서 로망스어권에서 교회라틴어의 역할을 루마니아에선 고대교회 슬라브어가 대신하게 됐던 것이다.[108] 비근한 예로서 루마니아어와 불어의 교회용어들을 비교해 보면 불어엔 라틴어원들 (santifier, volonté, offense, tentation)인 것에 비하여 루마니아어엔 슬라브어원들 (sfinți, voie, greşeală, ispită 등)이라는 것을 알 수 있다.[109]

외래어의 차용어는 항상 직접적인 영향뿐만 아니라 모방이나 간접적인 경로를 통하여 이루어지는 것도 무시할 수 없다. 예를 들자면 남 슬라브어의 světŭ(세상, 빛)이란 단어의 영향으로 루마니아어의 lume(세상, 사람)과 lumină(빛)은 형태적으론 각각 라틴어 lumen과 luminem에서 유래되긴 했지만 의미상으론 슬라브어를 모방하고 있다.

### 7.1.4.4. 그리스어원

고대교회 슬라브어휘들의 기원을 추적해 보면 대다수가 고대 그리스어에서 유래된 것으로 규명되고 있다. 왜냐하면 루마니아어의 종교 용어에 있어서 고대교회 슬라브어는 중간 매개체 역할을 담당했기 때문이다. 즉 루마니아 교회나 불가리아 교회가 그리스정교회에 속해 있을 당시까지는 고대 그리스어가 발칸지역 교회 용어로 통용됐기 때문이다. 예를 들면 루마니아어의 chilie '수도원, 작은방'의 원래 기원은 고대 그리스어의 kéllion인데 교회 슬라브어 kelijia를 거쳐 루마니아어에 들어온 것이다. 그리스어휘는 교회 슬라브어를 통해서 뿐만 아니라 구어체 슬라브어를 매개체로 하여 루마니아어로 유입됐는데 일예로서 루마니아어휘 broatec(두꺼비)도 그리스어의 brotachos로부터 또한 drum(길)은 그리스어의 drómos로부터 슬라브어를 통해 유입된 어휘들이다.

터키의 지배하에 있었던 루마니아의 공국들인 몰다비아와 발라키아가 터키 정부를 대신한 그리스의 파나리오트 가문에 의해서 통치됐던 시기인 1711~1821년 사이에 많은 그리스어휘(1,200 단어가 넘는 것으로 추산됨)가 루마니아어에 유입됐지만 현대 루마니아어에는 그 중에서 단지 250개 정도가 보존되고 있다. 예) 루마니아어 stridie(굴) <그리스어 strídi, 루마니아어 aerisi(환기시키다) <그리스어 aerízo의 부정과거형 등.

### 7.1.4.5. 기타 외래어원

이 기간(1711-1821)에 역시 적지 않은 터키어휘가 루마니아어에 들어왔으나 대부분이 그 자취를 감추어 버려 현재 루마니아어 전체 어휘의 약 3%에 해당되는 어휘가 터키어원으로 추산된다. 그 중에는 비교적 빈번하게 사용되는 duşman(적) <터키어 duşman이나 chior(외눈의) <kör 등과 같은 어휘들도 포함돼있다.

이미 언급한 바와 같이 터키어가 루마니아어의 몰다비아와 발라키아(현재 ; 문테니아) 지방에 큰 영향을 끼쳤듯이 오스트리아-헝가리 제국에 속해 있었던 트란실바니아 지방은 비교적 헝가리어의 영향을 많이 받았다. 루마니아어휘 중 헝가리 어원을 갖고 있는 단어들에는 매우 일상적인 용어들인 gând(생각), făgădui(약속하다), fel(방법), viclean(약삭빠른, 교활한) 등이 포함돼 있다.

지난 2세기간에 걸쳐 라틴어와 서 로망스 제어는 루마니아어에 커다란 영향력을 발휘했다. 18세기 후반부터 트란실바니아 학파들에 의해서 주창된 라틴문화의 복고운동은 루마니아어 철자법의 기원을 찾아 사용할 것을 시도했을 뿐만 아니라 루마니아어휘 중 라틴어원이 아닌 외래어휘를 라틴어휘에 근거를 둔 단어들로 대치시켰고 또한 새로운 신조어휘를 만들었다. 이런 과정에서 몇몇 혼합어휘들이 탄생됐다. 예를 들어 슬라브어원 război(전쟁)과 라틴어 bellum(전쟁)이 합쳐져서 răzbel이란 단어가 만들어졌었는데 현대 루마니아어에선 더 이상 사용되지 않고 있다. 반면에 슬라브어원의 năravuri(풍습)과 라틴어 mores의 합성어인 moravuri(풍습, 풍행)은 오늘날 매우 일반적인 용어가 됐다.

트란실바니아 학파의 이러한 루마니아어 순화 및 정화 작업은 한편으론 그렇지 않아도 복잡했던 루마니아어휘의 어원을 연구하는데 어려움을 가일층 했다고 말할 수 있다.

루마니아어휘의 전체적인 형태를 변화시킨 계기는 19세기 프랑스의 위상과 그에 따른 프랑스어가 문화 및 외교적인 국제공용어로 부상되면서 비롯된다. 프랑스어는 수많은 신조어들의 본보기가 됐을 뿐만 아니라 다른 외국어들로부터 들어온 외래어들의 매개체 역할을 담당했다. 예를 들면 miting(정치적인 회동)이나 dumping(덤핑) 등의 어휘가 영어로부터 프랑스어를 통하여 루마니아어로 유입됐다. 반면에 몇몇 프랑스어휘는 러시아어를 경유해서 루마니아어로 들어왔는데 이들은 대부분 19세기 후반 러시아의 정치적인 영향력이 증가하면서 군사 및 행정에 관련 용어들이 소개됐던 것이다. 예) infanterie(보병), cavalerie(기병), parlament(의회), administrație(행정) 등.

로망스어 차용어의 취급에 관하여는 문테니아 학파간에도 의견이 양분됐었다. 한쪽은 트란실바니아 학파처럼 차용어휘들을 루마니아어의 일반적인 변화과정에 맞춰서 변화시키기를 원했다. 이러한 주장은 예를 들어 문법 용어 obiect(목적어)나 subiect(주어) 대신에 라틴어 -ct->루마니아어 -pt-의 전형적인 음운변이 현상을 적용하여 obiept와 subiept로 변형시켜 사용해야 한다는 것이지만 관철되지는 못했다.

다른 쪽에선 보다 현실적인 접근 태도를 취했는데 이들의 주장은 루마니아 토착어에 적절한 상응어휘가 없으며 이미 차용돼 사용되고 있는 어휘는 수정 없이 받아들여져야 한다는 것이다

그럼에도 불구하고 예를 들어 프랑스어의 철자법과 발음에 있어서 루마니아어와의 명확한 관련문법이 부족했기 때문에 루마니아어에서 이음 동의어들을 유발했다. 예) 프랑스어의 révellion에서 차용된 루마니아어의 reveion과 revelion이 '섣달그물날 밤'이란 의미로 함께 통용되고 있다. 또한 프랑스어로부터 차용된 어휘와 라틴어에 기초를 둔 어휘가 이중어로 병행되기도 한다. 예) '감정'이란 의미의 루마니아어는 프랑스어로부터 차용된 sentiment와 보다 토착어적인 어휘인 simțământ가 나란히 사용되고 있다. 20세기 이후 오늘날 미국의 경제력과 과학 기술의 성장으로 인하여 영어의 많은 기술 및 무역 용어들이 루마니아어로 수입됐으며 루마니아 학술원에서도 이러한 어휘들을 신조어들로 취급하여 적절한 성과 복수형태를 부여함으로써 외래어 맞춤법을 규정하고 있다.

그러나 무엇보다도 오늘날 루마니아어에 끼친 외래어의 영향에서 미국의 경제적인 막강한 영향력과 첨단과학의 발달로 인하여 수많은 기술 및 상업적인 전문용어가 루마니아어로 유입됐으며 급기야 루마니아학술원에서는 이런 외래어휘를 신조어휘로 받아들여 루마니아어문법의 범주로 인정하지 않을 수 없게 됐다.

19세기 후반부터 20세기에 걸쳐 영어로부터 직접 들어왔거나 프랑스어를 통해 루마니아어로 유입된 것들 중에는 bridge(교량), club(클럽), garden-party(가든-파티) 등이나 특히 boxing(권투), fotbal(축구), golf(골프), tenis(테니스) 등과 같은 스포츠용어들이 있다. 양차 세계대전 사이기간에는 독일어를 통해 boiler(보일러), cocs(코크스) 등

과 같은 영어휘가 차용됐다.

2차 세계대전이후엔 cowboy(카우보이), jazz(재즈), tomahawk(전투용 도끼) 등과 같은 미국식 어휘가 차용됐고 아울러 러시아어를 통해 buldozer(불도저), radiolocație(전파탐지법) 등과 같은 영어휘가 차용됐다.

baseball(야구), cowboy(카우보이), hobby(취미, 호비), weekend(주말), whisky(의스키) 등과 같이 일부 차용어휘는 심지어 철자법과 발음법에서 영어와 동일하게 사용되고 있다.

특이한 것은 영어로부터 차용된 새로운 어휘들 스스로가 대부분 라틴어나 로망스어 기원을 가지고 있으므로 이미 매우 복잡한 루마니아어휘의 기원 문제를 더욱더 난해하게 만들었다는 점이다.

결론적으로 현대 루마니아어는 상당한 비율의 로망스어휘를 갖게 됐지만 언어통계학적인 면에서 순수한 루마니아어의 진정한 모습을 산출하기란 그다지 쉬운 작업이 아니라는 의견이 중론이다.

## 7.2. 현대 루마니아어의 특성

### 7.2.1. 로망스어적인 특성

오늘날 루마니아어가 고대 로마제국 당시 민중들에 의해서 사용됐던 속 라틴어로부터 유래된 언어들인 로망스어의 일종이라는 사실에 대하여 부인하는 사람은 아무도 없을 것이다. 그러나 속 라틴어가 이미 고전 라틴어와는 음성·음운론적으로나 형태·통사론적으로 또한 어휘론적인 관점에서 볼 때 많은 변화를 겪었으며[110] 개별 로망스어마다 그 지역의 원주민의 언어였던 기층어 - 루마니아어의 경우 트라코-다키아어 - 적인 요소 등으로 인하여 각 로망스어가 나름대로의 특성을 지니게 됐다. 예를 들자면 스페인어의 ocho, noche, leche 등이나 이탈리아어의 otto, notte, latte 등이나 루마니아어의 opt, noapte, lapte 등의 어원을 조사해보면 각기 라틴어의 octo, nocte, lacte 등으로부터 유래된 것을 알 수 있다.[111] 이 예시들에서 루마니아어의 예만 놓고 보자면 라틴어 간모음의 연구개음(velar)과 치음(dental)으로 구성된 자음군 -ct/kt/-가 루마니아어에서 연구개음이 모두 양순음(bilabial)으로 변했다.[112] 그밖에 또 다른 예를 들어보면 고전 라틴어 făctŭm(사건, 사실) > 발칸 라틴어 factu > 루마니아어 fapt; 고전 cŏxă[koksa](좌골부) > 발칸 coxa > 루어 coapsă; 고전 ăquă(물) > 발칸 aqua > 루어 apă; 고전 lĭngua(언어) > 발칸 lingua > 루어 limbă 등과 같은 것들이 있다. 이와 같은 순음화현상(labialisation)은 여타 로망스어들에선 찾아볼 수 없으며 발칸반도의 언어들에서 다양하게 나타나고 있는 것으로 미루어 보아 이 지역의 기층어적인 영향으로 간주되고 있다.[113] 음성·음운론적인 면에서 라틴어나 여타 로망스어들에는 없고 유독 루마니아어에만 존재하는 모음소들이 두 개, 즉 ă/ə/와 â=î/ɨ/가 있다. 이들이 유래된 경로나 그 시기에 대해선 다소 의견들이 분분하지만 일반적으로 이 음소들이 루마니아어에 슬라브어의 영향이 도입되기 이전에 형성됐고 발칸지역의 일부 언어들에서도 발견되는 것으로 보아 역시 이 지역의 기층어적인 현상으로 간주된다.[114] 형태·통사론적인 관점에서 보자면 루마니아어의 전반적인 문법구조의 근간은 라틴어로부터 유래된 것이지만 몇 가지 점들에서 루마니아어가 여타 로망스어들과 차이를 보이고 있다. 그 중의 대표적인 예가 루마니아어에는 여타 로망스어들에선 존재하고 있지 않는 중성명사가 있다는 점을 들 수 있을 것이다. 부언하자면 루마니아어에는 명사의 성(gender)이 남성 및 여성뿐만 아니라 중성이 있다. 그밖에도 루마니아어에서 가장 두드러진 특성 중의 하나는 루마니아어의 정관사의 위치와 형태이다. 예를 들자면 '인간'을 나타내는 라틴어휘 homo 에 남성명사의 정관사인 ille[115]가 함께 쓰인 ille homo 로부터 유래된 것들을 보면 스페인어에선 el hombre, 이탈리아어에선 il uomo 등이지만 루마니아어에선 omul이다.[116] 부언하여 설명하자면 루마니아어에선 라틴어 homo가 음의 축약현상에 의해 om이 됐으며, 루마니아어의 남성 정관사는 라틴어의 ille로부터 축약되면서 l만 남았으며 u 모음은 연결사의 역할을 하고 있다.

어휘적인 면에서 보자면 루마니아어에는 수많은 이질적인(비 라틴적)인 요소 들이 존재하고 있다. 그 중에서도 특히 슬라브적인 요소의 비중을 무시할 수 없다. 예를 들자면 루마니아어에서 긍정적인 대답의 부사로 'da'을 사용하고 있다. 그 뿐만 아니라 여타 로망스어들에선 인간의 감성을 대표하는 어휘라고 할 수 있는 '사랑하다'

라는 동사를 라틴어의 amare로부터 유래된 형태들을 사용하고 있는 반면에 루마니아어에선 슬라브어원을 가지고 있는 iubi 동사가 사용되고 있을 정도로 루마니아어에 존재하고 있는 슬라브어원의 어휘의 비중이 상당하다. 그러나 다른 관점으로 보자면 루마니아어의 일상생활용어들 중에서도 가장 기본적인 인간의 신체와 관련된 표현의 어휘의 어원을 분석해본 결과 90% 이상이 라틴어원을 가지고 있다는 사실이 증명됐다. 이런 사실은 루마니아어의 어휘의 핵심도 라틴어로부터 유래된 것이라는 사실을 암시해주고 있다고 할 수 있겠다

위에서 이미 언급한 바와 같이 로망스어란 고대 로마인들의 언어였던 라틴어 중에서도 민중들에 의해 구어체로 구사됐었던 속 라틴어로부터 유래된 언어들을 일컫는 전문용어다. 그러나 유구한 역사를 지녔던 고대 로마인들의 언어였던 라틴어도 시대에 따라 상당한 변화를 겪었던 것으로 알려지고 있다. 라틴어의 발달과정과 로망스어의 형성시기 등을 간단하게 일별하자면 다음의 도표와 같이 나타낼 수 있을 것이다[117]:

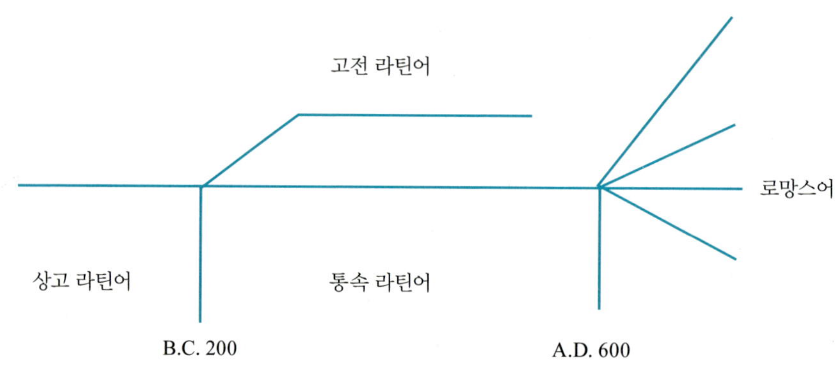


### 7.2.1.1. 음성·음운적인 요소

#### 7.2.1.1.1. 모음체계

고전 라틴어의 모음체계는 비교적 풍부한 양적인 체계를 유지했었다. 다시 말하자면 음의 장·단에 의해서 음가가 구분됐었다(ā, ă, ē, ĕ, ī, ĭ, ō, ŏ, ū, ŭ)[118]. 그러나 속 라틴어에선 고전 라틴어의 양적인 모음체계가 붕괴되면서 음가의 구분이 음의 장·단

에 의해서가 아니고 개·폐 여부에 의해서 결정되는 질적인 모음체계를 지니게 됐다(a, ę, ẹ, i, ǫ, ọ, u). 전반적으로 로망스어들의 모음체계는 속 라틴어의 모음체계를 계승했다고 볼 수 있지만 각 로망스어마다 그 지역의 토착어나 또는 로마제국이 멸망한 후 각 지역의 새로 주인이 된 민족의 언어적인 영향 등으로 각 언어마다 나름대로의 특성을 지니게 됐다. 발칸 로망스어의 변화과정에서 가장 두드러진 차이점 중의 하나는 고전 라틴어의 짧은 ŭ가 서 로망스어들에서는 폐음 ọ 로 변한 반면 발칸 로망스어인 루마니아어의 경우 u로 변한 점을 들 수 있다. 예를 들어 보면 고전 라틴어 fŭrca(삼지창, 포크)의 짧은 ŭ는 속 라틴어에서 폐음 ọ로 변했음으로 루마니아어를 제외한 여타 로망스어들에선 속 라틴어의 ọ을 계승하고 있는(예; 이어 forca, 서어 horca, 포어 forca 등) 반면에 발칸 라틴어의 모음체계(a, ę, ẹ, i, o, u)에선 고전 라틴어의 짧은 ŭ가 그대로 유지되면서 루마니아어에서도 furcă 계승되고 있다.[119] 그러나 현대 루마니아어의 모음체계 상에는 라틴어나 여타 로망스어들에는 없는 두 개의 모음소, 즉 ă/ə/와 â=î/ɨ/가 존재하고 있으므로 루마니아어에는 모두 8 개의 모음들(a, ă, â, e, i, î, o, u)을 가지고 있으나 â 모음과 î 모음은 같은 음가를 지니고 있기 때문에 음소 상으로는 7개가 존재하고 있다(a/a/, ă/ə/, â=î/ɨ/, e/e/, i/i/, o/o/, u/u/). 루마니아어에만 존재하고 있는 이 두 모음소들의 도입경로나 시기 등에 관해서는 아직도 학계에서 논란[120]이 되기도 하지만 일반적으로 모음소 ă/ə/는 루마니아어뿐만 아니라 소위 발칸언어연합에 속해 있는 언어들인 알바니아어나 불가리아어에서도 존재하고 있는 점을 미루어 보아 이 지역의 기층어인 트라코-다키아어로부터 유래된 것으로서 출현 시기도 모음소 â=î/ɨ/보다는 다소 빠르다는 의견이 중론이다.[121] 루마니아어에서 모음소 ă/ə/는 대개 라틴어 a 모음이 강세가 없을 경우에 나타난다(예; 라틴어 casa > 루어 casă 등). 그러나 때로는 비자음(nasals)들에 의해 폐음절이 된 강세음에서 나타나기도 한다(예; 라틴어 juramĕntum > 루어 jurământ 등). 루마니아어의 고(high)모음 â=î/ɨ/는 대체적으로 라틴어의 a 모음이 비자음들에 의한 폐음절에서 나타나는 것이 통례이다. 예로서 라틴어 lana(양모)의 어중 저모음 a가 루마니아어에선 고모음 â/ɨ/(lână)로 됐으며 또 다른 예로는 같은 맥락에서 라틴어 campus가 루마니아어에서 câmp로 된 점들을 들 수 있다. 그러나 개음절의 라틴어 a은 루마니아어에서 그대로 유지되고 있다. 예를 들자면 라틴어 annus(해, 년)의 a가 루마니아어에서도 그대로 유지되면서 an

이 됐다. 한편 루마니아어에서 이보다 후에 슬라브어나 기타 비 라틴계 언어들로부터 차용된 어휘에선 폐음절의 a 모음이 비자음들 앞에서도 변하지 않고 그대로 유지되고 있다. 예를 들자면 고대 슬라브어 rana > 루어 rană(상처) 또는 고대 슬라브어 chrana > 루어 hrană(음식, 영양분) 등이 있다. 따라서 루마니아어의 /ɨ/ 모음소가 도입된 시기는 루마니아인들이 슬라브인들로부터 언어적인 영향을 받기 이전인 것으로 알려지고 있다.[122]

### 7.2.1.1.2. 자음체계

고전 라틴어의 자음체계는 모음체계에 비해서 비교적 적은 수인 18개의 단일자음(B, C, D, F, G, H, K, L, M, N, P, Q, R, S, T, V, X, Z)으로 구성돼 있었다.[123] 게다가 라틴어에서 원래 기식음이었던 성문 마찰음 h/ɦ/가 이미 상고 라틴어에서 점차적으로 사라지기 시작했고 속 라틴어에서는 완전히 자취를 감추게 됐다. 부언 설명하자면 초기에는 h가 간모음의 위치에서(예: ne homo > nehemo > nemo; de habeo > dehibeo > debeo 등) 사라지기 시작했으며 후에는 어두에서도(예: habeo > abeo; hanc > anc 등) 대부분 사라졌다.[124] 라틴어 자음체계의 변화에서 지적하지 않을 수 없는 현상은 고전 라틴어의 어말음 -m, -s, -t 등이 속 라틴어에서 대부분 탈락됐다는 것이다. 예를 들자면 고전 라틴어의 murum(벽, 담), formosus(아름다운), cantat('노래하다' 동사의 현재 3인칭 단수형) 등이 속 라틴어에서 각각 muro, formoso, canta 등으로 변했다.[125]

현대 루마니아어의 자음체계는 모두 19개(b, c, d, f, g, h, j, l, m, n, p, r, s, ş, t, ţ, v, x, z)의 자음들과 외래어들의 표기를 위한 4개의 자음들(k, q, w, y) 등으로 구성돼 있다. 자음 c와 g는 뒤에 오는 모음이 중설 및 후설음(a, ă, â, î, o, u)일 경우엔 연구개 파열음(/k/, /g/)이 되며, 뒤에 오는 모음이 전설음(e, i)일 경우엔 치경 파찰음(/ʧ/, /ʤ/)이 되기도 한다. 따라서 루마니아어는 두 개의 반모음들(/w/, /j/)을 제외하면, 모두 20개의 자음소들로 구성돼 있다. 부언하자면 3쌍(유·무성음)의 파열음들, 즉 양순음(b/b/, p/p/), 치음(d/d/, t/t/) 및 연구개음(g/g/, c/k/)들이 존재하고 있고 3쌍의 마찰음들, 즉 순치음(v/v/, f/f/), 치음(z/z/, s/s/) 및 치경음(j/ʒ/, ş/ʃ/)들과 쌍을 이루지 못하고 있는 무성 성문 마찰음 h/ɦ/이 있으며, 한 쌍의 치경 파찰음(/ʧ/, /ʤ/)과 단독의 치·파찰음 ţ/ʦ/이 있으며, 그밖에도 각기 2개의 비음들(m/m/, n/n/) 및 유음들(l/l/, r/r/) 등이 존재하고 있다.

루마니아어에서 무성 연구개 파열음 /k/는 중설모음(a, ă, â, î) 이나 후설모음(o, u) 앞에서 알파벳 c로 나타내어진다(예: casă/kasə/, că/kə/, cât/kɨt/, codru/kodru/, cu/ku/ 등). 그러나 알파벳 c는 전설모음들(e, i) 앞에서 치경 파찰음이 된다(예: ce/ʧ/, cine/ʧine/ 등). 따라서 전설모음들 앞에서 연구개 파열음을 나타내기 위하여 연자(digragh) ch를 사용하고 있다(예: ochi/oki/, cheie/keie/ 등). 유성 연구개 파열음 /g/도 무성음 /k/와 같음 방법으로 나타내어진다. 이를 테면 루마니아어에서 유성 연구개 파열음 /g/는 중설모음이나 후설모음 앞에서는 알파벳 g로 나타내어진다. 하지만 알파벳 g는 전설모음 앞에서 유성 파찰음(/ʤ/)이 되기 때문에 전설모음 앞에서 연구개음을 유지하기 위하여 연자 gh로 나타내어진다(예: ghindă/gində/ 등).

라틴어 전설모음 앞의 치찰음 s/s/는 루마니아어에서 치경음으로 변했고(예: 라틴어 sic/sik/ > 루어 şi/ʃi/) 라틴어의 치파열음 t/t/는 루마니아어에서 파찰음으로 됐다(예: 라틴어 tenere/tenere/ > 루어 ţine//ʦine/ 등). 아울러 현대 루마니아어에선 이탈리아어와 함께 라틴어의 어말음 -s가 탈락되는 현상을 보이고 있다. 예를 들자면 한글 '노래하다' 동사에 해당하는 고전 라틴어휘 cantare 의 직설법 현재 단수 2인칭 형태인 cantas와 현대 로망스어들의 형태들, 즉 루어 cânţi, 이어 canti, 불어 chantes, 서어 cantas, 포어 cantas 등을 비교해보면 소위 서 로망스어들(불어, 서어, 포어 등)에선 어말음 -s가 보존되고 있는 반면 동 로망스어들(이어, 루어 등)에선 완전히 사라졌다는 사실을 알 수 있다.[126]

오늘날 로망스어들 중에서 루마니아어에서만 유일하게 성문 마찰음 h/ɦ/가 사용되고 있다. 위에서 이미 언급한 바와 같이 원래 라틴어에서도 h/ɦ/가 사용됐었다가 점차적으로 자취를 감추었고 속 라틴어시대에 완전히 사라졌으므로 루마니아어를 제외한 현대의 로망스어들에선 일부 차용어휘를 제외하곤 문자로 표기되는 경우는 있어도 음가로서는 그 기능을 상실했으므로 묵음되고 있다. 그러나 고전 라틴어의 h/ɦ/가 발칸 라틴어에서도 사라졌다가 루마니아어에서 주변 민족들의 언어적인 영향으로 인해서 재도입됐을 것이라는 의견이 설득력을 갖고 있다. 왜냐하면 루마니아어에서 성문 마찰음이 사용되고 있는 어휘는 대부분 비 라틴적인 요소들이기 때문이다. 예를 들자면 루어 duh(혼, 영혼)이나 hrană(영양분) 등과 같은 어휘는 고대 슬라브어원을 가지고 있고 hotar(경계, 국경)이나 hârdău(양동이) 등은 헝가리어로부터 영향을 받은 것이고 hamal(짐꾼, 포터) 이나 huzur(여가) 등은 터키어에서 들어온 것으로 알려지고 있다.[127]

#### 7.2.1.2. 형태·통사적인 요소

형태·통사적인 관점에서 우선 언급돼야 할 점은 중성명사로서 앞에서도 이미 상술한 바와 같이 고전 라틴어의 중성명사는 속 라틴어에서 완전히 소멸됐기 때문에 속 라틴어에서 유래된 현대 로망스어들 중에선 발칸 로망스어인 루마니아어에서만 유일하게 중성명사가 존재하고 있으며, 여타 로망스어들, 즉 이탈로-로망스어나 갈로-로망스어 및 이베로-로망스어들에선 중성명사가 더 이상 존재하고 있지 않다.[128] 그러나 루마니아어의 중성명사는 단수에선 남성명사의 성격을 나타내고 있는 반면, 복수에선 여성명사적인 기능을 지니고 있으므로 소위 양성의 범주로 취급된다. 이와 같이 루마니아어에서 명사의 성체계가 변화를 거듭하면서 여타 로망스어들과 상당한 차이를 보일 수밖에 없게 됐다. 예로서 한글 '빵'을 뜻하는 라틴어의 남성명사였던 pane(<panis)로부터 유래된 로망스어들의 어휘를 비교해보면 포어 pão, 서어 pan, 불어 pain, 이어 pane 등 대부분이 남성명사인데 루마니아어에선 pâine가 여성이다.

형태·통사적인 면에서 루마니아어의 특성 중에서 지적하지 않을 수 없는 것은 정관사의 위치이다. 한 예를 들어 부언설명하자면 루마니아어의 정관사는 접미사형식으로 명사 뒤에서 전접어(enclitic) 형태를 취한다. 예를 들자면 한글 '인간'에 해당하는 라틴어의 남성명사에 정관사를 붙인 형태인 ille homo로부터 유래된 로망스어들을 보면 포어 o homem, 서어 el hombre, 불어 le homme, 이어 il uomo 등이지만 루마니아어에선 omul이다. 여성명사의 예를 하나 더 들어 보자면 한글 '집'에 해당하는 여성명사에 정관사를 붙인 라틴어 illa casa 로부터 유래된 로망스어들을 비교해 보면 포어 la casa, 서어 la casa, 이어 la casa 등과 같이 대부분 동일한 형태를 취하고 있지만 루마니아어에선 명사에 정관사를 붙인 형태가 casa로서 문외한에게는 전혀 예상치 못한 형태를 취하고 있다. 다시 말하자면 루마니아어에선 라틴어의 casa의 어말 비강세 모음 a가 ă/ə/로 변해서 casă 됐고 루마니아어의 여성 정관사 형태는 a이므로 여성명사 casă에 정관사 a가 붙으면서 casa 형태가 된 것이다(casă + a = casa).

루마니아어에선 여타 로망스어들과는 달리 아직도 명사의 곡용(declension)체계가 일부 남아 있다. 루마니아어에서 명사의 격변화형태는 특히 여성명사에서 뚜렷하게 구별되고 있다. 예를 들어 한글 '언니'에 해당하는 루마니아어휘 soră의 주격 및 목적격 형태는 soră이지만 소유격과 여격 형태는 surori 로서 복수형태와 동일하며 호격에서는 soro 형과 주격 형태인 soră가 병행되고 있다. 남성명사의 경우엔 한정적으로 사용될 때에 격변화형태의 차이가 구별된다. 예를 들어 상술된 명사 om에 한정사(정관사)가 붙을 경우 주격 및 목적격에서 omul이지만 소유격과 여격에선 omului 이며 호격은 omule 형태가 된다.

현대 루마니아어 동사의 부정형은 라틴어의 어미 -re가 떨어져버린 소위 짧은 형태의 부정형이 사용되고 있다. 예를 들어 한글 '노래하다'에 해당하는 라틴어 cantare로부터 유래된 로망스어들을 비교해 보면 포어 및 서어는 cantar, 불어 chanter, 이어 cantare이지만 루마니아어에선 cânta이다. 이와 같은 맥락에서 루마니아어 동사의 부정형 face, auzi 등은 각각 라틴어의 facere, audire에서 유래된 것이다.

현대 루마니아어 동사의 활용(conjugation)체계는 대체적으로 라틴어로부터 계승하고 있지만 다소 발칸지역의 언어적인 영향에 의해 독특한 양상을 보이기도 한다. 예를 들자면 루마니아어의 미래시제는 모두 세 가지 우언적인(periphrastic) 형식을 지니고 있다. 그중 하나는 주로 문어체에서 사용되고 있는 것으로서 조동사 voi + 부정사(infinitive) 형식이다. 조동사 voi는 라틴어의 volere(원하다, 바라다)로부터 유래한 것으로서 미래시제에 '~을 원하다' 등과 같은 보조사를 사용하는 방법은 발칸지역의 언어적인 특성으로 간주된다.[129)]

루마니아어 동사의 미래시제를 나타내는 표현법들 중에서 나머지 두 가지는 주로 구어체에서 사용되고 있는 것으로서 조동사 avea(<라틴어 habere) 또는 불변화사 o + 접속법 형식이다. 예를 들자면 한글 '노래할 예정이다, 노래하려고 한다'에 해당하는 루마니아어의 표현은 문어체에선 'Voi cânta.'이고 구어체에선 'Am să cânt.'나 또는 'O să cânt.'로 나타낼 수 있다.

루마니아어의 불완료과거(imperfect) 시제는 라틴어의 불완료과거 시제를 계승하고 있다. 부언설명하자면 예를 들어 루마니아어의 cânta 동사의 불완료과거 시제의 인칭변화형태들인 cântám, cântái, cântá, cântám, cântáţi, cântáu 등은 라틴어의 불완료과거 시제형인 cantabam, cantabas, cantabat, cantabamus, cantabatis, cantabant 등으로부터 유래됐으며 루마니아어의 단순과거(simple perfect) 시제의 인칭변화형태들인 cântái, cântáşi, cântă, cântárăm, cântárăţi, cântáră 등도 역시 라틴어의 cantavi, cantavisti, cantavit, cantavimus, cantavistis, cantaverunt 등으로부터 유래 된 것이지만 현대 루마니아어에선 단수과거시제가 복합과거 시제로 흡수 통합되면서 오늘날 올테니아(Oltenia) 방언에서만 유지되고 있다.[130] 루마니아어에서 복합과거 시제는 조동사 avea(am, ai, a, am, aţi, au) + 본동사의 과거분사 형식으로 나타내어진다.[131] 이와는 대조적으로 루마니아어의 대과거(pluperfect) 시제는 라틴어의 접속법 대과거 시제의 종합적인 형태를 계승하고 있다. 예를 들어 루마니아어의 대과거 시제의 인칭변화형태들인 cântásem, cântáseşi, cântáse, cântáserăm, cântáserăţi, cântáseră 등은 라틴어 접속법 대과거 cantavissem, cantavisses, cantavisset, cantavissemus, cantavissetis, cantavissent 등으로부터 유래된 것이다.[132] 현대 루마니아어의 조건법 또한 분석적인 형태를 취하고 있는데 이런 형식은 원래 라틴어의 종합적인 형태로부터 비정상적인 진화과정을 통해 도입된 것으로 간주된다. 예를 들자면 현대 루마니아어의 조건법은 조동사 aş, ai, ar, am, aţi, ar + cânta(본동사의 부정사) 형식을 취하고 있지만 원래는 종합적인 형태인 cântareaş 등의 형태였다가 aş가 먼저 떨어져 나간 후에 부정사(cântare)의 어미 -re가 사라져 오늘날의 짧은 부정사형(cânta)을 갖게 된 것으로 알려지고 있다.[133]

고전 라틴어는 명사의 곡용체계가 잘 발달돼 있어서, 즉 명사의 성과 수와 격에 따라 어미의 변화가 체계적으로 이루어졌었기 때문에 어순이 비교적 자유스러웠고 통사적인 역할이 비교적 적었다. 예를 들어 '페트루스는 파울을 본다.' 라는 문장을 고전 라틴어로 표기하자면 다음의 예들에서와 같이 모두 6가지 배열이 가능하다:

Petrus videt Paulum.; Petrus Paulum videt.; Paulum Petrus videt.; Paulum videt Paulus.; Videt Paulum Paulus.; Videt Paulus Paulum[134]. 그러나 이미 자음체계에 언급한 바와 같이 속 라틴어에서 고전 라틴어 명사의 어말자음 -m, -s, -t 등이 대부분 소멸되면서 고전 라틴어에서와 같은 어순의 자유로움이 불가능해졌고 그 결과로 형태적으로 보아 더 이상 주어와 목적어 간의 구별이 없어지게 됐다.

루마니아어의 일반적인 어순은 주어(S) + 동사(V) + 목적어(O)이지만 주어와 목적어가 대치되는 어순이 자주 된다. 이런 현상은 루마니아어에서 주어와 목적어의 형태적인 차별이 가능하기 때문이다. 이를 테면 루마니아어에서 대명사나 고등생물(high animacy)이 목적어일 경우에 목적격 표지(marker)로 전치사 pe를 사용한다. 예를 들어 '이온은 마리아를 보았다.'라는 문장을 루마니아어의 정상적인 어순으로 'Ion a văzut-o pe Maria.'라고 표현하지만 또한 'Pe Maria a văzut-o Ion.'이라고 말할 수도 있다. 이 문장에서 한 가지 더 지적할 사항은 루마니아어에서 목적어인 Maria를 인칭대명사로 나타내어 중복으로 표기하는 재생 대명사(resumptive pronoun)가 자주 쓰인다는 사실이다.[135]

### 7.2.1.3. 어휘적인 요소

어휘론적인 면에서 equus - caballus(말), agnati - cognati(친척), ignis - focus(불) 등에서 보여주듯이 라틴어휘의 의미변화를 언급하지 않을 수 없다.[136] 이탈리아의 언어학자 바르톨리(Bartoli)의 지역적 규준(Arealnorm) 이론에 의하면 어떤 시점에서 볼 때 한 언어권내에서 같은 의미를 가진 다른 단어들, 즉 새로운 것과 오래된 것이 동시에 사용될 수가 있다는 것이다.[137] 로망스어권의 예를 하나 들어보자면 한글의 '아름다운'이란 개념의 로망스어들의 어휘를 비교해보면 소위 중심 로망스어권에 속해 있는 이탈리아어와 프랑스어 등에서는 라틴어휘 bellus로부터 유래된 bello, bel, beau 등과 같은 어휘가 사용되고 있는 반면에 변두리 로망스어권의 루마니아어나 스페인어 및 포르투갈어에선 라틴어휘 formosus에서 유래된 frumos, hermoso, formoso 등과 같은 단어들이 사용되고 있다는 사실을 알 수 있으며 똑같은 맥락에서 한글의 '식탁, 탁자'이나 '낮, 날'에 해당하는 어휘 역시 이탈리아어나 프랑스어에선 라틴어 tabula와 diurnus로부터 유래된 이탈리아어 tavola, table이나 giorno, jour 등이 사용되는 반면 루마니아어나 스페인어 및 포르투갈어에선 라틴어 mensa와 dies에서 유래된 masă, mesa나 zi, dia 등이 사용되고 있다.[138]

어휘는 일반적으로 음성·음운적인 면이나 문법적인 요소들에 비해 주변의 언어들과의 접촉을 통하여 차용되기 쉬운 분야이다. 루마니아어가 지난 수세기 동안의 라틴어나 로망스어의 복구운동을 계기로 로망스어적인 요소들이 많이 증가했음에도 불구하고 현대 루마니아어의 전체 어휘 중에서 비 라틴적인 요소들이 차지하고 비율이 상당하다. 그중에서도 슬라브어원의 어휘의 비중은 무시할 수 없다. 예를 들자면 루마니아어에서 긍정적인 대답의 부사 da 나 소위 인도·유럽어를 켄툼(centum)어와 사템(satem)어로 구분하는데 척도가 되는 숫자 100을 지칭하는 sută나 또는 인간의 감성을 가장 잘 나타낸다는 '사랑하다'에 해당하는 iubi 등과 같은 어휘조차도 슬라브어원을 가지고 있다. 한편 겨울에 내리는 '눈'에 해당하는 루마니아의 언어지리부도 1248번에 의하면 표준어인 zăpadă는 주로 수도 부쿠레슈티를 중심으로 문테니아지방에서 많이 사용되고 있는 반면에 루마니아의 동부지방인 몰도바지방에선 omăt가 널리 퍼져 있고 서부지방인 트란실바니아 지방에선 nea라는 어휘가 보편적으로 사용되고 있는데 이들 세 단어들의 어원을 조사해보면 nea만이 고대 라틴어로부터 유래된 것이며 나머지 두 단어들(zăpadă, omăt)은 고대 슬라브어로부터 유래된 것이라는 사실이 밝혀졌다.[139]

그러나 한 언어의 계보나 위상 등을 어휘를 가지고 연구할 경우엔 전체 어휘를 동등한 대상으로 검토하기 보다는 어휘의 지속성 여부 및 일상생활회화에서의 사용빈도 등을 고려하여 연구하는 것이 보편타당한 일이다. 루마니아의 언어학자 그라우르(Graur)는 언어들에서 모든 현상들이 그렇듯이 어휘에서도 일시적인 것과 지속적인 것을 또한 본질적인 것과 표면적인 것을 구분할 필요가 있으며 루마니아어에서의 예를 들어 vogan, chloramphenicol, iversal 등과 같은 어휘는 20여 년 전에는 전혀 알려지지 않은 어휘이며 향후 얼마나 더 지속적으로 사용될지 알 수 없는 반면 어떤 어휘는 수백 년 또는 수천 년 동안 루마니아어에서 사용되고 있는 것들이 있으므로 어휘에 대한 계층(hierarchy)을 설정할 필요가 있다는 견해이다.[140] 루마니아의 언어학자 푸슈카리우(Puscariu)는 인간의 신체부위를 나타내는 어휘의 중요성을 인식하고 100여 개의 어휘의 어원을 조사해본 결과 루마니아어나 이탈리아어 및 프랑스어의 90% 가량의 어휘가 라틴어원을 가지고 있다는 사실을 밝혀냈다.[141] 최근에 가장 핵심적인 50개의 신체관련 루마니아어휘를 대상으로 어원조사를 다시 해본 결과 88%에 해당하는 44개가 라틴어원이며, 2개(obraz, gât)가 슬라브어원이며, 2개(ceafă, burtă)는 어원미상이며, 1개(buză)는 기층어로부터 유래된 것이며, 1개(labă)는 헝가리어로부터 차용된 것으로 규명됐다.[142] 이와 같은 통계자료는 루마니아어휘의 특성을 잘 반영해주고 있다고 볼 수 있겠다.

루마니아어는 고대 로마제국 당시의 민중계층에 의해서 구두로 구사됐었던 소위 속 라틴어로부터 유래된 로망스어의 일종이다. 그러나 각 로망스어마다 그 지역의 원주민의 언어, 즉 기층어가 다르고 또한 로마제국의 멸망이후에 새로이 이주해와서 영향력을 행세했던 민족의 언어적인 영향 등으로 인해 독특한 성격을 지닐 수밖에 없는 것이 사실이다. 그럼에도 불구하고 루마니아어의 음성·음운적인 요소나 문법적인 요소는 대부분 라틴어로부터 계승하고 있다.

어휘는 일반적으로 음성·음운적인 면이나 문법적인 요소들에 비해 주변의 언어들과의 접촉을 통하여 차용되기 쉬운 분야이다. 현대 루마니아어의 전체 어휘 중에서 비 라틴적인 요소들이 차지하고 비율이 상당하다. 그중에서도 슬라브어원의 어휘의 비중은 무시할 수 없다.

루마니아어 기본어휘의 선정문제에 있어서 객관성 확보를 위하여 두 권의 문헌, 즉 마리아 일리에스쿠(M. Iliescu)의 「Grundwortschatz Rumänisch」(루마니아어의 기본어휘)와 부쿠레슈티대학 언어연구소의 살라(M. Sala) 등에 의한 「Vocabularul reprezentativ al limbilor romanice」(로망스어들의 대표어휘)를 중심으로 참고했다. 일리에스쿠는 문어체 및 회화체 루마니아어와 행정, 언론, 문학작품 및 학술용어 등에서의 사용빈도 등을 고려하여 루마니아어의 기본어휘수를 3,209개 선정하고 있으며, 부쿠레슈티대학 언어연구소의 살라 등은 세 가지 기준, 즉 다의성(Criteriul bogăției semantice: S)과 파생력(Criteriul puterii de derivare: D) 및 사용빈도(Criteriul uzajului: U)를 고려하여 루마니아어의 대표어휘수를 총 2,581개로 선정해놓고 있다.

특히 후자인 「로망스어들의 대표어휘」에선 대표어휘에 해당하는 어휘마다 상기된 세 가지 기준(S, D, U) 상의 적합여부(+,-)에 따라 대표어휘의 범주를 구분해놓고 있다. 부언하자면 다의성에 대한 척도는 비교적 최근에 출판된 루마니아어 해석사전(DEX)에서 최소한 5개 이상의 고유 -또는 비유- 어의(sensuri proprii sau figurate)를 가지고 있느냐의 여부를 기준으로 삼았으며, 파생력의 척도는 위의 사전에서 최소한 3개 이상의 파생어휘를 가지고 있느냐의 여부로, 사용빈도의 척도는 쥬이랑(A. Juilland) 등의 「루마니아어휘의 사용빈도사전」(1955)에 수록된 약 2,000개의 어휘를 기본으로 정하고 있다. 위의 기준에 따라 2,581의 대표어휘를 대상으로 하여 분류해

보면 세 가지 기준에 모두 적합하다고 판정이 된 어휘(일명: SDU 범주에 해당하는 어휘)는 8.02%에 해당하는 207개이다. 이 범주에 속해 있는 어휘야 말로 루마니아어에서 가장 핵심적인 어휘라고 할 수 있을 것이다. 연구대상으로 선정한 신체어휘 50개 중에서 cap(머리), față(얼굴), inimă(심장), limbă(혀), ochi(눈), picior(다리), piept(가슴), ureche(귀) 등 8개 어휘가 이 범주에 속해 있다. '혀'를 뜻하는 루마니아어휘 limbă에 관하여는 3장에서 구체적인 설명이 따르겠지만 이 어휘의 어원은 원래 라틴어휘 lingua로부터 유래된 것으로서 라틴어에서도 이 어휘의 기본적인 의미는 '혀'였으며, 2차적으로 '언어'또는 '방언'등의 의미로 사용됐던 것으로 알려지고 있다.[143] 오늘날에는 루마니아어를 비롯하여 대부분의 로망스어들에서 '혀'라는 의미보다는 '언어'라는 의미로 더 많이 알려지고 있기 때문에 사용빈도가 높은 것으로 사료된다. 다음은 어의의 다양성과 사용빈도가 높은 어휘(SU 범주에 해당하는 어휘)수는 486개로서 조사대상 대표어휘수인 2,581개 중의 18.13%에 해당한다. 이 범주에 속해 있는 신체관련 어휘는 braț(팔), buză(입술), corp(육체), fund(엉덩이), gât(목의 앞부분), gură(입), păr(두발), sân(유방), spate(등), umăr(어깨) 등 10개가 있다. 다음 범주는 파생력과 사용빈도가 높은 어휘(DU 범주)로서 모두 162개이며 전체 대표어휘 수의 7.43%에 해당한다. 이 범주에 속해 있는 신체어휘는 barbă(수염), mână(손), nas(코), obraz(뺨), palmă(손바닥) 등 5개가 있다. 다음은 어의의 다양성과 파생력이 높은 어휘(DS 범주)로서 대표어휘의 4.33%에 해당하는 112개가 있다. 연구대상 신체어휘 중에선 mustață(코밑수염)가 유일하게 이 범주에 속해 있다. 다음은 사용빈도만 높은 어휘(U 범주)로서 조사대상 대표어휘의 41.45%에 해당하는 1,070개에 달하고 있다. 신체어휘로선 creier(뇌), deget(손 및 발가락), dinte(이), frunte(이마), genunchi(무릎), os(뼈), piele(피부), pumn(주먹), sprânceană(눈썹) 등 9개가 이 범주에 속해 있다. 다음은 어의의 다양성이 높은 어휘(S 범주)로서 전체 대표어휘 중에서 9.76%에 해당하는 252개가 있으며, 신체어휘는 cot(팔꿈치), pulpă(장딴지) 등 2개가 있다. 다음은 파생력만 높은 어휘(D 범주)로서 모두 310개에 이르고 있으며 전체 대표어휘의 12.01%에 해당한다. 이 범주에 속해 있는 신체어휘로는 burtă(배), unghie(손 및 발톱) 등 2개가 있다.[144] 이상 살펴본 바와 같이 루마니아어의 대표어휘 2,581개 중에서 본 연구의 연구대상인 신체어휘 50개 가운데 74%에 해당하는 37개가 포함돼 있다. 나머지 13

개 신체어휘 중 6개, 즉 măsea(어금니), ceafă(고개), trunchi(몸통), talie(허리), labă(발), muşchi(근육) 등이 일리에스쿠의 루마니아어 기본어휘 3,209개에 포함돼 있으므로 대표어휘에 속해 있는 37개 어휘와 추가로 기본어휘에 속하는 6개를 합치면 43개 어휘로서 본 연구의 조사대상 신체어휘 50개 중 86%에 해당되는 비율이다. 그 나머지, 즉 bărbie(턱), şale(척추), buric(배꼽), anus(항문), vulvă(음문), penis(음경), coapsă(허벅지) 등 7개는 루마니아어의 기본어휘에 들지 않는 것으로 나타나고 있다.

한편 이들 대표어휘에 대한 어원적인 통계수치를 살펴보면 라틴어원이 31.76%에 해당하는 820개이며, 그 다음이 자체적인 어형성에 의한 어휘가 24.68%에 해당하는 637개이며, 그 다음이 복합적인 어원을 가지고 있는 어휘로서 17.70%에 해당하는 457개이며, 그 다음이 슬라브어원의 어휘로서 10.33%에 해당하는 267개이며, 그 다음이 8.05%에 해당하는 208개 어휘가 로망스어원을 가지고 있으며, 2.71%에 해당하는 70개 어휘가 어원불명이며, 1.27%에 해당하는 33개가 헝가리어원이며, 1,11%에 해당하는 25개가 그리스어원을 가지고 있으며, 0.96%에 해당하는 23개가 기층어원[145]이고 0.69%에 해당하는 18개가 터키어원을 가지고 있으며, 나머지 어원들은 0.3% 미만 대에 머물고 있다.[146]

#### 7.2.1.3.1 신체관련 어휘

##### 7.2.1.3.1.1. 신체관련 어휘의 선정 및 분류

신체관련 어휘는 지칭하는 부위에 따라 차이는 있겠지만 머리나 얼굴 또는 몸통 부위나 사지 등과 같은 신체의 주요부분에 해당하는 어휘는 어느 언어를 막론하고 그 언어에서 가장 핵심이 되는 기초어휘라는 점에 대하여는 별 이의가 없을 것이다.[147] 본 장에서는 신체어휘 중에서 신체자체를 나타내는 어휘만을 50개로 한정하여 선별한 후 이 50개 어휘의 어원을 고찰해보고 앞서 조사했던 루마니아어의 기본 및 대표어휘들과 비교해보고자 한다.

루마니아의 언어학자 푸슈카리우(S. Puşcariu)는 두덴의 그림사전(Bildwörterbuch von Duden)을 참고로 하여 신체관련 어휘 중 신체자체를 나타내는 어휘 및 신체의 기능이나 현상 등과 관련된 어휘 100개를 선정하고 루마니아어, 이탈리아어, 프랑스어 및 영어 등에서 그 어휘에 해당하는 어원조사를 실시한 결과 조사 대상 4개 언어들의 신체관련 어휘의 어원이 그 언어들이 속해 있는 언어계보와 밀접한 관계를 유지하고 있다는 사실을 밝힌 바 있다. 그는 신체관련 어휘를 선별하는데 있어서 우선 신체의 주요 부위에 해당하는 어휘(명사) 및 각 신체부위의 기능(동사) 및 상태(형용사) 등을 나타내는 어휘를 선정했다. 예를 들자면 신체부위 중에서 '눈'(ochi)이라는 명사와 함께 이와 연관된 동사 '보다'(vedea)와 형용사 '눈먼'(orb) 등을 조사대상 100개의 어휘에 포함시키고 있다. 푸슈카리우는 조사대상의 신체관련 어휘 100개 중 루마니아어에선 92개가 라틴어원이며 3개가 슬라브어원(gât, gleznă, trup)이며, 2개가 기층어원(ceafă, grumaz)으로 여겨지며, 1개는 어원불명(burtă)이며, 1개는 그리스어와 슬라브어의 복합어원(mirosi)이고 나머지 1개는 터키어원(chior)으로 규명됨으로써 루마니아어의 신체관련 어휘의 92%가 라틴어원이라는 견해이다. 푸슈카리우의 통계자료에 의하면 프랑스어에선 조사대상의 신체관련 어휘 100개 중 89개가 라틴어원이며 6개가 게르만어원(touffu, gris, bleu, blond, blanc, marcher)이며, 3개는 어원불명(borgne, morve, hoquet)이며, 1개는 갈로-로망스어원(joue)이고 나머지 1개는 이탈리아어로부터 차용된 것(moustache)으로 알려지고 있다, 이탈리아어에선 100개 중 92개가 라틴어원이며 1개가 켈트어원(camminare)이며, 2개가 게르만어원(blond, bianco)이며, 1개가 프랑스어로부터의 차용어(mangiare)이며, 1개는 갈로-로망스어원(gota)이며, 1개는 동양어원(azzuro)이고 나머지 2개는 어원불명(brizzolato, fiutare)이라고 돼 있다. 또한 전체 어휘의 어원을 따져보자면 라틴어원의 비율이 과반수가 되는 영어의 경우에도 푸슈카리우의 조사에 의하면 신체관련 어휘 100개 중 게르만어원이 86개나 되는 것으로 나타나고 있으며 13개가 라틴어나 로망스어로부터 차용한 어휘(round, rare, tress, temple, face, blue, taste, jaw, palm, bowels, loins, muscles, vein)이며 나머지 1개는 게르만어와 로망스어의 복합어원(armpit)이라는 것이다.[148]

푸슈카리우가 선정한 100개의 신체관련 어휘에 대해서는 선정방법에 있어서 다소 자의적이라는 논란이 있을 수도 있다. 왜냐하면 통계수치란 조사대상의 자료에 따라 상당한 차이를 가져올 수도 있기 때문이다. 또한 푸슈카리우의 당시와 현재의 시대적인 격차로 인한 어원연구결과의 변화 등으로 통계수치 상에 다소 차이가 발생할 수도 있다. 예를 들자면 푸슈카리우는 조사대상 어휘 100개에 mânca(먹다) 라는 동사 외에도 roade(갉아먹다)나 gusta(맛보다), înghiți(삼키다) 등과 같은 어휘나

naştere(탄생), moarte(죽음) 및 sânge(피) 등과 같이 신체와 직접적인 연관이 없는 어휘를 포함시키고 있다.[149] 따라서 본 장에서는 어휘선정에 있어서 가급적 객관성을 유지하는데 초점을 두고 신체 중 주요부위를 지칭하는 기초어휘 50개(명사)만을 선별했다. 신체관련 어휘의 분류방법에 있어선 가장 단순한 방법인 신체의 상부에서부터 하향하면서 두부, 동체부, 사지부 및 전신부 부분으로 구분하여 분류했다. 그리고 신체 각 부위에 해당하는 어휘의 단수형태만 제시하는 것을 원칙으로 했다. 다음은 조사대상으로 선정된 신체관련 어휘 50개의 목록이다:

1)~3): 머리부분

1) cap(머리) 2) creier(뇌) 3) păr(두발)

4)~ 18): 얼굴부분

4) faţă(얼굴) 5) frunte(이마) 6) sprânceană(눈썹) 7) ochi(눈) 8) obraz(뺨) 9) nas(코)
10) mustaţă(코밑수염) 11) ureche(귀) 12) buză(입술) 13) gură(입) 14) limbă(혀)
15) dinte(이) 16) măsea(어금니) 17) bărbie(턱) 18) barbă(수염)

19)~20): 목부분

19) gât(목의 앞부분) 20) ceafă(고개)

21)~32): 몸통부분

21) trunchi(몸통) 22) umăr(어깨) 23) spate(등) 24) şale(척추) 25) piept(가슴)
26) inimă(심장) 27) sân(유방) 28) burtă(배) 29) buric(배꼽) 30) talie(허리)
31) fund(엉덩이) 32) anus(항문) 33) vulvă(음문) 34) penis(음경)

35)~46): 사지부분

35) braţ(팔) 36) cot(팔꿈치) 37) mână(손) 38) deget(손 및 발가락) 39) palmă(손바닥)
40) pumn(주먹) 41) coapsă(허벅지) 42) picior(다리) 43) genunchi(무릎)
44) pulpă(장딴지) 45) labă(발) 46) unghie(손 및 발톱)

### 47)~50): 전신부분

47) corp(육체) 48) os(뼈) 49) piele(피부) 50) muşchi(근육)

#### 7.2.1.3.1.2. 신체관련 어휘의 어원

본 장에선 루마니아어휘의 어원조사를 위하여 주로 치학의 루마니아어원사전과 푸슈카리우의 어원사전과 마이어 류프케(W. Meyer-Lübke)의 로망스어원사전 및 루마니아 학술원에서 최근에 출판한 루마니아어사전(DEX)등의 사전류를 중심으로 사용했으며, 그 밖에도 루마니아어의 기층어휘를 조사하기 위하여 루수(I. I. Russu)의 루마니아민족의 기원(Etnogeneza românilor) 등을 참고했다. 어원조사대상어휘의 순서는 2장에서 언급된 조사대상 어휘목록의 순으로 한다.

1) cap(머리) < 라틴어 căpŭt

고전 라틴어의 어말 무성 치·파열음 -t는 이미 속 라틴어에서 대부분 소멸됐으며[150], 고전 라틴어의 단모음 ŭ는 속 라틴어에선 폐음 ọ 로 변한 반면 발칸 라틴어에선 장모음 ū와 함께 모두 u 모음으로 보존됐지만 현대 루마니아어에선 -ut가 모두 탈락되면서 cap만 남게 됐다. 예로서 고전 căpŭt(머리) > 속 capo > 포어 cabo, 서어 cabo, 이어 capo, 루어 cap[151]

2) creier(뇌) < 라틴어 cĕrĕbrum

사전에 따라 고전 라틴어 cĕrĕbrum으로부터 유래했다고 돼있는 사전도 있고[152] 축소형 cĕrĕbĕllum으로부터 유래했다고 쓰여 있는 곳도 있다.[153] 루마니아어를 제외한 여타 로망스어에는 cĕrĕbĕllum으로부터 유래된 것으로 알려지고 있다.[154] 어말의 양순 비자음 -m은 이미 로마 공화정 시대부터 상당히 약화 됐고, 속 라틴어에선 일부 단음절의 단어들을 제외하곤 모두 소멸된 것으로 알려지고 있다.[155] 유성 양순 파열음 b는 이미 고전 라틴어에서 서력기원 전후에 마찰음 v와 구분이 안 됐던 것으로 알려지고 있으며[156] 루마니아어에선 이것들이 간모음의 위치에서 대부분 탈락됐다. 예를 들자면 고전 라틴어 căbăllus(말) > 루어 cal, 고전 라틴어 hiberna(겨울) > 루어 iarnă 등에서처럼 -b-가 탈락됐다.

3) păr(두발) < 라틴어 pĭlus

루마니아어에선 라틴어 간모음의 유음 -l-이 -r-로 변음 됐다. 예를 들자면 라틴어 caelum(하늘) > 루어 cer, 라틴어 sol(e)(태양) > 루어 soare 등에서와 같이 -l- > -r-로 됐다.

4) faţă(얼굴) < 라틴어 facia

루마니아어의 치·파찰음 ţ/ts/은 치음 t/t/가 전설모음(i, e) 앞에서 발생하며[157] 연구개 파열음 c/k/는 전설모음 앞에서 파찰음화[158]되는 것이 일반적이므로 facia > faţă와 같은 경우는 흔한 예는 아니지만 라틴어 -cia가 루마니아어에서 -ţă로 변하는 현상이 종종 발견 된다.[159]

5) frunte(이마) < 라틴어 frŏnte

일반적으론 고전 라틴어의 장음 ō나 단음 ŏ는 루마니아어에서 모두 모음 o로 보존됐지만 라틴어 fōrmōsus(아름다운) > 루어 frumos, 라틴어 mŏnte > 루어 munte 등에서와 같이 루마니아어에서 종종 u 모음으로 변음 돼 나타나기도 한다.

6) sprânceană(눈썹) < 라틴어 sŭpĕrcĭlia(sŭpĕrcĭlium의 복수)

이 어휘의 발달과정은 다소 복잡한 경로를 밟은 것으로 사료된다. 마이어 류프케와 푸슈카리우에 의하면 라틴어 sŭpĕrcĭlia와 gĕna(>루어 geană)이 결합하여 음운변화를 겪은 것이라는 견해다.[160]

7) ochi(눈) < 라틴어 ŏcŭlus

마이어 류프케의 로망스어원사전을 보면 루마니아어뿐만 아니라 모든 로망스어들이 '눈'이라는 어휘를 라틴어 ŏcŭlus로부터 계승한 것으로 쓰여 있다. 그러나 그 형태들은 각 언어마다 상당한 차이를 보이고 있는 것으로 보아 각 언어마다 독특한 음운변화과정을 밟은 것으로 사료 된다.[161] 그러나 동 로망스어에 속해 있는 루마니아어와 이탈리아어에선 유사한 점을 보이고 있는데, 즉 라틴어 자음군 -cl/kl/-이 -ch/k/-로 변하는 현상[162]으로서 라틴어의 ŏcŭlus로부터 어중모음 ŭ가 탈락하면서 ŏclus가 됐다가 어말음 -s가 소멸되면서 현재의 모습을 지니게 된 것으로 알려지고 있다.[163]

8) obraz(뺨) < 슬라브어 obrazŭ

이 어휘는 푸슈카리우의 신체관련 어휘 100개 중에는 포함이 되지 않은 것으로 치학의 어원사전과 루마니아어사전(DEX)을 참고했다.

9) nas(코) < 라틴어 nāsŭs

이 어휘는 이어, 서어, 포어 naso, 불어 nez 등에서 보여주고 있듯이 모든 로망스어들이 라틴어 nāsŭs로부터 공통으로 계승하고 있으므로 별 문제가 되지 않지만 프랑스어와 루마니아어를 제외한 대부분의 로망스어들에서 라틴어의 단모음 ŭ가 o로 변하는데 비하여 루마니아어에선 -us가 모두 탈락하고 있다.[164]

10) mustaţă(콧수염) < 라틴어 mustacia

푸슈카리우의 어원사전에는 루마니아어 mustaţă뿐만 아니라 이탈리아어 mustaccio 및 스페인어 mustacho 등이 라틴어 mustacia로부터 유래한 것으로 쓰여 있으며[165] 루마니아어사전(DEX)에는 라틴어 mustacea로부터 계승한 것으로 나와 있지만[166], 마이어 류프케의 어원사전이나 라틴어사전 상에는 mustacia나 mustacea와 같은 어휘가 실려 있지 않다.

11) ureche(귀) < 라틴어 aurĭcŭla

라틴어 aurĭcŭla는 aurĭs의 축소형으로서, 고전 라틴어의 이중모음 au는 발칸지역을 제외하곤 속 라틴어에서 o로 단모음화 한 것으로 알려지고 있다.[167] 이탈리아어 orecchio, 프랑스어 oreille, 스페인어 oreja, 포르투갈어 orelha 등에서 보여주듯이 대부분의 로망스어들이 이 축소형으로부터 유래한 것으로 전해지고 있다.

12) buză(입술) < 인도·유럽어 조어 어근 buz

루마니아어의 기층어휘 중의 하나로서 알바니아어의 buzë와 같은 어원을 가지고 있는 것으로 알려지고 있다.[168]

13) gură(입) < 라틴어 gŭla(식도)

이탈리아어, 스페인어, 포르투갈어 gola, 프랑스어 gueule 등과 같이 대부분의 로망스어들이 라틴어 gŭla로부터 유래한 것으로 알려지고 있다.[169] 다만 루마니아어에선 이미 păr의 예에서 언급된 바와 같이 간모음의 -l-이 -r-로 변하고 여타 로망스어들에선 고전 라틴어의 단모음 ŭ가 속 라틴어에서 폐음 ọ로 변하는 과정을 겪고 있다.[170]

14) limbă(혀) < 라틴어 lĭngua

이 어휘의 기본적인 의미는 혀'이지만 그 밖에도 '언어'라는 의미로 잘 알려져 있다. 이탈리아어 lingua, 프랑스어 langue, 스페인어 lengua, 포르투갈어 lingoa 등에서 보여주듯이 역시 대부분의 로망스어들이 라틴어 lĭngua로부터 유래한 것으로 알려지고 있다.[171] 다만 루마니아어에선 상당한 음운변화를 겪게 된다, 즉 중자음 -gu-가 중설모음 a 앞에서 -b-로 변하게 됐다.[172]

15) dinte(이) <라틴어 dĕns, dĕnte(m)

이탈리아어 dente, 프랑스어 dent, 스페인어 diente, 포르투갈어 dente 등에서와 같이 여타 로망스어들도 라틴어 dĕnte로부터 유래한 것으로 전해지고 있다.[173] 다만 루마니아어에선 고전 라틴어의 단모음 ĕ가 다소 복잡한 경로를 밟은 것으로 전해지고 있다, 즉 일반적으론 고전 라틴어의 단모음 ĕ는 속 라틴어와 같이 발칸 라틴어에서도 개음 ę로 됐다. 그러나 발칸 라틴어 개음 ę는 폐음절 내에서 비자음들(m, n) 앞에 위치할 경우 i로 변하는 예들이 종종 나타나는데, 이것은 발칸 라틴어 개음 ę가 고대 루마니아어에서 이중모음화(ie) 과정을 겪은 후 ie가 ii를 경유하여 i로 변한 것으로 알려지고 있다.[174]

16) măsea(어금니) < 라틴어 măxĭlla(악골)

마이어 류프케와 푸슈카리우의 어원사전에 의하면 루마니아어의 măsea와 이탈리아어의 mascella 등이 라틴어 măxĭlla로부터 유래한 것으로 돼 있다.[175] 라틴어 중자음 x/ks/는 루마니아어에서 ps/ps/로 되는 것이 일반적이고 기타 라틴어의 중자음들(ll, nn, rr 등)은 단자음으로 변하는 것이 일반적이지만 루마니아어 măsea의 경우는 다소 예외적인 음운변화로 간주 된다.[176]

17) bărbie(턱) < 라틴어 bărba(수염)

이탈리아어, 스페인어, 포르투갈어 barba, 프랑스 barbe 등에서 보여주듯이 대부분 로망스어들이 라틴어 bărba로부터 유래한 것으로 전해지고 있으며, 그 의미도 대부분 지역에서 '턱'이라는 뜻으로 사용되고 있는 것으로 알려지고 있다.[177] 루마니아어에선 라틴어 bărba로부터 유래한 barbă에 축소형 접미사 -ie가 붙은 것이라는 견해와[178] 원래 라틴어의 '수염이 나는 곳'이라는 barbilia로부터 유래한 것이라는 주장이 있다.[179] 이러한 이유 때문인지는 몰라도 bărbie(턱)는 루마니아어의 기본어휘에 속하지 않고 있다.

18) barbă(수염) < 라틴어 bărba

bărbie에서 이미 언급한 바와 같이 원래 라틴어의 bărba(수염)에서 유래한 것이다.

19) gât(목의 앞부분) < 슬라브어 glŭtŭ[180]

통계자료에 의하면 동의어인 루마니아어의 기층어휘 grumaz보다 사용빈도나 다의성이 높게 나와 있다, 즉 gât는 루마니아어의 대표어휘 중 US 범주에 속해 있는데 반해 grumaz는 대표어휘에 속하지 못 한다.[181]

20) ceafă(고개, 목의 뒷부분) < 어원불명

알바니아어의 čafë와 발음이나 형태 또는 의미가 유사한 점으로 미루어보아 이 지역의 기층어로부터 유래했을 가능성이 매우 높지만 아직 확실히 밝혀진

것은 아니다.[182]

21) trunchi(몸통) < 라틴어 trŭncŭlus(줄기)

위의 ochi(눈)에서 언급한 바와 같이 라틴어 자음군 -cl/kl/- 이 -ch/k/-로 변하는 현상으로서 라틴어의 trŭncŭlus로부터 어중모음 ŭ가 축약되면서 trŭnclus가 됐다가 어말음 -s가 소멸되면서 현재의 모습을 지니게 된 것으로 알려지고 있다. 루마니아어에서 이 어휘의 의미가 육체를 의미하는 corp나 trup 등으로 나타내어지는 경우가 종종 있으므로 사용빈도 높지 않아서 대표어휘 목록에 들지 못 하고 있다.

22) umăr(어깨) < 라틴어 hŭmĕrus

라틴어 hŭmĕrus로부터 또한 이탈리아어 omero 유래한 것으로 알려지고 있다.[183] 라틴어 후두 마찰음 h는 이미 상고 라틴어 시대부터 상당히 약화됐으며, 3세기 문헌들에선 h가 어두음일 경우 완전히 탈락된 것으로 전해지고 있다.[184] 그러나 현대 루마니아어에서 존재하고 있는 것은 훗날 주변의 타 민족들로부터 다시 차용한 것으로 알려지고 있다.[185]

23) spate(등) < 라틴어 spăthae(spătha의 복수형)

라틴어 spătha(검)는 원래 고대 그리스어로부터 차용한 것으로 알려지고 있다.[186]

24) şale(척추) < 라틴어 sĕlla(안장)

이 어휘의 어원에 대해서는 라틴어로부터 유래했다는 견해[187]와 기층어휘라는 주장[188]이 있다. 마이어 류프케의 어원사전에 의하면 루마니아어를 şele(허리)로 알바니아어를 šele로 표기하여놓고 있는 것으로 미루어보아 오래된 어휘인 것은 분명한 것 같다. 라틴어의 sĕlla가 루마니아어에서 şale로의 변화에 관하여는 확실치가 않지만 고전 라틴어의 단모음 ĕ가 어말모음 -a 앞에서 ia로 변한 예들이 종종 발견되는데, 여기서도 이러한 변화와 무관치 않은 것으로 사료 된

다.[189]

25) piept(가슴) < 라틴어 pĕctus

이탈리아어 petto, 스페인어 pecho, 포르투갈어 peito 등에서 보여주듯이 대부분 로망스어들이 라틴어 pĕctus로부터 유래한 것으로 알려지고 있다.[190] 그러나 음운변화에선 각양각색의 모습을 보여주고 있는데, 즉 라틴어의 간모음 위치의 자음군 -ct/kt/-가 각 로망스어마다 독특한 변화를 겪고 있다는 사실이다. 루마니아어에선 거의 예외가 없이 라틴어 -ct/kt/-에서 앞부분인 연구개 파열음 /k/가 /p/로 순음화 하는 것이 특징이다.[191]

26) inimă(심장) < 라틴어 anĭma(영혼)

라틴어 a 모음이 어두에서, 즉 개음절에서 비자음들(m, n) 앞에 올 경우 루마니아어에선 비교적 다양한 변화를 보여주고 있다. 예를 들어보면 라틴어 annus(해, 년) > 루어 an에서 보여주듯이 a 모음이 그대로 유지하고 있지만, 라틴어 angŭstus(좁은) > 루어 îngust에서는 a > î로 됐으며, 라틴어 angĕlus(천사) > 루어 înger > inger에서는 a 모음이 î 모음으로 됐다가 뒤에 오는 전설모음(e, i)에 영향을 받아서 i 모음으로 변한 것으로 알려지고 있다.[192] 현대 루마니아어에서 inimă는 심장이란 뜻 이외에도 마음이라는 의미로 자주 사용된다.

27) sân(유방) < 라틴어 sĭnus(유방, 가슴)

이탈리아어 seno, 프랑스어 sein, 스페인어 seno, 포르투갈어 seio 등에서 보여주고 있듯이 대부분 로망스어들이 라틴어 sĭnus로부터 유래한 것으로 전해지고 있다.[193] 다만 고전 라틴어의 단모음 ĭ는 속 라틴어 및 발칸 라틴어에서 폐음 ẹ로 됐으며, 따라서 오늘날 대부분의 로망스어들에서 e로 나타나고 있는데 비하여 루마니아어에선 비자음 n의 영향으로 â로 변한 것으로 알려지고 있다.[194]

28) burtă(배) < 어원불명

일부 학자들은 루마니아어의 기층어휘 중의 하나라는 견해[195]이지만 아직은 어원이 확실하게 밝혀지지 않았다는 것이 중론이다.[196] 라틴어원의 pântece와 동의어이며 경우에 따라서 stomac의 의미로도 사용되기도 한다.

29) buric(배꼽) < 라틴어 ŭmbĭlīcus

이 라틴어휘로부터 루마니아어뿐만 아니라 이탈리아어 bellico, 스페인어 ombligo, 포르투갈어 umbigo 등이 유래한 것으로 전해지고 있다.[197] 동 로망스어군에 속해 있는 루마니아어와 이탈리아어에서 접두어 부분이 탈락했는데 그 원인에 대해서는 확실히 밝혀지고 있지 않다. 루마니아어사전(DEX)에선 ŭmbĭlīcus와 ŭmbulīcus를 동일한 것으로 간주하고 있다. 간모음의 라틴어 -l-이 루마니아어에서 -r-로 변한 것에 관하여는 앞에서(gură < 라틴어 gŭla) 이미 언급한 바와 같다. 그 밖에 라티어의 명사나 형용사의 어말 -us는 루마니아어에선 모두 탈락했다.

30) talie(허리) < 러시아어(taliia) < 프랑스어(taille)

이 어휘는 치학의 어원사전 중 슬라브어원 편에 수록돼 있지 않으며 푸슈카리우의 신체어휘목록 100개에도 포함되지 않은 것으로서 루마니아어사전(DEX)에는 러시아어(taliia)로부터 차용한 것으로 나타나 있지만 원래는 프랑스어(taille)어원인 것으로 알려지고 있는 것[198]으로 미루어보아 비교적 늦은 시기에 차용된 것으로 사료된다.

31) fund(엉덩이) < 라틴어 fŭndŭs(바닥)

이 어휘도 푸슈카리우의 신체어휘목록 100개에는 포함돼 있지 않은 것으로서 이탈리아어, 포르투갈어 fondo, 스페인어 hondo, 프랑스어 fond(s) 등에서 보여주듯이 대부분의 로망스어들이 라틴어 fŭndŭs로부터 유래한 것으로 전해지고 있다.[199] 앞의 gură(입) < 라틴어 gŭla에서 이미 언급한 바와 같이 고전 라틴어의 단모음 ŭ는 속 라틴어에서 폐음 ọ로 변하는 과정을 겪어서 오늘날 발칸지역을 제외한 여타 로망스어들에선 모음 o로 나타나고 있는데 비해 발칸 라틴어에선 단모음 ŭ가 u 모음으로 그대로 유지되지만 루마니아어에선 라틴어의 어

미부분 -us가 모두 탈락하고 있다.

32) anus(항문) < 프랑스어(anus) < 라틴어(ānus)

이 어휘는 치학이나 푸슈카리우 및 마이어 류프케의 어원사전 상에는 수록돼 있지 않으며 푸슈카리우의 신체어휘목록 100개에도 포함되지 않은 것으로서 루마니아어사전(DEX)에는 라틴어원 ānus를 프랑스어를 통하여 유입된 것이라고 돼 있다.[200]

33) vulvă(음문) < 프랑스어 vulve < 라틴어 vŭlva(자궁)

이 어휘도 푸슈카리우의 신체어휘목록 100개에도 포함되지 않은 것으로서 anus의 경우와 유사하게 치학이나 푸슈카리우의 어원사전 상에는 수록돼 있지 않다. 다만 루마니아어사전(DEX)에 라틴어원으로서 프랑스어를 통하여 유입된 것으로 돼 있다.[201]

34) penis(음경) < 프랑스어 penis < 라틴어 pēnĭs

이 어휘도 역시 푸슈카리우의 신체어휘목록 100개에도 포함되지 않은 것으로서 anus나 vulvă의 경우와 마찬가지로 치학이나 푸슈카리우의 어원사전 상에는 수록돼 있지 않고 루마니아어사전(DEX)에 프랑스어 penis를 통하여 라틴어 pēnĭs가 유입됐다고 쓰여 있는 것으로[202] 미루어보아 비교적 늦은 시기에 프랑스어로부터 차용된 것으로 사료된다.

35) braț(팔) < 라틴어 brăc(c)hĭŭm

루마니아어뿐만 아니라 이탈리아어 braccio, 프랑스어 bras, 스페인어 brazo, 포르투갈어 braço 등에서와 같이 대부분의 로망스어들이 라틴어 brăc(c)hĭŭm으로부터 유래한 것으로 전해지고 있다.[203] 고전 라틴어의 어말자음 -m은 앞의 creier에서 언급한 바와 같이 이미 로마 공화정 시대부터 상당히 약화 됐고, 속 라틴어에선 일부 단음절의 단어들을 제외하곤 모두 소멸된 것으로 알려지고 있다.

36) cot(팔꿈치) < 라틴어 cŭbĭtus

마이어 류프케의 로망스어원사전에 의하면 루마니아어뿐만 아니라 이탈리아어 gomito, 프랑스어 coude, 스페인어 codo, 포르투갈어 covado 등이 라틴어 cŭbĭtus를 어원으로 가지고 있는 것으로 돼 있다.[204] 우선 형태적으로 각 언어마다 독특한 형태를 취하고 있는 것을 알 수 있을 정도로 각 로망스어마다 라틴어 cŭbĭtus로부터 다양한 음운변화를 겪었다는 사실을 증명해주고 있다. 루마니아어 cot의 경우 우선 간모음의 -b-가 탈락했는데 이러한 예는 적지 않게 발견되고 있다.[205] 라틴어 명사형 어미 -us는 루마니아어에선 대부분 탈락됐다.

37) mână(손) < 라틴어 mănus

이 어휘도 역시 루마니아어뿐만 아니라 모든 로망스어들이 이탈리아어, 스페인어 mano, 프랑스어 main, 포르투갈어 mão 등에서와 같이 라틴어 mănus로부터 유래된 것으로 전해지고 있다.[206] 루마니아어의 경우 라틴어 폐음절의 -a-모음이 비자음들(m, n) 앞에서 -â/ɨ/-모음으로 변하는 현상이 특징이라고 할 수 있다.

38) deget(손 및 발가락) < 라틴어 dĭgĭtus

이 어휘 역시 대부분의 로망스어들이 라틴어 dĭgĭtus로부터 유래된 것으로 알려지고 있지만, 이탈리아어 dito, 프랑스어 doigt, 스페인어, 포르투갈어 dedo 등에서 보여주듯이 형태적으로는 다양한 모습들을 지니고 있다.[207] 루마니아어의 경우는 비교적 고전 라틴어 단모음 ĭ가 속 라틴어에서 폐음 ẹ로 되는 과정을 유지하고 있다.[208]

39) palmă(손바닥) < 라틴어 pălma

이탈리아어, 스페인어, 포르투갈어 palma, 프랑스어 paume 등과 같이 모든 로망스어들이 역시 라틴어 pălma로부터 유래한 것으로 전해지고 있다.[209] 루마니아어의 경우 라틴어의 어말음 -a는 대부분 -ă로 됐다. 다른 예를 들어보면 라틴어 căsa(집, 은신처) > 루어 caşă 등이 있다.

40) pumn(주먹) < 라틴어 pŭgnus

이 어휘 역시 이탈리아어 pugno, 프랑스어 poing, 스페인어 puño, 포르투갈어 punho 등과 같이 대부분의 로망스어들이 라틴어 pŭgnus로부터 유래된 것으로 알려지고 있다.[210] 다만 루마니아어의 경우엔 라틴어의 어중음 -gn-의 앞부분인 연구개음 g가 비음 m으로 바뀌면서 -mn-으로 됐다.[211]

41) coapsă(허벅지) < 라틴어 cŏxa

이탈리아어 coscia, 프랑스어 cuisse, 포르투갈어 coxa 등과 같이 대부분의 로망스어들이 역시 라틴어 cŏxa로부터 유래된 것으로 알려지고 있다.[212] 다만 루마니아어의 경우엔 형태적으로 상당한 차이를 보이고 있다, 즉 간모음의 위치에 있는 라틴어의 중자음 -x/ks/-의 앞부분 k가 루마니아어에서 p로 순음으로 변하는 현상이 특징이다.[213]

42) picior(다리) < 라틴어 pĕciŏlus(발, 다리, 손잡이, 줄기 등)

마이어 류프케의 사전에 의하면 이탈리아어 picciuolo와 스페인어 pezuele 등에서 주로 줄기라는 의미로 사용되는 것으로 알려지고 있다.[214] 간모음의 라틴어 -l-이 루마니아어에서 -r-로 바뀌는 현상에 관하여는 앞의 gură(입) < 라틴어 gŭla 등에서 이미 설명한 바 있다.

43) genunchi(무릎) < 라틴어 genŭcŭlum

푸슈카리우의 사전 및 마이어 류프케의 사전에 의하면 이탈리아어 ginocchio 등이 라틴어 genŭcŭlum로부터 유래한 것으로 돼 있다.[215] 라틴어 -cŭlus가 루마니아어에서 -chi로 변하는 현상에 관하여는 앞의 루마니아어 ochi(눈) < 라틴어 ŏcŭlus이나 trunchi(몸통) < 라틴어 trŭncŭlus 등에서 설명한 바 있으며, 고전 라틴어의 어말음 -s 및 -m이 소멸된 것에 관하여도 이미 언급했다.

44) pulpă(장딴지) < 라틴어 pŭlpa

마이어 류프케의 사전에 의하면 이탈리아어 및 포르투갈어의 polpa가 라틴어

pŭlpa로부터 유래된 것으로 돼 있다.[216] 다만 고전 라틴어의 단모음 ŭ의 발달 과정 상에서 루마니아어를 제외한 여타 로망스어들에선 고전 라틴어 ŭ > 속라틴어 ọ > 서 로망스어 o로 된 반면에 루마니아어에선 u 모음이 그대로 유지되고 있는 점이 특징이다.[217]

45) labă(발) < 헝가리어 láb[218]

루마니아어에서 labă의 의미가 주로 동물이나 조류의 발을 나타낼 때 사용되고 있으며 사람의 발을 지칭할 경우는 위에서 언급된 바 있는 picior(다리)와 중복되는 면이 있으며, 인간의 발을 나타낼 때 보다 구체적으로 laba piciorului(직역: 다리의 발)로 표현하기도 한다.

46) unghie(손 및 발톱) < 라틴어 ŭngŭla

이탈리아어 unghia, 프랑스어 ongle, 스페인어 uña, 포르투갈어 unha 등에서 보여주듯이 모든 로망스어들이 라틴어 ŭngŭla로부터 유래한 것으로 전해지고 있다.[219] 다만 동 로망스어인 루마니아어와 이탈리아어에선 위의 고전 라틴어 ŏcŭlus > 발칸 라틴어 oclu/oklu/ > 루마니아어 ochi/oki/ 등에서 보여주듯이 라틴어의 어중모음 ŭ가 축약되면서 무성 연구개음 + 유음(-cl-)으로 됐다가 현대 루마니아어에서 유음 l > i로 모음화 됐다.[마찬가지 이유로 라틴어 ŭngŭla에서 모음축약현상으로 인하여 ungla로 바뀐 후에 유성 연구개음 + 유음(-gl-) 중 유음 l > i로 변하는 것(ungla/ungla/ > unghie/ungie/ 또는 unghia/ungia/ )]이 동 로망스어의 특징이다.[220]

47) corp(육체) < 라틴어 cŏrpŭs

이탈리아어, 포르투갈어 corpo, 프랑스어 corps, 스페인어 cuerpo 등에서와 같이 모든 로망스어들이 라틴어 cŏrpŭs로부터 유래됐으며, 루마니아어에선 명사형의 어미 -us가 모두 떨어져나간 것을 알 수 있다. 한편 루마니아어에서 이 어휘는 슬라브어원의 동의어 trup과 경쟁을 벌이고 있다.

48) os(뼈) < 라틴어 ŏssum

역시 이탈리아어, 포르투갈어 osso, 프랑스어 os, 스페인어 hueso 등에서와 같이 모든 로망스어들이 라틴어 ŏssum으로부터 유래한 것으로 전해지고 있다.[221] 고전 라틴어의 어말 자음 -m이 속 라틴어에서 완전히 탈락됐다는 점을 잘 나타내고 있다. 루마니아어에선 일반적으로 라틴어의 이중자음들이 단자음으로 됐다.[222]

49) piele(피부) < 라틴어 pĕllĭs

이탈리아어 pelle, 프랑스어 peau, 스페인어 piel, 포르투갈어 pelle 등에서 보여주듯이 모든 로망스어들이 라틴어 pĕllĭs로부터 유래했으며, 고전 라틴어의 어말자음 -s가 탈락된 것과 단모음 ĭ가 속 라티어의 폐음 ẹ를 거쳐서 e 모음으로 됐다는 사실을 알 수가 있다. 루마니아어에서 고전 라틴어의 단모음 ĕ가 발칸 라틴어의 개음 ę를 거친 후 이중모음(ie)으로 됐다.[223]

50) muşchi(근육) < 라틴어 mūscŭlus

마이어 류프케의 사전 상에는 루마니아어뿐만 아니라 스페인 muslo(엉덩이), 기타 이탈리아어 muscolo, 프랑스어 muscle 등에서 어깨의 의미로 사용되지만 역시 라틴어 mūscŭlus로부터 유래한 것으로 알려지고 있다.[224] 고전 라틴어의 -cŭlus가 루마니아어에서 -chi로 변하는 현상에 관하여는 앞에서 누차 설명한 바 있다.

결론적으로 언급하자면 루마니아어의 신체관련 어휘 50개에 대하여 어원조사를 한 결과 40개가 라틴어원으로 밝혀졌으며, 3개(anus, vulvă, penis)가 라틴어원이지만 프랑스어를 경유하여 비교적 늦은 시기에 루마니아어로 유입된 것으로 사료되며, 2개(obraz, gât)가 고대 슬라브어원이며, 2개(ceafă, burtă)가 아직 어원이 확실하게 규명되고 있지는 않지만 기층어휘일 가능성이 높은 것으로 간주되고 있으며, 1개(buză)는 기층어로부터 유래한 것이 확증됐으며, 1개(labă)는 헝가리어로부터 차용한 어휘로 알려지고 있으며, 1개(talie)는 프랑스어원으로서 러시아어를 통하여 비교적 최근에 차용된 것으로 전해지고 있다. 위의 수치를 백분율로 환산하면 루마니아어의 신체관련 어휘의 80%가 라틴어원이며, 8%가 로망스어원이며, 4%가 어원불명이며, 4%가 고대 슬라브어원이며, 기층어원과 헝가리어원 각각 2%를 차지하고 있다. 이 통계수치를 앞에서 언급한 치학 이후 1930년대와 1950년대 및 1980년대의 통계자료들과 비교해보면 신체관련 어휘의 어원이 라틴어 및 로망스어로부터 유래한 비율이 급격히 상승하는 반면에 슬라브어원이나 여타 외래어원의 비율이 감소하고 있으며 어원연구가 활발하게 이루어지면서 어원규명이 증진돼 어원불명의 어휘비율이 상대적으로 감소하고 있다는 사실을 보여주고 있다. 푸슈카리우의 신체관련 어휘의 어원에 대한 통계수치와 비교해보면 로망스어원을 포함하여 라틴어원의 비율이 92%대에서 88%대로 감소했지만 이러한 차이는 앞에서도 이미 언급한 바와 같이 통계조사대상의 어휘선정과도 무관치 않다고 판단된다.

한편 루마니아어의 신체관련 어휘의 사용빈도(U)나 다의성(S) 및 파생력(D) 등을 살펴보면 50개 어휘 중 위의 세 범주에 모두 포함된 어휘(USD)가 8개(cap, faţă, ochi, ureche, limbă, piept, inimă, picior)이며, 이들 어휘는 모두 라틴어원을 가지고 있는 것으로 나타나고 있다. 10개(păr, buză, gură, gât, umăr, spate, sân, fund, braţ, corp)는 사용빈도 및 다의성이 높은 것(US)으로서 이들 중 buză는 기층어휘이며, gât는 슬라브어원이고 나머지 8개는 라틴어원이다. 이어서 신체어휘 50개 중 5개(obraz, nas, barbă, mână, palmă)는 사용빈도 및 파생력이 높은 것(UD)으로서 이들 중 obraz는 슬라브어원이며 나머지 4개는 라틴어원으로 구성돼 있다. 50개 중 1개(mustaţă)는 다의성 및 파생력이 높은 것(SD)으로서 라틴어원을 가지고 있다. 50개 중 9개(creier, frunte, sprânceană, dinte, deget, pumn, genunchi, os, piele)가 사용빈도만 높은 것(U)으로서 모두 라틴어원을 지니고 있는 것으로 돼 있다. 50개 중 2개(cot, pulpă)는 다의성만 높은 것(D)으로서 모두 라틴어부터 유래됐다. 또한 50개 중 2개(burtă, unghie)는 파생력만 높은 것(D)으로서 burtă는 아직 어원이 규명되지 않았으며, unghie는 라틴어로부터 계승한 것이다. 이상과 같이 50개 신체관련 어휘 중 37개는 소위 루마니아어의 대표어휘 2,581개 속해 있으며, 대표어휘에 들지 못하는 13개 어휘 중 6개(măsea, ceafă, trunchi, talie, labă, muşchi)는 일리에스쿠의 루마니아어 기본어휘 3,209개에 포함돼 있고, 나머지 7개, 즉 bărbie, şale, buric, anus, vulvă, penis, coapsă 등은 루마니아어의 기본어휘 범위 밖에 있다. 이러한 통계조사내용은 신체어휘 50개 중에서 43개, 즉 86%에 해당하는 어휘가 루마니아어의 기본어휘에 속해 있는 것으로서 라틴어원의 비율과 거의 일치하고 있다는 사실을 반영해주고 있다.

결론적으로 비록 루마니아어가 발달과정에서 지리적인 여건상 형제·자매가 되는 여타 로망스어들과 교류가 단절돼 주로 비잔틴 문화권 및 슬라브 문화권과의 접촉으로 인하여 수많은 이질적인 모습을 가지고 있기는 하지만 본질적인 면인 음성·음운적인 면이나 문법적인 구조에선 라틴어나 여타 로망스어들과 별다른 차이가 없다고 해도 과언이 아닐 것이다. 본문에서 이미 언급한 바와 같이 고대 로마제국의 역사적인 발전과정과 더불어 로망스어들 사이에도 각 지역의 토착어적인 요소나 라틴어가 보급된 시기나 매개체 역할을 담당한 사회계층에 따라서 각양각색이었으며, 또한 로마제국이 멸망한 이후에 그 지역에 새로운 주인이 된 민족의 언어적인 영향 등에 의해서 각 로망스어의 특성을 유발하게 됐으므로 오늘날 다양한 로망스어들이 존재하고 있는 것이다. 루마니아어는 음성·음운론적인 관점에서 보자면 로망스어들 사이에서도 이탈리아어와 함께 동 로망스어에 속해 있는 언어로서 서 로망스어들인 포르투갈어, 스페인어, 프랑스어 등과는 적지 않은 차이를 보이고 있다. 형태·통사론적인 관점에서는 로망스어들이 대동소이하게 속 라틴어적인 면을 거의 그대로 보존하고 있는 편이기는 하지만 루마니아어에선 여타 로망스어들이 지니고 있지 않은 중성명사가 존재하고 있으므로 명사의 성이 여타 로망스어들과 상당한 차이를 보이고 있다는 점과 아울러 명사의 곡용이 부분적이긴 하지만 아직 남아 있다는 사실과 그러나 무엇보다도 정관사가 전접어 형태로 사용된다는 점을 들 수 있을 것이다. 어휘적인 면에선 루마니아어가 여타 로망스어들에 비해 이질적인 요소를 가장 많이 지니고 있는 언어일 것이다. 특히 루마니아어에 존재하고 있는 슬라브어원의 어휘는 대부분의 문법적인 범주에서 찾아볼 수 있을 정도로 다양한 편이며 더군다나 가장 기본적인 어휘라고 할 수 있는 긍정적인 대답의 부사인 우리말의 '예'라는 표현조차도 슬라브어원의 'da' 를 사용하고 있으며 인간의 감성을 대표하는 어휘인 '사랑하다'라는 어휘도 모든 로망스어들이 라틴어 'amare'에서 유래한 어형을 사용하고 있는데 반하여 루마니아어에서만 유독 슬라브어원의 'iubi' 동사를 사용하고 있을 정도로 슬라브어원의 비중을 무시할 수 없는 것은 사실이다. 그러나 일상생활에서 사용 빈도가 높은 어휘들만 놓고 통계를 내보면 라틴어원의 비중이 매우 큰 편이며, 특히 인간의 신체부위를 나타내는 어휘를 조사해보면 90% 이상이 라틴어원이라는 것을 알 수 있게 된다. 결론적으로 루마니아어는 어휘적인 면에서 보자면 상당수의 이질적인 요소를 지니고 있기는 하지만 음성·음운적인 면에서나 형태·통사적인 면에서는 여타 로망스어들과 마찬가지로 고대 로마인들의 언어였던 라틴어적인 요소들을 대부분 그대로 보존하고 있으며, 특히 로망스 언어학적인 관점에서 볼 때 이탈리아어와 많은 공통적인 모습을 지니고 있으므로 소위 동 로망스어에 속해 있는 언어라고 일컬어진다.

### 7.2.2. 발칸언어적인 특성

오스트리아 언어학자인 B. Kopitar[225]가 1829년에 처음으로 발칸 언어들 간에 존재하고 있는 유기체적인 관계에 대하여 언급했을 당시만 해도 별로 주목을 끌지 못했었지만 금세기에 접어들면서 미클로지히(F. Miklosich), 슈카르트(H. Schuchardt), 바이간트(G. Weigand), 필리피데(A, Philippide), 산드펠트(K. Sandfeld), 푸슈카리우(S. Puşcariu) 등과 같은 유럽의 발칸학자들이 이 문제에 관하여 본격적으로 거론하기 시작했고, 마침내 1938년 프라하 학파의 대표적인 언어학자인 트루베츠코이(N. S. Trubeckoj)에 의해 Balkan Sprachbund(발칸 언어연합)이란 용어가 창출되기에 이르렀다. 그 후 이 문제는 최근까지도 루마니아의 루수(I. I. Russu) 를 비롯해 수많은 이 지역 전문가들에 의해서 심도 있게 연구되고 있다.[226]

본 장에선 루마니아에서 최근까지 연구된 발칸 언어학의 진행과정 및 그 내용들을 살펴보고 루마니아에 내재하고 있은 발칸 언어적인 요소들 중 이 지역의 토착어로부터 유래된 것(Substratum)과 훗날 타민족들과의 접촉에 의해서 영향을 받은 것, 특히 슬라브 민족들로부터 차용된 것(Superstratum)을 음성·음운론, 형태·통사론 및 어휘론적인 관점에서 설명하고자 한다.

#### 7.2.2.1. 기층어적인 요소

이미 1.1. 장에서 상세하게 언급한 바와 같이 루마니아 최초의 발칸 언어학자인 하스데우(B. P. Hasdeu)는 발칸언어들의 기원과 언어들의 병존 및 그들 사이의 상호 영향들에 관하여 연구했다. 그는 루마니아어와 알바니아어뿐만 아니라 다른 인도·유럽언어들까지 비교연구 대상을 확대시켜 루마니아어에 존재하고 있는 트라코-다키아어의 기층어적인 자취들을 고찰했다. 그는 이러한 기층어적인 요소로 간주되는 약 80개의 보통명사와 20 여개의 고유명사들을 검토하여 발칸언어들의 특성을 밝히는데 주력했으며, 아울러 루마니아어의 ă /ə/ 모음을 비롯해서 순음의 구개음화 현상, 간모음 -n- 의 - r- 음화 현상(Rhotacism), 관사의 후치, 기수 11부터 19까지의 표기방법 및 조동사 'vrea'를 이용한 미래시제 표기 등 루마니아어에 내재하고 있는 발칸언어적인 요소들에 지대한 관심을 기울였다.[227]

루마니아어의 발칸 언어학에 관한 연구 전통은 필리피데(A. Philippide), 덴수시아누(O. Densusianu), 푸슈카리우(S. Pușcariu), 카피단(T, Capidan) 등에 의해 계승됐다.

루마니아어의 토착어 성분에 관한 기초적인 지식은 필리피데에 의해 축적돼졌다. 그는 하스데우의 견해에 대한 엄밀하고 냉정한 비평을 주제로 하여 루마니아어의 기층어에 관한 문제들을 연구하기 시작했고, 그 후 그는 기층어적인 발전 단계에 관한 목록을 작성했다. 그의 연구 방법은 우선 루마니아어와 알바니아어를 상호 비교하는 데에 초점을 맞추었다. 필리피데는 루마니아어가 알바니아의 북부방언인 'Gheg'보다는 남부지방에서 널리 통용되는 'Tosc'에 더 유사하다는 점과 알바니아어가 일반적으로 루마니아어의 남 다뉴브 방언인 아루마니아어보다는 현재 루마니아 영토에서 사용되고 있는 다코-루마니아어, 그중에서도 특히 서부 지방어에 더 가깝다는 점을 주목했다.

그는 또한 정확하고 충분한 사료에 의해 루마니아어와 알바니아어간의 차이점들이 그 두 언어들이 가지고 있는 유사성들보다 훨씬 더 크다는 사실을 입증했다. 그는 어휘론적인 관점에서 루마니아어와 알바니아어에 보존되고 있는 고대 라틴어휘들을 고찰함과 더불어 그들 언어에 내재하고 있는 로마시대 이전의 요소인, 즉 일부는 공통적으로 기층어로부터 유래된 것으로 추측되는 것들과 다른 일부는 그 두 언어들 간에 상호 차용에 의한 것들 및 그 외의 각 언어의 독립적인 기원에 의한 것들로 여겨지는 매우 가치 있는 연구업적을 남겼다. 필리피데는 루마니아어와 알바니아어간의 상호 영향 문제에 관하여 알바니아어로부터 차용된 루마니아어휘 29개와 반대로 루마니아어휘로부터 유입된 알바니아어휘 26개 정도라고 단정했다. 그의 견해에 의하면 알바니아인들은 Pannonia(대략 현재의 헝가리 영토) 지방의 로마화되지 않은 일리리아인들의 후예이므로 알바니아인들이 아드리아 해안의 발칸지역 원주민은 아니라는 주장이다.[228]

덴수시아누는 전임자들의 이론들에 다소 비판적인 입장이었다. 그는 극소수이긴 하지만 발칸언어들의 토착요소들 중 일부는 동 라틴어에 음성·음운론적 및 어휘론적으로 추측되는 일리리아어에서 기인됐다는 주장으로서 이러한 논리는 알바니아어가 일리리아어의 영속적인 것이라는 설명이다. 그는 루마니아어가 다뉴브 강 이북으로 이주한 아루마니아인들을 통해 중세 알바니아어의 영향을 받았으며, 이것은 고대 일리리아어로부터의 영향과는 전혀 별개로 간주해야 된다는 것이다. 루마니아어의 토착요소에 관한 그의 연구에서 Densusianu는 접미사 -ză를 알바니아어 -zë와 동일한 어원으로 보았고 루마니아어의 서수 중 'întâi'(첫번째)도 알바니아어원이라고 주장한다.[229]

아루마니아 방언과 메글레노-루마니아 방언에 관하여 해박한 지식을 가지고 있었던 T. Capidan은 루마니아어와 알바니아어의 언어학적인 유대관계가 그들의 형성과정에서 두 민족의 병존에서 기인됐다는 종합적인 이론을 전개했다. 그는 다코-루마니아 방언에 비해서 아루마니아 방언은 알바니아어와 보다 적은 수의 토착요소들을 지니고 있는데 이것은 아루마니아어와 알바니아어의 관계가 다코-루마니아어와 알바니아어의 단교 이전에 이미 중단돼졌다는 사실을 증명하여 준다는 견해이다. Capidan은 발칸 언어학의 핵심적인 문제등은 무엇보다도 루마니아어의 알바니아어의 관계, 발칸지역의 기층어인 트라코-다키아어로부터의 직접적인 유산, 발칸지역 민족들 간의 병존, 고대 그리스어의 영향 및 루마니아어에서 남 슬라브어로 유입된 요소들 등에 관한 것이라고 설명하고있다.[230]

S. Puşcariu는 최초로 루마니아어와 알바니아어간의 동일한 구조를 가지고 있는 일련의 접속사적 및 부사적인 구문들을 지적했다. 그는 루마니아어 방언들이 분리되기 이전의 고대 루마니아어를 재구하면서 루마니아어가 지니고 있는 발칸적인 특성, 특히 그중에서도 루마니아어와 알바니아어간의 공통적인 요소들을 심도 있게 검토했다. 그는 또한 기층어로부터 물려받은 요소들과 알바니아어로부터 차용한 것

들을 구별했다. 아울러 그는 다뉴브 강 이남에서 루마니아인들과 알바니아인들이 공생했을 가능성이 높은 지역을 제시했으며 진화과정에서 토착어휘들에 의해서 겪게 된 음성·음운론적 및 의미론적인 변화들을 설명했다.[231]

그 밖에도 당시 루마니아에서 발칸 언어학에 관심을 보였던 학자들은 루마니아어와 알바니아어의 공생관계에 관심을 쏟았던 I. A. Candrea와 아루마니아 어원연구에 방대한 연구업적을 남긴 P. Papahagi와 발칸 라틴어가 트라키아어로부터 받은 영향과 발칸언어들내에 존재하고 있는 루마니아어의 토착어휘들에 관해 연구한 G. Pascu와 K. Sandfeld에 의해 제시된 발칸 언어들 간의 음성·음운론적 및 형태·통사론적인 일치는 대부분 상호 차용관계에 의한 것이라고 '발칸 언어학' 개념에 대해 다소 비판적인 견해를 보였던 A. Graur 등을 꼽을 수 있다.[232]

2차 세계대전 이후에 발칸 언어학에 관한 학자들 간의 논쟁이 다시 일게 돼지면서 Al. Rosetti, I. I. Russu, E. Petrovici, C. Poghirc, G. Brâncuş 등과 같은 루마니아 학자들과 인접하고 있는 국가들의 학자들 중에서도 D. Dečev, V. Geogiev, G. Reinchenkron 등과 같은 발칸 언어학자의 대가들이 종합적이고 보다 상세한 연구업적을 보이고 있다.

최근의 연구에서 지배적인 이론은 알바니아어와 공통적인 루마니아어의 토착요소들은 각기 독립적으로 이 지역의 기층어로부터 직접 물려받은 것이다. 특히 Rosetti의 견해에 따르면 이 지역 기층어의 병존과 비잔틴 문화의 영향이 발칸언어들 간의 유사성을 유발시키는 주요인이었으며 그 밖에도 로마문화, 결과적으로 기독교의 정복이 발칸지역의 공동체를 형성하는데 지대한 공헌을 했다는 것이다.[233]

루마니아어의 주요 방언들(영어 : varieties, 루어 : varietăţi) 중에는 현재 루마니아어 영토에서 사용되고 있는 다코-루마니아어를 제외하면 나머지 3개의 방언들, 즉 아루마니아어와 메글레노-루마니아어 및 이스트로-루마니아어 모두가 다뉴브 강 이남에 위치하고 있다. 이러한 현상은 이들 4개의 방언들이 분산되기 이전에는 다뉴브 강을 축으로 하여 그 이남과 이북의 광할한 지역에서 루마니아어의 조상격이 되는 소위 '공통조어'가 사용됐을 것이라는 학설이 지배적이다. 이와 같이 루마니아어가 남동유럽지역의 방대한 지역에서 사용됐던 이유로는 첫째로 이 지역 주변의 목가적인 생활방식(transhumance)을 들 수 있다. 예를 하나 들어보면 다코-루마니아어의 ' 목동 ' 또는 ' 치즈 만드는 사람 '이라는 의미를 가지고 있는 단어 'baci'는 이 지역의 기층어로부터 물려 받은 트라코-다키아어원을 가지고 있는 것으로 밝혀졌다.[234] 이 어휘는 아루마니아어 'bačiŭ', 메글레노-루마니아어 'batš' 등과 같이 루마니아어의 다뉴브 강 남부 방언들에서뿐만 아니라 인접 국가들의 언어들에서도 같은 어원의 어휘들에 의해서 다음과 같이 증명되고 있다 : 세르보-크로아티아어 'bâč' (치즈 만드는 사람), 알바니아어 'baç' (치즈 만드는 사람), 'bac' (형, 아저씨), 헝가리어 'bàcsi' (형, 아저씨) 등.[235] Capidan에 의하면 이 어휘의 의미상의 차이는 남 슬라브어휘 'batse', 'bate'등과 혼용에서 비롯된 것이라는 주장이다.[236]

루마니아어의 목동용어에서는 극히 소수의 라틴어원 어휘들만이 존재하고 있으며 대부분 토착어휘들에서 유래되고 있는 것으로 알려지고 있다.

최근에 연구된 루마니아어의 기층어휘들에 관한 보고서들에 의하면 학자들의 견해에 따라 다소 유동적이기는 하지만 루마니아어의 토착어휘로 알려지고 있는 120~160여개의 단어들 가운데 60~100개, 즉 과반수에 이르는 단어들이 알바니아어와 공통적인 것으로 알려지고 있다.[237]

위에서 언급된 사실들을 미루어 볼 때, 루마니아어의 남 다뉴브적인 요소들은 상당한 비중을 차지하고 있으며 그 내용을 좀 더 구체적으로 알아보고자 한다.

### 7.2.2.1.1. 음성·음운론적인 면

#### 7.2.2.1.1.1. 모음

루마니아 대부분의 언어학자들에 의해서 기층어로부터 유래된 것으로 간주되는 ă/ə/ 모음에 관하여 우선 Poghirc은 고대 발칸지역의 기념비들에서 a / e의 변동을 기초로하여 고대 그리스어와 라틴어에는 존재하지 않았고 단지 트라키아어에만 /ə/ 모음소가 존재했다는 것을 증명하려고 시도했다.[238]

Brâncuş는 루마니아어의 ă /ə/와 알바니아어의 ë /ə/ 조음방법과, 그들의 초기음에 상응한 음가와, 음절 내에서의 그들의 기능 및 음성·음운론적인 조건들과 진화 등을 조사함으로써 두 모음들이 이 지역의 기층어로부터 동일한 어원을 가지고 있다는 사실을 증명했다.[239] Rosetti 역시 루마니아어의 ă /ə/ 모음은 기층어로부터 유래된 것으로서 루마니아어의 또 다른 특유한 모음인 â /ɨ/ 모음보다도 시기적으로 다소 앞선 것으로서 그 시기를 대략 루마니아어의 이중모음인 'ea'와 'oa'의 출현시기인 6세기 이후로 보고 있다.[240] 한편 Petrovici는 그러나 루마니아어와 알바니아어의 모음소 /ə/는 독자적으로 출현했으며 특히 루마니아어의 â /ə/ 모음은 슬라브어의 영향일 가능성이 높다는 견해이다.[241]

#### 7.2.2.1.1.2. 자음

루마니아어의 자음소들 중에서 가장 첨예하게 논란이 되고 있는 것은 성문·마찰음 h 이다. Brâncuş[242]나 Poghirc[243]과 같은 학자들은 루마니아어 hameş(대식가)와 알바니아어의 hamës에서와 같이 양언어들간의 공통적인 요소로서 그 어원을 기층어에서 기인한 것이라는 주장이지만 일반적으로는 이 자음소는 'har'(재능)나 'hrană'(영양분) 등에서 처럼 슬라브어로부터 영향을 받은 것이라는 의견이 지배적이다.[244]

간모음 -n-의 r음화현상(rhotacism)이 루마니아어와 알바니아어에서 각기 다른 시기에 출현한 것을 고려하여 Rosetti는 일종의 방언적인 분할과 슬라브어의 영향에 따른 결과적인 현상으로 간주했으며, 그러나 r음화의 음성·음운론적인 이유들은 양언어들에서 공통적인 것이라는 견해이다.[245] 자음군 cs/ks/와 ct/kt/가 ps/ps/와 pt/pt/로 연구개음의 순음화 현상이 루마니아어와 알바니아어에서 공통적인 음운변화에 관하여 Rosetti는 이러한 현상이 고대 마케도니아어나 일리리아어 및 트라키아어에서도 일어나고 있는 것으로 보아 기층어의 영향이라는 입장이다.[246]

### 7.2.2.1.2. 형태·통사적인 면

형태·통사론에서 루마니아어의 발칸언어적인 현상으로 가장 많이 논란이 되고 있는 것은 역시 정관사의 위치에 관한 문제이다. 현재 루마니아어의 정관사의 형태는 다른 로망스어들에서 처럼 라틴어의 ille, illa 등으로 부터 유래된 것이다. 고전 라틴어에서는 지시사로서 그것이 지정하는 명사의 앞에 오는 것이 통상적이었으나 후기 라틴어 문장들에서 ille, illa등이 후접어(proclitic)로 사용된 경우가 194문장이고 전접어(enclitic)로 쓰인 곳이 80문장 정도로 이미 상당한 조짐이 나타났던 것으로 알려지고 있으며[247] 오늘날 루마니아어와 알바니아어 및 불가리아어 등에서 완전히 전접어 형태의 정관사로 사용되고 있다. 예를 들어 frate(형) - fratele(그 형), cal(말)

- calul(그 말); minge(공) - mingea(그 공), fată(소녀) - fata(그 소녀) 등에서 남성명사들인 frate나 cal이 한정될 경우(=정관사를 받을 경우)에 라틴어의 ille로부터 유래돼 음운변화를 거친 정관사 l(e) 형태가 연결모음 u-와 함께 사용된 것이며, 여성명사들인 minge나 fată가 한정적으로 될 경우에 라틴어의 illa에서 비롯된 여성형 정관사 a가 전접어 형태로 사용된 것이다.

이와 같은 어미형태의 정관사는 부분적으로 스칸디나비아어들이나 아르메니아어에서도 나타나고 있으므로 그 기원에 관해서 아직까지도 학자들간에 의견이 분분하여 명쾌한 해답을 찾지 못하고 있는 실정이다.

루마니아어에 이러한 정관사형이 나타난 시기는 루마니아어의 4개 방언들에서 공통적으로 존재하고 있는 것으로 비춰볼 때 이 방언들이 분산되기 전에부터 도입됐을 것이 확실하므로 늦어도 10세기 이전으로 추측된다. 그러나 불가리아어에서는 전접어 형태의 정관사는 늦게 전개된 것으로 알려지고 있다. 11세기 문헌에서는 발견되지 않고 있으며 17세기 문헌들에서나 일반적으로 통용되고 있다. 불가리아인들이 알바니아인들 보다는 루마니아인들과 밀접한 관계를 유지했을 가능성이 높기 때문에 불가리아어의 전접어 정관사 형태는 루마니아어로부터 영향을 받았을 것이라는 중론이다.[248]

루마니아어의 기타 발칸언어적인 요소로서 대부분의 학자들은 중성명사의 존재와 수사중에서 11~19(11: unsprzece 등)의 셈하는 방법, 동사의 부정법(infinitiv)이 접속법(conjunctiv)에 의해 제한적으로 사용되는 점(불어 : je veux chanter. ; 이탈리아어 : Volo cantare. ; 루어 : Vreau să cânt.) 등을 들고 있다.[249]

#### 7.2.2.1.3. 어휘적인 면

이 분야는 루마니아의 발칸 언어학자들이 비교적 많은 관심을 가지도 연구하고 있다. 무엇보다도 발칸-카르파티아 지역의 기층어인 트라코-다키아어의 어원 연구와 이에 필요한 고대 인도·유럽어의 어근에 관한 일련의 목록을 작성한 Russu의 업적에 주목할 만하다. 그는 또한 트라코-다키아어의 일리리아어의 관계뿐만 아니라 그들과 루마니아어와 알바니아어간의 관계에 관한 문제들을 인도·유럽언어학적인 차원에서 심층적으로 연구했다. Russu에 의해 루마니아어와 알바니아어에서 공통적으로 존재하고 있다고 간주되는 70여개의 토착어휘 중에는 dărâma(파괴하다), mătura(청소하다), scula(일으키다, 일어나다), zgâria(긁다) 등과 같이 그 어원이 아직까지 확실히 밝혀지지 않은 것들도 있는 것이 사실이다.[250]

Russu와 함께 루마니아어의 토착어휘들을 분석해보면 대부분 토착민들의 생활 형태와 관련된 유목생활을 하던 목동용어 및 동물을 가리키는 단어들이며 그 외에도 인간의 신체나 가족관계, 의류, 신화 등과 같이 당시 인간의 기본적인 생활 조건들과 관련된 용어들인 것으로 알려지고 있다.[251]

1976년 9월 루마니아의 수도 Bucureşti에서 개최된 발칸 언어학회에서 발칸학에 관한 제반 문제점들이 토의됐다. 이 자리에서 Russu는 트라코-게티아어의 유산에 관한 목록작성에 깊은 관심을 기울일 것을 강조했으며, Porghirc은 현대 발칸언어들에 의해서 제공된 연구 자료들로부터 트라키아어에 관한 지식을 얻을 수 있다는 가능성을 제시했으며, Mihăilă는 고대 루마니아어 문헌들 속에서 일부 트라키아어휘들에 대한 기록들을 다루었으며, Brâncuş는 루마니아어와 알바니아어에서 기층어의 뒤늦은 영향 등에 관하여 문제들을 제기했다.[252]

이상에서 언급한 바와 같이 루마니아어 및 유럽의 발칸학자들에 의해 발칸지역의 기층어 연구에 지대한 관심을 쏟고 있음에도 불구하고 아직까지 두드러진 진전을 보지 못하고 있는 실정이지만 차차 보다 많은 새로운 사실들이 밝혀지리라 의심치 않는다.

### 7.2.2.2. 상층어적인 요소

#### 7.2.2.2.1. 슬라브-로망스 문화의 병존

슬라브 민족이 발칸지역으로 이주하여 들어오기 시작한 시기는 5세기 말경 슬로베니아인들의 조상을 비롯해서 크로아티아인과 세르비아인들에 이어 6세기 중엽부터 불가리아인들이 사바 강과 다뉴브 강을 건너 이주하기 시작하여 대략 7세기 말경에는 슬라브 민족의 장기간에 걸친 발칸지역으로의 대이동이 한 단락 맺어졌다. 그 당시 이 지역에서 슬라브 민족이 언어적인 영향을 끼칠 수 있는 단계는 아직 도달하지 못했으며, 로망스 민족과 슬라브 민족들이 상호 언어적인 영향을 교환하기까지는 최소한 100여년이 더 경과한 800년 즈음해서 발칸-카르파티아 지역에서 로망스-슬라브어간의 병존되는 시기는 고대 루마니아어의 근본적인 음운체계가 완성되는 8세기에서 아루마니아어가 더 이상 다른 형제·자매 방언들과 유대관계를 이루지 못한게 되는 10세기 사이라는 것이 일반적인 견해이다.[253]

현재 루마니아어에는 greşi(실패하다), nevastă(처, 아내), plăti(지불하다), porni(출발하다), scump(비싼), sută(백) 등과 같이 고대 남 슬라브어의 영향으로 기인되는 약 70~80개의 어휘들이 있다. 이들은 알바니아어에는 없으나 루마니아어의 4개 방언들에 모두 존재하고 있는 것으로 보아 루마니아어로 차용된 시기는 이 방언들이 분산되기 이전인 8~10세기경 일 것으로 추산된다. 이러한 어휘들 중에는 슬라브어로부터 차용된 어휘에 라틴어의 접두어 in-에서 유래된 în- 이 결합하여 만들어진 합성어도 존재한다는 사실이다. 일 예로서 다코-루마니아어 învârti(돌리다), 아루마니아어 anvârtesc, 메글레노-루마니아어 anvărtes 등은 고대 슬라브어 vr(ŭ)teti(돌리다)와 라틴어 접두사 in-이 결합된 합성어이며; 다코-루마니아어 împleti(뜨다, 자다), 아루마니아어 mpletesc, 메글레노-루마니아어 amplites 등도 역시 슬라브어 plesti, pletiti 등에 접두사 in-이 결합돼 만들어진 형태이다. 일부 어휘들은 슬라브어 koža(피부) > 다코-루마니아어와 아루마니아어 coajă(껍질) ; 슬라브어 loviti(사냥하다, 잡다) > 모든 루마니아 방언들 lovi(치다) 등에서와 같이 의미상의 변화를 보이기도 한다.[254]

한편 루마니아어에 존재하고 있는 슬라브어원의 어휘들 중에는 슬라브어에서 상응하는 어휘들을 발견할 수가 없는 것들도 있다. 예를 하나 들어보면 루마니아어의 Zăpadă(눈)는 슬라브어의 zapad(석양, 가라앉음)와 의미상으로 상당한 차이가 있다. Puşcariu는 이러한 의미상의 비약을 아마도 토착어에 따른 외래어 차용상의 문제와 관련이 있을 것이라는 견해이다.[255]

#### 7.2.2.2.2. 남 슬라브어의 영향

오늘날 루마니아어 영토에서 사용되고 있는 다코-루마니아어에는 다른 루마니아어 방언들에는 존재하지 않는 슬라브 어휘들이 있는데 이들이 어느 경로를 통하여 다코-루마니아어로 들어오게 되는지를 정확하게 밝힐만한 증거가 부족한 실정이다.

그러므로 루마니아어의 고대 슬라브어원의 어휘들은 크게 불가리아어와 세르보-크로아티아어 및 루테니아어로부터 차용된 것으로 간주되는 것이 일반적인 견해이다.[256]

루마니아어의 슬라브어원 어휘들 중에는 상당수가 음운론적 및 형태론적인 관점으로 자음군 şt(št)나 jd(žd)에서 처럼 불가리아어와 유사한 면을 보이고 있는데 이러한 현상을 고대 슬라브어로부터 공통적으로 유래된 한편 루마니아어휘 cin(작은배) < 고형 ciun은 세르보-크로아티아어 čun의 영향으로 알려지고 있는데, 이것은 고대 슬라브어 člŭnŭ로부터 유래된 것으로서 세르보-크로아티아어의 음운변화의 특성인 l > u 현상이 나타난 것을 알 수 있다. 음운 또는 형태상만으로는 루마니아어의 남 슬라브 어휘들이 불가리아어로부터 차용된 것인지 세르보-크로아티아어로부터 유래된 것인지를 구분하기가 거의 불가능한 경우가 대부분이므로 이러한 경우엔 의미론적인 관점에서 기원을 따지지 않을 수 없다. 예를 들어 루마니아어의 grijă(염려, 걱정)이란 의미로는 단지 불가리아어의 griža만이 사용되고 있으며 기타 슬라브어에서는 다른 의미를 지니고 있는 것으로 나타나고 있다.[257]

다음에서는 루마니아어에 끼친 남 슬라브어의 영향을 음성·음운론적, 형태·통사론적 및 어휘론적으로 살펴보고자 한다.

#### 7.2.2.2.2.1. 음성·음운론적 영향

가장 두드러진 현상으로는 무엇보다도 소위 i(혹은 j) 모음화현상(iotacism)을 들 수 있다. 즉 단수 3인칭 인칭대명사 el(그 남자), ea(그 여자) 등을 /el/, /ea/ 대신 /iel/, /iea/로 발음하고 a fi(=to be)동사의 단수 3인칭 현재시제 형태 este를 /ieste/로 발음하는 것을 일컫는다.[258]

속 라틴어에서 사라졌기 때문에 대부분의 로망스어들에서는 모음을 감춰버린 성문·마찰음 h에 관해서 다소 논란이 있지만 역시 남 슬라브어의 영향이라는 견해가 중론이다.[259]

credu/ kredo/ ; lupi/lupi/ 등에서와 같이 어말모음 u 나 i 앞의 자음이 음절을 형성치 못하고 원순음이나 구개음으로 머물게 된다.[260]

라틴어 pisce > 루어 peşte, 라틴어 scio > 루어 ştiu 등에서와 같이 자음 sc가 전설

모음 e 또는 i 앞에서 각기 sce > şte, sci > şti로 변화되는 것도 남 슬라브 영향으로 간주된다.[261]

7.2.2.2.2.2. 형태·통사론적인 영향

여성명사의 호격어미 -o (soră > soro)가 남 슬라브어의 영향으로 간주된다.[262] 전 단락에서 루마니아어의 발칸언어적인 요소 중에 루마니아어의 기수 11~19의 표기방법에 관하여 언급한 바 있다. 루마니아어의 기수 중에서 20(douăzeci), 30(treizeci) 등 90까지의 10배수를 셈하는 방법도 역시 남 슬라브어의 영향이라는 것이 Rosetti의 견해이다.[263]

루마니아어의 재귀동사는 라틴어의 재귀적인 용법만 가지고는 설명되지 않는 다양한 기능을 나타내고 있다. ; 루마니아어에선 수동태의 의미를 재귀동사에 의해 나타내어진다. 예를 들자면 Cerul este acoperit de nori.(하늘이 구름으로 덮여있다)라는 수동태 대신 Cerul se acoperă de nori.라고 재귀동사를 이용해서 나타낼 수도 있다. 또한 루마니아어 재귀동사는 비 인칭 주어의 의미를 갖는다. 예를 들어 Aici se mănâncă bine.(이 곳에선 사람들이 잘 먹는다) 그 밖에도 M-am născut.(나는 태어났다)에서처럼 루마니아어에서는 다른 로망스어들에선 재귀동사가 사용되지 않는 경우에도 재귀용법이 사용된다.[264]

7.2.2.2.2.3. 어휘론적인 영향

루마니아어에 존재하는 남 슬라브어원의 어휘는 gât(목), obraz(뺨), stomac(위), nevastă(처), rudă(친척), baştină(조국) 등과 같이 가족 및 친인척 관계 및 da(예) 등에 이루기까지 각 분야에 다양하게 퍼져있다.

품사별로도 babă(노파), război(전쟁), grădină(정원) 등과 같이 명사에서 gol(대머리의), bogat(부유한), prost(어리석은) 등과 같이 형용사와 coborî(내려가다), iubi(사랑하다), plăti(지불하다) 등과 같이 동사에 이르기까지 전반적으로 사용되고 있다.[265] 때로는 단어 자체는 라틴어원의 형태를 취하고 있지만 의미상으로 슬라브어의 영향으로 이중적인 면을 보이고 있다. 예를 들어 루마니아어의 lume는 라틴어 lumen(빛)으로부터 유래된 것이지만 고대 슬라브어 světŭ(빛, 세상, 우주)의 영향으로 실제로는 주로

'세상사람'이라는 의미로 사용되는 것이 일반적이다.[266]

그 밖에도 루마니아어에는 남 슬라브어의 영향에 의한 다양한 접두사 및 접미사들이 존재하고 있다 : 예를 들어 접두사 ne-(nemulţumit), pre-(preda), răs-(răsuci), ză-(zăurdi) 등과 접미사 -ac(sărac), -aş(codaş), -că(puică), -iţă(linguriţă), -uş(picioruş) 등에서와 같이 접두사 6개와 접미사 28개가 존재하고 있는 것으로 알려진다.[267]

비록 루마니아어에서 라틴어원의 어휘들이 일상생활 용어의 대부분을 차지하고 있는 것은 사실이지만 루마니아어에 존재하고 있는 슬라브어 요소들을 과소평가할 수는 없을 것이다. 슬라브어가 루마니아어에 끼친 영향은 전 단락에서 알아보았듯이 루마니아어의 모든 문법적인 분야에 걸쳐 존재하고 있다. 비근한 예로 인간의 심성을 나타내는 가장 핵심적인 단어라고 해도 과언이 아닌 라틴어 amare(사랑하다)는 이탈리아어 amare, 불어 aimer, 스페인어 amar 등과 같이 오늘날 루마니아어를 제외한 모든 로망스어에서 계승됐다. 그러나 루마니아어에서 iubi(사랑하다), iubit(애인) 등에서와 같이 슬라브어원이 사용되고 있다. 그 이외에도 현재 표준 루마니아어에서는 긍정적인 대답이 부사로 슬라브어원을 가진 da(예)가 사용되고 있다는 사실은 이미 잘 알려져 있다.

루마니아어의 슬라브적인 요소에서 또한 간과해서는 안될 분야는 종교적인 영역이다. 루마니아 교회가 이미 11세기 초부터 불가리아 교회에 속하게 되면서 예배의식이 고대교회 슬라브어로 진행돼지게 됐으므로 서 로망스어권에서 교회라틴어의 역할을 루마니아에선 고대교회 슬라브어가 대신하게 됐던 것이다.[268] 비근한 예로서 루마니아어와 불어의 교회용어들을 비교해 보면 불어엔 라틴어원들 (santifier, volonté, offense, tentation)인 것에 비하여 루마니아어엔 슬라브어원들 (sfinţi, voie, greşeală, ispită 등)이라는 것을 알 수 있다.[269]

슈카르트(H. Schuchardt)는 1893년 바이간트(G. Weigand)에게 보내는 한 서신 속에서 '루마니아어가 로망스어의 일종이라는 사실이 아직 완전하게 증명된 것은 아니다'[270] 라고 언급한지 약 100여년이 지난 오늘날 아무도 또다시 이와 같은 의문을 더 이상 갖고 있는 사람은 없을 것으로 믿어진다. 다시 말하자면 비록 루마니아어가 상당한 발칸언어적인 요소 특히 남 슬라브어의 영향으로 인하여 형제·자매인 다른 로망스어들보다는 비교적 작은 비율의 라틴어적인 면을 보이고 있기는 하지만 루마니아어의 문법적인 체계나 일상생활 용어 등을 놓고 분석해보면 90% 이상이 라틴적인 성격을 지니고 있다는 사실을 알게 된다. 그렇지만 루마니아어가 일찌감치 라틴 문화권으로부터 교류가 두절됐으며 따라서 비잔틴 문화권내에서 수세기에 걸쳐 발칸-카르파티아 지역의 주민들과 밀접한 유대관계를 유지하면서 사회·문화적으로 상호 지대한 영향을 교환했으며 특히 7~8세기 이후부터 이 지역으로 대이동을 하여 이주해온 슬라브 민족과의 병존관계를 통해서 이 지역 문화의 지각변동을 초래했으며 이로 인하여 루마니아어에 커다란 변화가 발생하게 됐다. 루마니아어에 내재돼 있는 발칸언어적인 요소는 크게 루마니아어와 알바니아어의 공통적인 요소와 루마니아어에 존재하고 있는 남 슬라브적인 요소들로 구분돼진다. 알바니아인들은 고대 인도·유럽어족의 한 종족이며 발칸 지역의 원주민중 하나인 일리리아인들의 후예로 간주되며 역사적으로 한 번도 다뉴브 강을 도하하여 이북지역으로 이주하여 거주한 적이 없으며 오로지 다뉴브 강 이남에서만 거주했다는 점에서 루마니아인 선조들의 발원지와 알바니아인들과의 접촉경로 및 시기 등에 대하여 많은 문제점들이 제기되고 있는 것도 부정할 수 없는 사실이다. 그러나 발칸지역 주민들의 오랜 기간 동안 목동생활에 의한 사회·문화적인 평준화현상 차원에서 접근한다면 전혀 이해가 안 가는 것도 아닐 것이다. 한편 루마니아어에 존재하고 있는 남 슬라브어적인 요소의 비중은 두말할 나위도 없이 무시할 수 없을 정도로 막중하다. 전체 어휘 수만 보더라도 근래에 차용된 어휘들까지 포함하면 상당수에 달하고 언어학적인 관점에서 보더라고 음성·음운론 및 형태·통사론에 걸쳐 폭넓게 영향을 받고 있으며 문법적인 범주를 보더라도 각 품사별로 골고루 슬라브적인 요소들이 침투한 것을 알 수 있다. 비근한 예로서 루마니아 언어지리부도(ALR I/K 1248)를 보면 루마니아 영토에서 눈(snow)이라는 의미로 3개의 다른 단어들이 사용되고 있다는 것을 쉽게 알 수 있다 : 즉 서부와 북서부 지방에선 라틴어 nix(nivis)로부터 유래된 nea가 사용되고 있으며 북부와 동부 지방에선 루테니아인들로부터 차용한 것으로 간주되는 슬라브어원의 omăt가 사용되고 있으며, 루마니아의 수도인 Bucureşti를 중심으로 나머지 지역에선 고대 슬라브어로부터 유래된 것으로 여겨지는 zăpadă가 사용되고 있다는 매우 의미심장한 사실을 접하게 된다.[271] 이 한 예가 아마도 루마니아어의 현주소를 잘 암시해준다고 봐도 과언이 아닐 것이다.

## 미주

1) 현존하고 있는 루마니아어의 최초문헌은 1521년에 네아크슈(Neacșu) 라는 사람이 브라쇼브(Brașov)시의 시장에게 보내는 서신으로서 키릴문자로 작성되어 있다.

2) Iordan. 1956. 201; Rosetti. 1968. 16.

3) Mallinson. 1987. 306.

4) Schroeder, 1967, 69–70.

5) Schroeder, 1967, 71–73.

6) 루마니아어에서는 라틴어 폐음절의 a 모음이 비자음들(m, n) 앞에서 â/ɨ/ 모음으로 변했다. 다른 예를 들자면 라틴어 campus, catare 등이 루마니아어에선 câmp, cânta 등으로 변했다.

7) Șuteu, F./Șoșa E., 1994, 5: 에를 들자면 neîmpăcat, neîndurat, neînsemnat, preaînălțat, preaîntâmplat 등과 같은 복합어들에선 어중에서도 모음 î가 그대로 사용된다.

8) 현대 루마니아어에선 라틴어의 cantare 동사에서 어미(termination) –re가 떨어져나간 소위 짧은 부정형 형태를 취하고 있다.

9) 예를 들자면 일부에선 루마니아어의 이중모음들에 ai, ei, ii, oi, ui 등과 같이 어말모음 –i가 붙음으로서 이중모음이 형성되므로 루마니아어의 전체 이중모음의 수를 22개 또는 그 이상이며 삼중모음도 iei, oai 등을 포함시켜야 한다는 의견인 반면 일부에선 루마니아어의 기본적인 이중모음들은 ea, eo, oa이며 삼중모음은 인정하지 않는다는 견해이다.

10) Academia română, 2001, 9–21.

11) Academia română, 2001, 9–10.

12) Petrovici. 1957. 41; Rosetti. 1968. 302; Tagliavini. 1973. 189–190: 고전 라틴어에서 존재했던 성문 마찰음은 이미 B.C. 1세기경에는 극히 제한적인 어휘에서만 사용됐으며, 늦어도 A.D. 3세기에는 거의 음가의 기능을 상실한 것으로 알려지고 있다. 현대 루마니아어에서 이 성문 마찰음이 duh, hrană 등에서와 같이 주로 슬라브어원의 어휘에서 나타나고 있는 것으로 미루어보아, 이 음이 발칸 라틴어에서도 사라진 후에 주변 민족들의 언어들의 영향으로 인해 재도입됐을 것이라는 의견이 중론이다.

13) Rosetti, A. 1968. 97–98.

14) Deutschmann, O. 1971. 9.

15) 위의 문장을 고전 라틴어로 옮겨 적는다면 "Manius me fecit Numerio."가 될 것이다. 우리말로 번역하자면 대략 '마니우스가 누메리우스를 위하여 나에게 (이것을) 만들어 주었다.'라는 내용이 되겠다.

16) Deutschmann, O. 1971. 13. 도이취만의 견해에 의하면 고유명사 Numasios와 같은 o–변화 명사의 여격어미 –oi 또한 당시의 전형적인 오스크어의 특징 중 하나인 것이다.

17) Coşeriu, E. 1978. 263–265. 그의 견해에 따르면 이미 3–4세기에 문어체 라틴어와 구어체 라틴어 간의 상당한 차이를 보이게 됐으며, 6–7세기에 접어들면서는 로마제국의 식민지역들 간의 언어적인 차이가 두드러지게 됐다는 것이다.

18) Tagliavini, C. 1973. 119–129. Romania 라는 어휘는 지명 Roma에서 파생된 어휘로서 로마제국 당시엔 주로 제국의 영토를 나타내는 의미로 사용됐으나 오늘날엔 로망스어가 사용되고 있는 지역이란 뜻으로 사용되고 있다. 지명 Roma의 어원은 확실하게 규명된 것은 아니지만 에투루리아어로부터 유래됐다는 의견이 지배적이며 출현 시기는 B.C. 5세기 이전으로 거슬러 올라가고 있다. 로마인들은 그들 스스로를 로마에 살고 있는 사람들이란 뜻인 romani라고 일컬었던 것으로 밝혀지고 있다. 오늘날 로망스어가 사용되고 있는 지역을 일컫는 학술용어인 romania는 A.D. 5세기경에 쓰인 문헌에 나타나기 시작했지만, 실제론 이미 그 이전부터 사용됐던 것으로 추측된다.

19) 이 등어선은 단지 이탈리아어의 방언을 구분하는 경계선일 뿐만 아니라 로망스어권을 동·서로 분리하는 언어학적인 관점에서 매우 중요한 역할을 하고 있다. 이 선을 기준으로 이탈리아반도의 북쪽지방, 알프스지방, 갈리아지방 및 이베리아반도를 포함한 소위 서 로망스어권에선 라틴어의 어말음 –s를 그대로 보존하고 있으며, 또한 간모음의 무성 파열음들(k, p, t)이 각기 g, b, d 로 유성음으로 변한 반면에, 그 등어선을 기준으로 남부지방, 즉 중·남부 이탈리아와 발칸 로망스어권을 포함한 소위 동 로망스어권에선 어말음 –s가 더 이상 보존되고 있지 않고 있으며, 라틴어의 무성 파열음들도 그대로 유지되고 있다.

20) 이문수. 2002. 169–170.

21) Coșeriu, E. 1978. 263–265; 이문수. 2002. 169–170.

22) Lausberg, H. 1969. 144.

23) Lausberg, H. 1969. 145–146.

24) 고전 라틴어의 어말음 –m은 후기 속 라틴어 시대에서 대부분 소멸됐기 때문에 현대 로망스 어들에선 그 흔적을 거의 찾을 수조차 없게 됐다. 다른 예로서 고전 라틴어의 일곱을 나타내는 sĕptem에 해당하는 현대 로망스어휘는 루어 șapte, 이어 sette, 불어 sept, 서어 siete, 포어 sete 등으로서, 어말음 –m이 어떤 언어에서도 사용되고 있지 않다.

25) 이문수. 2002. 175.

26) Lausberg, H. 1969. 144–149. 라우스베르그는 발칸 라틴어의 모음체계를 소위 '타협적인 체계'라고 일컫고 있다. 다른 예들을 더 들자면 고전 crŭce(십자가) > 속 crọce > 이어 croce인 반면에 crŭce(십자가) > 발칸 cruce > 루어 cruce 이며, 고전 sŭrdŭs(귀머거리의) > 속 sọrdọ > 이어 sordo인 반면에 고전 sŭrdŭs(귀머거리의) > 발칸 surdu > 루어 surd 등이다.

27) Tagliavini, C. 1973. 187–188.

28) Rothe, 1957. 7; Meyer–Lübke, 1972. 550. 예를 들자면 고전 poena(형벌, 징계, 노고) > 속 pẹna > 이어, 서어, 포어 pena 등이다.

29) Tagliavini, C. 1973. 189.

30) Mallinson, G. 1987. 308; 이문수. 2003. 458.

31) Densusianu, O. 1975. 269: Friedwagner, M. 1934. 678.

32) Mallinson, G. 1987. 308.

33) Mallinson, G. 1987. 308; 이문수. 2003. 459.

34) Rosetti, A. 1968. 97–98.

35) Petrovici, E. 1957. 11.

36) 넓은 의미에서의 방언(varieties)을 뜻하는 것이며 고대 로마제국 당시 제국의 한 변방이었던 다키아지방으로서 오늘날 루마니아 영토에 해당하는 지역에서 사용되고 있는 다코–루마니아어와 알바니아와 마케도니아의 일부 지역에서 사용되고 있는 아루마니아어(일명 마케도

루마니아어)와 메글레노-루마니아어 및 오늘날 크로아티아의 이스트리아 반도 일부 지역에서 구사되고 있는 이스트로-루마니아어를 일컫는 것이다.

37) 라틴 어원의 어휘 중 이 음운 규칙에 따르지 않는 유일한 단어가 있는데 (예 : 라틴어 vocem > 루마니아어 voce'목소리')이 단어 역시 지역적인 방언에서는 voace 또는 boace로 정상적인 음운 변화를 보여주고 있다.

38) 슬라브어원의 단어들 중에는 간혹 e 가 ea로 또한 o가 oa로 이중모음으로 변한 것이 있다. 예로서 슬라브어 četa > 루어 ceată(무리, 떼) 또는 슬라브어 kosa > 루어 coasă(큰 낫) 등이 있지만 예외적인 현상으로 간주된다.

39) Rothe, W. 1957. 18. 본래 고대 루마니아어에서 어두의 개음 a가 비자음들 앞에서 고모음 î/ɨ/로 됐지만, 전설 모음(일명: 구개 모음)들 앞에서 î/ɨ/ 가 역행동화 현상이 나타나면서 i로 변음된 것으로 전해진다.

40) Rothe, W. 1957. 16. 원래의 음운규칙상으로는 고전 라틴어의 단음 ĕ가 속 및 발칸 라틴어에서 개음 ę로 변한 후에 고대 루마니아어에서 ie로 이중모음화 됐지만, 구개음들(c, g) 다음에서 ie가 e로 축약된 것이라는 중론이다. 예를 들자면 고전 caelum > 발칸 cęlu > 고대 루어 cieru > 현대 루어 cer 또는 고전 gĕlu > 발칸 gęlu > 고대 루어 gieru > 현대 루어 ger 등이다.

41) Rothe, W. 1957. 12-13. 고대 루마니아어에서 어두의 개음 a가 비자음들 앞에서 고모음 î/ɨ/로 변했지만, 16세기 이후부터는 후설 모음들 앞에서 î/ɨ/가 역행동화 현상이 나타나면서 u로 변음된 것으로 전해진다.

42) Lausberg, H. 1969. 185; Rothe, W. 1957. 13.

43) 현대 루마니아어에서 어말 모음 -ă 앞의 음절에 위치한 e가 ea로, 또는 o 가 oa로 이중모음화 하는 현상을 자주 접할 수 있다. 예를 들자면 고전 sēra(저녁) > 발칸 sęra > 루어 seară; 고전 rŏta(바퀴) > 발칸 rota > 루어 roată 등이다.

44) Meyer-Lübke, W. 1972. 451, 702. 비자음 n이 무성 치찰음 s 앞에서 소멸되는 현상은 발칸 라틴어서뿐만 아니라 속 라틴어에서도 나타났다. 예: 고전 mēnsa(식탁) > 발칸, 속 męsa > 서어, 포어 mesa, 루어 masă 등. 한편 소위 중심권 로망스어들인 이탈리아어와 프랑스어에선 우리말 '식탁'이라는 의미로 mēnsa보다 신조어휘인 tabŭla가 도입된 것으로 알려지고 있다. 예를 들자면 고전 tabŭla > 속 tabọla(tavọla) > 이어 tavola, 불어 table 등이다.

45) 어중 모음의 축약 현상은 이미 A.D. 1~2세기 경부터 고전 라틴어에서 전반적으로 나타났던 것으로 전해지고 있으나, 발칸 지역에선 부분적으로만 적용된 것으로 알려지고 있다.

46) 이미 고전 라틴어에서 이중모음 au가 o 단음화 되기 시작했으나, 발칸 라틴어에선 부분적으로만 도입된 것으로 전해지고 있다.

47) Rothe, W. 1957. 27. 비자음들 앞의 라틴어 o가 루마니아어에서 u로 변했으며, 중간 모음 e가 치자음들 뒤에서 ă/ə/로 됐다.

48) 라틴어 nĕque > 루어 nici처럼 일부 어휘에서 라틴어의 어말 모음 -e가 루마니아어에서 -i로 변하는 경우도 있는데 이것은 앞음절의 고·전설 모음 i에 의한 순행동화 현상으로 간주되며, 뒤의 자음 단락에서 구체적으로 설명되겠지만 라틴어 간모음의 유음 -r- 이 루마니아어에선 대부분 또 다른 유음인 -l- 로 바뀌었다. 예를 들자면 라틴어 sole(m) > 루어 soare 등이다.

49) Rothe, W. 1957. 30.

50) Lausberg, H. 1967. 87; Meyer-Lübke, W. 1972. 574.

51) 이미 위에서 예시된 루마니아어휘 paru, umblu 등에서 보여주듯이 어말음 -u가 유음들 뒤에서 대부분 보존되고 있다.

52) 예외적이지만 폐음절일 경우에서처럼 a > î로 변화된 경우도 가끔 발견된다. 예로서 고전 angŭstus(좁은) > 발칸 angustu > 루어 îngust 등이다. 또한 간혹 라틴어의 어두음에는 e도 있지만 이 또한 루마니아어에서 a 모음으로 바뀌었다. 예를 들자면 고전 erīcius(고슴도치) > 발칸 ericiu > 루어 arici 등이다.

53) 고전 라틴어 강세 단음 ĕ는 발칸 라틴어의 개음 ę로 변한 후에 고대 루마니아어에서 이중모음 ie > ii를 거친 다음 단모음 i로 됐다.

54) Ibid:. 고전 라틴어 강세 단음 ĕ 는 발칸 라틴어의 개음 ę로 변한 후에 단모음 i로 됐다.

55) Rothe, W. 1957. 21. 라틴어휘 cabăllus에서 간모음의 b나 v는 루마니아어에서 대부분 소멸됐으며, 이로 인하여 발칸 라틴어 과정인 cabalu를 거쳐 고대 루마니아어의 că(b)al로 변한 후에 어중음 ă가 소멸된 것으로 알려지고 있다.

56) Rothe, W. 1957. 21-22.

57) 라틴어로부터 로망스어로의 발달 과정에서 명사의 유형들이 재배치되면서 루마니아어 명사의 곡용체계가 변한 것으로 간주된다.

58) Mallinson, G. 1987. 315-317. 루마니아어에서 라틴어 동사의 부정형 접미사 -re가 떨어져나간 현상은 비교적 최근에 일어났으며, 현재 루마니아어 표준 문법상의 조건-원망법은 조동사(aș, ai, ar, am, ați, ar 등) + 본동사의 부정법으로 표기하는 우언적(periphrastic) 형태

(예: aş cânta)가 사용되고 있으나, 원래는 종합적 형태였던 cântareaş로부터 분석적인 형태로 바뀌게 됐고, 그 후 동사 부정형의 접미사 -re가 탈락하게 됐는데, 그 시기는 18세기 중반 경으로서, 그와 비슷한 시점에서 루마니아어의 부정법 용법이 접속법 등에 의해서 대체됨으로써 상당히 축소된 것으로 알려지고 있다.

59) 고전 라틴어 강세 뒤 음절의 단음 ĭ는 강세 앞 음절에서와 마찬가지로 발칸 라틴어에서 폐음 ẹ를 거쳐 루마니아어에서 대부분 e로 됐다.

60) Tagliavini, C. 1973. 189; 이문수. 2000. 21.

61) 이문수. 2000. 31.

62) Puşcariu, S. 1975. 176.

63) 이문수, 1999. 63.

64) 이문수, 1998. 114-115.

65) 이문수, 2002, 169: 'Romania'라는 어휘는 지명 'Roma'에서 파생된 것이다. 지명 'Roma'는 그 어원이 불분명하지만 출현 시기는 B.C. 5세기 이전으로 거슬러 올라가며, 로마인들은 그들 스스로를 로마에 살고 있는 사람들이란 뜻인 'romani'라고 일컬었던 것으로 밝혀지고 있다. 오늘날 로망스어가 사용되고 있는 지역을 일컫는 학술용어인 'romania'는 A.D. 5세기경에 쓰여진 문헌에 나타나기 시작했지만, 실제론 이미 그 이전부터 사용됐던 것으로 추측된다. 당시 'romania'는 게르만 민족의 영역(germania)과 대조적인 의미로 사용됐었으나, 6세기부터는 로망스어가 구사되는 지역을 뜻하게 됐다.

66) Lausberg, 1967, 79-83; 이문수, 1999, 58-60: 예로서 우리말 '노래하다' 동사의 고전 라틴어휘 cantare의 직설법 현재 단수 2인칭 형태인 cantas와 현대 로망스어들의 형태들인 루어 cânţi, 이어 canti, 불어 chantes, 서어 cantas, 포어 cantas 등을 비교해 보면, 소위 서 로망스어(불어, 서어, 포어 등)에선 어말음 -s가 보전되고 있는 반면, 동 로망스어(이어, 루어 등)에선 완전히 사라졌다. 또한 라틴어의 무성 파열음들의 유성음화 여부의 예로서는 라틴어휘 focus(아궁이, 불)로부터 유래된 로망스어들의 어휘를 비교해보자면 루어 foc, 이어 fuoco, 불어 feu, 서어 fuego, 포어 fogo 등으로서 동 로망스어에선 라틴어의 무성 연구개 파열음 c/k/가 그대로 보존되고 있는 반면에 서 로망스어에선 유성음화(g/g/)된 것으로 나타나고 있다.

67) Wheelock, 1971, xxiiixxx: 그는 라틴문학의 발전단계를 초기(~B.C. 80년경), 황금기(B.C. 80~A.D. 14년), 은기(14~138년), 기독교기(2세기 후반~5세기), 중세기(6 ~14세기), 부흥기(15세기)에서 현재까지로 구분하고 있다.

68) 성염, 2003, 303:그는 자음 z가 도입된 시기를 키케로 시대(81~B.C. 31년)로 보고 있다. 한편 Langenscheidt, 1982, 1255: 사전에선 아우구스투스황제 시대(B.C. 32~A.D. 14년)에 도입된 것으로 돼 있다. 이들 두 문헌을 종합해 보면 자음 z의 도입 시기는 라틴문학의 황금시기로 일컬어지는 기간에 도입됐다고 할 수 있겠다.

69) 성염, 2003, 305.

70) Coseriu, 1978, 269–270: 서력기원 전후로 활동했던 대 문필가인 키케로는 고전 라틴어에도 가족들이나 친지들 간의 일상적인 표현법과 철학적이거나 수사학적인 표현법 사이에 다소 차이가 있었다고 지적하고 있다.

71) Tagliavini, 1973. 193–194: berbex 형에서 프랑스어의 brebis나 루마니아어의 berbece 등이 유래된 것으로 전해지고 있다. 그밖에도 corvus(갈까마귀) > corbus 또는 nervus(신경) > nerbus 등과 같은 예들도 들 수 있다.

72) Tagliavini, 1973. 190: 예로서 saccis는 /sakkis/로 발음이 되고 coquit 또는 cocit는 모두 /kokit/로 발음이 됐다.

73) Tagliavini, 1973. 190–191; Lausberg, 1967. 10–11: 현대 로망스어들에서 예를 찾아보자면 고전 라틴어의 cinque(다섯), caelum(하늘) 등에 해당하는 루어는 각기 cinci, cer 이어에선 cinque, cielo 불어에선 cinq, ciel 서어에선 cinco, cielo이고 포어에선 cinco, céo 등으로 미루어 보아 전 단계인 속 라틴어나 발칸 라틴어에서 이미 구개음화 현상이 일어났던 것으로 추측된다.

74) Tagliavini, 1973. 191; Meyer-Lübke, 1972. 424–425: 유성 연구개 파열음 g의 탈락은 전설모음 앞에서 일종의 구개음화 현상으로 나타난 것으로 알려지고 있다. 다른 예를 들어보면 고전 라틴어 magis > 루어 mai, 이어 mai, 불어 mais, 서어 mas, 포어 mais 등에서 보여주듯이 어떤 로망스어에서도 g를 보존하고 있지 않는다는 사실은 로망스어의 전 단계인 속 라틴어에서 이미 g가 탈락된 것으로 추측된다.

75) Tagliavini, 1973. 189–190; 이문수, 1999. 64: 예를 들자면 고전 habeo > 속 abeo, 고전 hanc > 속 anc 등이 있다.

76) Lausberg, 1967. 78; Rothe, 1957. 8: Tagliavini, 1973. 195: 예로서 고전 mūrum(담) > 속 muro, 고전 caelum(하늘) > 속 cęlu, 고전 carrum(탈것) > 속 carro, 고전 cum(~함께) > cun > 속 con, 고전 quem(누구) > 속 quene 등을 들 수 있다.

77) Lausberg, 1967. 79–83; 이문수, 1999. 58–60.

78) Lausberg, 1967. 84–86.

79) Mallinson, 1987, 308–309; 이문수, 2000, 33.

80) 라틴어 간모음의 자음군 연구개 파열음 + 치음, 즉 –cs/ks/–와 –ct/kt/–는 로망스어들 사이에서 독특하고 다양한 변화를 나타내고 있는데, 발칸 로망스어인 루마니아어에선 연구개 파열음이 대부분 순음(p/p/)으로 변했다. 예: 고전 făctŭm > 발칸 factu > 루어 fapt; 고전 ŏcto > 발칸 octo > 루어 opt 등.

81) 라틴어 간모음의 유음 –r–은 루마니아어에선 대부분 다른 유음인 –l–로 교체됐으며, 라틴어 전설 모음들(i, e) 앞의 연구개 무성 파열음(c/k/)은 루마니아어에서 치경 파찰음(/ʧ/)으로 됐다.

82) Lausberg, 1967. 8.

83) Lausberg, 1967. 8; Rosetti, 1968, 120: 전설 모음, 즉 ĕ와 ī 모음들 앞의 라틴어 유성 치·파열음 d/d/는 루마니아어에서 z/z/로 마찰음화됐다. 특히 장음 ē 앞에서는 d가 그대로 보전되고(예: 고전 dēnsus> 발칸 dẹsu > 루어 des) 있는데 비하여, 단음 ĕ(>ie) 앞에선 z로 구개음화(예: 고전 dĕcĕm > 발칸 dęcę > 루어 diece > zece) 됐다는 사실을 주목할 필요가 있다.

84) 전설모음들(ĕ, ī) 앞의 고전 라틴어 자음군 ll이 루마니아어에서 대부분 발칸 라틴어의l'(l 의 구개음화) 단계를 거친 후 소멸되는 현상을 보여주고 있다. 예: 라틴어 단수 căbăllus(말) > 루어 cal – 복수 căbăllī(말들) > 루어 cai 등.

85) 라틴어 전설 모음들(i, e) 앞의 연구개 유성 파열음(g/g/)도 무성 파열음(c/k/)의 경우와 유사하게 루마니아어에서 치경 파찰음(/dʒ/)화 됐다.

86) 그러나 어두음 l이 전설모음 앞에서 구개음화 되면서 모음 i로 변했다.
예: 라틴어 lĕporem(〈 lĕpŭs 토끼) > 루어 iepure 등.

87) 간모음의 라틴어 유음 –l– 은 루마니아어에서 모두 다른 유음인 –r– 로 변했다.
예: 고전 caelum(하늘) > 발칸 cęlu > 루어 cer 등.

88) Lausberg, 1967. 8, 각주 2 전설모음, 특히 i 모음 앞의 라틴어 치자음 s 루마니아어에서 구개음화 돼 치경음 ș/ʃ/으로 변했다. 예: 라틴어 sīc > 루어 și 등. 그러나 전설모음 다음에 비자음들(m, n)이 올 경우엔 이 법칙이 적용되지 않는다. 예: 라틴어 sĕntīre > 루어 simți 등.

89) Rothe, 1957. 16; Lausberg, 1967. 8. 로테는 중간 단계에서 țieară 형태를 거친 후에 현재 루마니아어 형태인 țară로 변했다는 견해이며, 라우스베르그는 중간단계로 tiarra 형태를 거친 후 현재의 모습을 취했다는 견해이다.

90) Lausberg, 1967. 33 라틴어의 마찰음 v는 특히 어중음일 경우에 이미 서력기원 전환기에 파열음 b와 더 이상 구별되지 않게 됐으며, 어두음일 경우에도 그 당시부터 혼용됐던 것으로 알려지고 있다. 예: 라틴어 vĭttă(끈) > 루어 bită 등.

91) 루마니아어에서 라틴어 동사의 부정형 접미사 –re가 떨어져 나간 현상은 비교적 최근인 18세기 중반 경으로 알려지고 있다.

92) 이문수, 2002, 176: 라틴어의 기식음 h[ɦ]은 이미 상고 라틴어 시대에 간모음의 위치에서, 특히 동일 모음 사이에 놓여 있을 경우에 탈락되기 시작한 것으로 알려지고 있다. 예: ne homo > nehemo > nemo; de habeo > dehibeo > debeo 등. B.C. 1세기인 키케로(Cicero) 시대에는 라틴어 성문 마찰음 h가 단지 기식음을 포함하고 있는 그리스어원의 어휘에 국한하여 사용됐었으며, 서기 3세기 이후의 문헌에선 h가 어두음일 경우에도 소멸된 것으로 전해진다. 예: habeo > abeo; hanc > anc 등. 그러나 이 성문 마찰 기식음 [ɦ](<trahere)이 치경 파찰음 [dʒ](tragere)로 변하게 된 연유나 시기에 관해선 아직 명확히 밝혀지고 있지 않다.

93) Lausberg,1967. 87; Pușcariu,1976. 113: 이어 quattro, 불어 quatre, 서어 cuatro, 포어 quatro 등 여타 로망스어들에서도 어말 자음 r이 선행하는 모음들과 전위돼 있는 것으로 미루어 보아, 이러한 음운전위 현상은 발칸 라틴어뿐만 아니라 속 라틴어에서도 이미 발생한 것이 확실하다.

94) Lausberg, 1967. 22.

95) Lausberg, 1967. 33–35.; Rosetti, 1968, 117–119.

96) Rothe, 1957. 34.

97) 늦어도 A.D. 3세기말에 유성 연구개 파열음 g/g/ 구개음화되기 시작한 것으로 추측되며, 특히 간 모음 위치에서 소멸된 것으로 알려지고 있다. 예: 고전 ego(나는) > 속 eo > 루어 eu, 이어 io, 서어 yo, 포어 eu 등.

98) Lausberg, 1967. 67–71.

99) A.D. 1세기 문헌에 domĭna, calĭdus, ocŭlus 대신에 domna, caldus, oclus 등이 사용되고 있는 것으로 미루어 보아, 당시 어중 모음의 축약 현상이 이미 시작된 것으로 추측된다.

100) Rosetti, 1968, 98–99; Petrovici, 1957, 11: 로세티는 라틴어의 강세 o 모음은 고대 루마니아어에서 oa로 이중 모음화 됐다는 견해인데 반하여 페트로비치는 루마니아어의 ea나 oa는 이중모음이라기보다는 선행하는 자음의 e 또는 u 성질의 구개음 및 순음 뒤에 오는 a 모음의 이중모음식 표기에 불과하다는 의견이다.

101) Rothe, 1957. 42. 이러한 현상(mn>un)은 대부분 자음군 mn 앞에 a 모음이 올 경우에 발생하고 있다.

102) Tagliavini, 1973: 195; Rothe, 1957: 8 고전 라틴어의 자음군 -ns에서 n의 소멸, 즉 유성 치·비자음 n이 무성 치찰음 앞에서 탈락된 현상은 이미 속 및 발칸 라틴어 시대에 발생한 것으로 알려지고 있다. 예로서 고전 mēnsa(식탁) > 속 mẹsa; 고전 consul(집정관) > 속 cosul 등.

103) 일부 고전 라틴어 단음 ĕ가 현대 루마니아어에서 ia로 됐는데, 이 음운 변화는 중간 단계에서 발칸 라틴어의 개음 ę의 경로와 고대 루마니아어 ie 과정을 거친 후 어말 모음 -ă/ə/(< 라틴어 -a)의 영향에 의한 역행동화 현상으로 간주된다.

104) Tagliavini, 1975. 415-416; Rothe, 1957. 37: 중간 단계에서 fratre 형태를 거친 후에 현재 모습을 취하게 됐다는 것이 중론이다.

105) 이문수, 1999: 64.

106) Rosetti, 1968: 302.

107) Macrea, 1982, 55-57.

108) O. Deutschmann(1971), p. 123.

109) S. Pușcariu([2]1976), p. 293.

110) Lausberg, 1967, 78-86; Lausberg, 1969, 145-146; Tagliavini, 1973, 170-207.

111) Meyer-Lübke, 1972, 391, 491, 495.

112) 이문수, 2000, 39-40.

113) Rosetti, 1968, 127-128.

114) Rosetti, 1968, 97-99; Densusianu, 1975, 269; Friedwagner, 1934, 678; 이문수, 2005, 83-84.

115) 원래 ille, illa, illud 등은 고전 라틴어에선 지시사로 사용됐다가 훗날 정관사로 자리매김하게 된 것으로 알려지고 있다.

116) Meyer-Lübke, 1972, 349.

117) Coseriu, 1978, 268.

118) Lausberg, 1969, 144-146.

119) Lausberg, 1969, 148–149; Meyer-Lübke, 1972, 306–307.

120) Petrovici, 1957, 15–17; Rosetti, 1968, 97–98: 이를 테면 페트로비치는 루마니아어의 고모음 â=î/ɨ/는 슬라브어의 유산이라는 견해이고 반면에 로세티는 기층어의 영향에서 비롯된 것으로 보고 있다.

121) Mallinson, 1987, 310; Rosetti, 1968, 97–98; 이문수, 2000, 24.

122) Densusianu, O. 1975. 269: Friedwagner, M. 1934. 678.

123) 자음 z의 도입 시기는 대략 라틴문학의 황금시기(B.C. 80~A.D. 14년)로 일컬어지는 기간에 도입됐다고 할 수 있겠다.

124) Tagliavini, 1973. 189–190; 이문수, 1999. 64.

125) Lausberg, 1967, 78–86.

126) Lausberg, 1967. 79–83; 이문수, 1999. 58–60.

127) Mallinson, 1987, 309.

128) Tagliavini, 1973, 196.

129) Mallinson, 1987, 313.

130) Mallinson, 1987, 314.

131) Tagliavini, 1973, 206–207: 원래 고전 라틴어에선 과거시제는 종합적(synthetic)인 형태만 존재했었고 분석적(analytic)인 형식은 속 라틴어시대에서 사용되기 시작했던 것으로 알려지고 있다.

132) Mallinson, 1987, 314.

133) Mallinson, 1987, 315.

134) Pei, 1976, 57–58.

135) Mallinson, 1987, 316.

136) Tagliavini, 1973, 170–171.

137) Bartoli, 1939, 68–69.

138) Coseriu, 1979, 43.

139) Deutschmann, 1971, 121; Pușcariu, 1976, 214–216; Meyer–Lübke, 1972, 489.

140) Graur, 1967, 8–9.

141) Puscariu, 1976, 183.

142) 이문수, 2005, 27–28.

143) Meyer–Lübke, 1972, 410

144) Sala, 1988, 42–50.

145) 이문수, 1995. 269–275: 루마니아어의 기층어(Substratum)는 로마인들이 남·동유럽지역 및 발칸지역으로 진출하기 이전 이 지역의 원주민들의 언어, 즉 트라코–다카아어적인 요소를 일컫는 것임.

146) Sala, 1988, 73.

147) 이남덕, 1985, 363–364.

148) Pușcariu, 1976, 183.

149) Pușcariu, 1976, 184.

150) Lausberg, 1967, 84–86; 이문수, 2002, 177.

151) 이문수, 2004, 65.

152) Meyer–Lübke, 1972, 176; Pușcariu, 1975, 36.

153) DEX, 237.

154) Meyer–Lübke, 1972, 176.

155) Lausberg, 1967, 78; 이문수, 2002, 176.

156) Lausberg, 1967, 33–35.

157) 예를 들자면 라틴어 tĕrra(땅)>루어 țară(나라, 시골), tĕnēre(잡다)>루어 ține 등과 같이 변음 된다.

158) 예를 들자면 루마니아어에서 cinci/ʧinʧi/, cer/ʧer/와 같이 발음 된다.

159) 다른 예로서는 아래에서 언급될 mustață(콧수염) 〈 라틴어 mustacia 등을 들 수 있다.

160) Meyer-Lübke, 1972, 697; Pușcariu, 1975, 149.

161) Meyer-Lübke, 1972, 495: 이어 occhio, 불어 œil, 서어 ojo, 포어 olho 등과 같이 각양각색인 것으로 알려지고 있다. 루마니아어의 경우에도 ochiu로 돼 있는 것으로 미루어보아 어말음 -us는 나중에 탈락된 것으로 사료 된다.

162) 이를테면 라틴어 clavis > clave(열쇄) > 루어 cheie/keie/, 이어 chiave/kiave/; 라틴어 clamare(부르다) > 루어 chema/kema/, 이어 chiamare/kiamare/ 등과 같이 변한다.

163) 이문수, 2002, 175-176: A.D. 1세기 비문들에서 이미 domĭna, calĭdus, ocŭlus 대신에 domna, caldus, oclus 등이 사용되고 있다.

164) Meyer-Lübke, 1972, 483-484.

165) Pușcariu, 1975, 98.

166) DEX, 663.

167) Tagliavini, 1973, 187-188; 이문수, 2002, 175: 다른 예를 들자면 고전 라틴어 aurŭm(금) > 속 라틴어 oro > 이어 oro, 불어 or, 서어 oro, 포어 ouro, 루어 aur 등이다.

168) Russu, 1981, 108, 118.

169) Meyer-Lübke, 1972, 333.

170) 이문수, 2002, 175.

171) Meyer-Lübke, 1972, 410.

172) 이문수, 2000, 39-40: 루마니아어에선 라틴어의 중자음 -qu-와 -gu-가 a 모음 앞에서 각기 -qu-> -p-, -gu-> -b-로 순음화 현상을 보이고 있는 것이 특징이다. 다른 예를 들어보자면 라틴어 ăqua(물) > 루어 apă 등과 같이 변하고 있다.

173) Meyer-Lübke, 1972, 235.

174) Lausberg, 1969, 185; 이문수, 2000, 25-26.

175) Meyer-Lübke, 1972, 446; Pușcariu, 1975, 90.

176) 이문수, 2000, 38-40.

177) Meyer-Lübke, 1972, 78.

178) DEX, 91.

179) Pușcariu, 1975, 15.

180) DEX, 416.

181) Cf. Sala, 1988, 20–42.

182) Russu, 1981, 108; DEX, 157.

183) Meyer–Lübke, 1972, 353.

184) Tagliavini, 1973, 189–190; 이문수, 2002, 176.

185) Rosetti, 1968, 302.

186) Meyer–Lübke, 1972, 670–671; DEX, 1006.

187) Meyer–Lübke, 1972, 643; DEX, 1051.

188) Russu, 1981, 108.

189) 이문수, 2000, 26: 다른 예를 들자면 고전 라틴어의 단수명사 pĕtra(돌) > 루어 piatră로 변하는 반면 복수에선 pĕtrae(돌들) > 루어 pietre와 같이 변음되는 것을 알 수 있다.

190) Meyer–Lübke, 1972, 521–522.

191) 이문수, 2000, 39–40.

192) 이문수, 2000, 25.

193) Meyer–Lübke, 1972, 655.

194) Lausberg, 1969, 186.

195) Russu, 1981, 116–118.

196) DEX, 120.

197) Meyer–Lübke, 1972, 753.

198) Fasmer. 1996. 15.

199) Meyer–Lübke, 1972, 306.

200) DEX, 50.

201) DEX, 1173.

202) DEX, 774.

203) Meyer-Lübke, 1972, 111.

204) Meyer-Lübke, 1972, 218.

205) 이문수, 2000, 36-37: 다른 예를 들자면 고전 라틴어 căbăllŭs(말) > 발칸 caballu > 루어 cal 등이다.

206) Meyer-Lübke, 1972, 435.

207) Meyer-Lübke, 1972, 240.

208) Lausberg, 1969, 145-146; 이문수, 2002, 174-175.

209) Meyer-Lübke, 1972, 506.

210) Meyer-Lübke, 1972, 564.

211) 이문수, 2000, 39-40: 다른 예를 들어보면 라틴어 lĭgnŭm(나무) > 루어 lemn 등이 있다.

212) Meyer-Lübke, 1972, 212.

213) 이문수, 2000, 39-40.

214) Meyer-Lübke, 1972, 521.

215) Pușcariu, 1975, 61; Meyer-Lübke, 1972, 319.

216) Meyer-Lübke, 1972, 566.

217) 이문수, 2004, 65.

218) De Cihac, 1870, 510-511; DEX, 555.

219) Meyer-Lübke, 1972, 755.

220) 이문수, 2000, 35-36, 39.

221) Meyer-Lübke, 1972, 501.

222) 이문수, 2004, 72: 예를 들자면 라틴어 văccă(암소) > 루어 vacă, 라틴어 căbăllus(말) > 루어 cal, 라틴어 ănnus(해, 년) > 루어 an, 라틴어 fĕrrum(철) > 루어 fier 등이 있다.

223) 이문수, 2000, 25: 다른 예로는 고전 라틴어 fĕrrum(철) > 발칸 라틴어 fęrru > 루어 fier 등을 들 수 있다.

224) Meyer-Lübke, 1972, 476.

225) Wiener Jahrbücher der Literatur, XLVI, 1829, p. 86. 여기서 그는 다뉴브 강 이북의 루마니아, 헝가리, 부코비나 지방에 이르기까지 그리고 다뉴브 강 이남의 불가리아, 알바니아 및 마케도니아에 걸쳐 하나의 언어 형태가 존재하고 있다고 다소 과장된 주장을 했다.

226) cf. 이문수(1991), p. 532; A. Du. Nay(1977), p. 77; Al. Rosetti(1986), pp. 55-56.

227) 그의 여러 저서들 중에 특히 Cuvente den bătrîni, III: IRL I : Principie de linguistică, București, 1881.에서 자세하게 다루고 있음.

228) A. Philippide(1894), : ILR, I. Principii de istoria limbii, Iași; Ibid.(1927) : Originea românilor, II. Ce spun limbile română și albaneză, Iași.

229) O. Densusianu(1901), pp. 8-39, pp. 349-357.

230) T. Capidan(1921), pp. 443-554.

231) S. Pușcariu($^{2}$1976), pp. 263-272.

232) cf. G. Brâncuș(1978), pp. 367-368.

233) Al. Rosetti(1958) : Considerații asupra ununii lingvistice balcanice, in : SCL 9, pp. 303-308; Ibid(1968) : ILR, pp. 203-217.

234) cf. A. Cioranescu(1966), p. 55.

235) cf. G. Meyer(1891), p. 29.

236) T. Capidan(1922), pp. 459-460

237) C. Poghirc(1969) : in : ILR, II, pp. 327-356; A. Rosetti (1968), pp. 264-276 ; I. I. Russu (1981), pp. 116-117, pp. 130-131, 이문수 (1995), pp. 274-275 등.

238) C. Poghirc(1969), p. 320.

239) G. Brâncuș(1973) : Albano-romanica 3, vocal ă în română și albaneză, în : SCL 24, 3,

pp. 291–296.

240) Al. Rosett(1968), pp. 97–98, p. 247.

241) E. Petrovici(1957), pp.14–16. ; Ibid. (1964), pp. 199–206.

242) G. Brâncuş(1961) : Originea consoanei h din limba română, in : SCL 12, 4, pp. 471–477.

243) C. Poghirc(1969), p. 321.

244) cf. E. Petrovici(1957), p. 41. ; Al. Rosetti(1968), p. 302.

245) Al. Rosetti(1968), pp. 248–249.

246) Al. Rosetti(1974) : Sur le traitement des grouoes lat. ct et cs en roumain, in : RRL 19, 2, pp. 139–140.

247) A. Du Nay(1977), p. 53.

248) Ibid., p. 54.

249) G. Brâncuş(1978), p. 372.

250) cf. I. I. Russu(1981), p. 108 ; cf. G. Brâncuş(1978), p. 373.

251) I. I. Russu(1981), pp. 131–134.

252) G. Brâncuş(1978), p. 373.

253) M. Friedşagner(1934), p. 657 ; E. Gamillscheg(1964), p. 56 ; S. Puşcariu(²1976), p. 281 ; Al. Rosetti(1968), pp. 286–301.

254) S. Puşcariu(²1976), pp. 281–282 ; A. Du Nay(1977), p. 87.

255) Ibid., p. 288.

256) Ibid., p. 289.

257) Ibid.

258) Al. Rosetti(1968), p. 302.

259) Ibid. ; Petrovici(1957), p. 41.

260) Ibid., p. 39 ; Al. Rosetti(1968), pp. 336–337.

261) A. Du Nay(1977), p. 89.

262) Al. Rosetti(1968), p. 303.

263) Ibid., p. 304.

264) Ibid., pp. 306–307.

265) Ibid., pp. 313–317.

266) A. Du Nay(1977), p. 93.

267) Al. Rosetti(1968), pp. 320–326.

268) O. Deutschmann(1971), p. 123.

269) S. Pușcariu([2]1976), p. 293.

270) cf. Al. Rosetti(1968), p. 204.

271) S. Pușcariu ([2]1976), p. 214.

# 참고문헌

김방한. (1988). 역사-비교언어학. 민음사.
김윤한. (1988). 인구어 비교언어학, 민음사.
박광순(역). (1992). 헤로도토스의 역사. 범우사.
이문수/이창순. (2006). 유럽과 로망스어의 이해. 신아사.

Academia Republicii Socialiste România. (1966), *Gramatica Limbii Române.* I-II. Bucureşti.

Academia Republicii Socialiste România. (1965, 1969), *Istoria Limbii Române(ILR)*, I-II. Bucureşti.

Academia română. (1996). *Dictionarul explicativ al limbii române(DEX).* Bucureşti.

Academia română, (20015), *Îndreptar ortografic, ortoepic si de punctuatie.* Bucureşti.

Arvinte, V. (1980). *Die Rumänen. Ursprung, Volks- und Landesnamen.* Tübingen.

Armbruster, A. (19932). *Romanitatea Românilor. Istoria unei idei*. Bucureşti.

Avram, A. (1978). *Romanian* and general phonetics and phonemics. In: *Revue roumaine de linguistique.* 23. 71-109.

Bahner, W. (1970). *Die lexikalischen Besonderheiten des frühromanischen in Südosteuropa*. Berlin.

Bartoli, M. G. (1906). *Das Dalmatische*. I-II. Wien.

Bartoli, M. G. (1939). Der italienische Sprachatlas und die Arealnorm. In: *Zeitschrift für Volkskunde.* 10. 68-89.

Bârzu, L. (1981). *Der Fortbestand der Rumänen im ehemaligen Dazien.*

Bukarest.

Brâncuş, G. (1973). Albano-romanica 3, Vocala ăîn românăşi albaneză, In: *Studii si cercetari lingvistice* 24, 3, 291-296.

Brâncuş, G. (1978), Balkan studies. In: *Revue roumaine de linguistique*, 23, 367-379.

Brătianu, G. I. (1940). *O enigma si un miracol istoric: poporul român*. Bucureşti.

Budinszky, A. (1881). *Die Ausbreitung der lateinischen Sprache über Italien und die Provinzen des römischen Reiches*. Berlin.

Candrea, A. (1916). *Psaltirea Scheiana comparata cu celealte Psaltiri din secolul XVI si XVII*. Bucuresti.

Candrea, A. (1932). *Elemente latine disparute din limba româna*. Bucureşti.

Capidan, T. (1922). Raporturile albano-române. In: *Dacoromania* 2. Cluj.

Capidan, T. (1925). *Elementul slav în dialectul aromân*. Bucureşti.

Capidan, T. (1932). *Aromânii. Dialectul aromân*. Bucureşti.

Catorjan, N. (1980). *Istoria literaturii române vechi*. Bucureşti.

De Cihac, A

. (1870, 1978). *Dictionnaire détymologie daco-romane*. Osnabrück.

Cioranescu, A. (1966), *Diccionario etimológico rumano*. Tenerife.

Comrie, Bernard(ed.). (1987). *The World Major Languages*. London & Sydney.

Condurachi, C./Daicoviciu, C. (1972). *Rumänen*. München-Genf-Paris.

Coseriu, E. (1974). *Synchronie, Diachronie und Geschichte. Das Problem des Sprachwandels*. München.

Coseriu, E. (1978). Das sogenannte Vulgärlatein und die ersten Differenzierungen in der Romania. In: *Zur Entstehung der romanischen Sprachen(*ed. Kontzi, R.). Darmstadt. 257-291.

Coseriu, E. (19792). *Die Sprachgeographie*. Tübingen.

Coteanu, I. (1961). *Elemente de dialectologie a limbii române*. Bucureşti.

Crişan, I. H. (1969). *Ceramica daco-getica cu speciala privire la Transilvania*. Bucureşti.

Curtius. E. R. (1948). *Europäische Literatur und lateinisches Mittelalter*. Bern.

Daicoviciu, H. (1972). *Dacia de la Burebista la cucerirea romana*. Cluj.

Daicoviciu, H./Petrovici, E./Ştefan, G. (1964). *Die Entstehung der rumänischen Volkes und der rumänischen Sprache*. Bukarest.

Dečev, D. (1957), *Die Tthrakischen Sprachreste*. Wien.

Dečev, D. (1960). Characteristik der thrakischen Sprache, In: *Linguistique Balkanique*. 2. 148-213. Sofia.

Densusianu, O. (1901), *Histoire de la langue roumaine*, I. Paris.

Cazacu, B./Rusu, V.. (19752). *Ovid Densusianu, Opere*. Bucureşti.

Deutschmann, O. (1971), *Lateinisch und Romanisch*. München.

Diez, F. (1836~1843). *Grammatik der romanischen Sprachen*. I(1836), II(1838), III(1843). Bonn.

Dragomir. S. (1959). *Vlahii din nordul peninsulei Balcanice în evul mediu*. Bucureşti.

Duden. (1977) *Bildwörterbuch der deutschen Sprache* III. Mannheim/Wien/Zürich.

Dumitrescu, F. (1967). *Introducere în fonetica istorica a limbii române*. Bucureşti.

Fasmer, M. (1950, 1996) *Etimologicheskij slovar' russkogo jazyka*. IV. Sankt-Peterburg.

Friedwagner, M. (1934), Über die Sprache und Heimat der Rumänen in der Frühzeit. In: *Zeitschrift für Romanische Philologie* 54. 641-715.

Frisch, H. (1995), *Relatiile dintre lingvistica româna si cea europeana*. Bucureşti.

Förster, W. (1892). Die Apendix Probi. In: *Wiener Studien* 14: 278-322.

Gamillscheg, E. (1935), *Romania Germanica*. II. Berlin-Leipzig.

Gamillscheg, E. (1940, 1962). Über die Herkunft der Rumänen. In: *Ausgewählte Aufsätze* II. 225-243(1962). Tübingen.

Gamillscheg, E. (1962). Die rumänische Sprachatlas. In: *Ausgewählte Aufsätze* II. 245-284(1962). Tübingen.

Gamillscheg, E. (1964), Zur rumänischen Frühgeschichte. In: *Die Kultur Südosteuropas. Ihre Geschichte und ihre Ausdrucksformen*. 45-73.

Gauger, H. (1976). *Sprachwissenschaft und Sprachbewusstsein*. München.

Gauger, H. M., Oesterreicher, W.,Windisch, R. (1981). *Einführung in die romanische Sprachwissenschaft*. Darmstadt.

Georgiev, V. (1964), Die daksche Glossen und ihre Bedeutung zum Studium der dakischen Sprache. In: L*inguistique balkanique* 8. 5-14.

Georgiev, V. (1981). *Introduction to the History of the Indo-European Languages*. Sofia.

Giuglea. G. (1935). *Biserica ortodoxa româna*. Bucureşti.

Giurescu. C. G. (1972). *Formarea poporului român*. Craiova.

Giurescu. C. G./Giurescu. D. C. (1971). *Istoria românilor din cele mai vechi timpuri pîna astazi*. Bucureşti.

Giurescu. C. G./Giurescu. D. C. (1980). *Geschichte der Rumänen(trans. by Armbruster)*. Bukarest.

Graur, A. (1967) *The Romance Character of Romanian*. Bucharest.

Graur, A. (ed. 1968, 1969). *Istoria limbii române.* I, II. Bucureşti.

Groskurd, C.G(trans.). (1831). *Strabons Erdbeschreibung.* Berlin/Stettin.

Groza, L. (2011). *Probleme de frazeologie studii. Articole. Note.* Bucureşti.

Harnack, A. (1924). *Die Mission und Ausbreitung des Christentums in den ersten drei Jahrhunderten.* Leipzig.

Harris, Martin and Vincent, Nigel. (ed. 1988). *The Romance Languages.* London & Sydney.

Hristea, T.(coord.). (19843). *Sinteze de limba romăna.* Bucureşti.

Huber. M. (1973). *Grundzüge der Geschichte Rumäniens.* Darmstadt.

Iliescu, V. (1973). Die Räumung Dakiens und dle Anwesenheit der romanischen Bevölkerung nördlich der Donau im Lichte der Schriftquellen. In: *Dacoromania* 1. 5-28. Freiburg/München.

Iliescu M. (1979) *Grundwortschatz Rumänisch.* Farnkfurt am Main/Bern/Las Vegas.

Iordan, L. (1956), *Limba romăna contemporana.* Bucureşti.

Iorga, N. (1969). *Istoria literaturii române. În secolul al XVIII-lea.* II. Bucureşti.

Ivănescu, G. (1979), *Istoria limbii române.* Iaşi.

Jung, J. (18872). *Römer und Romanen in den Donauländern. Historisch-erhnographische Studien.* Innsbruck.

Krahe, H. (1940). *Die Welt als Geschichte.* 6. Wiebaden.

Krahe, H. (1955). *Die Sprache der Illyrier.* I. Wiesbaden.

Kretschmer, P. (1935). Sprachliche Vorgeschichte des Balkans. In: *Revue internationale des études balkaniques.* 1. 379-386.

Lausberg, H. (1967). *Romanische Sprachwissenschaft. II Konsonantismus.* Berlin.

Lausberg, H. (1969). *Romanische Sprachwissenschaft. I Einleitung und Vokalismus.* Berlin.

Macrea, D. (1982) *Probleme ale structurii si evolutiei limbii române.* Bucureşti.

Macrea, M. (1956). *Burebista si celti de la Dunarea de mijloc.* Bucureşti.

Mallinson, G. (1987). Rumanian. In: *The World's Major Languages.(e*d. Bernard Comrie). London & Sydney. 303-321.

Mariţeanu, M. C., Giosu, Ş., Ionescu-Ruxăndoiu, L.,Todoran, R. (1977), *Dialectologie romăna.* Bucureşti.

Meyer, G. (1891). *Etymologisches wörterbuch der albanischen sprache.* Strassburg/Trübner.

Meyer-Lübke, W. (1901). *Einführung in das Studium der romanischen Sprachwissenschaft.* Heidelberg.

Meyer-Lübke, W. (19725). *Romanisches Etymologisches Wörterbuch.* Heidelberg.

Mihăescu, H. (1960). *Limba latina în provinciile dunarene ale Imperiului roman*. Bucureşti.

Mihăescu, H. (1966). *Influenta greceasca asupra limbii române pîna în secolul al XV-lea*. Bucureşti.

Mihăilă, G. (1960). *Împrumuturi vechi sud-slave în limba româna*. Bucureşti.

Miron, P. (1973). Die rumänische Sprachgemeinschaft. *In: Dacoromania* 1. 183-188.

Miron, P. (1977). *Aspekte der lexikalischen Kreativität im Rumänischen*. Frankfurt am Main/Bern.

Mommsen, T. (ed. 1862.) *Corpus Inscriptionum Latinarum*. Berlin.

Mommsen, T. (1882). I*ordanis Romana et Getica*. Berlin.

Du Nay, A. (1977), *The Early The History of the Romanian Language*. Lake Bluff, Illinois.

Niculescu, A. (1965, 1978), *Individualitatea limbii române între limbile romanice*. vol. I. *Contributii gramaticale*(1965); vol. II. *Contributii socio-culturale*(1978). Bucureşti.

Niculescu, A. (1981), *Outline history of the Romanian language*. Bucharest.

Oppermann, M. (1984). *Thraker zwischen Karpatenbogen und Ägäis*. Leibzig/Jena/Berlin.

Oţetea. A.(ed. 1970). *Istoria poporului român*. Bureşti.

Panaitescu, P.P. (1977). *Einführung in die Geschichte der rumönischen Kultur*. Bukarest.

Pascu, Ş. (ed. 1974). *Istoria româniei*. Bucureşti.

Patsch, C. (1935). Die römische Grenzwehr der Balkanhalbinsel an der Donau. *In: Revue interntionale des études balkaniques* 1. 82-97.

Pârvan, V. (1990). *Studii de istorie medievala si moderna*. Bucureşti.

Pei, M. (1976). The Story of Latin and the Romance Languages. New York/Hagerstown/San Francisco/London.

Petrovici, E. (1957), *Kann das Phonemsystem einer Sprache durch fremen Einflus umgestaltet werden? Zum slawischen Einfluss anf das rumänische Lantsystem*. S-Gravenhage.

Philppide, A. (1923, 1928), *Originea românilor*. I-II. Iaşi.

Philippide, A. (1929), *Originea românilor, Ce spun limbile româna si albaneza*. Iaşi.

Pippidi, D. M. (1958). *Contributii la istoria veche a României*. Bucureşti.

Poghirc, C. (1969). Influenţa autohtonă. In: *Istoria limbii române*. II. 313-365. Bucureşti.

Pokorny, J. (1938). *Zur Geschichte der Kelten und Illyrier*. Halle.

Popović, I. (1960). *Geschichte der serbokroatischen Sprache*. Wiesbaden.
Puşcariu, S. (1905, 19752) *Etymologisches Wörterbuch der rumänischen Sprache*. Heidelberg.
Puşcariu, S. (19762). *Limba Romåna* I. *Privire generala*. Bucureşti.
Reichenkron, G. (1958). Das Ostromanisch. In: *Völker und Kulturen Südosteuropas*. München 153-173.
Reichenkron, G. (1978). Die Entstehung des rumänentums nach den neuesten Forschungen. In: *Zur Entstehung der romanischen Sprachen(ed. Kontzi)*. Darmstsdt. 366-385.
Roesler, R. (1871). *Romänische Studien. Untersuchungen zur älteren Geschichte Romäniens*. Leipzig.
Rohlfs, G. (1980). *Die rumänische Sprache in ihrer sprachdeographischen Beziehung zu den anderen romanischen Sprachen*. München.
Rosetti, Al. (1958), Consideraţii asupra uniunii lingvistice balcanice. In: *Studii si cercetari lingvistice*. 9. 303-308.
Rosetti, Al./ Cazacu, B/ Onu, L. (1971). *Istoria Limbii Române Literare*. Bucureşti.
Rosetti, A. (1978), *Istoria limbii române*. Bucureşti.
Rothe, W. (1957). *Einführung in die historische Laut- und Formenlehre des Rumänischen*. Halle.
Russu, I. I. (1973), Die autochthonen Elemente im Wortschatz der rumänischen Dialekte. In: *Dacoromania* 1. 189-196.
Russu, I. I. (1981). *Etnogeneza Românilor. Fondul autohton traco-dacic si componenta latino-romanica*. Bucureşti.
Sache L./Sache, M. (1982). *Dictionarul de sinonime al limbii române*. Bucureşti.
Sala, M., et. al. (1988). *Vocabularul reprezentativ al limbilor romanice*. Bucureşti.
Saramandu, N. (1975~76). Die Aromunen in der Dobrudscha. In: *Dacoromania* 3. 185-196.
Saramandu, N. (2004). *Romanitatea orientala*. Bucureşti.
Saria, B. (1953). Rom und der Südosten im Altertum. In: *Südostforschungen*. 12. 1-20. München.
Schramm, G. (1973). *Eroberer und Eindesessene. Geographische Lehnnamen als Zeugen der Geschichte Südosteuropas im ersten Jahrtausend n. Chr.* Stuttgart.
Schrijen. J. (1932). *Characteristik des altchristlichen Lateins*. Nimwegen.
Schroeder, K.-H. (1967), *Einführung in das Studium des Rumänischen*. Berlin.
Skok, P. (1926, 1928, 1930, 1934). Zum Balkanlatein. In: *Zeitschrift für die*

*Romanische Plilologie*. 46(1926): 385-410, 48(1928): 398-413, 50(1930): 484-532, 54(1934): 175-215, 424-499.

Solta, G. R. (1980). *Einführung in die Balkanlinguistik mit besonderer Berücksichtigung des Substrats und des Balkanlateinischen*. Darmstadt.

Stefenelli, A. (1962). *Die Volkssprache im Werk des Petron im Hinblick auf die romanischen Sprachen*. Wien/Stuttgart.

Szentpétery, E. (1970). *Scriptores Rerum Hungaricum*. I. Budapest.

Szemerényi, O. (1980). *Einführung in die vergleichende Sprachwissenschaft*. Darmstadt.

Şuteu, F./Şoşa E. (1994). *Dictionar ortografic al limbii române*. Bucureşti.

Tagliavini, C. (1973). *Einführung in die romanische Philologie*. München.

Tchiżewskij. D. (1969). *Die Nestor-Chronik*. Wiebaden.

Tomaschek, W. (1882). *Zur Kunde der Hämushalbinsel*. Wien.

Treimer, K. (1914). Albanisch und Rumänisch. In: *Zeitschrift für die Romanische Plilologie*. 38. 385-411.

Treptow. K. W.(ed. 1997). *A History of Romania*. Iaşi.

Vasiliu, E. (1974). Fonologis. In: *Limba româna contemporana*(ed. Coteanu). 61-124.

Vulpe, R. (1976). *Studia Thracologica*. Bucureşti.

Von Wartburg, W. (1951). *Die Entstehung der romanischen Völker*. Tübingen.

Weigand, G. (1894). *Die Aromunen*. Leipzig.

Weigand, G. (1927). Albanische Einwanderung in Siebenbürgen. In: *Balkan-Archiv*. 3. 208-226.

Weinreich, U. (1968). *Languages in Contact*. The Hague/Paris.

Weisgerber, L. (1953). *Deutsch als Volksname. Ursprung und Bedeutung*. Stuttgart.

Wheelock, F. M.(19713). *Latin. An Introductory Course based on Ancient Authors*. New York.

Wiesner, J. (1963). *Die Thraker. Studien zu einem versunkenen Volk des Balkanraums*. Stuttgart.

Winisch, R. (1982). Die Herkunft der Rumänen im Lichte der deutschen Forschung. In: *Vox Romanica*. 41. 46-72.

Xenopol, A. D. (1884). *Teoria lui Roesler*. Iaşi.

# 인명색인

ㄱ



ㄴ



ㄷ



ㄹ



ㅁ

### ㅂ



### ㅅ



### ㅇ



### ㅈ



### ㅊ



### ㅋ

## ㅌ



## ㅍ



## ㅎ

# 사항색인

## ㅌ



## ㅍ



## ㅎ

# 루마니아어사

ISTORIA LIMBII ROMÂNE

**초판 인쇄** 2013년 8월 26일
**초판 발행** 2013년 9월 2일

**지은이** 이문수
**발행인** 박 철
**발행처** 한국외국어대학교 출판부
130-791 서울특별시 동대문구 이문로 107
전화 02)2173-2495~7
팩스 02)2173-3363
홈페이지 http://press.hufs.ac.kr
전자우편 press@hufs.ac.kr
출판등록 제6-6호(1969. 4. 30)
**디자인 · 편집** 디자인퍼브 02)2254-4308
**인쇄 · 제본** 현문자현 031)902-1424

ISBN 978-89-7464-882-4 13790 정가 23,000원

*잘못된 책은 교환하여 드립니다.



HU:NE은 한국외국어대학교출판부의 어학 및 사회과학도서 Sub Brand이다. 한국외대의 영문명인 HUFS, 현명한 국제전문가 양성의(International+Intelligent)의 의미를 담고 있으며, 휴인(携引)의 뜻인 '이끌다, 끌고 나가다'라는 의미처럼 출판계를 이끄는 리더로서, 혁신의 이미지를 담고 있다.